ROMANIA
Macedonia
Comergena
Culmaza
Bergamo
Torpirt
M. de Dio
Sugutli
Misini
Ferathich
Dicnali
Selimbria
Costatinopolis
Lesterocori
Boru
Rusio
Caragusa
Asprosa
Sapsiler
Fanar
Ligia
Ipsola
Pantrio
Gaina
Iramo castro
Christopoli
Langista
Gaurili
GOLFO DE ASPROSA
Marogna
Mariza
Macri
Enio
Traianopoli
Fassi
Chiscar
Aprio
Polistro
Lesteropoli
Gisopoli
Cauala
Lanzistro
GOLFO DE CONTESA
Eria
Tasso
GOLFO DE MARIZA
GOLFO DE CARIDIA
Caridia
Galipoli
Andano
Rodia
Carcala
Contessa
Sandino
C. de Enio
Sesto
Guisa
Dardanelli
Anico
Aueo
Pasequia
Arco
Cabri
Spiga
Lartachi
Palormi
Diasthillo
Schio
Rutarida
Samadrachi
Mellito
Ladeua
Nicalidi
Stelar
Monte santo
Lembro
Simoeres flu.
Policastro
Lupidi flu.
Lupadi
Doari
C. de monte santo
GOLFO DE MONTE SANTO
Coseno
Polochastro
Cochino
Castri
Ianizar
BECSAN GIAL
Romitori
Quoso
Maure
Ernanio
Burs
Faßo
C. Faßo
Molese
Sorena
STALIMINE
Saline
Mudro
Scala
Tenedo
Scorpiata
Agasar
Quinque encas
Troya
Iubat
Mare
Ludai
Pelagnisi
Arsura
Piper
Pelari
Lasine
Santi 40.
Elmacani
Traianopoli
Pergama
Dromo
Iura
S. Ilia
Scopulo
Prasonisi
Saraquino
Lacondea
S. Maria
Landimitri
Caristo
Girmasti
Opula
Serelli
Aderssi
Straro
P. Morcan
S. Andania
Metelin
Esnello
MET ELIN
Petra
Marasio
Stinga
Lalea
Foit
SARCV
Martelaza
Schiati
ARCHIPELAGO
Aegeum
Gircona
Castri
Troianoua
Andromi
Scanda
Sarabat flu.
Pondico
Troia Vechia
Mugla
Lorco
Sciropolo
SCIRO
Igaria
NEGRO
Talitada
Panaice
Lauro
Ancona
Burnoa
Holorita
Mandugo
Limne
Valona
Stelar
Pasiagio
SMIRNE
Politica
Negroponte
PONT
Plalari
Chimi
Psara
Delfi
SIO
Le Smirne
Caloiero
Laterea
Calita
Beluedere
Alto luogo
Chiai
GOLFO DE NEGROPONTE
Tronco
Cupa
Portimo
Silosa
Valia
Poliri
Carista
C. Doro
Bianco
Aiasolu
Soganico
Eltadi
Lastura
Armena
Figena
Stibes
Sucamino
Veneticο
C. deloro
Demonare
ANDRI
Capretti
Coloiero
Cardigrando
S. Nicolo
Corotia
Badia
Cardi
Anatoria
P. Cario
Titte
Micone
Rocho
SAMO
Anuia
Sabno
Megra
Saline
Toreita
Marato
Setines
P. Rapti
Cauro
Lipso
Cursia
Ferimaco
Elbena
C. Sidro
Sidero
Capso
Suda
Stapodia
NICARIA
Fornoli
Palatio
GOLFO DE ENGIA
Lipsina
Piro
Macina
Macronisi
Zea
Sdille
Rato
Garonisi
Esena
Sirna
Dragonisi
Mandria
Agalonisi
Engia
C. delle colone
Siueri
Stella
Flecuda
Gua delono
Palmosa
Damala
Fermenia
Mermiga
Dattoli
Petrani
Agnelli
Albora
Lero
Damala
Fanari
Castri
Napoliuechio
Pilis
C. Scilli
Gaidonisi
Pario
Antipario
NICSIA
Stenosa
Maria
Serphina
Zerfato
Sidra
Sigillo
Dattoli
Capra
Calamo
Lango
Volpe
Barbanicola
GOLFO DE NAPOLI
Spessio
Siphano
Rachia
Piro
Lenita
Castri de rotana
Sette pozzi
Quimano
Antimila
Arzentera
Polina
Pergolo
Chiero
Iali
Zinara
C. Crio
Stella
Falconara
Morgo
P. S. Zorzi
Hiali
P. delle botte
Bellapola
Pasimida
Policandro
Caloiero
Saran
Peceri
Ania
Milo
Nio
Nisari
Chirana
Asouia
Carchi
S. Polo
Maluasia
Carano
Remomilo
Sichino
Sicandro
Camera
Lesindra
Pistopia
Gira
Sarafona
Corina
Vasilocamo
C. Rapan
Sapico
Esapo
S. Anzolo
Peteni
Tiresia
Namphio
Serpe
Stampalia
C. Malio
Gierra
Placida
Polegasa
S. Erini
Canupi
Zafrana
Scroua
Porcelli
Matapan
pars
Cerigo
Dragonero

図説 世界文化地理大百科
古代のギリシア

Peter Levi
Editor Graham Speake
Text editor Bill MacKeith
Art editor Andrew Lawson
Picture editor Polly Friedhoff
Map editor Liz Orrock
Design Adrian Hodgkins
Production Clive Sparling
Index Sandra Raphael

AN EQUINOX BOOK

Published by Phaidon Press Ltd,
Littlegate House, St Ebbe's
Street, Oxford, England, OX1 ISQ

Planned and produced by
Equinox (Oxford) Ltd, Mayfield
House, 256 Banbury Road,
Oxford, England, OX2 7DH

Copyright © Equinox (Oxford)
Ltd, 1980

All rights reserved. No part of
this publication may be
reproduced, stored in a retrieval
system, or transmitted, in any
form or by any means, electronic,
mechanical, photocopying,
recording or otherwise, without
the prior permission of the
Publishers.

口絵 ディオニュソスのために踊るマ
イナスたち。神は，ひだのよった衣を
かけた柱（クソアノン像）で表されて
いる。西ベルリン博物館所蔵のヒエロ
ン作の陶器画をもとに構成し彩色した。

図説 世界文化地理大百科

古代のギリシア
ATLAS OF THE GREEK WORLD

ピーター・レーヴィ 著

平田　寛 監修
小林雅夫 訳

朝倉書店

目　　次

8　年　表
10　序

第1部　風　　土
12　古代ギリシアの地理
22　古代ギリシアの研究

第2部　青銅器時代
30　クレタとミュケナイの宮殿文明
44　ミュケナイ文明の存続
52　ホメロスの世界

第3部　僭主政の時代
62　前8世紀ルネサンス
73　アルカイック期の宗教行為
84　ポリスの誕生
104　文芸の発展

第4部　ペリクレスの時代
112　前5世紀のアテナイ社会
129　ペルシア戦争とペロポンネソス戦争
144　古典主義への大変革

第5部　アレクサンドロスの時代
160　文学と宗教の新しい様式
169　マケドニアの勃興
182　アレクサンドレイアの発展
192　ローマの征服

第6部　ヘレニズムの運命
200　古典ギリシアの影響
204　古典ギリシアの復興
211　重要な遺産としての言語

223　用語解説
224　図版リスト
227　引用文献
229　監修者のことば
230　訳者のことば
231　地名索引
236　索　　引

地図リスト

- 12 現代ギリシア世界の植生
- 14 現代ギリシアの地理的環境
- 16 1月の気温と風の向き
- 16 7月の気温と風の向き
- 17 1月の雨量
- 17 7月の雨量
- 18 年間降雨量
- 20 現代ギリシアの鉱物資源
- 21 古代ギリシアの方言
- 24 古代ギリシアの発掘
- 30 ミュケナイ世界の住居址
- 31 クレタ文明の遺跡
- 45 エーゲ海周辺の暗黒時代の遺跡
- 52 ホメロスのギリシア
- 66 ギリシア人の植民，前9－6世紀
- 78 神託所と，デルポイとオリュンピアへの宝庫寄進地
- 86 僭主政の所在地，前7－5世紀
- 86 前6世紀のシチリア島
- 89 オリュンピア徒歩競争優勝者の出身地，前700－400年
- 90 地理的知識の拡大，前8－4世紀
- 94 ペロポンネソス半島内でのスパルタの拡大，前8－5世紀
- 94 ペルシア帝国の発展，前6世紀
- 97 アッティカとアテナイの発展，前6世紀
- 101 アッティカとアテナイのデモス，前400年ごろ
- 102 ギリシア貨幣の主要な鋳造所
- 105 ギリシア世界の詩人と哲学者
- 112 ラウレイオンの銀山
- 129 前5世紀のペルシア帝国
- 132 前490－480年のペルシアの遠征
- 133 マラトン，テルモピュライ，サラミス，プラタイアイの戦い
- 140 アテナイ帝国，前460－446年
- 140 ペロポンネソス戦争勃発時の同盟，前431年
- 141 ピュロスとスパクテリア島の戦い，シュラクサイの包囲
- 148 ギリシアの劇場
- 152 古典ギリシア世界
- 156 イギリスにおけるギリシア貨幣の発見地
- 163 アスクレピオスの神域
- 170 ケルト人の侵入
- 171 1万人の退却，前401年
- 172 第2次アテナイ海上同盟，前377－355年
- 177 マケドニアの拡大
- 182 アレクサンドロスの遠征，前334－323年
- 186 絹と香料の道
- 194 後継者の諸王国―前303, 240, 188年
- 195 後継者の諸王国―前129, 90, 63年
- 198 マルクス・アントニウス帝時代の勢力範囲
- 198 ローマによる最終的併合
- 213 聖パウロの伝道旅行，後46－62年
- 214 ギリシア，キュプロスの地図：ペロポンネソス半島，西北ギリシア，マケドニアとトラキア，南エーゲ海，クレタ島とキュプロス島

トピックス

- 50 母なる神
- 68 アルカイック期の意義
- 70 クーロス（青年像）とコレー（少女像）
- 78 アポロンの神託
- 82 オリュンポスの神々
- 88 ギリシア・スポーツの世界
- 102 ギリシアの鋳造貨幣
- 118 パルテノンの彫刻
- 122 日常生活
- 126 古典期
- 134 ギリシアの兵士
- 136 防御設備と戦闘機械
- 146 ギリシアの劇場：演劇の状況
- 148 ギリシアの劇場：目録
- 154 古代ギリシアの音楽
- 162 ギリシア医学とアスクレピオスの崇拝
- 174 マケドニアの王室墓
- 184 陶器画の発展
- 208 ギリシアを超えてさらにギリシアへ

遺　跡

- 36 ミュケナイ
- 38 クノッソス
- 40 サントリニ島
- 43 ピュロス
- 63 ドドナ
- 65 エレウシス
- 76 デルポイ
- 80 オリュンピア
- 92 スパルタ
- 98 アクラガス
- 116 アテナイ
- 120 オリュントス
- 128 バッサイ
- 130 アイギナ
- 138 デロス
- 142 ミレトス
- 164 エピダウロス
- 166 エペソス
- 168 コス島
- 170 アレクサンドレイア
- 176 サラミス
- 188 ペルガモン
- 190 アイ・ハヌム
- 193 コリントス
- 196 パエストゥム
- 201 プリエネ

年　表

	紀元前3000	2000	1500	1000	800	600
エーゲ海と ギリシア本土	初期キュクラデス文明	クレタの宮殿文明	ミュケナイの竪穴墓 サントリニ島の噴火 クノッソスの没落 ミュケナイ世界の没落	鉄の東方からの伝来， その後の青銅への反動 名門家系の発生	ギリシアの人口増加 東方と西方への大植民時代 汎ギリシア的祭典の成立 諸都市での僭主支配	最初のギリシア貨幣 ポリス勢力の充実 アテナイの民主政の開始 スパルタの ペロポンネソス半島支配
		白大理石製のキュクラデスの女性像，前2600—2200年	ミュケナイ出土のいわゆるアガメムノンの面，前1550—1500年	ミュケナイ出土の「戦士の壺」，前12世紀初頭	アテナイ出土の幾何学様式アンフォラ，前750年ごろ	アテナイのアクロポリス出土の「ペプロスを着たコレー」，前530年ごろ
	青銅器時代			暗黒時代	アルカイック期	
陶器様式	ヘラディック期とミノアン期			亜ミュケナイ期 原幾何学様式期	幾何学様式期 東方化様式	アルカイック期（黒像式）
美術と建造物	キュクラデスの彫像	クレタ島の大宮殿	サントリニ島のフレスコ画 大きなトロス墓 人物像，金と準宝石の美しい 細工品（たとえば印章石）		記念用のりっぱな壺； 長方形プランの建物； オリュンピアの鼎； 最初の石造神殿	青年像と少女像
文学， 哲学， 科学			線文字A文書 線文字B文書 フェニキアのアルファベット		ギリシアの アルファベット； ホメロス；ヘシオドス； 抒情詩人	悲劇と喜劇の開始； ピュタゴラス； アイスキュロス； ピンダロス；ソポクレス
エジプト， 小アジア， 東方	エジプト古王国 大ピラミッド	アナトリアのヒッタイト帝国 バビュロニア王国	エジプト新王国； 大神殿；トゥタンク＝アメン	ミレトス，その他のイオニア植民市，黒海沿岸植民市 アッシリア帝国の最盛期	メディアとバビュロニアによる アッシリアの滅亡	ダレイオスの ペルシア帝国建国 ペルシアの エジプト征服
西地中海			フェニキア人の西方への拡大		カルタゴ建国 ギリシア人がシチリア島， イタリア，フランス，北アフリカ， スペインに植民市建設 ローマ建国	
その他の ヨーロッパ		ストーンヘンジやその他の 後期の巨石遺構の建造		中央ヨーロッパの初期鉄器時代（ハルシュタット期） ケルト人の分散始まる		

	400	300	200	0	紀元後500	1000	2000
ペルシア戦争 アテナイの デロス同盟支配 ペリクレスの時代 ペロポンネソス戦争	アテナイの復興 ギリシアの統一 マケドニアの興隆 アレクサンドロスの遠征	アカイア同盟と アイトリア同盟の 勢力増大	マケドニア戦争 マケドニアが ローマの属州となる アカイアが ローマの属州となる ギリシアは地中海の 文化と知性の中心を維持				

アテナイのパルテノン，前447—432年に完成

イッソスの戦いでのアレクサンドロス大王，ポンペイで発見された「アレクサンドロスのモザイク」の一部，前300年ごろのギリシア絵画の模作

ミロのヴィーナス，メロス島の前2世紀の大理石像

ハドリアヌスの貨幣，後2世紀

古典期		ヘレニズム時代		ローマ帝国	ビザンティン帝国	1500—1821年 トルコの支配 1821年 独立復興	
	南イタリアの画家たち						
赤像式							
ィクスのクラテル； オリュンピアのゼウス神殿； パルテノン，エレクテイオン； ペイディアス，ポリュク レイトス(彫刻家たち)； ポリュグノトス(画家)	プラクシテレス(彫刻家) ハリカルナッソスの マウソロス廟	ヘレニズム時代の バロック様式	ペルガモンのゼウスの祭壇 サモトラケのニケ ミロのヴィーナス ギリシア彫刻と建造物の ローマ時代の模作		聖ソフィア寺院建立		
ロドトス；エウリピデス； ソクラテス；ヒッポクラテス； トゥキュディデス；プラトン； アリストパネス；アリストテレス；エピクロス	テオクリトス； エウクレイデス；アルキメデス アレクサンドレイアの 図書館の創設		ホラティウス パウサニアス				
レイオスが ヘッレスポントスを渡って ギリシアに侵入	アレクサンドロスの 小アジア，エジプト， ペルシア，西北インドの征服 後継者たちの王国 プトレマイオス王朝とセレウコス王朝 ガリア人のガラティア定住 パルティア王国建国		ローマがシリアの アンティオコスを破る ペルガモンが ローマの属州となる エジプトが ローマの属州となる	ササン朝ペルシア建国 ローマ人による ビュザンティオン (コンスタンティノポリス)再建 アラブ人の コンスタンティノポリス攻略			
ーマ共和政成立 ヒメラでの カルタゴ軍の敗退	イタリア半島での ローマ勢力の拡大	エペイロスのピュッロスの イタリアでの敗退 3回のポエニ戦争， カルタゴの破壊で終る ローマが北アフリカ， スペイン，ガリアを支配	ローマの帝政開始				
ラ・テーヌ文化							

序

　人類の歴史は前5世紀に一つの転換期をむかえた．それは閃光のようにあらゆることに影響を及ぼし，いまもなお影響を及ぼし続けている．ヨーロッパはその結果であり，ギリシアはその手がかりである．前5世紀のギリシアにおける出来事は，この長い過程の一部であった．

　ギリシアの歴史や美術や詩歌を理解するには，まず先史時代について，そして風景，気候，山河，生活条件などについても深く知る必要がある．そのためにはギリシアの遺跡と環境に親しく接するにこしたことはないが，この本からだけでも相当の知識を得ることができるだろう．本書は，古代ギリシア人が経験した物質世界だけでなく，内面的知的世界についても，さらにかれらの芸術や業績だけでなく，歴史や地理的活動範囲についても理解できるように工夫した．もちろん，哲学，医学，自然科学，演劇，大理石の建築物，新しい経済組織，法律などについても触れるつもりである．

　ギリシア人を理解するという，簡単なようで実は大変な試みのためには，地図と長い本文のほかに，写真と図面を加える必要があった．この絵図本（アトラス）という方法が理想的であるとはいえ，それでも，すべてのことを語りつくすわけにはいかない．世界中のギリシア人の遺跡をすべて訪れた人はいない．ギリシア国内にあるものでも，博物館の所蔵品であるかどうかを問わず，遺物をすべて見たことがあるという学者はごくまれである．1冊の本にすべてを掲載することは不可能である．この山のような史料と数百年のギリシアの歴史を理解しようと試みても，絶対的に権威のある書物は手に入るはずもない．新しく出る本は，当然研究に対する情熱や知識の面でそれぞれ特質をもつことにはなるだろうが，それだけで十分であるとはいいきれない．そのような本は，少なくとも一貫した歴史を示すべきであるし，物的証拠がある場合には，それと矛盾してはならない．本書の，本文と図を結びつけることと全体的な企画とは，筆者よりは発行者の，あるいはむしろ両者共同の仕事であるが，それによって，この一貫性と正確さとをできるだけ示せるようにしたい．

　もちろん，企画とは選択であり，選択には必ず妥協が伴う．目新しい写真を掲載するようにしてはみたが，非常に有名なものもいくつか掲載されている．本文にあるいくつかの主題と逸話も同じようにして選ばれている．

　筆者は，これまでに教えを請うた偉大な先学たちの名をここに挙げて，深い感謝の意を表すつもりであった．しかしながら本書は特にその方々の名誉となるような専門的な学術書ではない．本書はいろいろな点で学問に寄与できるとは思うものの，その主目的は別なところにある．つまり，説明や教示，問題点や矛盾の指摘を通して読者の想像力をかきたてることを主眼としている．また，ギリシア語をまったく知らず，ラテン語もほとんどわからない筆者の妻と9歳になる息子とに，ギリシア人の歴史や世界について筆者が興味をもち，非常に感動したものを，できるだけわかりやすく語りかけたいと意図したものでもある．筆者の情熱をかきたてるものは，ギリシア人の歴史というよりもむしろかれらの生きた世界である．しかし，歴史はその世界を知るための基本的教養である．だから筆者は，美術と文学を，さらには法律と科学というような大きなテーマさえも歴史の一部として論じてみた．

　一生の研究主題を常に追究している者にとっては，どんな特別な場合でも，執筆中に真先に頭に浮かんでくることを予言するのはむずかしい．この点に関しては，1冊の本をつくるのにかかる時間が，バランスを大いに回復してくれる．博識な学者諸氏の助力も同様である．本書では，特に，オックスフォード大学のマートン・カレッジのトーマス・ブラウン氏に歴史的事項を，ジョン・ボードマン教授に美術と考古学について教えていただいた．ブラウン氏には地図作成の資料とその説明も提供していただいた．ボードマン教授には陶器画の発展とパルテノンの彫刻についての特集記事を，コリン・クラーイ博士にはギリシア貨幣について，リチャード・ウィット博士には音楽について記述していただいた．校正中に時折，学問上の意見を無視したところがあるが，責任は筆者自身にある．それゆえ筆者は読者諸兄が本書をきわめて優秀で能率的な案内書として扱わないことを希望する．本書は，可能な限り信頼できる案内書としても配慮されたものではあるが，真意は，読者の興味をそそり，気持ちを引きつけ，楽しんでいただけることを目差している．古典についてまじめにとりくんだ本はたくさんある．しかし，本書はそれにとどまらず，より意図的に楽しさをひきだそうともくろんだ点で，他に類書の少ない書物となった，と自負している．

第1部 風土
THE LAND IN CONTEXT

古代ギリシアの地理

　社会類型というものは，ときどき多かれ少なかれ風土の影響をうけているものである．同じような風土に同じような人間類型が出現することもしばしばあることである．したがって，テッサリアの大平野が古代世界におけるウマの産地であったことや，テッサリア人が優秀な騎兵であったことも，そしてこの肥沃な低地の社会構造が多少封建的であったことも驚くことではない．スパルタ人の土地は，エウロタス川流域では非常に豊かだったのに対し，山岳地域では非常に未開拓だった——まさにホメロスの語るように，窪みにあって谷間に富むラケダイモンであった．この山に囲まれた聖域が支配的な民族を育てたことは理解できることである．ギリシア人全体に共通な大神殿の本質は理解しやすい．ドドナとデルポイの神秘的な神託所は，はじめは山の牧夫たちの聖なる地だったにちがいないし，急流が大きく曲がる地点にあるオリュンピアは，競技のための集合地であり，競走用の自然の劇場であった．

　しかしながら，もっとむずかしいいくつかの問題がある．前8世紀には森林がどの程度まであったのだろうか．前4世紀には，アテナイ人は木材をマケドニアと黒海地方から買っており，プラトンもテオプラストスも森林の消失を嘆いている．しかし，それはおそらく前8世紀末に人口が急激に増加し，そのために森林が荒廃していったこととか，アッティカではある種の有用樹木はまったく育たなかったことに起因しているかもしれない．初期のギリシアには，その視覚芸術が示しているように，動植物が満ち満ちていたのであろうか．オオカミがいて，聖なる森があって，非常に古い木があったことはわかっているが，野ガンとシラサギの移住のほかには，博物誌における連続性についてはほとんどわかっていない．プラトンは，どの程度まで樹木が少なくなったときに森林が伐り払われたと判断したのであろうか．戦争で森が破壊されたことは知られているが，再び樹木が育つこともあったであろう．プラトンのアカデメイアはアテナイ近郊のケピソス川河畔にあって，裸体で運動を行う練習場であった．美しいプラタナスの木立が並ぶその地域は，乾いた沖積土に厚くおおわれていたので運動場として適していたし，プラタナスもよく生育した．中世から19世紀まで，その地は新しい泥におおわれ，オリーヴの大きな木立が繁っていた．15年前には，そこはレンガ工場とキャベツ畑にはさまれた更地となっており，その平らな泥の多い地面でフットボールのチームが練習していた．もし，あと千年生きていられたら，プラタナスの木立を再びみることができるかもしれない．なぜなら，クレタ島では，古代末期には何もなかったらしい土地に，中世にはイトスギの森があったからである．

右　同じ気候と地理とが，ギリシアの歴史に1世紀以上もの間，同じ農業と同じ生活様式をくり返させてきた．光と影はあまり変らず，季節も変らず，老年と重荷の力関係も変らない．

右下　P・ベルティウスが公刊した地図（1630年）．前2世紀のギリシア人に知られていたヨーロッパとアジアとアフリカの一部とが描かれている．

左　現代ギリシア世界の植生
今日でも，ギリシアは，一部の人々が思っているほどには木が少なくない．たとえば，アトス山，タソス島，サモトラケ島には深い繁みがあり，アッティカではマツが植樹されている．しかしたしかに，森は古代の方が広かった．たとえば，当時はクレタ島とピンドス山地の広大な地域が森林であって，かなり多くの鳥獣がいた．船材として最良のモミが北方で育った．このことが理由の一つとなって，前5世紀のアテナイ帝国はマケドニアの王たちと友好関係を保とうとし，アムピポリスの植民市をかなり重要視した．ギリシア本土では春には高地の牧場にヒツジが移動する．水が流れて1年中草があるという牧場は，アルゴス地方が有名ではあるが，他にはほとんどない．ウマは通常は厩で飼われるべきもので，富の証だった．ギリシア人はウシ，ラバ，ロバを使ったが，太らせて犠牲に使うこともあった．海岸地域では魚がかなりとれた．

地中海の作物は冬の雨期に繁るので，夏に雨がなくてもかまわない．種類は，コムギ（アテナイやギリシアの他の地域では，決して自給自足とはいかず，輸入に頼った），オオムギ，オリーヴ，ブドウ，イチジク，ザクロである．メロン，モモ，レモンはローマ時代まで伝わらなかった．オレンジは16世紀のポルトガルの航海時代以後に知られるようになったので，ギリシア語ではポルトカリという．

古代ギリシアの地理

各地方の孤立性

東北のトラキアとマケドニアは未開な土地であった．西はイオニア海まで広がるエペイロスは，アレクサンドロス大王の死後まで未開なまま孤立していた．アルカディアはペロポンネソス半島の最果ての地であり，前4世紀まで，最古の方言と非常に奇妙な宗教儀式が残っていて，最も未開な地方と思われていた．しかし，ギリシアには多彩な風景が存在しており，しかも多種多様な諸条件が相互にほとんど何の連携もなく同時に存在するという点こそが，ギリシアの性格を特徴づける決定的な要素の一つである．

外国人旅行者がペロポンネソス半島の山を徒歩で越えてある村に至ったとする．その人は，いまからほんの数年前でさえ，探検家と思われたか，悪くするとスパイとして捕えられてしまったに違いないのが，この地方の特徴である．アルバニア国境地帯やクレタ島の山岳地帯や，さらには最近までのエウボイアにさえも，昔の孤立の面影が幾分残っている．山岳地帯の孤立性はあまり変っていない．北部ギリシアの岩の多い背骨であるピンドス山地には，まだ3本の道しか通っていない．

気候，暦，農業

ギリシアの4分の3は山であり，耕作可能な土地は国土の5分の1しかないが，海岸沿いの平野と一部の内陸地域は非常に肥沃である――クレタ島の一部は，ホメロスが知っていたように，ほとんど信じられないほど肥沃である．オリーヴとブドウは長い間ずっと繁ってはきたが，いつでもどこでもというわけではなかった．筆者が出会った一人のギリシア人は，今世紀にある山村で育ったが，12歳になるまでオリーヴを（魚やオレンジも）みたことがなかったらしい．シチリア島のギリシア人植民者たちは，オリーヴの木を根づかせるのにかなりの時間がかかったので，数世代の間シチリア島はオリーヴ油を輸入していた．ギリシア人は結局オリーヴの育つ範囲の限界まで拡がり，ローマ人はブドウの育つ範囲の限界まで拡がった，といわれている．それはほぼ当たっているが，ギリシア本土そのものさえ，決して完全には開拓されなかったことを覚えておくべきである．ギリシア本土のコムギ畑は決してそれほど大きなものではなかった．岩山と岩山の間の肥沃な土地を求めて，人々が移動し，相争ったこともそれほど不思議なことではない．

平均気温はギリシア各地で大きく異なっており，海岸地方や南部の大半の地方では夏は暑くて冬は温暖であるが，マケドニアや内陸山岳地帯の冬は寒い．雨量は西部では多い（年間1300 mmにもなる）が，東部の平野ではずっと少ない（テッサリアとアテネでは380 mm）．季節の変化は激しい．冬の期間は北ヨーロッパよりも短いが，山岳部の冬はとても厳しいのに，夏は頭がぼうっとなるほどの暑さである．北ヨーロッパの場合と比べると，春はいっそう鮮やかで繊細であり，秋はいっそう温和で期間も長い．これらのことすべてが，神々の祝祭や牧畜の移動の型から戦争と平和の諸問題や植民活動の細目に至るまでのギリシアにおける人間社会に影響を与えてきたのである．

もちろん，1年を12ヵ月として祭日を定めた暦が徐々に確立されはじめていた．その暦では，太陰暦と太陽暦が一つにまとめられ，ほぼ汎ギリシア的な体系となっていた．ホメロスは季節の区別しか知らなかったらしい．古代ギリシア人の暦は，バビュロニアの数学に基づいていた．そして，少なくともアテナイでは，実際の季節と暦のずれを防ぐために毎年経験によって調整する必要があった．3月中旬から5月中旬までの2ヵ月はアルテミスに捧げられ，5月中旬から11月中

古代ギリシアの地理

古代ギリシアの地理

旬までの6ヵ月は、おそらく一つの例外以外は、アポロンに捧げられていた。その長い夏に催されるアポロン祭礼の初めと終りは、植物の生長と関係があった。1年の残りの4ヵ月、つまり、11月中旬から3月中旬までは、雷神ゼウスと地震の神ポセイドンと結婚の女神ヘラとディオニュソスのものであった。ディオニュソスの祭礼では、死者が称えられ、その年の新酒の口が開けられた。

最近までのギリシアでは、ヒツジとヤギの大群が夏には山での放牧のために、冬には雪線より下の地での放牧のために、あるものは勝手に、あるものは古くからの道を通って年に2度移動していた。この移動の型は世界中で非常に古くから行われており、スペインからアフガニスタンにいたるまで、あらゆる国で観察され、研究されてきた。季節ごとの家畜の移動には生活様式全般が関わっており、そのことは古代世界の研究者には興味のつきない価値体系と社会組織に関するテーマを提供してくれる。実際、現代ギリシアのヴラク人を研究したジョン・キャンベルの『名誉と家族と保護』やジュリエット・ドュ・ブレーの『あるギリシア山村の描写』の両書には、地理と行動との密接な関係が指摘されており、古代史を理解するための最も重要な鍵が示されている。

神話や第1次ペロポンネソス戦争のころまでの歴史をみると、牛泥棒の話で一杯である。ホメロスは、島の王であるオデュッセウスの家畜が本土にいた話をしている。碑文によれば家畜の群が、コリントス地峡を通過するためには、家畜の数に応じた少額の放牧料を神殿に納めなければならなかった。山腹にいた羊飼いが遠くの軍隊を目撃して知らせたという話は歴史上いくつかある。前5世紀、前4世紀にアテナイで犠牲にされたウシは莫大な数であったにちがいない。それらのウシはどこで飼われていたのだろうか。パルテノンのフリーズに描かれているウシを扱う外套姿の少年たちが、このための牧童だったのだろうか。

少なくとも、この話の結末だけははっきりしている。キケロの友人のアッティコスは、アテナイで隠退生活を送っていた時期に、その富裕な財産を利用して、ローマ政界の両陣営に金銭を貸し付けていた。かれの財産の実質的な出所は、銀行業を別にすれば、ウシであった。かれは西北地方にあるエペイロス全域の放牧を支配していたといわれている。訴訟碑文によれば、その後も遠方の金持ちたちに所有され、武装した集団に護られたヤギの巨大な群が、各島のヒツジの飼育と農業を絶滅させていったことが知られている。他のどんな単一の要因、たとえば地震や山火事などよりも、ヤギの過剰放牧こそが環境をいっそう破壊するものであり、われわれの祖父の時代の東地中海の風景を生み出すのにいっそう大きな役割を果たしたのである。

水系と社会

ギリシアにとって、石灰岩系の泉と洞穴と河川は根本的に重要であった。川の両岸には家畜が放牧され、どちら側でも水を飲ませることができたが、冬には誰も川を渡ることができないので、川が国境となった。洞穴は神秘的で、宗教的な場所であり、神話では秘密の情事と秘密の出産に結びつけられ、宗教では単純素朴な豊饒崇拝と結びつけられていた。清らかな水の湧く泉には強い影響力があり、治療を行う聖域と俗事についての助言をする神託所が、泉のほとりを中心とすることが多かった。小さな川の神々でさえかなりの権威があった。今日でもアフリカの一部で行われているように、古代ギリシアにおいては、少年の成人式は、その儀式の一部が川で行われた。岩だらけの水の流れる渓谷の多くに、死者の託宣所があった。

古代ギリシアの地理

　古代の宗教と社会は，その古代ということばの響きから，詩のように，すなわち新鮮さと珍しさが共鳴して自らを包み込む世界のように誤解されがちである．その理由の一つは，現在よりも単純で，しかも限られた技術条件を特徴とする社会組織はどのようなものでも，われわれにとっては，詩と同じような驚嘆すべき小さな模型世界のように思えるからなのであろう．しかし，古代世界といえども日常的であり，始まりと終りのはっきりしないまま，ゆっくりと少しずつ変化しながら現代世界になってきたものなのである．ギリシアは高い岩山と霧深い海面に囲まれていた地理的悪条件を抱えていたが，そのことは古代ギリシア人の経済面に最も重要な影響を与えた．テオクリトスの田園詩は都会の知識人のために地方の人々をいきいきとロマンチックに描写してはいるが，その詩の中でさえ漁師の姿はみじめであり，その哀感のみが興味をそそるようになっている．現在のロマンチックな学者には，ウェルギリウスやパウサニアスやローマの壁画に描かれている聖なる風景としてみえるものが，前5世紀のギリシア人にとっては，生計をたてるためのやっかいな大地であり，大半の神々もやっかいな神々であった．民衆の水準からみれば，ギリシアの神々は恐ろしくて，ねたみ深くて，すさまじいものであった．

労働力

　古代ギリシアの経済状態は，物質的資源が不足していたばかりでなく，資源についての知識が不足していた点でも大いに制約をうけていた．前5世紀のアテナイを豊かにした銀鉱山は，すでにミュケナイ時代に知られていた．しかし，当時の銀を採掘して精錬する技術は決して洗練されたものではなかったので，アイスキュロスが「銀の泉，大地の古い宝」とよぶ最高の銀床は，前5世紀初頭になってやっと発見されたのである．その当時でさえ，短期の採掘権と絶えず変わる奴隷労働のために，鉱山はまったく無計画に採掘されていた．実際には，ギリシア人はむしろ全盛期には大公共事業をほとんど完成させておらず，その理由が何であるかは，考えてみるだけの価値がある．

　ボイオティアのテバイの北にある大きなコパイス湖は，現代まで干拓されつづけてきたが，少なくともその一部はすでにミュケナイ時代に干拓されていたものである．ミュケナイ没落後の暗黒時代には，湖には水とアシとウナギがもどってしまった．コリントス運河を切り開こうとする試みは古代では成功しなかった．コリントスとアテナイの港のような計画は，ギリシア人の労働力の限界を示している．前4世紀のアテナイの銀山には十分な奴隷たちがいたが，かれらを所有していたのは国家ではなかった．すでに前5世紀のシュラクサイ人は，アテナイが経験したことのないほど大規模に奴隷を使っていたし，スパルタは隷属農民たちの労働力によって，南ギリシアの大きな部分を抑えていた．しかし，少なくとも帝国主義が自殺的戦争に陥る時期である前5世紀に至るまでは，ギリシア人には自然をはなはだしく損なうような試みは何もできなかった．石造神殿の建設はかれらにとっては大事業だったのである．それゆえ，前6世紀の大神殿は，われわれが今日感じる以上に，ギリシア人にとってはるかに印象的だったのである．

　農業がどの程度まで奴隷労働に依存していたかについては，いまでも論争中である．『オデュッセイア』では家長制的関係であったのに，600年後にホメロスが語るトロイア戦争の世界（前1200年ごろ）は，もっと後の時代の状態よりは家庭的である．オデュッセウスの息子であるテレマコスは，父の勝利を祝って王宮で豚飼いや牛飼いと一緒に踊り，オデュ

1月の気温と風の向き
縮尺 1:6500000

7月の気温と風の向き
縮尺 1:6500000

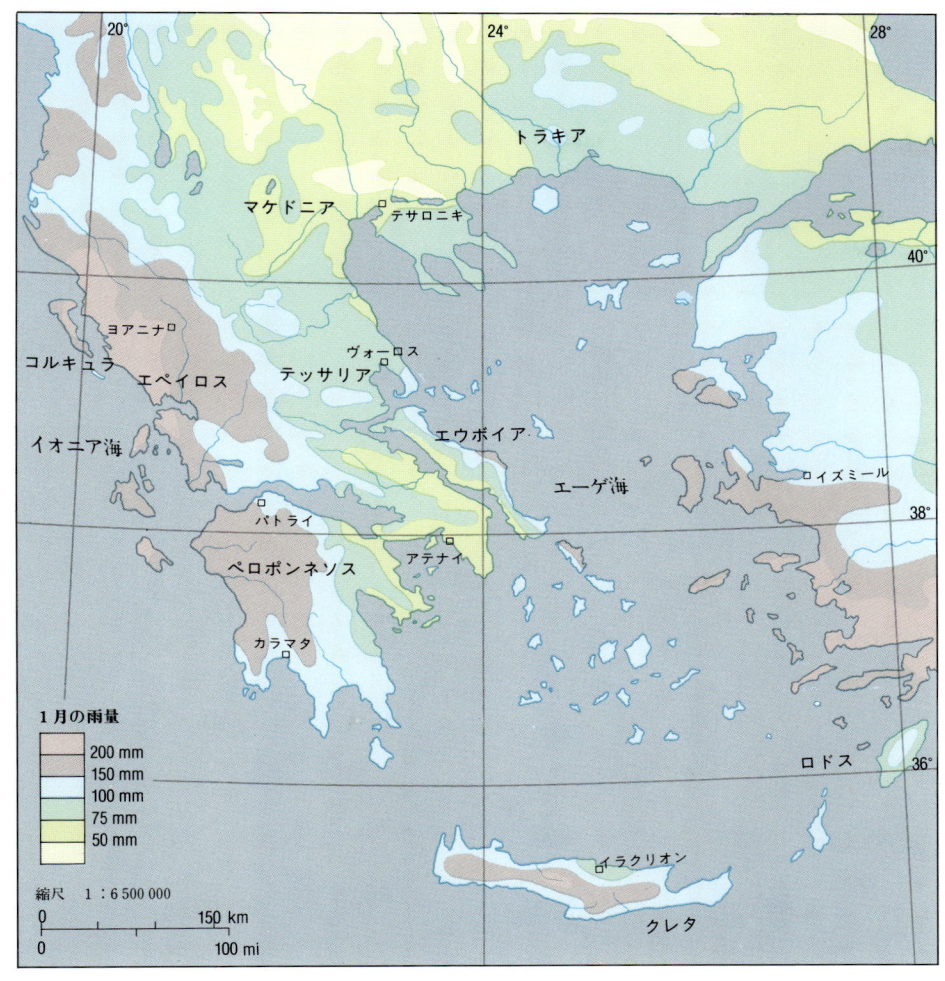

ッセウスの父のラエルテスは自分の土地で自ら働いている．前5世紀初頭にソロンは，貧窮化した農民を事実上の奴隷の境遇から救いあげるべく，アッティカで調停を行った．前5世紀，前4世紀のアテナイ人はよほど困窮しないかぎり，奴隷なしでは生活できなかったであろう．しかし，農場の仕事は何であれすべて奴隷にまかせるという考えは，非現実的な夢想であり，アリストパネスの喜劇にあるような冗談であった．史料からみる限り，前340年からの20年間に解放された約80人のアテナイの奴隷の名前と職業が知られているが，農業労働者は12人しかいなかった．また，ほとんど奴隷と変わらない農業従事者もいた．かれらは前400年ごろ一時消滅したようにみえたにもかかわらず，前4世紀末には1万人から2万人のアテナイ市民が，貧しさのために市民権を奪われて移民となったり，あるいはアッティカの田園地帯で，祖先と同じ労働生活に零落したのである．

居住の型

個人の栄枯盛衰とまったく同じような理由で，都市の栄枯盛衰がくり返された．コリントスは，その占める位置と二つの港によってコリントス地峡と東西の海上貿易とを支配し，難攻不落と豊かさを誇っていた．しかしローマ人はコリントスを破壊し（前146年），その代わりにパトライを建設した．ところが古代末期には，コリントスが再びパトライを凌いだ．10年前にも，まだ同じような競争関係があった．もう一つの型は，危難の時代には町を岩山の安全地帯に上げてしまい，平和な時代には貿易に便利な場所に下げるというように，町を交互に移転させることである．このように町を移転させることは，後にはイタリアでも行われたが，ギリシアでは特にクレタ島や島々で行われていた．同じようにして，アルカディアの辺鄙な山の上の町々が前4世紀に捨てられて，メガロポリスが建設された．今日，まったく同じ理由ではないが，同じような圧力によって，アルカディアの奥地の村々が捨てられて，都市の人口が増加しつつある．

古代の遺跡の上に現代の都市が発達するということは，必ずしも連続しているわけではないが，偶然そうなったということでもない．たとえば，現在のコリントスの中心から5 kmのところにパライア・コリントスの村があり，古代都市の遺跡の一部をおおっている．村としてさえ残らない古代遺跡があるかとおもえば，エリスのピュルゴスのように，古代の遺跡でないところに，現代の町が建てられることもある．しかし，立地条件に恵まれたコリントス，アテナイの港とコルフ（コルキュラ）島の港，メッセニア平野と海が接するところにあるカラマタ，適切な場所にあるいくつかの島々，このような好条件のところはどうしても人が住みつくに適した場所とならざるをえない．古代でも，ミュケナイ時代の居住地であって古典期にも人が住んでいたいくつかの土地は，その土地の条件がどの時代にもよかったことの証左である．テバイとアテナイでは，連続しているものはごくわずかであるが，他の土地と同様アルカイック期と古典期の重要な都市が，まさにミュケナイ時代の宮殿があったところに建設されていた．ミュケナイそのものについて同じことがいえないのは，ミュケナイの位置に原因がある．アルゴリス平野を支配するには，ミュケナイよりもアルゴスの方が適した場所にあり，水利の便もよかったからである．

ヨーロッパにおけるギリシアの位置

歴史上しばしば，ギリシアは東方文化圏に属しているようにみられてきた．事実，小アジアの西海岸地域は前7世紀以前から1920年代までずっと，主としてギリシアが支配してい

古代ギリシアの地理

たことを忘れてはならない．その他の時代には，ペルシアやトルコの世界と対立していたために，ギリシアはヨーロッパの辺境であると定義されていたようでもある．ギリシアはバルカン諸国の一部であるとも，またそうではないともいうことができる．

このような単純とも思える概括も，たしかに歴史と呼応関係にあるがゆえに，地理的にも十分根拠があることはしっかり心にとめておくべきことが理解できるだろう．古典期まで，ドドナの奉納品の大半は，もっと北のバルカン民族の素朴な土器であった．古典期のアテナイではトラキア人は未開人であると考えられていたとはいえ，またそのためもあって，アテナイと東北のトラキアとの交流は，前5世紀における両民族の文化と意識の形成にとって欠くことのできない重要な要素となっていた．

古典期のギリシア人と北方の近隣諸民族との関係は，それ以前の先史時代のギリシアと東方や北方との関係を通して考察する必要がある．このことを最もよく示している逆説は，中央フランスのヴィクスの遺宝である．その中の逸品は前6世紀の大きな青銅製の容器である．それはどっしりとした見事な細工の等身大のもので，おそらく南イタリアでスパルタ人がつくったものである（P.68参照）．アルカイック期のギリシアと他の世界との相互交流は，その後の侵略的な関係の時代よりも，しばしばはるかに実り豊かであった．

前2000年ごろ，ギリシア語を話し，ギリシア人であると考古学上はっきり認められる人々が現れてくる．そしてそのころ，ヨーロッパには同一の社会，経済組織が行き渡っていたと思われる．諸部族を支配していたのは英雄的な戦士階級であり，かれらは青銅を愛用し，後に叙事詩で称えられる価値観によって生き，ものものしく埋葬された．大きな館に住ん

で戦いと狩をする人々の階級は，4000年近く，たぶん1914年まで続いた．玄関室と大広間と奥の部屋の付いた，この階級に固有の家は，すでに前2000年以前に，ギリシアだけでなくアナトリアにも東ヨーロッパにも存在していたが，ギリシアではこの種の家の大広間が宮殿の印象的な中心部となっていた．それでも，当時のギリシアの建築物は，ヨーロッパで最も大がかりなものであったとはいえず，トロイアそのものもストーンヘンジよりも小さかった．

ギリシアでおこったことは特別なことではあったが，決して孤立した発展ではなかった．前17世紀末にミュケナイ人

は，金銀の財宝と宗教的なもの，またおそらくはウマの扱い方も，東方から獲得し，琥珀の装身具を北方から手に入れ，武器をクレタ島やレヴァント地方（シリア・パレスチナ地方）から手に入れた．しかしながら，武器は急速に広まっていった．そして，ドイツで模倣されたミュケナイ時代の兜は，西洋の標準的な戦闘用兜となった．ミュケナイ人は財産を武器で評価した．ミュケナイのある竪穴墓に埋葬されていたわずか3体の遺骸とともに，90振もの青銅製の剣がみつかった．同じころ，遠く離れたフランスのブルターニュでも，富と権力をもった人々は，同じような途方もない数の青銅製の短剣と一緒に埋葬されていた．

　ヨーロッパの他の地域ではギリシアにみられたような王宮は発見されていないけれども，多くの土地で戦士の墓は同じように豊かである．黒海の西北にあるボロディノから出土した前15世紀の遺宝には，銀の槍と硬玉製の斧とアラバスター製の矛先が含まれていた．ヨーロッパのいたるところで，金や銀と輸入品の装身具とが死せる兵士と一緒に埋められた．ミュケナイ時代の金製の杯がイギリスのコーンウォールで模造されていた．ルーマニアでは，明らかに実用品ではない銀製の戦闘斧と，ただ1振だけだが，重さ3ポンドの純金製の

ラバ路と家畜業者の通路を使った交通路は，岩だらけの地表をぬってクモの巣のように遠くへ広がっていった．シュトゥットガルト近くの前6世紀の王侯の墓に，中国の絹とギリシアの青銅が一緒に納められていた．

古代ギリシアの地理

現代ギリシアの鉱物資源

青銅の道具類や武具をもたらした大きな進歩は，前3000年紀のはじめにおこった．しかし，鉄が一般に使われるようになった後でさえ，青銅はまだ多くのものに使われた．キュプロス島は，ギリシアの青銅に使う銅の古くからの供給地であった．銅塊はキュプロス貿易の象徴であった．しかし，より多くの銅が，たとえば現在のカイセリ近くのタバルのような地域から，レヴァント地方の港に運び込まれたらしい．青銅の必須成分である錫はさらに遠くからきた．前6世紀には，それはコーンウォールから，セーヌ川を上り，ソーヌ川とローヌ川とを下って現在のマルセーユのギリシア人の港町まで，はるばる仲介商人たちによって運ばれてきた．鉄を求めてさえ，ギリシアの船乗りたちは植民時代のはじめに長距離航海の覚悟をしていた．前8世紀にはエルバ島の鉄のためにピテクサイが建設された．西北小アジアのカリュベス人の土地も，鉄資源で名高い．ガリシアやそのさらに北の地方からの錫だけでなく，銀も前630年以後はポカイアの船乗りたちによって南スペインのタルテッソスからギリシアまで運ばれた．しかし，銀はギリシア国内で十分に供給できる唯一の鉱石だった．アテナイ人は，前5世紀初頭以後，ラウレイオンに所有する銀山で，銀を豊富に掘り出した．銀と金はシプノス島の財産となった．前6世紀のリュディアのクロイソスの富はヘルモス川の砂金に由来した．金はパンガイオン山とタソス島でも採掘された．

短剣が発見された．世界の交易は，ある意味では，ブリテン島から蒙古に至るまでとぎれることなく広がっていた．

ミュケナイ時代のギリシアがこのように広い世界と通じていたことは，ギリシアが世界の中で占める地理的条件のおかげである．ギリシアは，地図上でヨーロッパとアジアの間の戸口となる位置を占めていることで，今も昔も運命が決められてきた．その明確な地理上のつながりのどちらか一方が一時的に弱まることはあっても，必ず後で復活してきた．前5世紀のはじめに，ギリシアの全土ではないが，その大半がペルシア帝国に呑み込まれたが，その関係をアレクサンドロスが覆した．一時，西からローマ帝国がギリシアを圧倒した．しかし，ギリシアは復活し，ビザンティン帝国の一部としてオリエントの諸勢力の影響をうけるようになった．しかし，その間にも，ギリシア文化の影響はアングロ・サクソン王国のイングランドにまで達していた．ギリシアが未開の北方とは比較的あいまいな関係であったことも，同じく地理的理由，つまり山と森のためである．影響は海路の方がよりすみやかに伝わる．おそらく，ミュケナイ文明の崩壊直後の時期を除けば，ギリシアの船が西地中海の海上に登場しなかった時代はないだろう．

どの程度まで，ミュケナイ文明がヨーロッパに貢献したのかということは，記録文書がないのでわからないままであるが，戦争技術と武器類や琥珀ビーズの線刻装飾以外にも，たしかに他の何かがあったと思われる．古代ギリシア人についても，人文地理学の一般類型の範囲内で研究するべきであるが，その観点からみると，ギリシアの先史時代がどう推移したのかという問題は興味深い．前1000年直前に，ギリシアの物質文化の水準は，他のヨーロッパ諸地域とほとんどかわらないほど低いものであったが，何か新しい始まりを告げる胎動のようなものが再びエーゲ海におこり，いわゆる古典期の形式と光明をもたらすあの爆発を準備していたのである．キリスト生誕より1000年も以前のギリシア人について，何か特別なものを主張したとしても，そのことは金と青銅の分野，そしていまでは当然失われた多くの芸術分野——たとえば，音楽，詩，木造建築——での，ケルト人のすばらしい業績を毀損するものではない．

おもしろいことに，ギリシアの鉄器時代は，ケルト文化のヨーロッパよりも早く，ミュケナイ時代の末に始まった．鉄が伝えられた理由ははっきりしない．よくあったことだが，もし鉄が隕石から取り出されたのなら，鉄には魔術的な価値があったであろう．容易なことではなかったが，一度鉄を鍛える技術が修得されると，鉄は青銅よりも安価であり，豊富であった．ギリシアの鉄器時代の開始は，東方からの青銅の供給が不足したところに，同じ東方から必要な技術が伝えられたことと結びついているらしい．少なくとも，鉄を鋼に精錬する技術が修得されないうちは，鉄の刃は青銅ほど鋭くないにしても，鉄は青銅よりも重い．その技術は，前5世紀以前にたしかにギリシアで採用されていた．当時の剣を分析してみると，全体は青銅製の武器であるが，そこに，精錬された鋼の鋭利な刃がつけられていた．ギリシアの鉄器時代のまさに初めのころのものである1丁の斧の鉄頭部には，青銅の鋲がとりつけられており，青銅の不足ということとは別に，ある目的のためには青銅よりも鉄の方が好まれたということがうかがわれる．

その暗黒時代，ギリシアはヨーロッパの他の地域と同じくらい，あるいはそれ以上に貧しかったが，光は東方から，つまりいっそう発展していた諸民族から伝わってきた．フェニキア人とエジプト人，シリア人とヘブライ人と親しくなるこ

とにより，もし他に何もなくてもそれだけで十分な影響をうけて，そのおかげでギリシア人は発展し，エトルリア人やガリア人よりも優位にたつことができた．フェニキア人からはアルファベットが伝えられ，エジプト人からは彫刻が伝えられ，レヴァント地方からは建築が伝えられた．ギリシア内で生じたことの個性——外国の影響がどんなに圧倒的なものであっても，たえず何とかして，あらゆる影響をギリシア式表現で解釈しようとすること．その結果，エジプトの彫刻がまだ矢のように硬直した姿勢であった時期に，ギリシアの像は自由に歩み出した姿勢をとっていたのであり，ギリシアの装飾美術は明快な形式と，他には知られない究極的な質とに達した——それさえも，非常に多くの活気ある地域社会と山岳地帯と島々が，完全にではないが孤立していたという，ギリシアの自然の特質に起因している．

古典期のギリシア人はミュケナイ時代の道路をまだ使っていたし，ローマ時代でさえ，ギリシアの道路建設は，同時代のブリタンニアやガリアにみられた軍事上の壮観さには決して達しなかった．ギリシアにあるローマ時代の唯一の大きな道路は，はるか北を通って東へ通じていたエグナティア街道であったが，それは小アジアとの戦いに備える軍用道路であった．古典期のギリシアの道路には，ラバと家畜商人の通路として最近まで残っていたものもあった．幾何学様式芸術という幾分狭い範囲内にさえも認められるギリシアの地方様式の多様性は，この細々ととぎれがちな交通網の産物である．都市国家間の戦いもおそらくそのためであり，ギリシア人の民族論もそのためであると筆者は推測している．人類をヘレネス（ギリシア人）とバルバロイ（非ギリシア人）に区分するという狂信的排他主義は，ギリシア特有のものではなく，このような区分はほとんど普遍的である．しかし，古典期のギリシア人は，祖先と方言というおおざっぱな証拠によって，ドリス人とイオニア人とアカイア人という，ギリシア人同士の民族闘争という神話的歴史を展開させたが，それは，その後の戦争と同盟の口実であり，大貴族間のいさかいの口実でもあった．

当然，このような民族論はまったくの誤りであった．方言が発達したのはミュケナイ時代以後であったと考えることは，ミュケナイ時代とそれ以後のギリシア人についての現存の史料に照らしてみれば少なくとも矛盾はしない．方言は，暗黒時代に山岳地帯で仕切られて孤立して発展したことの産物であるといえよう．もしそうなら，ドリス人とイオニア人の民族意識は誤った意識であった．ペロポンネソス半島を諸国家に分割することは，前5世紀になっても不完全だったことを思い出すべきである．南端の町々はアウグストゥス帝の時代まで独立していた．南エリスのトリピュリアはどこに属していたか不明確であったし，アルカディアそのものがほとんど統一されていなかったし，スパルタとアルゴスの間には半独立の種族がいた．帝政ローマ時代になっても，ギリシアの嵐すさぶ南端を数回周航することでさえ，墓石に記すほどの価値のある業績であったのだ．

古代ギリシアの方言

古典期になってもなお，孤立した地域に先ギリシア語が残っていた．クレタ島のエテオクレタ語，レムノス島の土着民が話すレムノス語，キュプロス島のアマトゥスのエテオキュプロス語である．asという訛のあるドリス方言は，ドリス人侵入者たちが占領したといわれている土地で話された．このような土地にいる非ドリス人は，たとえ民族的に異なることを意識していても，ドリス方言も話した．テッサリアとボイオティアへの侵入者はアイオリス方言を伝えた．本土では，征服されたことのないアテナイ人がイオニア方言の一種のアッティカ方言を維持し，その文学上の名声でギリシア語圏を事実上征服した．ヘレニズム時代のコイネー（共通ギリシア語）はアッティカ方言を一般化したものであった．叙事詩の様式化された言葉が小アジアの西部で発達したが，通常の言葉には決して使われなかった．人々が話したのは，北方ではアイオリス方言で，レスボス島の詩人たちが詩に使った．そして，サモス島，キオス島やイオニアの海岸諸都市ではイオニア方言であった．これが最初の散文作家たちの言葉であった．コス島のヒッポクラテス学派の医師たちと歴史家ハリカルナッソスのヘロドトスはドリス人であるが，イオニア方言で書いた．本土の西北方言は碑文では知られているが，文学にはない．アルカディアには古い方言が残ったが，それは最初のギリシア人植民者たちがキュプロス島に前1200年ごろに伝え，独自の古い音節文字で古典期まで書き続けたという種類のギリシア語と驚くほど似ている．ピンドス山地にはギリシア人にはわからない言葉を話し生肉を食べる人々がいた．マケドニアの言葉はギリシア語と関連があった．

古代ギリシアの研究

ギリシア人についての研究はヨーロッパ文化史の不可欠な部分であり，ギリシア考古学自体にも歴史がある．その長い過程と，前後する各世代のさまざまな動機と傾向とを，注意深くながめてみることは有意義なことである．何しろ，それらは，今日古代世界に関して役に立つ知識，あるいは最も重要な知識であると思われるものに，確実に影響を残しているからである．

ギリシアとローマ

ギリシア人はローマ帝国に併合されても，その尊厳を損うことはなかった．むしろ，ローマはギリシアの一部だったといっても過言ではない．文学，哲学，美術全般に加えて，ローマ人が尊重した宗教的神話でさえ，大部分がギリシア風であった．ギリシア語は最高の権威を保持していた．ローマ人は，ギリシアの運動競技と，ほどよくかけ離れたギリシア的自由観とに畏服し，さらに，ギリシアの農民と羊飼いの牧歌的な考えにさえ畏服していた．ローマ人は，ギリシア人の人間的，肉体的美しさは自分たちよりも優っているとまで信じていたらしい．われわれのギリシア人に対する態度は，ローマの文学とロマンチックなローマ的理解とに負うところが多い．政治の面では，ローマ人はギリシアを過度に軽蔑もし賛美もしたが，他の点ではたいていギリシア人を理想化した．ローマ文学の優れた研究者の1人であるエドゥアルト・フレンケルは，ローマ人の作家は誰でも，人間として深みを増せば増すほど，ギリシア的なものにいっそう濃く染まっていった，と述べている．それもまた真実ではあるが，ギリシア世界についてのローマ人の感情と観念は，深い人間性とか偉大な文学には，具体的に示されてはいない．

すでにローマ時代にも，プルタルコスのように過去にあこがれる歴史家たちがいたし，美術史にも一般に認められた見解があって，それは，「美術はこのとき存在をやめた」という有名な文章を書いた大プリニウスのような著述家たちに大きな影響を与えた．小アジアのギリシア人パウサニアスのような，一種の考古学者たちまでいた．かれの著わした『ギリシア記』は，後2世紀のギリシア本土にまだ残っていた宗教や美術の遺物と都市についての，一様ではないが，徹底的で広範な記述である．

しかし，ルネサンス後期になるまで，西ヨーロッパ人は文学，それも主にローマの文学を通してギリシア人を理解した．パウサニアスはめったに写本がなかったし，ほとんど読まれなかった．15世紀に偶然にかれの本が発見されたとき，あるイタリア人学者は，遺物が残されるのは文学の力によるしかないということを示す実例がこの本であると，別の学者に語った．

当時は誰も発掘を考えなかった．考古学はローマで始まり，ギリシア考古学はローマの宝探しの延長として着手され，長い間続いた．ギリシアの遺物の最初の収集家たちはイタリアから刺激をうけた．アテナイの彩文陶器は，最初にイタリアで知られたために，18世紀末までエトルリアのものと考えられていた．17世紀にミルトンがデルポイを訪れる気になったのも，また18世紀にアルバーニ枢機卿の支援のもとにヨハン・ヨアヒム・ヴィンケルマン（1717—68）がオリュンピアの発掘を計画したのも，やはりイタリアにおいてだった．英国美術愛好家協会が1764年に最初のギリシア調査隊を送り出して，オリュンピアの遺跡を発見したのも，ロンドンからでなくローマからであった．ジョヴァンニ・バッティスタ・ピラネージが1778年の没年に描いたパエストゥム遺跡の図も，またジェイムズ・ステュアートとニコラス・レヴェットの共著『アテネの遺物』（1762—1816年）も，伝統的ローマ趣味の延長である．

旅行者と略奪者

パウサニアス以後で，記録に残っている限り，はじめてギリシアの古代遺物を真剣に調査したのは，大胆な旅行家であり，商人，外交官，学者でもあり，奇人でもあったアンコーナのチリーアコ（キリアクス）（1391—1455）であった．すでに，ギリシアの宮廷サークルや，あちこちの学問重視の修道院では，パウサニアスや，あまり史料的価値がないと思われるストラボン（前約63—後21以後）とプトレマイオス（後2世紀）の文献をもとに，そこに記された古代都市を現在の村

下 15世紀にアンコーナのキリアクスは，サモトラケ島の前4世紀の踊り子の石彫を写生した．実物は次頁の写真．このころすでにルネサンスは，発見したものに自らの主観を反映させていたことを物語る見本である．

古代ギリシアの研究

パエストゥムの最も有名な神殿群の一部．発見後間もない1778年にピラネージが描いたもの．神殿は一時海岸の浅瀬の中に建っていた．後に海が後退したとき，その建物はモッツァレッラ・チーズをつくるための水牛舎になった．パエストゥムは20世紀まで，大半のギリシアの遺跡ほどには乱されていなかった．

落に結び付けることに関心が払われた．昔のままの名で現存する村落はほんのわずかであり，大半の都市はまったく廃墟であった．聖域が要塞になったところもある．オリュンピアのゼウス神殿の一部は城になり，エピダウロスのアスクレピオスの円堂は天守閣になっていて，アテネのアクロポリスではパルテノンがキリスト教会に，残りの部分はイタリア人の宮殿になっていた．再び使われていた遺跡の大半も，キリアクスが旅行したころには，また見捨てられて廃墟になっていた．アテネのアクロポリスは使われていたが，アクロポリス史上最悪の時期であった．キリアクスは，かれが見たものを描き，古代の碑文を記録し，情報を集め，所蔵の写本に時には過剰なほどの注釈をつけた．しかし，かれには後継者がいなかった．

17世紀末以前に，学識のある旅行者や略奪者がはじめてフランスとイギリスから現れた．17世紀末のヴェネチアのトルコ遠征がアテネに大損害を与えたが，それでも1700年までは，ギリシアについて記録を残した芸術家や好事家は，見いと望むものをほとんど見ることができた．フランシス・ヴァーノンは，1677年に非業の死をとげ，イスファハンに埋葬されたが，自分のギリシア旅行について大部の手記を残した．これはいまもロンドンの英国学士院図書館に未刊のまま保存されている．かれは遺物だけでなく，花や築城術にもかなり興味をもっていた．

最初の大きな変化は1760年代におこった．わかりやすい建物の図や正確な風景記録によって，ヨーロッパはイタリアを通さずにギリシアの実態をみるということをはじめて学んだ．同時に，抑圧された農民というロマンチックな偏見と，トルコ人に対する一種の絵のようなロココ風の関心とが，旅行者の態度に反映していたことも認められるべきである．そして，ローマの影響も消滅しなかった．1816年にエルギン卿がパルテノンからの略奪品をイギリス政府に売却したとき，有名な鑑定家たちは，それまで見慣れていたローマの作品と比べて，まだそれらを低く評価した．

このように数百年迷ったことの影響として，ギリシアの原作をローマの模作と明確に区別するあまり，厳しさと力強さを過大視して，ギリシアの芸術とローマの芸術とが時としてあこがれてきたあのより暖かくより気楽な性質を無視するという傾向が，今日までひきつがれてきたことは否めない．限られた一生をかけても，もつれた過去の混迷を解きほぐすのは容易ではない．

古代ギリシアの発掘

考古学と現代のギリシア理解

1804年,イギリス人将校ウィリアム・M・リークは,フランスに対して何らかの陰謀を企てるという政府の密命をうけ,南ギリシアの防衛を研究するために,トルコ人の中に身を投じた.かれはこの任務中に,ギリシアの廃墟や遺跡について,初めてにもかかわらず非常に好意的な調査をした.やや遅れて,フランスの科学調査隊がその地域で同じ種類のすぐれた仕事をした.

19世紀の間に,遺物についての自然科学的説明が熱心に求められるようになった.考古学は自らの技術は不十分であったが,例証の多様さで美術史を圧倒しはじめた.ペリクレス時代に集中していたヨーロッパ人の興味は,さらに冒険を始めた.19世紀末には,先史考古学の新しくて広大な威光が感じられ始めていた.ハインリッヒ・シュリーマンは,1860年代と1880年代に,ホメロスのトロイアとミュケナイを求めて発掘を続けていた.アーサー・エヴァンズ卿は,ギリシア人にとって単なる伝説でしかなかった世界を求めて,そしてギリシア語以前の文字と言語を求めて,1900年にクノッソスを発掘した.

ステュアートとレヴェットは『アテネの遺物』(1762-1816)で,この神殿をテセイオンとして発表したが,実際はヘパイストスの神殿だった.これは,全ギリシア神殿中で最もよく保存されたものの一つである.18世紀に,野生の蜂蜜を求めたあるトルコ人によって,屋根だけがこわされた.

2週間もたたないうちに,エヴァンズの捜していた古い文字の証拠が発見されたが,その言語が古い形のギリシア語であると解読されたのは,それより50年以上も後のことであった.そうこうするうちに,ミュケナイ文明とクレタ文明の発掘は,ホメロス研究の範囲をはるかに越えて広がっていった.当時の出来事を記録した文書なしに歴史を理解することはむずかしいことではあるが,クレタの宮殿文明やミュケナイ文明や,さらにもっと古い先史時代については,いまではかなりのことがわかっている.その結果,われわれがこれまで抱いてきた前5世紀の芸術と優雅さを絶対無比のものとする評価は崩れはじめている.

20世紀になると,そのほかにも変化がおこった.まず,古典教育を貴族のものとする考えがヨーロッパで衰えた.古典学者なら当然「紳士」や「淑女」であるということは,もはや特にいえない.だから,数世代の学者たちが暗黙の前提としていたことのいくつかは,静かに消えてしまった.いまでは古代社会について人類学上の疑問がかなりあり,プラトンや歴史家たちだけでなく,叙事詩の英雄や劇作家についてさえ,いっそう活発な批判がある.発掘は,事物を復元することよりも正確に精査して,史料分析を行うことの方が重要である.美術史でさえ,様式変化の細かな点と,複雑な作品の属性とを取り扱っている.美術史の主な研究法は1939年以前に設定されていて,新史料が豊富に出てきても方法論は変らない.

焦点だけが,前5世紀から前8世紀へと時間をさかのぼって徐々に移っていった.1890年代にギリシア国内で発見されはじめ,いまでも出土している古い時代の遺物,特に彫刻に,以前よりも精通している新しい世代の研究者たちが育ったのである.両大戦間の時期になってはじめて,アルカイック期のギリシア彫刻についての適切な研究が公刊された.世間一般の好みに関する限り,1950年代までギリシア訪問はぜいたくであり冒険であったことも,またギリシア考古局が管理する巨大な収集品を研究することは研究者たちにとってさえ必ずしも容易なことではなかったということも,思い出すべきである.

その結果,考古学ははなはだ困惑させるものになった.もしも100年か200年前に発見されたなら大きな影響を与えたはずで,しかもその観念に独特な価値があると考えられたならば古代ギリシア観を修正したはずの美術品が,当節では軽視される.ギリシアの宗教と神話は,比較研究のうねりのうちに,その定義を失ってしまった.歴史は学術雑誌で論じられるが,古代ギリシア人の歴史全体について納得のゆく記述は,19世紀以来一つとしてない.そして,ギリシア人に関するどんな記述も,モムゼンの『ローマ史』(1854-56年)やギボンの『ローマ帝国衰亡史』(1776-88年)に決して匹敵しない.マルクス主義による分析は初期のギリシアよりも後期の方にうまく適用されてきた.今日の考古学は,20年,30年前には誰も興味を示さなかった分野,すなわち,ミュケナイ時代の終りとアルカイック期ギリシアの最初の微光の間にある暗黒に,最大の知的努力を注いでいる.

20世紀の発掘の成果の中には,費やした時間と費用の必然的な結果であるものもいくつかある.われわれは,大都市の中心部や大城砦の範囲といった特定の問題については,先輩たちよりもずっと多くのことを知っている.旅行が容易になったので,植民市や商業地の遺跡と建築物と都市計画などの有益な比較研究ができるようになった.古代の機械類の専門家もいるし,それに熱中している人もいる.どんな大遺跡でも,単に物がそこにあるというそれだけの理由で,考古学がそれに関わらざるをえなくなってきたことを思い出すべきである.

100年前に発掘をした人々はもっと貴族的であって,自分

古代ギリシアの研究

威勢のよいアーサー・エヴァンズ（上）は遺物のすばらしい収集をした。そして情熱家のハインリッヒ・シュリーマン（右）は、ギリシア人の妻をトロイアの金の財宝で飾った（右端）。このような強力な個性がギリシア先史学に大いに貢献した。かれらの発掘は大規模であり、出土品の多くは質的にすぐれていた。

次頁　ミュケナイのアトレウスの宝庫（前14世紀）の内部で、高さは15 mある。イギリス人のエドワード・ドッドウェルが1801-06年の旅行中に描いた図。前1500年ごろから建てられたミュケナイの、大きな持送積工法の蜂窩状墳墓（トロス墓）の中で、これはおそらく一番見事なものである。

の選んだ場所を堀り、自分が軽蔑したものは無視した。かれらの選択は凝りすぎていて審美眼が誤っていることがよくあった。だから、現代の欠点の方が明らかにずっと質がよい。機会は一度無視されると再び戻らないものである。オリュンピアについて今日ではまったく不明なことがたくさんある。古代の町並の組織が、さらには墓地制度でさえ、完全な状態で発見されることは、もしあるにしても、ほんのわずかしかない。現在シチリア島のメガラ・ヒュブライアの墓地を一つ一つ整理している仕事が進行しているが、それが完了したあかつきには、ギリシア人の定住地について、かつてなかったほどの完全な知識がはじめて手に入るだろう。それにしても、このような仕事が19世紀に行われたとしたら、いまよりも簡単であったろうに。その当時なら手付かずのままであった多くの遺跡が、今日では搔き乱されたり、見えなくなったりしている。

名前の通った、つまり歴史的に有名な都市の方がいまでも好まれる。このことはいまでも古典学者に影響を与えているのと同じように、かつては先史学者に悪影響を与えていた。ホメロスが語った土地を発掘することは楽しいし、ほとんどいたるところがパウサニアスによって語られている。「都市」という言葉は誤解されやすい言葉であり、時には現代の村よりも小さな集落を述べているのかもしれない。そして、われわれも、同じ言葉がペロポンネソス半島の小さな要砦化された村落とアテナイの両方に使われているので、大いに迷わされる。他の点では、主に現在の首都がアテネであるという理由で、アテナイの重要性が過大視されて、多くの考古学者や学者たちが地方よりもアテネの方を好む。少なくとも遺跡に関しては、古代アッティカのものは小さな町までもたいてい知られている。ギリシアの他の地域は、現在発掘されたものが少ないからといって、それと比例して人口が少なかったわけではない。

先史学者は常に文献にはあまり頼れないから、古典学者よリは技術的に鋭敏であり、考古学の適切な訓練をより多くうけている。20世紀になって、先史学者はついにホメロスの悪夢から自由になり、神話への関心を失いつつある。ホメロスの原典による示唆とは無関係に、考古学の成果がある程度ま

クレタ島でのエヴァンズの仕事の特徴は，勘と個人的な華々しさと，そのころとしては最高水準の専門知識であった．かれはクレタ人労働者の傍で作業した．そして後にもちあがった論争で，かれは地中にあったものをほとんど見逃さなかったということを思い出させた．

で現れてきたとき，はじめてホメロスと先史時代のギリシアがどんなふうに関連しているのかをみることができた．一方が他方の方法で研究された間に，混同が広がった．古典考古学は，有名な人物や集団に関心を示さずに，物的史料に，つまり石そのものがわれわれに告げたがっていることに集中するという，同じ過程をいまなお経験しなければならないらしい．考古学は，これまでも時には社会学的であったが，さらにそうなる必要がある．

何世紀もたった現在でもまだわかっていないことのうちには，専門家でない人なら驚くようなことがある．ギリシアの大理石使用についての完全な研究がまだない．青銅の古代の産地，さらには金の産地でさえも，まだ推測の問題である部分が大きい．いかなる種類にせよ，統計的研究はほとんどない．ギリシアのほとんどすべての大聖地についての，そのいずれか重要な段階における物質面の歴史は不確かである．このような概括に対して例外に近いものは，ただアテナイのアクロポリスとおそらくデルポイだけである．

数世代の学者たちがさまざまな美学上の誤りを犯してきた．エヴァンズ卿が1900年代に委託して復元したクノッソスには，上品な表現を使えば，エドワード朝の雰囲気がある．かれの下で働いた製図師のピート・ド・ヨングが描いたミュケナイ時代の宮殿の王座の間の復元図は，19世紀のある鉄道会社がそのホテルのロビー用のデザインとしてはふさわしくないとして拒否したものに似ている．

われわれの時代の美的判断の誤ちについて考えてみると，アルカイック期のギリシア彫刻を撮った最近の写真の多くは，やたらときれいにみえるようにしてある．ピンダロスとかれの評価に焦点が合わせられたのはやっと現在になってのことであり，遅すぎたきらいがある．そして，われわれが古代の詩を他の詩歌と比べて，詩歌として評価しようとするときに，翻訳，少なくとも英語訳は，弱々しくて乱暴な訳であることがよくある．フランス語訳ならまだましであり，イタリア語訳の場合はしばしばすぐれたものがある．

第2部 青銅器時代
THE AGE OF BRONZE

クレタとミュケナイの宮殿文明

年ごとに蓄積される考古学史料のおかげで，クノッソスとミュケナイが栄えていた前2100年と前1100年の間の生活について，現在までに多くのことがわかってきている．たとえば，前2000年以前にもギリシアにインド・ヨーロッパ語族がいた．ところが，最も明白な疑問のいくつかについては，いまだに答えられないままである．いくつかの問題についての激しい論争と，それが確定的というよりも示唆的な証拠の問題に拡散したために，この1000年間の出来事はいっそう難解になっている．考古学者が使ってきた文化編年の基準（年表参照）は，正確な知識と年代がないので，クレタ島と他の島嶼と本土では少々異なる．しかし，この時代の終りまでには，クレタ島が国際的に強い影響力をもつようになり，ギリシア全土の発展が時間的に統一されてきて，ギリシアの大部分が単一の歴史をもちはじめる．

ミュケナイ人の最初の王朝，つまり，われわれが知る限り最初にギリシア語を話した人々は，比較的遅く，前1700年ごろに本土南部に現れた．当時，クレタ島の宮殿文明はすでに存在し，クレタの影響は島嶼を経てレヴァント地方にまで広がっていた．ミュケナイ人が現代の歴史学に最初に意識されるようになるきっかけは劇的であった．かれらはミュケナイの大円形墓城の竪穴墓とともに歴史に登場する．その時代の宮殿はミュケナイでは発見されていないが，おそらく存在しなかったのだろう．当時，その他の地域のヨーロッパにも，戦士の墓と関連する宮殿はなかった．案外，ミュケナイの最初の王侯たちは幕舎や木造小屋に住んでいたのかもしれない．現在廃墟として残っているミュケナイの城市は後になって建てられたものであり，前13世紀になってはじめて城壁で囲まれた．そのころ，ミュケナイでは城壁外の多くの家が火事で焼け落ち，ミュケナイとティリュンスとアテナイのアクロポリスの下とに，深い井戸が掘られた．最もよく知られているミュケナイ時代の宮殿——ミュケナイ，ピュロス，ティリュンス——は，ミュケナイ時代の初めではなく終りごろに建てられたものである．

前2000年以前のクレタ島

クノッソスには城壁がなかったし，奇妙なことに宮殿にはそれに付属する墓地がない．考古学から歴史を論じることは，文化や物が連続しているか断絶したかということに主に依っているから，それは厄介な問題である．しかし，クノッソスそのものが人の住まないみせかけの都市で，1個の巨大な墓だったという最近の説は，はっきりと誤りであるといえる．クノッソスはゆっくりと発展したのであり，後代のミュケナイの宮殿とは異なり，それ以前の住居址の厚い地層の上に宮殿が建っている．クレタ人は，もともとレヴァント地方のど

上 巣の中のひなに餌を与えるつがいのグリュプス．エウボイア島のレフカンディ出土の壺．ミュケナイ時代後期の美術は実用的であるとともに時としてユーモラスである．

ミュケナイ世界の住居址

ミュケナイの城砦と壮大な竪穴墓とトロス墓（蜂窩状墳墓）は，数kmしか離れていないティリュンスの大城と競い合うかのようである．ミュケナイに，またピュロスとクノッソスの宮殿で発見された粘土板の音節文字は，1950年代にギリシア語として解読された．文書はすべて財産目録であり，ヒッタイトの首府で発見された同時代の粘土板文書と異なり，政治史については何も教えてくれない．しかし，考古学の発達により，少なくともミュケナイ文化の広がりと変化についての印象を得ることができる．西の方では，ケパッレニア島で小さなトロス墓が発見され，テッサリアには大きなものがある．ミュケナイ陶器はこの地図の範囲をこえて，イタリアのタレントゥム近くとレヴァント地方にまで輸出された．これほど遠くまで発展した交易関係はミュケナイ文明の崩壊とともに消滅し，植民時代のギリシア人によって回復された．驚いたことには，前1000年ごろのギリシア人の移動よりもかなり早く，西小アジアやその沖の島嶼の遺跡でミュケナイ陶器やトロス墓がみつかっている．使用者がギリシア人であったかははっきりしない．

クレタとミュケナイの宮殿文明

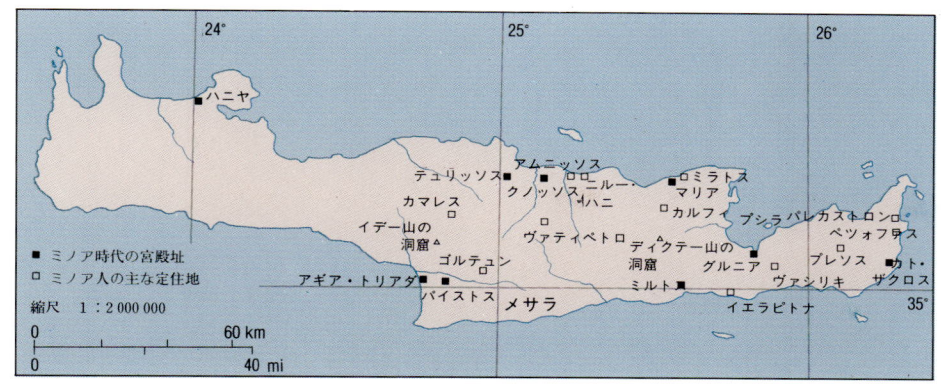

クレタ文明の遺跡
古典期のギリシア人はクノッソスのミノス王の迷宮をおぼえていた．クノッソスが最盛期であった前2000年紀の不規則な広がりをもった宮殿が20世紀に発掘された．クノッソスは前1450年ごろに破壊され，その後同じような壮麗な伝統をもったミュケナイ文明のギリシア人が住みつくようになった．

こから，たぶんエジプトの混乱を逃がれて，あるいはもっと東方から，やってきた．しかし，クノッソスの下の7mの地層を調べてみると，そのクレタ人が前1900年ごろに宮殿を建てる以前に，すでに約4000年間この土地に人が居住していたことがわかる．おそらく贈り物か輸入品であったろうが，1丁の銅製の斧がクノッソスの新石器時代の家で発見されているから，かれらが金属を使っていたということまでわかっている．

前2800年の直後には，クレタ人はすでにエーゲ海で勢力を誇っていた．そして，古風な蜂窩状の穹窿のついた特色ある墓もすでにその当時には発達していた．このトロス墓という様式の墓は，クレタ島内には一つとして無傷では残らなかったが，1000年以上も続いた．その壁は厚く，形は泥レンガ製の建物を連想させる．その直径は13mに達した．そして円形の墓室に長い前庭がついた形は，たしかにかつては家の形だったものを模倣したものである．レヴァント地方では文字が使われていたにもかかわらず，クレタ人には前2000年までま

だその知識がなかった．クレタ島では孤立した集落址からも，エジプトの石製容器がかなり発見されている．それらは前3000年前後の数百年間につくられたものだが，はるか後までクレタ島に入ったという証拠はない．それらは本当に先祖伝来の家宝としてクレタ島に伝えられていたのだろうか．あるいは，エジプト古王国の王家や貴族の墓から前2300年ごろに略奪された盗品であろうか．

大宮殿の背景

クレタ島における文字の最古の例は，前1900年のものである．それらは象形文字，つまり絵文字である．文字の形と石製容器の細工技術と石製印章の彫刻は，おそらく，キュプロス島の対岸にあるシリアから，それもたぶんラス・シャムラから伝わったのであろう．この場合にも，他の場合と同様に，難民たちがその技術を伝えたらしい．この時代の文書で現在まで残っているものの大半——ミノス線文字A——は純粋な行政記録であるが，やや後代のミュケナイ文明の線文字Bだけしかまだ解読されていない．クノッソスから出土した初期の粘土板の特定の形から判断すると，はじめはシュロの葉に書いたものと思われる．前1450年以後のミュケナイ人の間には，ギリシア語で書かれた文学がたぶんあったのであろう．同様に，ギリシアの小さな島々から出土する単純な形の大理石像の中には，当時およびそれ以前の音楽家たちの像があるのだが，もちろん中央エーゲ海の島々の音楽や詩についてはわれわれは何もわかっていない．クレタ島（とクレタ島が支配する島々）で視覚芸術がかなり大量に現れるのと時を同じくして，芸術家自身が石とその色合，貝，そして海に関するあらゆることを強烈に意識している．その地域一帯で，墓や穀倉や祭儀容器は稠密な渦巻文様で飾られた．美術品では，貝や魚のような自然の形を意識した表現が発達した．その最高傑作は，ある意味で，19世紀の工芸美術家ウィリアム・モーリスのヤナギの葉の模様の壁紙を思い出させるほど，ひきしまった意匠であった．ただし，モーリスはクレタ美術をまったく知らなかった．

前2000年から前1400年までのクレタ島全盛期の大宮殿は，クノッソス，パイストス，マリア，ハニヤにあった．ハニヤはまだ大部分が発掘されてない．もっと小さな宮殿も多数あり，すばらしい遺物が出土したところもいくつかあるが，おそらくカト・ザクロスを除いては，いずれも大中心地にはかなわない．

クノッソスとパイストスは前1700年ごろに破壊され，特にパイストスの被害はひどいものであったようだが，両宮殿とも再建された．マリアはそれよりも小規模に建てられている．最も繁栄した時代のクノッソスは約160m²あり，オックスフォードやケンブリッジの小さなカレッジ，あるいは中世の小さな修道院ほどの大きさであった．クノッソスには，後1300年のボルトン修道院が所有していたのとほぼ同数のヒツジがいた．少なくとも以上のことがクノッソスの発掘された部分から判明したことである．その外郭地域については最近の数年の間に発見されつつあるが，その全貌を解明するためには，かつてエヴァンズ卿が費やしたほどの財力を必要とするはずである．

前16世紀の中ごろ，クレタ島の宮殿文明の絶頂期に，キュクラデス諸島の中でクレタ島に一番近いサントリニ（テラ）火山島が爆発した．サントリニ島は完全に荒廃した．島の宮殿は結局見捨てられて，空っぽの室内にいた数匹の動物だけが熔岩に捕えられた．しかし，宮殿がそっくり埋もれたので，ポンペイと同じように，今日まで完全に保存された．爆発は畏敬の念をおこさせるほどだったにちがいなく，遠くクレタ

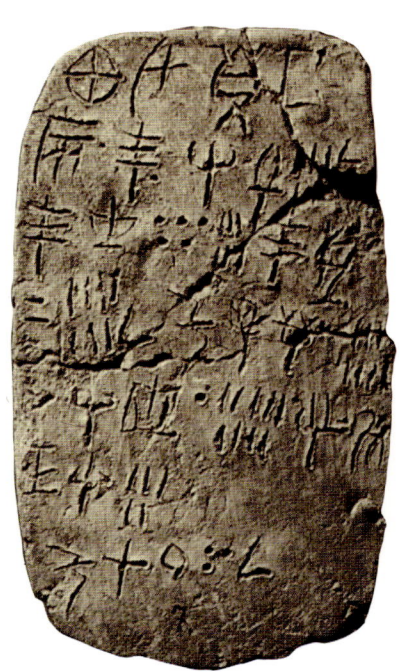

上はアギア・トリアダ出土の線文字A文書2例．右はクノッソス出土の線文字B文書．線文字Aの記号の多くが線文字Bでも使われた．しかし線文字Aはまだ解読されていない．

島の東部にまでひどい被害が及んだらしい．クレタ島では農作物に大きな被害があった．他にも何回か地震があった．そのころの，あるいはその後の，数年間のある時期にザクロスとマリアが破壊され，クノッソスも損害をうけたが，クノッソスだけは生き残った．明らかにザクロスはその破壊以前に捨てられていた．あらゆる出来事を1回の印象的な爆発で説明できるとしたら心踊るような魅力があるのだが，事件の正確な順序や関連は疑問のままである．飢餓や病気や革命も一役演じたかもしれないが，これらのいずれも考古学的に立証するのはむずかしい．

かつては，ミュケナイ人が前1400年ごろにクノッソスを占拠していたことはありえないと強く否定されていたが，現在では確実なことであるようだ．しかし，ここでもまた状況は不明瞭である．同盟，帝国，連合，王家の結婚，文化の優勢も，それらからどれかを選びとる明白な根拠がない．破壊に続いて外国文化が入ってきた場合にのみ，征服ということが明らかになるだけである．

線文字B文書の語るもの

クノッソスで発見された重要な記録文書を通して，われわれはクレタ宮殿の経済状態を垣間見ることができる．粘土板は線文字Bと呼ばれる文字で記されている．この文字は本土のミュケナイ文明の王宮で使っていた文字でもあったが，クレタ島ではクノッソスにしかない．線文字Bの母体になったと思われる線文字Aは，前1700年ごろから前1450年までの間にクレタ島全域に現れるが，まだ解読されていない．ミュケナイ人がギリシアに一つの民族として出現したことを象徴するものとしては，かれらがクレタ島に文字を伝えたのではなく，事実はむしろかれらがクレタ島から学んだということであろう．かれらが支配した時代，すなわち，クノッソスの線文字B文書の時代（前1400年ごろ）は困難な状況にあり，軍事的なことに没頭するあまりに，技術は向上したものの宮殿美術は衰退していった時代であった．宮殿の壁に描いたフレスコ画家の興味は兵士や戦闘場面に向けられた．武器は改良され，陶器の材質は洗練されたが，装飾はぞんざいになりはじめた．それでも，このような印象をあまり強調すべきではない．当時，近東の他のところでも軍国主義が同じように台頭していたからである．

クノッソス（とピュロス）の線文字B文書から，農業がすべての富の基本であったことがわかる．ヒツジは50頭単位で数えられ，羊毛は1群のヒツジの頭数の10分の1の倍数，または，牡ヒツジの頭数の4分の1の倍数で計算された．支配者は王であったが，穀物と土地の分配では，3人からなる顧問団が一団として王と同量の分配をうけており，王の次位にある1人の役人が，かれらの1人分と同量の分配を得ている．立証はされてはいないが，この高官が王の世俗的権力を行使し，王はもっと宗教的な権力を行使したということらしい．さらに低位の階級や職務がいくつかあり，専門化された職業や任務が多数あった．たとえば，羊飼い，山羊飼い，猟師，きこり，石工，船大工，大工などである．女たちが穀物を挽いて量り，男たちが焼いた．贅沢な生活がすでに金細工師と浴室係と軟膏製造係を生み出していた．個人が奴隷を所有することもできたし，奴隷たちは主人の仕事に従事することもできた．捕虜の女は重要な労働力であった．パン，オリーヴ油，ブドウ酒はありふれたものであり，よそでは珍しいクレタ島のヤギも含めて，普通の種類の動物が飼われていた．ある印章石の図像をみると，これらの長い角をもつ家長的な動物を対にして戦車をひかせることさえあったと思われるふしがある．ミュケナイ時代の野菜についてははっきりわからないが，ハッカも含めた多くの種類の調味料が使われたことと，クノッソスのミュケナイ人はチーズを食べたことがわかっている．クノッソスの羊飼いと山羊飼いは，宮殿から離れたところで群を放牧しており，特別な徴収係がそれぞれの群から動物と羊毛の割当額を集めた．ウマはほとんどいなかったし，ウシもあまり多くなかった．ブタは飼われていて，太ったブタは特別に記録されていた．

ミュケナイ時代の宗教

この主題については最近多くの著作が書かれているのとは対照的に，ミュケナイ時代の宗教について確実にわかっていることは驚くほど少ない．副葬品，黄金の仮面，時には遺体を蜂蜜に漬けること，これらは裕福な死者のしきたりであり，死後の生活が本気で考えられていたことがうかがえる．クレタ島の洞穴では男根の形をした石筍が選ばれて崇拝されていたが，このような豊饒礼拝は宗教体系の一端を説明している．その他にも，岩山高くに建てられていて，近づきがたい山の聖所がある．ウシの角の形をした彫刻である聖角のついた祭壇が残っている．聖なる象徴は多数残った．たとえば，双斧はおそらく天空神に属していた．柱を礼拝する表現もあるが，その最も有名な例はミュケナイの獅子門である．獅子門は怪獣グリュプスの門だったかもしれない．しかし，この紋章の動物が頭部を失う前までは何であったにせよ，2頭の動物は1本の柱の両側で，2基の祭壇に前足を乗せた姿勢をとっている．

クノッソスとピュロスの記録文書に記された神々の名の多くが，古典期ギリシアの神々の伝統的な名称であることは事実であるが，このことは必ずしも諸問題を解明する糸口にはならない．線文字B文書のこの部分を解読するとき，さらに解釈するときにはなおさら，性急な推測を再三断念せざるをえなかった．しかし，ハトの女神がいたこと，ポセイドンが重要であったこと，神話学ではヘカテと関連するギリシア悲劇の主人公イピゲネイアがミュケナイ文明の有力な女神として存在しはじめていたということは興味深い．神々は奉納品をうけとり，財産をもっていた．クノッソス文書よりも年代的に遅いピュロス文書にある「神の召使」という表現は，農民，あるいは畑で働く人を意味するらしい．クレタ・ミュケナイ文明の視覚芸術から，先史時代の宗教についてさらに多くのことを感じとることができる．しかし，このように直接に理解しようとする感覚は，結局あてにならないとわかることがよくある．

いずれにせよ，さらに多くのことがいえないこともない．共通した題材を表現している一連の金の大きな指輪があるが，その図像は相互に関連する神話の場面を説明し，それに重なる物語を示しているように筆者には思える．同じような図像がもっと小さな宝石に彫られていることもある．そのような図像の最も魅力的なものの一つに，1人の人物が背面にワシのついた王座に座っており，堂々たる身振りの動物たちが後足で立って一列にならんで，液体の奉納品を運んでくるものがある（ここでは座っている人物を男性とみているが，一般には女神と考えられている）．非常に鮮やかな上空には稲妻と太陽の輪と月と星が輝き，下段には数個の8の字形の楯がある．王権神授の考えをこれほどはっきりと表すものは，他にはほとんどないだろう．クノッソスの王座の間では，1脚だけ独立して置かれている王座の背後の壁に，王座の両側を護る形でグリュプスが描かれているのだが，これも同じ考えを紋章として表している．このように動物が護る王座の間という伝統は，7000年もさかのぼって，ヨーロッパや小アジアで知られているものでは最古の新石器時代の町であるアナ

クレタとミュケナイの宮殿文明

ヴァペイオの金杯（前1500年ごろ）．スパルタの後代の住居地近くのヴァペイオのトロス墓から出土．綱と網で捕えられる野牛．作業中に人間が2人死んでいるが，芸術家はウシの方に同情している．

左　タコの壺．クレタ島東部のパライカストロ出土．ここに描かれた豊かな海は，自然の楽しい観察と美的贅沢というクレタ文明が好んだ二つの特徴をうまく表している．

右　親指用の金の指輪．この種類の指輪は墓からたくさん出土している．そこには神話や不可思議なことがたくさん表現されているが，美術品としてみた場合，ヴァペイオの金杯やタコの壺ほど巧みな構成ではなく，人物像はいっそう硬く，いっそう紋章風である．

下　瑠璃と銀を象嵌したゲーム盤．宮殿附属品．瑠璃はアフガニスタンのファイザバード産．ゲームのやり方は不明．

トリア山地のチャタル・ヒュユクにまでたどれることがわかっている．

しかし，この種の指輪の図像の大半は女か女神を表している．最もすばらしい作品の一つは，山上で恍惚となって踊る女たちの図である．崇拝の場面を表すものもいくつかあるし，聖なる植物に関する話を表すものもある．この植物は山上で発見されたり，船で運ばれたり，女神によって啓示されたりする．ある場面にはワシとハチの群がいるらしい．時には小さな男神が戦勝記念碑の武器のように空中に立っている．まさにうってつけの例では，二つに割れた釣鐘型スカートをはいた上半身裸の婦人が，山頂の聖樹の下に座って，ケシの花を3本手にしているが，これはたしかに女神である．その他に同じような3人の婦人が草花の奉納品をもっているが，そのうちの1人は小さい．小さな男神が上空に立ち，双斧が中央にある．もう1人の小さな婦人が木の実をつみとっている．このような指輪の図像は，おそらく宮殿や聖所にあった大きな絵画をもとにして自由につくられたものだろう．指輪は重くて価値が高いことと，いまでも新しいものが発見されるほど頻出することを考えると，指輪に表された図像にはたしかに特別な重要性があったと思われる．指輪は日常に使うには重すぎるし，男の墓の中だけに発見される．

宮殿美術

このような美術を解釈するときに，もし個人的直観を働かす余地がかなりあるとすれば，象牙と瑠璃（ラピス・ラズリ）を象嵌したゲーム盤のような品からも，クレタ島の宮殿生活の趣味についていっそう確実なことがわかる．瑠璃の産地は

クレタとミュケナイの宮殿文明

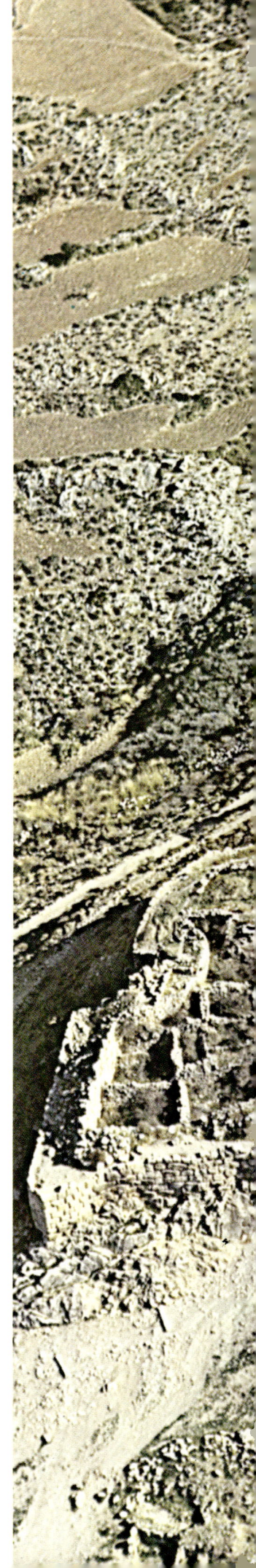

上 ライオン狩を描いた青銅製短剣の刃．銀（と金）の象嵌．ミュケナイの竪穴墓出土．前1600-1500年．

左 女神または女神官の像．これは彩色されたファイアンス製の像で，クノッソスの宮殿で発見された．これに似た像がほかのところでも発見されている．頭上にいるのはネコで，手にもっているのはヘビである．前1600-1550年．

右 西からながめたミュケナイのアクロポリス．城壁よりもほぼ3世紀ほど早く建設された竪穴墓の円形墓域は，前13世紀に城壁の中に囲い入れられて，1876年にシュリーマンによって発掘された．丘の中腹には前13世紀と前14世紀の家屋の跡があり，さらに上の地域には宮殿の大広間がある．

世界で1カ所，アフガニスタンのファイザバードの鉱山しか知られていなかった．象牙も遠くから，たいていはアフリカゾウがまだ自由に生きていた北アフリカから，はるばるきたにちがいない．クレタ島は孤立していなかった．ちょうどクノッソスが一つの風景の中に存在したように，クレタ島も大きな国際関係の中に存在していた．

ミュケナイ人を魅了し，おそらく文明化させたものは，たしかにクレタの宮殿の世俗的な華やかさであった．クレタ人のすばらしい贅沢品，いろいろな種類の宝石，見事な青銅品と手の込んだテラコッタ像，小彫像，想像力豊かな壁画，金，銀，ガラスに瑠璃，これらの質は当時世界中の何物に比べても遜色ないほどすぐれたものであった．ただ青銅器だけは，世界のもう一方の端にあった中国の方がすぐれていた．絵画には模倣品もあった．サントリニ島のアクロティリから出土したフレスコ画の船団図には，外国の影響があるし，後代ではミュケナイ文明のピュロスにある戦闘図にもまさに同じような影響がある．しかし，ピュラコピのトビウオ，クノッソスの鳥，サントリニ島の風景を題材としたフレスコ画は，非常に個性的な傑作である．サントリニ島のフレスコ画に描かれているクレタ島の初夏の強烈な光景は，人類史上独特なものである．

あの有名な牛跳競技は宗教的な面ももっていたらしいが，その場面の写実的な描写からみると，実生活で行われていたことのように思われる．それはウシの角の上で宙返りをするという，一種の軽技であった．演者は，わずかばかりの衣裳をつけた丸腰の若い男たちで，ウシがかれらを放り上げることも時にはあった．少女たちも，少なくとも美術の中では，何らかの役を演じていた．岩だらけの田園で綱と網を使って野牛を捕えているところを表した金製品（ヴァペイオで発見されたクレタ産の杯）がある．また，ある象牙の箱には，荒野での狩という同じような状況で，ウシの角を自転車のハンドルのように使って宙返りして跳んでいる図像がある．もしその解釈が正しいならば，宮殿での競技，あるいは競技の表現は，スペインやローマの闘技場で企てられた見世物と関わりがあるというよりは，むしろ実際のクレタ島の田園生活で賛美された技能の方に関係しているらしい．説明の言葉なしにわれわれに伝わる美術品は，神を表しているのかそれとも人間なのか，王侯か平民か，実際の場面か空想の場面かということさえわかりにくい．たしかにクレタ美術には，同時に2頭のライオンと格闘している男というような空想場面とか，エジプト絵画の模倣のようにただ漠然と現実に関わる場面がある．ところで，ウシの表現はクレタ島に限らず，ギリシア本土にもある．

クレタの動物美術は，テラコッタ製の浮彫や小さな彫像や等身大の絵画などに登場するが，鋭く観察されていて，見事に製作されており，明快な意匠で表現されている．実際，そこには500年後のいわゆる古典美術の資質が多数現れている．紋章風の動物の場合以外には，細身の人間を表した美術品があり，簡潔で爽快であって，最高の作品では伝統的な約束事で表現が制約をうけてはいない．クレタ美術においては，人間が動物と同じように扱われている点があるから，筆者としては人間を動物美術の1部門として扱ってみたい．人間の身体の表現には，少なくとも宮廷美術では形式上の約束事が多少はある．しかし，たとえ何か伝統的な表現に負うところがあるとしても，若い男のくびれた腰と広い肩とヘアピン型の体型，そして，女の豊かな肉付きは，必ずしも自然からかけ離れてはいない．

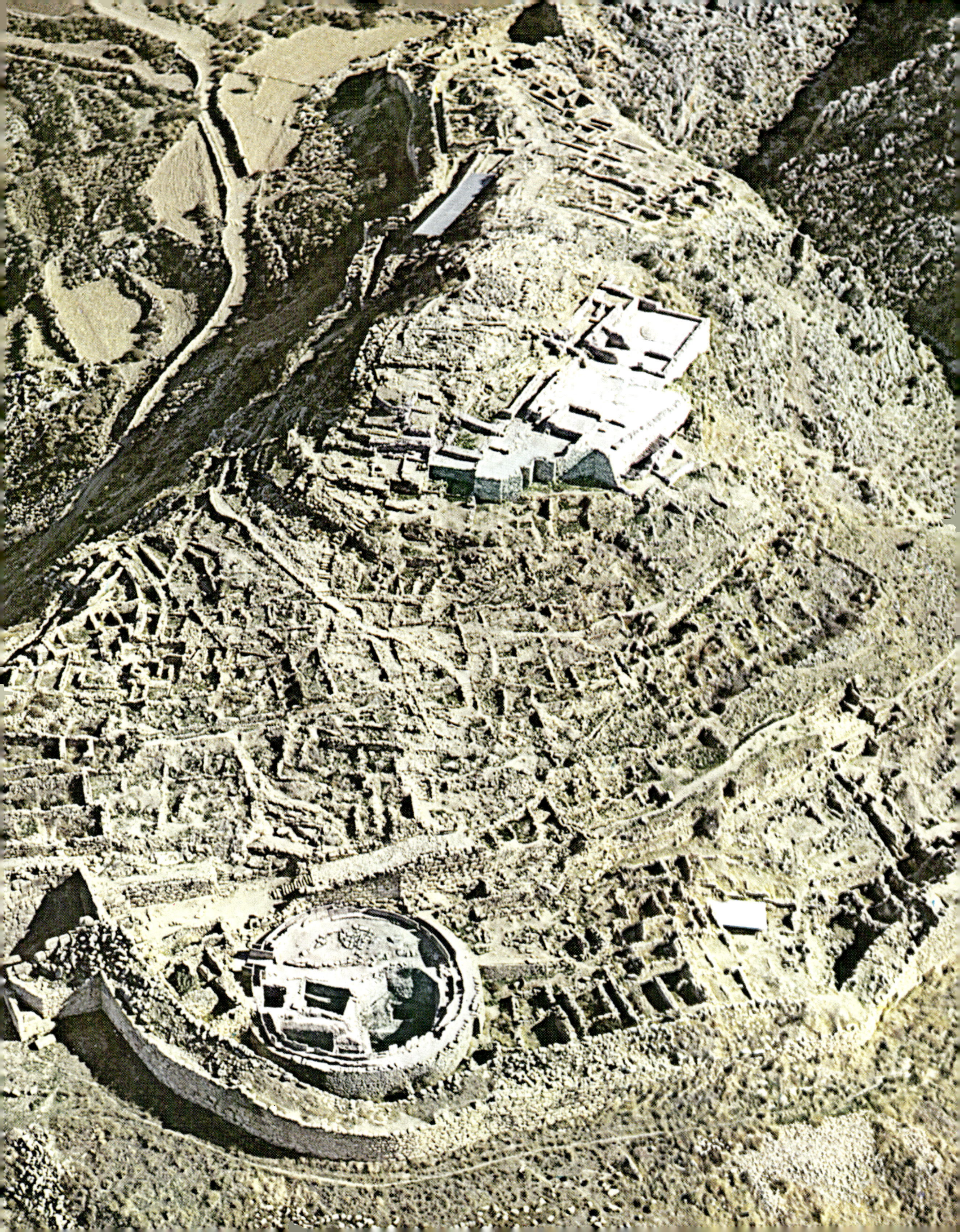

クレタとミュケナイの宮殿文明

ミュケナイ

　ミュケナイの大きな城市には非常に壮大な王家の墓地がある．最古の墓は前17, 16世紀のもので，大地に深く掘られた竪穴である．青銅器時代の後半になると城市の堂々たる建築物が，前13世紀に建設された城壁とともに，荘厳で覇気のあるトロス墓（穹窿墓）と調和していた．とりわけ二つのトロス墓が，アトレウスの宝庫とクリュタイムネストラの墓として有名である．

　ミュケナイ人の影響と勢力は，クレタ島，小アジアの海岸地帯，シチリア島，そして，ローマの少し北にまで広がった．かれらの持物は贅沢であった．しかし，かれらは尚武の民族であった．瑠璃と水晶と金が象嵌された短剣の柄（右図）が最も絢爛たる装飾品であるということは，いかにも特徴的である．瑠璃は，はるか彼方の中央アジア地方から伝わった．その短剣は竪穴墓から出土したもので，前16世紀のものである．

この単純な器はたぶん家庭用であったが，すぐれた職人技術でつくられた青銅製品である．ミュケナイの石室墓内で発見された．青銅は最も役に立つ金属であったが，高価でもあった．

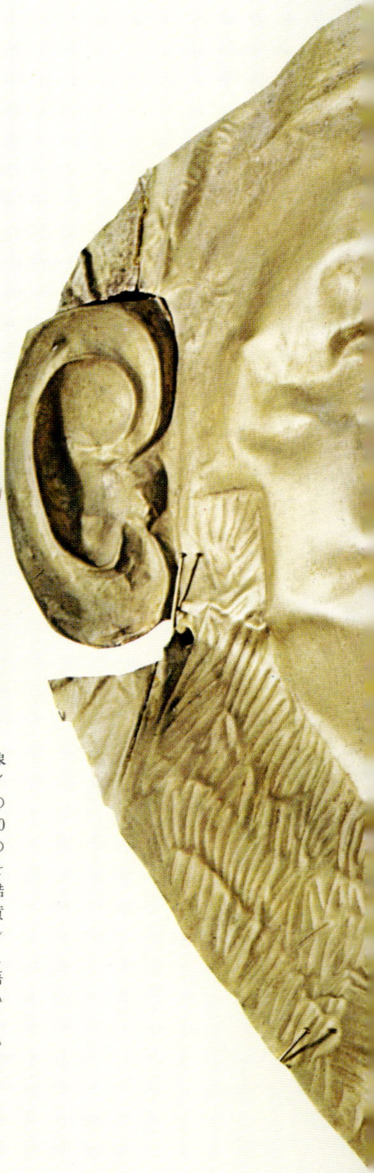

右　死者の仮面．王の永遠の生命の象徴．これはシュリーマンがミュケナイの竪穴墓で発見した仮面の中で最初のものであり，薄い金製．前1550–1500年のもの．シュリーマンはギリシアの国王に「今日私はアガメムノンの顔をみた」という電報を送った．かれを酷評した人々の中には，ミュケナイの黄金をケルト人のものか，ビザンティン時代のものと信じた人々もいた．ミュケナイ時代の人々が最初にギリシア語を話した人々に属していたことがわかったのは，まだ記憶に新しい．アガメムノンは，実在の人物であろうとなかろうと，ホメロス時代以後ミュケナイで崇拝されていた．

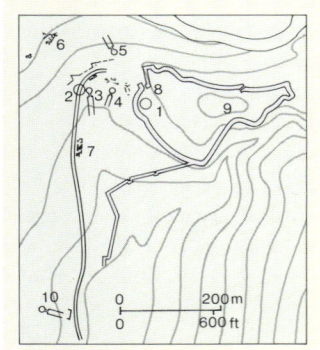

1　円形墓域A
2　円形墓域B
3　クリュタイムネストラの墓
4　アイギストスの墓
5　獅子墓
6　ぶどう酒商人の家
7　油商人の家
8　獅子門
9　宮殿
10　アトレウスの宝庫

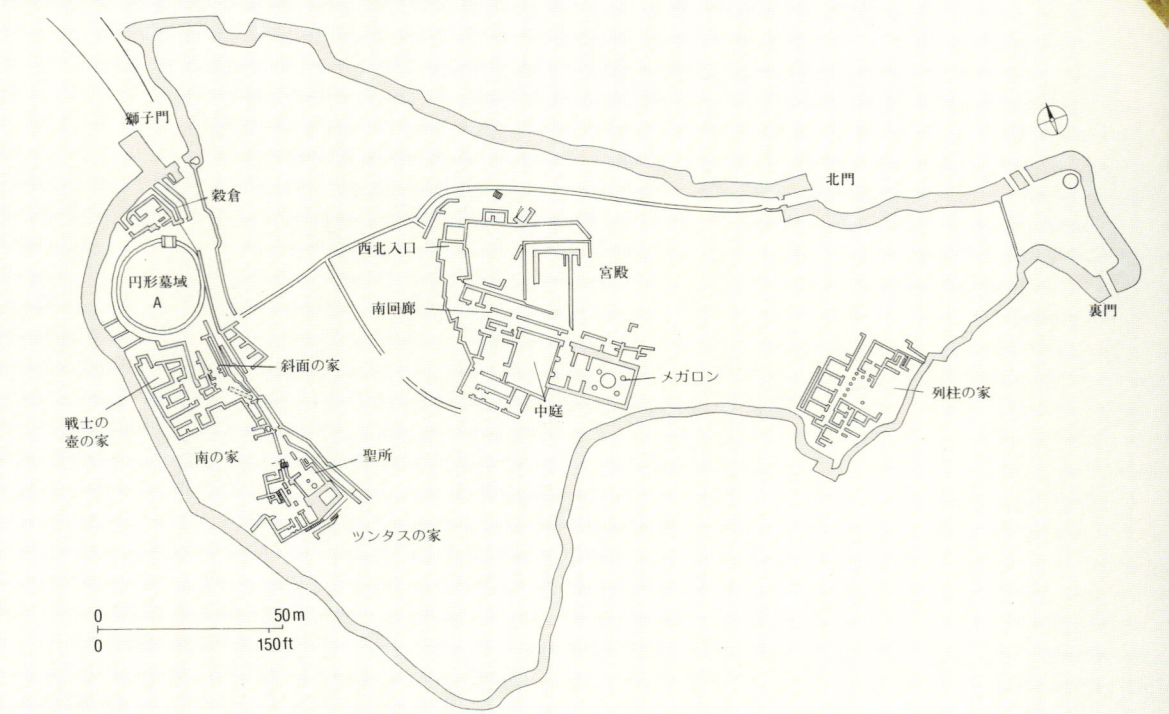

クレタとミュケナイの宮殿文明

金箔が張ってある，六角形の箱の一面（左下）．ホメロスを愛するロマンチックな学者が「ネストルの杯」と名づけた豪華な金杯（下）．獅子門とよばれるミュケナイの大門（右下）（ただし，紋章の獣はライオンでなくグリュプスであってもよい）．これらのものがミュケナイの壮麗さを印象づける．青銅器時代後期のもので，これほどの品質で豪華なものが，これほどの量で残っているところは他にはない．

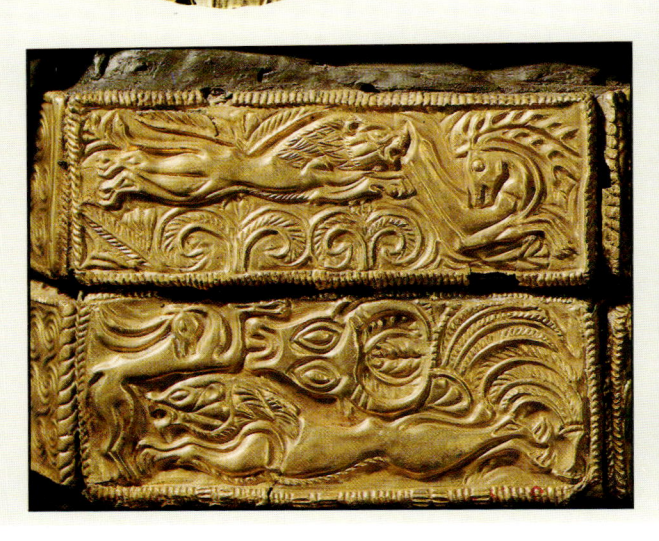

これは1834年にイギリス人旅行家エドワート・ドッドウェルが発表した絵であるが，このようなミュケナイの古い絵や写真が本来の姿を最もよく示している．なぜなら，ストーンヘンジの場合と同様に，考古学者や観光客や修復技術の絶え間ない活動によって，力強い廃墟が変貌させられてしまっているからである．

クレタとミュケナイの宮殿文明

クノッソス

　クノッソスはクレタ島の宮殿の中で最大のものであり、後に古典期のクレタ島最大の都市になった。この地は主にアーサー・エヴァンズ卿が発掘し、その歴史はギリシアの青銅器文明の歴史の中心である。エヴァンズが探していたもの、つまりギリシアの青銅器時代の言語の文字の証拠が最初に発見されたのはこの土地である。かれが発見した粘土板の記録文書を使って、現代の学者たちは、クレタ島の社会や経済の諸相についてある程度包括的に示すことができる。しかし、クノッソスの王侯の文化は非常に豊かではあったが、豊かというよりは洗練されたというべきものであり、そしてまた、不吉な側面をもっていたという、第一印象を消すことはできない。

　クノッソスの遺跡そのものの発掘は続いている。実にその発掘は数世代に及ぶ非常に集中化された作業の中心であるから、積もる資料と議論のすべてを1人の素人がとりしきるということは今日ではむずかしい。数千年間の住居の残骸が山となった低い塚の上に、前1900年ごろに宮殿が設置された。クノッソスは数回破壊されたが、前1400年ごろの最後の繁栄時代にはミュケナイ人の支配下にあった。しかし、宮殿文明が崩壊した後でも、約1km²の町であるもう一つのクノッソスが、廃墟の真北に生まれた。古典ギリシアの伝説では、クノッソスはアルゴスのアガメムノンよりもはるかに偉大な王であるミノス王の宮殿であった。

クノッソス宮殿の遺跡は、財宝の輝きと同時に偉大な堅実さをいまなお伝えている。この光景(下)は南翼からユクタス山を望んでいる。その山上には王宮の背後を護る山頂の聖所がある。

　奇妙なことに、ある部分にエドワード朝、あるいはヴィクトリア朝の雰囲気が認められるが、部分的には偶然の問題であって、人間には珍しくもない気まぐれである。しかし一部分はエヴァンズ卿とその修復技師たちの痕跡であるとも思われる。

　石製のウシの角、すなわち「聖角」（中央左側）は、クレタ文明の宗教に最もよくみられる象徴の一つである。

上　牛跳のフレスコ画。断片ではあるが美しいこの絵は東翼にあるもので、そこに示されているのはたしかに職業的な軽技にちがいない。ただし、この危険な競技では、儀式と娯楽のどちらが勝っているのかは決めがたい。このウシは見事な動物であり、イギリスの古い長角牛に似ていなくもない。クレタ文明の宮殿フレスコ画の主題には、運動競技や戸外の光景が多い。宗教的であるよりも装飾的であることの方がずっと多い。この絵は前1600-1400年のものである。

杯。これは前1800年ごろにつくられた古いものだが、形態と飾りの両方で、クレタ文明の代表的な作品である。青銅器時代のクレタ宮殿文化の陶器にみられる見事な美しさと高度の材質は、一貫して高い水準にあった物質文化を最も顕著に示すものの一つである。

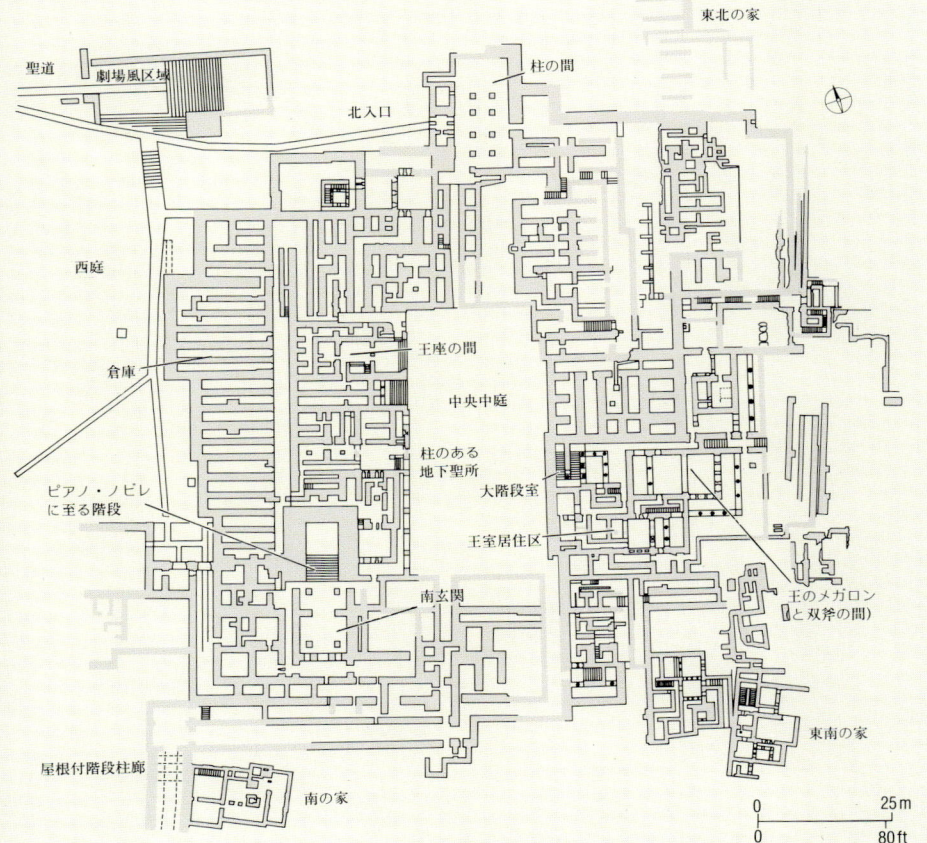

ミュケナイ文明後期の社会

青銅器時代が終りに近づくにつれ，危機を免れて残ったミュケナイ文明の宮殿は，物品と労力を蓄えて交換する場所としての役割をますます果すようになり，不安定な社会の中心としての機能をもつようになった．しかし，クノッソスの社会機構について，またピュロスの最後の日々の，何かいまにも崩れそうな様子については，多少のことはわかるにしても，われわれはその終末について判断を下せるほど正確には述べることはできない．前14世紀初頭にクレタ島ではクノッソスが，ギリシア本土ではテバイが焼けて，どちらの宮殿も再建されなかった．前13世紀末にはいくつかの大城砦が攻撃された．前12世紀になると，ミュケナイが破壊され，ティリュンスとピュロスが火事で滅び，小さな中心地が多数見捨てられた．宮殿は暗いハチの巣箱のようなもので，油を燈火に使っていた．建築材料として多数の木が使われていて，壁の芯は割栗石だったから，火事と地震には弱かった．ピュロスの場合，最後の火事で粘土板の記録文書が堅く焼かれて残った．そこには沿岸防備に向かった分隊用の糧食の緊急配分の記録がみられる．

ミュケナイ人の生活水準は，ある程度知的に洗練されたかなり贅沢なものであった．堂々としていながらも優雅な構造の墓は，ギリシアの先史時代の全遺跡の中で最も忘れがたいものである．当時の城壁は並外れて大きく重々しいので，かえって，かれらの力が一体どのようなものであったのか想像しにくい．後の世代の人々は，ミュケナイ時代の城壁を神々や半神が建てたものとみていた．アルゴリスだけでも少なくとも10カ所の石造住居址があり，アッティカには7カ所，ボイオティアには3カ所ある．かれらの交易はシチリア島やリパリ諸島をこえてスペインにまで広がった．美術と技術はほぼ統一されており，全ギリシア世界がすでに単一の歴史をもちはじめていた．しかし，たとえばピュロスに大量に貯えられていた陶器は，ミュケナイで使われていたものを地方化して表現したものであるが，質は劣っていた．世界のこのような統一は一つのメトロポリスの存在を暗示する．金製の死者の仮面をもち，ウマに関心を抱き，ひげを生やした未開人たちは，強力な民族となっていた．

精神的な面では，古い宮殿やその輝きの時代と，数世紀後の，いやさらに遠く隔たった，叙事詩が芽ぶくころの世界とを結びつけているのは，ミュケナイ文明の，優雅というよりもむしろ豪華ともいうべき，やや過ぎたる華やかさであった．宮殿の装飾の石の多さや墓の柱や胴鎧の入念な製作に，首尾一貫した趣味がある程度示されていて，理解可能な一つの社会が投影されている．古いミュケナイ時代の社会をわれわれにとって生き生きとしたものにしているのは，象嵌細工の短剣であり，戦闘とライオン狩のシルエットの表現やヒョウとガンの表現である．瑠璃とダチョウの卵，そしておそらく最高の装飾品はすべて，クレタ島経由で，あるいはより正確には，ティリュンス経由で伝わった（たまたまティリュンスには，ミュケナイ時代の宮殿の下に大きな石の建造物があるのだが，ほとんど発掘されていない）．しかし闘争と血腥い暴力の場面が非常に多く，それが非人格的でほとんど冷酷な表現でありながら，同時にいつでもほぼ人間的に表され，常に優雅さと脆さを魅力とする表現でもあるということは，まさに未来を予言している．

かりに，竪穴墓の中味をホメロス風と呼べるのならば，その円形墓域に残っていた墓標で，エーゲ海美術中最古のウマの表現が刻まれた石を，ヘシオドス風と呼べるだろう．ミュケナイの墓標のウマは素朴で粗野に表現されており，誰にせよそれを彫った人は，ウシを彫ることの方にずっと慣れてい

サントリニ島

　サントリニ島は古代のテラ島であり，クレタ島からあまり遠くない美しい火山島である．青銅器時代に火山が強烈に噴火し，ポンペイとヘルクラネウムがヴェスヴィオ火山の噴火で保存されたのと同じように，熔岩の下に宮殿を見事に保存した．島の南にあるアクロティリで熔岩の下にある建築物の発掘が1967年に始まったが，そこでは雨水が侵食したところに漆喰の絵がみえていた．

　テラ島の古典期の都市は，東の岩だらけの岬の上にある．そこには前9世紀以前から人が住みつき，前7世紀と前6世紀の遺物があるが，遺跡の大半はプトレマイオス朝時代以後のものである．

上　喪に服する女．洗練されていないアルカイック期の彩色テラコッタ像．この像はテラ島で出土したが，ギリシア世界の中のほかのどこから出てもおかしくない．彼女は髪をひっぱり，頬をひっかいている．これは喪に服している姿であり，アテナイの幾何学様式陶器では儀礼化した形で描かれている．大きくて不細工な目と不恰好な腕がかえって暖かい人間性を感じさせ，長衣と髪とベルトが与える形式上の謹厳さと好対照をなし，みる者の心に何かふれるものがある．この小像の美しさはおそらくは幸運な偶然であろう．

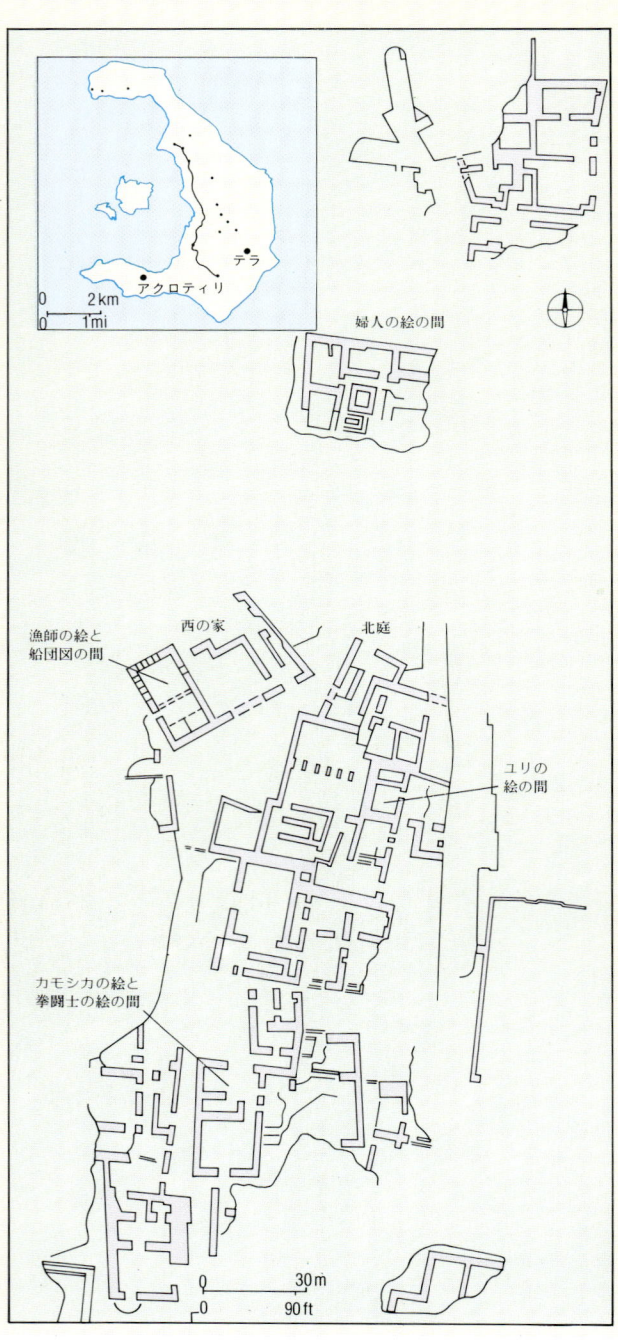

クレタとミュケナイの宮殿文明

左 漁師のフレスコ画．アクロティリ出土．青銅器時代．線が明瞭で，クレタ島宮殿の最高の作品の勢いと輝きといったものがある．下層社会の生活主題が特に好ましい．

貝，トビウオ，タコ，あらゆる種類の魚，海草，すべてがクレタ人芸術家たちの注意をひいた．青銅器時代のクレタ人は海に魅了されていたらしいが，それでもこの絵は珍しい主題である．漁師は海の貢物を神か宮殿に届けるところであろうか．

上 カモシカのフレスコ画．青銅器時代のサントリニ島の王侯または芸術家にとって人生とは何であったかということを，発掘された遺跡にもまして，この絵がいっそう明瞭に力強く感じさせてくれる．この島のフレスコ画の動植物の表現の迫力は人目をひく．さらに，色彩感覚だけでなく，題材の範囲もすばらしい．これほど完全に美しい島に，これほど完全な芸術作品が，これほど突然に出現したことは，これまでありえなかった．サントリニ島のフレスコ画は現在アテネ国立（国民）考古学博物館にある．

左 発掘中のアクロティリ．ここで前16世紀のクレタ文明のフレスコ画が発見された．道路と3階建ての家屋の1階と大きな貯蔵用の甕が入っていた部屋とが発掘された．

最上 テラ島の現代の町は，西海岸の火山の噴火口の縁に建っている．断崖は300mの高さがある．この海岸にあった家の半数以上が1956年の地震で破壊された．

クレタとミュケナイの宮殿文明

たらしい．それでも，線文字B文書を通してミュケナイ人が語ることを直接聞いてみると，ウマがひく戦車についてのかれらの思いは，あの墓標の彫刻の質朴さよりも，ヒョウや短剣についての思いの方に近いことがわかるが，それは当然考えられることであろう．もし，季節と獣と土との闘いに余念のない農民と呼ぶべき人々がミュケナイ世界にいたとしても，かれらは当然無口である．

かれらの戦車は軽くて，彎曲した木で枠組をした浅い車体をもち，2頭立てであった．ただし，前13世紀のミュケナイ陶器に描かれた戦車には，3，4人が乗れるほど重いものもあった．ティリュンス宮殿のフレスコ画では，2人の女が白線の縁どりのある深紅色の戦車に乗って旅をしているが，その車輪は黄色で，タイヤは青で，手綱は深紅色である．同じような深紅色の革がピュロス文書に記録されているが，その一つから，革にはたしかに金属の飾りがちりばめてあることがわかる．ピュロスでは，戦車を製造する工房は広範囲の地域に戦車を供給していた．クノッソスでは少なくとも1台が，「パイストスからきた，備品完備，木製轅，深紅色塗装，馬具，革，角」と記録されていた．戦車用の馬具は，現代の標準からみれば，はなはだしく非能率的であり，同時に残酷でもあった．全重量がウマの喉にかかり，馬銜は鼻革のついた一種の輪縄であった．これまでに（ミュケナイで）発見された唯一の金属製の馬銜は，その頬当ての部分の内側にスパイクがついている．ミュケナイ時代の戦車は，いろいろな点で，前輪の大きいペニーファジング式自転車の最も優雅なものに似ている．

ミュケナイ文明の交易と影響力は，支配的なものではなかったが，西ヨーロッパの多くの土地とレヴァント地方に及んだ．ミュケナイ陶器はたいていは小さな容器で，それには香料が入っていたにちがいないが，シチリア島や南イタリアやスペインから，そして，小アジアの多くの遺跡から出土している．その世界組織が崩壊した経緯は知るよしもないが，おそらくは近東の政治変化によって他の勢力も変化をうけたこと，そして，北方からの度重なる略奪，あるいは大略奪があったこと，そして，ギリシア内部に不安があったということであるらしい．単なる王朝の変化とか，一つの民族がもう一つの民族に押し出されただけというような単純なものではなさそうである．

前1250年ごろの，あるいはその直後の，最後の日々でさえ，

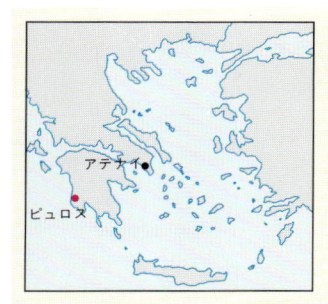

ピュロス

ピュロスのミュケナイ時代の宮殿は，ギリシア本土のほぼ最西南に位置し，すばらしい自然の良港を見おろす肥沃な小高い地域にある．そこはミュケナイ文明の最後の前哨地の一つであり，ミュケナイの陥落後まで残った．宮殿は豪華ではあるが大きくはない．

ピュロス宮殿のフレスコ画．宮殿からは線文字B文書とフレスコ画と大量の陶器が出土した．このピュロスの美しい絵が手本とした原作は，おそらく北アフリカのものであった．しかし，宮殿の最後の日々という情況では，この絵は未開人と戦うミュケナイ人の姿にみえたにちがいない．

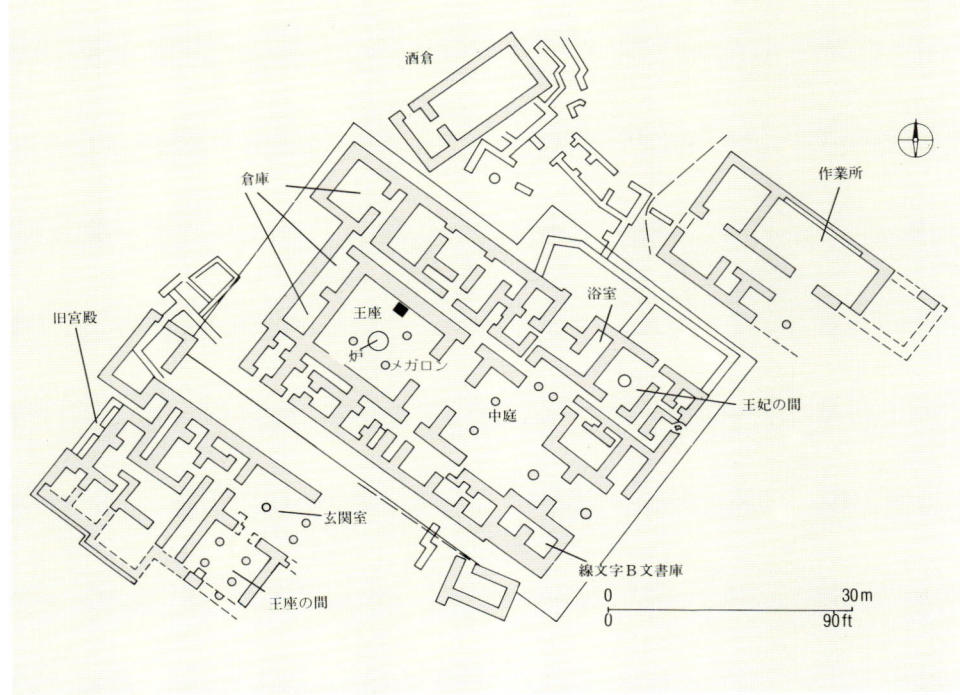

上（前頁）ティリュンス城壁の回廊（前1350-1250年）．この巨石建造物はミュケナイ時代の建築物の力強さと重みを感じさせ，薄暗くはあるが印象的である．

左　ミュケナイの竪穴墓の墓標石の浮彫．前16世紀．これはきわめて軍事的表現であるが，不思議な律動的な美しさがある．それは，非常に質の高い原始美術であるともみえるし，洗練された芸術作品をより頑丈な石という素材に移しかえたものとも考えられる．

左端　ミュケナイの象牙群像．前13世紀．この神秘的で豊満な彫像は，母神の非常に古い姿に関係していることもありうる．しかし，これが宗教的なものであるということ以外には，宮殿という環境の中でどんな意味があったのかが不明である．

ピュロスの宮殿は豪華で壮麗であったのだから，このような地方の小宮殿を過小評価したら誤りだろう．フレスコ画や美しい石製品が存在し，宮殿のすばらしい立地条件が少なからず美的理由で選ばれたのかもしれないということは，社会生活がまだ放棄されていなかったことを示している．もはやツバメに象徴される最盛期は終り，世界一の職人技の時代でもないが，村落からの貢納はまだ集まってくる．宮殿の浴槽は，クノッソスのきわめて見事な浴槽ほどではないにしても，十分鑑賞に値するものである．終末の時でさえ，まだ象牙が木材にはめこまれている．そして，象牙製のライオンの首や，ウシの首のように形づくられて貝で飾られている王妃所有の水差しについても知られている．もっとも，それは先祖伝来の物だったのかもしれない．

ミュケナイ時代の宗教美術

ミュケナイ時代の宗教美術は，かなりの程度に贅沢で洗練されていた．特に，ミュケナイから出土した1個の象牙製品は，女2人と幼児1人の小彫刻であり，見る人をそれ特有の世界にひきこむ非凡な性質をもっている．それは際立って美しくはないけれども見事に造形化され，あるいは工夫が施されており，非常に手が込んでいながら驚くほどの節度をもっている．美しい曲線と小さな塊のバランスと静穏と何げない動きは，何にもまして仏像を連想させる．このことは，象牙の細工師たちの中から石に彫刻を施す最初の仏師たちが生まれた，ということと無関係ではあるまい．この小さな群像が不思議に郷愁をそそるのは，クレタ風の古風なものらしい衣裳の独特な部分が正確に，しかもはっきりと表されているからである．実際，前6世紀の男の衣裳が前5世紀のアテナイの悲劇の舞台衣裳として残ったのと同じように，クレタ島のある時期の王室の女たちの衣裳が，数世紀の間，女神の衣裳として使われていたらしい．この象牙像はミュケナイの最後の瞬間まで宮殿の貯蔵室に秘蔵されていたものなので，その正確な年代はわかっていない．見事に仕上げられた高度な芸術と，女神たちのいくぶん形式化した大きな背との，そしてまた，幼児の両脚や体型にみられる素朴さとの対照が，この像の魅力の一部となっている．この像が何を意味しているのかはまったくわからない．

ミュケナイ時代の一般的な宗教像は単純な形の小土偶であり，簡単な文様が描かれている．それは，女神像であるのと同じように，たぶん礼拝者の像でもあるらしいし，実際にはその可能性の方が強い．それよりも大きい陶土像は，以前にはあまりなかったが，現在では，ミュケナイやケオス島やメロス島やその他の土地で，かなりの数が保存のよい状態で発見されてきている．平らな帽子を冠り，胸を露出した婦人（現在ボストンにある同じような姿の象牙像には，オックスフォードにあるこれと同種の男性像の金製の下帯と同様に，おそらく現代の修復によると思われる金の乳首がついている）が，天に向かって，あるいは，礼拝者たちに向かって，1対のヘビをくねらせている．この陶土像の彩色は美しくて印象的であるが，いっそう古風な母神像ほどではない．母神像はさまざまな形をとって，ミュケナイ時代の最後の日々まで残っていた．

マルクス主義の学者であるジョージ・トムソンは大胆な，才気あふれる論文『先史時代のエーゲ海』で，母神についてかなりのページを割いて論じた．かれの先駆的研究は，全体としては受けいれられていないが，その一部分は，その後の著述家たちによってたいていは何の断りもなしにとり入れられている．ギリシアの先史時代についての知識に人類学やその他の広範囲の学問分野を適用しようとしたかれの研究は，扱いにくいために無視されている．かれは，クレタ文明の母神をデメテルとみなしているが，もし母神に名があったとしたら，その名こそ他のどれにもまして ふさわしい．しかし，かれはそのことを線文字Bの解読以前に書いたから，デメテルの名がミュケナイ時代には使われなかったことを知るよしもなかった．とはいえ，そのことだけでかれの立場が本質的に不利になることはない．後世の神々は，間違いなく古い神々から発展したのである．ただ，あまり確実でないことは，初期の社会が女家長制で母系制であったということである．トムソンが使った人類学のモデルは，いまでは，人類学者にもあまり広範には受けいれられていない．ミュケナイ人が中央アジアの方からやってきたというかれの説が正しかろうと誤りであろうと，そこには神々の間だけでなく人間社会においても，女性が主要な役割を果たしたことを実証してくれそうな類比が存在する．

ミュケナイ文明の存続

大ざっぱな年代でいえば，前2100年以後の1000年間に繁栄した青銅器時代の社会は，明るく輝く点と手に負えない暗黒の面という不穏な対照を残した．その後の300年間はほぼ全面的に暗黒となる．だが，それは必ずしも生活の暗さではなく，われわれの知識の暗さなのである．農業は中断せず，牧畜も続き，死者も葬られた．贅沢の水準は下ったのだが，社会機構の水準についてはほとんどわからないし，幸福の水準については何もわからない．この暗黒時代がまさに終わる前8世紀末に，劇的なほど突然に人口が増加したことについての見解が，本書の第3部で言及されるであろう．暗黒時代初期の埋葬が発見されていないのは，つい最近までその発掘に誰も関心をもたなかったためであるというのが，その理由である．しかし，この種の消極的な論証は，同じ場所で連続している墓地の比較に基づいているとしても，無条件におしつけることはできない．ミュケナイ文明崩壊後のギリシアの大半の土地の人口はほとんどわかっていない．

ミュケナイ人の移動

前1190年ごろのエジプト人の記録に，「北方の民がかれらの島で平安を乱された」とある．新しいミュケナイ人植民者たちが，この時期に，ペロポンネソス半島北部のアカイアとイオニア海のケパッレニア島にやってきた．この島は何かの理由でミュケナイ世界の外にあったのだが，それ以後，かれらはそこで土着のケパッレニア人とともに平安に暮らしていた．その島では，土着の手製土器とミュケナイ陶器とがある期間一緒に続いていた．キュプロス島には，特に古い首府のエンコミには，アルゴリスからの植民者たち，おそらくは侵入者たちがすでに移住していた．しかし，エンコミの市は，美しい切石積建築で再建された後にもう一度破壊され，人口が減少し，土地が一部分荒廃した．同じころ，さらにずっと東のアナトリアの海岸にあるキリキアのタルソスに住みついていたミュケナイ人たちの姿が消えた．他のミュケナイ人，つまりおそらくエンコミのミュケナイ人たちは，ペリシテ人と融合して，結局はユダヤ人としてダン部族に組み入れられたものと思われる．

もし少しでも残ったのだとしたら，ミュケナイ人はどこに生き残っていたのかが，当然問題になる．テッサリアの現在のヴォーロス近くのイオルコスに残っていたとも考えられる．テッサリアでは古いトロス墓さえも建造され続けた．かれらがこの地で生き残れた理由としては，騎兵の国であったこと，あるいは肥沃で水に恵まれた平野，あるいは400年後のテッサリアに行き渡った土地所有制度に漠然と基づいた社会組織をあげることができるが，いずれも単なる推測にすぎない．その他の，たとえばナクソス島のグロッタのような，避難地としてさらに適した土地にミュケナイ人が生き残ったことは理解しやすい．その近くのデロス島にミュケナイ時代の宗教の中心地があり，不思議なことにその参拝者は細々ながらも続いて，その地を前8世紀まで公開させ続けたと考えられるのだが，その参拝者たちはきっとナクソス島からきたにちがいない．苛酷な破壊を示す考古学史料が東方の群島にも見出されはするが，ミュケナイ文明的生活は，おそらく本土におけるよりも島嶼の方にずっと後まで残ったのであろ

う．あのすばらしいミュケナイ時代後期の全盛期については他のところで論じたが，その一時期の後でのミレトスの没落は，その物語の終焉を示すものであるらしい．

ミレトスは復活した，というよりはむしろ，生存者たちが再び住みついた．かれらの文化とアテナイの文化には同時性があり，同じような彩文陶器を使っていたが，それはミュケナイ時代の陶器の質を落し，さらに単純な形にしたものである．ギリシアの装飾における最初の幾何学様式が手探りながら始まった．ミレトスで発見された彩文容器の様式によって，前11世紀の前半にアッティカからきた人々が再居住したことがわかる．この時期のエーゲ海の人口移動は掻き乱された波の動きのように複雑なものであり，かりにすべての要因を完全に把握できるはずがないという理由だけでも，その移動はわれわれにとっては不明のままであるにちがいないといっても，詭弁ではない．19世紀にズール王シャカが南アフリカ全体の平和を掻き乱したが，その結果として，諸部族やそれより小さな単位の移動や移民が，非常に遠くまで及ぶ複雑な型をとって次々と起きた．西洋ではローマ帝国の滅亡時に，中央アジアに，そしてまたヨーロッパ全土に，同じような混乱があった．ギリシアの暗黒時代の場合には，地理的範囲はそれよりもずっと限られていて，ミュケナイ人の言語であるギリシア語はそのまま残った．暗黒時代が終わったとき，この言語の使用地域は広がってさえいた．

この時代に，われわれにギリシア神話として知られている伝説と迷信と合理的説明の大半が生まれたのである．その中で純粋にミュケナイ時代の特質であると思われるものは，ほんの少ししかなく，それらはミノタウロス，迷宮，ヒュアキントスの名，イピゲネイア信仰の一部，それにおそらく蜂蜜と不死との関係であろう．しかし，歴史的であると思われている伝説，すなわち，神話上の王たちや戦争や侵入の話はたいてい時間的に新しすぎていて，混乱しすぎており，歴史的証拠としては役に立たない．伝説に当たりそうな歴史事実を捜し回るよりは，物語としての伝説を発生させたものを問う方がましである．このことは，トロイア戦争の神話の場合と同様に，スパルタの初期の王たちやペロポンネソス半島の神話的分割の話にもあてはまる．ギリシア神話は決して止むことなく生きつづけ変化した．それはバケツ一杯の虫のようなものである．物語の初期の純粋な段階にはわれわれはまったく近づけない．われわれにとってギリシアの暗黒時代の最も暗い点というのは，文字がなかったということである．一つの物語が再び語られるときには新しい物語となっており，その結果過去についての意識は驚くほど錯綜していった．

エーゲ海における宗教の残存

ミュケナイ文明はときどき奇妙な形で残った．たとえば，アッティカのすぐ南にあるケオス島の小さな岬の大半を占める形で，ミュケナイ時代の小宮殿が建っていた．特に大きくもなく威厳もない一つの崩れた部屋の中に，60cmないしはそれ以上の大きさの無表情な姿の宗教的な像がたくさんあった．その像は女神か女神官の像であり，例のヘビをもった婦人像の一変種である．像はミュケナイ時代後期の宮殿聖所の備品だった．宮殿は滅び，部屋は石ころで埋まった．確実に

ミュケナイ文明後期の線描美術が，ミュケナイ人の移住とともにキュプロス島に広まった．とっぴともいえるほどユーモラスな動物の絵が，キュプロス島では見事な色彩と結びついている．

エーゲ海周辺の暗黒時代の遺跡

古典ギリシアの伝説はミュケナイ時代に集中した．続く暗黒時代には文字がなく，現代の考古学者が当時の墓の遺物と副葬品を分析しはじめる以前には，その歴史はほとんど知られていなかった．いまでは幾何学様式陶器を地域別に分類して年代を決定することができる．レスボス島とアイオリス以外のほとんどすべてのギリシア人がその種の陶器をつくったし，ギリシア人ではないカリア人もつくった．前1025–950年は貧困と孤立の時代であったが，西小アジアへの移民は，後1923年までギリシア領であった地域にまでギリシア世界を拡大させた．前9世紀以後，エウボイア人が率先してレヴァント地方との接触を復活させたので，エウボイア島のレフカンディとアッティカに金の装飾品が伝わった．フェニキア商人がクレタ島とロドス島に立ち寄った．しかし，ラコニアと西部ギリシアはまだ孤立していて，おそらく人口も少なかったのだろう．前770年ごろまでの遺物はほんのわずかしか発見されていない．

前9世紀以降のある時点で，一体の像からはずれた首がみつかり，誰かがその首を当時床を覆っていた小石の上に石の輪をつくって据えた．その時には，誰も軟弱な石の層を発掘して，他の像やこの首の残りの部分を発見しようとはしなかった．この首は前5世紀まで崇拝され続けた．その当時の奉納品に関する碑文は女神の名を示している．何と彼女はひげのない男神であるディオニュソスとして崇拝されていた．性が取り違えられたことの説明はつかない．ただし，ディオニュソスはよくニンフたちと一緒にみつけられるから，近くの泉と何か関係があるのかもしれない．

デロス島では，古典期後期の壁に船の線描画がたくさん残っている．その絵の一つは，モクロス島出土の金の指輪に刻まれたミュケナイ時代の船の図像にまさによく似ている．指輪では，聖なる植物が女神官または女神によって海上を運ばれている．デロス島の壁では，背の高い婦人が船の上に立ち，右手で光または霊力を放っている．彼女は出産の女神であるブリゾーで，クレタ島ではブリトマルティスとして崇拝されている．ブリゾーは，アルテミスとアポロンの母であるレトーのもう一つの名であった．ブリゾーは船の形をした奉納品を好んだことが知られている．線描画の女神がはいているスカートは，たしかにクレタ島の古風なスカートである．女神の船の構造が伝えられた事情は謎である．同じ壁にエジプトの2艘のパピルス船が線描されている．

この線描画の例は非常に不可解であるから，もしデロス島のアルテミス神殿が建てられた場所の裏手に，前8世紀に埋められた神聖な品々がなかったとしたら，われわれはその絵を無視したくなったであろう．その埋蔵品はいろいろな年代の種々雑多な品々である．それらが出土した建築物はミュケナイ時代の神殿であったと思われるが，そこにまたアルテミス神殿が建てられるまでその建築物がある程度使われながら残っていたのでなければ，陶器や小さな発見品だけでは青銅器時代からの空白を完全には埋められない．デロス島の礼拝でのシュロの木の存在はミュケナイ文明の柱の崇拝との関連を思わせる．そして，レトーが牝オオカミに変身することは，リュコスラやペロポンネソス半島の他の土地での先史時代のオオカミ礼拝を思わせる．なにか原始的なところで共通するものがあった．しかし，そのことだけでは連続の証拠にならない．聖なる埋蔵品の中にはオリエント風の象牙製品がいくつかあったが，たぶんキュプロス島からのものである．その他には，明らかにヒッタイトのものであるスフィンクスに似

ミュケナイ文明の存続

た動物が表された奇妙な金の飾り額，青銅の双斧，陶片，おそらく（筆者の見るところではほぼ間違いない確率で）亜ミュケナイ時代のものらしい数体のテラコッタ像，丸盾とねじれた武器をもった裸の男神の前13世紀の青銅像があった．この最後にあげた種類の像はヒッタイト起源と思われる．それらの像は，小アジアやギリシアの神殿だけでなく，遠くは東プロイセンのシェルネンにも現れる．その種の像は長い間存続し，ギリシア神話に組み入れられて初期のゼウス像となり，筆者が思うにはアポロンにもなった．筆者個人としてはデロス島の神殿が連続して使われたと信じたいが，その論拠は完全ではない．

崇拝が続いていたと最もしばしばいわれる場所は洞穴の聖所であり，特にクレタ島のものである．ある場所がずっと住み続けられたことやある建築物が維持されていたことを示す必要のない洞穴については，このように主張することはずっと容易である．実際には，考古学史料はたいてい数世紀に渡ってまばらに広がっていることがわかるし，洞穴で発見されたものには，出土した地層のはっきりしているものもあまりない．考古学上の詳しい状況説明のつかないものには多数の疑問がつきものである．一つの例外的な遺跡は，クレタ島のラッシチ高原にあるプシュクロの，いわゆる「ディクテー山の洞穴」である．この名称はおそらく誤りであり，しかも，この洞穴は，幼児のゼウスが育てられたところと信じられているあの有名な洞穴ではないけれど，たしかに一種のゼウスの洞穴であった．そこに一つだけあった碑文はクレタ島の線文字Aで書かれており，大母神に捧げられたとわかる奉納卓に記されていた．この洞穴が活気を帯びていた時期は主に青銅器時代と前8－7世紀の2回であり，イデー山の洞穴（やはりイデー山近くにあるカマレス洞穴ではない）の年代とも一致するだろう．前6世紀以後は洞穴は無視されたが，そのこともまたクレタ島のアルカイック期の宗教遺跡に関しては珍しいことではない．その洞穴がミノス期に続く時期に使われていた点については疑いはない．出産の女神と幼児が礼拝されたのであり，他のクレタ島の洞穴でも発見されたものと同じ種類の戦士の奉納品がみつけられている．

美術の残存

宮殿が消えたとき，物語を視覚的に表した美術はたしかに跡絶えた．しかしそれは，いっそう古い口承物語が絶えたことを必ずしも意味しない．文字が使用されなかった時代に物語のどの部分が継承され，どの部分が変形されたのかという問題は，当然のことながらわれわれにはわからないままであ

上 青銅製の小さな献納品．ディクテー山の洞穴から出土．この洞穴はクレタ島の高い山にいくつもある洞穴の一つであり，そこではゼウスの誕生が称えられ，また人間の子の誕生が祈願された．

右 ケオス島出土の青銅器時代の像の首．宮殿の廃墟の中で，その他の宗教的な像をおおった割石の上に，崇拝の対象として置かれているのが発見された．彼女はディオニュソスとして崇拝されていたが，それはおそらく，近くの泉のニンフたちと結びつけられたためであろう．

左 金の指輪．この女神は，間違いなくクレタ文明のものである．この場面を表すものはたくさんあり，その一つ（下）が，デロス島の漆喰を塗った壁にある古典期後期の線描画のもとになっているらしい．その壁には船の絵が線刻されており，ナイル川のパピルス船の絵もある．女神はまだクレタ風の衣裳をつけている．

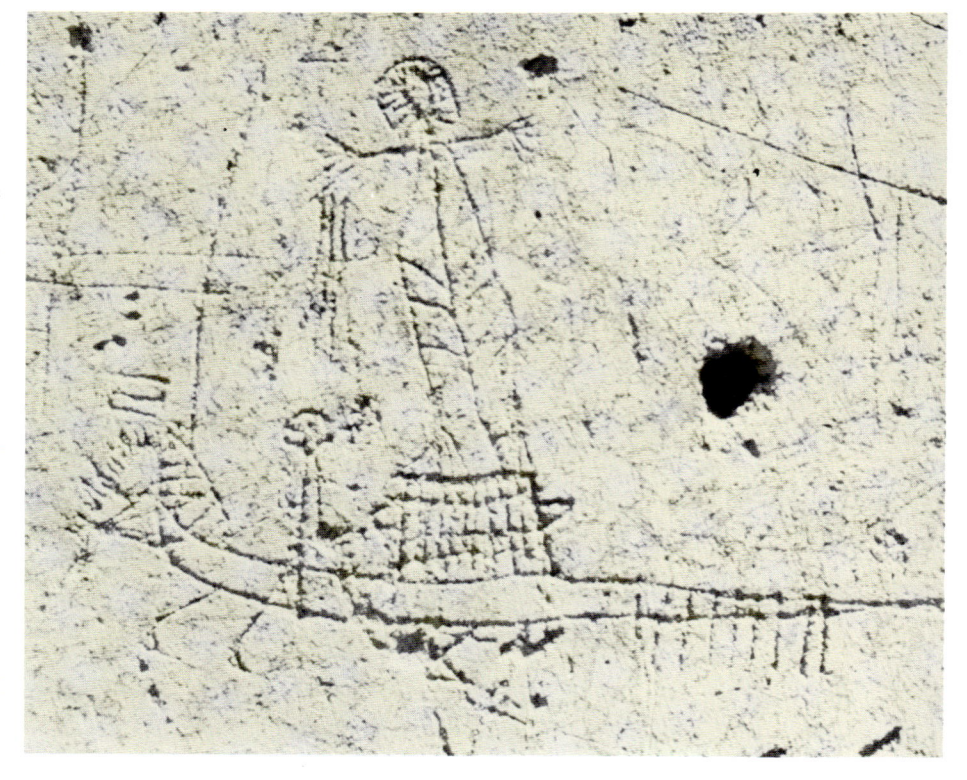

右 クレタ島のテラコッタ像．ウマに横乗りした女神．現在，イラクリオン博物館所蔵．

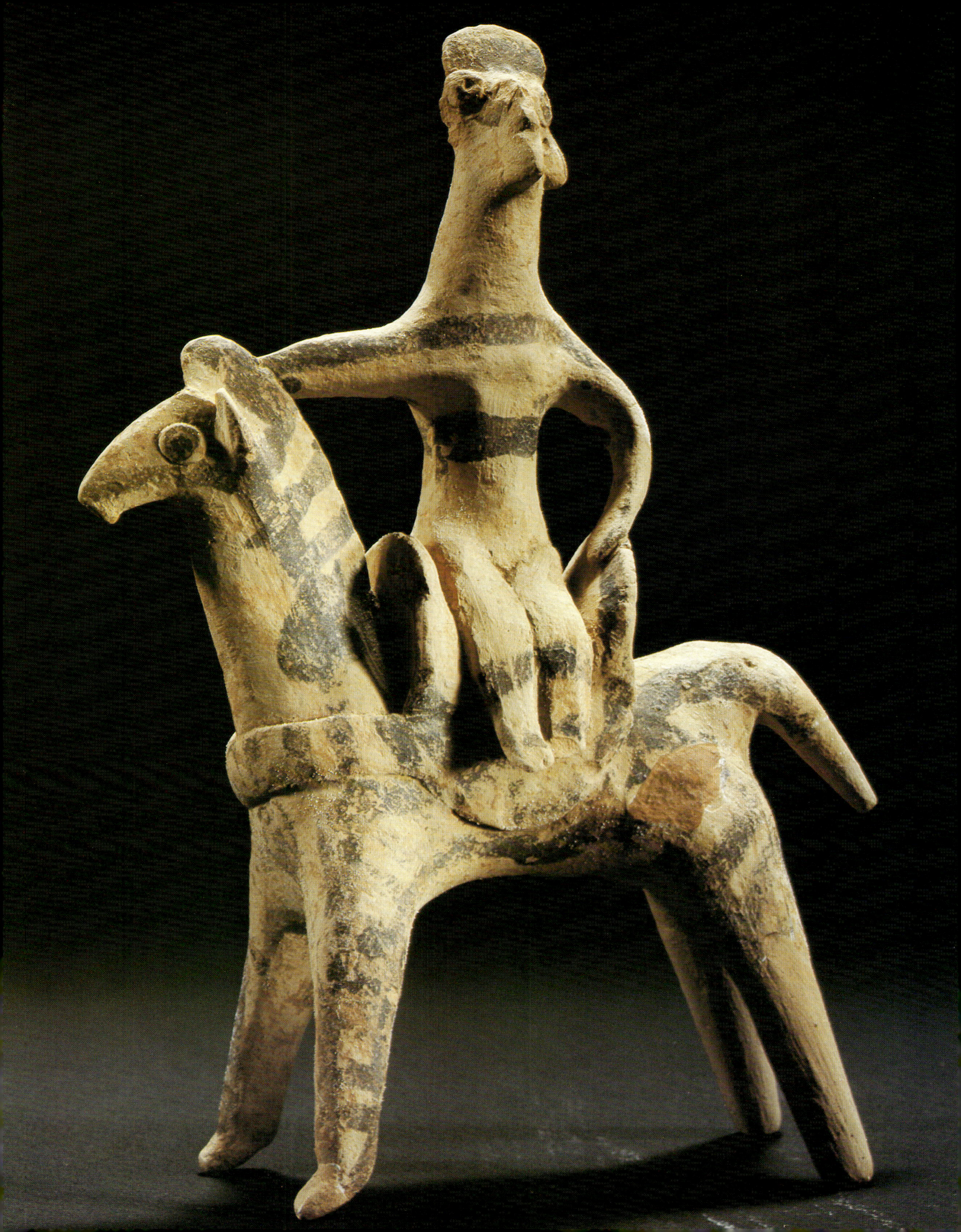

ミュケナイ文明の存続

る．しかし物語を表す美術は幾何学様式の陶器の時代（前1050年ごろから前700年ごろまで）に再びおこったのだが，その初期の表現の新しい題材の大部分はレヴァント地方のものの翻案であったらしいと，少なくとも考えることができる．一つの表現が翻案されるとき，それが古いものであっても外国のものであっても，必ずある程度の解釈と意味の転換を免れない．そして，表現が複雑になればなるほど翻案は乱暴になり，度がすぎて矛盾する点さえ出てくる．この時代の表現の中で最も驚くべきものの一つは，ミュケナイ時代のトロス墓を表したテラコッタ像であり，その墓の中にいる1柱の神を羊飼いたちとイヌが墓の屋根の上から見つめている表現であろう．この解釈は確実ではないが，依然として説得力があるにちがいない．他には納得のいく解釈はない．

人物画が生まれる，あるいはむしろ再生するには長い時間がかかった．前9世紀初頭には，初期幾何学様式の壺の肩の部分に，スフィンクスとライオンの表現とともに，ボサボサ髪で毛羽だった衣裳の狩人が槍を手にして動物を追う姿が表された．この時期の人物像が古いミュケナイ時代の人物像に似ていることは，時には奇怪なこともあるが，おそらく偶然であろう．2人の男が長めの短剣または短めの剣をもって闘い，腕を交差させて互いの髪をつかんでいるという一連の絵は，奇妙なことに，700年以前にサントリニ島で描かれた2柱の少年神または小公子たちの拳闘の絵を連想させる．ただし，サントリニ島の絵が現状の図の通りであればの話であるが．このフレスコ画のかなりの部分が修復されているので，表現の伝達の問題には明確な解答がない．どんな媒介によって伝達されたのだろうか．ウマ，鳥，人間という題材は葬礼美術という保守的な伝統の中で，青銅器時代後期から前8世紀まで大いに伝えられたのであり，その伝統内での変化は期待されるよりも緩慢で少なかったのである．

古い品々はたしかに残った．クレタ文明の彫刻された宝石や先祖伝来の品は前6世紀まで秘蔵されたし，また，たとえばデルポイのアポロン神殿とキオス人の祭壇のある地域では，古い人物像が発見されて再び埋め戻された．スキュロス島では，ミュケナイ時代初期の金の円盤が幾何学様式時代初期の墓で発見されており，同じころのアテナイの墓からはミュケナイ時代の璧までも出土した．アテナイのアクロポリスにあるアテナ女神の聖なるオリーヴそのものを，ミュケナイ時代まで年代をさかのぼらせるために，記録上最古のオリーヴの木とする必要はなかったであろう．古来の模様は織物にうけつがれた．緑色のビーズのネックレスが伝説のヒロインのものとみなされて，デルポイで保存されていたが，その特徴から判断して，それは確実にミュケナイ時代のものであった．ミュケナイ時代の墓が後の時代に崇拝の対象となったことの証拠がたくさんある．

アルゴス平野にあるヘラの神域で，ミュケナイ時代の石室墓50カ所のうちの15カ所の墓の内部に，後代の奉納品がまとまって発見された．ここの墓にはダナオスの50人の娘たち，あるいは彼女たちが殺した夫たちであるアイギュプトスの50人の息子たちが葬られていると考えられたのだろうか．前8世紀にはミュケナイのクリュタイムネストラのトロス墓が崇拝され，アッティカのメニディにある墓では完全な宗教祭儀が行われた．パイストスとトロイアとミュケナイでは，暗黒時代のギリシア人が古い遺跡の上に建物を建てた．このような再発見と再使用の現象は，ミュケナイ時代の社会とその後の社会との間で越えねばならなかった間隙を明らかにしている．

クレタ島の見事な装飾品．その精巧さは失われておらず，しかも驚くほど材料の純粋さを保っている．この作品はイラクリオン博物館所蔵．

文化の連続と断絶

その間隙のしるしとして，たとえば居住地が混乱したり，陶器が一時装飾文様も形も質も低下した後で，新様式に移行して輝かしく発展したり，その他にも新しい生活様式を示すものが現れてくる．陶器類は非常にゆっくりと発展した．幾何学様式の陶器が発展するのに400年かかったし，それが一つの様式として発生するのに，おそらくその前半の200年を要したであろう．このことに驚く必要はない．ろくろ製に対するものとしての手製の陶器は，ミュケナイ時代のギリシアには珍しいものだが，存在はしていた．そして，ミュケナイ文明の崩壊時に，一時再登場している．物質文化の諸段階は重なるものであり，絶対的ではない．流行の展開が早く，流行遅れの型は完全になくなってしまうという現象は大都市か宮廷の芸術保護者のいる中心地にしかおこらない．しかし，青銅器時代の終焉とともに宮廷という環境はギリシアに存在しなくなった．

一つの完全にはっきりとした材質上の変化は，剣とナイフと犂先に鉄を使用したことといえよう．ギリシア最古の鉄製ナイフの形にはキュプロス島の影響を示すものがある．しかし，最後のミュケナイ人とその後継者たちの短剣の類似品は，キュプロス島やレヴァント地方には存在しない．鉄が青銅製品を飾るために象嵌されたとき，そして鉄の部品が青銅の部品を補ったとき，また鉄が青銅製品を修理するのに使われたときに，青銅から鉄への変化が完了したのだということは明らかである．しかし，ギリシアではそのような例は前10世紀か前9世紀までみられないし，象嵌はまったくみられない．実際，その間の事情は複雑である．最初の幾何学様式期の大半，すなわち前1050年ごろから前900年までは，たいていの土地ではほとんどあらゆるものに鉄が普通に使われていた．当時のアッティカは，陶器におけると同じように金属技術においても他の模範となっていたらしい．それから徐々に青銅に逆戻りしはじめた．

居住形態の混乱から当時の実情がよくわかる．最新の計算によれば，前13世紀には居住地が約320カ所知られており，前12世紀には約130カ所にまだ人が住んでいたが，前11世紀には約40カ所となる．この数字は遺跡についてのかなりの経験から計算されたものではあるけれども，やや信頼できないところもある．しかし，まったく信用できないというわけでもない．この信頼性に疑問のある統計と，少なくとも前11世紀にはたしかに比較的貧しかったということ以外は，すべて推測である．人口が減少すれば，間違いなく技術が失われて範囲が縮少する．しかし，かりにそのようになったとしても，ほんの短期間，つまりたった2世代ほどで，四散した貧しい共同体はある程度の物質的自信を回復したらしい．前10世紀には，かれらの絵画装飾はすばらしく，当時の地中海全域で，おそらくは世界中で，一番美しいものである．前9世紀では，輸入された贅沢品や金のイヤリングさえも相当なものである．前800年までには，クレタ島に金のネックレスが現れる．これはヘビの頭の形をしたものに半月形の水晶がついていて，水晶と琥珀で飾られており，きらきら輝く美しいもので，おそらくクレタ文明の姫君には向かないだろうが，ミュケナイ文明の姫君にはふさわしいものである．この時期全体を通してクレタ島は豊かであり，通常理解されているよりも強い影響力をもっていた．

クレタ島で残存した技術は，まさにクレタ島にずっと以前に存在していたものと直接関連があった．前12世紀のカルピとカヴシには，クレタ文明の伝統と認められるやり方で石造建築物を建てる人々がまだいた．前12世紀のパイストスの再建者たちとゴルテュンの建設者たちは，同じ伝統の下で働い

ミュケナイ文明の存続

左 サントリニ島の少年拳闘士のフレスコ画（前1550年ごろ）．この絵には何か奇妙な点がある．復元が正しいとすれば，2人の姿勢は普通の競技にしては様式化されすぎている．なおいっそう奇妙なことは，暗黒時代の一連のシルエットの人物像に同じ問題が再現している．時には，登場人物は互いの髪の毛を片手でつかみ，もう一方の手で短剣を使っている（上）．この一連の人物像とサントリニ島の拳闘士との関係は，まったく謎めいている．

た．カルピでは道路は舗装され，家屋は2階建てだったらしい．おそらく少し時代が下がると，ヴロカストロでも水準は落ちたが伝統は変わらなかった．そのような技術は長い間残ることができる．本土のイオルコスは，多少なりとも比較できる程度に技術が残っていると認められている数少ない住居址の一つであるが，そこでは，線文字Bからとった石工の印が前9世紀にまだ使われていた．造船技術も残ったにちがいない．銀の採掘さえ多少行われていた．このように技術が残っていたからといって前11世紀のギリシア人が，少数でもなく貧しくもなかったことにはならない．人々が大切にして墓へもち込んだ財宝の少なさからみて，かれらは小人数で貧しかったと推測される．

スノッドグラス教授は，『考古学とギリシア国家の起源』（1977年）で，もっと古い，すなわち本質的なギリシアは農業で生計をたてる農民共同体であって，暗黒時代に埋葬習慣と陶器と生活習慣によって，その隠れていた存在を再び主張したのである，という重要な提言をしている．家族墓と巨大な建造物と動物の大群と豪華さとを伴ったミュケナイ人は，消えていった異邦人であるとかれはみている．ある程度までこのことは正しいにちがいない．しかし，後11世紀のノルマン人侵入者たちが800年の間にヴィクトリア女王治下のイギリス貴族に変わったのとまさに同じように，500年という年月の間にミュケナイ人はギリシアに深く根づいたといえるだろう．個人埋葬の史料に基づいてギリシアの本質的基盤を論じることは，魅力的ではあるが説得力がない．なぜなら，埋葬習慣の型は非常に混乱しているので，それにどんな意味を与えようとしても，あいまいになるだけである．結局，暗黒時代の終りに現れてくるものは驚くべきものであり，劇的でさえあり，ミュケナイ時代から期待されるいかなるものとも完全にちがっている．われわれは，前8世紀に，経済と社会と技術の復興に遭遇するだけでなく，あらゆる神々の住むオリュンポス山にも匹敵する高い業績，すなわち，ホメロスの詩にも出会うのである．

母なる神

　たいていの人々がギリシア文明を，戦争と男性の運動競技が主力であったものと考えている．しかし，その大半は現代の世界を逆に過去に投影したための誤解である．はるか先史時代から，ギリシア人は妻であり母である女神に対し特別な関心を常にいだいてきた．ホメロスでさえ，『イリアス』と『オデュッセイア』をある程度まで女性の目を通してみている．幼児をつれた神性の母という姿は，古典期全体を通して，ローマ帝国の終わりまで崇拝されていた．女神たちは美しいことが多い．

　これらの幾何学的な形に彫刻された石の女性像は，クレタ文明やミュケナイ文明をはるかにこえ，金属だけでなく，はじめのうちは土器さえなかった新石器時代の小さな農民共同体にまでさかのぼるものである．このような単純な形態は粘土で造形された像ではなく，むしろ石を研磨してつくった初期の彫刻の特色であり，数千年の間継続した．いまでもこの形は，ある島々では，頭の代わりに赤く塗った卵をつけた特殊なパンの形としてあちらこちらに残っている．この見事な形の婦人像（右）は7000年以上も前につくられたもので，スパルタ近くから出土した．

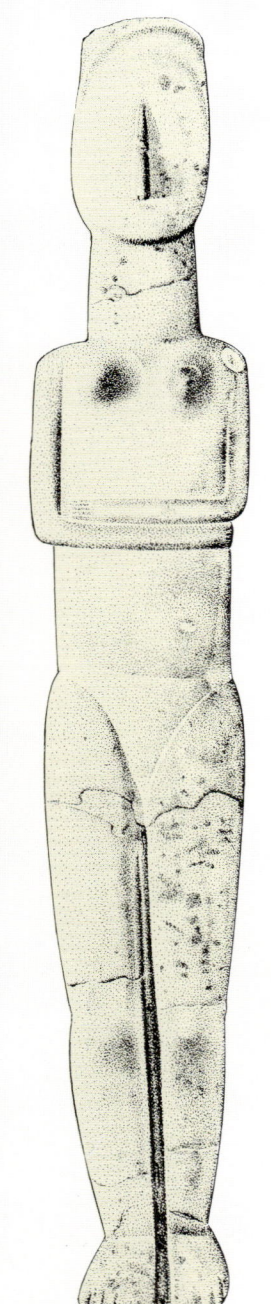

左　この3体の婦人像は青銅器時代に粘土で造型されて，陶器として焼かれたものである．右端の像はクレタ島のもので，乳母の姿である．やや単純で不恰好につくられたが，左端の像よりは多少動きがあり，直接的な表現である．左端の像もクレタ島の出土品であるが，かなり威厳のある形に，しかも写実的な技術でつくられた女神，あるいは女神官である．祈り（または祝福）のためにあげられた両手は上手にあしらわれて，顔は注意深く造型され，頭には欲ばって花と鳥のついた冠をかぶっている．しかし，彼女にはほとんど魅力がない．

飾りのついた下着にはっきりと性器を示している堂々たる婦人像（中）は，キュプロス島の出土品．現在，ルーヴル博物館所蔵．

下　この大きな手足をもつ首のないテラコッタ製の座像は，メガラ・ヒュブライアの出土品．前6世紀．現在，シュラクサ博物館所蔵．造型の力強さと美しさの点で，この像に匹敵するものは少ないだろう．この像では，最古の表現のもつ幾何学様式の純粋さが写実主義と結びついている．

下　ルーヴル博物館所蔵のこの婦人像は，おそらく前8世紀以後の幾何学様式時代のボイオティアのものである．太陽または星の模型と，ヘビかウナギを食べている水鳥の模様がついている．彼女は祭儀用の小枝をもっており，乳房がはっきり示されている．彼女はおそらく女神であろう．そして宗教的な像であることは確実である．

下と右下　この2体の像はミュケナイ時代のものである．美しく飾られている方はミュケナイ出土の女神で，30cmほどの高さがあり，前1300年ごろにつくられた．彼女とその同類の像は端麗で劇的であり，いくぶん畏敬の念をおこさせる．乳房を支える両手が，乳母であることを示す．縞模様の人物像は，大量につくられた一連の彩色小像の一つである．この種の像は墓の中だけでなく，家の中でも発見される．非常に数が多かったので，古典期に再発見されて，神聖なものと認められたものもある．

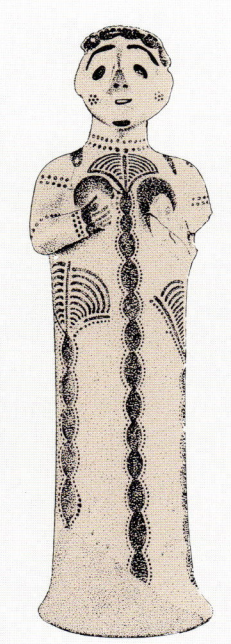

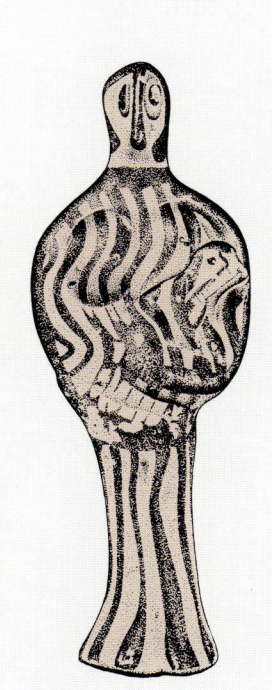

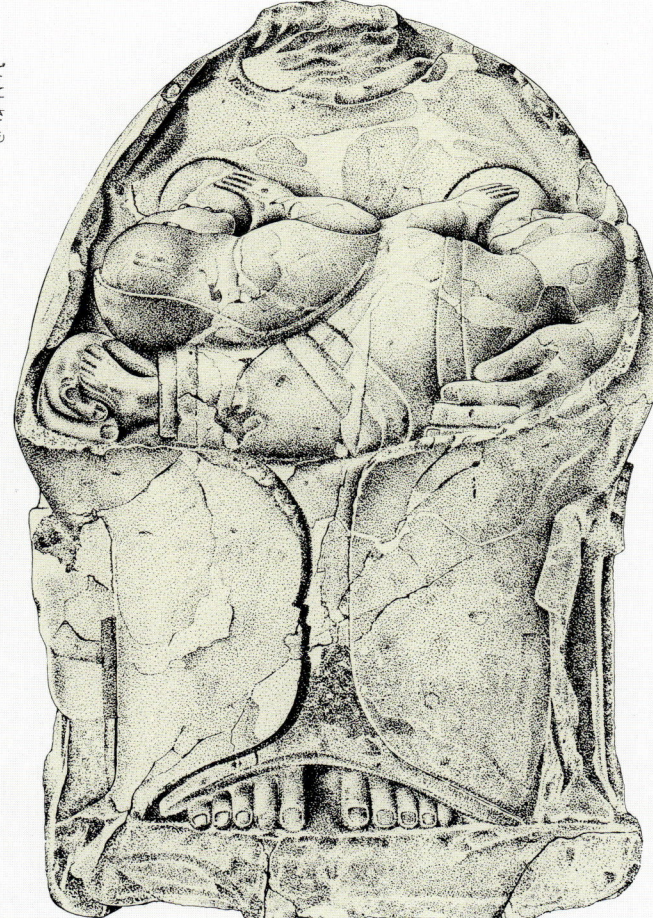

51

ホメロスの世界

ギリシアの暗黒時代の生活内容については，その圧倒的に生き生きとした記念碑であるホメロスの詩なくしては理解できない．それはギリシアだけの叙事詩ではないし，またそれ以前の物語，つまりホメロスの叙事詩よりも古い詩がよく引用されているから，もちろん最古のものでもない．『イリアス』と『オデュッセイア』は，ギリシアの詩に関する，また前8世紀のギリシア人が生活し，聴衆が理解した世界，少なくとも神話の世界に関する最古の証言である．前8世紀には，この2篇の詩の発展と構成という長い過程が実質的に完成した．その時以降古代ギリシアが終るまで，ホメロスはギリシア人に対して最大にして唯一無二の影響力をもっていた．まさに聖書が西ヨーロッパで長い間果した役割と同じである．

現代の比較研究が発達する以前には，ヨーロッパの人々は，自分たちの宗教だけでなく文明そのものも独特なものであり，独特なギリシア世界に根ざしていると考えていた．ギリシアの美術と哲学，ローマの法律，ニュートン学派の物理学，聖書そのもの，これらすべてに絶対的な価値があるように思っていた．同様にホメロスの叙事詩も独特なものと感じられていた．いまでは，それが本当に独特なものであるのか否かを決めるためには，いっそう深く広い視野が必要である．つい最近まで，ホメロスは完全に独特なものであるという誤ったロマンチックな考えが，『イリアス』と『オデュッセイア』の主題にまで広げられていたので，その結果，ホメロスの世界の再発見が，ギリシア考古学の目標の一つとなった．そうして多くの疑わしい希望的な解釈が生まれたが，それらは捨てられねばならなかった．

ホメロスの叙事詩の世界

『イリアス』と『オデュッセイア』の詩人たちが宮廷吟遊詩人であったと信じる理由はない．かれらは，自分たちの先祖や文化の他の分野で活躍した同時代の人々と同じように，各地を渡り歩き，可能ならば住みつくこともあった．ヘシオドスはボイオティアの山に農地をもっており，それについて警句的毒舌を述べている．しかしホメロスはおそらく『オデュッセイア』に登場する詩人デモドコスの方に似ていたであろう．その詩人は盲人であり，王宮でなく自分の家に住んでいて，用事があるときには鄭重に迎えがくる．かれがやってくるとよい席が与えられて歓待される．聴衆にはいろいろな人々がいたらしい．アガメムノンは戦いに出るとき，妻を見

左　ホメロスの肖像．これは，前150年ごろのギリシアでつくられた像を，古典古代後期にローマで大量に模作したものであるが，悩み多き顔と人間の一生についての悲劇的な幻想を示している．顔はきまじめであり，幻想は真実であった．あるいは，彫刻家がそう信じていたのだ．

右　このような記念碑が，金持ちで教養のある人々のためにつくられた．かれらは，ホメロス自身が神であるかのように，ホメロスの作品を石に彫って称えたのである．この作品は前3世紀か前2世紀のもので，プリエネのアルケラオスの制作．

張らせるための吟遊詩人を後に残していったが，その詩人は盲人ではなかっただろう．中世なら宮廷付司祭が残されたと思われる．芸術の保護者がいた．そして，ホメロスの叙事詩の英雄は自分で演奏して歌うことができたけれども，専門の吟遊詩人には誰もが特別な尊敬の念をもって耳を傾けた．

人々の生活の特徴を描き出すことはむずかしい．アキレウスの楯は，平和と戦争，つまり善き都と悪しき都の場面で飾られた．ある場面は収穫であり，人々は民謡を歌っている．その畳句の部分は古典時代まで伝わり，記録された．『イリアス』では男たちは民主的な会合を開く．その会合は王の決断にあいまいな形で関わりをもつ．アガメムノンは，すべての神々が一つにまとまってもかなわないゼウスほどには絶対的な君主でない．アガメムノンの統帥権の実際の程度は，物語の必要上歪められて混乱している．『イリアス』でも『オデュッセイア』でも，王侯は権力を行使しなければ権力を保てない．かれらが権力を行使して名誉と威信を得るときには，人民は侵略と海賊から守られ，富と特権と奉仕とが密接に絡み合って，世界を一つに結合させ続ける．ホメロスの詩の中では，武器やウマやウシを別にすれば，最も価値があると考えられる物は実生活では役にたたない物である．しかし，それが存在すればこそ世界は保たれるのであり，それはまさに名誉という徳目が私的な放恣にならずに，むしろ社会的拘束力となるのと同じことなのである．

すでにみてきたように(p.16)，オデュッセウスが勝利を得るとき，息子のテレマコスと忠実な豚飼いは，物事の正しい秩序が回復されたことを喜び一緒に踊る．オデュッセウスは父親ラエルテスが自分の農場でナシの木に肥を施しているところをみつける．パイアケス人の善き国の王女ナウシカアは，王宮のたくさんの洗濯物を友人たちと一緒に川で洗っているところをみつけられる．多くの半神に加えて神々の中にも，金属細工師である神がいる．ホメロスはこれらの神々が仕事熱心であると語っている．『イリアス』のテルシテスは異色な印象を与える．かれは反抗的な平民であり，民会ではアガメムノンに向って遠慮なく話す．

『イリアス』の物語は冷静であり悲劇的である．エピソードは文中の節や句と同じような関係で挿入されている．文体にシンタックスは比較的少なく，文中の位置によって語句の音節の長短を均衡させることに頼ることが多い．このことは，たとえばラムプサコスのカロンの断片のような最古のギリシア散文においてと同じように，『イリアス』のあらゆることに影響を与えている．このような文体は，形而上学的解釈や入念な道徳的判断にまで拡大された文章には向かないが，大幅な自由と精巧さと最も鋭い表現を可能にする．文章は他のいかなるつながりにもまして，リズムによって結びつく．

ホメロスの世界は前8世紀のことと想像されている．戦争は科学的になりはじめていて，連隊編成と思わせるものがあるが，戦闘の本質はまだ英雄同士の血腥い一騎打である．兵卒や二流の英雄たちはただ殺されるためにのみ存在する．戦争は悲劇的と感じられている．しかし，出陣する息子に父が与える最高の助言は，「常に最も勇敢で，最善であれ．そして他の人々よりも立派に振舞え．常に前列で戦え」というものである．この言葉はそっくり後世の多数の墓碑銘となった．偉大な英雄たちは特別な武器や武具をもっているが，時には奇妙なものもあるし古風なものもある．神々はひんぱんに干渉してくるが，本来の運命を変えるにはいたらない．ある神が力を貸したので武器が命中することもあり，ある神が暗闇や霧を生じさせたので誰かが逃げることもある．しかし，ゼウスでもわが子サルペドンの殺される運命は変えられない．

歓待の義務は絶対である．その違反，すなわちパリスのヘレネ誘拐が戦いを招いた．そしてもし，交戦中の2人の英雄の間に歓待によるつながりがあることが発見されると，2人は戦うことを許されない．英雄たちは戦車に乗って出陣し，互いに戦車に乗って追跡する．臨時の御者を槍で突くという例外もあるが，原則としてはかれらは互いに徒歩で戦う．軽技師以外は誰もウマの背に乗れない．『オデュッセイア』でも『イリアス』でも，船は軽くて浜に引き上げることができる．船はたいてい櫂で漕がれたが，帆船としても使える．かれらはパンと肉を食べ，チーズをつくり，ブドウ酒を水で割って飲み，薬も知っていたが，神や魔術による治療も行ったことが認められる．『オデュッセイア』でヘレネは，メネラオスとテレマコスの悲しみを癒すために，飲み物に薬を入れる．キルケーは男たちを薬で動物に変えて服従させるが，その解毒剤は近くに生えている薬草であることをヘルメス神が知っている．『イリアス』と『オデュッセイア』の世界には多くの文化的段階があるが，いかなる世界でも，想像力が十分に駆使された場合にはそうなるにちがいない．

ホメロス叙事詩の背景

ホメロスの詩に登場するすべての都市と島を実在のものに結びつけようとする試みは，すでに帝政ローマ時代初頭に論

ホメロスのギリシア
『イリアス』の第2巻には『軍船目録』と呼ばれる部分がある．それは，トロイア戦争の英雄たちが支配するギリシア本土の土地の詳しい目録である．この目録はミュケナイ時代の政治地理を反映したものであるのかという点で種々の議論が展開された．ホメロスの叙事詩では，ギリシアのほかにトロイアとその同盟国の小アジア，シドン，キュプロス島，エジプト，リュビアなどが知られている．ヘシオドスの文にはさらに遠い土地の知識が示されている．『神統譜』には，ラティノス王が遠い島々でエトルリア人を支配しているという話がある．『名婦伝』にはアトラス山と遊牧民スキュティア人についての話がある．

争をひきおこした．トロイアとミュケナイと老ネストルのピュロスとは青銅器時代に大宮殿のあったところだが，ホメロス時代には，トロイアはほぼ完全に廃墟と化していたし，ミュケナイはもはや強大な勢力ではなかった．ホメロスではピュロスは砂深いと語られているが，現在のピュロス近くで最近発掘された宮殿は海から数マイル入ったところにある．前5世紀にピュロスのあった場所は当時のギリシア人にホメロスのピュロスであると信じられていたが，そこには宮殿が発見されていない．たしかにホメロスは，本物の遺跡をかれの時代にまだ存在しているごとくに語る．かれは都市を語り，有名な墓を語り，アテナイのエレクテウスの館を語る．かれの地理は形式化しているがとても詳しい．しかし，現代の考古学が示す青銅器時代のギリシアの地図とホメロスの世界は，研究者がいかに惜しみなく頭と足を使って共通性を模索しても，完全には一致しない．ホメロスが取り入れたものだけでなく，かれが省略したものについての問題もある．そして，ホメロスの地理は古い時代だけでなく前8世紀にも基礎を置いているという見解には，それなりの根拠がある．

『イリアス』のもとになっている物語群の根元が，すべての物語と同じように，他の物語と経験にのみあるのではなく，遺跡と遺跡にまつわる信仰にもあると仮定してみよう．結局，世界中のあらゆる村で，その地方の遺跡を説明するためにある種の物語が創作される．おそらくホメロスの語るギリシアと前8世紀とに共通している都市の数は，青銅器時代と共通している数とほぼ同じである．ミュケナイとトロイアの神秘的な遺跡に『イリアス』が結びつくことは，ことさら驚くほどのことではない．ミュケナイではアガメムノンが崇拝されており，トロイアでは神秘的な祭儀が行われていた．ロクリスの乙女たちは，アテナの神殿に奉仕するために夜間に上陸し，もし途中で捕えられずに神域に着けたなら，残りの一生を神殿に捧げるよう定められていた．それはロクリスのアイアスがトロイア略奪の折にアテナの祭壇でカッサンドラを凌辱した冒瀆を償うための貢物だと伝えられている．祭儀を説明するために神話が創作されることは，本来ありえないことであろうか．そして本来『イリアス』は，おびただしい数にのぼるこのような話をもとにしたものではなかろうか．

このような解釈は，論争の余地のない正確な年代が欠けているので，問題がないとはいえない．前8世紀末の25年間に，多くのミュケナイ時代のトロス墓が崇拝を目的として開かれたことがわかっている．羊飼たちがそのような墓を発見したところを表したらしいテラコッタ像があり，その墓の中にはミュケナイ時代の人物像に似た女神がいる．これはホメロスの詩に由来する宗教祭祀を示しているのであろうか．あるいは，ホメロスも参考にした遠い英雄的先祖への強い感情のもう一つの表現であろうか．

ホメロスにでてくる物品の中には，青銅器時代のものとして説明する必要のあるものがいくつかある．たとえば，ある兜はイノシシの牙でつくられている．その種の兜は古典期のギリシアでは使われなかったが，ミュケナイ時代の遺跡の発掘中に発見されている．その兜を冠った人物像も発見されているが，実にそのうちの一つはデロス島から出土した．これらの兜は数百年の間詩人から詩人へと歌いつがれてきたのであろうか．あるいは，墓が開けられて英雄時代の過去と結びつく奇妙な武器が偶然発見されたために，この青銅器時代の装飾武具が前8世紀の叙事詩の中に忍びこんだのであろうか．どこかの辺鄙な地域の人々が，知られているよりもずっと後まで，この種の兜をまだ使っていたのであろうか．かりに，『イリアス』の中にある青銅器時代の小道具をすべて一つに集めても，われわれが選ぶ一つの説明はやはり文学上の問題につながるだろう．すなわち，叙事詩はいかにして生み出されたか．残念ながら，考古学者は比較文学をほとんど研究しないし，あらゆる種類の伝説で叙事詩を研究する人々は考古学についての正確な知識がほとんどない．

さまざまな説明がさまざまな事例にあてはまる．青銅器時代の大規模な埋葬はギリシアではホメロスよりもずっと以前に跡絶えたが，キュプロス島では続いていた．ミュケナイ人の長い突槍は使われなくなり，その後はもっと短い投槍が使われた．ホメロスは長い突槍を知っていたらしいが，かれは英雄たちがそれを投げたと思っている．それは残っていた古い品物を誤解したものであろうが，もしかしたら英雄的誇張ということもあるかもしれない．『イリアス』の英雄たちの間にさえ，自分たちよりも古い世代の男たちはずっと強く，英雄たちはよりいっそう英雄らしかったという考えがある．

迫力にあふれた叙事詩は，ある民族全体の自意識と記憶とアイデンティティを具体化する．ホメロスの世界の大きさは驚くべきものであり，その統一性も目覚ましい．もちろん漠然とした限界はある．地下世界への入口はホメロスの聴衆にとってはきわめて遠いものであった．それでも，それはギリシア本土西部に実際にあった場所であり，そこに本当に死者の託宣所があったということは確実らしい．現在のアルバニア国境からさほど遠くないところにあるドドナは，ホメロスの聴衆にとっては神秘的で遠い聖所であった．ホメロスの叙事詩の道徳と知性の広大な範囲，つまりその地理的・想像的・歴史的範囲は，前8世紀においては，現在ではよく理解できないほどに正義を助長する力をもっていたにちがいない．

アテナイの赤像式萼形（カリュクス）クラテル．ドキマシアの画家が前470－465年に制作．アガメムノンの殺害を型通りに示している．ここに描かれているのは男の世界であり，女たちは単に，悼み，身振りをするだけである．アイスキュロスが『アガメムノン』で示した同じ事件についての構想は，これとは比べものにならないほど恐ろしい．

ヘシオドスと神話の慣例

『神々の誕生』すなわち『神統譜』と，道徳と農業についての長い詩，あるいは詩の合成物である『仕事と日々』の2篇は，ヘシオドスの偉大な詩であり，『オデュッセイア』とほぼ同時代である．『オデュッセイア』そのものは，おそらく『イリアス』よりも少し後のものである．しかし，『神々の誕生』は『イリアス』より古いこともありうる．『仕事と日々』は『イリアス』の世界とは異なる世界を描いているが，ヘシオドスは過去についての同じような感情を，ホメロスよりも簡明に諺風に公式化している．世界は時代を重ねるにつれて堕落してきた．すなわち，純真無垢な黄金の時代から，半神たちの銀の時代，青銅の時代，英雄たちと英雄的戦いの時代を経て，最後に現在のみじめな鉄の時代となる．ヘシオドスが農業の法則を宗教や迷信の吉凶に，また田園の掟と季節の観察に結

ホメロスの世界

ギリシアの絵画は，ローマ世界で模写をくり返されたことによって，ポンペイやその他の土地に残ることになった．この絵は『オデュッセイア』からとった戦闘の場面である．このような絵ではいつでも風景が重視されている．まさにこの事実はホメロスの詩についての真実の一面を伝えている．

クレタ島のアルカネス出土のテラコッタ製小模型．これは，イヌ(?)をつれた羊飼いたちが青銅器時代のトロス墓を偶然発見して，墓の屋根から中をのぞいている場面にちがいない．墓の戸があいていて中に女神がいるのは，発見者たちがこの墓を礼拝したことを示すのだろう．この種の模型はたくさん残っている．

びつけることは，偶然の問題ではない．初歩的な段階の農業では実際的な吉凶のすべてが宗教的儀式であったし，宗教的吉凶には作物を生長させる現実的な基盤があった．もう一度，現代からの類推が役に立つかもしれない．1920年代に1人のイギリス人の教授がギリシアの復活祭の真夜中の祭典に参加した．かれが農民に「キリストが復活したと本当に信じるのか」と問うと，「もちろんキリストは復活した．そうでなければどうしてコムギが芽を出すのか」という答が返ってきた．

ホメロスにはこのような宗教が，たいていの人が気づくよりも数多く存在する．しかし，ホメロスの詩では農業は目立たず，定住民の庶民的な道徳は『オデュッセイア』の終りころになってやっと自己主張をする．その筋書のほとんど全体を通して，家畜泥棒は普通のことであるし，商人と海賊との区別ははっきりしない．『オデュッセイア』は帰郷の物語である．その構造には中央アジアの叙事詩『デデ・コルクト』と共通するものが多数ある．後者の口承伝説は少なくとも後9世紀にまでさかのぼる．両方の物語で，主人公は追放から，あるいは檻禁や外国での冒険から戻り，花嫁を他の求婚者たちから取り戻す．かれは自分で努力して社会の全階層を1段ずつ昇らなければならない．『オデュッセイア』ではかれは豚飼いのもとに身を隠し，乞食と素手で戦う．両方の詩に共通することは，最後の試練が弓を射ることである．一番はっきりした相違は，『デデ・コルクト』の詩では詩人にも聴衆にも海についての観念がまったくないことである．しかし，オデュッセウスの海上の放浪は，『オデュッセイア』の後半の話とほとんど無関係である．ただ単に，ギリシア人が以前からあった話にそのような驚くべき冒険譚を付け加えたということらしい．おそらく，その冒険譚というのは，最初の大船と金の羊毛の話であるアルゴー船乗組員たちの物語の中の，ある失われた話に変化を加えたものであったろう．アルゴー船乗組員についての古い叙事詩はたしかに存在したのだが，残ってはいない．

『オデュッセイア』の中の海は，島と闇と距離からなっている．船が風に吹きとばされて航路からひどくはずれることもある．ペロポンネソス半島の北部に向かった船がクレタ島の南岸沖に達することもある．しかし，他の運のよい船は合理的な時間でトロイアからの旅をする．ほとんど誰も訪れたことのない島々があり，いろいろな種類の魔法使いや怪物が住んでいる．とっぴな話の多くはシチリア島と西方に設定されているらしい．しかし，オデュッセウスがどうやってそんなところにまで行けたのかは正確にはわからないし，かれの放浪の地理は支離滅裂である．『オデュッセイア』ではエジプトとクレタ島とキュプロス島は本物であり，オデュッセウスはイタケ島の対岸にあたる部分のギリシア本土で家畜を飼っている．しかし，西方ではあらゆることが荒唐無稽である．

オデュッセウスは風の神アイオロスの故郷の島を訪れる．後のギリシア人は『オデュッセイア』のこの部分をシチリア島の東海岸あたりに位置づけたことがわかっている．そこでは巨人キュクロプスが洞穴に住み，魔女スキュッラとカリュブディスがメッシナ海峡で荒れ狂っていた．アイオリス諸島はシチリア島の北数マイルのところにあり，その海峡から遠くない．特にリパリ（古代のリパラ）島は先史学者の楽園である．島のアクロポリスは完全に発掘され，非常に早い時代から現在までずっと続いて人が住んでいたことがわかっている．リパリ島は地中海地方では数少ない黒曜石の産地の一つである．黒曜石は鋭い切味の刃になるので，青銅製の道具類が発達するまで，そしておそらくそのずっと後までも，大変価値があった．ミュケナイ人はその地で交易をした．そして現在，リパリ博物館にはミュケナイ時代の遺宝がある．古典期にギリシア人がリパリ島に着いたとき，かれらはその地に以前からあった神殿で風の神アイオロスを礼拝した．『オデュッセイア』にある話は，おそらくギリシア化する以前の，その土地固有の宗教的礼拝に基づくものであるらしいことはほとんど疑いない．

現実性の限界

後世のギリシア人が古代の墓や廃墟を英雄時代の遺跡と考えていたからといって，それをそのまま受けいれてよいわけではない．単純な人々は，自分が住んでいる風景をよく知られている話と結びつけたがるものである．クレタ島の南部で農民にキュクロプスの洞穴をみせられたことがあるし，アフガニスタンの山では村人たちにソロモンの神殿の廃墟を，南ギリシアのカルダミュリではスパルタのメネラオスがお茶を飲んだという娯楽場をみせられたことがある．18世紀では，キリストが山上の垂訓をしたのはアルゴリスのナウプリオン近くにある山であるとか，アテネの南にあるスニオン岬の荒れ果てた神殿はシバの女王のためにソロモンが建てた館であるといったことが，その地域の住民によって信じられていた．『オデュッセイア』が知られるようになったとき，同じようにして，詩のある巻全体がシチリア島の東部あたりに位置づけられてしまったとしても不思議ではない．しかし，筆者としては，『オデュッセイア』の起源はもっと地域的に分散して

ホメロスの世界

おり、島々のさまざまな出来事が旅人たちによってもたらされ変質しながら、膨大な物語として集大成されていったものだ、と信じたい。

　祖先崇拝はさらにいっそう混乱している。アテナイのネレイダイのような特定の有力家系は、暗黒時代に最初に出現したときから、すでにホメロスの物語の英雄たちや神々の子孫であると主張している。しかし、祖先が英雄であったことが政治的に重要であったという事実、そして政治上の論争に英雄物語が使われ、時には物語の純粋な形が議論されたという事実自体が意味するものは、その歴史的価値にはほとんど信頼を置けないということである。英雄たちは幽霊をもっと強力にしたものであるというところが真実らしい。かれらは特定の場所に特定の墓をもっている。ただし、たとえばオイディプスのように3、4カ所に墓があることもある。かれらは戦い好きで、害をなし、宥められるべき存在である。かれらはたいてい非業の死をとげたのである。

　少なくともトロイアにある墓は『イリアス』がつくられるよりも先にあったことが、ホメロスによってはっきりする。ホメロスは、トロイアの風景の特色であったはずのもの、すなわち平野の中の大きなギリシア式塁壁が、かれの時代には存在していないことを説明する必要を感じていた。かれは、神々が腹を立てて、後でやってきて塁壁を押し流したのだと語る。東アルカディアのペネロペの墓にまつわる奇妙な礼拝は、かなり後代の記録にあるのだが、それが非常に古いもので、ホメロスも知っていたということもありうる。そのことは少なくともオデュッセウスに課せられた務めを説明してくれるかもしれない。かれは櫂を肩にして陸地をさすらい、櫂を唐箕であると考える人々のいる土地を見つけなければなら

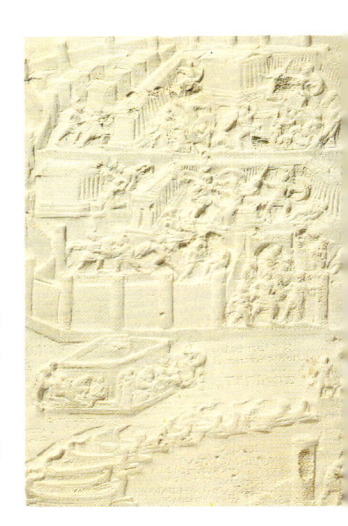

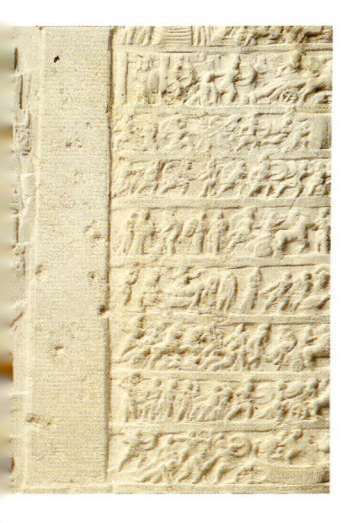

ない．その土地でかれはポセイドンに犠牲を捧げなければならない．アルカディアは当時の南ギリシアで，海から完全に切り離された唯一の地域であった．不確実な推測ではあるが，全体にぼやけた奇妙な物語の世界があって，それをホメロスも知っていたらしい．

誰でも考古学史料を厳しくみれば，かつて本当にトロイア戦争があったのかどうかを疑いたくなる．あるいは，もっと婉曲に述べるなら，トロイアとの戦争はあったとしても，あの有名なトロイア戦争はなかったのではないかと考えるであろう．ギリシア人はトロイアを知ってはいた．そして，たしかにトロイアは再三にわたって破壊された．そこは青銅器時代には非常に豊かであり，1874年にはシュリーマンが有名な金の財宝を発見して世界中を驚かした．その財宝は第2次世界大戦中にベルリンからもち出されて消えてしまったが，こわされたか東ヨーロッパかソビエト連邦のどこかに隠されているものと思われる．その財宝よりも美しくて感動的な品がミュケナイとクノッソスでたくさん出土しているが，壮麗さという点ではほとんど及ばない．しかし，かつてギリシア人がトロイアを奪ったことを示すたしかな考古学史料はない．そして，1人の大王の最高指揮下でこれほど多くのギリシアの王侯たちが大遠征をするということは，青銅器時代にはおこらなかったし，その後もアレクサンドロスのペルシア征服

上 トロイアの木馬は『イリアス』そのものの中には現れない．このアルカイック風の場面は，ホメロスが生きていたころから約50年後の前675年ごろにつくられた大きな壺の頸部の表現で，ミュコノス島の出土品である．ぎっしり詰まった石の浮彫(左上)は，トロイア戦争に関するホメロス以後の叙事詩に基づいた空想の作品である．この特別な作品は現在ローマにある．この種類の全作品が，一つの工房で制作された可能性もある．

左 ナヴァリノ湾には古典期ピュロスの遺跡がある．この地域の海岸線は大きく変化しているが，前5世紀ごろの様子については歴史家のトゥキュディデスによって知ることができる．青銅器時代のことはあまり定かではないが，湾の奥にそびえるネストルの宮殿とよばれる美しい建物は，事実上青銅器時代の王国の中心であった．

次頁 オデュッセウスは「多くの輝く海と多くの島影」によって，故郷から隔てられていた．

ホメロスの世界

まではおきるはずがなかった．うろ覚えの歴史の種のいくつかが，詩人の想像力を刺激したかもしれない．いえることはこれだけである．『イリアス』はもとより，いかなる叙事詩といえども，純粋なつくり話ではありえない．

伝説文学の発達

翻案を無限にくり返すうちに，事実の核はだんだんに弱まる反面，話の骨格は徐々に定型化される．民話の構成と同じである．事実は他のやり方で，たとえば比喩や想像の劇的緊張というやり方で，詩の中にくり返し挿入される．しかし事件の規模は完全に変ってしまう．セルビアの英雄である王子マルコは本当はトルコの傭兵であった．ロンセスヴァリエスでのローランの戦いは実際にあったこととしても，あまり重要ではなかった．中央アジアの英雄デデ・コルクトにはかれの墓とされたものがあって，そこで最近まで，奇蹟の治療が行われていたし，いまでもそれにちなんだ名の鉄道の駅がソビエト連邦の南部にあると思う．しかし，かれはネストルと同じように荒唐無稽なのである．『イリアス』と『オデュッセイア』をしっかりとした入念な文学作品としてその構成を分析してみても，ほとんど何もでてこない．ラスコーの洞窟画が描かれた時代には美術という言葉がなかったのと同じように，当時は文学という言葉がなかった．ホメロスの叙事詩は，常に構成され続けている一つの有機的な過程の中の，ある一瞬が化石となったものとして研究されるのが一番よい．2篇の叙事詩は，数世代にわたって常に手直しされてきたのである．

『イリアス』はトロイア戦争の物語ではない．事件はその戦争の間におこり，時間は過去にも未来にも延びている．戦争は場面であり，背景であり，生活の状態である．両陣営とも戦争の結末を知っているし，英雄たちは己の運命を知っている．詩の力はその細部とその文体の中にあり，突然二流の登場人物に焦点が合わせられることや，神々の不思議な美しさや，重なりあった文脈から孤立している数行の詩の効果にある．

この力を出す道具は六脚韻そのものである．英語にはこれほどの順応性とこれほどの長さのある韻律はない．ホメロス風六脚韻はおそらく東ギリシアで発展したのであろうが，前8世紀のホメロスの時代には，数世代にわたる無名の詩人たちによって完成されていた．実際，ホメロスという名そのものが一種の匿名である．同一の詩人が『イリアス』と『オデュッセイア』をつくったのかということさえ確実にはいえない．ずっと後まで，叙事詩と叙事詩風韻文はやはり同じ詩形でつくられていた．いわゆるホメロス賛歌はたしかにホメロス以後のものであるが，いずれにせよ優れている．その賛歌の最後にあるパン神の優れた賛歌は，おそらく前500年ごろに書かれたものだろう．しかし，その歌にはホメロスの特色が多くにじみでており，場所や実在物への同じような興味や同種の技巧があちこちに散見されるのである．

叙事詩の道徳

民間に伝わった純粋に古典的な叙事詩は，歌い手から歌い手へと記憶と翻案によって伝えられる．それは文字を知らない社会で栄え，その道徳的規律と伝統は，いまやこの世では珍しい社会の道徳世界を反映している．名誉は至上のものであり，富は名誉ある威信にほぼ匹敵する．王侯は人民を保護し，一命を賭す．勇士は若死する．社会の掟，たとえば血の復讐の義務と肉体的勇気の至高性は絶対である．叙事詩の英雄たちは，人間の心と幼児の知能をもったブリキの兵隊のようなものである．かれらにとっては別の社会があるというこ

ホメロスの世界

デルポイやオリュンピアや多くの小神殿から出土したアルカイック期の小さな青銅品は、ギリシア美術の中で最も生き生きとした遺品である。オデュッセウスはヒツジの毛の下に隠れて、盲目の巨人の洞窟から逃れる。アイギナ島出土の水差しの肩に描かれた同じ場面はとてもよく似ており、わずかに目立つ意匠の相違は材質の違いによるものである。

とは考えられない。寛恕は他の掟と矛盾する掟である。しかし、もちろん社会は常に変化しており、まったく安定しているわけではない。ホメロスの詩では、英雄たちはほぼ自由に行動しており、掟に対して慣れることはできるが、まだ完全には変えられない。『イリアス』の結末でアキレウスがヘクトルの遺体をその父親に渡してやるところはとても感動的である。なぜなら、世の中の矛盾する掟が憐憫によって克服されたと感じられるからである。『イリアス』の力強さはこの緊張に基づく。トロイア戦争の世界は慄然とさせられる地獄のようなものであることをホメロスは知っているし、登場人物たちもその事実を半分意識している。しかし、詩は容赦なく進展する。トロイア人とギリシア人は全員ギリシア語を話し、同じようなことをいう。神々も両陣営に分かれて戦う。

口承叙事詩は、翻案に翻案を重ねて新しい文章や詩になった成句をたくさん集めて成立する。成句の再現の方法について研究すると、ホメロスの心の動きが伝わってくる。ギリシアの王侯アガメムノンは「聖なるトロイアが滅びる日がくるだろう」という。そして、ホメロスはこの文章を後でもう一度使う。かれはその言葉をヘクトルに語らせる。ヘクトルは最後には死ぬさだめであることを知りながら、戦いに出て行く。最高の英雄であるアキレウスは『イリアス』の中では生き残るが、かれでさえやがては死ぬことを知らなければならない。かれは名をあげることと、若くして戦死することを選んだ。この暗さがなかったら、そしてまた復讐を好むホメロス風の英雄にはなかなかみることのできないあの憐憫がなかったら、アキレウスは我慢のならない人物となっただろう。ヘクトルの遺体が、父のプリアモスによって請い戻されなければならないのは、アキレウスの憐憫の情を示すためである。『イリアス』はギリシア軍の勝利では終わらず、ヘクトルの埋葬で終わる。

多くのホメロス風習慣の起源がわかりにくいとしても驚くことはない。ノルウェーのサガや中央アジアやアイルランドの叙事詩をみても、あらゆる叙事詩は有機的であり、枝葉を伸ばしたり落としたりしながら長い年月をかけて発展するものである。聴衆が変るごとに語り直されるし、あらゆる翻案は所与の題材を理解するための新しい試みとなった。『イリアス』には明らかな矛盾がいくつかある。たとえば、同じ英雄が一晩で2度も大量の食事をとる、といった矛盾は手直しの際に生じたものであろう。ホメロスの詩がどの段階で書き留められたのかさえつまびらかではない。とはいえ、その詩が現存するあらゆる世界文学中の叙事詩の中でも、とりわけさん然と独自の姿を誇っているのは、それが叙事詩の形成と口承による伝達という伝統の最も栄えた時期に、そのままの姿で文字に書き留められたからである。

語りによって形成され、伝えられる叙事詩の伝統は、聴衆が文字を読める時代には栄えない。しかし、伝統的な叙事詩を衰退させるものは、正確には文字ではなく、少なくとも1世代間の文字ではなく、むしろ成文法と新しい社会機構、さらには読み書きの普及と関連する人間社会全体の変化であるといってよいであろう。ふりかえってみると、ホメロスの世界はわれわれにとってはもうろうとしたものであり、かれは大いなる暗闇の縁に立っているといわざるをえない。彼には起源を連想させる爽快さと純粋さが備わっている。しかしそれでも、われわれが暗黒時代を正しく評価しようとするのなら、『イリアス』は次の時代の開幕を告げる暁の明星としてではなく、暗黒時代の終幕をつげる宵の明星として考えられるべきものである。

第3部　僭主政の時代

THE AGE OF TYRANNY

前8世紀ルネサンス

　ギリシア人の小アジアへの植民は，前8世紀には十分達成されていた．オロンテス川河口のアル・ミナは交易基地であり，前9世紀末以前にエウボイアが建設し，コリントスが開発していた．すでに前9世紀までに，ギリシア人が東へ移動したように，フェニキア人は西方へ広がりつつあった．その結果，紛争がおこったのはレヴァント地方（シリア・パレスチナ地方）ではなくシチリア島だった．ギリシア人はエーゲ海を制する少し前に，すでに西へ移住していたからである．東方で諸様式が混ざり合い，たいてい翻案された形，つまり純粋でない形でギリシア本土に入ってきた．この新しい影響が浸透して，ギリシア美術を根底から変化させた．これはあの並はずれた膨張の裏返しのイメージにすぎない．つまり，物心両面において豊かで，ゆるやかに組織された膨張でギリシア中がわきたっていた．だから，ギリシアの地で具象美術が増えたのは，その膨張と切り離せないのである．

　それらの様式の萌芽は早くも前10世紀に認められ，興味深いことに，のちに地域国家群として現れてくるはずのものをほぼ明らかにしている．つまり，ある地域はアルゴスやテバイという一都市の支配下にあり，ある地域はたとえばスパルタのように攻撃的政策をとって結局帝国主義的な冒険をし，ある地域は前8世紀に連合した東方イオニア12市のように都市同盟を結び，またある地域はエリス地方のように中心的な神域だけはあるものの，中心となる都市のないゆるやかな集合体であった．ドドナやデロスやオリュンピアのような汎ギリシア的な大神域は，すでにこの時期に存在していた．それらは神託社または共通の信仰の中心地だったので，ある程度の共通の法と共通語があったろうし，おそらく強制されてもいたであろう．前8世紀中葉以前には，オリュンピアで汎ギリシア的四大体育祭礼の最初のものが開催され始めたことがわかっている（他にもコリントス，デルポイ，ネメアで開催され，約200年後に汎ギリシア的なものとなった）．暦と祭礼行事は，ある程度ギリシア全域に共通していた．

絵画と彫刻と建築

　暗黒時代の絵画的装飾美術は汎ギリシア的傾向が強かったが，様式は原則として地方的だった．そして，のちの地方的様式と比べるとまだ相互の相違は小さかった．まぎれもなく，ミュケナイ様式の没落は普遍的な状況だった．類似したサブ・ミュケナイ様式が同じ理由で遠く離れたシチリア島にも孤立してあらわれたが，その発達が遅れていたわけではなかった．ギリシア本土では，絵画と製陶は前7世紀までには立派な美術となった．その当時アテナイ人の墓地用に製作された巨大な均整のとれた甕は，等身大かそれ以上の高さがあった．そういった大陶器の，黄かっ色地と黒色が交互になる地味で入り組んだ装飾は，大胆で完全な図柄で仕上げられた．初期のより単純でより大胆な幾何学模様の統制と厳格さは，一つの重要な美術上の課題とされ，何世代も，おそらくは数世紀間続き，それはこの時代になっても決して忘れ去られることはなかった．ギリシアの絵画は，前10-9世紀の形式的で幾何学的構成である窮屈な文様をまったく失ったわけではなかった．その形式上の限界内で，ギリシア美術は前8世紀の驚くべき，そしておそらくは発展力を秘めた活力をたくわえたのであろう．

メロス島出土の堂々としたアンフォラ，前625-620年．オリエント的様式を示す陶器画．

　これが，青銅器時代以降知られている限りの最初の人物彫刻が現れた時期である．そこには骨や象牙や木の小さな礼拝像だけでなく，数体の溌剌とした力強い青銅像もある．オリュンピアの神々に捧げられた重い青銅製鼎の装飾は，重い材質とは鮮やかに対照的に，俊敏で溌剌としているようにみえるが，同時にその重厚な曲線や長い直線によって，青銅の質の深みを強烈に感じさせもする．たとえば取りはずしのできる1頭の馬像は，十分豊かに造形されている．最も古いオリュンピアの戦士像は，明らかにオリエントの影響を示しており，直接オリエントから輸入された青銅品が数点その神域でみつかっている．実際，ギリシアの美術はオリエント様式によって生き返り，復興した．続いてレヴァント地方の石彫りの影響が伝わり，公共建築に美しい大理石装飾が徐々に用いられるようになり，東方の模造品の数学的比例を通してエジプト人体彫刻が苦労して吸収された．しかし，新しい表現の題材はもはやほとんどオリエント風のものであった．

　同じ世紀のうちに，建築も復活した．もっと以前の集落にみられた長い後陣のある小屋や楕円形の小屋は，少なくとも神聖な用途に関しては，円柱付き玄関のあるスマートでくっきりと装飾された長方形様式に道をゆずっていった．模型の家にあったものと同じ幾何学様式の飾りの跡がコリントスの本物の神殿の装飾にも，もっと肉太の大きさで，またもっと多色で描かれているのがみつかった．家は方形になりはじめ，

前8世紀ルネサンス

ドドナ

ドドナは、ゼウス神の古代の(最も古いとみられている)密儀神託所の遺跡である。古典ギリシア世界の西北の端、現代ギリシアのアルバニア国境に対しており、数マイル内陸のピンドス山脈内の一渓谷中にある。ホメロスによれば、ここの神官たちは足を洗わず、地面の上に寝たという。かれらは、オークの大木の風のさざめきで占った。後期青銅器時代の活動を示す多くの証拠があるが、祭儀の連続性を示すものは一つとしてない。おそらく何も期待するべきではない。ホメロスの生きていた時代には、ゼウスはここでディオネと称された女神とともに玉座に鎮座していた。地母神の何らかの祭儀があり、神聖なブタについてのある奇妙な信仰があった。ディオネはデメテルと密接に結びついているようにみえる。

ドドナの建造物は、ヘレニズム時代まで乏しくわずかであり、今日目にすることができる遺物のほとんどは非常に美しいが、その起源は古くない。最も立派なのは劇場で、アレクサンドロス大王の死後、エペイロスのピュッロス時代に建てられ、最近修復された。劇場の上方には、城壁をもったアクロポリスがあり、その下にはスタディオンがあり、円くなった縁が写真の中央にみられる(下)。

オデュッセウスはドドナを訪れたと考えられており、かれは旅行家としても有名だった。神託に頼った人々の大部分は、素朴な人々であったと思われる。かれらはギリシア世界の中心よりは、近隣やはるか北方からよく頻繁に足を運んだ。神域の中心は聖木そのものだった。

ドドナの遺跡は、古代の人里離れた野性味をたたえている。しかしそこでは小奉納品でさえ、あまり豊かでないし際だってもいなかった。そこで見つかった陶器の多くは、遙か北方のバルカン人のものである。青銅の戦士(左)は現在ベルリンにあり、好ましくも雄々しい小品であるが、ゼウスとはほとんど関係ない。その種の小出土品の大部分と同じく、それが何らかの大神域から出土していることはありうる。神域の建造物については、土台のみが現存している。

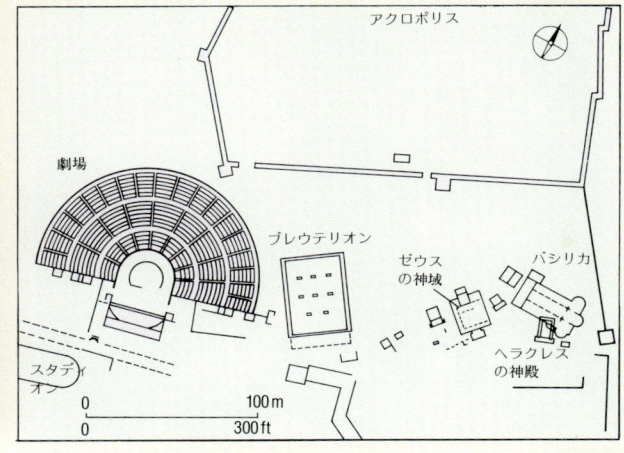

前8世紀ルネサンス

左 巨大な記念用の陶器．明らかに，葬儀と関係している．雰囲気からすると，『イリアス』の終りの悲嘆の場面と縁があると思われる．同じく年代もあてはまる．この作品は，エレウシスへ向かう道に面したアテナイの共同墓地にある一墳墓を際だたせている．

下 青銅製の鉢．ギリシア人のアルカイック美術に存在するオリエント美術の強い影響を示す．前者の美術では，形式主義と写実主義が手をとり合って発展した．

炉を中心にして建てられた．しかし，後陣のある家と曲がった壁をもつ家とはすぐには消滅しなかった．たとえば，ナクソス島にはおそらく青銅器時代の建築技術が残っていたように，いくつかの島々にもその技術がうけつがれて，今日再び表面に出てきたということが考えられる．あるいは，その技術を単に古い建造物から学びとり，あらためて応用しただけのものであったかもしれない．

人口や富の増加とか，国際関係についての問題が未解決のまま残されている．ギリシアのものと認められる作品と様式は，比較的短期間のうちに量的に劇的な増加をみた．どの小青銅像にも，全体と部分との関係，線と量との均衡が，あたかもはじめてのように，新しく仕上げられつつあるという印象を最初は与える．個々の像にではなくテラコッタについては，型に関してだけは同じことがいえる．1世代のうちに，その状況は一変してしまった．とりわけ巨石像の制作がまるまる6カ月，おそらくそれ以上の月日を要する場合には，受容された一様式内での変形はかなりのものとなり，また時には効果をあげている．ひとたび材質が制作上の妨げにならないと感じられると，独自性がその古い意義を失い，幾何学的規範がゆるやかになるものの，明確さや独自性は前5世紀まで消滅することはない．しかしギリシアの視覚芸術では，もし選ぶとすれば，青銅像については前750－650年，重厚な大理石製の青年・少女像については前650－550年の著しい翻案の時期を高く評価するべである．それらの洗練されていないがゆえの魅力は1世紀以上すたれずに続いて，それでもまだ発展は終らなかった．具象絵画の最も強い，また最も流動的な発達は，前550－450年の期間だった．

巨石像は，個人の墓の記念物か神々への奉納品である．試合会場となる戸外の神域を埋めた裸体の体育競技者像は，肖像でもあり奉納品でもあった．幾何学様式の盛期である前8世紀の巨大な彩色陶器は，富裕で勢力のあったアテナイ人たちの墓の記念碑の役割を示している．他のどこでも，こういった壺がこれほどの大きさや，これほどの図案の荘厳さに達したことはなかった．それらは戦車の時代に属するとかつては考えられたものであったが，戦車は初期アテナイ美術では紋章的な役割を果しているにすぎない．戦車は知られているかぎり，暗黒時代には使用されなかった．この点は重要である．というのも，これらの壺上の葬儀風景を極端に原始的なもの，つまりホメロスが描写する英雄の世界の反映とみなす傾向が存在したからである．筆者はその正当性に疑問を感じている．これらの容器のいくつかに示された乗り物は四輪馬車で，死者はウマにひかれた車の上に丁重に横たえられ，その馬車を哀悼者たちが取り囲んでいる．対になったウマを駆る人物は，戦車で墓の周囲を駆け巡る英雄戦士ではなく，単に農耕用の荷馬車に乗る近在の人々にすぎない．

ギリシア本土

同じころ，アテナイやその他の地域において，一部の名家は古い家系を主張していた．祖先は神話的半神であったというのだが，こういった主張がいつ最初になされたかは定かでない．しかし葬礼記念物は，物質的な富と寛大さを誇示し，家系を正確に証言することによって，あらゆる貴族集団の家門の強化に重要な役割を果した．

これら名家の興隆を暗黒時代と結びつけるのはたやすいが，暗黒時代には大きな社会的格差の存在する余地はほとんどなかったというのが実情らしい．富の蓄積，植民のための遠征政策，成文法をもつ文字を使用した国家の出現とともに，名家の利害闘争が新しい重要性をもったに違いない．実際，アッティカでの富の分配は，他のどこよりも不公平であった

ことが知られている．前8世紀のアテナイの歴史は，順調なものではなかった．田園部では急速に，そしておそらく一部分は移住の結果であろうが，人口が増加した．しかし海外では，アテナイの商業的影響力が減少し，ほぼ衰えてしまった．本国では，副葬品であるオリエント風の贅沢品も，もはや直接の輸入品ではなく，国産の改良品となっていた．アテナイ市部と田園部は同じくらい豊かであったが，富者の墓と貧者の墓の間の貧富の差は前8世紀には非常に大きく，前7世紀になると，その格差はますますひらいた．

この状況を他国との関わりからとらえるなら，その3世紀後にヘロドトスが言及しているように，海上での戦いや敗北によってそのことを説明することが可能であろう．アッティカ内部の状況は明らかである．あらゆるものが同じ方向を指している．大豪族は，保護者の目もくらむような権勢と農耕地所有の確固とした基盤の上に立って，おそらくお互いに競い合い，また確実にパレロンの貧しい墓に葬むられた人々を犠牲にしながら，田園部の富の上に君臨していた．ミュケナイ時代の墓の英雄や，非業の最期をとげた死者に対する崇拝は，ギリシア全域で前725年ごろに始まったが，これももう一つの局面である．どの氏族も，ふつうその氏族の所有する田園部のどこかで，伝説的な祖先の遺骨を敬っていた．個々の場合の証拠は後代のものではあるが，その行為は少なくとも前8世紀にさかのぼる．メニディやスパタ，コロピ，アナビソスでは，叙事詩，伝説，墓の記念物，英雄崇拝，名門の主張，田園部でのかれらの地位が，一つの状況の全体を構成している各部分なのである．

アルゴスが支配した平野であるアルゴリス地方は，対照的に優勢で，外に向かっているようにみえた．前8世紀末に，アシネの砦はエラトス王によって完全に破壊された．その当時の若い兵士の墓からは，東方から学んだすばらしい円錐形兜と，中央ヨーロッパから学んだ鐘形銅鎧が出土している．ギリシアで見つかっている装飾としてウシの首がついている青銅製大釜の大部分は，シリアの原作をギリシア本土あるいはキュプロス島で模造したものである．ただしシリアの作品自体がウラルトゥの作品の模作であった．アルゴスの壺絵は，アテナイのものと同様に巨大でなみはずれたものであったが，同じように例外としてその土地の小農民のために安く大量生産された陶器類もあった．日常生活に使用する小型で上等な陶器を生産していた唯一の中心地はコリントスであるが，そこでは輸出用の生産も行われていた．アルゴスの陶器は，少なくともシチリア島，クレタ島，キュテラ島，コリントス，それにメロスやアイギナの島々にまで伝わったが，決して大量に出回ったというほどのものではなかった．これまでのところは，書かれた歴史から想定されるものを考古学が立証してきた．だがスパルタの場合は，奇妙な逆転があった．われわれは絶えずスパルタがアルゴスと戦っていたと教えられてきたが，スパルタ陶器の形はまったく土着の起源をもつものであるのに対し，装飾はほとんど全部がアルゴスとコリントスのものなのである．ホメロスが知っていたように，「深く険しい谷間に横たわる」スパルタは，前8世紀後期には交易国ではなかったのである．

海外のギリシア人

ギリシア人を西地中海へと駆りたてたのは，土地不足なのか，政情不安なのか，それとも交易事業だったのかは早くから問題となってきた．しかし，それに対する唯一絶対の解答はありえない．イタリアの西海岸，現在のナポリ近くに移住したエウボイア人は交易を行っていた．かれらが商った陶器の産地は多様であった．エウボイア，アテナイ，コリントス，

エレウシス

デメテル神域の本場エレウシスは，アテナイの西の海岸にある牧歌的な田園であったが，いまはまったく工場群にのみこまれている．ここは，ミュケナイ時代と初期アルカイック期の遺跡であった．崇拝がずっと続いていたことは大いにありうることだが，ミュケナイ時代のデメテルについてはまったく知られていない．デメテルの社の大部分は，ギリシアのどこでも市壁の外の郊外にある．

アテナイは，歴史時代のはじめにエレウシスを引き継いだ．テレステリオン，つまりデメテル神殿は遺跡内の建物では代表的といえるものであり，ミュケナイ時代からローマ時代まで，絶え間なく再建された歴史をもっている．エレシウスは，きわめて貴重な美術館を備えている．

デメテルは穀物女神で，エレウシスの宗教は復活と再生の自然の周期に関する秘儀によっていた．農耕や性，自然，神々の法が，初期のギリシア人にとっては一つの織り合わされた法典であった．エレウシスを中心とするホメロスの『デメテル讃歌』は，古代宗教に関する最も重要な記録の一つである．まぐさ石に刻まれた浮彫（右）は，エレウシス出土のものである．

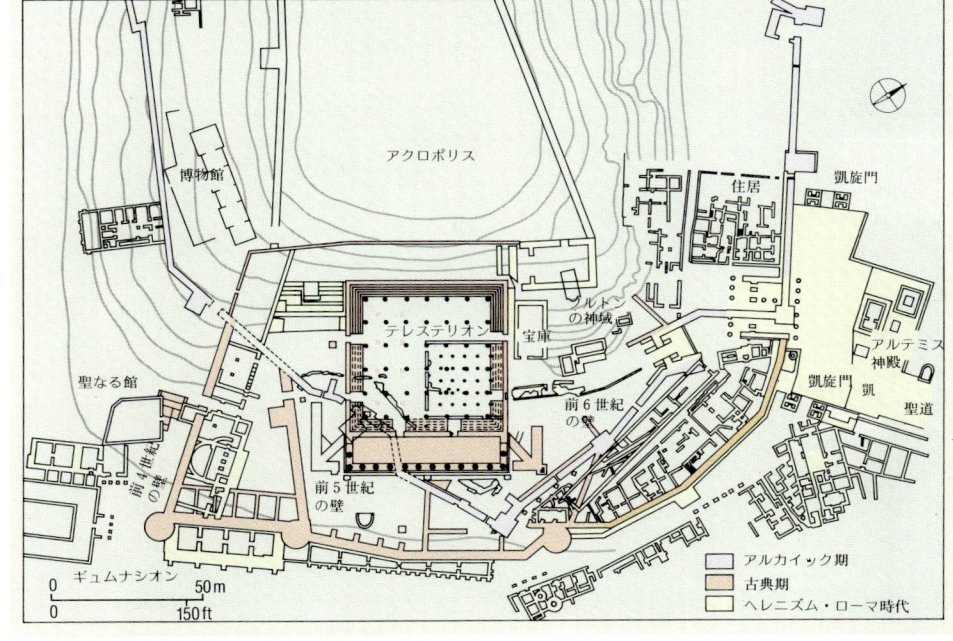

ロドス, クレタ, エトルリア, アプリア, フェニキア, シリア＝ヒッタイトであった. これらエウボイア人植民市の遺跡から出土したものの中には, 北シリアの印章, エジプトのスカラベ (神聖甲虫石護符) と小装身具, ウシの首の飾りをもつ青銅製大釜があった. これら陶器類のうちで, 異国風のものの量は非常に少ないが, それらはまさに遠隔地交易の生き生きした情況を示している. 地方植民市の工芸家は, エウボイアやコリントス産陶器を模倣した. 完全に地方的な様式が後背地でおこり, そこではエウボイアの意匠である鳥や菱形が模倣されて, 現地のものやギリシアのものの区別なくすべての形に応用された. 事実その様式は, 前8世紀後期には南エトルリア全域に広まり, さらにコリントス様式の地方的変形が続いた. その陶器画が商業的に成功したからといって, そのことで人間社会を判定することはできない. しかし, 前8世紀にはギリシア人の膨張がかなり進行していたこと, そしてその膨張の過程で東方の物産が西の辺境にまでもたらされたことが国際的には重要であった. そのことは, トロイア戦争がヘクトルとアキレウスの決闘のための不可欠の背景であったのと同じように, ギリシア本土における不可欠の生活条件であった.

トロイアは, おそらくある程度のロドス人を含んだレスボス島からのギリシア人によって, 前700年以前に占領された. そこは黒海の入り口に近い. この初期ギリシア人のトロイアについてはほとんど知られていないが, それはこの地が300年後に大神域を建設するためにほとんど破壊されてしまったからである. トロイアが実質上長く見捨てられていたことはよく知られている. 通常考古学者たちは, その廃墟に400年間人が住まなかったと主張するが, それはたぶん誇張しすぎだろう. しかし, どの程度トロイアがミュケナイ世界の終焉時の混乱に巻き込まれていたかは重要ではなく, 遅かれ早かれその地は確実に放棄されたのである.

東方では, ギリシア人は小アジアの西と西北にあったリュディアとプリュギアに接していた. リュディアのサルディス (サルデイス) の装飾陶器は, 前750-725年間に東方ギリシア人が存在していただけでなく, 前9世紀または前8世紀初頭のギリシア陶器にみられるコンパスと複式刷毛を使って描く下向きの半円形の文様を模倣した地方様式もおそらく存在したことを暗示している. プリュギア人は文化的にギリシア人よりも進んでいた. 西アジアのギリシア人の想像力をかきたてたのは, かれらの青銅製の鉢や青銅製留め針, 縁の回りにセイレーンやウシの首の飾りのあるウラルトゥから輸入した, またはそれを模倣した大釜であった. プリュギア人の首都ゴルディオンは, 一大交易中心地であったかもしれない. 前8世紀末の状況は, そのような広範な交易を容易にした. 前700年前後に, パロス島や近くの島々でつくられたアンフォラ (両把手付壺) 上の鳥や動物の素描は, プリュギア陶器から影響をうけていた. フェニキア人と並んでギリシア人は, 大西洋への道を手探りするレヴァント地方のタコの触手に他ならなかったといえるであろう.

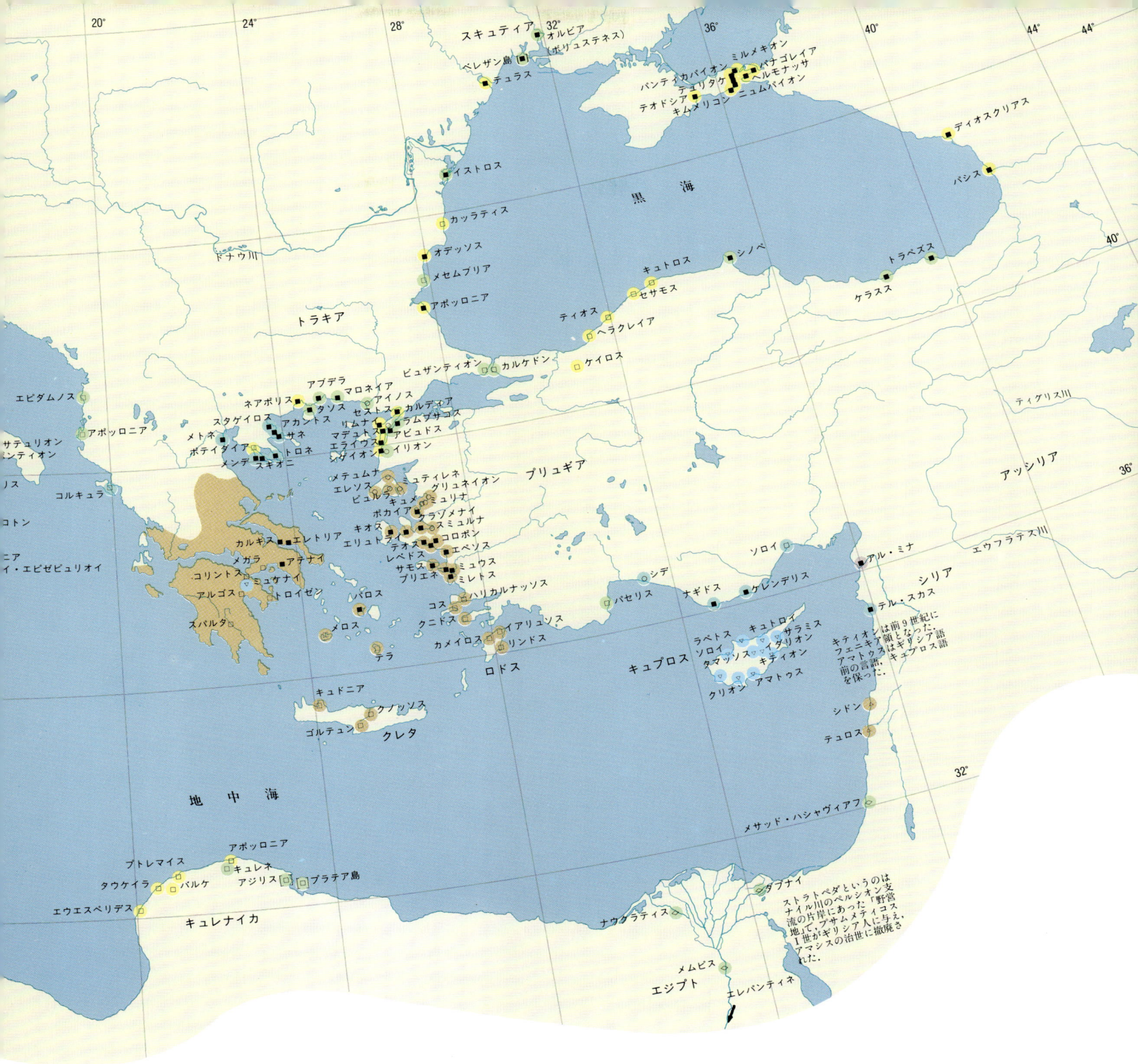

物語の主題とアルファベット字体の採用

さて，われわれは，物語の主題のほとんどが何らかの文学的変貌をとげる以前に，すでに陶器画中になじみ深い物語や，あるいは少なくともなじみ深い物語の類型によって表されていることを明らかにすることから始めたい．前700年前後の，クレタの陶器上の婦人をかかえている兜をかぶった兵士は，ヘレネを奪うパリスであろうか．前8世紀後期のアッティカ陶器断片には，年配の夫婦の前で1人の剣士が子どもを殺している場面がみられるが，これはヘクトルの子，アステュアナクスの殺害の場面なのか．たぶんそうではないだろう．その他キュクロプスたち，雷霆をもったゼウス，ヘレネのいろいろなどわかしの表現が認められる．オリュンピアの鼎の脚上に示された，1台の鼎をめぐって争う2人の立派な兵士は，ヘラクレスとアポロンと解されてきたはずのものである．ティリュンス出土の楯の形に似た円い陶板には，1羽の鳥が関心なさそうに見つめている下で，アマゾネス族を攻撃しているヘラクレス（本当にヘラクレスだろうか？）が表現されている．しかしながら，少なくともレヴァント産の品の中には，たとえばオリュンピアの青銅薄片に表現された人物のごときは，われわれにその解釈がむずかしいのと同じように，前8世紀のギリシア人にも不明瞭な解釈しかできなかったにちがいない．2柱の有翼の神々の間にいる捕われの少女はいずれも，ディオスクロイ（ゼウスの息子たちの意，ヘレネの兄弟の双子の神）に連れ戻されるヘレネを表現しているのであろうか．これらの表現のすべてに，前9世紀の厳密で型にはまってしまった様式ではほとんど望むことのできない，想像力の豊かさと奔放さをみることができる．

歴史の黎明の中にギリシア人の生活が出現したとき，その生活の構造全体には，あまりに明らかすぎて時折見落とされているいくつかの支配的要因がある．一例をあげれば，アル

ギリシア人の植民，前9—6世紀

前9世紀から前6世紀にかけて，多くのギリシア人は貿易商人，外国での傭兵，植民者として海外に移住した．一般的にかれらは，エジプトとかアッシリア，バビュロニアのような確固たる王国やエトルリア諸都市の領域には大植民地を築くことはできなかった．しかし，シチリア島や南イタリアにおいては，人口の多いギリシア人植民地は，しばしば組織力の弱体な原住民から最良の土地を奪った．黒海周辺の植民地（主としてミレトスの植民地）は，オルビアの大移住を除けば，小さな交易地だった．ウクライナ地方はこれらの交易地を通じてギリシアへ需要の大きいコムギを送った．

アルカイック期の意義

　ギリシア視覚芸術の古典期の短い春は，あふれる活力を単純化し，端正にし，抑制したものだった．アルカイック期は，芸術が完全に古典化する直前であり，芸術が軟弱になり満ちあふれそして衰退するずっと以前の，明らかな活力に満ちている．その図案は大胆であり，その技術は野心的であり，驚嘆すべきものとなりはじめ，何ら永久的解決や落ち着いた永続的な形式を示してはいない．それは絶えずずっと後世の発展に，つまりバロックにさえ向かってまさに崩壊しつつある段階に登場する．材料，とりわけ青銅の価値や道具のすばらしさに気づいていたことが伝わってくる．剣と鎧はいまなら高価な散弾銃に匹敵するものだった．彫像は肉体の雄々しさ，優雅と不安定さのある種の結びつきを表現した．その最盛期には，アルカイック美術は前6世紀の他の世界のいかなるところでつくられたどんなものと比較しても，遜色がない．

　神域や墓に納められた献納品は，しばしば右側のガラス製アンフォラのようにごく小さい作品であった．しかし時には，実物以上の大きさの容器が献納されたようである．前6世紀後期のヴィクスの大青銅製クラテル（上）は，ラソワ山の先史時代の丘の町の下，セーヌ川近くのガリア人王女の埋葬塚から出土した．

　高さ1.64m，重さ208kg，容積約1200ℓのこのラコニア産容器は，おそらくギリシア・アルカイック美術のすべてのうちの最大傑作といえるだろう．頸部フリーズの武装した7人の男と7台の戦車が無気味に行列行進する図は，堂々としたゴルゴンの頭を模した取っ手と同じく青銅で鋳造され，後から接合されたものである．人物たちの下に刻まれた銘から，職工はスパルタ出身だったことがわかる．

　クラテルの重量と繊細さ，ヘビとゴルゴンたちの図案の調和したなかでの緊張，胴部のなだらかな平明さ，この明晰さと荘重さに比肩するものは他に見出しがたい．しかし，どのようにしてそれがパリからそれほど南でないラソワ山に到達したのか．旅をしたのは作品なのか，それとも職人なのか．胴部の鍛造された青銅は，ところによっては1mmの厚さしかない．もしそれが旅をしたとしたら，この上なく丁重に輸送されたに違いない．もちろんイタリアでつくられたものかもしれないが，エトルリアの陶器類に加えて，この墓もまたアテナイ陶器や他のギリシア産の贅沢品を含み，それらのなかには鼎と大釜の装飾品もあった．

　上 ガラスは，常に古代では贅沢品で，主に小装飾品と香水びんに用いられたが，ギリシアの工芸家にとっては決して重要な素材ではなかった．しかし前7世紀までに，ガラス工はキュプロス島，ロドス島，そしておそらくギリシアのそれ以外のどの地にも存在した．ほとんどの小さくつくられた容器のように，このかわいいアンフォラ（高さ12cm）は，前6世紀後期のギリシアのブドウ酒壺を模倣したものである．この壺は，同時期の記念作品を強く意識した陶器画や宝玉のカットのぶかっこうさに比べて，まことに陽気な装飾でありながら，節度と快い明るさを備えた魅力的な形が与えられている．それは控えめな副葬品であり，ブドウ酒の入った高級なアンフォラ全部から注ぐことを暗示した意志表示であった．

前8世紀ルネサンス

ファベット字体の採用であった．他のあらゆるものと同じく，字体は古代ギリシアでは地域的な変形があるが，そのアルファベットがフェニキア人から学んだ北方セム系アルファベットの一形体であることは確実である．ただし，どこで誰が学んだのかということについては正確にはわかっていない．ギリシア語のすべての地方的な字体の中で，クレタのアルファベットがセム語に一番近く，フェニキア人とクレタ人の間に特別な関係があったことは疑いないが，最初の採用はどこか沿岸の交易基地で容易におこりえたかもしれない．完全なアルファベット導入の年代は，もっと簡単に決定できる．というのも，アルファベット字体はギリシアで前8世紀中葉に現れはじめ，それ以前には一度も現れていないからである．文字の導入によって，ギリシア世界についてのわれわれの現在の知識だけでなく，当時のギリシア人の自己認識も変った．世界と出来事を合理的に統制しうるという意識は，いかに世界が作用して，どんな要因が関わっているかということを合理的に記述することから始まっている．文字を書くことで，ギリシア人の中にその意識が生まれたり，強化されたりした．最初は道徳性と人間行動の社会的な深い源泉の中で，次に歴史と政治の全分野で，最後は哲学と科学と宗教で生まれたのである．絵画の遠近法，医学の創始，法的論議の手続き，異国の地に関する探険と記述は，文字を書くこと，文字文化に依存するものの一部である．

宗 教

前8世紀後期の発展で，もう一つの支配的な要因は宗教に関するものである．それ以前のギリシア宗教史をたどるのはむずかしいが，姿や形に表現されることによって，たちどころにその発展の跡を認めることが可能となる．それらは，やや後代に書き留められた物語と同じ物語を語り，ほぼ同じ価値を具体化している．しかも，それらはホメロスよりも厳粛であり，時にはもっとすさまじいものである．もっとも大部分の原始的な場面でさえも，恐怖からはほど遠い陽気さと歓喜とが表現されている．この上ない兇悪な殺人はほとんど何かの先触れであり，ホメロス讃歌中の恐ろしい出来事の記述とまったく同じように，単純な点では夢物語的なものである．2匹のケンタウロスが1人の人物を土中に打ち込んで，かれがケンタウロスたちを刺している表現，またペルセウスがメドゥサの首をはねている表現，これらは奉納品，つまりアガルマタであり，神々の嘉するところのものである．それらは喜びの対象であり，まじめな子どもたちの玩具である．

もちろん，宗教はかなり暗い面をもっていた．多神教はたえず急増殖することによって自身を修正し，いつもその先端に，いっそう新しい祭式の中に生きている．生来の権利によるものか神の思し召しによるのかはともかくとして，多かれ少なかれ専門的な予言者と聖人がこのころのギリシア宗教で重要な役割を果した形跡が若干認められる．もしそうだとしたら，同じことが同じころにイスラエルでも進行していたことは注目に値する．

神託社も存在していたが，それらのおかしがたい威光は始まったばかりであった．それでもデルポイとオリュンピアの双方で，比較的古い年代から献納品が豊富に供えられていたことは注目すべきことである．アテナイのちょうど西北に位置するエレウシスは，前8世紀にはたしかに集落であって，おそらく他のギリシア全域と同様にデメテルを崇拝していた．ただし，エレウシスがもつ国際的な名声の証拠は，ほとんどが後代のものである．しかし，デメテルへのホメロス讃歌はたしかに初期の詩であり，前7世紀初頭のものである．前7世紀はじめには，エレウシスは聖地であり聖地巡礼の一社で

このすばらしい兜は，東クレタの最も豊かな土地の一つアルカネスで見つかった宝物の一部である．兜の奉納銘文と兜に付属するミトラ（腹当て）は，前600年に近い年代を示している．兜はコリントス型の変種である．気品のある牝ウマは前7世紀後半につくられたテラコッタ製のクレタの大きな貯蔵用大陶器の浮彫装飾と関連があり，その時期のクレタの具象美術はギリシアで最もすぐれたものであった．その穏やかな線による手法はおそらく最も美しいものであったろう．対照的にクレタ人にとって寓話上の獣であるライオンには，オリエント様式の入念な豊かさがこめられ，これによって激烈さをも示す装飾ともなった．

左　前500年ごろのスパルタの青銅像．あまり面白味のない成功例．厳密な彫刻上からの関心は，抽象的な外套を羽織った体形，線の対照，ひだの線の単純なくり返し，奇妙で堅苦しい丈のある印象的な兜の羽根飾り，兜からはみ出した長い髪の毛のふさにある．しかし，この不気味な戦士の衝撃は一時的なものではない．これは具象芸術であり，2500年にわたって恐怖の的となってきた．巧妙に動きのある造形は並の質のものではなく，知られている限りの中ではすぐれた原作である．横向きの羽根飾りはイタリアに住むギリシア人のものであるといわれてきたが，このような羽根飾りはアッティカ赤像式陶器やアテナイ以外の黒像式陶器にも現れ，コリントスの兜自体はギリシア全域にみられるものである．この戦士像の出土地はわかっていないが，スパルタ人と思われる．その両足は，たぶん現代の修復であろう．この像は，彫刻術が達成できた限界を少し押し広げた傑作である．

上　古典期初期の青年像（前520年ごろ）．この種の厳粛な面だちをした青年像で，少なくとも等身大以上あるこの大きさは，大理石では一般的であるが青銅ではかなり稀である．その手が捧げていたのは献納品であって，たぶん神の特徴を示す持ち物ではなかった．これは墓の記念物よりも，神殿の贈り物としてつくられたものであろう．ペイライエウスの倉庫の灰燼の中から見つかっており，たぶんローマ人がその港を破壊した折（前86年）に，ローマへの船積みを待ってそこに横たえられていたものだろう．

上　アッティカ黒像式頸部アンフォラ．レアグロス・グループの一員である「夜明けの画家」によって描かれた．レアグロスの名前は前6世紀後半の多数の陶器（大部分は赤像式）に正式に書かれている．黒像式陶器は，多くトロイア戦争やヘラクレスの功業に取材した主題を扱い，時にその主題は現代人にとってはもはや解読不可能なものとなっているものもあるが，表現自体は大胆な刻線で複雑な群像を鮮やかに処理している．ここに挿図した作品には，劇的ではあるがなじみの薄い場面が描かれている．有翼の戦士はたぶんアキレウスの亡霊で，生前トロイアの海岸に躍り上がるようにして上陸した折の模様を再現したものだろう．かれの足がトロイアの地に触れたとき，泉が湧き出したというあの名高いトロイアの跳躍である．

クーロス(青年像)と
コレー(少女像)

　これらの像には，親族的な類似点がある．大きさは，象牙や青銅の小像や小さな木製の偶像から角石の上に立つ等身大以上の重い石像まで多様である．その祖先は前8世紀のギリシアにあるが，さらにさかのぼってはエジプトやメソポタミアに起源がある．その人体比率は注意深く仕上げられ，そしてほとんど知られていないのだが，かつては大胆に着色されていたし，またその人体比率さえある種の秘密のままである．等身大の立像は，それぞれつくるのに少なくとも6ヶ月は要したにちがいない．その最盛期は，前620年ごろから前480年ごろまでであった．そしてそれらは死者の記念碑，または神々への献納品，あるいは神々や英雄の立像であった．前500年前後に，特殊な立像が魔力をもつと考えられた時期があった．人体比率の厳格な制限内で，顔面に笑みをたたえ，人体の線にしなやかさがさらに認められるようになると，これらの像を通して魅力ある発展をたどることができ，そしてはじめて脚を別々に動かすようになる．これは単に簡素な点に魅力があるという問題だけではなく，重量の均衡と材料の強さという力学の問題でもある．

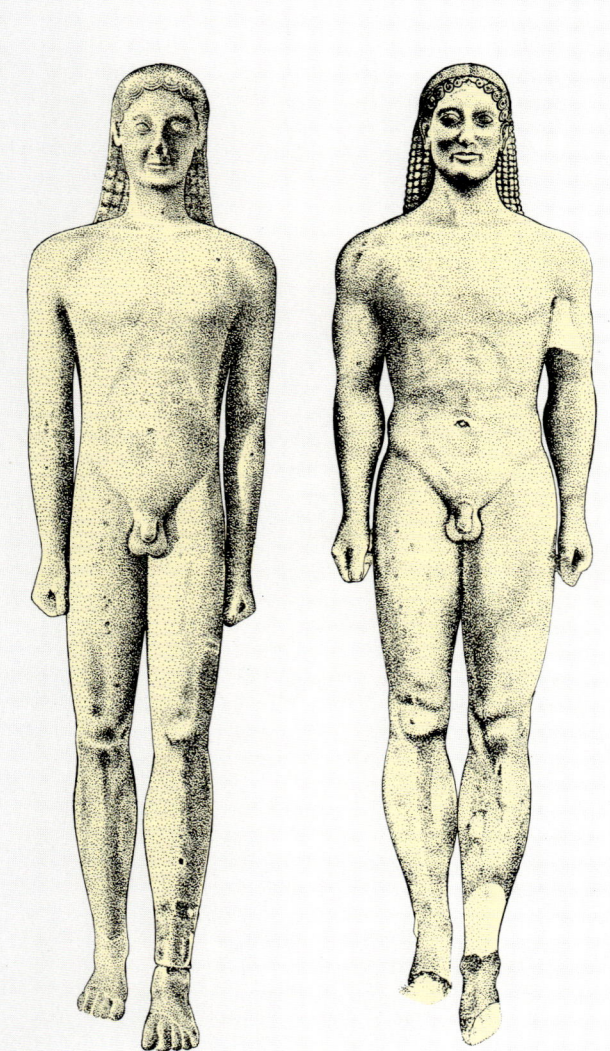

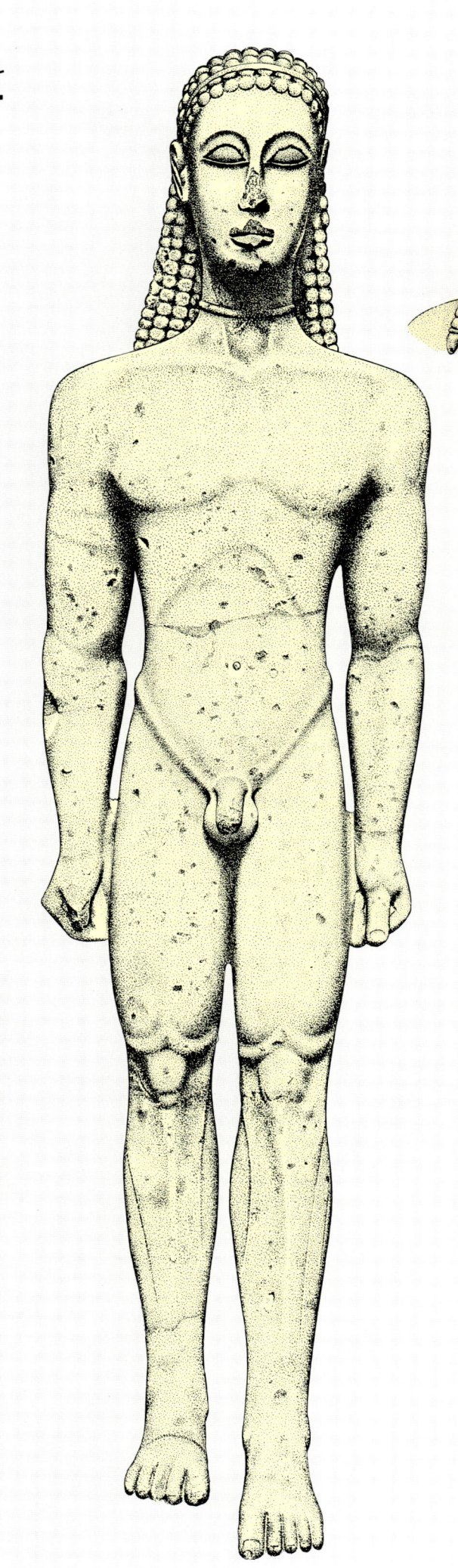

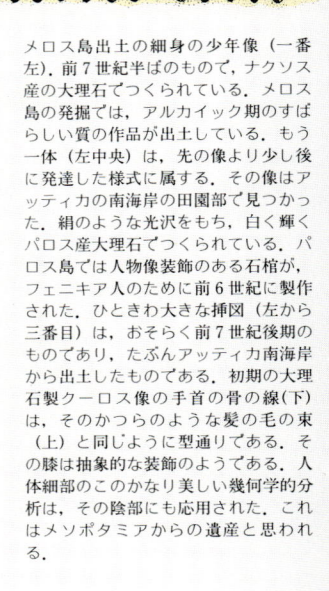

　メロス島出土の細身の少年像(一番左)．前7世紀半ばのもので，ナクソス産の大理石でつくられている．メロス島の発掘では，アルカイック期のすばらしい質の作品が出土している．もう一体(左中央)は，先の像より少し後に発達した様式に属する．その像はアッティカの南海岸の田園部で見つかった．絹のような光沢をもち，白く輝くパロス産大理石でつくられている．パロス島では人物像装飾のある石棺が，フェニキア人のために前6世紀に製作された．ひときわ大きな挿図(左から三番目)は，おそらく前7世紀後期のものであり，たぶんアッティカ南海岸から出土したものである．初期の大理石製クーロス像の手首の骨の線(下)は，そのかつらのような髪の毛の束(上)と同じように型通りである．その膝は抽象的な装飾のようである．人体細部のこのかなり美しい幾何学的分析は，その陰部にも応用された．これはメソポタミアからの遺産と思われる．

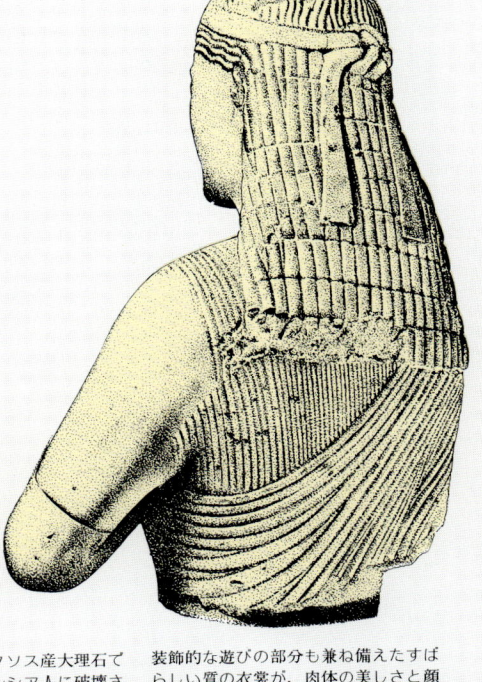

アッティカのケラテア近くで出土したコレー像(左)．銅の薄片につつまれて見つかった．この気品をたたえた婦人はザクロを手にし，女祭司のかぶり物をつけている．彼女は前570年代に属し，オリンピアで出土したヘラの印象的な石灰炭製頭部より20年くらいあとのものにちがいない．衣紋は劇的であるほどに重々しいが，髪の巻き毛やかぶり物のすてきな装飾，手にもった果物が，なんともいえない優雅さをかもしだしている．

下段左のコレー像，背面図と正面図．アテナイで製作された彫像のうちで，最もすぐれたものの一つである．前530年代後期につくられ，おなじくペルシシア人によって打ち壊された．身体にぴったりと合った，簡素ではあるがのである．彼女はナクソス産大理石でつくられており，ペルシア人に破壊されたアテナイのアクロポリスの献納品の一つだった．両肩にボタンのあるすばらしいイオニア風の衣裳は，別の世界を語っているかのように思われるが，地方的な変形にすぎない．髪の毛もあまりすぐれたできではないが，優雅に表現されている．

もう一体のザクロをもつコレー像の上半身，正面図と背面図(上)．これはおそらく，さらに10年か20年後のも装飾的な遊びの部分も兼ね備えたすばらしい質の衣裳が，肉体の美しさと顔や髪の毛と調和して，抑えがたい歓喜を印象づけている．その像には首飾りが描かれていた．

エトルリアから出土した婦人像背面図(下)．これは地方的な変形で，やや年長者を思わせるコレー像である．その顔は損傷をうけているが，幾何学的文様が生み出す上品さは否定しがたい．彼女は石膏でできており，塗料と金ぱくの痕跡がある．その下部は部分的に修復されている．

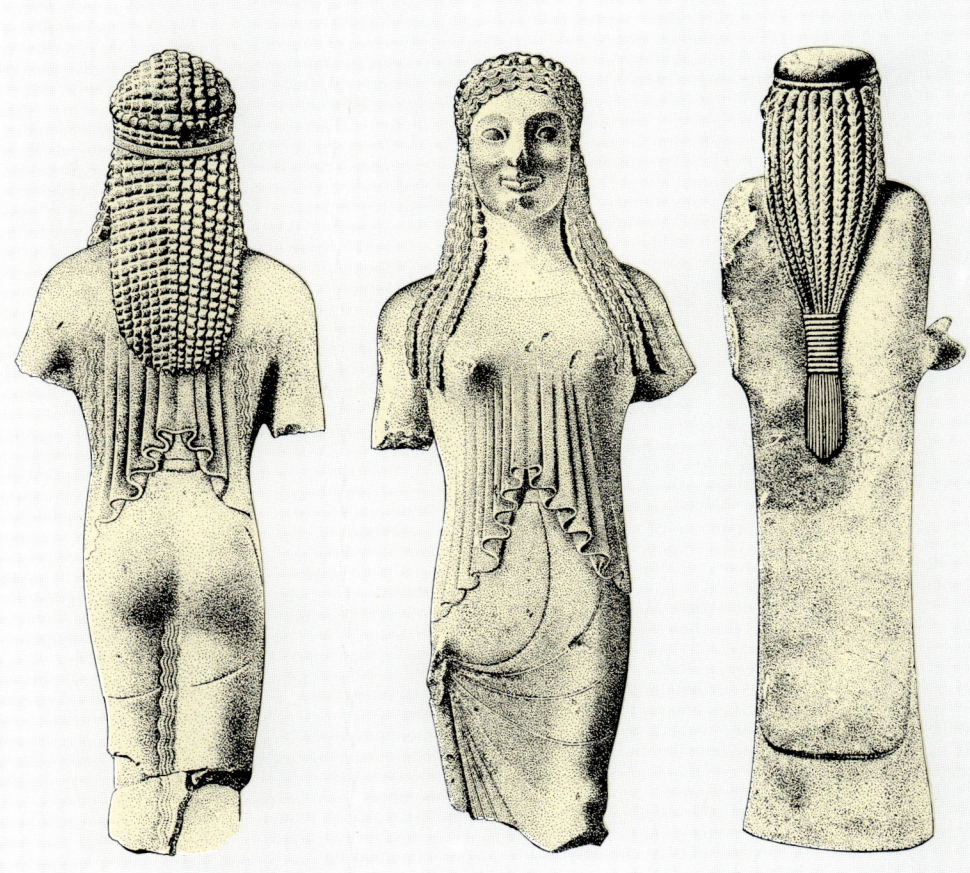

前8世紀ルネサンス

上 オリュンポスは神々の住居であり、輝く天空の神ゼウスの館である。はるか南方と海上から目にすることができる。

右 青銅製鼎の脚。南ギリシアはアルペイオス河畔、オリュンポスの神々の聖なる林、オリュンピアから出土した奉納品。鼎をめぐる争いの場面は、ふつうデルポイと関連づけられている。それはたぶん、競技の神話的起源を表現しているのだろう。

左 馬上婦人像。オリュンピア出土の小青銅像で、その繊細さは鼎の力強さと対照的である。

あった．ミュケナイ人が滅んでから前7世紀後期に長方形の神聖な建物が建てられるまでの間にエレウシスに存在した建造物については，聖域があったことを示す基壇と楕円形の壁の小区画以外はほとんどわかっていない．

なぜオリュンポスの神々なのかは一考に値する．オリュンピアの名は早くから使われており，ホメロスはすでにオリュンポス山が神々の住んでいる場所であったと記録している．ゼウスが群雲の神であり天空神であったのは広く知られていることであるが，なぜかれの住居がそんなに遠く離れていなければならなかったのか．現在，神々のほとんどの名はミュケナイ時代に生まれたことが知られており，特にゼウスの名はインド・ヨーロッパ語族全体の天空神の名に結びついているのだから，オリュンポス山が選ばれたのは前700年より1000年も早いと想像してよいだろう．少なくとも，最初に神々とともにオリュンポスに植民した民族が，一時期北方ギリシアのその山のすぐ近くに居住していたということは考えうることである．他方，オリュンポス山は海からながめることができるし，ホメロスの詩で冥界の入り口が西の果てかそのすぐ向こうにあると思われるのとまったく同じように，神々の住居が当時知られていた世界の北の果てに置かれていたということも考えられる．

前8世紀のギリシアの多神教が確固とした体系をもたず，他からの影響を受けやすかったことは確かである．伝道宗教と結びついた新しい神々は登場していなかったが，ギリシア世界の周辺ではたえず神々が受容され，たえず外国の神々が在来の神々の名称と結びつけられていた．アスタルテ（シリアの豊穣多産の女神）はアプロディテに影響を与えたし，アルテミスはオリエントの野獣の女主人であり，風神アイオロスは借用されたものだったという例証があげられる．しかし，このことによってギリシア神話の柔軟な一貫性が損なわれることはなかった．ホメロスが扱っている物語が古いか新しいかを，文体を根拠にして語るのは不可能である．このような受容の結果として，ミュケナイ人についての物語，遠方の人々についての物語，魔術的題材をもった民話，さらにギリシア人と近隣民族の古い宗教的神話とがほとんど区別できないほどまでになった．物語はすべて同じのどかな空の下，けわしい目つきをしながらも陽気であるという同じ雰囲気のなかで，等しく語られ描写されていた．

前8世紀の美術は，あらがいがたい活力と同時に，官能や本能的衝動を抑えた一種の爽快感を伝えてくれる．アルゴス出土の絵の断片では，ウマの祭儀的尊さを小枝をもった乙女たちが合唱で讃えていて，大地の下には魚がいる．魚は無関係かもしれないが，それなら乙女たちも同じようなものである．または，魚はウマたちの主人で大地を揺がす者，海の主であるポセイドンの存在を指しているのかもしれない．たぶん歴史上はじめてのことであろうが，ウマが神話的場面で調教されている．しかし，人間とウマたちの場面の多くには，何か同じような気分がある．たとえばアテナイ出土のものでは，1人の男が2匹の背の高いウマをおさえ，もう一方では同じ男が裸で兜と剣帯と剣だけをつけている．ウマは馬具をつけて堂々としており，足が長い．さらに，すべてのうちで最も共感を覚える乗馬像で，同じく前8世紀の活力をよく表現しているものはオリュンピアの小立像であり，ウマのようにみえるものの上に片鞍風に腰かけている小さな裸の婦人像である．ミュケナイ時代の女性小像中にもこれと似たものがあるけれども，このオリュンピアの女神（というのも彼女は人間とはとうてい考えがたいので）の方がずっと素朴で，ずっと生き生きとしている．

アルカイック期の宗教行為

　植民者たちを送り出すかどうか，そして送り先はどこかについての決定，国家非常事態時における正しい行動，法や国制の諸問題さえも含むあらゆる問題が，時には神託によって決定された．それらは政治以前に宗教の問題であり，時にはこの政治をこえる神託の力は，前4世紀まで続いていた．デルポイでもオリュンピアでも，威勢をふるう家系や最近生まれたいくつかの植民市を含む諸ポリスからの奉納物が非常に豊富であり，それらは威信を競い合う静かな外交手段として常に注目を浴びていた．体育競技の一部，少なくとも競馬や戦車競争は王侯のスポーツだった．神の礼拝像を安置するための輝かしい建物としての神殿の観念が前7世紀に定着すると，次には大神殿の奉納品が金持ちや富裕な国家にとってもう一つの競争物となった．デルポイとオリュンピアに最高級の献納品を捧げたアルカイック世界の諸都市を地図に描けば，そのまま数種類の歴史を暗示的に示すことになるだろう．

デルポイ

　デルポイは，古いミュケナイ時代の遺跡の上に建てられた牧人の社であった．前8世紀にそれは高い崖の下，パルナッソス山の下方の岩から湧き水がこんこんと流れる感動的な地に発展した．崇拝が中断されなかったとか，人がたえず住んでいたという証拠はない．ミュケナイ時代以後の最も古い陶器は前9世紀のもので，その断片がいくつか残っている．神域は険しい斜面にあり，ギリシア人の四大体育競技祭の一つであるピュティア競技のための運動場が，さらに上方の山腹につけ加えられた．遺跡全体が自然の劇場となっている（人工劇場の建設は前4世紀以後である）．アポロンの神殿は同じ場所に何度も再建されたものだが，前7世紀後期あるいは前6世紀初頭以前の神殿は知られていない．今日残っている廃墟は，実質的には前4世紀のものであり，その下には前6世紀の立派な神殿が横たわっている．いま建っている円柱は，30－40年前にフランスの考古学者たちが再建したものだが，いろいろな年代の古代の円柱ドラムを単に積み上げたものにすぎない．

　デルポイはギリシアで一番劇的な神域である．ワシと尾の白いエジプト・ハゲタカが上方の空に飛び，湧き水はいまなお豊かである．ここは巡礼の地である．実に19世紀においてさえ，デルポイでは次のような実話が存在した．当時のデルポイの農夫たちは，そこを最初に訪れた旅行者たちのことを，古代デルポイ人の子孫であるミロルディ人とよばれる異教徒とみなし，かれらが自分たちの古い石を拝むために戻ってきたと信じこんでいた．エウリピデスの悲劇『イオン』には，デルポイに到着した巡礼の合唱団が記念物に驚嘆して我を忘れている情景がある．その劇は，長い独白の場面から始まる．アポロンの私生児イオンは，アテナイのアクロポリスの下の洞穴で生まれ，デルポイ神域の神殿の奉仕者として育てられた．かれの仕事は，清掃して水を撒き，小鳥たちをおどして追い払うことである．その劇は夜明けの場面で始まり，その場面はギリシア人が書いた作品の他のどんな場面よりも，デルポイの特殊な雰囲気を理解するときに，われわれが誤っていないことを確信させてくれる．

　後世になって，その地の黄昏どきに，プルタルコス（後50－120ごろ）はデルポイで閑人の対話篇を編んでいた．その違いは大きい．かれの時代の神官たちは，教養のある修養をつんだ歴史家であり，かれらの社を敬っている．知的好奇心と美的関心がデルポイの聖域の石造建造物に向けられ，観光と学問がこの時代に早くも始まっている．デルポイはギリシア史で重要な役割を果した．そして数多くの偉大な歴史的記念物の遺物をいまなおそこで見ることができる．それは少なくともギリシア本土ではアポロンの最も豊かで偉大な神託所であり，これに匹敵するものはアジアとデロス島にしかなかった．ギリシア人はかつて，デロス島ではなくデルポイが文字通り世界の中心地であると信じていた．

　これほどの政治的な重要性と富を別にすれば，山の社とアポロンの神託所は，ボイオティアの，かつてはコパイス湖だった平野の北方にあるプトイオン高地にあった神域と同様であったことがわかる．そこは岩を背景にして，美しい湧き水やいくつかの建物，それに奉納品のための基壇をそなえていた．そこはすばらしい場所であり，おどろおどろしくて魅惑的な性質と，今日でも開発されていないという大きな魅力がある．タカが岩山に巣をかけ，ヤギが廃墟の間をさまよっている．だが，デルポイの規模はずっと壮大である．

　デルポイの記念物は競争の所産である．前5世紀の大戦争を戦った両陣営がそれぞれその勝利を祝ってデルポイに記念碑を建立した．ペルシアとの戦争では，デルポイの神託所は野心的な役割を果した．リュディアのクロイソスが黄金を献納したアポロンの社は，一つにとどまらなかった．そしてデルポイは，勢力のある諸王の存在を認めるのを拒みはしなかった．アテナイの名門アルクメオン家がアテナイから追放されたとき，かれらはデルポイのアポロン神殿を再建し，オリュンピア競技に自分たちのウマを出走させることによって，ギリシア世界で高い地位を維持した．スパルタのパウサニアスが失脚した際に，かれはプラタイアイの戦勝記念奉納品をかれ個人のものとして銘文に刻んだということで非難された．そしてその銘文は後に修正された．

　その記念碑の台座は，いまもなおアポロン神殿近くに存在している．それはかつては，3匹のヘビがからみ合う金箔をかぶせた青銅製の柱であった．上部で3匹の頭が外を向いていて，それらの鼻の上に黄金製の鼎が釣合いをとってのせられていた．それはビザンティンの競馬場設立のためにデルポイから運ばれたもので，そこにはヘビのからみ合っている胴体の部分がいまでも残っている．中世後期にはそれは噴水につくりかえられた．管がその中を通り，それぞれの開いた口から異なった液体が噴き出した．ヘビの巻きついた円柱は18世紀にこわされてしまったが，現在イスタンブール博物館には，恐ろしい感じのするヘビの頭の一断片のみが保存されている．はじめてデルポイを掠奪したのはネロ帝だったが，ローマはかれの時代以前にギリシアの宝物で満ちつつあった．紀元後の最初の200年間に，豪勢で金に糸目をつけない最後の建築物がギリシア全域の大国際展示場に建造された．しかし，このころすでに美術作品は消えつつあった．デルポイでは，学者たちの保護者であった富裕なアテナイのヘロデスが，後2世紀にスタディオンの正面を大理石で建造した．そして劇場は，ギリシア史の典型そのままに，1人の外国の王によ

対ペルシア人戦勝記念碑の図．前479年のプラタイアイで勝利をおさめたスパルタの将軍パウサニアスによる奉納品で，トルコの写本に表現されたもの．この記念柱は，デルポイから運ばれてビザンティオンの競馬場に建立され，中世後期になって噴水に転用された．

アルカイック期の宗教行為

って前2世紀に修復され，再びローマ帝国のもとで修復されることになった．

考古学上の大遺構は，過去において何度となく人の手が加えられたので，どんな部分がより早い時期のものであるか識別することはむずかしい．とりわけデルポイは，地すべりや地震や落石の被害をうけやすい場所である．記念建造物は再建されたり，あちらこちらと移し変えられたりすることがよくある．再建を示す一番の証拠は，石にうがたれた建築用かすがいの跡であり，それによって年代決定ができる．事実，これらのかすがいの年代決定で最も決定的な成果があがったのは，デルポイでの再建問題との関連においてであった．デルポイの最も古い時代のものとしては，二，三の青銅器と数点の建造物の土台，クレオビスとビトンの巨大で魅力のある立像2体がある．この2体の像には素朴さとぎこちなさがあり，前600年をずっとすぎた後に出会うどんなものよりも純真な時代を物語っている．

デルポイの戦車御者像は，もともと非常に巨大な記念碑的群像の一部でしかないものであったが，他の部分が失われてしまっているために，だいぶ損をしている．このため気の毒にも，この像は表現力の乏しいものと評されてきた．その長衣の強い垂直の線と静止した姿勢は，長いウマの脚，戦車の高い車輪，堂々とした頭部をそなえた大群像中の一要素にすぎない．それは前5世紀前葉の力と能力と勝利を表現している．事実，繁栄の時期と大惨劇の時期の瀬戸ぎわで釣合いをとっているのである．デルポイの最も生き生きとした彫像群は，これよりも古いものである．それらは移行期に属し，アルカイック期の威厳を失わずに独創的であり，強さを失わずに流動性をもっている．彫像群はサルの群れと同じくらい器用であり，人をひきつける．その意図するところは，単に目をひくためではなく飾りたてることにある．空間を埋めるためではなく，衆目をひくために競争している．シプノス人の宝庫の石のフリーズがそれである．

シプノスの島は歴史上それほど重要な役割を果してはいないが，そこには金山と銀山があった．ヘロドトスはこの島を島々のうちで最も富める島とよび，大理石造りの市会堂と市場についての話をしているが，貴金属は涸渇してしまい，あるところでは潮水が侵入し，立派な建物はまったくみられなくなってしまっている．だがデルポイのシプノス人の宝庫は，ギリシアで最大級の諸市の宝庫と堂々と張り合っている．デルポイにはこのような建物が16あり，それぞれがポリスつまり国家の威信を具現したものであり，アテナイやその他の大国が神に献納する小さくても高価な奉納品を保管するために建てられたものであった．神殿にすべての献納品が収容されるはずもなかったので，諸ポリスはそれぞれ独自の宝庫をもつことを望んだ．威信をかけた競争は，ホメロスの英雄たちや未開民族の名誉と恥の体系にその根をもっていた．王や僭主が支配している都市もいくつかあった．富は厳密な意味で有用なのではなく，誇示することが有用なのであった．それは神の寵愛を招き，神託の恩寵に関わり，市民の自尊心を結束させ，アテナイやシプノスやその他の奉納者の地位をギリシア全体に保証した．シプノス人の宝庫のフリーズは，前525年ごろ彫刻技術の転換期につくられた．これらの彫刻のうちに，変化が生じつつあるのをみてとることができるといっても過言ではない．

オリュンピア

アルカイック期のギリシア宗教を最も特徴的に表しているのは，オリュンピアである．さまざまな伝説と結びついたオリュンピアは，小さな森であり，木立ちの中に円状に点在する少なくとも12の祭壇と特殊な聖遺物や奉納品の豊かな富とをもち，さらに見事な上水道と体育祭礼に適した広大な平地の広がりをもつ戸外の神域であった．ギリシア宗教においては，スポーツは彫刻と同等の機能を付与されていたようで，そのためもあってか，彫刻はしばしば裸体の競技者を表現していた．スポーツは，神々が嘉するであろう強さと技量と動物的特性とを発揮するものだった．その意図は，明らかに神々に楽しみを与えることである．もちろん，スポーツは本質的に競争することであったし，その基本的報酬は英雄時代の社会以来，名声，それも不滅で世界的な名声を獲得することであった．北アフガニスタンの騎兵の間には，ポロ（4人1組で行う馬上競技）の荒々しい変種で，ヤギの死体に石を詰めこみ，水でふくらませ，半分水葬にし，それから手で引き回わす遊びがあるが，そこではスポーツがまだ同様の社会的機能をもっているといえよう．競技の勝利者は誰でも終世名声を手に入れ，英雄の身分に昇格する．ホメロスにはたえずこのような雰囲気があり，ピンダロスの詩には，この栄光の身分を生まれや祖先や継承した富に結びつけるための，もっと組織的で教訓的な試みがある．

リュディア王クロイソスはデルポイに莫大な数の純金製容器を奉納してはいるが，オリュンピアは，ドドナやデルポイのような巡礼者の社ではなかった．そこは政治や宗教の力とほとんど無縁であった．そこは会合地であった．そしてもちろん有利な位置を占めているおかげで，ネメアとコリントス地峡とは他の汎ギリシア的スポーツの中心地となった．オリュンピアには大地の神の神託所，後にはゼウスの神託所があったが，それは早い時期に沈黙してしまった．オリュンピアの風景はギリシアでは典型的なものではないが，古代人にとっては，そこが世界で最も美しい場所と考えられていたことが知られている．その中心的な記念建築物は，前5世紀にやっと建てられた奇妙な形をしたゼウス神殿であり，今日もなお修復されていないが，保存のよい他のどんな廃墟よりも印象的である．ペイディアス作のゼウス像は黄金と象牙製の巨大なもので，それが従来の人間の神観に何か新しいものをつけ加えたと古代の著述家たちは述べている．

オリュンピアは，アルカディアの山岳から流れ落ちてくる川幅の広い，流れの激しいアルペイオス川の屈曲部に位置している．オリュンピアで，この多量の水がまさに肥沃な沿岸部平野へ放たれようとする．その川は，ちょうどエリスの地をトリピュリアやピュロスのネストルの古い王国から分離しているのと同じように，一時はその上流と下流の牧草地とを分離していたにちがいない．はじめてオリュンピアの消息が聞かれるのは，トリピュリア人がそこを支配したときのことであるが，それは多分アルペイオス川の脇の牧草地がかれらの所有に帰していたためであろう．廃墟からは，冬にはアルカディアの山岳に雪をみることができるし，最も近い山からは海を望むことができる．今日では，道路が内陸に通じているので，それが鉄道の終りと丘陵の始まりのしるしとなっており，冬にはヒツジの肉と豊富な果物の食事が終りブタ肉の食事が始まる地であることを示している．

ゼウスの祭壇は，そこでかつて燃やされた火の灰でできていた．最終的には，それは階段と高い中心部をもった巨大な構造物となったが，固められた灰以外は何もなかったので，中世になってアルペイオス川の氾濫によってすべてが押し流された．遺跡全域は3mの泥土の下に埋まり，遺跡が確認されるまで長い時間を必要とした．ゼウスの祭壇は，識別できる形跡をまったく残していない．探しうるのは，祭壇のあった空地ぐらいのものである．オリュンピアでは記念建築物は，再建されたものはあるものの，デルポイほどの移し変えは行

象牙製頭部．これらはデルポイ出土で，豪奢な宝物のそのわずかな遺物を表している．黄金で仕上げられていたとも考えられるが，それらを際だたせるのは，人を惑わせる材料の美しさではなく，できばえの質である．

アルカイック期の宗教行為

デルポイ出土の豪奢な飾り板．櫃，またはもっと可能性があるのは玉座の装飾であったに違いない．象牙の頭部とともに見つかった．これらは，クロイソス王による奉納品の一部であると提唱されてきた．その真偽のいかんをとわず，それらは豪華さに富んでいて大きな喜びを与えてくれる．おもしろいことに，シカの角は南ロシアの動物文様といくぶん類似している．像の造形意匠の起源は，すべてオリエントである．

われなかった．前5世紀にはゼウス大神殿のための空地を見つけだすのに苦労したはずである．もっと古い記念建築物の多数の遺跡が神殿の近くにある．事実まさしく，イオニア様式の建築物の残片がいくつか神殿の土台に組み込まれているのが発見されたので，やはりゼウス神殿の下に別のより古い建築物があったと思われる．

オリュンピアを水浸しにした氾濫にもかかわらず，豊富な財宝やいくつかの歴史的記念碑の破片程度のものは断片的ではあるが残った．川の沈泥が，オリュンピアの暗黒時代の円縁小屋とミュケナイ人の形跡をわからなくさせてしまった．しかし，最も立派な初期の青銅品や有名な戦争の後に奉納された兜やそして両大戦間に盗まれて，いまはボストンにある半分ザクロのようなすばらしい黄金製の鉢などは，氾濫時の泥の中から掘り出されたものである．ゼウス神殿の破風彫刻群もそうである．それらはいくつかの問題を美術史家に提示しているが，他にどんなことがいわれているにせよ，それらに関して重要なことはその力強さと美しさである．アポロンのうつろな表情は，不幸なことに大理石の表面の不適切なクリーニングによって過度に強調されてしまい，ぞっとさせる迫力を帯びている．これは優しい微笑をたたえた礼拝像ではなく，神話中の神である．これらの彫像のいくつかには，人間的性格と感情の描写とじきに退化してしまうあの魅力的な自然主義の開始を見てとることができる．調和した四肢は石のものでもあり，肉体のものでもある．凍れる挙動は激しいバレエであり，その点では1世代後のバッサイのフリーズの動きをとらえた野性味に似ている．そのフリーズは，風に吹かれた石の踊りという印象を与える．それはオリュンピアから遠くないアルカディア山中に建立され，オリュンピアの彫刻から時間的にそれほど隔たっていないものの，その違いはすでに大きい．ゼウス神殿の大理石の固くてくっきりとした力強さは，一時代の終りを告げている．

ペイディアスがゼウス像を製作した工房はいまもなお廃墟の中に残っており，キリスト教教会として使われたが，これも廃墟となってしまった．ペイディアスが自身の名を記した茶わんが，そこから発掘された．像の着衣のための鋳型もいくつか発見された．オリュンピアから出土した小品のうちで最も立派なもののいくつかは，色のついたテラコッタ製の建築装飾品である．その大半は，神域の端のクロニオンと称された丘の下の台地に，長い列をなして並んでいた諸市の宝庫の装飾であった．ペイディアスの工房からのものは色彩がけばけばしくなく，ことに最上のもののいくつかは黒と黄かっ色をしており，建築装飾としての大胆さと単純さでわれわれを魅了する．少年のガニュメデスを小脇にかかえているゼウスの大テラコッタ像の色彩は，いまはひどく色あせているが，うれしいことに，色がまだ濃くて鮮やかだった発見直後の写真が残っている．

ここでプラクシテレス作のヘルメス像について一言つけ加えておきたい．この有名な彫刻像が偽作で，ローマ時代につくられた模作であることはまったく疑いの余地がない．しかし発掘者たちは，ここでプラクシテレス作のヘルメス像をパウサニアスが記録していたことを知っていたので，これを原作と思い狂喜した．1877年のことである．それは見事な模作で，構想力もすばらしいものであるが，理想化するのは誤りであろう．それは滑らかな感触をもっている．この像は古い美術館から新しい美術館へ移される間に損傷をうけてしまったので，これもまた古い写真を使ったほうがよいだろう．これが本当にプラクシテレスの原作であるか否かという論議は，あまりに彫刻技術のこまかい点に関係していることであり，筆者には複雑すぎる問題に思えるので，ここでは詳述することを差し控えたい．

オリュンピアには膨大な数の勝利記念像，そして後代には政治的記念像があった．最高の時期に，大芸術家のほとんどがここで働いた．だが，それらの傑作のうち残ったものは，記念物の銘文のある台座と青銅製牡ウシの片方の耳ぐらいである．コンスタンティノポリスから掠奪されてヴェネチアへやってきたサン・マルコ大聖像の4頭の馬の像は，それらをギリシア製だと仮定すれば，デルポイまたはオリュンピア，おそらくコリントスまたはキオス島から，もともとは運び出されたことになる．

しかし廃墟の中での思案は，必ずしもたいへん洞察力の鋭い思考を助長するわけではないし，古代世界の掠奪品について熟考しても，特に他との関連がなく孤立している作品である場合には，歴史的判断が甘くなる傾向がある．アルカイック期ギリシア人についての最も役に立つ証拠の中には，当時の文献の多数の断片と，そのころ人が住みはじめつつあった諸市と，当時の法律と制度と，常に拡大しつつあったかれらの活動範囲が含まれている．デルポイは山間にかくれていたし，オリュンピアは定住者がまったくいない聖なる都市であった．事実，エリス人は歴史上おそくまで，まったくポリスをもたなかった．そして一市が建設された場合にもそこに住みたがらず，田園部の古風な生活の方を選んだ．それは全エリス地方に，そのすべての恩恵とともに，水が比較的豊富だったことによるのではなかろうか．ゼウス神殿は，一種の社会的変化の記念物といえる．それは，エリス人初の民主政が自己主張をした最初の活動であった．それが建てられたのがオリュンピアであって，エリスでないのは何と興味深いことであろうか．

アルカイック期の宗教行為

デルポイ

　デルポイの神託所はパルナッソス山の崖の下，山の岩棚の段状の斜面にある小神域で，コリントス湾の北岸の海から少し離れた内陸にあった．そこは，山腹の二カ所から湧き水の発する場所だった．ミュケナイ人は同じ湧き水を知っていたが，デルポイにはずっと人が住んでいたわけではなかった．神託所は，アルカイック期の後期に急速に重要になった．ギリシア諸市はその植民市建設のための遠征についての助言を求め，デルポイは前590年ごろのピュティア競技とともに，会合場所としての重要性を獲得した．

　古典期のその神域は，ヒマワリに見たてられるように，それぞれが非常に高く首をさし伸ばした記念物が林立する地域であった．驚くには値しないが，それらはしばしば地震の被害をうけた．壁に囲まれたテメノス，つまり境内の東南の隅から，聖なる道を曲がりくねりながら登っていくと，ギリシア諸ポリスの宝庫や，かれらが勝利や大事件を記念して建立した記念物の脇を通って，神殿と神託所にたどりついた．そして，その上は高台であった．

　神域中で，現存の劇場は後世（前4世紀）に追加されたものであり，アポロン神殿の円柱修復はとりわけ大まかで信用のおけるものではない．それでも，修復してあるだけましである．すばらしくもまたこみ入ったデルポイ美術館の所蔵品を，戸外のむぎだしになった骨組みや露天の石と結びつけることは困難ではあるが，そうする必要がある．この清新な大気の中で，この人里離れた地で，何世代もの傑作が混在していたのである．

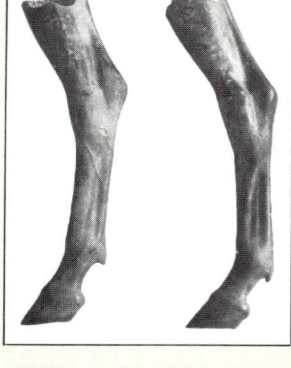

御者像．これが古典期美術の最古期，前475年ごろに製作された折には，壮観な奉納品であったに違いない．すばらしい頭部をもつ長い脚のウマたちによって牽かれた丈の高い車輪の間の軽い車台のなかに，背の高い御者が台座の上にすくっと立っていたと想像することができる．戦車とその馬と御者団を養い訓練することが，当時贅沢な流行として人気があった．

上　アポロン神殿の復元された円柱．その前に，祭壇とプラタイアイの戦勝記念鼎を含む記念物が建っていた．アテナイから追放されていたアルクメオン家が建立したアルカイック期神殿は，前373年の地震によって破壊された．神殿は同じ平面図で再建された．

右　シプノス人の宝庫は，つかの間の繁栄を表現している．シプノス島の金山が大波をかぶって水中に没したときに，その繁栄は終った．しかし，この建物の壮麗な大理石装飾（前530年ごろにつくられた）と，それらの釣合いのすばらしいできばえと，それらの構想力のはっとするほどの歓喜のシンフォニーは，アルカイック期屈指の傑作である．この部分は，巨人族に対する神々の戦いの場面である．

左　円形の神殿，トロス．多くが復元され，多くが地震によって痛んでいるが，デルポイにある前4世紀初頭の異例の記念物である．20本のドーリス式円柱の列柱で囲まれていた．

アルカイック期の宗教行為

左 スフィンクス（スピンクス）像．これは，アルカイック美術の偉業である支柱の真上に，きらびやかに位置していた．彼女の微笑はほとんど人間のものではない．その線は完璧であり，堅い石を何日も何週間も磨いて製作したので，非常に長い期間を要したろう．しかし，その美の勝利はいまも続いている．それはギリシア彫刻の最古の揺籃の地の一つであるナクソスの作品であり，前570年ごろのものである．

右 婦人像柱．先のスフィンクスと比べて，よりいっそう重厚な優美さと野心的な意匠を示している．シプノス人の宝庫のストアを支えながら，彼女は人を感銘させ，驚嘆させることを意図していた．

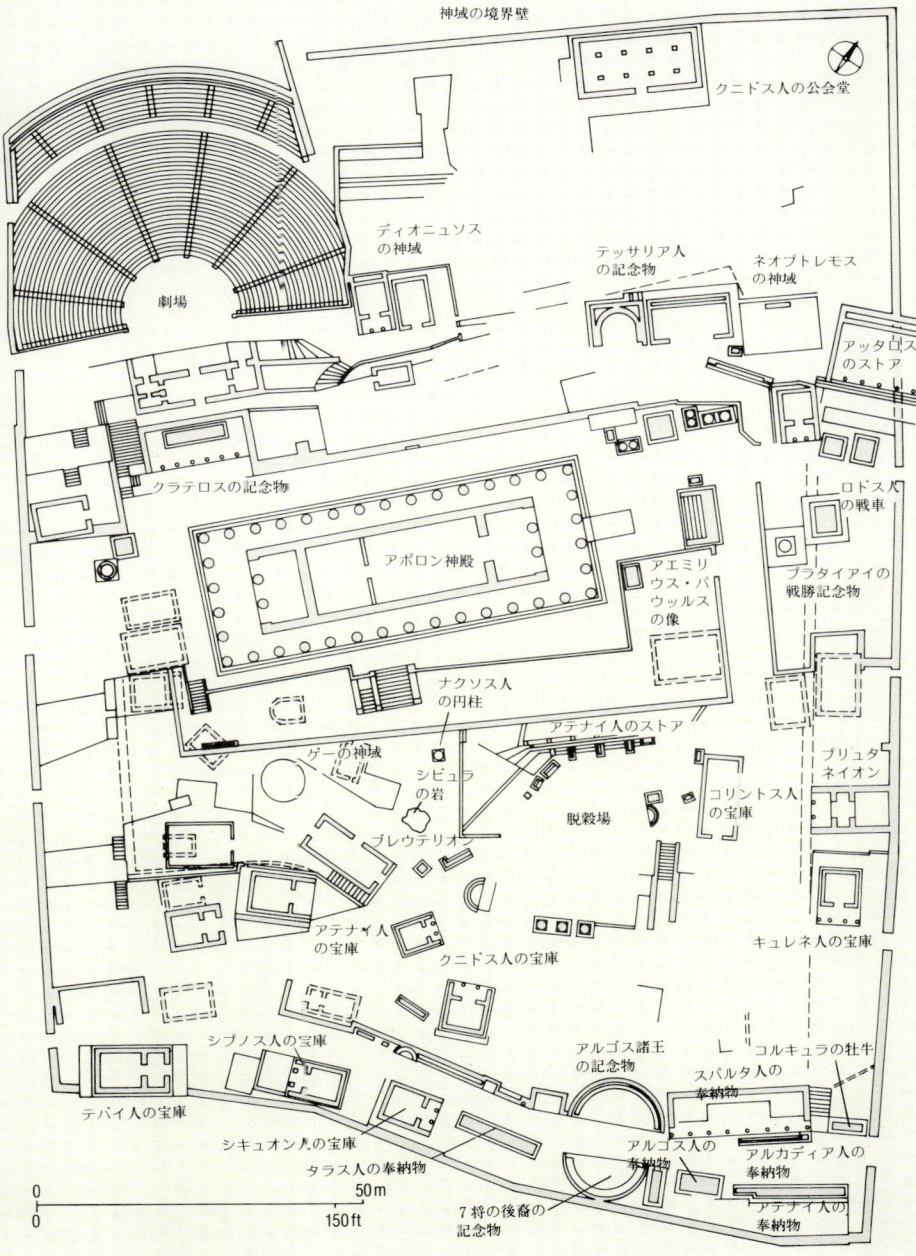

アポロンの神託

　「原始的」とよばれる社会にとって神託の重要性は、その宗教や社会構成や統合や遺風などと密接に結びついている。神託は、健康と病気、戦争と平和、植民と移住、罪と罰に関して人間が行う決定の多くを支配した。神託社は、大奉納物や神殿の建物によって、個人の不滅や都市の常世の名声がほぼ確約されるような、国際的な一大権威の場所であった。デルポイに宝庫がなかったら、誰がシプノス人のことをいままで考えたであろうか。スパルタ人やアテナイ人がデルポイやオリュンピアにお互いの記念物がある光景に、どうして耐えられたのか。

　ギリシア人の大神託社は、たいてい近寄りにくい地方で、その土地の依頼人によって非常に小規模にはじめられた。かれらは、おそらく多くの場合、ずっと遠くまで群を連れて移動していた羊飼いたちだったろう。デルポイは本質的に、ドドナやプトイオンのように、山岳の牧人の社である。他にもいくつか例がある。求められた質問に対する神々の返答に関する初期の記録は、民話とあらゆる種類の潤色された物語で解きほぐせないほどにもつれあっている。神託の力は、おそらく一般に想像されるほどにはドラマチックではなかったろう。しかしそこは神聖な場所であり、ギリシア人統合の基本的な象徴であった。汎ギリシア的な祭礼は、すでに存在していた神託の神域で行われた。

　最終段階では、神託はギリシア人の意識的な伝統の知恵、神々が教えるはずである考えの究極的な神髄を具体化した。霊感を感じさせないが純真なデルポイの神の教えが写され、さらに遙かアジアを横切って、ロシアとアフガニスタンの国境の地の石板に転写された。神域それ自体はローマ帝国下でさえ巡礼地であり、学問の中心地であった。古代の終わりには、古い神託の神域の多くにキリスト教教会があったが、ひとたび神託の知恵の伝統がくずれると、再び復興することはなかった。それを育てた社会が消滅したのである。

右　託宣を与える巫女に手渡された伺い状。西ベルリンの古代美術館蔵。

上　アポロンが神酒を捧げる図。使者のヘルメスがその後方に立ち、アポロンの気高さに劣らぬ気品をたたえた妹アルテミスが反対側にいる。彼女の後方は、たぶんピュティアの巫女であろう。アルテミスがアポロンのもつ鉢に注ぎ、アポロンが大地の中心であるデルポイの臍の石、オムパロスに注いている。デルポイに関するこの見解は古典的でアテナイ的だが、意図があいまいである。それはまさしく、神々の荘厳さと、大地そのものは神々よりもずっと古くずっと神聖であるという事実を伝えている。

右上　巨大なテラコッタ製オムパロス。デルポイ出土。

右　デルポイのアポロン神託の図。古典期の作品。前5世紀のアテナイでつくられた鉢の飾り絵。これもまた、写実的な意図はまったくない。しかし、デルポイの神域に現存しているもっと写実的な古代の絵は、混乱していてそれら細部を信じることはできない。これは、少なくともギリシア人が神託やその神についてどのように感じていたかを多なりとも教えてくれる。神託の詳細は文字通りにうけとられるべきではない。アテナイ人が、詳細をともかくも本当に理解できたのは、韻文で語られた神託によってだけだった。

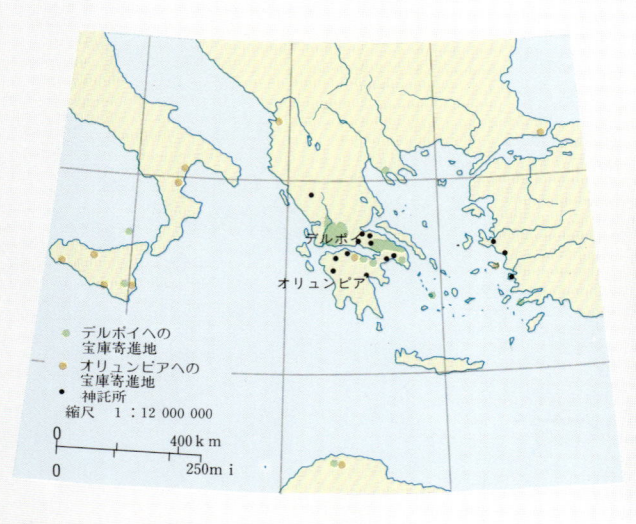

左下　神託所と、デルポイとオリュンピアへの宝庫寄進地。

下　アテナイ人の宝庫。この立派な大理石の宝庫は、現在部分的に修復されている。前490年のマラトンの勝利の直後、アテナイ人がデルポイのアポロンに捧げた高価な奉納物を収納するために建立された。

79

アルカイック期の宗教行為

オリュンピア

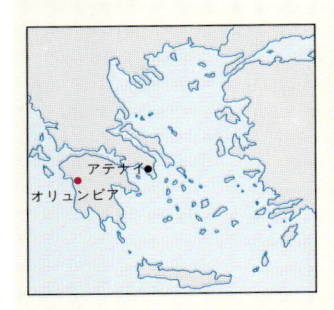

オリュンピアは，南ギリシア西部の政治的に発達しなかった田園部，流れの激しいアルペイオス川の川堤にあって，アルティスとよばれた聖なる森の神域であった．ここはオリュンポスの神々に因んで命名された．神域を見おろす位置にある丘はゼウスの父クロノスとそしておそらくかれの母のものだった．

前8世紀までに，オリュンピアは計りしれないほど豊かな勢威をふるう聖地，そして汎ギリシア的な体育競技祭典の中心となった．神域は，そこを埋めたアルペイオス川の泥土中の無数の破片から苦労して復元されている．ゼウスの祭壇は灰でつくられていたので，まったく溶けてしまっていた．しかしその神殿の方は前5世紀に建造され，巨大な廃墟としていまも残っている．

オリュンピアには，神々の崇拝だけではなく先祖が神にさかのぼる伝説的な人間である英雄たちの崇拝もあった．最後には，体育競技者自身も半神と思われるようになった．

神々は献納品を喜んだ．多くの小奉納品の閃くような質の高さは，喜びを与えようとするこの意向と関係がある．それらは神々の玩具である．ガニュメデスをさらうゼウス（左下）は，楽しくまた不穏当でない物語を祝っている．立派な黄金製の鉢（上）は，現在ボストンにあるが，前600年ごろコリントスの僭主キュプセロスの息子たちによって奉納されたコリントス製の献納品である．

これらの品々がまばゆく色彩豊かであるのも，目的の一つであった．金は少なくとも色あせなかったが，色を塗られたテラコッタ製のゼウス像は，残念ながら，発見されて光に再びさらされた折に色あせてしまった．

ゼウス神殿の南面に沿って（下），円柱が後6世紀の地震で倒れたままに横たわっている．

アルペイオス川の川堤の上にあるオリュンピア遺跡を眺望したところ（右）．その北辺に木々におおわれた円錐状のクロノスの山がある．

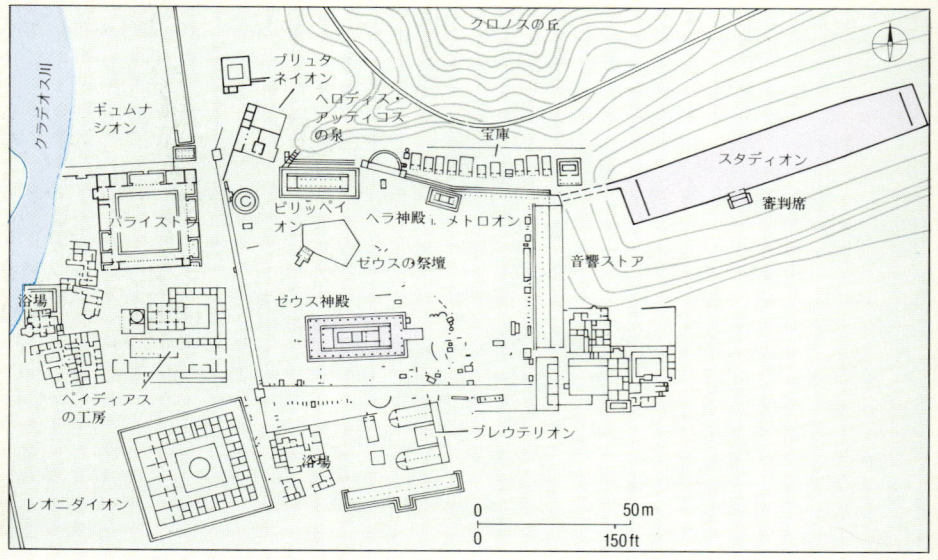

アルカイック期の宗教行為

ゼウス神殿の破風に立っていた大きな石像は，多数の破片から復元され，しばしば学問上論争の対象となってきた．ケンタウロス（左）は，伝説上の種族ラピテス族から婦人を拉致しようとしている．その折は，ゼウスの息子ペイリトオスの結婚の宴が開かれていた．宴が変じて戦闘となったが，ラピテス族が勝利をおさめた．後2世紀に，パウサニアスは，指揮する中心人物はペイリトオスと記録した．その説明は，単にホメロスに基づいているだけである．学者たちはそれを，弓をたずさえている事実から，むしろアポロンとした．オリュンピアで何らかの重要性があるゼウスのもう1人の息子，ひげのない青年ヘラクレスであるかもしれない．かれも弓を使い，またケンタウロス族を打ち破りもした．もしそうなら，これは二つの物語の合作であり，神話の新作といえる．

黙想にふけっている老人（一番左）は，神殿のもう一方の端の破風にあったものである．かれは予言者である．伝説的な戦車競技が，まさに悲劇に急変しはじめようとしているのを予見している．血統によって世襲された予言者は，この神殿が建立されたころになっても，まだギリシア人の生活に大きな役割を果していた．

オリュンポスの神々

　12柱の大神が数えられるが，必ずしも，またどこでも同じ12神というわけではない．数柱の重要で興味ある神々が決して12神の中に入っておらず，12神のうちのある神々は多様な性格をもっている．ここに示した神々は，前5世紀アテナイの実証できる12神を典拠にして，少なくともこれだけは確実であるとみなしうるものだけである．

　どのポリスにも，なだめたりおだてたりしなければならないポリスの守護神が，1柱あるいは数柱関係していた．そして，農夫は豊作のためにデメテルに，船乗りは航海の安全のためにポセイドンに供物を捧げたものだった．また無数の小神たちもいた．田舎では，パンとニンフたちが重要だった．後代では，「秘儀」とかなり個人的な哲学，そして小アジア起源のキュベレーやイシスやギリシア・エジプト起源のセラピスのような異国の神格が人気を博した．

右　アレス．大神たちのうちで最も影がうすい．かれはアテナイの田園部に神殿を一つももつだけで，たとえ最も重要な国家会議，アレイオスパゴス会議がかれの丘に因んで命名されていたとしても，アテナイ中心部ではほとんど何の祭式ももたれなかった．このアレス像は，エトルリアのトディで出土している．アレスは軍神だが，アテナイではアテナがその役割にあずかっていた．

下　アルテミス．アポロンの妹で，ニンフたちのいる森や山々に住む狩猟の女神であり，秘儀入信の女神でもある．彼女は死の女神ヘカテでもあり，処女であるにもかかわらず子どもの誕生に関心があった．月は彼女に関係する．

右下　ポセイドン．地震の神，海の神であり，ウマたちの神でもある．

左 デメテル．穀物の女神であり，彼女の娘を失った嘆きが冬の原因となり，娘が戻ってくると春となる．デメテルは深く死と再生の祭儀に関わっており，とりわけエレウシスでは，その秘儀がおそらくギリシア宗教中でも最も尊厳のある中核となっていた．私たちには，その秘儀は不明のままである．

右 アテナ．アテナイで最も重要な女神であり，若者と勇者の保護者，アテナイ市とすべての芸術，すべての工芸の守護神であり，戦いの女神である．

左 ゼウス．その玉座がオリュンポスにある最高神であり，天空神であり，嵐と雷霆の神である．運命の主人，またはほぼその主人と考えられ，力によって天界と同じく地上においても正義を遂行する．かれは，ホメロスとアイスキュロスと，これに類したごく数少ない表現において，最もよく観察される．

下 ヘルメス．神々の使者であり，冥界に魂を導く神，のどかな田園の牧人と羊飼いたちの神である．

て取って代わられている．かれの狂乱の祭礼から，結局ギリシア劇が発達することになった．

左上 アポロン．かれは若々しい力強さの典型であり，神々の誰にも劣らず情熱的であり，強力で危険である．かれの起源と本質は浄めの祭儀の神であり，そこから発展して神託の神となった．

左下 アプロディテ．愛の女神．古くて暗い御代のころ，神々の一柱から血と精液がまき散らされたときに，海中から出現した．しかし前5世紀には，またホメロスの中でさえ，アプロディテは遊び好きな油断のならない女神であった．

左 ヘラ．ゼウスの妻であり，かれの最初にして最後の恋人である．しかし，ゼウスの方は貞節ではなかった．貞節な男神なんてほとんどいなかった．ヘラはオリュンピア（前5世紀中葉にゼウスが自分の神殿を得たよりずっと以前に建てられた神殿）のほか，もう一つ非常に古く堂々とした神殿をアルゴスにもっていた．

下中央 ヘスティア．かまどの女神．非常に古くからの役割をもっていたが，その性格はさっぱりわからない．パルテノンのフリーズでは，彼女の場所はブトウ酒神ディオニュソスによっ

下 ヘパイストス．鍛冶屋の神．アテナイでは，すべての工芸の神である女神アテナとかれは密接に結びついていた．神話ではアテナは金属製のトランペットを発明し，ウマに金属製のくつわをはじめてつけたことになっているので，金属製品も彼女と関係なくもなかった．

83

ポリスの誕生

最初の法律

初期のギリシアの法律は2種類の方法で成文化されたものと思われる．その一つは，聖書の祭式法に似ている．「もし人が何々をなすならば，かれは何々の罰をうける．しかし，もしそれがこれこれの条件下でのことならば，これこれのことになる．」これは活動的な立法者の存在と際限なく続く一大原則への適用を意味する型である．これはクレタ島のゴルテュン法の型であり，諸法の完璧な法典が碑文に刻まれたのはやっと前5世紀になってからのことであるが，法そのものはもっと古くから存在していた．もう一つの型は，その形式を魔術や祭式の言葉に負っており，それは墓碑銘や呪いの言葉の中にその後も長く残存した．儀礼書はどんな可能性も見込みとして残されないよう，包括的な文句で構成された．小アジアのテオスでは，毎年の祭儀の呪文がこの形式にのっとっており，英国国教会の祈禱書にいまなお掲載されている古い神罰の警告儀式によく類似している．「テオス人あるいはその市，またはかれらの誰に対しても，邪悪な魔術をかける者は誰でも，その者とその一族全員に死があるように．穀物をもち込み隠す者は誰でも，どんな方法，手段によるにせよ，陸でも海でも，またはもち込まれた穀物をもち出した者は誰でも，その者とその一族全員に死があるように．」テラ島のアリストテレス（バットスⅠ世）によって前630年ごろ建設された，北アフリカの植民市キュレネの国法発布の祭儀では，ろう人形が儀式的に燃やされた．その魔術に起源をもったすべてを包含するきまり文句は，結局後世の民主法の用語の淵源となった．というのは，罪状が条件によって異なる条項が残されたとはいえ，このきまり文句には正確さと平等性をあわせもつ傾向があったからである．

　文字に書かれるのが目新しかったころは，法律を記録するのは神官の仕事であった．古くは法律は暗記されていたか，諺のように一般的な原則であった．記述されるようになると，法制度を意識的に精巧にしようとする動きが始まった．このことは，考えられているよりもゆるやかにおこる．アテナイでは，ソロンの法は前600年をすぎてから書かれた（p.92-93参照）．そして新たに建設されたギリシアの植民市マルセイユ（マッサリア）の法律が，公式に刻まれたのはそのほんの少し前のことである．ドレロス（東クレタの町）の法律は前7世紀に，キオスの法律は前575年ごろに年代づけられるかもしれない．クレタ島のアプラティでは，前6世紀末に明らかにはじめて，高官である書記兼記憶係が法律を法典化した．前7世紀の法律の断篇がたしかに若干存在しているが，それらはいつでも断篇である．疑いもなくクレタ島の大きな諸市は法律を早くから碑文に刻んだが，碑文の多くは消滅したにちがいない．マッサリアの国制が，ほとんど変化せずにローマ時代まで続いたと思われることは興味深い．しかし，その硬直した寡頭政的性格は，植民市生活の比較的きびしい状況と遠く孤立していたことによって守られていたのではないかと考えられる．経済力と裁判権はともに600人の世襲の土地所有者に集中していて，譲渡されることはなかった．

　現存する最も長いアルカイック期の法典は，南中部クレタのゴルテュンのものである．それはすばらしい銘字で一連の立派な石材上に刻まれており，その石材は製粉場の水路にかけられた水車場の土手に組み込まれていたものである．発見されたのは19世紀のことである．石材は前1世紀に建てられた劇場の骨組みを支えていたと思われるが，劇場は法廷または諮問室の廃墟の上に建てられていたにちがいない．碑文は600行ある．その推定年代は前5世紀中葉のすぐ後である．法律自体は実際もっと早く，最も古い部分はおそらく前7世紀のものと推定される．法律は階級の明確な区分，すなわち自由人，政治的権利のない自由人，家内奴隷，隷属農民，奴隷の区分を明示している．一つの集団を他の集団に結びつけている絆は，土地の穏やかな相続の保証であり，避けがたい社会変化の緊張を吸収する仕組みであり，柔軟かつ複雑なものであった．それらの絆は法によって強制されたというより，

上　タユゲトス山の景観．山々の壮麗な境界線に守られた長い川床平野の先端近くに，スパルタは位置している．この山はスパルタとメッセニアの間にあり，メッセニアよりずっと豊かなスパルタ側からみたものである．

左　ゴルテュン法典碑文．初期ギリシア碑文中最もよく保存された最長のものの一つ．法形式は古拙で，初期の聖書の法形式と似ていなくもない．しかしこのゴルテュン法典は，前5世紀に刻まれたものだった．

むしろ有機的に成長してきたものであることは確かである．法律は，裁判官が制定法に従うか証言に従うかして審判しなければならないある種の訴訟と，かれが自由に審判する他のすべての訴訟とを区別している．

僭主たち

ゴルテュン法の成文化に際しては，活動的な立法家が関係していたと考えられる．かれはギリシアでは別な形をとって，とりわけコリントス地方で前650年の少し前によみがえった．エジプトやリュディアでのように，この時期にコリントスでは門閥に属さない人々（キュプセロス，そしてその息子ペリアンドロスが後を継いだ）が勢いを得て，国を強力に支配した．同じことがメガラ（テアゲネス），シキュオン（オルタゴラス，クレイステネス），エピダウロス（ここではペリアンドロスが支配権を握った）でおこった．そして前7世紀後期に，キュロンは武力によってアテナイの支配権を握りそうになった．前6世紀はじめに公的な調停者がレスボス島で選出され，10年間政務にたずさわった．そして同じころ，アテナイのソロンは公的な調停者兼立法者として貴族政体を変革し，貴族政が社会にもたらしていた状況のいくつかを逆転させた．しかしながら，ペイシストラトスとその息子が引き続いてアテナイの僭主，つまり国法によらない支配者となった（前546-510年）．他にも僭主たちが，東方の諸ポリス（ミレトス，エペソス，サモス，ナクソス）でも，西方（アクラガス，ゲラ，シュラクサイ，ヒメラ，セリヌス，レギオン）でも，強権を発動していた．スパルタ人は同種の混乱を，帝国主義的政策の成功によってのみ避けえたということができる．前7世紀にかれらは，征服したメッセニアの肥沃な農耕地を貧しいスパルタ市民に新たに分配した．

このように僭主政は前5世紀まで各地で登場し続けたが，少なくともギリシア内では，前7世紀中葉の人と思われるアルゴスの活動的で僭主的な王ペイドンの影響もあったろう．僭主の出現は，若干の一般的社会状況をも暗示している．どこにでも政情不安があり，貴族層は国政を譲りうけようとする門閥に属していない人々をはねつけるのに十分なほどに勢力があり，アルゴスを除いてはどこでもまとまっていなかった．新しい支配一族が王族と抗争を引きおこしても，そのほとんどは不首尾に終った．その一方で，かれらはたいてい公共の富を増加させた．かれらは気前がよい派手な保護者であり，この世の成功と汎ギリシア的な英雄的令名をはせることを期待した．僭主政はまず，領土の狭い交易都市でおこった．このようなもつれた市民抗争とやっかいな政体の原因となったものと同じ社会的または経済的圧力が，同時に植民運動をもたらしたにちがいない．それを土地不足とよぶのは，単純すぎるだろう．それにはたしかにある種の，たぶんいくつかの経済的競争がからんでいたに違いない．鋳造貨幣の新発明が一因となったと以前は考えられていた．というのも，はじめて傭兵に金銭で給与を支払うことができるようになり，そのことがそれまでの社会的な絆に混乱を生じさせたかもしれないからである．しかし，鋳貨のこの段階での登場はあまりにも遅すぎたから，それほど完全に影響を及ぼしたとは思えない．結局は，前6世紀に貨幣使用をもたらした交易の競合が，当然混乱の一要因となったかもしれない．直接の影響として，それは最初富裕者を襲った．内乱を闘ったのはかれらであり，植民市を建設し，僭主政を押しつけたのもかれらだったからである．植民の道筋は金属を求める道筋でもあったことは重要である．そしてまた，かつては刃物用の黒曜石が，はじめてエレクトロン貨が現れて銀貨，青銅貨へと続く前の交換手段であったのと同じように，すでに有用な金属が鉄串の形で交換の手段となっていたことも重要である．

ポリスの誕生

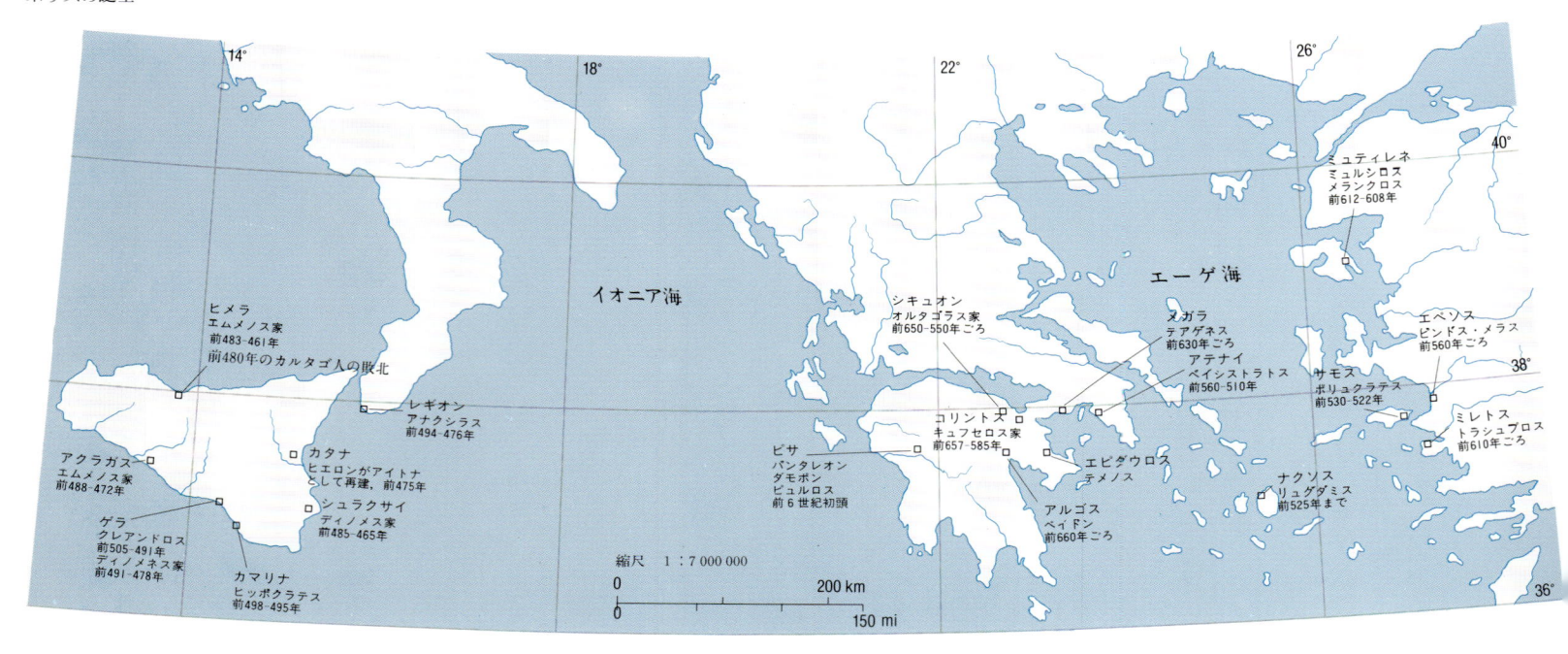

ヨーロッパとの関わり

鉄は北ヨーロッパでは、ギリシアの暗黒時代末ごろに使われるようになった。たとえ前700年以後は、ギリシアと東方がヨーロッパに与えた影響が大きく、逆にヨーロッパがギリシアに与えた影響はほとんどなかったとしても、以下のやっかいなギリシアのルネサンスについては、ヨーロッパとの関わりでみる方がよい。ヨーロッパでは最初の鉄製長剣と鉄製馬具が、この時期に現れる。富は増加し、人口も、またそのための砦も増加した。前10世紀から前7世紀まで、強勢を誇る土地はその強さと数の上で増えつづけた。ギリシア人の膨張以来、たとえばドナウ川（ダニューブ川）上流のホイネブルクでは、ギリシア建築技術の影響さえある程度まで見うけられた。そこでは、前6世紀と前5世紀に、輸入品のギリシア杯によってマッサリアのブドウ酒が飲まれていた。これらの城壁で囲まれた町々は、都市国家ではなかったのか。都市国家はギリシアでも北方でも、同様な理由からおこったのではなかったのか。このことが正しいか否かはともかくとして、ギリシアでは言語が共通していること、部族領域が地理的に決定されていることが利点を生みだした。

東方の直接の影響としては、オリエントの金属細工がヨーロッパに到来した。前500年に、バルカン半島に入ってきた金属細工師たちは難民として説明されるのが最もよいと思われるが、スキュティア人の中央ヨーロッパ、さらに西ヨーロッパへの浸透もいちじるしく、大規模な移動と解釈した方がわかりやすい。もろもろの影響は混合して初期エトルリア人の物質文化を生み出し、それらのあるものはギリシア経由でなく確実にオリエントから直接伝わったものであるが、このことから若干困難な問題がおこってくる。前8世紀以前には、地方的な様式や地方的技術はヨーロッパ全域で同じようなものだったし、同じくらい粗野なものだった。ギリシアが最初に立ち直ったのは、おそらく東方により近かったせいであろう。ギリシア人がたいへん愛好した青銅の鉢はグリュプス（グリフィン）やセイレーンや牡ウシの首で飾られており、その遠い起源は現在の東トルコのヴァン湖の東、ウラルトゥにある（ウラルトゥは、メディア人が前585年に滅ぼした）。それらの大釜は、アンジェやオセール、セート・コローブで発見され、その装飾のはぎ取られたものがストックホルムで発見された。しかし、前600年ごろからフランスとスペインとスカンディナヴィアは、イングランドやアイルランドでつくられたその模造品の供給をうけていた。

前5世紀初頭の青銅細工では、初期ラ・テーヌ様式がヨーロッパ全体で最も独特で輝かしい様式のうちの最初のものだった。しかしこれでさえ、後の発達した段階のラ・テーヌ様式に近いというよりは、むしろオリエントやギリシアの手本の方に似ている。前700-500年まで、ヨーロッパはギリシア化される以上にオリエント化されていたが、ギリシアの影響は絶え間なく増大していた。ピゴット教授が野蛮なヨーロッパに対比して、「前800年ごろまでには地中海は文明化した湖となっていた」と主張したとき、この逆説は過剰な表現だと思われるかもしれないが、たしかに地中海は政治的、経済的、文化的に他よりも卓越していたし、地中海内では、とりわけギリシアが抜きん出ていた。ギリシア人がヨーロッパに、とりわけ西部に浸透したことは、スペイン、ブルターニュ、コーンウォール、そしてもちろん金属細工師の島サルディニアなどにある金属資源を求めての移動という見地から理解できるだろう。

上　僭主政の所在地、前7-5世紀

前7世紀中葉に貴族の支配者からコリントスを奪っためざましい僭主一族に続いて、本土の他の国々でクーデターが成功した。シキュオン、メガラ、少し遅れてアテナイにおいてである。力による支配と旧制度下の土地を支持者に分配したことが、ギリシア僭主政の特徴であった。数人の僭主たちは、他国の護衛兵を雇って権力を維持した。前6世紀後期と前5世紀初頭に、軍事力を誇る僭主たちはシチリアの町々をかれらの間で分割し、市の全住民を政策の道具に変えた。後の前5世紀に、民主政運動によってシチリアの僭主たちは追い出され、本土のスパルタとアテナイはそれぞれ別の理由で僭主政を寄せつけなかった。しかし、ギリシア世界は僭主政から発展したものではなかった。

下　前6世紀のシチリア島

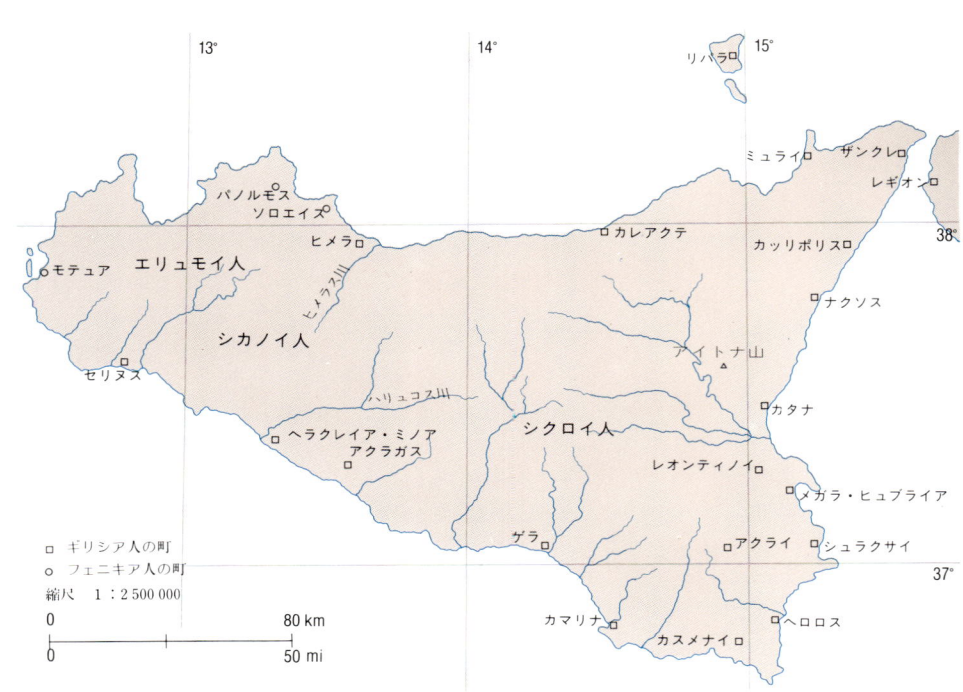

空中からみたサラミス島. この島は, ソロンの時代にアテナイがメガラからはじめて奪ったものである.

スパルタの興隆

アルカイック時代は, 名門だけでなく諸種族も衝突していた時期だった. ギリシア諸種族の移動地図を示すのが通常の方法である. その地図では, ヘロドトスとトゥキュディデスの説, 方言に関係する証拠, 神話や考古学が暗示するものがある程度一致している. 詳細な図式はどれもが完全に納得のいくものとはいえないが, 文学史家の伝統が力強く示唆し, 方言の証拠がまさに確証している点は, ギリシアでは諸種族に何らかの再分布があり, 歴史時代にもその過程は進行し続けたということである. スパルタが前8, 7世紀にメッセニアを勢力下におさめたときには, まったく難民の話は出てこないのに, 前464年の地震にはじまった第3次メッセニア戦争後の前455年には, 海以外から近づくことができないコリントス湾北岸のナウパクトスに難民が移住してきた. かれらは自分達の同質性を100年間維持し, ついに前369年にはメッセニアを再興した. 暗黒時代には, 記録は残らないものの, 少なくとも同じ規模で諸種族の移動がひんぱんに行われたことは間違いない.

ペロポンネソス半島でのスパルタの膨張は, 骨の折れる政策だったとはいえ, 結局成功裏に遂行された. 最初のメッセニア征服は前735-715年間におこったが, 次の世代の前669年に, スパルタはアルゴスに対する作戦中にアルゴリスのヒュシアイで敗れ, ついで前660年ごろにはメッセニアの反乱をうけるにいたった. スパルタ人にとっての天然の境界線は, コリントス地峡や海よりも, むしろアルゴリスの西南の山々とメッセニアの山々だったし, コリントス湾とスパルタとの間に横たわる北ペロポンネソスとアルカディアの大山塊は, かれらがたえず痛切に感じていた障壁であった. 前7世紀にかれらは, ペロポンネソス半島の東海岸と南のキュテラ島に達した.

戦争と, 他の手段による戦争の延長であった外交によって, スパルタ人はアルゴスに対する優勢な地位を獲得し, ア

ギリシア・スポーツの世界

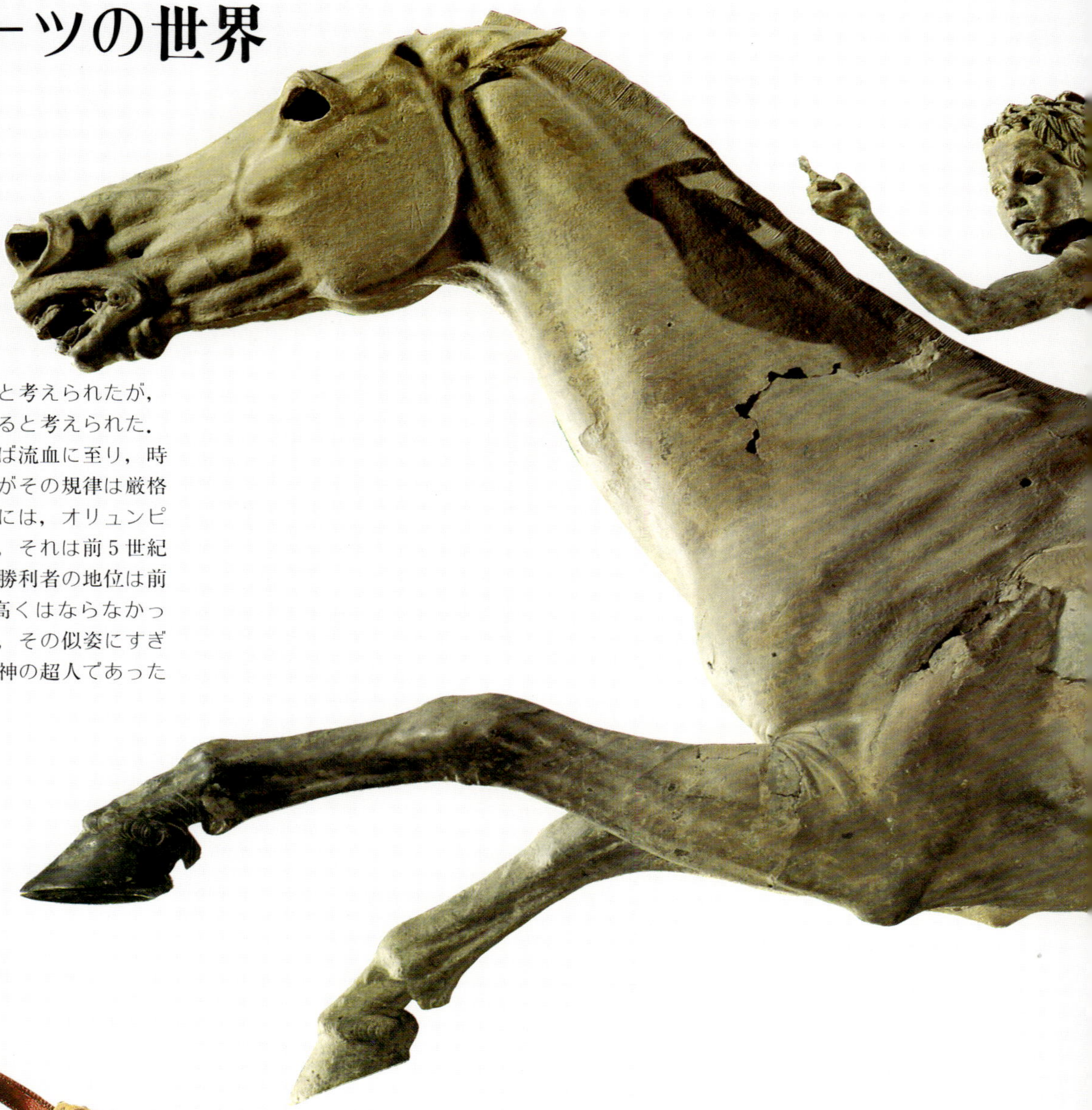

　ギリシア人は訓練，とりわけ戦闘のためのスポーツの価値を熱心に信じていた．古代の戦闘と古代のスポーツには共通点が多い．前500年前後には，大体育祭礼での成功は，育ちの良さを表明し家門に輝かしい名声を加えるものと考えられたが，後にはおそらく個人と国家にのみ名誉であると考えられた．ギリシアのスポーツは競争であり，しばしば流血に至り，時にはおぞましい死に至るものであった．だがその規律は厳格で，その規則違反は重く罰せられた．初期には，オリュンピアの古い競技会には祭儀的意味があったが，それは前5世紀までにはほとんど完全に消滅した．他方，勝利者の地位は前6世紀後期や前5世紀初期よりも決して高くはならなかった．民衆の信仰によれば，これらの男子は，その似姿にすぎないものが奇跡をなし遂げた英雄であり半神の超人であったという多くの物語が残されている．

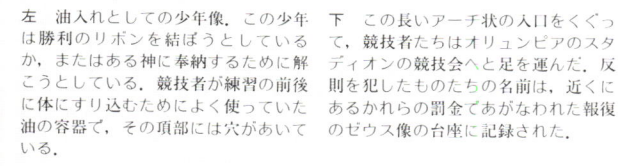

左　油入れとしての少年像．この少年は勝利のリボンを結ぼうとしているか，またはある神に奉納するために解こうとしている．競技者が練習の前後に体にすり込むためによく使っていた油の容器で，その頂部には穴があいている．

下　この長いアーチ状の入口をくぐって，競技者たちはオリュンピアのスタディオンの競技会へと足を運んだ．反則を犯したものたちの名前は，近くにあるかれらの罰金であがなわれた報復のゼウス像の台座に記録された．

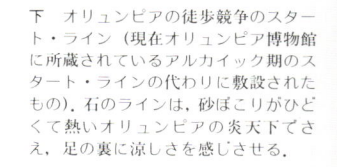

下　オリュンピアの徒歩競争のスタート・ライン（現在オリュンピア博物館に所蔵されているアルカイック期のスタート・ラインの代わりに敷設されたもの）．石のラインは，砂ぼこりがひどくて熱いオリュンピアの炎天下でさえ，足の裏に涼しさを感じさせる．

石のおもりで練習する若者．おもりは跳躍競技会で用いられ，跳躍の平衡を保つように使用されるので，非常に注意深く形どられている．ハルテレスとよばれたこれらのおもりは多数が現存しており，オリュンピア博物館にも数点所蔵されている．

ギリシアのレスリング．パンクラティオン（自由型格闘技）は人を不快にするほどの故意の反則が多く，リング上で死ぬこともあり，ボクシングでは，グローブは長ぐつの底革に似ており，1人のボクサーが倒れても闘いは続いた．それらに比べて，レスリングは比較的おとなしかった．

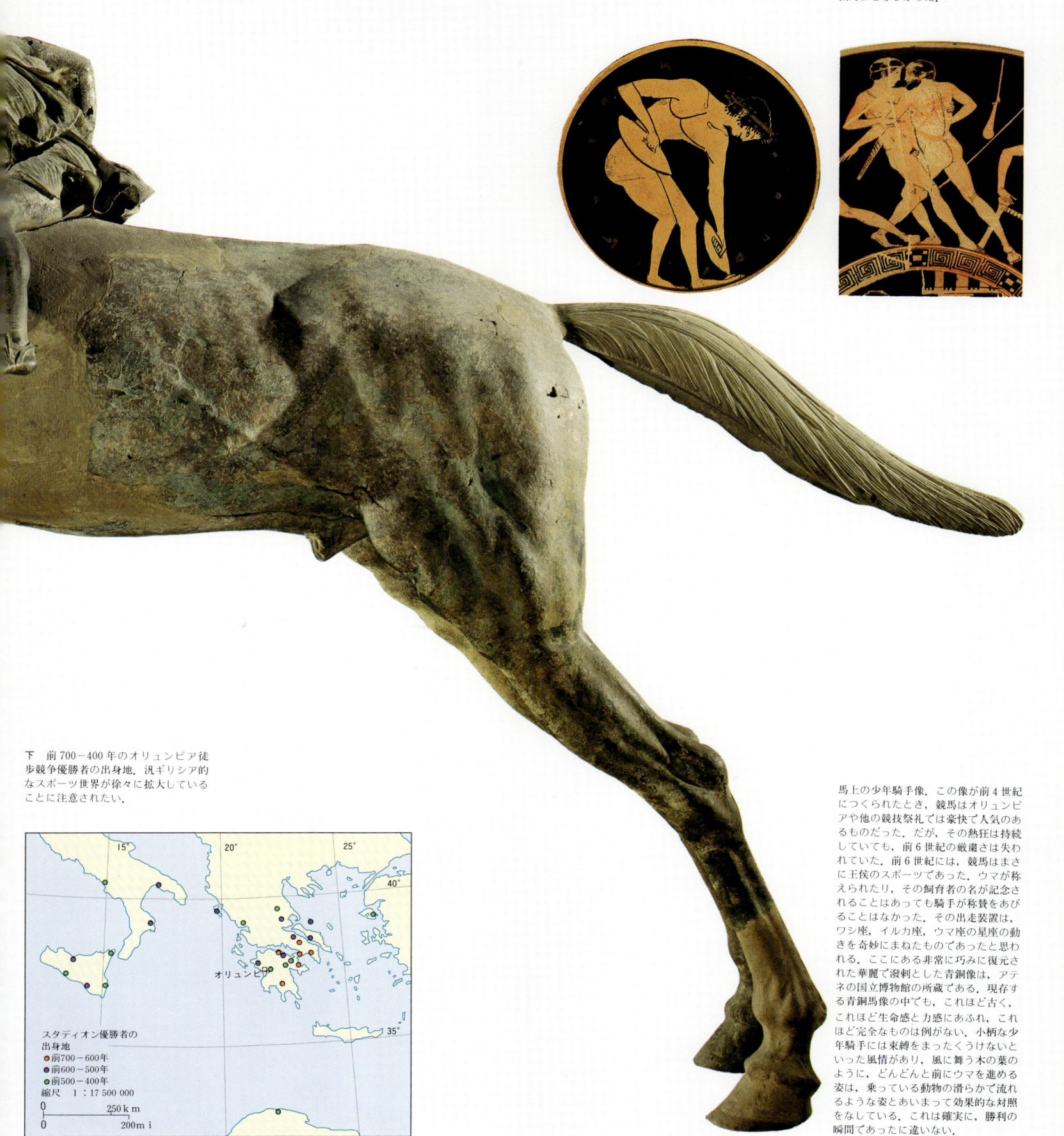

下　前700-400年のオリュンピア徒歩競争優勝者の出身地．汎ギリシア的なスポーツ世界が徐々に拡大していることに注意されたい．

スタディオン優勝者の
出身地
● 前700-600年
● 前600-500年
● 前500-400年
縮尺　1：17 500 000
0　　　250 km
0　　200 mi

馬上の少年騎手像．この像が前4世紀につくられたとき，競馬はオリュンピアや他の競技祭礼では豪快で人気のあるものだった．だが，その熱狂は持続していても，前6世紀の厳粛さは失われていた．前6世紀には，競馬はまさに王侯のスポーツであった．ウマが称えられたり，その飼育者の名が記念されることはあっても騎手が称賛をあびることはなかった．その出走装置は，ワシ座，イルカ座，ウマ座の星座の動きを奇妙にまねたものであったと思われる．ここにある非常に巧みに復元された華麗で溌刺とした青銅像は，アテネの国立博物館の所蔵である．現存する青銅馬像の中でも，これほど古く，これほど生命感と力感にあふれ，これほど完全なものは例がない．小柄な少年騎手には束縛をまったくうけないといった風情があり，風に舞う木の葉のように，どんどんと前にウマを進める姿は，乗っている動物の滑らかで流れるような姿とあいまって効果的な対照をなしている．これは確実に，勝利の瞬間であったに違いない．

89

ポリスの誕生

イエルネ
アルビオン
錫諸島（スキッリエス）
ピュテアス 前330年ごろ
ヒミルコ 前525年ごろ
ケルト人
琥珀交易路
ダレイオス 前514年ごろ
スキュティア人
テュッサゲタイ族
至イッセドネス人
サウロマタイ族　ブディノイ族
プロコンネソスのアリステアス 前7世紀
イユルカイ族
タナイス川
ロヴィクス
錫交易路
オルビア
ドナウ川
マッサリア
エトルリア人
ラテン人
キュメ
ビュザンティオン
シノペ
アルメニア
エクバタナ
シュバリス
アイトナ山
シュラクサイ
タマッソス
アル・ミナ エウフラテス川
ティグリス川
前525年までのペルシア帝国
タルテッソス
ガディール
カルタゴ
メリタ
テュロス
シドン
バビロン
スーサ
フェニキア人 前7世紀
ペルセポリス
メリッサ
アトラス山
『イリアス』の世界
キュレネ
ナウクラティス
メムピス
ダレイオス1世の運河
アラブ人
リクソス川
リビュア
テーベ
カタラクタイ・オイ（トログロデュタイ人）
マッサリアのエウテュメネス 前6世紀
ナサモネス人 前5世紀？
エティオピア人
ダレイオス1世の派遣したカリュアンダのスキュラクス 前518年ごろ
セネガル川
カメルーン山
ピュグマイオイ人
ハンノー率いるフェニキア人 カメルーン山に至る 前525年ごろ？
ネコス（前610-595）の派遣したフェニキア人のアフリカ周航

探検者の足跡
リビュア　ホメロスにしられていた世界
アラブ人　ヘシオドスにしられていた世界
● 鉄
● 銀
● 金
● 銅
● 錫
● 琥珀
縮尺　1：30 000 000
0　　　1500 km
0　　　1000 mi

地理的知識の拡大，前8－4世紀

ホメロスに知られていた世界は，ギリシア，西小アジア，キュプロス島，レヴァント地方，リュビアに限られた．『オデュッセイア』にあるイタケの西の世界の説明は，気まぐれな想像である．しかし前8世紀以降，ギリシア人の交易の旅と植民によって，地理上の知識が飛躍的に拡大することになる．さらに知識が増加したのは，イオニアのギリシア人が組織化されたサトラペイア（行政区）の制度と，王の道の駅制をもつペルシア帝国に服属した前546年以降のことだった．いくつかのとりわけ大胆な探検旅行の冒険談が，ギリシア人の想像力をかきたてた．最も珍しいのは，遙かヒンドゥ・クシュ山脈に近い中央アジアのイッセドネス人を訪ねた旅行談で，前7世紀にプロコンネソスのアリステアスが韻文で書いたものであった．かれの話の断片は，アジア民族学の現代の知識と全く符合する．ナイル河からスエズへ運河を建設したダレイオスは，カリュアンダのスキュラクス（前518年ごろ）を就航させた．スキュラクスは船でインダス河を下り，アラビアを回って30カ月後にスエズに到達した．かれもまた，旅行記を残した．マッサリア出身の旅行家エウテュメネスが，遙か西アフリカのワニが群棲する川にまで達したというあまりにもあたらない資料もある．ギリシア人もまた，フェニキア人の探検旅行について知るようになった．とりわけ目をみはらせる偉業は，エジプトのファラオのネコス（前610－595）の命により，フェニキア人がアフリカを周航したことである．他のフェニキア人探検家たちも，西アフリカやヨーロッパの大西洋沿岸における旅行談をわずかながら残している．

ルカディアと防衛同盟を結んだ．前6世紀後半には，スパルタ陸軍は国外や海外でも活動した．かれらはシキュオンで僭主政を終息させ，コリントス湾岸に一同盟国を得た．かれらはサモスのポリュクラテスに，小アジアから手を引くよう脅迫し，ナクソスのリュグダミスを追放した．ペイシストラトスの息子ヒッピアスを攻撃し，アテナイから追い出した．前6世紀の末までに，スパルタは常設の同盟網をはりめぐらしてペロポンネソス半島を支配し，それが訴訟手続きと議会を設置した同盟諸国の正式な連合という一つの機構となった．スパルタのみがペロポンネソス同盟を召集でき，その構成員の過半数の票決を得たときは，同盟全体がスパルタを武力で支援した．

国内や社会組織では，スパルタは軍事的周到さと過酷な規律の面で高い代償を払わなければならなかった．初期スパルタ社会は，考古学と文献の両方を通じて，生き生きとした快活さの点で強烈な印象を与える．少なくともあるにはあったスパルタの外国との交易も，前6世紀初頭には消滅寸前となり，スパルタ国内における贅沢品の輸入は明らかに後退した．鋳貨を使ったり発行したりせず，代わりに鉄の棒や鉄串に固執することをスパルタ人が意識的に決定したからである．この保守的な決定は，絶えずそれ自身の純粋さと強力さを守ろうとする支配型社会に典型的なものと考えられるかもしれないが，スパルタ人の生活の厳格な諸規律は，それらが定着した前6世紀後期までに導入されたものであった．真のスパルタ市民は特権階級であり，農作業は隷属農民が行った．

19世紀のズール族（アフリカ東南部に住む部族）に何か似たところがあり，また大英帝国華やかなりしころのイギリスの少年たちが通った名門校の校風にもいくらかの関連性が認められる．しかしスパルタ人の方式はこれら二つのいずれの場合よりももっと仰々しいものであり，あらゆる社会的関係に浸透し，しかもより長く継続したのである．強くて猛々しく，紀律があって疑問をもたない無慈悲な若者，そしてかれらにほぼ似たような若い娘たちをつくりだすことに，かれらは一意専心したのだ．スパルタ人の戦争と宗教に関することがらは，2王家によって支配されていた．その軍隊は神聖な動物によって率いられ，それが腰をすえたところに野営した．そのやり方は，新都市の建設地を選ぶまったく通常の方法だったとしても，軍隊にとっては通常のことではなかった．スパルタが市壁のない都市だったのは，スパルタ人の心臓部は決して攻撃されないと考えていたからだった．宗教的祭礼は，集団入会式と大いに関係していた．ある儀式では少年は意識がなくなるまでムチでたたかれ，またある儀式では武器以外なら何をもってもよい若者の一群がお互いに戦わされた．スパルタ人は，野獣のような強さ，勇気，言葉の少なさを誇りとしていた．

ペルシアの脅威

話変わって東方では，かなり恐るべき暴風雨雲がさらにその勢力を蓄えつつあった．その黒雲は1000年間に中央アジアからゆっくり西へ移動しつつあった．前8世紀に強勢を誇ったアッシリア人は，前7世紀に東から攻撃したメディア人とバビュロニア人に勢力を奪われた．前6世紀初頭にメディア人は，ウラルトゥを手中におさめてリュディアを脅かした．王家間の婚姻を結んで積極的に1世代を生き残ったリュディアは，小アジアのギリシア人諸市を脅かし，前560－546年間にリュディアのクロイソスは，ミレトス以外の諸市をすべて征服してしまった．リュディアは，ある点ではギリシア化した王国だった．リュディア人はギリシア人の神々に金品を捧げ，デルポイに伺いをたて，非常に豊かな献納物を奉納した．

エペソスのアルテミス神殿に，驚嘆すべき大理石円柱台座浮彫を奉納したのはクロイソスだった．しかし，クロイソスは生き残るように運命づけられてはいなかった．同じころ，ペルシア人キュロスが，メディア人とペルシア人の王座に変革をもたらした．クロイソスにとって，デルポイの忠告とスパルタとの同盟は意味がなかった．キュロスをくい止めておくのに関心があった2強国のうち，バビュロンからはまったく援助がなく，エジプトからの援助もないに等しいものであった．前546年ごろ，リュディア人は征服され，サルディスは陥落し，それとともに沿岸の諸市も降伏した．ペルシア人の帝国はいまや途方もなく強力なものとなり，直接ギリシアを脅かすにいたった．

劇的な時期であるこの時代の事件を，聖書のユダヤ人の目を通して眺めることもできるし，エジプト人の目を通して眺めることさえもできる．バビュロン捕囚は，前586年からキュロスが前539年にバビュロンを占領するまで続き，ソロモンの神殿は前516年までに再建された．それは実際，デルポイのアルカイック期の神殿と同時代のものだったが，いまは何も残っていない．イエルサレムの壁は，前5世紀中葉まで再建されなかった．他の国々と同じように，エジプトはアッシリア帝国の崩壊とともに復興した．ギリシア人のエジプトへの浸透は，おそらくリュディアへの浸透と同じくらいの将来性と関心をこめてほぼ同時期に開始された．エジプトのアマシスは前569年に権力を握り，北アフリカのキュレネ植民市出身のギリシア人王女と結婚し，ナイル川河口のエジプトの地にあったギリシア人の交易市ナウクラティスの最盛期の間王座に君臨した．しかし前6世紀が終る前に，サモス島はペルシア人によって掠奪され，エジプト人も征服され，キュプロスとキュレネが服属させられるにいたった．地中海の北岸では，トラキアを通してペルシア人がかれらの影響力を中央ヨーロッパに及ぼすことになった．

さてアルカイック時代が終るころには，すでにアッシリア人の支配力は弱体化し，その間隙に乗じてこれほど多くの諸国が活躍できる結果となったのだが，西アジアでは唯一の強大な帝国がかれらに取って代わることになった．スパルタ人は，ある程度ペロポンネソス半島を統一した．同じころ，西方のギリシア人植民市が攻撃性と競争力を増したので，カルタゴを基地にしたフェニキア人は痛烈な報復策を打出すことになり，そのことがエトルリア人のもっと戦闘的な南方への進出の原因とさえなった．ローマ自体はすでに若々しい都市となっており，成功をおさめ始めていたが，まだ国際的な規模のものではなかった．ローマ人は，前510年に最後のエトルリア人の王を追放したと伝えられている．

アテナイ

前800－500年の300年間に，最も驚異的であると同時に興味深い形で変化をとげたヨーロッパの都市はアテナイであった．アテナイはゆっくりと変化し，その300年間の終りになっても，おそらく商業的な面を除いては世界的な強国とはいえなかった．植民市や外国市場でのアテナイ陶器の優越は，やっと前6世紀に達成されたものであり，アテナイ鋳貨はやっとその時期に鋳造され始めたのである．

サロス（サロニカ）湾にあるアイギナ島は大きな島ではないが，日没時にはアテネからはっきりと見ることができる．アイギナはギリシアで最初に，アテナイ人よりも少なくとも50年前に，鋳造貨幣を採用していた．貨幣の発明はリュディア起源であり，アジアのギリシア諸市がそれを前600年までに採用した．ナウクラティスの建設に小アジアのギリシア人と協力したのは，レスボス島を除けば小アジア以外のギリシ

ポリスの誕生

ア人国家はただ一つしかなく，それもアテナイではなく同じアイギナであった．事実この時期のアテナイの植民市は，前620年に手に負えないほど手こずった黒海の入口の2市以外には，まったくなかったのである．だがアイギナは，アテナイがまだ内政に目を向けていたときに，サモスの商業上の競争者であり，かつにがにがしい敵でもあった．すでに前8世紀後期においてさえ，アイギナが何らかの方法でアテナイ人の初期の商業上の拡大をおさえこんだことはありうることである．ヘロドトスは，「古い憎悪」を告げている（後代の前5世紀にこの張り合いは戦争に発展し，前459年にアイギナが敗北して，アテナイが主宰していたデロス同盟に吸収された）．しかしながら，アテナイにできたのはただ輸出することだけだった．というのも，エウボイア産オリーブ油入れと同じくアテナイ産のものも地中海世界全域で見つかっているが，これはたぶん最も豊かな農園の製品であったろう．前7世紀に，土地所有者は豊かな富とともに葬られるようになり，それはアテナイ市内よりも田園部の方がずっと多かった．政体は世襲の寡頭政であり，貧民はますます貧しさを増した．キュロンとかれの企てた前7世紀後期のクーデターが悪評だったのは，大貴族の間においてであった．前620年にアテナイは，ドラコンの法として知られている新しい成文法を採用したが，それは国家による審理と殺人者の処罰，それに伴う一族による敵討ちの廃止にあたる規則の面にだけ進歩が認められるものだった．

ソロンの改革

ソロンの改革に関連して，アテナイの初期アルカイック期の諸成果がいろいろ見出されるのは，1世代たってからのことである．当然のことながらソロンは貴族である．かれの同時代人であるレスボスの貴族アルカイオスとサッポーに比較すれば華やかさには欠けるものの，すぐれた詩人であった点では同じである．かれはキュプロスやエジプトをはじめ各地を旅した経験をもつ人物であった．かれの貢献は，負債による処罰からアテナイの貧民を救済したことであった．すべての未払い負債は帳消しとなり，債務奴隷化が阻止された．奴隷の身に落ちるのをさけるために亡命していたアテナイ人も海外に売られていたアテナイ人も，もちろんアッティカで奴隷身分に落ちていた人々も自由の身となった．ソロンはさらに，特定の土地に関する税金や別種の隷属農民の身分，つまりある年の年貢を差し出すことができない労働者が奴隷の身に転落することを廃止した．同時に，ソロンは穀物の輸出，すなわちオリーヴ油以外のどんな農産物の輸出も禁止した．

法律の面で，ソロンは告発の権利を導入した．政治では，国政の権威を支えていた血統の規準を取り除き，財産の段階的評価に変えることによって世襲貴族政に特有の勢力を一掃し，自分でも予見することができなかった政治的階級闘争の戦場を生み出すことになった．前6世紀初めに，1人の知力ある人物がそのことを見抜けなかったことを認識することは重要である．かれは人々を「500メディムノス級」，騎士級，農民級，労働者級に等級づけした．農民級は歩兵で200メディムノスの収入があり，騎士級は300メディムノスであった．メディムノスとは穀物の量衡であり，どれくらいだったのかは正確にはわかっていない．1メディムノス以上の価値を含むどんな契約にも婦人と子どもが加わるのは禁止されていたので，それほど大きな単位ではなかった（スパルタ兵の1出征期間分の食糧は，約7.5メディムノスだった）．騎士級と農民級との間の1年分の差100メディムノスは，単に武具とウマを維持するのにかかる費用だけであって，それを国家の役人が点検し，騎兵軍務に適しているかどうかを毎年認証した．

スパルタ

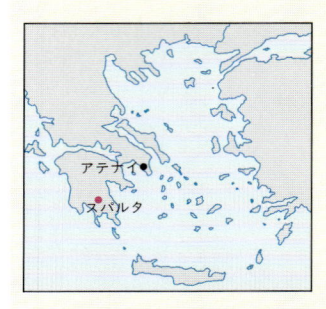

右　スパルタ出土の戦士像．他のいくつかのスパルタの作品や，その歴史と伝承が確信させてくれるように，力と勇気そしてもちろん勝利に高い価値をおいた妥協しない国民精神を表現している．

スパルタを守ったのは市壁ではなく，高い山々に囲まれた，エウロタス川の肥沃な谷間に位置していたという辺鄙さであった．しかし，その初期のアルカイック期の美術や記念物は驚くほどにすぐれたものであった．

スパルタ人とペルシア人は心ならずも敵対することとなったが，スパルタの軍事力は南ギリシア諸国のペロポンネソス同盟の盟主として，天下にその名声と特権と影響を示すために必要であった．それはまた，種族に対する野心的で高圧的なスパルタ人の態度，槍の穂先で獲得した領土に対するスパルタ人エリートの専制的な尊大さと経済的な地位によってたきつけられていた．スパルタ人はかつて考えられていたよりも粋で才気にあふれているが，おそらくもっと傲慢な人々だったのだろう．

その市は，いくつかの低い丘を含んだ広大な領域を占めていた．その勢力の衰退期には市壁がその境界となったが，その延長は約10kmの長さに及んだ．スパルタ最盛期の建物の遺構はほとんどない．アクロポリスの東端にはアテナ・カルキオイコスの神域があり，前2世紀または前1世紀以後は，メガロポリスの劇場に次ぐ巨大な新劇場を見おろしていた．エウロタス川の川堤にあるアルテミス・オルティアの神域は前10世紀まで年代をさかのぼるが，そこでスパルタの少年たちは祭儀としてむち打たれたのだ．

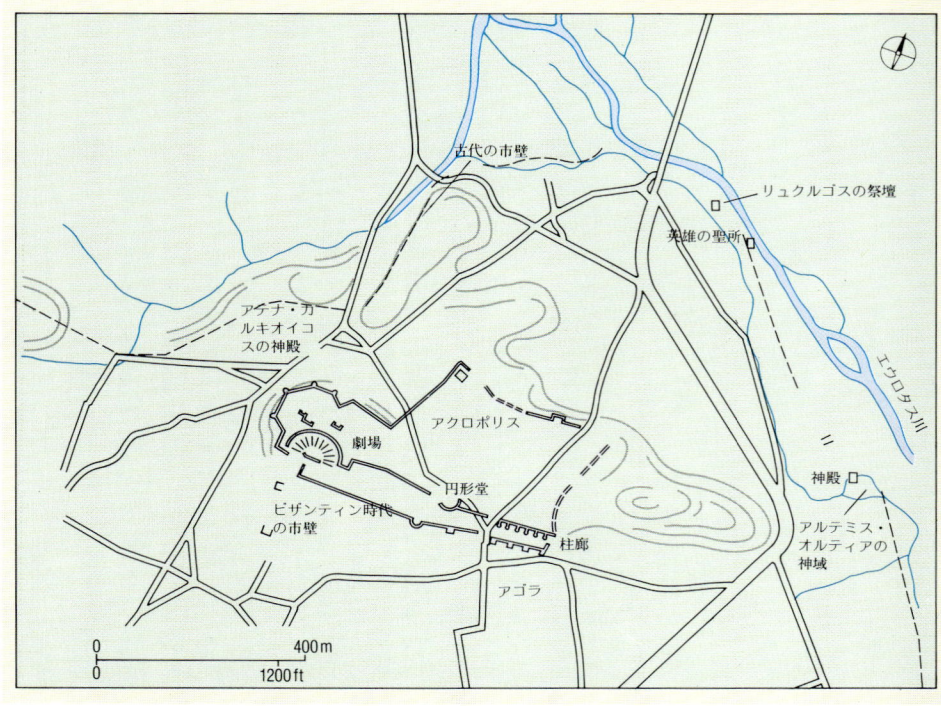

ポリスの誕生

フランソワの壺（前570年ごろ）．ギリシアの物語絵を描いた陶器画の初期の傑作の一つ．その構成は精巧で，その細部はすばらしく，その色彩は鮮やかである．多数のアルカイック期ギリシア陶器のように，イタリアに輸出されたために，フィレンツェのエトルリア美術館に所蔵されている．

前5世紀後期に1メディムノスは3ドラクメの価値があり，1人の農耕労働者は1年につき177ドラクメで暮らしていたが，それは59メディムノスにあたる．ウマを飼うためには，ほぼその2倍の費用がかかったろう．ソロンはこの石高を，故意に家柄の良さを土地所有と結合するために用いたと指摘されてきたが，コムギの石高が価値の伝統的単位であったことの方がはるかにありうることである．貨幣は新奇なもので使い方が身についていなかった．後世のアテナイの歴史家たちは貨幣鋳造をソロンの業績に帰したし，かれの法律の断片も報酬と罰金を明らかに金属で支払うことができると述べているが，現代の考古学者たちは，アテナイにおける貨幣鋳造がソロンの時代に整備できるほど古いものではなく，もっと後に始まったものだと判断している．

アテナイの主要な役人である9人のアルコンは，あらかじめ選出された財産規準をみたす40人の候補者から選ばれた．4部族から選出された人々で，その名称は小アジアのイオニア諸市にも存在していたし，ゼウスの4祭儀の名称に由来するとも思われる．それらは社会を集団化する何か古い組織の遺物のような感じがするし，このころすでに存在していたという理由からうけ入れられていたものであるが，歴史的に理解されていたというわけではなかった．それらは決して真の4部族ではなかったのではないか，と筆者は想像する．9人のアルコンは，1年の任期が終了すると国政会議（アレイオスパゴス会議）に参加した．この下にあったのが民会で，ソロンは両者の間に小評議会を創設した．そこに選出された400人の議員は，民会のための議題を準備した．

アテナイ人が近くのサラミス島を獲得したのは，やっとソロンの時代になってからであった．アテナイ人に，そこへ戦うために戻り，昔の汚名をそそぐように要望したのはソロンである．かれによる韻をふんだ檄文が数行残っている．サラミス島がおちたのが正確に何年であるかはともかくとして，ソロンのもとで，アテナイ人は国家意識を昂揚するための非常に重要な段階に到達したということができる．ルイ・ジェルネとサー・モーリス・バウラという正反対の学者たちでさえも一致して，民主政の正義の始まりには，明確な社会の同一性と，アテナイでの力強く確信をもった精神の解放と，創造的な息吹があったことを認めている．

上述のように，文明化の体系を全面的に陶器画で評価するのは正しくない．もしそれだけですむのなら，コリントスの業績を過大評価することになるはずである．ソロンは，アテナイでこの産業を育成するのにも功績があったが，前6世紀にアテナイ産の陶器が最終的にまったくコリントス陶器を圧倒するほどの域に発展した理由は，技術的なものなのだろう．コリントスは，オリエントのもっと直接的な影響を，しかももっと以前にうけていた．アテナイの陶画家たちは，突然広い器面を処理しなければならなかったし，初期にはかれらの意匠はまとまりのない小スケッチの類であった．前6世紀にかれらは，他の陶画家たちがなしえなかったような空間の利用を習得した．アテナイでは，この分野で並はずれた数の外国人が働いていたのだろうか．絶え間ない競争の影響，工房の組織化，様式の自由と豊富さ，生来の才能に与えられた活動の場といったものを考えるべきなのだろうか．ソロンの時代には，大理石と青銅でのアテナイ人の腕前は，本質的に名家の保護に依存していたに違いない．そして，巨大な初期の

93

ポリスの誕生

ギリシア世界で最も早く発達しつつあったものだけに注意力を集中し，もっと保守的でうまくいっていない社会を無視すると，歴史は直線的に進歩しているという誤った印象をうける．たとえばアルカディアでは，生活は沈滞し，元気のいい若者は移民した．いくつかの市は村々が集まって成長した．テゲアは9つ，ヘライアは9つ，マンティネイアは5つの村の集まりである．アテナイは，つまるところ暗黒時代には村であり，後世のローマ時代に広場となったところはかつての二つの村の間の共有地である．アルカディア方言は非常に古風で，アルカディアの山々での宗教祭式のいくつかは，信じられないほど保守的か非常に常軌を逸しているかのいずれかであるか，またはその両方であった．しかし小アジアにまでも，所有地に基づく土地所有者たちの小規模な寡頭政国家があったし，テオスの儀式的な呪詛はソロンの立法と比べて非常に古めかしいものと映るだろう．

テオスとアテナイが，共通して穀物不足に悩んでいたことは興味深い．おそらくそのために，前7世紀後期のアテナイ最初の植民市は黒海に目を向けていた．小麦粉パンは贅沢品であって，貧民がそれを口にするのはまれだった．かれらは，種々の焼き菓子とパンと，オオムギやキビなどの穀物を練り合わせたもので暮らしていた．アテナイの市会堂でもてなしをうける公式の食客は，平日にオオムギの菓子を，祭日に小麦粉パンを食べよ，としたのはソロンの立法だった．コムギ生産は特定の国々だけであって，しかもやっと前4世紀後期に始まったことが知られている．生産高を比較してみれば，2世紀半以上にわたってその量はほとんど変化しなかったのではなかろうか．もしそうだとしたら，以下の数字はそのことを物語るであろう．前329年に，アッティカは36万3400メディムノスのオオムギとわずか3万9112メディムノスのコムギ，サラミス島は2万4525メディムノスのオオムギ，北エーゲ海ではイムブロス島が4万4200メディムノスのコムギと2万6000メディムノスのオオムギ，レムノス島が5万6750メディムノスのコムギと24万7500メディムノスのオオムギを生産した．中部エーゲ海のスキュロス島でさえ，9600メディムノスのコムギを保有し，アッティカの生産額の4分の1に匹敵した．レムノス島は，アッティカ以上のコムギと3分の2以上のオオムギを生産した．経済史家たちは，アテ

ペロポンネソス半島内でのスパルタの拡大，前8－5世紀
メッセニア攻略（前735－715年）の後も，頻発する反乱に冷酷に対処し続けたために，スパルタへの併合ははかどらなかった．しかし，僭主一門に対する干渉とペロポンネソス半島内での同盟組織がスパルタの強さを支えた．

陶器画も同様であったろう．前570年代のソピロスの作品は，たとえかれの作品のあるものが輸出され，アテナイの壺絵が模倣され始めていたとしても，アテナイ市場には依然としてコリントス陶器の影響が大きく作用していた．かれの最もすぐれた壺のうちのあるものと，同時代人で弟子のクレイティアスの一傑作は，名家の結婚式用につくられたものと思われる．

ポリスの誕生

上 パンづくりの女たち。ボイオティア産のテラコッタ製の模型。このような庶民生活の風景を示す小品像は、とりわけボイオティアで人気があった。

右 この採掘風景は、そのような分野での重労働の性質とアルカイック期の技術の幼稚さを決して誇張したものではない。

ペルシア帝国の発展、前6世紀
歴史にその名を留める諸帝王のうちで、キュロスほど偉大な帝王はいないと思われていた。ギリシア人の一部は間もなくペルシアと争うようになり、スパルタ人はキュロスに厳重な警告を申し入れたけれども、大半のギリシア人は深く感銘をうけていた。ペルシアの征服は、近東がすでに四大帝国に分割されていなければ不可能であったろう。

　　キュロス治下のペルシア人本国、前550年前
　　メディア王国、前550年併合
　　リュディア王国、前547年ごろ併合
　　新バビロニア王国、前539年併合
　　エジプト王国、前525年併合
　　ダレイオスとクセルクセスによる最終的併合
---- ペルシアの王の道
//// イオニア反乱の範囲、前499-493年

用できるようになり、その結果として訓練をうけた兵士の集団隊形が発展して、騎士の個人的活躍が価値を失った。さらに、祖父の教えに従い、ホメロスの物語のように(p.134参照)戦闘で活躍してきた貴族や英雄的な個々の人物の権勢も後退した。戦術の変化はまた社会の変化ともなり、新しい歩兵はギリシア政治の新しい強大な勢力となった。エウボイア島のカルキスでは、ヒッポボタイ、すなわちウマの飼育者たちが、エレトリアではヒッペイス、すなわち乗馬者たちが前7世紀には勢力を失いはじめた。ただし、ヘロドトスによれば、カルキスではゆるやかな経過をたどったらしい。前556年までにエレトリアは、亡命中のペイシストラトスの避難所となった。アテナイ人の土地所有者としてかれは隣人であり、かれの所有地は対岸のブラウロンにあった。中世には、ギリシアにいたフランス人封建貴族は、重装備でウマに乗ってオルコメノス近くの沼地に入りこみ、カタロニア人に殺戮されて滅んだ。アルカイック期ギリシアの騎馬貴族の終焉はそれほど劇的なものでなく、もっとゆっくりとしたものであったが、確実なものだった。

ナイの農民が海外からの安いコムギと競争できなかったことを示唆している。これは後代の歴史に適合する説明であり、これらの統計も結局は後世のものである。前6世紀初頭に、ギリシアの国々がどのようにして相互に依存していたかを正確に知ることはむずかしい。

ペイシストラトス家とアルクメオン家

この時期は名門が主役だった時代であり、そのうちペイシストラトス家とアルクメオン家が最も際だっており、その最盛期にピンダロスはかれらをこう讃えている。「町の人々にはやさしく、異国人の役に立ち……ゼウスがかれらに控えめと甘美な喜びの幸運をお与えにならんことを。」しかし、かれらは同じ詩人がほのめかしているように、たいていしゃばるようになる運命を背負っていた。かれらの歴史を学ぶと、ピンダロスがアテナイの悲劇合唱団と分けあっていた、憂うつで格言的な智慧に同意したくなる。最も著名な例の一つは、アテナイのアルクメオン家の場合である。前632年に、この家の一員であったメガクレスは筆頭アルコンであった。アテナイの貴族キュロンはその時期のアテナイには珍しくオリュンピア競技会の出場者で、メガラの僭主の義理の息子であったが、かれがアテナイを占領しようと企てた折に、メガクレスはキュロンの支持者の多数を神域から引きずり出し、聖所で殺してしまった。

1世紀後にキュロンの支持者たちは、アルクメオン家の一族郎党すべてを呪われているとして追放しようと企んだ。その後間もなく、メガクレスの息子のアルクマイオン（アルクメオン）がアテナイ軍の指揮官となり、前592年までに財をなした。かれはデルポイでリュディア人の外交代理人となり、オリュンピアでは戦車競争に優勝した。かれの息子で別のメガクレスがシキュオンの僭主の娘と結婚し、かれの孫娘はアテナイの僭主ペイシストラトスと結婚した。その血縁関係はすぐ消滅したが、その一族にはさらに何度かの追放があった。しかし、その同じ家系の後世の一族には、クレイステネス、ペリクレス、アルキビアデスが含まれている。最後にあの呪いを、成功はしなかったけれども、スパルタ人がペリクレスに対して唱えた。ギリシア本土ではじめて大量の大理石を建築に使用したアルカイック期のアポロン神殿をデルポイに建立したのは、前6世紀後期に追放されたアルクメオン家だった。巨大な初期オリュンポスのゼウス神殿に着手し、サモスとエペソスの新しい神殿と競うことを志したのは、アテナイで権力を握ったペイシストラトス家だった。

技術の発達は避けがたいものであり、常に予測されない方向に進む。これらの名門の没落についても、技術的観点から考察する必要がある。多数の歩兵が重装備の武具と武器を利

しかしながら、ソロンの時代の状況は一朝一夕に変わったものではなかった。前6世紀の中葉以前に、ペイシストラトスはアクロポリスを手中におさめ、アテナイを支配していた。かれはソロンの親戚であり、国際的な結びつきをもった野心家の貴族であり、メガラの港を占領するのに成功した兵士であり、また金持ちであった。アッティカの東海岸にあるブラウロンのかれの所有地は、アテナイの鉱山であるラウレイオンに近かったので、かれはたいへん鉱山に関心を抱くようになり、後年亡命中の一時期に、トラキアのパンガイオン銀山で蓄財した。かれのその地への関心は、まぎれもなくエウボイア島のエレトリアの仲間と北方のメトネにあるその植民市によって生まれたものであった。リュグダミスをナクソスの僭主にすえ、そこにアテナイ人貴族を追放した。アテナイの僭主として、かれは海外で精力的に成功をおさめており、自国では強力な為政者だった。道路や公共建築物、裁判のための田園地区の巡回、いまや債務者に戻ってしまった農民に補助金を出すための財産税といった理解しやすい政策をとった。それは、かれの子どもたちによって熱心に継承された。アテナイの夏の大祭とアクロポリスの最初の輝かしい建造物と芸術家の保護は、かれらの名を後世に伝えるに足るものである。シモニデスとアナクレオンはアテナイを訪れ、ペイシストラトスはホメロスの作品を収集した。かれはまた、北方から鉱山労働者をつれてきた。前500年前後間もなく、もっと深くずっと豊かなラウレイオンの銀鉱脈と、そしてまたパルテノンと他の前5世紀の建築物に利用されたアテナイ近郊の

95

ポリスの誕生

ペンテリコン山産の最上質の大理石も，採掘されはじめた．

僭主政の打倒には，貴族の抵抗とスパルタの干渉が関与していた．ペイシストラトスが死んで，その息子ヒッピアスが国政を譲りうけた．前514年新しい僭主の弟ヒッパルコスを暗殺したのは，ゲピュライオイ族の2人の若者ハルモディオスとアリストゲイトンであり，1年後にはアルクメオン家がボイオティアからアッティカに侵入した．この侵入は悲劇的な敗北に終り，アテナイで歌われ，奇跡的に後世に残った悲嘆の唄だけが生まれたにすぎなかった．亡命者たちの小部隊が放棄することを拒んで滅んだ場所は，アテナイ市を望む国境の根城，パルネス山の渓谷にあったちっぽけな石の砦のレイプシュドリオンであった．「ああ裏切り者のレイプシュドリオンよ，汝はいかなる人々を殺したのか．戦いにすぐれた生まれ良き人々は，あのときかれらの祖父がいかなるものであったかを示したはずなのに．」

クレイステネスとアッティカの統合

アルクメオン家のクレイステネスはデルポイの友人であり，デルポイはアテナイ最後の僭主を打倒したクレオメネスが率いるスパルタ人を連れてきた．ヒッピアスは，いまはヘッレスポントス海峡近くのシゲイオンで，ペルシア王の沿岸統治官であった腹違いの弟テッサロスを引きついだか，または共同統治することになった．そこはかつてアテナイ人の移住地であり，近年になってやっとペイシストラトスによって確保されたものだった．名門同士の短期間の党争の後で，前6世紀後期にはクレイステネスが完璧な社会構成を築いた．それはたいへんな成功をおさめたので，いまやそれ以前の機構に逆行するのは困難なこととなった．古い4部族は，それまでの宗教的・社会的機能のいくばくかをかろうじて維持したものの，新しい10「部族」は，すべて政治的な目的のために制定されていた．それぞれの部族は，その保護者であり「先祖」であった英雄にちなんで名づけられた．サラミスの1人とエレウシスの1人を別にすれば，これらはすべてアテナイ市域に埋葬された神話の英雄たちであった．田園部の小さな町々では，その土地の崇拝や住民までもが土地の名家に支配されていたのだから，この政策には明らかに，国家の祭式を町々で崇められていた氏族や一門の英雄的先祖の代りにしようとする試みが含まれていたと思われる．同時に，田園部の町々は登録され，ついで何年間も紛争の火種であったアッテ

名前の刻まれた陶片（上）が投票用具のオストラコンであり，前5世紀のアテナイでは名前を書かれた個人がこの投票制度によって追放された（オストラキスモス，陶片追放）．他方，青銅製の円盤（右下）は，アテナイ市のより通常的な民主的手続きで，票数計算用として使われた．

下 投票風景を示す赤像式陶器画．どのようにアテナイ人が自分たちの投票手続きをみていたかというある種の考えを伝えている．投票を自ら主宰しているアテナは，教示したり説得したりしているようにみえる．女性は投票していない．

ィカの三つの地域, 海岸・内地・山地はそれぞれを10区画に細分された. 10部族のそれぞれが三つの地域のおのおのに1区画 (トリッテュス) を所有した. そこには困難と特異性がみられた. 10人の英雄はデルポイに委託して, 100人の祖先の名前から選ばれたものだと聞いている. しかもデルポイの記念碑では, 少し後にアテナイの名門の明らかな圧力をうけて, 10人の表が少し変更されることになった. しかし原則として, 部族に基づいた新しい軍事, 政治機構がその機能を果した. それは, 領地に基づいた大貴族間の闘争のどんな可能性をも薄くしてしまった. と同時に, 住民の領地に基づく忠誠心を無効にすることによって, 新たに階級闘争を激化させるにいたった.

ある土地では, 新しい分割境界が故意に古い関係を切断した. マラトンには, 地理的にまた共同の宗教儀式によって結合された四つの古い町区があったが, その一つはクレイステネスによって切り取られ, 別の部族につけ加えられた. それは確実に, ペイシストラトス家の故郷であった一区画に, 他の勢力を加えるためであった. 新しい秩序は, 日常生活ではなく選挙に影響したと想像できる. 学者たちは, その他の境界線の引き方がアルクメオン家の地域でのあらゆる影響力を最大にしたと提言しているが, これはおそらくわかりきった議論だろう. その反対の立場, すなわち, クレイステネスは以前なら市民となる資格のなかった人々を新市民に登録したという主張もたしかに的を射ているといえよう. この改革は, なおいっそうの党争, 失敗に終わったスパルタの干渉, アルクメオン家を呪われたものとする告発, もう1人のアテナイ貴族 (イサゴラス) がアクロポリスを占領して亡命することになった事件などを生じさせた. 前6世紀のまさしく終りには, この制度は機能を発揮しつつあった.

アレイオスパゴスの古い会議は, 前6世紀のはじめには世襲役人がまったく絶えていたに違いない. それで, いまや全員元アルコンたちによって構成されることとなったが, 最高の審判者にして国制の守護者という機能は依然として保たれていた. ただし, アレイオスパゴスの各議員は, そこで個人的に起訴される可能性を残していた. 新しく10部族から選出された10人の将軍職は, 重大な潜在力を秘めていた. 新規に登録された田園部の町々には, 一様に地方自治が与えられた. 10部族は, それぞれ50名を500人評議会へ送った. これらの条項のどれをとっても, クレイステネスが国家を統合したことは明らかである. たとえアッティカでは後2世紀になっても宗教儀式の多様さが残っていたとしても, アテナイ国家が前500年前後にある程度統合されていたことを反証する材料にはならない. 1年ごとに投票して面倒をおこしそうな市民を10年間の追放に処する制度, オストラキスモス (陶片追放) を制定したのもクレイステネスであった. 投票 (ある市民の名前を刻んだ陶片, オストラコンを投げ入れる方式) 総数が最低6000に達し, ひと度ある人が去るべきだという票決がなされると, その人は10日以内に立ち去らなければならなかった.

アッティカ統合の規模はペロポンネソス同盟の規模より小さく, ペルシア帝国の規模とは比較にならぬほど小さかった. このころこの帝国は, ダレイオスI世の下で前512年にヘッレスポントス海峡を渡り, スキュティア遊牧民の自由を犯そうとして失敗した. しかしアッティカでの改革はもっと込み入っており, 組織化された社会を創出しようとする入念で斬新な試みである点で魅力的である. その後の発展はすさまじかった. それは一つには経済的理由, 一つには戦争の機会, 一つには他国人の貢献に支えられた成果でもあるが, 何とい

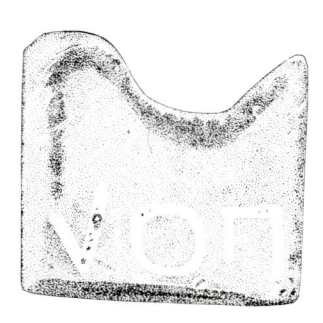

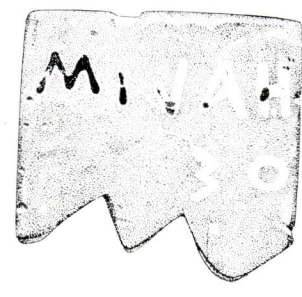

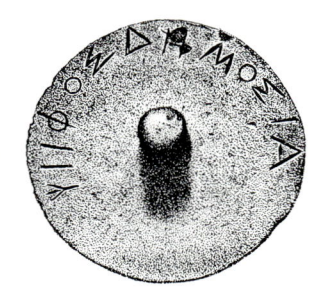

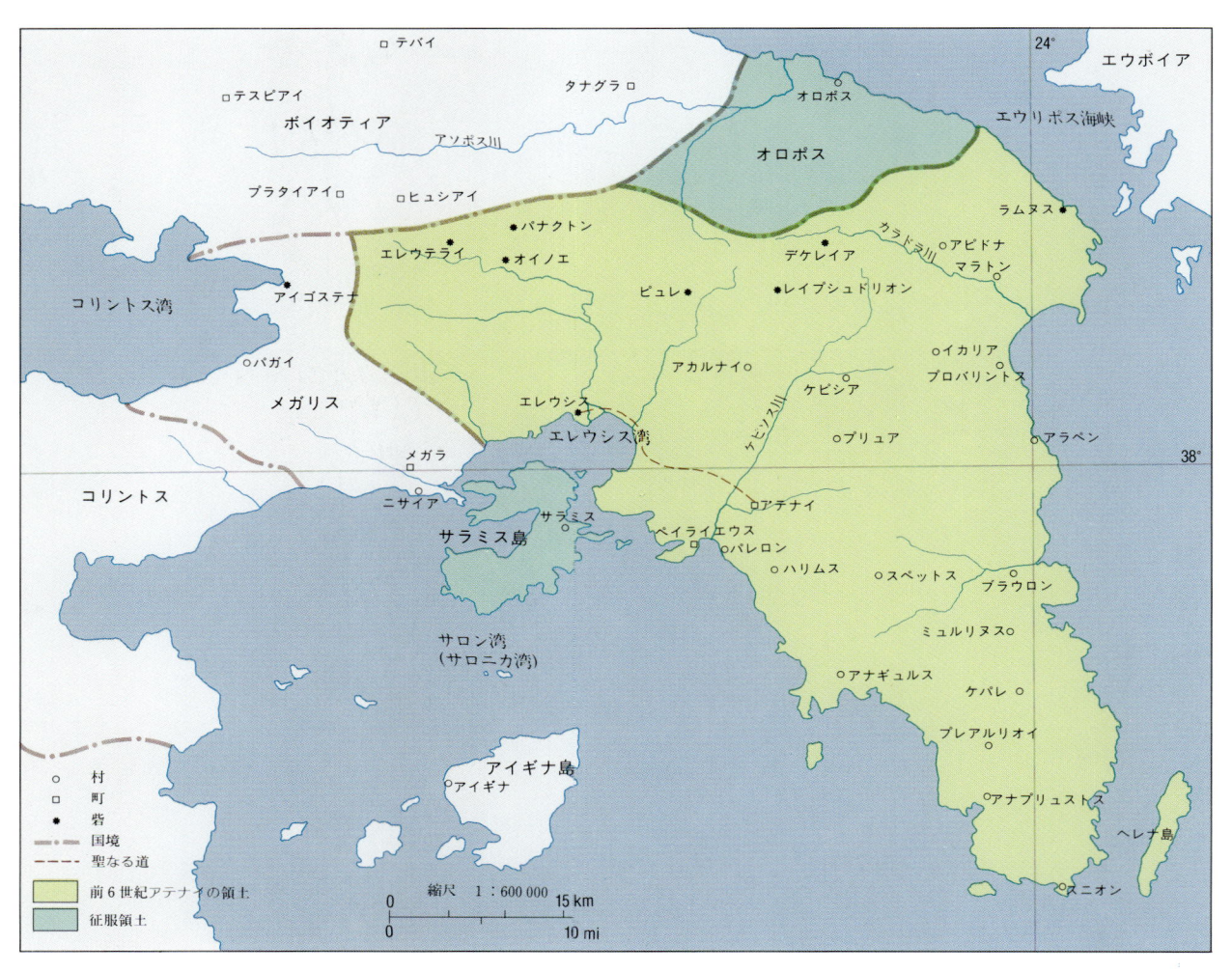

アッティカとアテナイの発展, 前6世紀

アッティカはたいそう荒れた土地で, その銀山と前5世紀の帝国がなかったら, 決して栄えることはなかったろう. しかしアテナイ人は, ミュケナイ時代からのその連続性とかれらが数世紀間統合された民であったという事実に特別の誇りをもっていた. ほとんどのギリシア諸市のように, アテナイは断続的に戦争状態にあって, 隣国から多少の征服領土をもぎ取った. ソロンの時代にサラミス島をメガラから, アテナイ民政が確立した前510年の直後にはテバイ人からオロポスを獲得した.

ポリスの誕生

アクラガス

古代アクラガスは，シチリア島の南海岸にあり，富裕で勢力をふるったギリシア植民市だった．その背後には山の背が長く続き，その両端は前方に湾曲して一つに手をつなぎ，低い丘陵となって広大な窪地を囲み，天然の要害の地となっていた．アクラガスは，すでに存在していた植民市ゲラによって，前582年ごろ建設された．数回の僭主交替と前6世紀後期の農業と商業の大発展によってアクラガスは，前480年にカルタゴ人に挑戦して勝つほどの十分な富を蓄えていた．その壮大な遺構は，それに続く意気揚々とした世紀の記念碑であるといえる．そのころのアクラガスは，穀物交易で富を得て，ギリシア諸市中でも最大級のものの一つになっていた．カルタゴ人はここを前406年に滅ぼした．後に再興されてローマの町として栄えたが，あの前5世紀半ばの繁栄は決して戻ってこなかった．

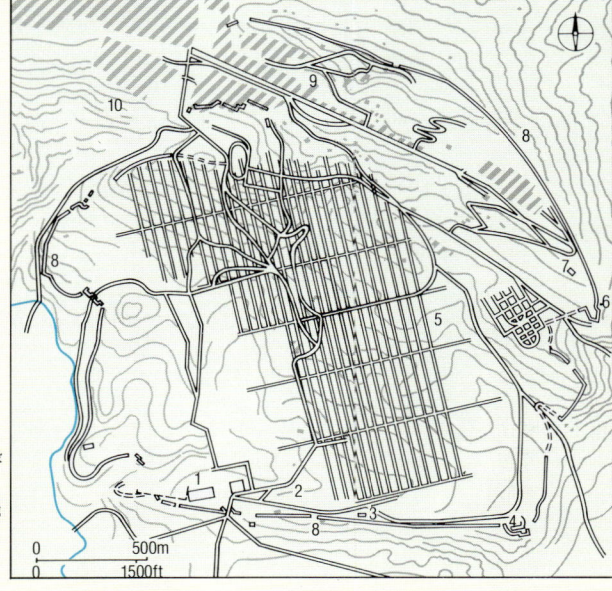

1 ゼウス神殿
2 アゴラ
3 コンコルディア神殿
4 ヘラ神殿
5 古代の条里式道路
6 デメテルの岩山神域
7 デメテル神殿
8 市壁
9 アクロポリス
10 墓地

右 この巨大で奇怪な作品は，前480年後にほとんど奴隷によって建てられた壮大なオリュンポスのゼウスの神殿の正面の一部である．彫像は単に装飾にすぎなかった．それらは壁に取りつけられていたが，実際の荷重は何ももうけていなかった．それらは7.65mの高さがあり，神殿自体は112.6×56.3mで，アジアにある最大級のギリシア神殿にさえ匹敵するものだった．

アクラガスの南壁を形成する山の背に達する位置に建てられた諸神殿は美しく保存されており，どんなギリシア都市の神殿にも劣らない．そこには，伝統的にヘラ，つまりユノーの神殿（上）と，コンコルディア神殿（右）とよばれている神殿が含まれている．コンコルディア神殿は，キリスト教会として用いられて保存された．それはディオスクロスたちのものだったと考えられているが，ペトロとパウロが後6世紀にそれを引きついだ．その入り口は司祭の館となり，その側壁はアーチを取りつけるのでくり抜かれた．そのような後世の変更が，いまではかえって美しくなったと考えられるまれな例の一つである．

ポリスの誕生

っても民主政治の社会的基礎を創り出したアテナイ人自身に負うところも大である．それは多数の人々が，たとえばエジプトの富や壮大な美術作品や印象的な記念物にもかかわらず，エジプト人に対してよりもアテナイ人に興味をもつ由縁である．もし，もう一つの別な理由があるとすれば，それは目のさめるようなギリシア人の文学であるに違いない．もっとも，ギリシア文学に認められる人間性と合理性は，その著作に限らず，その建築や民主政の実験のうちにも同じように反映している．

アテナイでは文学は遅れて花を咲かせたし，建築もそうだった．前500年までに，他のギリシアの中心地はすでに両分野にわたって華々しい成果を挙げていた．それはとりわけ，壮麗な神域と繁栄する諸市とホメロスの記憶とを保持していた東方ギリシア人にあてはまる．西イタリアのポセイドニアという小植民市は，ローマ名のパエストゥムとして知られているが，そこでさえアルカイック建築ではアテナイの好敵手になっていた．前5世紀にギリシア世界の西にあった富裕な強国はアテナイの競争相手であり続け，ある点では成功していたが，東方ではすでに前6世紀末に，ペルシア人がレヴァント地方のギリシア人の息の根を止めていた．レヴァント地方はスエズ運河が建設されるまでは経済的な繁栄と結びついていたので，その繁栄は後日再興されたことになる．しかし露はイバラを離れていたし，ギリシアが東方から学んだものの大部分は前500年直後までに吸収されたものだった．過去数世代にわたって多くのことを学び，サモスのピュタゴラスやコロポンのクセノパネスのような亡命者からも多くのものを与えられた．その1世代前に，これらの科学以前の科学者たちと哲学以前の哲学者たちに属するもう1人の人物，ミレトスのタレスは，東方ギリシアの統合国家を提唱した．かれの弟子または同族のアナクシマンドロスは，世界地図を描いた．ギリシア美術のオリエント様式時代はペルシア帝国の発展とともに終ったが，アテナイは他のどんな都市よりも東方ギリシア人の豊饒さを継承した．

ギリシア植民市アクラガス

ギリシア植民市全体のうちで，南シチリアのアクラガスよりも輝かしい歴史をもっている植民市はない．ローマ人がアグリゲントゥムと呼んだ現代のアグリジェントでは，粗悪に建てられて見ばえのしないアパート群が古代アクロポリスのほとんどを埋め尽くしている．アクラガスの地はいわば巨大な天然の円形競技場で，北に高い半円状の岩山の尾根があり，その屋根から2本の長い腕が手をつなぐように南に伸びている．それはあたかも丘陵による低い障壁であり，広い肥沃な土地を守るように取り囲んでいる．カニは，この市の鋳貨に用いられた紋章の一つだった．

アクラガスの最も壮観な遺物は一連の神殿であり，それらのいくつかはよく保存されている．それらは古代の都市の南端に沿って平地に一直線上に立ち並び，空や海を背景として地表にシルエットを描いている．それは巨大な要塞都市であり，その位置は慎重に選ばれたものだった．デルポイとオリュンピアの発展はゆるやかなものだったが，アクラガスは自然に対していっせいに開発された．南の腕部にあたるところの装飾部分は，もちろん後世のものだった．当初アクラガスは堅固な天然の要塞で，自身の農業による自給自足に専念していた．

アクラガスは，ロドス島と数マイル東南にある豊かな交易植民市ゲラの出身者たちとの連合によって，前581年に建設された．ゲラ自体は，前688年ロドス島とクレタ島出身の人々によって建設された．アクラガスの新市建設は，慎重に考慮

99

ポリスの誕生

された上での熱心な植民活動だった．入植者はクレタ島からも，もっと小さな島々からもやってきたが，文化的影響力の面で支配的なのはロドス島で，政策面では南シチリアの多くの交易を支配していたゲラの影響が認められた．アクラガスの最初の植民市建設者は北の山の背に入植したが，現存している最古で最も興味をそそる聖所は，穀物女神デメテルの岩の神域（シチリア島はギリシアの重要な穀倉だった）で，そこはデメテルの神域がたいていそうであるように，市壁の外側に据えられ，市壁よりも古いものであった．陶器からは，ここがギリシア人到来以前のシチリア現住民の社であった形跡が若干認められる．神域は重要な水汲み場を統轄している．

前6世紀にギリシア人の影響は，ホイネブルクやセーヌ川上流のケルト人の定住地ラスワ山に達したのとまったく同様に，中部シチリアの最も内陸の原住民集落にまで浸透した．アクラガスは，後日シュラクサイの影響によってシチリア島のギリシア人がさらに反抗的態度にでたときに，その繁栄の重大な危機にみまわれたものの，はじめの時代は平和であった．当時のギリシア人は交易者であり，原住民の諸市は奥地の放牧地をおさえていた．最上質のオリーヴの収穫物は，平和的な交易でカルタゴのフェニキア人に売られた．アクラガスでは専制政治が行われており，なかでも前5世紀初頭の成功を一手におさめていた支配者の1人，僭主のテロンは，娘をシュラクサイで権勢をふるっていた支配者に嫁がせることに成功した．同門貴族外の名家との婚姻は，前7世紀には通例のものとなっていた．アテナイのキモンはトラキア人との混血であったし，相当な数の非ギリシア的な名前がギリシア植民市の名家に残っていた．しかし，この結婚は帝国主義的な目的をもった王家の同盟の例であった．

北シチリアのヒメラ市は，カルタゴ人と友好関係にあった．アクラガスのテロンは前483年にヒメラを奪い，追放された支配者はカルタゴ人をよび入れた．3年後にヒメラの戦いで勝ったのは，アクラガスよりむしろシュラクサイだった．しかし，それは後に悲惨な勝利であることがわかった．戦闘終結後，デルポイには立派な記念碑が立ち，さらに戦闘がおこったその市の下方の平野には荘厳な記念神殿が建立されたのだが，ヒメラは決して再び栄えることなく，前5世紀が終る前にカルタゴがヒメラを，ついでアクラガスの西にあって以前テロンに占領されていたセリヌスを，そして最後にアクラガス自体を前406年に全滅させてしまった．何回かアクラガスは復興し，前4世紀後期には短期間の繁栄さえみられたのであるが，前3世紀にはカルタゴの要塞となり，後にローマ人がそれをカルタゴ人から継承することになった．

ギリシア人とカルタゴ人との間の相違やギリシア植民市の政策にみられる他の積極的な側面は，抗争の時代を生き抜いてきた後世のギリシア人史家によって誇張されることになった．しかしパレルモ博物館の二つのカルタゴの石棺は，非ギリシア的のようでもあり，またギリシア的にもみえるけれども，通常ギリシアのパロス島で造られていたフェニキア型のものにすぎない．シチリアでのギリシア人とカルタゴ人との抗争は，交易の利権，とりわけ貴金属をめぐってのものだった．アメリカ両大陸でのイギリス人，フランス人，スペイン人の戦いと，ある種の類似性がみられよう．アクラガスは平和を必要としていた．そこは交易だけでなく，農業とウマの飼育でも非常に栄えていた．ピンダロスやケオスのシモニデスのような大詩人が，アクラガスの保護を享受した．1人のアクラガス人がオリュンピアの戦車競争で優勝したとき，かれはそれぞれが数頭の白馬に引かれた300台の戦車につき添われて市に戻った．前5世紀に，ある人物は500人の騎士に宿泊所と着替えを提供することができた．アクラガス市は，

ポリスの誕生

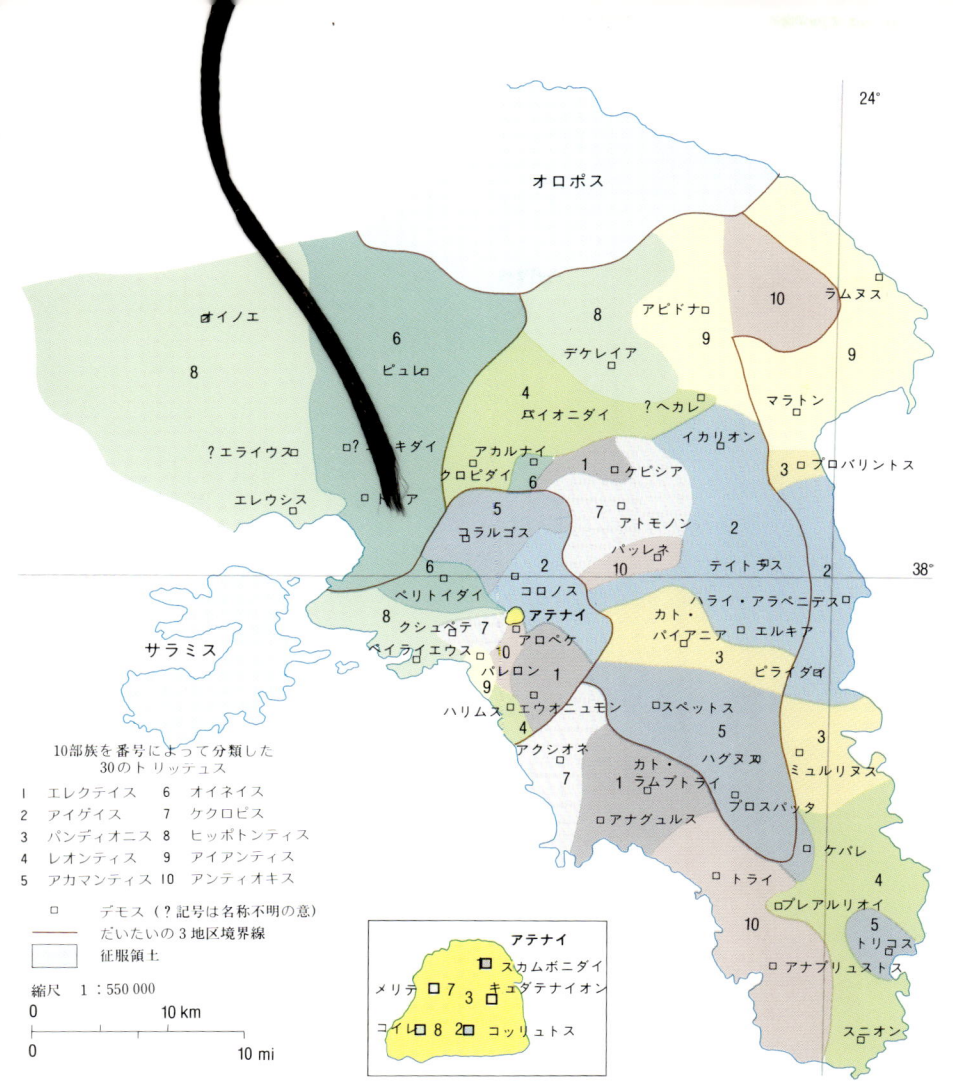

アッティカとアテナイのデモス，前400年ごろ

ヘロドトスは，クレイステネスをアテナイ民主政の創設者とよんだ．かれの第一の業績がアッティカ部族地図の手のこんだ書き直してあったとは，一見して驚かされる．しかし，これこそが民主政を可能にしたのだった．僭主一門は，地域内の闘争を引きおこしていたために，自身を堅固に守っていた．アッティカの新地図では，地域内の地区（トリッテュス）を別々に新しい10部族に統合した．1部族の男たちは，いまやともに同じ連隊で戦い，ブーレー（アテナイの評議会または500人評議会）は新部族を基礎として各部族から選出された50名によって再構成された．門閥貴族はまだ地方や国政上で大いに威をふるっていたが，これ以降各地域にはもうブーレーにそれほど富裕でない人たちを選出するだけの村々（デモス）も出てきたであろう．アテナイ部族組織のつぎはぎ細工は，民主政の後まで残り，ローマ時代まで続いた．部族やデモスへの関係は，1人の男子にとって固定したものであり，たとえかれが住居を変えたとしてもそのままであった．

左　巨大なドリス式神殿の柱，前500年ごろ建てられたもので，いまもなお壁から突き出ており，シュラクサイにある礼拝堂の側廊となっている．

緊急の際には2600人の難民に食料と家をあてがうことができた．しかし，今日目にすることができる壮大な建築物が創建されたのは，ヒメラの戦いのときであり，それが惨禍の始まりであった．

捕虜を奴隷とし，500人の奴隷を所有する人々がいた．かれらは公共建造物，水道橋，そして市中にかなり大きい人造湖さえ建設した．ヘラ神殿とコンコルディア神殿は南面を飾った．これらの神殿は誤った名でよばれているが，それらの本当の古代名の証拠がほとんど存在しないから，あいまいな表現は避けることとしよう．コンコルディア神殿は教会に転用されて生き残り，おそらくギリシア世界の他のどの神殿よりも保存状態がよい．コンコルディア神殿の円柱の間の壁には完璧なギリシア風のアーチがあるが，これは後6世紀に教会として神殿が改修されたときのものである（これに負けず劣らず保存状態のよいアテナイのテセイオンも教会として生き残った．これもまた誤った名称でよばれている神殿である．キリスト教徒はギリシア神殿を多数改修したが，そのうちで最も風変りで感動的なものは，たしかにシュラクサイの大礼拝堂となったアテナ神殿である．それは，損傷の軽いアグリジェントのあの完璧な記念物よりも，長い歴史の連続性について深い意義を味あわせてくれる）．アクラガスにはこの他にも，キリスト教徒改修の例がある．デメテルの岩の神域の上方に建っている市壁のすぐ内側にある魅力的なサンタ・ビアヂョの小教会は，ノルマン人によってデメテル神殿の遺構の上に建てられた．そこへは険しい小さな坂道が通じているだけだった．現代のアグリジェント内のサンタ・マリア・デイ・グレチでは，その教会の下の回廊に，テロン建立の諸神殿のうちの一つである前5世紀の円柱の台座を見出すことができる．

アクラガスの最も驚嘆すべき遺物は，現在の都市の南，神域の寄り集った中にある．それらは，かつて巨大なオリュンポスのゼウスの神殿の長押の下にすくっと立っていた巨人像のなごりである．それはヒメラの戦いの前，たぶん前6世紀後期に始まり，前406年に市が陥落したときにもまだ未完成のままだった．その見ばえはよくないが，アルカイック期ギリシアの本質的様相を表現し，その巨大な規模と建造のむずかしさは，アテナイにあるオリュンポスのゼウスの神殿に匹敵するものであったと思われる．

この重厚な建造物を，バロック式とよばずにおくのは残念である．それは空間と重量を無視し，技術上の幻覚を実現し，建築の原理を超越していた．その外壁に使用されているドリス式円柱に対応させて，その内壁にはつけ柱があった．巨人像そのものは交互にひげのあるものとないものとが並んでいて，大胆な意匠となっていた．アテナイのエレクテイオンで歩廊を支えている婦人たちとは異なって，これら巨人たちはかれらが支えていると思われた役割を果してはいなかった．かれらの果すべき仕事は，円柱から円柱へとはりめぐされた，地上からはみえない鉄棒によってなされていた．巨人像は1本柱でさえなく，ブロック石を積んで建てられ，それから多くの円柱と同じように一面に着色されて，しっくいを塗られていた．1本石の円柱は後代の贅沢品だった．その圧倒的な大きさ，その天才的な輝き，その野心，その惜しげのなさと騒々しく自身たっぷりの悪趣味を通して，この神殿は，ピンダロスやさらに西方ギリシア人の悲劇的な歴史から認められる世界，あるいは諸植民市の壮大で自己主張の強い支配者たちの世界，さらにはすさまじいばかりの雄大さ，といったものを具現しているのだ．

しかもアクラガスは他のギリシア諸市のように，ヒツジとウマ，上等なブドウ酒と有名なオリーヴの森の世界をもっていたし，前600年のシチリア島には，自分たちの慣習をそっくりそのまま残していた原住民がまだ生活していたのである．

アルカイック期ギリシアの世界は，言語と文化の統一，すなわち同一の神々と自然の理法への訴えや，同じ流儀による飲食と生活全般に関わる自意識をもっていたのだが，前450年後に増加した武力抗争によって，統一はしばしばバラバラに寸断された．したがって同盟や共同の集団は，まだおおむねその基盤を地元の共同の神域においていた．デルポイのアポロンは，最初の交易勢力であり神のよき嘆願者であったコリントスとエウボイアに恵みを与えたと思われる．デロス島は，アテナイと島の住人をひきつけた．小アジアの12市は，固有の神域と自分たちの同盟をもっていた．どんなギリシアの共同体も，他の所でおこっていることには少なくとも片目をつぶっているのがあたりまえだった．植民市建設は危険な賭であり，必ずしも成功するとは限らなかった．ホメロス以後の最初のギリシア詩人であり，かれについて最も偉大なアルキロコスは，パロス島からタソス島への植民に参加した．かれは人生の起伏について，暴風雨の海について，捨てた武器，敗戦，ロバの背のようなタソス島の木のはえた峰について，鋭い言葉を残した．「よくない，喜ばしくない，美しくない」と．

ギリシアの鋳造貨幣

硬貨は，もともとは基準重量の貴金属の塊に図案を刻印して（後世は銘文），発行元を見分けさせたものだった．そのような硬貨は最初前7世紀に小アジアに現れ，その使用はそれ以降ギリシア中に広まっていった．最古の硬貨は，金と銀との合金であるエレクトロンで鋳造された．前6世紀半ば以降は純粋な銀貨が好まれた．純粋な金貨は前4世紀以前には正式な貨幣として用いられなかった．鋳造貨幣は独立の証なので，どの市も自分の貨幣鋳造所をもっていた．広大な領域に通用する統一貨幣は，ヘレニズム時代に発達した．写真は，前600年ごろから前150年までの間に鋳造されたいくつかの特色のある硬貨であり，地図はそれらの出所を示している．すべての硬貨が実物大である．

1. **サモス**，前600年ごろかそれ以前，¼スタテル・エレクトロン貨．表面は筋のある面，裏面は押印跡．金と銀の自然の合金で非常に初歩的な硬貨．

2. **ミレトス**，前570年ごろ，1スタテル・エレクトロン貨．表面はライオン，裏面は三つの飾りからなる押印．これらの押印は別々につけられているので，3人の役人が監督して発行したことを表明しているのかもしれない．

3. **アイギナ**，前560年ごろ，2ドラクメ銀貨．表面はウミガメ（ヘラの崇拝と関係），裏面は押印跡．ギリシア本土では最古の鋳造地であり，その鋳造をアイギナ人は交易によって広範に広めた．

4. **リュディア，クロイソス**，前560－547年，½スタテル銀貨（サルディス）．表面はライオンと牡ウシの上半身．裏面は二つの押印．クロイソスは純金，純銀で貨幣をつくった最初の人である（1，2番参照）．

5. **コリントス**，前520年ごろ，1スタテル銀貨．表面はペガソス（その地方の神話の像），裏面は公式の押印．コリントス地峡にある地理上の利点から，コリントスは東方と西方の両方に政治的，経済的な結びつきをもった．

6. **ディカイア**，前520年ごろ，1スタテル銀貨．表面はヘラクレス，裏面は正方形の押印．北エーゲ海の鉱山が，多数の初期鋳造地を支えていた（9，11番参照）．

7. **シュバリス**，前520年ごろ，1スタテル銀貨．表面は牡ウシ，裏面は同じ図案の極印．牡ウシは家畜の富を象徴する（15番参照）．極印技術は，南イタリアの同時代のほとんどの鋳造地に特有のものだった．

8. **シュラクサイ**，前485年ごろ，4ドラクメ銀貨．表面はオリュンピアやその他の地の汎ギリシア的な試合を暗示する戦車（12，27番参照）．裏面はイルカに取り囲まれたアレトゥサで，この図はシュラクサイ人が最初に定住した島の泉を思いださせる．

9. **アイノス**，前465年ごろ，4ドラクメ銀貨．表面はヘルメス，裏面はヤギ．エーゲ海沿岸の他の数市のように（6，11番参照），アイノスは土地の銀からみごとな鋳貨をうみだした．

10. **アテナイ**，前440年ごろ，4ドラクメ銀貨．表面はアテナ，裏面はフクロウとオリーヴの枝．この鋳貨はほとんど変更されずに，前6世紀から前2世紀まで続いた．土地の鉱山が十分な銀の供給を保証した．

11. **メンデ**，前430年ごろ，4ドラクメ銀貨．表面はロバに乗るディオニュソス，裏面はブドウの木．これらの図案は，メンデの名高いブドウ酒を暗示している．

12. **メッサナ**，前430年ごろ，4ドラクメ銀貨．表面は競争するラバ車，裏面は野ウサギとパン神の頭部．表面はシュラクサイに由来している（8番参照）．野ウサギは，競争での速さやパン神の土地での崇拝を暗示するのかもしれない．

13. **ペルシア**，前5－4世紀，ダレイコス金貨．表面はペルシア王，裏面は押印．前510年ごろダレイオスI世によって始められたこの2種の金属からなる鋳貨は，クロイソスのものを模範としたものだった．サルディスもまた主要な鋳造地だった（4番参照）．図案は帝王によって少しずつ変化した．

14. **レギオン**，前390年ごろ，4ドラクメ銀貨．表面はライオンの顔，裏面はアポロン．レギオンは，メッサナ（12番参照）のように，イタリアとシチリア島間の海峡に面した位置にあり，このことによって利益を得ていた．

15. **トゥリオイ**，前390年ごろ，1スタテル銀貨．表面はアテナ，裏面は牡ウシ．トゥリオイは前444年にシュバリスの旧領土（これゆえに牡ウシ，7番参照）に，アテナイによって（それゆえアテナ）建設された．

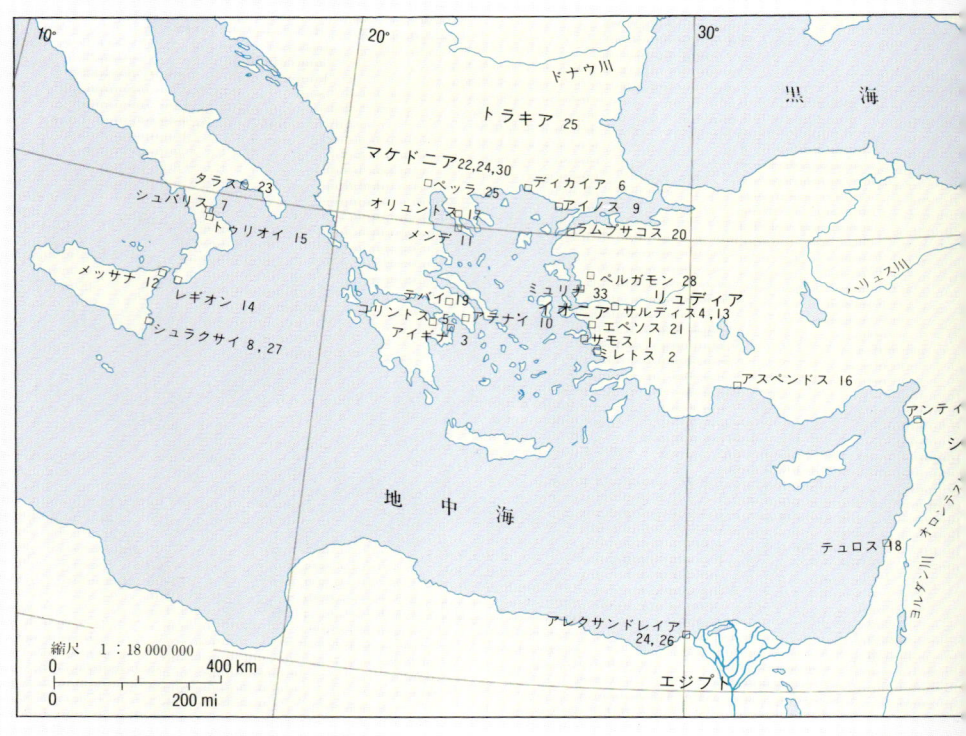

16. アスペンドス，前380年ごろ，1スタテル銀貨．表面は2人のレスラー，裏面は石投げ器を使う人．これは鋳貨の東地中海への広がりを物語る（18番参照）．この鋳貨は南アナトリアで広範に用いられた．

17. カルキディケ同盟，前375年ごろ，4ドラクメ銀貨（鋳造地はオリュントス）．表面はアポロン，裏面は竪琴．この有力な同盟の鋳貨を，ピリッポスは自分の金銀鋳貨の手本とした（22番参照）．

18. テュロス，前360年ごろ，1シェケル銀貨．表面は海を海馬で渡るメルカルト（テュロスの市神），裏面は杖と穀竿を運ぶフクロウ（エジプトの王家の象徴）．非ギリシア地域に普及した鋳貨のもう一つの例（16番参照）．裏面は偏するアテナイ4ドラクメ貨（10番参照）に何か負っているかもしれない．

19. テバイ，前4世紀中葉，2ドラクメ銀貨．表面はボイオティア型楯，裏面はアンフォラ．その楯はボイオティア同盟の紋章だった．エパメイノンダスが覇権を得ていた期間中に鋳造された．

20. ラムプサコス，前350年ごろ，1スタテル金貨．表面はゼウス，裏面はペガソス．年ごとに金貨を鋳造した最初のギリシア鋳造地の一つで，ダレイコス貨（13番参照）のような諸スタテル貨は国際的な金通貨として通用した．

21. エペソス，前350年ごろ，4ドラクメ金貨．表面はミツバチ，裏面は牡ジカとヤシの木．両者はアルテミスと関係し，この女神の最も有名な神殿はエペソスにあった．デロス島のヤシの木の下で，レトーはアポロンとアルテミスを出産した．

22. マケドニア，ピリッポスII世，前359-336年，1スタテル金貨．表面はアポロン，裏面は戦車．アポロンの図案は前348年にピリッポスが解散したカルキディケ同盟（17番参照）に由来していた．戦車はオリュンピア競技の優勝を記念していた．現地のピリッピの金山のおかげで，定期的な発行が確保されていた．

23. タラス，前330年ごろ，1スタテル銀貨．表面は戦士とウマ，裏面はイルカに乗る人．このような図案は長くタラスで採用された．これらの硬貨は，イタリア諸部族に対してギリシア諸市を防衛するための傭兵雇用の際よく用いられた．

24. マケドニア，アレクサンドロス大王，前336-323年，4ドラクメ銀貨（アレクサンドレイア）．表面はヘラクレスとして表されるアレクサンドロス，裏面はゼウス．掠奪したペルシアの宝物を硬貨に改鋳し，アレクサンドロスは色々な鋳造地から統一鋳貨を発行した．

25. トラキア，リュシマコス，前322-281年，4ドラクメ銀貨．表面はアレクサンドロス大王，裏面はアテナ．リュシマコスは，トラキアと西小アジアを，アレクサンドロス帝国のかれの取り分として獲得した．かれは短期間マケドニア王でもあった．

26. エジプト，プトレマイオスI世，前322-282年，4ドラクメ銀貨（アレクサンドレイア）．表面はアイギス（ヤギ皮コート）を着るプトレマイオス，裏面は雷霆上のゼウスのワシ（プトレマイオスの個人的紋章）．プトレマイオはアレクサンドロス（24番参照）のように，神性の象徴物とともに描かれている．これらの図案は，王朝を通じて維持された．

27. シュラクサイ，ピリスティス，ヒエロンII世の妻，前274-216年，4ドラクメ銀貨．表面はピリスティス，裏面は戦車（8番参照）．ヒエロンとローマとの同盟のもとで，シュラクサイは独立を保持して最後の繁栄を誇った．

28. ペルガモン，アッタロスI世，前241-197年，4ドラクメ銀貨．表面はピレタイロス（王朝の創始者），裏面はアテナ．アッタロスは，小アジアでリュシマコス（25番）の後継者だった．プトレマイオス朝（26番参照）のように，創始者の肖像は王室を通じて維持された．

29. バクトリア，アンティマコス，前180年，4ドラクメ銀貨．表面はアンティマコス，裏面はポセイドン．硬貨以外では不明の王．

30. マケドニア，ペルセウス，前178-168年，4ドラクメ銀貨．表面はペルセウス，裏面はオーク葉冠に囲まれた雷霆上のワシ（ドドナのゼウスを指す）．このマケドニア最後の王は，前168年にピュドナでローマに敗れた．

31. シリア，アンティオコスIV世，前175-164年，4ドラクメ銀貨（アンティオケイア）．表面はアンティオコスIV世，裏面はゼウス．アンティオコスIV世は，ユダヤ人をギリシア化しようとした．エジプトに対するかれの攻撃は，ローマの干渉によって妨害された．

32. バクトリア，エウクラティデス，前170-150年ごろ，4ドラクメ銀貨．表面は騎兵の兜をかぶったエウクラティデス，裏面はディオスクロスたち．バクトリア諸王中最も強大な勢力を誇ったこの王は，西北インド地方を征服した．

33. ミュリナ，前160年ごろ，4ドラクメ銀貨．表面はアポロン，裏面は月桂冠に囲まれたアポロン．いくつかのギリシア諸市は，ローマ人の統制下で鋳造を許された．

注記．25-33番の裏面は図示されていない．

文芸の発展

前5世紀初頭からギリシア史は鮮明となり，文献史料も詳しくなる．同時に，ますますアテナイが中心となってくる．そのことは，すべての歴史家がアテナイ人だったからではない．ヘロドトスは小アジアのハリカルナッソスの出身で，かれの父親は土着のカリア人の名前をもっていた．かれ自身は亡命者で，最終的には西方植民市建設者となったが，ペリクレス時代のアテナイに進んで数年間滞留した．信じられないかもしれないが，もっともらしいうわさ話によればソポクレスはかれの友人であったという．前5世紀のアテナイで開花したものは，他処ではすでにそれ以前に始まっていた．しかし，もし文化の中心である前5世紀のアテナイから地理的に遠ざかれば遠ざかるほど時間的には世界を後戻りしているように感じるという理由だけなら，アテナイ人をかれら自身の価値観で受けいれる方が有効であろう．たとえば，はるか離れたホルシュタインでは，鉄器時代がやっと後7世紀に始まり，幾何学様式の陶器も同様だった．西北ペロポンネソス半島では，キリストが誕生した時代に岩石がまだ崇拝されていた．前5世紀の偉大な賢人はアテナイへやってきたが，それ以前の数世代では，賢人は小アジアのミレトス，エペソス，コロポンに，そしてサモスとキュクラデス諸島のシュロス島にいた．同様なことが叙事詩にもあてはまった．知的生活の中心地が移動することになったのは，前6世紀中葉にペルシア人がイオニアを屈服させたからであった．その後でさえ，哲学者のプロタゴラスやデモクリトスが，トラキアに残っていたイオニア系植民市のアブデラで成長しており，西方植民市では前5世紀にいたっても依然として知的活動に息吹きが与えられ続けていたが，もはや中心はアテナイであった．

演劇詩

アイスキュロスは純粋にアテナイの作家であり，演劇詩はアテナイ独自の業績と考えられている．しかし合唱詩には，悲劇形式が合唱抒情詩から発達する以前に，古い異国での歴史があった．アテナイの喜劇では，有名な古い合唱抒情詩が引用されたり，または翻案されることがあった．それはスパルタの詩人，アルクマンの手になったものかもしれない．悲劇の奇妙な方言は，抒情詩節ではドリス方言の色彩を帯び，イアムボス詩形ではイオニア方言の色彩を帯びており，伝統の混合から生じている．しかし，伝播した英雄物語には非常にしばしば方言が現れるように，ホメロスの方言でさえ混合したものであった．アテナイ人のギリシア語でさえ，純粋なイオニア方言ではなかった．しかし，アテナイ悲劇に潜在する祭儀形式は，たとえギリシア全域に類縁関係を見出せるとしても，純粋にその土地固有のものであった．

独立した非アテナイ的伝統が存在したと思われるのは，悲劇にではなく喜劇においてである．どこにでも，身振り踊りや大袈裟な道化芝居があったと想像すべきである．それらは，多種多様な形で，多くの場所で知られている．シチリア人エピカルモスは，前5世紀が始まる前後に完全な喜劇を執筆した．おそらくその喜劇は，メガラの道化芝居の慣例を継承したと思われるもっと以前の喜劇作家，セリヌスのアリストクセノスの作品を下地にしたのであろう．しかし残念ながら，その伝統についてはほとんど知られていない．アテナイの最盛期の世代でさえ，その作品数篇が完全な形で伝えられている喜劇詩人としてはアリストパネスしか存在しない．クラティノスとエウポリスは，すぐれた批評家でもあったホラティウスによってアリストパネスに匹敵する大作家であると評価され，われわれの断片的な知識によってもホラティウスの高い評価が確認されているのだが，かれらの作品もほとんど残っていない．シュラクサイではエピカルモスの伝統は，同じくシュラクサイ出身のソプロンの作品のように，前5世紀中葉まで続いた．しかも，ソプロンについても，重要であるということだけは十分わかっているのだが，やはりかれの劇も実質的には現存していない．前300年ごろに，リントンとよばれたもう1人のシュラクサイ人が道化芝居を書き残し，その断片がいくつか伝えられている．かれがこの3人のうちで最もとるに足らない作家であるのに，皮肉なことにかれの場合だけ，われわれは南イタリアの道化芝居の場面を描いた陶器画を通じて知識を得ることができるのである．

アテナイ人は，注目すべき技巧の分野を継承した．アテナイのイアムボス調六脚韻をすでにソロンが信じられないほど流暢で力強く用いており，それはシェイクスピアの成熟した詩形のような詩行から詩行へと勢いを転じ集約する韻律形式を備えていた．たぶんそれは，シェイクスピアがしたように，ソロンまたはその先駆者が口語の用法に仕上げたためだろ

この頭部は同時代の肖像ではないが，かれを賞讃した人々によって世代から世代へとくり返し模写されたヘロドトスの頭部であるかもしれない．

次頁　上段左から右に，
ヘラクレイトス（前540-480ごろ），エペソスの哲学者．万象の変転，万物の（特に対立物の）内的関連性，根本元素としての火について思索した．
アイスキュロス（前525-456ごろ），最初の大悲劇詩人．エレウシスに生まれ，マラトンで戦い，自作の『オレステイア』上演の直後ゲラで没した．
ソクラテス（前469-399）．交遊仲間にプラトンとクセノポンがいて，2人ともこの人とその哲学について多くを書き残した．
プラトン（前429-347ごろ），ソクラテスの弟子．かれがアテナイに創立したアカデメイアで教鞭をとり，弟子のうちにはアリストテレスがいた．

下段
アリストテレス（前384-322），カルキディケ半島に生まれる．プラトンの弟子で，アレクサンドロスの家庭教師であった．テオプラストスとともに，アテナイでペリパトス派を創始した．
トゥキュディデス（前460-400ごろ），アテナイの海軍指揮官，偉大な『ペロポンネソス戦史』の著者．
エピクロス（前341-270ごろ），サモス生まれのアテナイ人，適正な快楽と平安を求める唯物論哲学のエピクロス派の創始者．キリスト教徒に影響を与える．
ゼノン（前335-263），キュプロス島のキティオン生まれ，アテナイのアカデメイアで学んだ．不撓不屈の意志の哲学者，ストア派の創始者．

ギリシア世界の詩人と哲学者

詩人たちや哲学者たちの生まれた都市を観察すると，知的世界が一つの中心へ向かってしだいに移っていくことが興味深い．テバイ人ピンダロスはアテナイでその腕をみがいたが，そこでは詭弁法と人を説得する修辞学が栄えた．

う．1580年に新しく創作または再創作されたばかりの英語のイアムボス調五脚韻は，1590年にはもうシェイクスピアの作品となって現われはじめたのだ．ギリシアの韻律と韻律形式の発展は急激だったかもしれないが，最も偉大な革新の時期は，悲劇誕生の少なくとも100年前のことであった．

パロスのアルキロコス

さらに詩の韻律形式の発達を遡り，またさらにエペソスのヒッポナクスの滑稽で毒舌のみごとな詩形を遡り，大作家のパロスのアルキロコスに達することが可能である．

パロス島はデメテルに捧げられていて，かつてはデメトリアスと称された．そこからタソス島に植民し，その島へデメテルの秘儀の巫女たちを連れていったのは，詩人の先祖でおそらく曾祖父にあたるテレシクレスであった．イアムボス詩形の起源と伝統的主題はデメテルの秘儀と結びついた即興的で滑稽なやじりと卑わいな語からきている，とギリシア人が考えていたことがわかっている．人気のあった即興詩形には，軽妙さと優雅さと辛らつさがあったらしい．もしこのことが現代の読者に不可解なことだとしたら　次のことを想いおこしていただきたい．いまも盛んなクレタの慣習であるマンディナゼスは，即興で歌われる韻律形式の2行連句である．ペロポンネソス半島の西の沖のザキュントス島の慣習では，巡業の見世物劇はイアムボス詩形をとり，役者と観客の間の即興の掛け合いで中断されることがあるが，そのやりとりはいつも詩の形式によっている．

アルキロコスは前7世紀に創作活動を行った．かれは作品

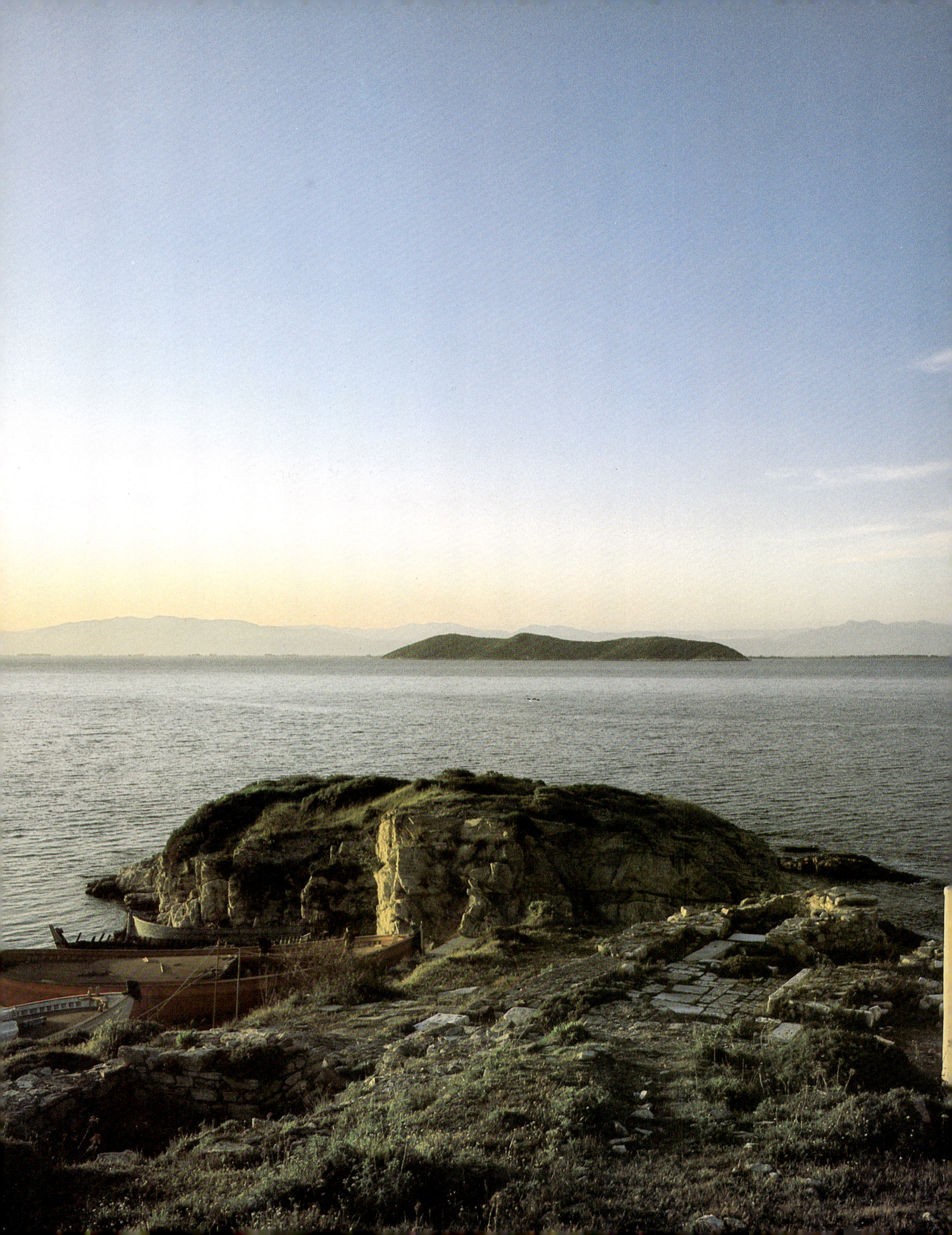

左 ヘブライオカストロからのトラキア沿岸の眺望．ここはタソス島の片隅にあり，ユダヤ人の城（説明のつかない古代の記念物が存在すると適用された一般的名称，おそらく人類の過去の唯一の記録であった旧約聖書に関連する）．

右 サッポーとアルカイオス，レスボス島のアルカイック期の詩人．この陶器は，特に詩歌が宵の宴で吟唱されるというお膳立てへの前5世紀アテナイ人の関心を示している．2人は，それほど遠くない時代の貴族的な詩人兼歌手として描かれている．

が書き留められた最初の人であるとはいえ，最初のイアムボス調詩人であったとみなす根拠はない．その父親は曾祖父と同じテレシクレスという名であったが，母親はエニポという名の奴隷女だった．それゆえかれは庶子であり，前7世紀の相続法と市民権のもとではまことにみじめな存在であった．かれは貧しい男で，あるときはタソス島へ出かけ，あるときは傭兵となり，負け戦を経験し，ナクソスとの戦いで一生を終った．かれの反英雄的態度，人生のあらゆる面での現実主義，その詩の活気と多様さは，それ以後のギリシアの詩歌にはみられない現代性を備えていた．かれに匹敵しうる人物は，前5世紀後期のアリストパネスぐらいのものであろうか．ともあれ，最近発見されたアルキロコス作の愛の詩によって，かれはホメロスに次ぐ第二の詩人として評価され，かつて古代において獲得していたと同様の尊敬を集めることになった．少女に自分と一緒に寝ないかと口説くやさしさと生命力にあふれる表現，その直截的でありながらも変化に富む語リ口，その他あらゆる詩才を駆使してかれは詩作している．

初期抒情詩人

前7世紀の後半に，合唱抒情詩はすでにアルクマンの作品で成熟し，複雑なものとなっていた．そしてその世紀末以前に，独唱歌の見事な作者であるアルカイオスとサッポーがレスボス島で頭角を現し始めていた．アルクマンはスパルタで暮らして詩作したが，そのころのスパルタは後代の社会よりも恵まれていた．かれはサルディス生れと思われるが，確実にギリシア人であり，リュディア人ではなかった．多くの初期の社会の特徴と同じように，アルカイック期ギリシアのたいへん魅力的な特徴である生活上の素朴な喜びという点では，アルクマンは詩人たちの中で特別な地位を占めていた．「山々の峰々でしばしば，神々が祝宴の日を楽しむときはいつも，黄金の手桶と大きな水差しと君の両手とで，ライオンの乳からヘルメスのためにくずれない大きなチーズをつくる．」このような幻想の中で，神々は非常に軽く描かれている．小農民の身近なチーズづくり作業が，簡単に神々の世界へ移入されており，そこでは手桶は黄金製であり，お祭りは山の頂きで開かれ，乳は牝ライオンのものなのである．

アルクマンの最も有名な詩は，現存作品中の最も長い断篇であるが，娘たちの入信儀式のために書かれていた．その儀式は夜半に行われ，歌と踊りで構成された農事的意味合いの強いものだった．その愛らしさと魅力は十分秀でたものであり，そのふざけたあてこすりからは親密な雰囲気の，小規模の地方的な祭礼が想起される．もしハックスリー教授による大胆な推論が正しいとすれば，そして筆者も同じように考えているが，アルクマンのもう一つの断篇は少女たちの水泳と飛び込みの祭礼儀式のために書かれたものだったに相違ない．「もういないんだよ，甘く歌う愛らしい声の処女たちよ，私の手足が私を運んでくれることは．私はなりたい，波しぶきの上を心楽しい，海の色のように青い聖鳥カワセミとともに飛ぶケリュロスに．」カワセミとは，ここではスパルタの少女たちのことである．それは，夜半の舞踊のための詩で自身をリウマたちとよんでいるのとまったく同じような比喩である．ケリュロスとは，伝説によれば，カワセミが老年に扶助してやった鳥だった．

サッポーの歌は的確に個人的感情を表明している．あらゆる時代の貴族的生活につきものの無頓着さと優美な勇気とを備えており，あるときはたわむれるごとく，またあるときは楽しい形式上の複雑さを用いながら，しかも決して明確さを犠牲にすることなく，サッポーは自分の心を歌いあげている．彼女は自分の愛の生活を詳細に語っており，そのことはある程度女学生のような熱情を連想させる．アルキロコスもおそらく同じような語リ口であるが，かれには暗示も，情熱的な感情にもとづく血気盛んな表現もない．かれが少ない言葉で鋭く情熱を伝えるのに対し，サッポーのそれはより郷愁にあふれ，より控え目な表現となっている．彼女は両者を兼ね備えてはいるものの，力強い詩人というよりは，精巧な詩人と評されるべきである．

レスボス島の中心都市ミュティレネは，サッポーとアルカイオスの生きていた時代に僭主がつぎつぎと交替した．アルカイオスの兄弟たちは，すでに前610年ごろ，僭主に反対してピッタコスのために戦っていた．そして前606年までに，アルカイオスはピッタコスのもとで，アテナイの植民市建設者に反対して戦っていた．かれが大いに憎んだのは次の僭主ミュルシロスであり，その僭主を追い払おうとした企てに失敗した後，かれは亡命した．さらに悪いことが続いた．ピッタコスはこの亡命者を見捨て，ミュルシロスと結託した．アルカイオスはある時点でエジプトへ渡り，サッポーはシチリア島へ渡った．アルカイオスはトラキアを熟知しており，リュディア人と交際があった．サッポーの家は，かつては小アジアに土地をもっており，彼女の弟はエジプトのナウクラテ

文芸の発展

ィスで交易に従事した．アルカイオスの兄は，バビュロン王のために傭兵として戦った．サッポーの女友だちは，コロポンやミレトスのような土地の出身者であったが，1人はリュディアへ走った．

このような伝記を正確なものにするのはむずかしいが，かれらには特典が与えられていた．サッポーの結婚の歌とアルカイオスの政治的な歌は，初期に開花したギリシア文学のなかでは，すぐれた作品に数えられている．両詩人はその歌の大部分で，同じような韻律ではあるが多様な効果をもたらすさまざまな4行詩連形式を用いている．これらの単純にみえる詩形の音楽史をたどったり，どの程度それらが一般的であり，変わりやすい民間芸術であるかを知ったり，またどの程度それらが意識的に独創的で個性的な芸術家の作品なのかを知ることは不可能である．必ずしもそれほどの違いはない．レスボスの詩連形式が，その特殊な方言で完成された特別な，非常に古い音楽伝統に属することは，十分明らかである．その同じ伝統が，叙事詩の韻律形式の六脚韻にも潜在していることが示唆されている．しかし，それはまだ疑わしい．歌の韻律形式を用いた豊かな伝統が花盛りであり，サッポーとアルカイオスによるその利用は特別の域に達していたことだけはたしかである．かれらの毛並みのよさや社会的地位が，ある程度かれらによるその扱い方を決定したといえよう．

同様な4行詩連は100年後にアテナイで使われた．民主政論者の詩と同じく，最後の貴族政論者の政治詩の多くも，その方法で作詩された．神々への祈願も同様であり，アルカイオスもこのような詩連形で讃歌を書いたので，讃歌がそれらの起源であったことは大いにありうることである．前7世紀の貴族社会において，伝統的に歌われていた詩連形式が政治的およびごく個人的な使用に最初に適合され，また連結詩連の長い歌が最初につくられたのも無理からぬことであろう．

叙事詩と労働歌はホメロス以前に存在したのであり，高度に発達した初期ギリシア詩人の韻律感覚は，少なからず小アジアに負っていると思われる．一詩連形の限界は人間のひと息の長さである．少なくとも前5世紀までには混合しはじめていた形式の多様さは，非常に多くの島々が比較的分離しながらも，まったく孤立していたわけではない状況や，小アジアで非常に多くの伝統が合流した事実を反映している．今日たまたま知りえた比較的少数の詩人たちの個人的貢献だけを，過大評価するわけにはいかない．

記述および散文と詩歌の発展

問題は，散文は遅れるけれども詩歌は早いというようなことではない．前6世紀後期には詩歌は，まだ歴史の分野で散文と争っている最中であった．というのも，韻文は記憶するための伝統的な工夫だったからである．初期に書かれた散文がまだ多くの韻文の工夫を用いているのは，案外人々がそのような話しぶりであったかもしれないものの，人々がそのように話したからという理由ではなく，そのことが記憶のための工夫だったからである．書き留められた散文は発明されなければならなかったし，その発達は遅かった．

墓碑に刻まれた詩や警句詩は，前8世紀までギリシアには存在しなかった．前600年以前に5例，前730年以前に1例あるだけである．前6世紀では，現存するエレゲイア（哀歌詩形）の六脚韻に対する割合は3対1であるにもかかわらず，先の6例では1例を除いて5例すべてが六脚韻で書かれている．つまり六脚韻は最初に用いられた自然な詩形だった．なぜなら，それは抒情詩と即興の哀悼歌の早く確立した伝統的な詩形だったからである．エレゲイアは，もっと手のこんだ東方版である．哀悼歌は記憶され，後世人口に膾炙することになったのだろう．アーサー・リアリーのためのゲール語の哀悼歌は18世紀後期につくられたが，一度も書き記されたことはなかった．それは今世紀に，ケリー（アイルランド地名）の漁師たちによって復元された．南ギリシアの中央の突出部にあるマニ地方の哀悼歌は，既定の形式を厳密に踏襲しつつも，即興的な韻文である．哀悼歌は，何年も口伝えされて記憶されるものである．

しかし，少なくとも皮相な観点からすれば，これらすべての詩人たちは比較的単純に書いていた．むずかしく微妙な韻律形式と，長くて固定しない文を書き留めることが可能になったとき，ギリシア合唱詩歌の技術形式は，おそらく書き記すことの不朽性が影響して自ら意識的に複雑になったのであろう．おそらくピンダロスの作品の中には，公演してみるとあまりに微妙に込み入りすぎたり多声すぎたりして，多くの人が聞きとれないような作品があったことだろう．同じことが，結局，現代オーケストラの多声音楽にもあてはまる．この運動は汎ギリシア的であった．前6世紀にはヒメラにステシコロス，レギオンにイビュコス，あるいはテオスにはアナクレオンといった人々がいた．かれらに共通性はあまりないものの，かれらの様式にはレスボス様式ほどの地域的な性格はみられなかった．イビュコスは，かなり物好きにも，借主になるのを避けてイタリアから亡命し，サモスのポリュクラ

文芸の発展

左 テバイ王ペンテウスがマイナスたち（ディオニュソス神の信女）によって八つ裂きにされようとしている図．南イタリアのギリシア人製作の前4世紀の赤像式鉢．これはエウリピデス作の悲劇『バッカイ』の主題となる事件であるが，ここで語られている物語は細部において異なっており，もち論そんな暴力場面は舞台では上演されなかったであろう．

下 クリュタイムネストラ暗殺の場面．現在はフェラーラ美術館にある酒杯（キュリクス）に描かれたもので，おそらく実際以上の迫力を伝えている．傾いたオリーヴの木，倒れた鼎と無慈悲な祭壇の間でおこるこの物語は少し荒々しい．

1組になったウマの図．この題材は最古のテラコッタ像からヴェネツィアのサン・マルコ広場の青銅馬にいたるまでの，ギリシア美術不変の主題の一つである．この賞杯（パナテガイア）アンフォラにみられるウマは，白の上塗りを少々使った黒像式絵の中に写実的な瞬間でとらえられている．これらのウマは，ある富裕な貴人の自慢の種であり，汎ギリシア的な祭礼競技に出場し，かれに栄光を獲得してくれるはずのものである．ピンダロスはウマとウマの飼育者を称えるが，騎手や戦車の御者は決して称えない．この絵に描かれた御者は専門的な調教師であるか，たぶん所有者だと考えられる．

テスの宮廷に仕えた．もっと典型的なのはアナクレオンで，ペルシア人が来襲した折に小アジア沿岸の生地から去り，トラキアのアブデラ建設に助勢し，イビュコスのようにポリュクラテスに仕え，そしてアテナイで没した．サモスで愛唱された様式は，愛の詩であったと思われる．ここで取り扱っているのは，ある社会的な華やかさをもつ詩人たちであり，その様式から判断すると，同じことがステシコロスにもあてはまるようだし，ピンダロスについてはたしかに的を射ている．かれは数市に親戚関係があったが，前500年代後期までに，詩歌を当然アテナイで学んだと思われる．

一見して驚くことであるが，ギリシアの詩歌は複雑になればなるほど公事に関係し，単純になればなるほど私事に関係する．ステシコロスとイビュコスは，公共の祭儀のために詩作し，全ギリシア人の神聖な神話を賞讃した．大胆さ，光輝，気高さに力点がある．ステシコロスは，創造力によって新しい話を生み出すまでになり，いくつかは非常に有名になった．これらの詩人たちの文体は明確で，その言葉はきらびやかな装飾にみちているが，実に明快である．「ヒュペリオンの息子ヘリオスは，黄金の大釜の中へと歩を進めた．大洋を渡り，聖なる暗黒の夜の深淵に，かれの母と最愛の妻といとしい息子たちのもとにやってきた．それからゼウスの息子は，月桂樹の木陰なす森に歩み入った．」このステシコロスの詩は，ヘラクレスが日の出のために西から東へ向かう太陽に自分を運ばせ，太陽と一緒に黄金の大釜に乗って大地の暗い淵を渡って旅をしたことについて描写している．

このような主題の壮大さと大胆さは，同時代の視覚芸術にも反映されているが，それにも長い歴史がある．それらはホメロス讃歌の中にもみつかるし，ホメロス以後の叙事詩のごくわずかに残った断篇中にもみつかることがある．韻律形式のみが異なっており，言い回しと様式のいくつかの面は新しい韻律形式によっている．鮮やかに形容され，また複雑で，クライマックスを引き延ばす長く流れるような文章は，それらが淡々と語られている以上の味わいを与える．

ピンダロスの詩歌では，一句一句同じ大胆さと明確さがゆき渡っているが，その文体はもっと狂想詩的で，その編み込まれている詩型はもっと冒険的で，さらに壮麗，複雑，乱雑でさえもある．「アルペイオスが一息入れる聖なる静寂，輝くシュラクサイの緑の小枝，デロスの妹アルテミスが眠るオルテュギア．そなたから讃歌の甘き言葉が流れ出る，嵐の足もつウマの熱烈な讃歌で高揚せんと，アイトナ山のゼウスのた

109

文芸の発展

ディオニュソスの奇跡を描いた陶器画．おそらくアテナイの陶器家として最大の人であるエクセキアスの作．このすっきりした絵柄は、海賊にさらわれた神が、乗組み員をイルカに変え、にわかに帆柱をブドウの木に変えつつある情景を示している．

めに……。」知るべきことは，ニンフのアレトゥサとオリュンピアの河神アルペイオスが駆け落ちして，シュラクサイの小島オルテュギアにある彼女の泉で落ち合い，そっと口付けをかわすということだけではない．おそらく解きほぐすのは簡単だが，理解するのに困難な続きの2句でもない．それは，必要のない華美な形容辞がそれ自身の重みで押しつぶされていることであり，文章構成に欠けており，アルカイック芸術の詰め込みすぎである．しかし，その文章は人を酔わせ，詩全体は深い満足感を与えるものである．

ピンダロスの公的な壮大さとサッポーの私的な輝きは，ともに貴族的である．いまや民主政による影響がやってこようとしていた．理性の詩歌がやってこようとしていた．しかし，アイスキュロスの演劇詩の客観的な力は，その形式と社会的状況と，舞台上の必然的な約束ごとから生じている．論理的思考はホメロスでは暗黙のこととなっているのに，アルカイック時代の多くのギリシア詩人たちでは弱々しいことが多いにしても，もっと直接的な表現となっている．アイスキュロスはかつて考えられていたほどには斬新でも進歩的でもなかった．かれが悲劇的な葛藤を劇化したのは，かれの心の痛手のためであり，われわれが垣間みた長い伝統からかれはそのことを学んだのである．その葛藤，失敗するはずの謀反，哀れと思われ恐れられるべき没落や呪いの着想は，すでにホメロスのずっと以前のギリシアの神話思想の構成の中に組み込まれていたものだった．悲劇の起源を理解するためには，多神教を前提とすることが必要である．「太陽がその分を踏み越えるならば，正義の侍女，復讐の女神たちがかれを追跡して捕えるだろう」と，前500年ごろの哲学者ヘラクレイトスは書いた．

歴史を前提とする必要もある．アテナイ市がすべての不平等に反対し，ペルシアの侵略とスパルタの覇権に反対して信じられないほどの成功をおさめたこと，このことがアテナイ人の意識に与えた衝撃ははかり知れないほど大きなものであり，どれほど誇張しても誇張しすぎることはないほどであった．アテナイ人はこのことによって自信をもち始め，その豪胆さを深め，その運命をわが手で掌握するにいたった．結果論からいえば，ある意味では，その自信は誤りであり，アテナイ自身の運命は悲劇的結末を辿ったことはよく知られている．しかしアテナイ人の無類の自信は，かれらが世界から継承したものと，かれらが世界に提供したものとの双方によって正当だと認められる性質のものである．

第4部　ペリクレスの時代

THE AGE OF PERIKLES

前5世紀のアテナイ社会

寡頭政治の衰退

前5世紀以前のギリシア人を理解することがむずかしいのは情報が不足しているためかもしれない．しかし，前5世紀について理解できないことは，たいてい周知の知識にとらわれすぎているからである．明確な類型は把握できるにしても，まだ史料に多少の空白部分がある．小アジアのイオニアのギリシア人諸都市では，前5世紀にペルシア人から自由を取り戻した後には，新規の，もしくは豪華な公共建造物はほとんど建てられなかった．普通は，そのような建造物の費用を負担することによって自分たちの富を誇示するのが貴族の役目の一つであった．贅沢な公共建造物を建てることはかれらの名誉を高め，それゆえにまた，おそらくかれらの意識では名誉と比べると2次的なものであったとはいえ，かれらの権力をも強めた．しかし，当時は小アジアの西部の諸都市も含めて，レスボス島からロドス島にかけての島々とキュクラデス諸島のほとんどの島は，アテナイ海上同盟に属し，アテナイに多額の年賦金を納めていた．そのことが建造物の少ない理由なのであろうか．アテナイに好意を抱く民主政派の都市住民は貧しく，その一方で寡頭政派の人々は，どんなに気前よくしても見返りを与えてくれない都市を見捨てて，自分たちの所領に引き込もってしまったが，そういったことも考慮すべきではないだろうか．

アテナイでは，前5世紀に民衆の道徳が劇的に変化した．前436年に生まれたイソクラテスの言葉によれば，かれの若いころのアテナイでは，富を所有することが一人前の男としての社会的な証であった．かれは，公けの名誉と恥という古い価値が一般に行き渡っていた時代について述べている．しかし，国家の方針によって，公共のための富者の出費は個人の自発的献金ではなくなり，公的義務と化した．つまり，一般の租税に付随した特別付加税というかたちに置きかえられたのである．寄付した人々の負担にみあう見返りとしての栄誉は，ほとんど得られなくなった．賞讃されたのは劇作家であって，上演費用を負担した金持ちたちではなかった．前4世紀には，アテナイ人は，このような公的負担を免れるために，一般に自分の富を隠すようになった．この金持ちたちの祖先は，前7世紀以後，公共のために熱心に出資してきた．かれらは公共の建造物を建て，自費で艤装した軍船の指揮をとり，気前よく犠牲を捧げ，もちろんその犠牲獣の肉を分配した．前4世紀になっても，金持ちたちはなおも，国家に対して気前よくすることを法廷内では熱心に主張していた．だが後になると，この大いなる気前のよさは，外国の王侯たちやペルガモンやマケドニアやエジプトやローマが，さらにローマ帝国の最も富める者たちが，政策として行うものでしかなかった．前4世紀のアテナイ生れの歴史家クセノポンには，シチリアの僭主ヒエロンのような気風をもはや理解することはできなかった．

下層階級の変化

上流階級がこの名誉を得ようとする野心を捨てたのと同じころに，アテナイの下層階級ははじめて金銭を求めるようになった．アルカイック期のアテナイ経済は，本質的には仲間同士の恒常的な交換や一定の共同の祭りを伴った手の込んだ自給的家内経済であった．しかし，前5世紀中葉のペリクレスの治世下では，農民たちは戦争のために土から切り離されていた．かれらが国家の施し物や手当をうけてアテナイ市内に居住していたという話の内容は，おそらく誇張されているだろう．しかし，実際にそのような制度は存在していたし，(少なくとも傭兵に対する)軍務手当もあった．さらに重要なことに，多くの人々が，アリストパネスの喜劇に登場するソーセージ売りのような小規模な商人になった．それに伴って，かれらの経済も道徳も金銭を志向するようになっていったのである．

貿　易

商業交易はどの程度まで組織化されていたのだろうか．アテナイの穀物貿易は公的に規制されていた．アテナイ市の穀物需要の3分の2は海外からの輸入でまかなわれていたので，穀物貿易は都市生活にとり重要なものであった．アテナイの主要港ペイライエウスに建てられた大柱廊は，この貿易港を飾る大建造物の一つであった．オルビアは黒海方面の穀物の集散地の一つで，前5世紀に繁栄した都市であった．そこには，商人たちのものと思われる倉庫付きの大邸宅があり，それらの家は，公共の大交易場であるアゴラの背後に軒を接して建っていた．オルビアのアゴラはその大規模な柱廊で有名であった．オルビアは一種の組織化された公共の企業体と

右　長靴を磨く黒人奴隷．この人物像の造型は観察力の鋭さを示しており，肉体は写実的に表現されている．黒人の少年たちがギリシア人の血をひく奴隷よりも，はるかに同情をもって表現されているのはおもしろい．おそらく，かれらがアテナイ喜劇によってグロテスクなものにされることがなかったためであろう．陶器画（右上）はある喜劇の奴隷の登場する場面を表している．

ラウレイオンの銀山

ラウレイオンの銀山地はアテナイ国家のものであった．豊かな鉱脈が発見されて銀の産出量が増大し，その銀で前482年に大艦隊を建造して，ペルシア戦争を勝利へ導くことができた．採掘権はわずかな金額で個人に与えられた．しかし，採掘権を得るためには富裕市民である必要があった．というのは，悪条件下で働く奴隷が必要であったが，奴隷は安くないし，すぐ手に入る消耗品でもなかった．この一帯は採掘坑で蜂の巣状になってしまった．現地には奴隷用の居住地と砕石洗浄用の作業場と熔鉱炉があった．

前5世紀のアテナイ社会

たために，長い戦争に自分たちが負けたことを認めざるを得なくなった．地中海の一方の端では，鋳造貨幣に対する熱望のために銀と青銅をめぐる競争が激化し，悲惨な結果に終わった．ギリシア本土内におけるウマの取引でさえ，事実はどのようであれ，深刻な困難に直面していた可能性がある．少なくとも前4世紀とそれ以後，アテナイの騎兵隊が使用していたウマには，テッサリア内の3地域からのものやマケドニアやコリントスやシキュオン産のものが含まれていた．これらのうちで，テッサリア産のウマは，明らかに前6世紀から使われている．

穀物の供給やウマの飼育，鋳造貨幣用の銀，神々への犠牲は，危機に直面しないうちは，何よりも確実なものに思われていたにちがいない．人間は「デメテルの穀物を食するもの」と定義された．ギリシアの神々を崇める人々は，その犠牲獣の肉を分けあった．そのため，その崇拝がギリシア人の特性を形成した．興味深いことに，このエレウシスの定義はさらに広範なものである．これは，エレウシスの密儀において時とともに次第に明確になってくる普遍性の真の起源たりうるはずのものだった．しかし，前5世紀のアテナイ社会は，奴隷や女性の例にもみられるように，きわめて排他的であった．市民の妻や娘には，奴隷と同様に，政治的・法的権利がなかった．どのギリシアの都市でも外国人の数が増え，都市が大きくなるにつれて，私生児や混血児に対して何らかの対策を講じる必要が生じたし，また同じように，外国人の地位に関しても対処する必要が生じた．前5世紀にアテナイはこれらの問題をうまく処理した．しかし，奴隷制度はまた別の問題であった．

奴隷

動産奴隷制，つまり，人間をイヌや家具と同じように売買することは，キオス島経由でギリシア世界に伝わったと推測されている．しかし，キオスの人々は，ギリシア人を売買することはないと述べた．前5世紀の組織的な奴隷制国家が効果的に維持されたのは，戦争や海賊行為によるものではなく，まして奴隷狩りによるものでもなく，まさに組織的な交易と市場が存在したためであった．だからこそ，キオスの重要性は大きかったと思われる．アテナイでは奴隷の国籍はさまざまであった．アリストテレスは，奴隷が大勢いるところはどこでも，奴隷間の民族的混合が奴隷の革命に対する有効な歯止めであったと述べている．奴隷が最も集中したところはラウレイオンの銀山であり，そこには2万人から3万人の奴隷がいた．その数は，ほぼアテナイの自由市民の数に匹敵し，またミレトスのような当時の大都市の市民人口の半数に匹敵した．

ラウレイオンの状況がひどいものであったことはよく知られている．しかし，奴隷に課せられた苛酷な労働はこれだけではなかった．アテナイ人は，戦争捕虜をペイライエウスの海辺の石切場で奴隷として働かせていた．そしてその後，前5世紀末にアテナイ人がシチリア島に遠征したときには，その最後の不運な遠征隊のアテナイ人が，捕虜としてシュラクサイの採石場で働かされて多くの命を落とすことになった．ラウレイオンの採掘は数多い短期の借地契約の一つとして行われたので，鉱山を急いで開発する必要があった．古典期の末期に，その地域のありさまが小さな柱穴や竪坑や穴や坑道で蜂の巣状になってしまったのは，おそらくそのためであったであろうし，発見された製錬設備や精錬設備の跡がいずれも非常に小規模なものであったのも，そのためであったであろう．

右上　奴隷販売に関する碑文の断片．アテナイ市の中心地から出土．アテナイ人の富は，かなりの程度まで所有する奴隷の数で計られたが，シュラクサイ人たちは前5世紀にはすでに，アテナイよりもはるかに大規模に奴隷を使用していた．

下　テラコッタ製動物小像．前6世紀．シチリア島東海岸にあるメガラ・ヒュブライアから出土．動物に対するギリシア人の態度に接すると，たちまち別のさらに明るい世界にいるような気分になる．

して成功していた．それと同じような規模で，ペルシア帝国の大王も，州の大守や特定の官吏を通して交易を行っていた．これらに比べると，アテナイでは，そしてギリシア本土のいかなる地でも，前5世紀を通して交易は微々たるものでしかなかった．

穀物貿易のしくみは本質的に不安定なものだった．そこでは競争の原理が支配し，長期間同じ状態が続くことはなかった．前5世紀末にアテナイ人は，穀物に窮乏し艦隊を喪失し

前5世紀のアテナイ社会

前5世紀のアテナイ社会

前5世紀のアテナイ社会

アテナイ

前頁　1813年に東南から眺めたアテナイのアクロポリス．前景にある「ハドリアヌスの神殿」(オリュンポスのゼウス神殿)の遺跡は伝説で語られている．そして，トルコと戦闘中のヴェンツィア軍の砲撃によって破壊されて2分されたパルテノンの真中に，1766年以前のある時期に建てられたイスラム教寺院がみえる．

アテナイの神殿と国家の建造物はすばらしかったが，民間の家はむしろみすぼらしかった．アクロポリスは，常に中心となる要塞であり，主要な神域であって，前13世紀には堅固なミュケナイ時代の城壁で囲まれていた．前800年ごろのアテナイは，まだアクロポリス近くのいくつかの村の集りにすぎなかった．ペルシア戦争のころでさえ，都市とはいいがたいものであった．アクロポリスの建築様式はすばらしく，東南では，ペイシストラトス家がオリュンポスのゼウス神殿の建設に着手していた．しかし，北のアゴラにはクレイステネスの新しい評議会場を含む1列の建造物くらいしかなかった．前480年のペルシアのアテナイ略奪とプラタイアイでのアテナイの勝利の後，偉大なる再建期がおとずれ，まずキモンが指導し，次にペリクレスが指導した．アクロポリスの全容はローマ時代まで維持され，今日再びペリクレス時代の壮大な様相をみせている．

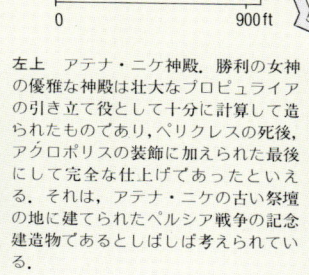

左上　アテナ・ニケ神殿．勝利の女神の優雅な神殿は壮大なプロピュライアの引き立て役として十分に計算して造られたものであり，ペリクレスの死後，アクロポリスの装飾に加えられた最後にして完全な仕上げであったといえる．それは，アテナ・ニケの古い祭壇の地に建てられたペルシア戦争の記念建造物であるとしばしば考えられている．

左　ヘロデス・アッティコス劇場（オデイオン）．ローマ帝政期のもの．古代にアテナイに建てられた最も大きな公共建築物の一つ．

右　前4世紀のアスクレピオスの神域のストア．

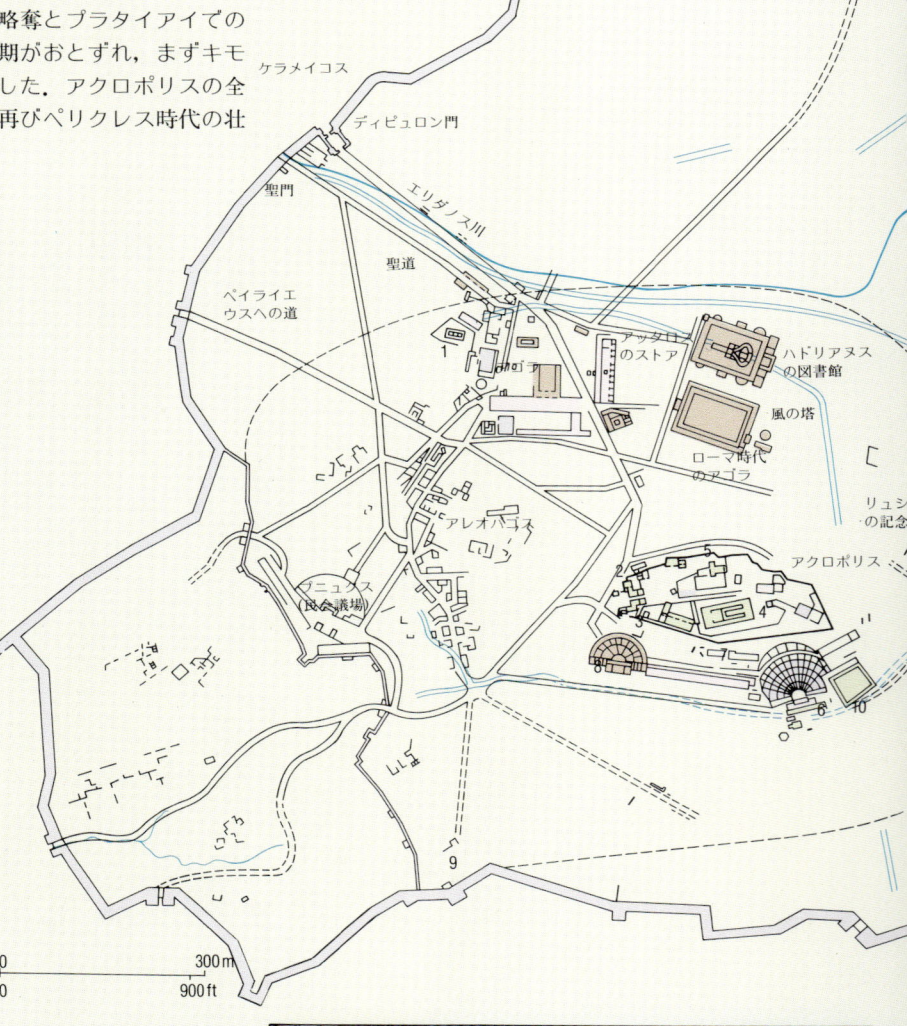

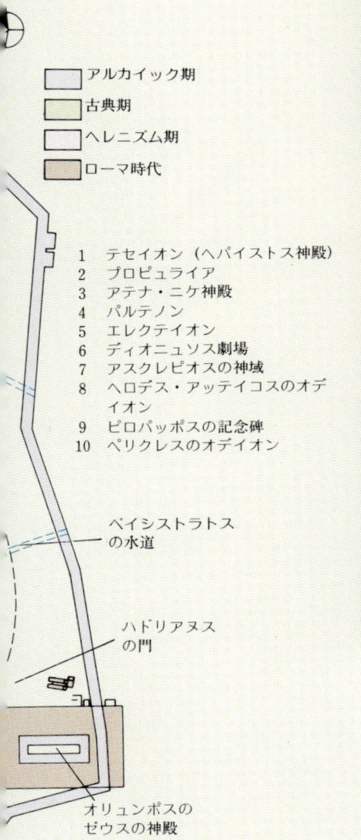

前5世紀のアテナイ社会

アルカイック期
古典期
ヘレニズム期
ローマ時代

1 テセイオン（ヘパイストス神殿）
2 プロピュライア
3 アテナ・ニケ神殿
4 パルテノン
5 エレクテイオン
6 ディオニュソス劇場
7 アスクレピオスの神域
8 ヘロデス・アッティコスのオデイオン
9 ピロパッポスの記念碑
10 ペリクレスのオデイオン

ペイシストラトスの水道

ハドリアヌスの門

オリュンポスのゼウスの神殿

前頁，最上段の左　アテナイの大門．エレウシスとスパルタに至る街道に面するこの門は，堂々たる建造物であり，その防壁は数世紀の間に繰り返し強化された．都市の外には死者の記念碑（前頁，上の右）が街道に沿って並んでいた．

左上　テセイオン（正確にはヘパイストス神殿）．これはペルシア戦争後に最初に再建された大建築物であり，ドリス式前面6柱式神殿の最も完全な例である．

上　プロピュライア．アクロポリスの正門．ムネシクレスの設計により，前437年から前432年の間に建設．

上　ペイディアス作のパルテノンの女神像．前2世紀のローマ時代の模刻．原作は大きな像であったが，このように小さく模刻されて偉大な美しさが失われることが多い．

右上　八角形の風の塔．ローマ時代のアゴラのすぐ外側に，天文学者キュロスのアンドロニコスによって前1世紀に建てられた．それは日時計であり，水時計であり，風見でもあった．浮彫は8種の風を表している．

ペイディアスの指揮下で前447-438年に建てられたパルテノン（右）とゼウス神殿（左）．両神殿ともその規模と重量と豊かさが印象的である．パルテノンの円柱はこの種の神殿としては普通より数が多く，無比の優雅さとともに力強さも伝えている．オリュンポスのゼウス神殿はヘレニズム的でもあり，ローマ的でもあって，とても大がかりなものなので，建設に幾世紀も要した．僭主たちが前515年ごろに建設を計画し，かれらの没落後は未完成のままであったが，前174年にシリア王アンティオコス・エピパネス（顕現神）がその計画を踏襲し，ハドリアヌスが完成させた．この卑俗な大神殿がパルテノンよりも前に計画されたのはおもしろい．

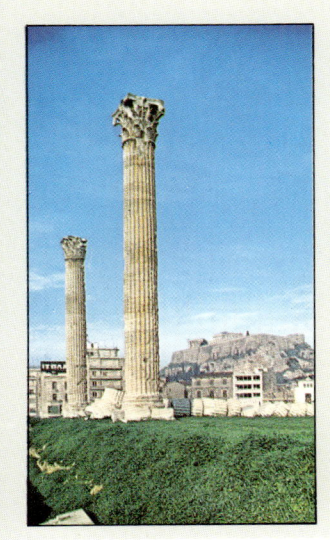

117

パルテノンの彫刻

　パルテノンの本尊はあらゆるアテナ女神像の中で最も立派な像であり，約12mの高さで，金と象牙でできていた．しかし，パルテノンは単にアテナイ市の守護女神を崇めるためだけでなく，ペルシアに対抗するギリシアの指導者としてのアテナイの役割を祝福するためにも設計されていた．神殿の彫刻装飾は微妙にこの二重の意図を表しているのだが，その大

　上　フリーズ．彫刻はこの個所に最もよく残っている．それは建物の内室全体を取り巻いていたが，外側の柱廊に囲まれていたので，最も目立たないものでもあった．彫刻は，オリュンポスの神々とアテナイの部族の英雄たちの集いを歓待する行列と，パンアテナイアの大祭で女神の像に捧げる聖衣を献上する小集団を表したものであった．行列は実際の祭の行列そのままに祭儀の参列者に率いられている（次頁）．しかし，その主要部分は騎士（本図のような）と戦車であり，明らかに勇ましい祭儀の目的をもつ行列途上での演習を想起させる．騎士たちはマラトンでアテナイとギリシアのために戦って死んだアテナイ人で，ペルシアに対する勝利を記念するこの建物の装飾部分に，パンアテナイア祭を背景にして，英雄として表されたのだと考えられていた可能性がある．さもなければ，聖なる建物にある主題のほぼすべてが，死すべき人間に捧げられていることを正当化しにくい．

　下　破風彫刻は，西側では，アッティカの土地をめぐるアテナとポセイドンの闘いとそれを見守るその土地の神々と英雄たちを表現している．東側では，オリュンポスの神々に見守られたアテナの誕生を表している．現存する彫刻はわずかしかなく，痛みがひどい．しかし，それらは，静的でもなければ過度に超俗的でもない，威厳のある力強い印象を与えている．この東の破風にある3体の人物像は，長い間，運命の三女神と誤って呼ばれているが，おそらく，ヘスティア（炉の女神にふさわしい落ち着いた姿）と，母ディオネの膝にもたれてくつろぐアプロディテと思われる．

半をエルギン卿がロンドンにもっていってしまった．この工事を企画したのはペリクレスであり，ペイディアスが設計した．建設資金は，アテナイを盟主とする同盟諸国がペルシア人をギリシアの地から追い払うための資金として支払った年賦金の「余剰分」から支出された．このパルテノンやその他のペリクレス時代の建物の建設に，幾百人もの職人と石工と彫刻家がアテナイに集められた．しかし，その様式は全体としてきわめて鮮やかに統一されていて，古典期の理想的，人間主義的な性格を最もよく表現している．アテナイがペルシア人に勝利した際には，死すべき人間としてのアテナイ人が神性と通じていたかのようである．そして，これらの彫刻はかれらの神々と民衆の英雄的性格の両方を称えている．

上 南側のフリーズの石板．行列の先頭近くで犠牲用のウシをひいている若者の図．古典芸術といえば，主に理想化された人物（男）の表現が連想されるが，芸術家は動物の世界にも注意深い観察を示した．

上 メトープ．これは神殿の外側柱廊の上にある．南側の中心主題は，王の結婚の宴を混乱させたケンタウロスと闘う若者たち（ラピテス族）である（オリュンピアにあるゼウス神殿の西の破風にも同じ主題がある）．野性の怪物ケンタウロスがここでは動物の皮をまとっている．その容貌にみられる強い感情の表現は，古典期の彫刻には珍しいものである．ここでは，ケンタウロスの荒々しい仮面のような顔と若者の悲痛な顔にそれぞれの性格が強烈に表示されている．

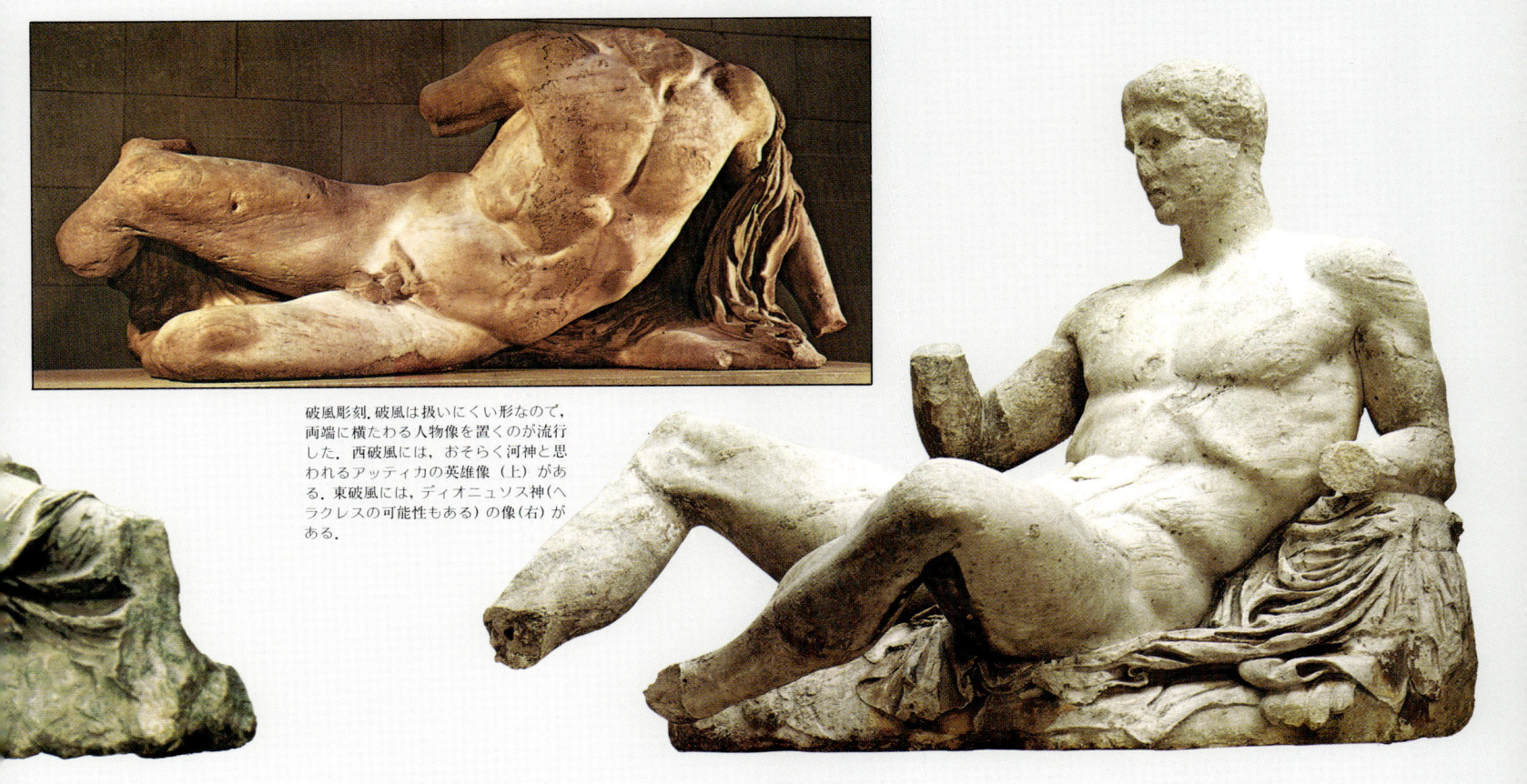

破風彫刻．破風は扱いにくい形なので，両端に横たわる人物像を置くのが流行した．西破風には，おそらく河神と思われるアッティカの英雄像（上）がある．東破風には，ディオニュソス神（ヘラクレスの可能性もある）の像（右）がある．

前5世紀のアテナイ社会

オリュントス

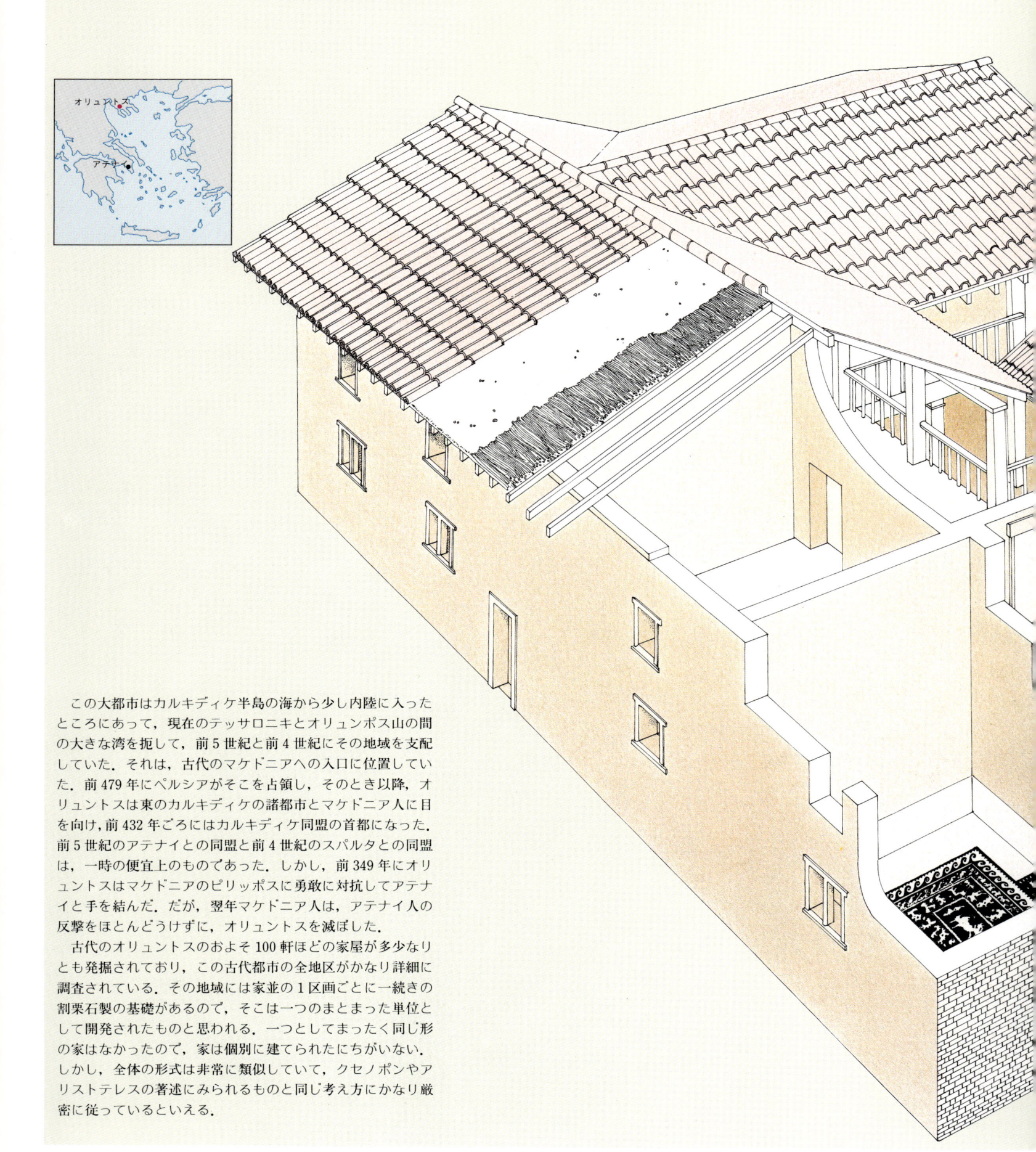

　この大都市はカルキディケ半島の海から少し内陸に入ったところにあって，現在のテッサロニキとオリュンポス山の間の大きな湾を扼して，前5世紀と前4世紀にその地域を支配していた．それは，古代のマケドニアへの入口に位置していた．前479年にペルシアがそこを占領し，そのとき以降，オリュントスは東のカルキディケの諸都市とマケドニア人に目を向け，前432年ごろにはカルキディケ同盟の首都になった．前5世紀のアテナイとの同盟と前4世紀のスパルタとの同盟は，一時の便宜上のものであった．しかし，前349年にオリュントスはマケドニアのピリッポスに勇敢に対抗してアテナイと手を結んだ．だが，翌年マケドニア人は，アテナイ人の反撃をほとんどうけずに，オリュントスを滅ぼした．

　古代のオリュントスのおよそ100軒ほどの家屋が多少なりとも発掘されており，この古代都市の全地区がかなり詳細に調査されている．その地域には家並の1区画ごとに一続きの割栗石製の基礎があるので，そこは一つのまとまった単位として開発されたものと思われる．一つとしてまったく同じ形の家はなかったので，家は個別に建てられたにちがいない．しかし，全体の形式は非常に類似していて，クセノポンやアリストテレスの著述にみられるものと同じ考え方にかなり厳密に従っているといえる．

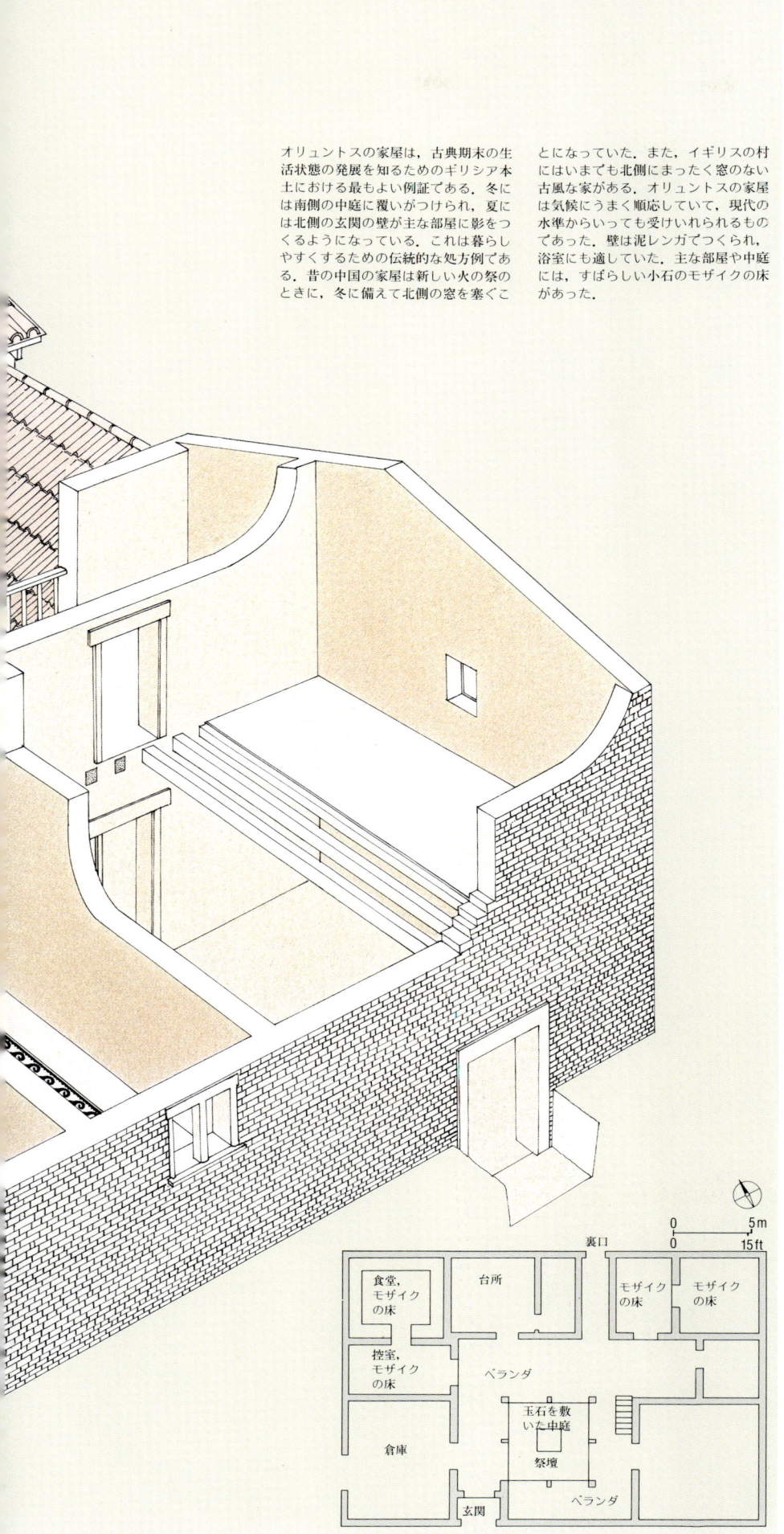

貧富の差

ラウレイオン銀山で所有権に関する碑文が出土しており，そこには「土地と設備とアンドラポダ（人間家畜）」の権利について記されている．しかし，そこからあまり遠くない南アッティカのスニオン近くの，現在ではバンガローの並ぶ海岸から内陸に入ったところは，いまでも昔と同じような牧歌的地方である．アイリスやランやアネモネの花が咲き乱れ，農場の遺跡が続いている．この地の蜂蜜は有名で，詩にも歌われた．ここは，ギリシアの古代の農業風景が最もよく残った土地の一つである．前4世紀の諺に，人の一生は農場生活と鉱山労働の両極端の間を行きつもどりつするようなものだ，という言葉がある．それほど両者の差は，現代のいかなる貧富の差よりも厳しい相違であったにちがいない．アテナイでは前5世紀後半になると貧しい都市住民の数が増したが，貧者は訛や宗教の相違などで永久に区別されるものではなかった．しかし，奴隷と自由民の区別は絶対的なものであった．そして，奴隷はほとんど解放されることがなかったのに，戦争と海賊行為によって多くの人々が奴隷にされた．前5世紀のアテナイでの貧富の差はたえず変動するものであった．当時，資産家として3世代以上継続した一族はほとんどなかった．そして，富める者は市内には家をもたなかった．田園地帯の家は要塞化された石造の農場で，長方形の庭の角に塔があった．その構造はスコットランド国境にある古い農場の建物を連想させる．

ギリシアには，都市と農村を比較対照できるほど徹底して調査された地域はあまり多くはないが，都市と農村の対比の型は変りやすいものとして知られている．黒海の西岸にあるイストロス（ヒストリア）の植民市では，泥レンガ製の家が市壁の外側に密集していた．それは原住民の家だったかもしれない．カルキディケの豊かなオリュントスの市外には，市内の条理制的な格子状の道路をそのまま延長した線上に，優雅な別荘が建てられていた．それらは誰の家だったのだろうか．植民市の建設者たち一族の所有地であろうか，そこは市に近い一等地だった．植民当初の土地分割の平等主義は形骸化して，建設者たち一族による名門が生まれた．しかも，その後の数世代にわたって相続法や一族の間の平等権を当然に行使したことによっても，この平等主義は急速に崩れていったのである．

シチリアのメガラ・ヒュブライアは前483年に滅ばされたが，そこでは前550年ごろまで，富者も貧者も共同の墓地に埋葬されていた．それ以後，富める者は自分たちの墓を門閥だけで分離し，孤立させた．しかし，初期の墓地でも死者の4分の3の埋葬は貧弱なものであった．墓中に副葬品がある場合には，それは油やブトウ酒の空瓶に入れられていた．250例の埋葬のうち，42％にはまったく副葬品がなく，13％は単に地中に投げ捨てられただけの遺体であった．前5世紀のギリシアはうち続く戦争によって実にひどく悩まされたが，その戦争で公平な状態がうまれるという詩的なこともあった．すなわち，奴隷は戦時には平時よりたやすく脱走できたし，逆に奴隷の所有者はたやすく奴隷にされたのである．ニキアスは前415−413年のシチリア遠征で敗れたアテナイの将軍であるが，かれはラウレイオンの銀山に1000人の奴隷を所有していて，トラキア人のソシアスに貸し出していた．そうしてソシアスは奴隷の数をいつも1000人に保っていた．ソシアス自身がかつては奴隷であった可能性が高い．

古代社会を現代的に分析すると，いくつかの矛盾点が現れてくる．前5世紀のギリシア人は，現在では重要と考えられる多くの問題に対する国家政策をもっていなかった．

ある意味では，国家といえるものが存在していなかった．

オリュントスの家屋は，古典期末の生活状態の発展を知るためのギリシア本土における最もよい例証である．冬には南側の中庭に覆いがつけられ，夏には北側の玄関の壁が主な部屋に影をつくるようになっている．これは暮らしやすくするための伝統的な処方例である．昔の中国の家屋は新しい火の祭のときに，冬に備えて北側の窓を塞ぐことになっていた．また，イギリスの村にはいまでも北側にまったく窓のない古風な家がある．オリュントスの家屋は気候にうまく順応していて，現代の水準からいっても受けいれられるものであった．壁は泥レンガでつくられ，浴室にも適していた．主な部屋や中庭には，すばらしい小石のモザイクの床があった．

日常生活

　古代世界の日常生活は不思議なことにほとんど知られていない．普通の人々の日常生活を偉大な文学や芸術でたどるのがむずかしいためである．しかし，プラトンやアリストパネスやアルキロコスなどの著述から得られる文学史料にしても，また物的史料にしても，いまある史料が実は鮮明で注目すべきものなのである．ときには，ヘシオドスの女を獲得することについての次のような1行でも史料になる．「農業に従事するのは，君が結婚する女でなく，君が買った女だ」．あるいは，自宅の庭で犠牲を捧げている女性を描いた墓石も史料になる．

　史料のそれぞれの断片の年代に多少の注意を払うことは重要である．われわれが完全に再建できる時代はない．また，多くのものは何百年もの間，同じ状態のままであった．それでも，そこにはやはり何らかの相違があり，その相違こそがいわゆる人間の歴史なのである．魚の味は1000年の間変らないのだが，どこでも魚を食べたわけではなく，必ずしも誰もが食べたわけでもない．そして，都市が大きくなるにつれて，塩漬け魚の取引が増加した．また，ギリシアの暗黒時代には，誰もが犂をもっていたわけではなく，人々は根掘り鍬で耕作した．耕作地と個人所有地の大きさの増減についての問題は，よく出る問いである．しかし，このような単純でしかも本質的な問題に対しては，大雑把な輪郭しか答えられない．

下　テラコッタ像．ボイオティアでは，前6世紀末にこのような日常生活を表す小像がかなりつくられ，たいてい墓の中に置かれた．床屋は，古典世界では，かつての鍛冶場と同様に噂話の温床として有名であった．籠を運んでいる男の像は後代のものであるが，少なくともこれは，いまも昔もほとんど変りようがない場面である．

左　宴会の場面．前480年ごろ，南イタリアのポセイドニア（後のパエストゥム）の石棺の内側に，フレスコ画法で描かれたもの．アテナイの陶器画にも類似の場面がある．このような祝宴には慣例として，後に登場してきたヘタイラ（遊女）のほかは，まったく男しかいなかった．それゆえ，この2人の姿には，同性愛と穏やかな皮肉がこめられている．これは若者の墓で，絵は肉体的快楽に対する強い感性を表している．

上　彩色テラコッタ像．大英博物館所蔵．女のおしゃべりは地中海地域での生活の不変の特徴であるが，この適確な観察，ユーモアと愛情と装飾技法と写実主義の融合は，古典期末の全盛期のものといえる．ミニアチュアも含めて古代彫刻は，厳格な線によって強い印象を与えているのだが，その線もここでは渦を巻いて溶けはじめている．しかし，その変化はこの主題とよく融合しており，まさにソポクレス風の厳格な表現からメナンドロス風の軽い表現に変ろうとしている．

上　犂はギリシア世界では人間の発展にとり最も大切な道具であった．神話やたとえ話で犂が大切に扱われているので，ギリシア人もそのことを知っていたようだ．

青銅の兜職人（下段左端）．非常に細かい飾りを細工中の，職人のきちょうめんさがよく観察されている．観察の鋭さは，絵にも青銅製品にも若者の肉体のありのままの正確さにも共通している．この抑制と神秘の組合せは典型的な古典期のものではあるが，アルカイック期の芸術を思いおこさせる．魚屋（中央）．この方がもっと暖かみがあり，もっと陽気であるが，力強さの点では劣っている．典型的な南イタリアのもので，古典期を少し過ぎたころのものである．家具を運ぶ若者（右）．この作品の方が古い．おそらく宴会の仕度であろう．非常に抑えた性的欲情が，「寝台を運ぶ裸の若者」といった味気ない言葉の羅列よりもはるかに巧妙に表現されている．

123

前5世紀のアテナイ社会

すなわち，自らの行動を知り，その結果を受けいれることができ，しかも慎重で長期的展望をもち，また自らを知り自ら組織化できるという存在はなかったのである．ペルシア経済がうまく機能できたのは，富の流通が妨げられていた場合だけだったといわれている．スパルタの社会体制は戦争を土台とするものであったといわれてきているが，それでも戦争が勃発したときには崩壊の危機にさらされた．アテナイ人は講和の術策を得意にしていたが，それでもその経済は平和時の状況下では分解の危機に瀕した．奴隷労働への依存が高まるにつれて，貧しい者は生活を脅かされ，心の安らぐことがなかった．奴隷労働を一度利用できるとなると，それは必然的にあらゆる企業に浸透したのである．この問題についてのある極端な解決策が，クセノポンの小著作の中にそれとなく提起されている．すなわち，個人が奴隷を使うのとまったく同様に，奴隷労働により絶えず利を得ることを期待して，国家自体が奴隷を所有すべきであるというものである．かれは，アテナイ市民1人につき3人の奴隷が妥当な比率であろうと考えた．

宗 教

このような対比と矛盾という観点から，前5世紀のギリシア宗教に関して何かもう少し述べねばならない．神々の体系は外見は不変のものであるが，各要素は変化しうるものであった．個々の神々は多くの称号のもとにいくつもの機能をもっていた．そして，神の名がそのままであるときでも，神の役割は変化する．ゼウスがエリスで行ったことの一部は，アテナイではアテナによってなされた．アッティカの岩肌に刻まれた祭の暦では，あらゆる儀式がヘルメスに捧げられている．しかし，人々が神々に期待し，要求していたものは，おしなべて同じことであった．つまり，雨とパンとブドウ酒と

前5世紀のアテナイ社会

前頁　ひきうすで穀物を挽く女．アテネ国立博物館所蔵の前5世紀のテラコッタ製小像．

下　パルテノンのフリーズの騎士．アテナの祭日に，アクロポリスへ騎馬行進している兵役年齢の若者たちの姿である．かれらは全盛時代のアテナイの誇りである．

古典期

前5世紀のギリシア芸術の最も顕著な特徴は，生き生きとした自然幾何学であった．ギリシア人は自然の形態を幾何学的にみて表現し，また幾何学的形態をあたかも成長する有機体であるかのようにみていた．アテナイにおける数学への関心と科学の胎動は，この本能的な幾何学的図形化よりも後に発展したのであるが，前5世紀の幾何学的図形化の形成に役立っていたにちがいない．彫像は数学的比率を組み合せて形造られた．写実主義が優勢となり，大理石彫刻で動きを表現するという革命的技法が完成され始めたので，古い比率の組合せは捨てられて，新しいものがとって代った．

アテナイで古典主義と表現形式の抑制が最も厳格になったときでさえも，ギリシアのモチーフが不思議なすばらしい形をもちえたことは注目に値する．ギリシアのテーマは，他の土地で活発に翻案され，創造的に変形された．かつてギリシア人が，他の影響を受けない無垢な観賞眼しかなかったころに，それと同じか，あるいはさらに古いテーマを同様に活発に翻案し，創造的に変形したのと同じことである．しかし，興味深いことに，しばしば単なるモチーフではなく古典ギリシア美術の精神が伝わることが多かった．だから，おそらく外国の題材と思えたものにも，実はギリシア精神が認められるものなのだ．

前6世紀の伝統的なパルメットとハスのつぼみの文様が，大理石やテラコッタや青銅製品の上で無限に変化させられることがわかった．最盛期である前5世紀には，この流動的な体系は自由でもあったし，厳密でもあったが，古代末には気ままなものになっていった．

この種の文様は建物の装飾にいつも新しい表現方法で頻繁に使われた．たとえば，オリュンピアのペイディアスの工房では，建物の装飾品の一つ（上）に落ち着いた黒と褐色と朱の3色になる文様が使われた．その工房でかれは前430年ごろに神殿の本尊としてゼウスの大神像を制作した．この金製品（下）はアッティカのブラウロンの出土品で，年代は決めがたいが，おそらく前5世紀末の宝石細工である．大体において，金製品の意匠もペイディアスの工房のテラコッタ製品と同じように，新芽とつぼみの植物文様であるが，印象は本質的に異なっている．

この見事に仕上げられた石棺はシドンで発見され，現在イスタンブール博物館に所蔵されている．アテナイの芸術とパルテノンの彫刻装飾の主題は，小アジアにまで影響を及ぼしている．棺の急傾斜の形はリュキアのものといわれており，おそらくその地方の屋根をまねているのであろう．しかし，浮彫の磨き上げられた仕上げと神話の内容は，前5世紀末の国際性豊かなギリシアの典型的な作品である．

スフィンクスは古くからの墓の守護者である．アルカイック期のスフィンクスのすばらしい猫のような身体と深い微笑は，最古のアテナイの石造記念碑の数点の主題となっている．しかし，前400年までには，頭部は写実的で美しく，まさにかわいいともいえるようなものになり，乳房は完全に立体化され，動物の胴体部分も洗練されて，スフィンクスの意味が変ってしまった．彼女はおそらく，肉体的魅力よりも女性的魅力に満ちた存在になった．その神性と神秘の名残りは，翼にしっかりと残っている．

棺の下半分には，闘うケンタウロスが深浮彫りで表されている．一方の側面では2頭のケンタウロスがシカをめぐって闘っている．もう一方の面では2頭のケンタウロスがラピテス族の1人を大地にたたきつけている．後者の形式の起源は，パルテノンのメトーパのケンタウロスとラピテス族の図にあるのかもしれない．その他にアテナイにも，またバッサイのアポロン神殿にもモデルがある．この石棺の制作技術はいくつかのパルテノンの作品を凌いでおり，ここの中心的で劇的な構成の方が好まれるかもしれない．しかし，全体としての構成は器用ではあるが，熟達したものではない．この石棺はすばらしい細部描写のある佳作であるが，ほんの少々個性に欠けている．かつては彩色されていたが，現在では絵の具はほとんど剥げ落ちている．

この驚くばかりの金製品は前400年ごろの作品である．これは，ルーマニアで発見された奇妙な両眼の文様を打ち出してある兜の一つで，コトフェネスティで発見された．その目の文様は，他のところと同じくギリシアでも古くからある．先史時代シリアのエブラの宮殿の王座の間の周囲に目の文様のフリーズがめぐらされていた．前5世紀のアテナイの軍艦の船首には飾りとして両眼が描かれていた．そのような飾りは現在に至るまで地中海地域のあちこちに残存している．その目は威嚇のためでなく，悪しきものを近づけないためのものである．このような品を飾る空想上の獣も目と同様にギリシア的でない．ほぼ200年前に，ギリシアの芸術と神話はオリエントの要素と混合したが，これらの文様も同じオリエントからきたばかりのものである．

その影響が明らかに未消化のまま混ざり合っているということは，これらの品がいかに堂々としていても，芸術の伝統が未発達であるしるしとなろう．その材質の豊かさはある意味では野蛮であり，様式と細工は粗野で，ギリシア的視点からみれば贅沢なものである．この当時，ギリシア人に非常に近いところでつくられたこれらの贅沢で高価な品に古典主義がほとんどみられないということを，ギリシア史の研究者が知るのは有益なことである．これらの品はギリシア美術史の一部門ではなく，ギリシアの影響をほとんどうけてもいない．しかし，これらはギリシア人の意識の境界を明確にしている．ギリシア人はこの民族と親しくして，なかにはこの種の財宝を見た者もいた．この貴金属製の兜は，現在の印象と同じく，アテナイ人にとってもおそらくは，壮大で野蛮でしかも並外れたものという印象を与えていたのだろう．

ギリシア美術が特に黒海の沿岸地方で変形したことは明らかである。花や渦巻のモチーフの形式的ではあるが落ち着いた扱い方は、クリミア半島のアク・ブルンで発見されたこの豪華な金の帽子にみられるように、きわめてすばらしいものになった。制作者も所有者もギリシア人であったかもしれない。それが出土した墓にはアンフォラとギリシアの貨幣が含まれていた。帽子はおそらく、前400年ごろかその直後につくられたのであり、はじめは裏に皮が付いていた。貴金属の、それもたいていは黄金製の、ギリシアおよびギリシア風の傑出した美術品がソ連で多数出土しており、大半は現在ソ連の地方博物館に所蔵されている。これはそういった品物の代表格であるにちがいない。それらは、古今いずれの価値観においても、その質の良さと豊かさの点で印象深いのと同様に、意匠と線の使い方も印象的である。この同じ地域が、草原の美術の形式化された動物の文様や中央アジアの織物と接触し、ひいては中国に至る絹の道とも接触していたことを想起すべきである。

これは前380年直後のトラキアの王が、膝と脚につけた装飾鎧の一部であり、蛮風ではあるがすばらしい。ブルガリアのヴラッツァのモギランスカ古墳から、比較的年代の決定しやすい（そしてずっとギリシア的な）財宝とともに出土した。

金銀の豊かさは判然としている。女の顔にある奇妙な平行線の飾りは入墨を表している。月に魔法をかけることができるトラキアの魔女たちと、顔に入墨をしたトラキアの女たちは、前5世紀のアテナイ人によく知られていた。アテナイ人はトラキアの子守女を使っていたらしい。その結果、その地方の伝説に他の地方の民間伝説の要素が混ざる。トラキアには豊かな芸術作品がギリシア世界の中でどこよりもはるかに豊かに残っていて、その全体系にさまざまな段階のギリシアの影響をたどることができる。前5世紀の大半の期間、アテナイ人はトラキア人と反ペルシア同盟を結んでいて、多少の通婚も行われていた。一例ではあるが、結婚披露宴の詳しい記述が残っており、それは何百年もの間有名なものであった。

自由な装飾が脛当ての形から自然に生まれてくる。装飾は主に威嚇が目的であり、おそらく着用者から魔力で悪霊を追い払うためのものであろう。顔のモチーフは前6世紀初めにはオリュンピアで脛当ての膝頭の部分に現れ始めていたし、渦巻と分割装飾はおそらくそれよりも古い。下半分の部分にある怪獣グリュプスと同じに、オリエントの影響である。これは無論、古典期よりも前7世紀のギリシア人の好みの方にずっと近い。ギリシアでは衰えていたものが、抑えがたい勢いでギリシア世界の境界線上に甦ることができたのである。

その着想は、無数の変化に富む構成で表面を飾り、仕切ることである。と同時に、象徴し印象づけることでもあった。両耳の下から巻毛のように垂れているライオンは平面的につくられており、他の各細部も同じである（しかし、カタツムリの殻から出ているヘビはくっきりと浮かび上がっている）。それらは、遊牧民の動物美術に何らかの関係があるのだが、左側の鳥と右側の（グリュプスの）翼の方はずっと文明化された表現である。もちろん、これはギリシアの作品ではなく、ギリシアのものも含む諸テーマが混合してきた素朴な狂詩曲のようなものである。

前5世紀末以降、視覚芸術では英雄物語が戯作的に扱われることがまったく普通のことになった。それは明らかにアテナイ喜劇の影響をうけたからでもあろうが、いつもそうとは限らなかった。

芸術への全面的な個人主義的写実主義の導入は前5世紀におこった。ルネサンスのときと同じく戯画の方法がとられた。前5世紀末の最も重要な画家たちの作品には、戯画の要素があったように思われる。イタリア半島の「長靴の甲」の部分にあたるルカニアにある、タラス（タレントゥム）の植民市ヘラクレイアのゼウクシスの作品もそのようなものである。

この壺はメタポンティオンからさほど遠くないピスティッチの出土品で、ゼウクシス的要素を非常に多く含んでいる。だが、バラの花冠をつけたエロスやブドウの房やケンタウロスの一族といったよく知られたかれの絵の特徴はほとんどみられない。

このかなり粗いスケッチは『イリアス』の中の（オデュッセウスとディオメデスによるドロンの）待ち伏せの有名な場面である。枝を切り払われた木々は形式だけでなく、おそらく、遠近感も与えるつもりだったのだろう。画面から人物が、これを見ている人の方に出てくるかのように描かれている。非常に古いギリシアの壺と同じように、この表面もまた完全に絵で覆われている。しかし、細部描写はずっと装飾的であり、またずっと写実的である。ディオメデスの兜の上の動物は、まさにかれと同じくらい滑稽に描かれている。しかし、この芸術家は、兜飾りであれ、靴下留めであれ、筆を加えたものは何にでも生命を与えずにはおかないのである。かれが、翻るマントや腹と胸の線といった最も陳腐な古い表現方法を使っているのが、とりわけ愉快である。

バッサイ

救済神アポロンの神殿が，アルカディア山地をかなり高く登ったところの泉の近くに建っている．その神殿は，そこからあまり遠くないところにある，強力な古代の丘の町ピガレイアの人々のものであった．神殿は疫病の追放を記念したものだといわれ，その建築家はパルテノンの建築家の1人であると考えられている．それは独特の平面プランであり，正式な入口が横についていて，南北軸に建てられた特に珍しい大建築物である．この高い山地の中にある大神殿には何か神秘的なものがあり，夜や冬にはその無気味な雰囲気の中に，いまなお古代宗教の微妙な意味あいを感じさせるものがある．

下　内陣．控壁のついたイオニア式半円柱10本と中央のコリントス式円柱1本（現存する最も古いものの一つ）がある．神殿にあった装飾彫刻はイギリス人にはがされて，現在大英博物館に所蔵されている．

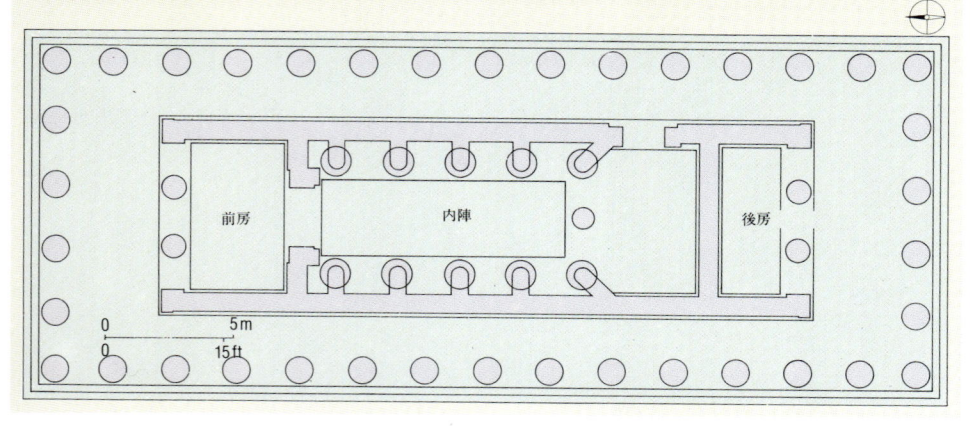

健康と治療と神託の英智と平和が求められた．個々の神々の性格上の諸矛盾に悩んだのはただ哲学者だけであった．個人は伝統から自己の宗教的智慧を学びとり，そこから自動的に選択したのである．

そのため，アテナイ人は，アリストパネスの喜劇やプラトンの『饗宴』で示されたような大胆な考えを受けいれることができた．かれらの精神はきわめて独創的で，恥を恐れることはなかった．かれらにとって神はあまり重要な存在ではなく，教義などというものは何も知らなかった．かれらは既成の諸形態を改作することに驚くべき能力を示した．パルテノンのフリーズを制作した職人は，英雄や死者ばかり取り扱っている芸術からウマの彫り方を学んでいたにちがいない．パルテノンの完成後に，確実にパルテノンの職人たちの手になる墓石が数点出現した．そこではパルテノンの彫像の形が使われている．アテナイに住んで仕事をしたクレタ島出身の金属細工師ソシノスの墓と，奴隷であったと思われる靴直しのクサンティッポスの墓石には，死者の肖像がパルテノンの神々の座像をもとにして刻まれていた．奴隷の少女ミンノの墓石には，髪を刈り込んだ少女が座って糸を紡ぐ姿が女神のように彫られている．

しかし，間違いなくアテナイの宗教には暗黒面もあり，真剣に受けとめられていた．悪霊を払う儀式や多くの原始的な儀式があった．ソポクレスは，生前は悲劇詩人としてよりも，むしろ聖なるヘビの召使として尊敬された．ニキアスは月食のためにシュラクサイでの軍事行動を遅らせたが，かれの抱いた迷信的不安は当時としては珍しいものではなかった．ギリシア艦隊がペルシア艦隊を決定的に打ち破った前480年のサラミスの海戦の前に，アテナイ人は人身御供という胸のむかつくような儀式を行って，野蛮な残虐性を発揮した．その後に奇蹟の噂がたち，エレウシスでの神の不可思議な顕現が語られ，ハトやフクロウやヘビやイヌまでもが前兆として使われた．アテナイ人は，サラミスの海戦に先立ってペルシア軍を破った前490年の有名なマラトンの戦いで，死せる英雄が地中から甦ってアテナイ人のために戦ったと信じていた．農村部ではあちこちで，ツタやイチジクの木がディオニュソスであると考えられた．異性の衣裳を着た踊り子たちが毎年行う行進はいずれかの神を宥め，いずれかの入会式を祝うものであった．ブラウロンでの子供の入会儀式では，少量の人間の血が流されねばならなかった．

アテナイ人の知的自負と自信は，前5世紀のこの暗く混乱した側面と比較して評価されるべきである．前7世紀には問題は少なかったが，アルキロコスの生気溢れる魅力的な詩も同じく，その側面と比較して評価されるべきである．前5世紀の暗黒面における新要素は適切な認識能力の喪失，すなわち，神経の疲労のような状態であり，意味の喪失を伴うものであった．それは，社会学の用語のアノミー（社会的無規範状態）に近いものであった．ギリシア宗教の古い祭儀形式は，社会全体と生活様式にとって，必須の公的集団祭儀であったが，前6世紀末にはある程度その力を失ってしまっていた．祭儀はその「本来の」関連を失ってしまい，多くの重大な機能が国家に引き継がれてしまった．アテナイ人は自ら行っている祭儀が何であるかをもはや理解していなかった（ここから，悲劇詩人エウリピデスのような詭弁を弄する世代の見せかけの合理主義が生まれた）．それは不安が原因となっておこったことだが，その結果としてさらにまた不安が広がっていった．次の段階で，それに続いて粗野で風変りな礼拝や，個人的宗教や，魔術への耽溺が増加したのも，まさにこの理由にほかならない．

ペルシア戦争とペロポンネソス戦争

ペルシア帝国周辺部でのギリシア人の紛争は避けられなかった．小アジアのギリシア諸都市はほとんどすべて同時に餌食となった．トラキアは，はじめはその近隣に未開人たちがいたにもかかわらず，危険は少なかったし，黒海の植民諸市も，スキュティア人の存在にもかかわらず無事であった．前546年にリュディアのクロイソス王がキュロスに破れて以来，小アジアのギリシア諸都市の大半と全リュディア人はサルディスにいるペルシアの太守によって，そしてプリュギアとそこのギリシア諸都市はダスキュレイオンにいる太守によって，治められていた．しかし，各都市には僣主によく似た支配者がおり，かれは自分の税金を支払い，軍隊を出しているかぎり独立していられた．全体としては，この人々はペルシアに対して忠実ではなく，利己的な地方豪族であった．

ペルシア軍のトラキア遠征

前512年にキュロスの後継者ダレイオスがトラキアを侵略した．サモスのマンドロクレスという建築家によって，浮橋がアジアからヨーロッパに架けられた．ペルシア帝国の軍勢には多数のギリシア人が加わっていた．ギリシア人の部隊はもう一つのギリシア式船橋をドナウ川に架けた．そしてダレイオスがスキュティア人めがけて北に踏み込んでいった．

かれはその地域の部族にほとんど影響を与えなかったし，ドナウ川の北の金山にも到達しなかった．もしもその金山を得ていたならば，かれは中央ヨーロッパからアフガニスタンに至る地上の鉱物資源を支配できただろう．そのころアフガニスタンには，ペルシアの太守の宮殿が，オクソス川上流の瑠璃鉱山近くに建っていた．かれは，かれ自身の帝国との連絡を一時期切断された．そして，ビュザンティオンとペリントスとカルケドンの三つのギリシア都市が背後で反乱をおこした．かれはペルシアに退却したが，かれがヨーロッパに残した軍勢が，結局，黒海の入口からカルキディケ半島の西方のアクシオス川に至る沿岸諸国を征服した．マケドニアはペルシアの覇権を認めた．だが，これらは確固たる征服地ではなかった．スキュティア人がトラキアに侵入し，ペルシア人が任命したギリシア人の支配者を追い出して報復した．

このギリシア人とはケルソネソスのミルティアデスであった．ドナウ川の船橋をダレイオスが渡った後に，橋のたもとでミルティアデスはスキュティア人と接触した．かれらは賢明にも，かれが橋を破壊するべきであると提案した．しかし，その計画はミレトスのヒスティアイオスによって阻止された．大王が戻ってきたとき，ヒスティアイオスはカルキディケ半島の東にあるストリュモン河畔のミュルキノスをほうびにもらった．そこはあまり内陸ではない肥沃な農業地であり，パンガイオン山の中腹にあって，銀山に近かった．しかし，その植民市は，後に同じ場所に建設されたアテナイの植民市アムピポリスと同様に，実際にはうまくいかなかった．とはいえ，その見込みは明るかったので，ペルシア人はすぐにかれの幸運をうらやむようになった．ヒスティアイオスはペルシアに呼び戻されて，そこに12年間とどめられた．その間に，かれの女婿であるアリスタゴラスが帝国の下でミレトスを支配した．そして結局，アリスタゴラスがペルシアとギリシア本土とを直接に衝突させてしまったのである．

アリスタゴラスとイオニアの反乱

ナクソス島の名門に属する寡頭政支持者たちが住民によって追放されて，アリスタゴラスに訴えていた．アリスタゴラスは，ナクソス島ばかりでなく，キュクラデス諸島全体とエウボイア島の古来の貿易諸都市をも征服するという計画を，ダレイオスに提案するよう吹き込まれた．アリスタゴラスは前499年に200隻の船でナクソス島に遠征したが，4カ月た

前5世紀のペルシア帝国
ペルシアのペルセポリスの宮殿とナクシュ・イ・ルスタムの王室墓には，ペルシア王に服従した民族の表がある．各民族の代表者たちがそれぞれに特徴的な衣服を着て，各地域からの贈り物を献上している姿が描かれている．エジプトやアッシリアの表現とはちがって，ペルシアの浮彫の像は直立していて威厳があり，進物を贈呈するように手をとられて導かれている．ここには帝国の堂々たる概念がある．ここに示された名は選ばれたもので，それよりもはるかに多くの部族と民族がペルシアの支配下にあった．ヘロドトスの『歴史』にも，ダレイオスが編成したサトラペイア（行政区）とそのおのおのの貢物の査定額の記述がある．その行政区の名がこの民族表に完全に一致することは期待すべきでない．いずれにせよ，行政区はときに応じて再編成されることが多かった．

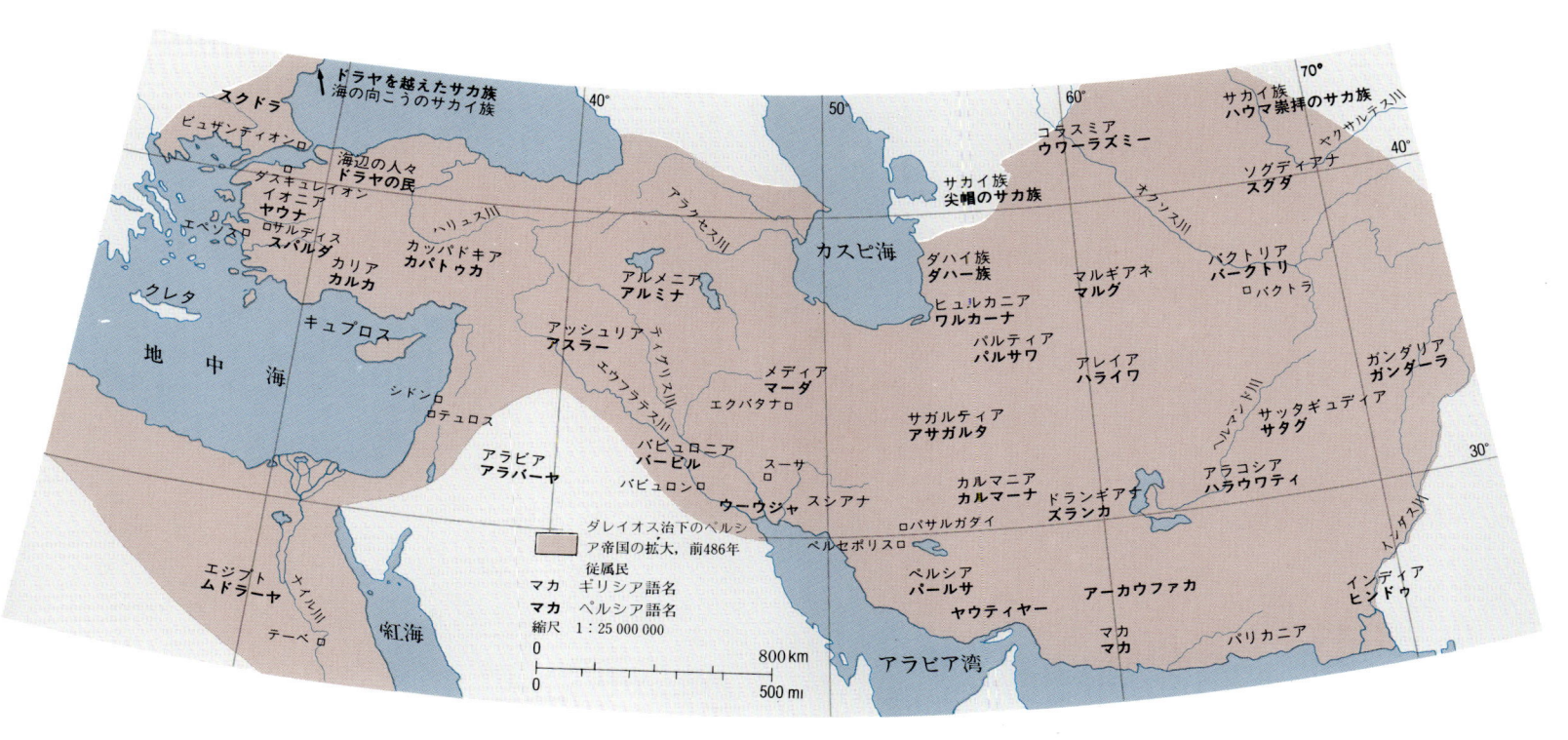

アイギナ

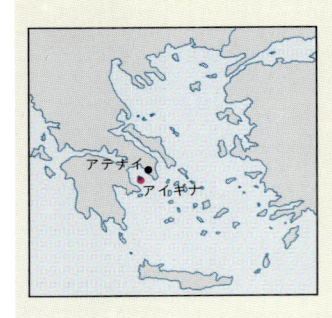

アイギナ島は，前5世紀に非常に強力になったアテナイに敗れるまでは，豊かで独立した存在であった．前7世紀と前6世紀には強力な海上勢力であった．この島には考古学上魅力的な遺跡がかなりある．青銅器時代のころのものと思われる多量の金の宝物が少なくとも1例，島の現在の首都にあるアポロン神殿のちょうど外側の古い墓に埋められていたのが発見されている．アイギナの銀貨はギリシアのかなりの地域で共通して使われた貨幣であり，地中海地域に広く流通した．アイギナのアルカイック期末の彫刻は世界的に重要なものであった．この島は，アテナイとペロポンネソス半島とのほぼ中間にあり，山が多く，部分的に森林がある．

現存する最も重要な神殿はこの土地の女神であるアパイアの神殿で，海に面した低い丘の上に建っている．神殿は前5世紀初頭に建てられたものであるが，神域にはそれ以前の建物があり，崇拝はともかくも前7世紀から始まっている．前5世紀の建物の彫刻装飾によって，アパイアがアテナと同一視されていたことがうかがわれる．

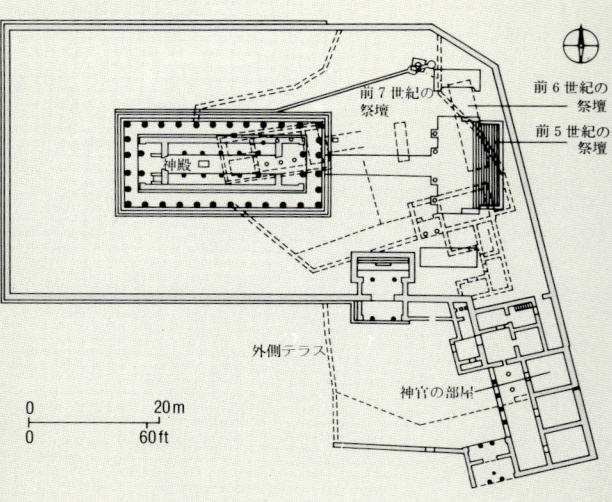

アパイアの神殿(左)．ここの彫刻品は運び去られて現在ミュンヘンにあるが，この神殿はいまなお美しくて力強い．少し前にこの神殿は雷で損傷したが，それでも，現在の方が古代よりも牧歌的であるように思える．古代にはここは繁華な場所であった．神殿にあった彫刻類(上)は，19世紀にトルワルセンが手を加えたので，原型のままではない．それでも，彫刻は鮮明な想像力によって立派に仕上げられた像である．その石像のあまりロマンチックでない表現と細やかな手際を通して，それらは，アルカイック期最後の時期と，古典期の厳格で実験的な胎動期について，非常に多くのヒントを与えてくれる．

上　サルディスにあるアルテミス神殿．前3–2世紀にギリシア人が建設．列柱の溝彫りは未完のままだった．

下　この古典期末のアテナイの酒瓶には，1人のギリシア人と3人のアジア人の戦いの場面が描かれている．クセノポンやメナンドロスの著作にみうけられるのと同種の自信が感じられる．このような図像はペルシア戦争を経験した世代にはじめてつくられたか，あるいはその次の時期につくられた可能性が強い．

っても何の成果も得られず，かつてのヒスティアイオスの場合と同じくらい急速に，突然大王の信任を失ってしまった．これに対するかれの反応は破壊的であった．かれは一連の反乱を組織し，かれの手の及んだすべてのギリシア諸市から僭主を追放した．レスボス島のミュティレネの僭主は投石により殺された．アリスタゴラス自身もミレトスの僭主を辞した．単本位制の鋳造銀貨が新しい民主政体によって発行された．スパルタへの訴えは失敗したが，アテナイとエウボイアのエレトリアとに訴えて，20隻の艦隊と5隻の小艦隊を得た．ペルシア帝国の行動は遅れた．アリスタゴラスはリュディアの主要都市サルディスを焼き払った．しかし，かれはその要塞を奪取できずに，ペルシア人にエペソス近くでみつけられて，打ち負かされた．形勢が変り，かれはミュルキノスへ逃亡した．かつて，前540年ごろに，ポカイア人がキュロス治世下のペルシア人に服従せずに，コルシカ島のアラリアとマッサリア（マルセーユ）のかれらの植民市を経由して進み，パエストゥム近くでエレア（エリア，あるいはウェリア）を築いたように，アリスタゴラスも銀山と鉄山があり，青銅工業で有名なサルディニア島に進むことを考えた．

しかし，アリスタゴラスはトラキアで死んだ．そして，かれのかつての同盟者のアテナイ人は，かれらの反ペルシア政策を急転させて，アルコンとしてヒッパルコス（ペイシストラトスの息子ではなく，ペイシストラトス家の一員）を選んだ．この段階で，ダレイオスはヒスティアイオスを，その反乱の平定という任務で，スーサから3カ月の旅程のイオニア海岸に派遣した．ヒスティアイオスは，アリスタゴラスがしたように直ちに裏切り，キオス島へ逃げて，レスボス島で船を得て，ビュザンティオンで海賊行為をしていた．前493年にペルシア人がかれを捕えてはりつけにした．ギリシア艦隊はペルシア艦隊のせいぜい半分程の規模しかなく，海戦の後にミレトスは陥落した．レスボス人とサモス人は逃げ出し，キオスだけが実際に戦った．ミレトスの生き残った男たちはティグリス川の河口に移され，すべての婦女子は奴隷にされた．ディデュマ近くのアポロンの聖所が焼き払われた．はるか遠いアテナイにまで，ミレトスの事件の知らせが伝わり，深い悲しみと怒りをひきおこした．

ペルシア軍の進撃

ペルシア人はキュプロス島をすでに征服していて，いまや小アジア西南のカリアのギリシア人も同じように征服する手筈を整えていた．北では，前492年に，ダレイオスの女婿のマルドニオスがトラキアとマケドニアにおけるペルシアの覇権を奪還し，エレトリアとアテナイを滅ぼすために進撃した．かれは目的をほぼ成就し，途上でタソス島を奪取した．しかし，かれがアトス山沖の嵐でその艦隊のほとんどを失ったために，アテナイとエレトリアは難を免れることができた．前490年にペルシア人は3度目のヨーロッパ入りをした．その参謀の中に，ペイシストラトスの息子でアテナイから追放されたヒッピアスがいた．ペルシア人は，今回は行く先々の島々を征服しながら，エーゲ海を直航した．ナクソスの都市は焼き払われたが，アポロンの聖なる島デロスは攻撃されなかった．ミレトスのあの神殿も，もしこの方針が遵守されていたならば，おそらく焼失を免れていたであろう．ペルシア人は熱狂的観念論者でもなかったし，政治的・宗教的偏執狂でもなかったのだから．小アジアのギリシア人の地方支配者たちが頼みにならないものとわかったときでも，ペルシア人は税金が支払われて船と兵士の貢物が入手できるかぎりは，現地の民主政体を通して統治していた．アテナイに対する戦闘は，ある意味では有力者間の内戦であり，ペルシア側にはペイシストラトスの子のヒッピアスがいて，アテナイ側にはキモンの子のミルティアデスがいた．このミルティアデスこそは，ほぼ20年前にケルソネソスの僭主であったころ，ドナウ川の船橋でダレイオスにそむくことを考えた人物であった．スキュティア人によりケルソネソスから追い出されて，かれはレムノス島とインブロス島という贈り物を携えてアテナイに戻ってきた．いまやかれはアテナイの民主派の有力者であり，戦場における指揮官の1人であった．かれの父親はペイシストラトスの息子たちに暗殺されていた．

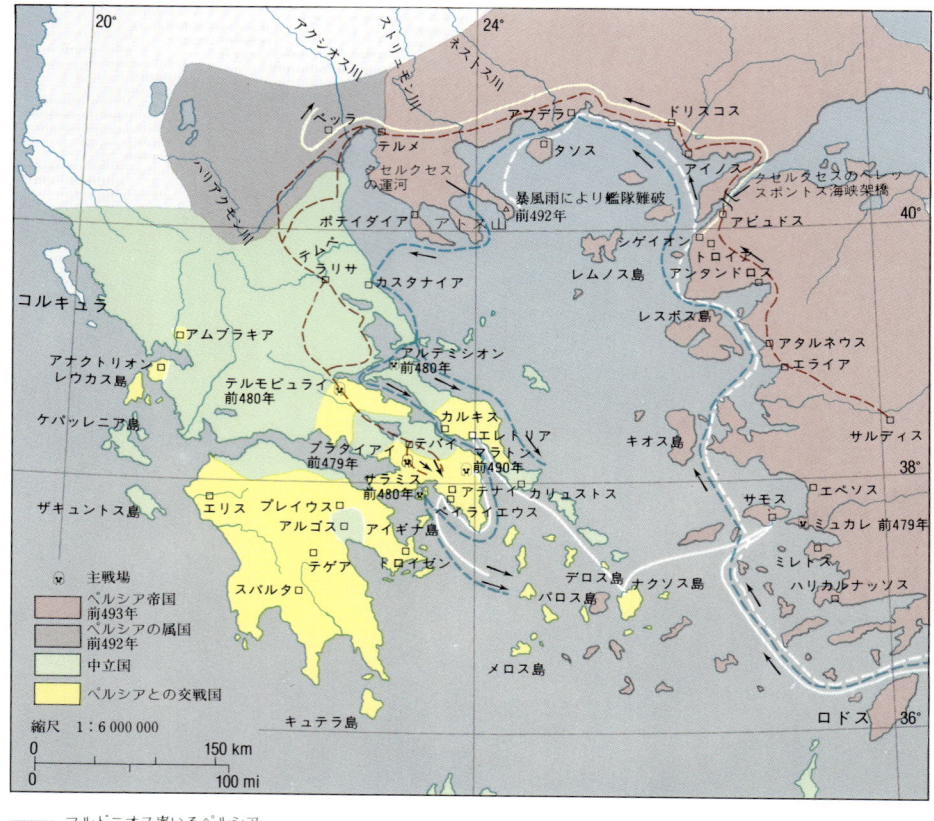

ペルシア戦争とペロポンネソス戦争

前490—480年のペルシアの遠征

ペルシア側からみれば，前490年の遠征はイオニアの反乱に加担したエレトリアとアテナイを懲らしめ，さらにアテナイに僭主政を復活させるための侵略であった．マラトンでの敗北の後，準備に何年もかけて，王室全体と帝国の全支配領をあげての一大遠征が実行された．艦隊は陸軍から遠く離れるわけにはいかなかった．だから，アトス半島を横切る運河は威光を示すためだけでなく，戦略上も重要な意味があった．ところで，テンペ峡谷でペルシア人を阻止する企ては，迂回路があるという理由で放棄されねばならなかった．テルモピュライは阻止作戦を試みるには絶好の場所であった．そのときに，その場所を側面から包囲する間道がクセルクセスに密告されたのだが，その道はごく最近になって再発見されている．陸上での砦はコリントス地峡であった．しかし，前480年にサラミスで，前479年にはプラタイアイでギリシア人が勝利をおさめたので，ペルシア軍はそれほど遠くまでは遠征できなかった．イオニアの一部を解放した（前479年の）ミュカレの海戦でもギリシアが勝ち，戦いの行方が明らかになった．その後，ペルシアの脅威はギリシア本土から取り除かれたが，アテナイ人とその同盟者たちは，その後30年間東地中海で戦闘を続けた．

マラトンの戦い

侵略者たちは7日間にわたる戦いの後にエレトリアを焼き払い，その住民たちを奴隷として売り払った．次に，ペルシア人はマラトンに上陸した．それは，おそらくヒッピアスの勧告に基づいたと思われる．かれの父が50年前にアテナイを獲得するために上陸したのが，このマラトンの地だったからである．そこは都市から遠く離れた広大な湿原であった．アテナイはすでにスパルタ人に援軍を求めていたが，ちょうど満月でスパルタの祭のときにあたり，援軍はこなかった．約9000人のアテナイ軍は，プラタイアイからの1000人ほどの兵を除いては味方もないまま，ペルシアの大軍に当らなければならなかった．ペルシア人らは弓矢でかれらを圧倒してから，騎兵で粉砕するつもりだった．まったく思ってもみなかったことに，アテナイ人が勝った．アテナイの歩兵が駆け足で突撃してペルシア軍の主軸を両翼から切り離し，ついでアテナイ軍の両翼が一転して主軸部隊に攻撃をかけた．その結果は大虐殺であった．結局ペルシア人は湿地で殺され，船に逃げ帰った者も海上で殺戮された．アテナイ人はわずか192人の兵を失ったにすぎなかった．戦死者を葬った塚がいまなお残っている．火をつけられた船もあったが，600隻のペルシア艦隊の大半はスニオン岬を回ってアテナイに航行した．マラトンで戦ったアテナイ軍が再びかれらを出迎えたが，ペルシア艦隊はそのまま撤退した．陸上から何者かが光る楯で海上の船に合図をしていたことは間違いないと思われる．ヒッピアスにはまだ友人がいたのである．

マラトンとデルポイにある大理石と青銅の記念碑だけでは，アテナイの勝利を表しきれるものではない．詩がつくられ，有名な絵が描かれ，伝説が生まれ，歴史書が記された．650年後でも，旅行者たちは，その古戦場を通ると，鎧をまとった兵士のかすかなざわめきが聞こえると信じていた．マラトンで戦った者たちはその後の生涯を「マラトンの戦士」として記憶された．当時，アテナイ人は堅固で堂々たる旧パルテノンの建設に着手した．しかし，それは10年後にペルシア人たちが戻ってきたときにもまだ完成していなかった．この時代は，悲劇の初期の発展の時期でもあった（アイスキュロスはマラトンで戦った人々の1人であった）．対外関係では，アテナイ人はアイギナとの止むことのない戦いに関わっていたが，そのころは事態がわずかに好転していた．前487年の戦闘では，アテナイ人はまだ50隻の船しかもっておらず，コリントスからもう20隻を借りなければあえてアイギナを攻撃できなかった事実は教訓的である．

国内では，アテナイの諸政策は直接民主政に向かって展開した．役人たちは今や抽選により任命された．そして，抽選は軍事司令官の任命には適さないので，戦いでの権限は各部族から1名ずつ選出された10人の将軍職に与えられた．前487年にアルコンのヒッパルコスが追放され，続いて前486年にはクレイステネスの甥のメガクレスが追放された．前484年に陶片追放されたのは，クレイステネスの姪と結婚し

ペルシア戦争とペロポンネソス戦争

てペリクレスの父となったクサンティッポスであった．マラトンの英雄ミルティアデスは不名誉な冒険家として死んだ．1人ずつ，このような名門に属する個人の脅威が無力化されつつあった．テミストクレスがこの同じ年ごろに活躍していた．かれはまず，マラトンの戦いの前に役人となり，かれもマラトンの戦士の1人であった．かれの一門は金持ちで高貴であったが，かれ自身は完全にはその一門の一員でなかったらしい．かれも結局は陶片追放され，追放されたままペルシア帝国内のギリシア都市の領主として死んだ．

ペイライエウスの長壁を築いたのはテミストクレスであった．それは，おそらくコリントス湾のレカイオンにある港を模倣したものであろうが，岩の多い自然の利点を生かしたので，コリントスのものよりもはるかに優れていた．前483年と前482年に，ラウレイオンの鉱山ではじめて深い鉱脈から大量に銀が掘り出され，それによってかれは200隻の軍艦を建造した．前480年にペルシア人が再び攻撃してきたとき，アテナイ人はその歴史上はじめて，マラトンでの勝利にまさる大勝利を得られるほどに強くなっていた．アジアの勢力をはじめて撃退した例として思い起こされるのはマラトンの戦いである．しかし，前480年の戦役の方がはるかに深刻な脅威であった．ダレイオス自身は再侵略の準備を始めていたが，このときにはもう生きていなかった．かれはエジプトの反乱を心配しながら，前486年に死んだ．

クセルクセスの侵略

クセルクセスが父の跡を継ぎ，そしてエジプトを鎮定したときには前484年になっていた．クセルクセスは大軍を率いて用心深く行動した．かれは，前492年のペルシア艦隊全滅の二の舞を避けるために，アトス山の内陸側に運河を掘らせ，ストリュモン川に橋を架けさせた．軍勢が集められた．前481年に，かれはサルディスまでやってきて，そこでその冬を過ごした．

クセルクセスは破滅に向かう運命の人物であった．サルディスで，かれを歓待した人が，徴兵された5人の息子のうち長男だけは故国に残してくれるように懇願した．するとクセルクセスはその若者を真二つに切り裂かせ，軍隊にその真中を行進させた．ヨーロッパとアジアをつなぐ2本の大きな橋がかれのために架けられたが，その橋が疾風に吹き飛ばされたとき，かれは技師たちを打首にしたばかりか，海そのものをも鞭打たせた．さらにかれは，軍隊に橋を渡らせるためにその軍隊をも鞭打たせた．

歴史家ヘロドトスはそのころは少年であったが，かれが記したその軍勢の数はあまりに多くて，その数は信じがたいほどである．その軍勢には，石の鏃を使い，ヒョウの皮をまとったエティオピア人と，鎖帷子とズボンを身につけたペルシア人，木綿を着たインド人，ヤギの皮をまとった中央アジア人，棍棒あるいは短剣と投げ縄で武装した兵士たち，キツネの皮の帽子をかぶったトラキア人，槍騎兵，剣士，弓兵隊，「染めた衣裳を着て長靴を履いた」兵士らが加わっていた．150万人以上の歩兵と8万人の騎兵がいたといわれている．しかし，その全陸軍の実数は20万人に満たなかったようである．その中にはペルシア人の選抜隊1万人も入っており，ペルシア艦隊はおそらく1000隻以下であった．

夜の稲妻の一閃で山並の形がはっきりと現れるように，この侵略によってギリシア人同士の関係についてある事が明らかになった．スパルタは31の都市が出席した会議をコリント地峡で開いた．テッサリアとボイオティアの大半と北方の小グループは自国にとどまった．それらの国々はペルシア軍の当面の進路上に位置していて，南部ギリシアの人々がかれ

上 ペルシア艦隊はアトス岬をはじめて回ろうとしたとき，嵐でひどい損害をうけた．そのため，かれらはこの地の狭い頸部のところを横断する運河を掘り，そこを無事通過したと伝えられている．

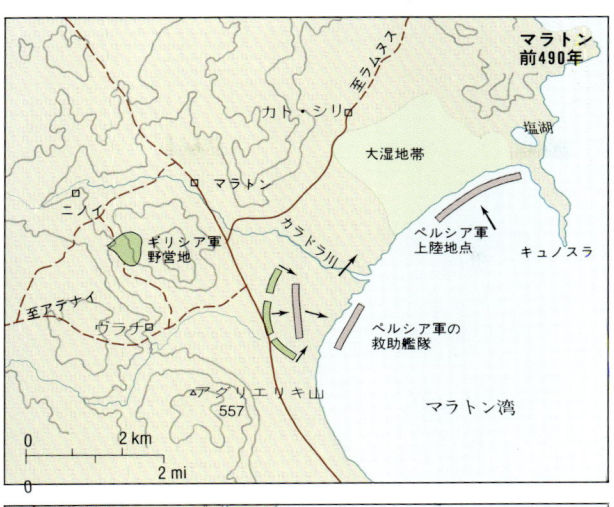

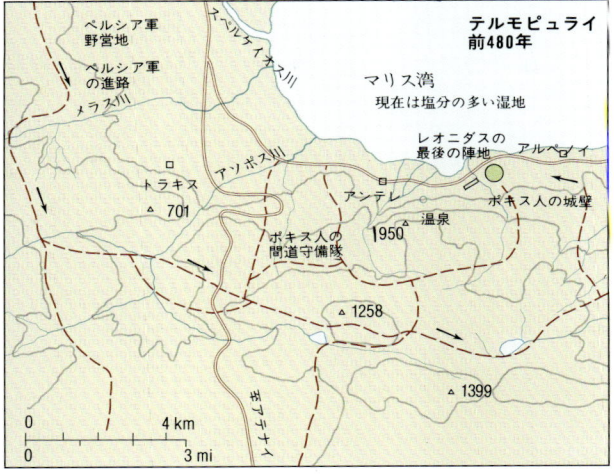

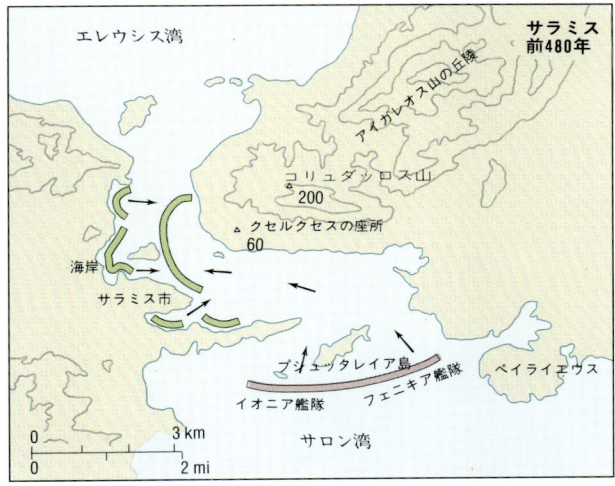

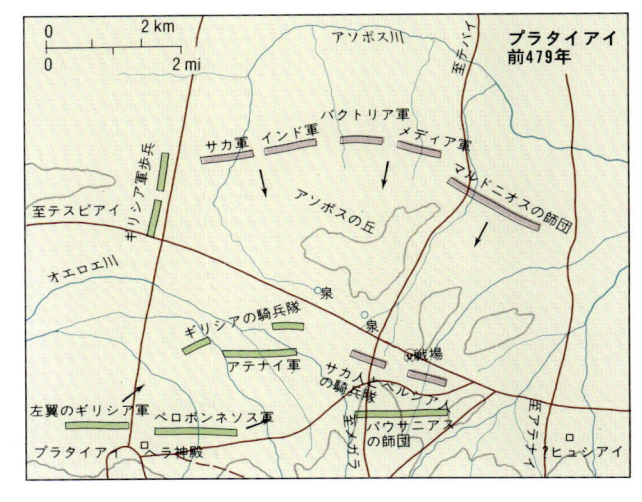

■ ギリシア軍
■ ペルシア軍
― 街道（荷馬車通行可能）
--- 間道
= 現代の道路
ウラナ 現代名
アテナイ 古代名

ギリシアの兵士

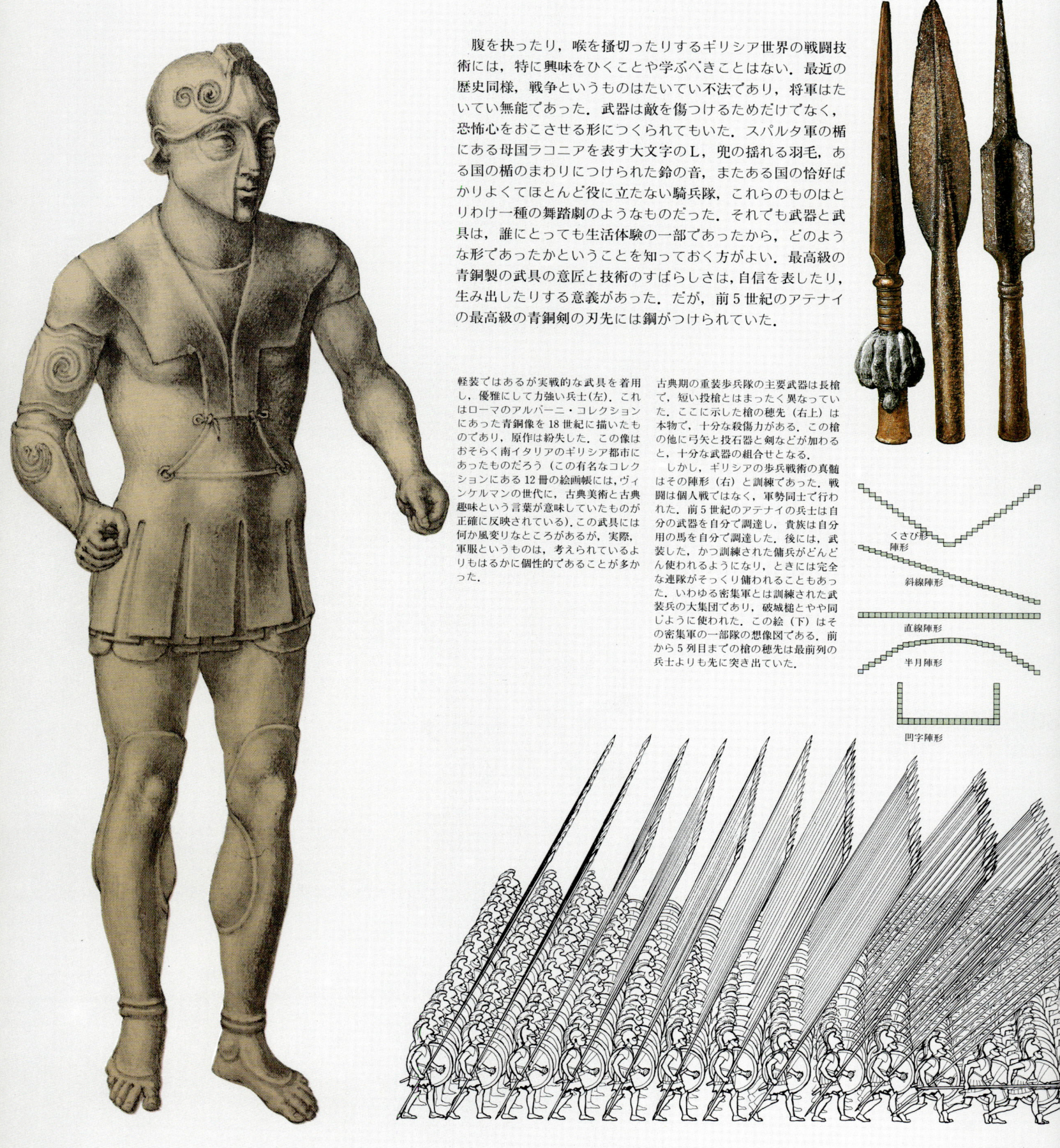

腹を抉ったり，喉を掻切ったりするギリシア世界の戦闘技術には，特に興味をひくことや学ぶべきことはない．最近の歴史同様，戦争というものはたいてい不法であり，将軍はたいてい無能であった．武器は敵を傷つけるためだけでなく，恐怖心をおこさせる形につくられてもいた．スパルタ軍の楯にある母国ラコニアを表す大文字のL，兜の揺れる羽毛，ある国の楯のまわりにつけられた鈴の音，またある国の恰好ばかりよくてほとんど役に立たない騎兵隊，これらのものはとりわけ一種の舞踏劇のようなものだった．それでも武器と武具は，誰にとっても生活体験の一部であったから，どのような形であったかということを知っておく方がよい．最高級の青銅製の武具の意匠と技術のすばらしさは，自信を表したり，生み出したりする意義があった．だが，前5世紀のアテナイの最高級の青銅剣の刃先には鋼がつけられていた．

軽装ではあるが実戦的な武具を着用し，優雅にして力強い兵士（左）．これはローマのアルバーニ・コレクションにあった青銅像を18世紀に描いたものであり，原作は紛失した．この像はおそらく南イタリアのギリシア都市にあったものだろう（この有名なコレクションにある12冊の絵画帳には，ヴィンケルマンの世代に，古典美術と古典趣味という言葉が意味していたものが正確に反映されている）．この武具には何か風変りなところがあるが，実際，軍服というものは，考えられているよりもはるかに個性的であることが多かった．

古典期の重装歩兵隊の主要武器は長槍で，短い投槍とはまったく異なっていた．ここに示した槍の穂先（右上）は本物で，十分な殺傷力がある．この槍の他に弓矢と投石器と剣などが加わると，十分な武器の組合せとなる．

しかし，ギリシアの歩兵戦術の真髄はその陣形（右）と訓練であった．戦闘は個人戦ではなく，軍勢同士で行われた．前5世紀のアテナイの兵士は自分の武器を自分で調達し，貴族は自分用の馬を自分で調達した．後には，武装した，かつ訓練された傭兵がどんどん使われるようになり，ときには完全な連隊がそっくり傭われることもあった．いわゆる密集軍とは訓練された武装兵の大集団であり，破城槌とやや同じように使われた．この絵（下）はその密集軍の一部隊の想像図である．前から5列目までの槍の穂先は最前列の兵士よりも先に突き出ていた．

くさび形陣形
斜線陣形
直線陣形
半月陣形
凹字陣形

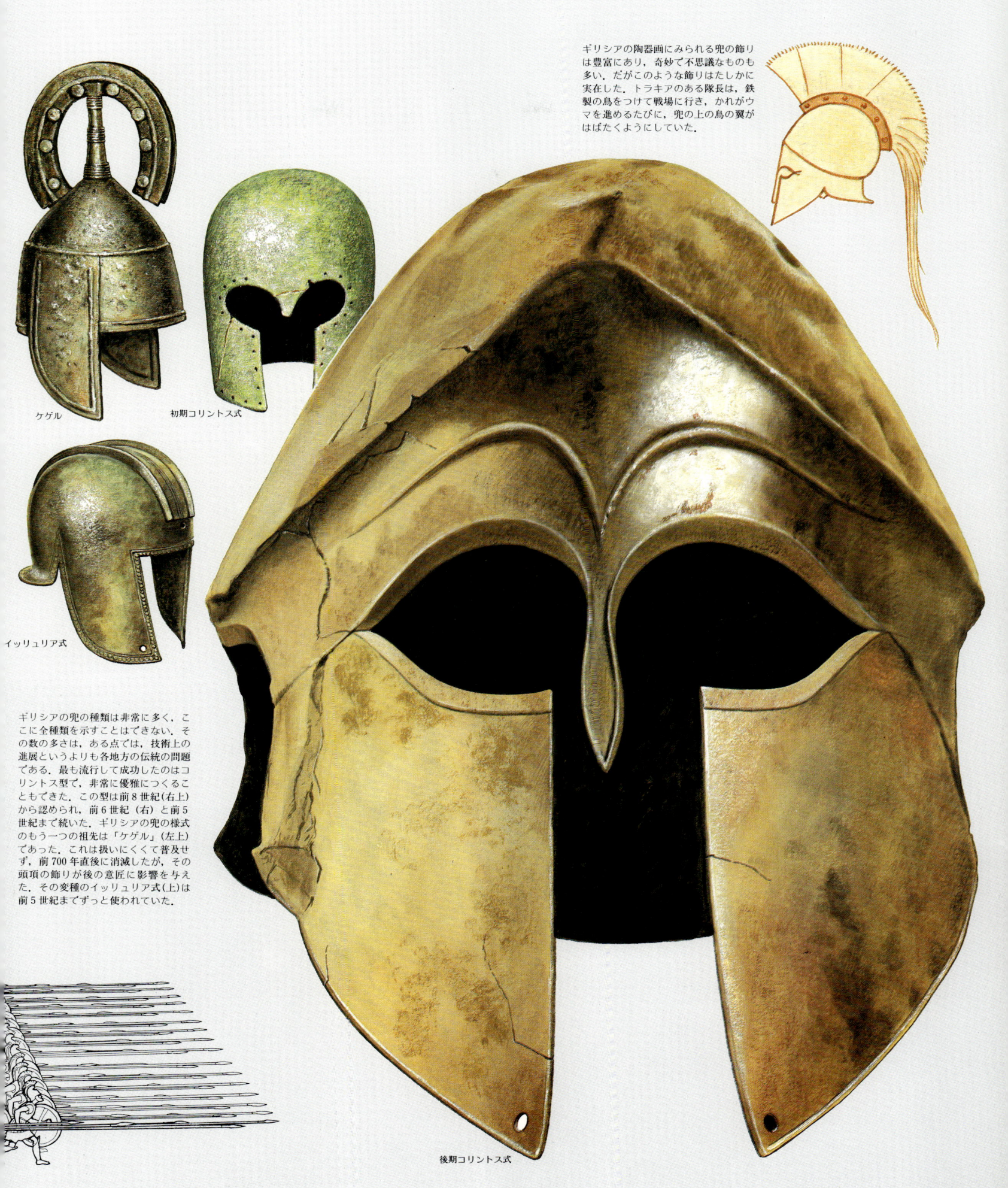

ギリシアの陶器画にみられる兜の飾りは豊富にあり，奇妙で不思議なものも多い．だがこのような飾りはたしかに実在した．トラキアのある隊長は，鉄製の鳥をつけて戦場に行き，かれがウマを進めるたびに，兜の上の鳥の翼がはばたくようにしていた．

ケゲル

初期コリントス式

イッリュリア式

ギリシアの兜の種類は非常に多く，ここに全種類を示すことはできない．その数の多さは，ある点では，技術上の進展というよりも各地方の伝統の問題である．最も流行して成功したのはコリントス型で，非常に優雅につくることもできた．この型は前8世紀（右上）から認められ，前6世紀（右）と前5世紀まで続いた．ギリシアの兜の様式のもう一つの祖先は「ケゲル」（左上）であった．これは扱いにくくて普及せず，前700年直後に消滅したが，その頭頂の飾りが後の意匠に影響を与えた．その変種のイッリュリア式（上）は前5世紀までずっと使われていた．

後期コリントス式

135

防御設備と戦闘機械

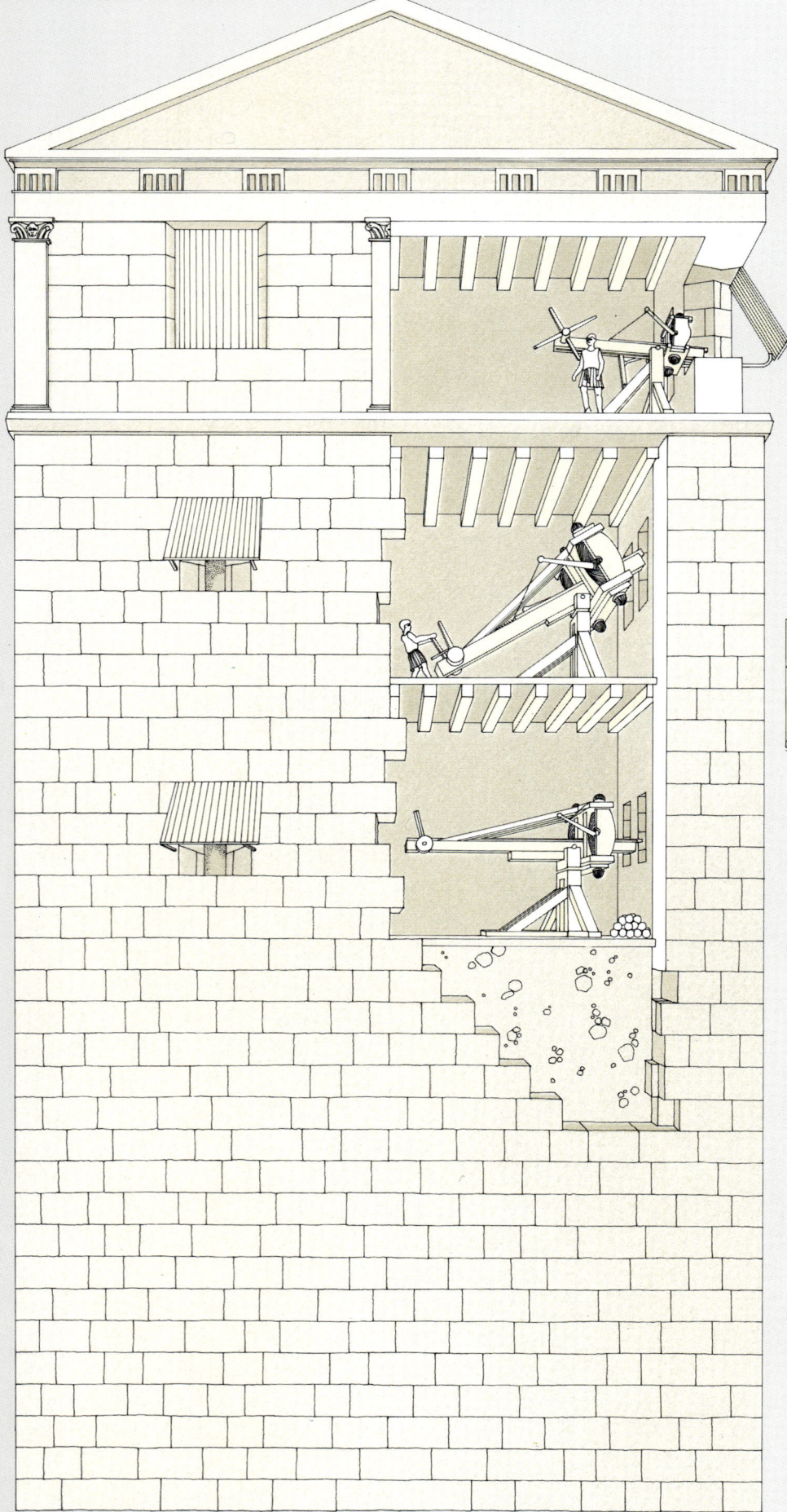

ギリシアの城砦は青銅器時代，特にミュケナイ時代にさかのぼる．アテナイのアクロポリスが前5世紀にペルシア人に占領されたときには，まだミュケナイ時代の防壁があった．前5世紀には砦と城だけでなく都市全体も壁で囲まれるようになり，アテナイの長壁やシチリアのアクラガス市の例では何マイルも続いていた．ローマの城壁にはギリシアの影響がみられる．ペロポンネソス半島全体が，コリントス地峡を横切る一つの壁で防衛されていた．前5世紀と前4世紀には戦闘用武器と防御設備の技術がどんどん向上した．この技術向上により，一連の建築様式と仕掛けが生まれ，もちろん攻撃手段も生まれた．実際それは，飛行機が発明されて城壁都市が旧式となるまで続いた．

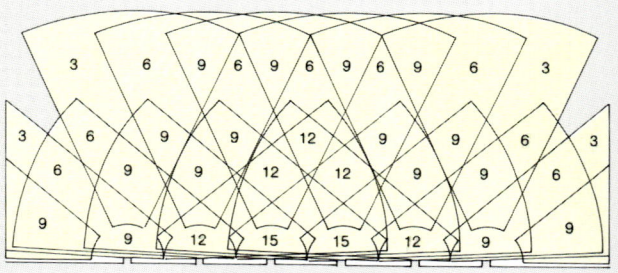

発射機と射程範囲．長い防御壁の塔（左の断面図）に据えられた発射機は，普通に考えられているよりも密に砲弾を発射することができた．上の図表では，前線に100mおきに6基の塔があり，各塔に発射機が9台と，各外壁にさらに3台，つまり900mの長さに54台の兵器があるという想定である．一定の範囲を射撃できる発射機の数が数字で示されている．

右　攻城機械．この図はヘレニズム時代の非人道的な仕掛けの構造を正確に描いたものである．兵士はまとまれば互角に対抗する．歩兵の一生は，『イリアス』のような世界でも，不快で残酷で短いものであったにちがいない．ところが，ここに描かれたようなおぞましい形の装置がつくり出されて，それらが巨大な石壁に立ち向かうようになると，なおいっそう歩兵の一生は不快で短い命となった．非常に多くのものを発明しながら戦争で濫費してしまったことや，蒸気の動力に気づいていながら鉄道をまったく考えつかなかったことは，ヘレニズム時代の人間的退廃を物語っている．

技術変革に劣らず社会変化も重要であった．戦争の基本要素は個々の歩兵であり，アルカイック時代の初期のころと同じように訓練によって編成されていた．アレクサンドロスの部下たちは，1回の号令で直ちに後ろ向きになり，この図（右）のように後縁が敵側に向いたカメの甲羅の形を楯でつくることができた．こうすれば，石を積んだ車が頭上に落ちてきて砕けても無事でいられた．

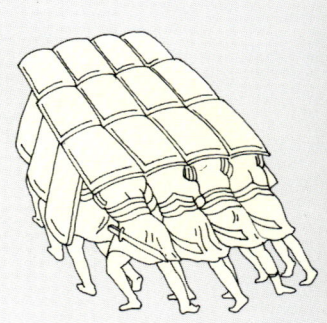

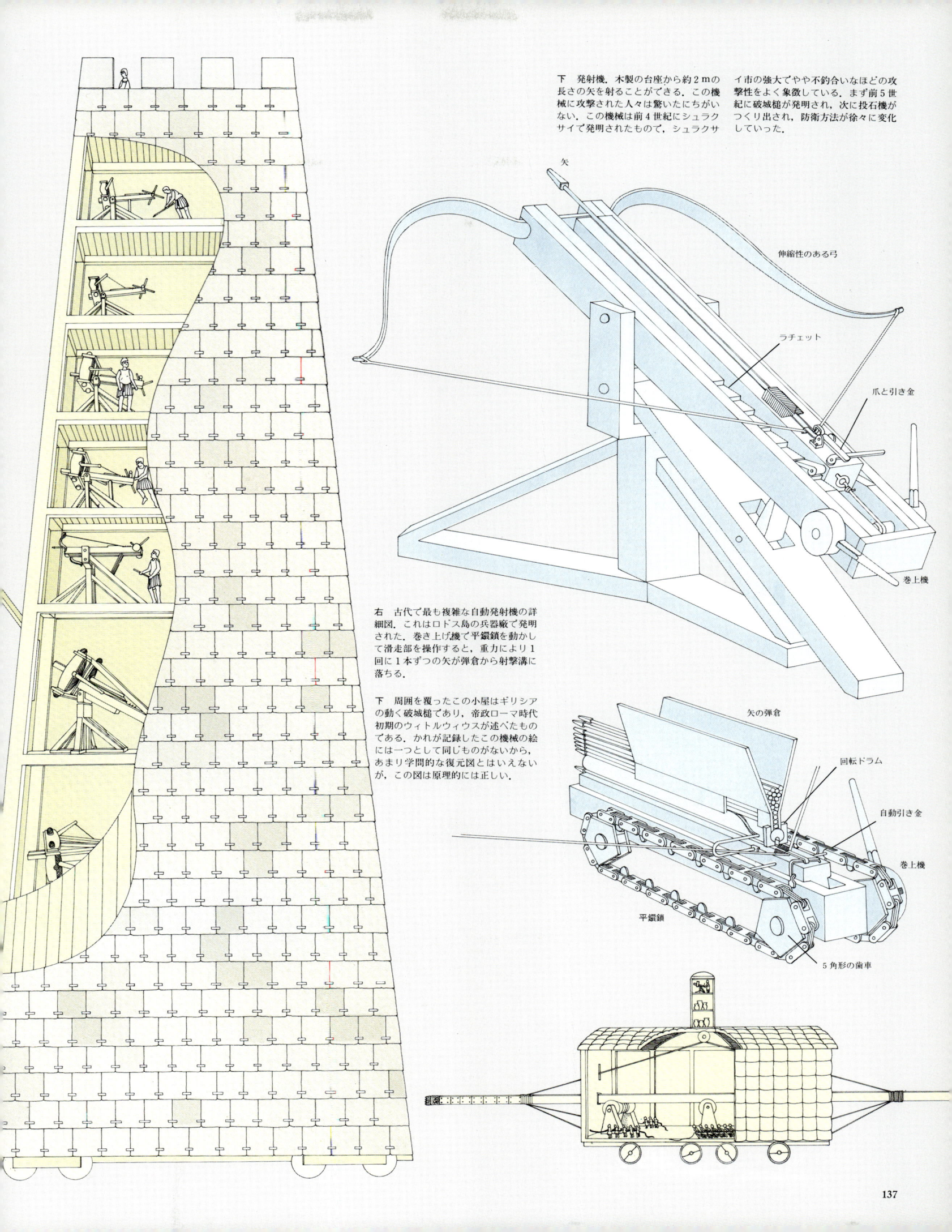

下 発射機．木製の台座から約2mの長さの矢を射ることができる．この機械に攻撃された人々は驚いたにちがいない．この機械は前4世紀にシュラクサイで発明されたもので，シュラクサイ市の強大でやや不釣合いなほどの攻撃性をよく象徴している．まず前5世紀に破城槌が発明され，次に投石機がつくり出され，防衛方法が徐々に変化していった．

矢
伸縮性のある弓
ラチェット
爪と引き金
巻上機

右 古代で最も複雑な自動発射機の詳細図．これはロドス島の兵器廠で発明された．巻き上げ機で平鎖鏈を動かして滑走部を操作すると，重力により1回に1本ずつの矢が弾倉から射撃溝に落ちる．

下 周囲を覆ったこの小屋はギリシアの動く破城槌であり，帝政ローマ時代初期のウィトルウィウスが述べたものである．かれが記録したこの機械の絵には一つとして同じものがないから，あまり学問的な復元図とはいえないが，この図は原理的には正しい．

矢の弾倉
回転ドラム
自動引き金
巻上機
平鎖鏈
5角形の歯車

137

デロス

デロスはキュクラデス諸島の中心の島であり，エーゲ海のアポロンの中央神殿でもある．この島はホメロスの時代以前からアポロン神の聖地であり，ミュケナイ時代から宗教儀式が続いていた可能性がわずかながら考えられる．アポロンとアルテミスはデロス島で生まれた．

前7世紀と前6世紀のはじめ，デロスは隣りの大きな島のナクソスに支配されていた．その後は，スパルタとの大戦争の終りの一時期を除いて，だんだんアテナイ人が支配するようになってきた．しかし，前314年にデロスは独立し，前166年まで独立を保った．この島は金融業と商業の中心地として重要性を増していき，前166年にローマ人がここをアテナイに従属する自由港とした．そして，ローマの中央権力が強くなった前1世紀半ばの動乱以来この島は衰退していった．

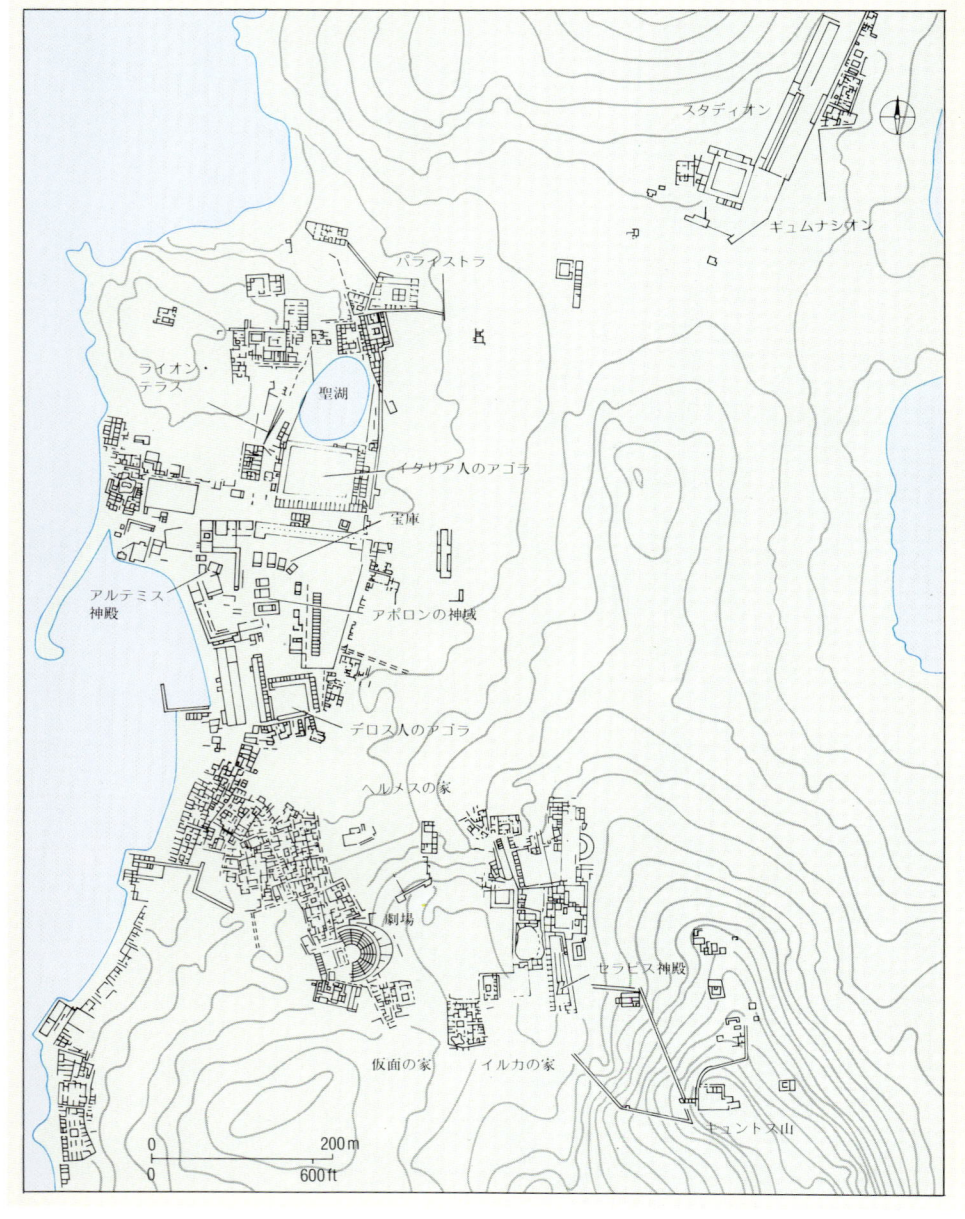

らを護ってくれると期待する理由が何もなかった．アルゴスはスパルタに遺恨があったので自国にとどまった．スパルタ人がアルゴス領内でかれらを手ひどく打ち負かしたことがまだ忘れられておらず，そのため会議からの使節は徒労に終った．さらに，それぞれの理由で使節がクレタ島とコルキュラ島とシュラクサイに派遣された．会議により和解したのはアテナイとアイギナだけであったらしい．それでも，1万人のギリシア陸軍がテッサリアとマケドニアの間にあるテンペ峡谷に布陣した．そして，海軍が結集した．これらの陸・海軍ともにスパルタの指揮下にあった．テンペ峡谷の軍勢はすぐに撤退した．テンペ峡谷の他にもいくつかの隘路があることがわかったし，テッサリア人は背後に置いておくには信頼できない同盟者であると感じられたからである．

テルモピュライの戦いとアテナイの略奪

スパルタ王レオニダスに率いられた7000人の兵士は，エウボイア島の北端に面しているテルモピュライの天険の隘路の頂上に新たに布陣した．この道の「熱き門」という意味の名のもとになった温泉はいまも湧き出ているが，風景はまったく変ってしまった．スペルケイオス川の河口が沈泥で塞がってしまい，古代には通過できなかった地帯がいまや海岸平野になり，ギリシアの南北を結ぶ主要道路が走っている．7000人の軍勢はコリントス地峡まで退こうとしたが，アテナイ海軍はそのころ重大な戦力となっていたし，アテナイは少なくとも象徴として守られねばならなかった．ペロポンネソス勢の本隊はアポロンの祭典やオリュンピアの祭典を理由に出兵を拒んだ．一方，アテナイは用心のために非戦闘員をペロポンネソスに避難させ，アッティカの海岸防備に艦隊の半分を残し，半分を他のギリシア船と共にエウボイア北岸のアルテミシオンに遣り，反対側のカルキスの海峡に後衛を置いた．ギリシア艦隊全体では280隻の船があった．ペルシア人の指揮する大船団はアルテミシオンの向い側の浜に停泊していたが，暴風雨のために大部分が破壊されてしまった．

ギリシア人は地形を心得ていて操船技術にもすぐれていたため，海上では有利であったが，陸上では悲惨な目にあった．ギリシアの山には，1本の道しか通っていないというところはほとんどない．ギリシア人はペルシアの精鋭部隊に包囲されたが，まもなくそれに気づき，1400人の兵士を残して総退却した．おそらく故国が大変近かったという理由で残ったテスピアイ人と，何人かのテバイ人と300人のスパルタ人が残った．レオニダスとわずかな部下たちは，ペルシア軍の本隊に対してその道の西端に布陣した．レオニダスは戦死し，クセルクセスの兄弟2人も死んだ．惨憺たる長時間の防衛の後，最後のスパルタ人たちが包囲されて戦死した．スパルタ人は勇猛果敢にして，無気味とも思えるほど快活に自らの運命に従ったのであった．A・E・ハウスマンの表現を借りれば，「スパルタ人は海水に濡れた岩に腰をおろして髪を梳った」のである．かれらを称えた碑銘は簡潔な文であり，それは当時のみならずいかなる時代の詩と比べても，卓越した簡潔な詩をつくった詩人シモニデスの作であることが，ほぼ確実である．ギリシア語で表せばさらに簡潔になる．

> 旅人よ，ラケダイモン（スパルタ）人に伝えよ，
> ここに，かれらの命に従いてわれら眠ると．

ペルシア軍は残った艦隊とともにアテナイ人の本国を荒らした．ギリシア陸軍はコリントス地峡に結集し，アテナイ人は，最後まで留まった小人数を残して，全員アテナイを放棄した．ギリシア艦隊は行先の決まらないままアテナイとサラミスの間にいた．2週間でアテナイのアクロポリスは落城し，残留守備隊は全員殺され，神殿は粉砕されて焼かれ，略奪された．このときに破壊されて埋められた品々は，いまではアルカイック彫刻に関する最大の宝庫となっている．しかし，その古い時代の調和のとれた快活さと生き生きとした喜び，そして滑稽な，あるいは神聖な形式性は，失われてしまって取り戻せない．聖所はデメテルのものを除いては，50年間再建されなかった．それらは，ギリシア人がこうむった事件の記念碑として廃墟のままに残されたのであった．

サラミスの海戦とプラタイアイの戦い

しかし，ペルシア人はアテナイから先には進めなかった．テミストクレスがさまざまな謀略や外交手段を弄して，サラミス島と本土の間の海で戦いをおこした．その戦いは激しく，酸鼻をきわめたが，ギリシア側の完全な勝利に終った．アイスキュロスの悲劇の中にその戦いの目撃者の言葉がある．「私はエーゲ海に死体の花が咲くのをみた」「かれらは折れた櫂や棒切れで人間をマグロのようになぐりつけた」．クセルクセスは6万人の軍勢とともにアジアに退却し，サルディスに司令部を置いた．ペルシア軍は防備された都市を包囲するために再びテッサリアに集まった．その間にギリシア人は記念碑を建て，論功行賞を行い，戦利品を分配していた．注目すべきことに，派手な二枚舌で行動したテミストクレスが最高賞の指名を最も多くうけ，アイギナが武勇に関する一等賞を獲得し，アテナイは二等であった．ギリシア人は海上で勝ち，陸上でも精神的な勝利を得た．これほどのペルシアの大軍が10年間に2度目の退却をしたということは，抵抗し続けたかいがあったことを確信させるものであった．

ペルシア人はペルシア側についていたマケドニアの王を送って，アテナイに自由で平等な同盟を結ぶことを申し出た．かれらの望みはアテナイの艦隊であったのか，ラウレイオンの銀山であったのか，あるいはコリントス地峡への安全な道であったのであろうか．アテナイはスパルタに忠誠を守った．しかし，ペルシア人が進撃してきたとき，最初スパルタ人は，アポロンのもう一つの祭典にかこつけて，地峡の防壁内に籠っていた．しかし，アテナイ人が艦隊を敵の手に渡すことになるのを恐れて，結局はスパルタ人も出兵した．それは，これまで南方から中央ギリシアに現れた軍勢の中で最大のものであった．スパルタ人5000人と，スパルタに従属する部族の兵士5000人と隷属農民2万人に，8000人のアテナイの同盟軍と他の地域からの軍勢が加わったので，全体としてはかなりの戦力となった．かれらはテバイ平野の端のプラタイアイの地でペルシア軍と対戦した．そこは，アテナイやペロポンネソスに通じる道の端にある丘陵の麓であった．ペルシアの遠征軍は散り散りにされ，防壁で囲った陣地は破壊された．将軍のマルドニオスは斃れ，ペルシアの同盟国のテバイの指導者たちはコリントスへ連行されて処刑された．

かつてギリシア人が見たこともないすばらしい宝物が，戦利品としてギリシア中に分配された．将軍の三日月刀と銀の脚の玉座がアテナイのアクロポリスに捧げられた．後にペリクレスの建てたオデイオンはギリシアの最初の屋根付き劇場であり，音響効果を考えて作られたものだが，それはこの戦いで獲得されたクセルクセスの謁見用幕舎を模倣したものであった．デルポイには青銅の大円柱に3匹のヘビが互いに絡み合いながら巻きついている戦勝記念碑が建てられた．3匹のヘビの頭は柱の先端で外側に突き出ていて，その鼻で黄金の鼎を支えていた（p.73参照）．ペルシア帝国は絶頂期を過ぎ，戦場は必然的に，東方のギリシア諸都市や島嶼に戻った．海上ではアテナイが最強であったから，この戦争によってア

上　異邦の神々の神域の一つからみたヘルメスの家．丘を背にして建てられたこの家は3階建て，中央の中庭には2列の列柱が復元されている．

アルカイック期のライオンの大通り（左）．現存するものはほんの一部でしかない．他の像はデロス島からアテナイやヴェネツィアやさらに遠くへもち出されてしまった．しかし，そのような複雑な歴史の中で，このライオン像はアポロンの本質的なものを思いおこさせる．この神は，小アジアでもデロスでも，強力で恐るべき神として，詩にも歌われ石にも彫られた．

ペルシア戦争とペロポンネソス戦争

テナイの影響力が東方に広まっていった．

　最初は，プラタイアイでギリシア連合軍を指揮したスパルタの将軍パウサニアスが，この東方での戦いを遂行した．かれはキュプロス島のほとんどとビュザンティオン市を解放した．キュプロスの解放はギリシア史上いく度となく繰り返される出来事である．しかし，かれは1世代前の僭主のような独立した軍司令官としてふるまった．前470年代にかれが時代遅れの個人主義を捨てられなかったことは教訓的である．かれは2度スパルタに召還され，アテナイによってセストスとビュザンティオンから（つまりボスポラス海峡の支配から）追放され，ついにスパルタで監督官に召喚されて逃げ込んだ神殿に閉じこめられて餓死した．かれのような人物やテミストクレスのような人々の時代は終ったのである．

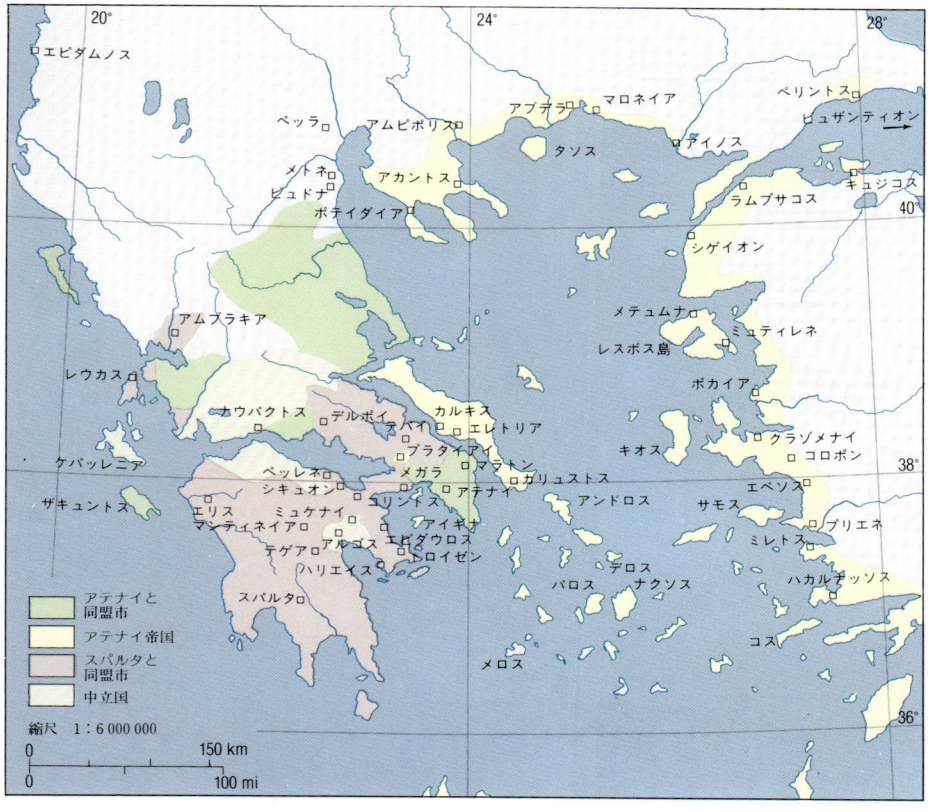

アテナイとデロス同盟

　すでに前470年代のはじめに，アテナイは新しい都市連合，つまり同盟（デロス同盟）の根拠地をデロス島に置き，年賦金を共同の金庫に貯えた．そして共通の軍事政策の決定にはだんだんとアテナイの力が強まっていった．アテナイ海軍の支配力が増したのは，プラタイアイでの勝利のおかげで国力が発展できたからであった．

　アテナイは徐々に都市を要砦化していき，大軍事勢力となった．前475年に，ヘッレスポントスの西ではペルシア最強の陣地であるエイオンを，キモンの子のミルティアデスの息子のキモンが陥落させた．海賊の島スキュロスも陥落した．これにより，トラキア産の材木や銀の，そしておそらく金の輸送路が解放された．続いてキモンは，小アジアの西南にあるリュキアとカリア諸都市をギリシア圏に戻し，ついには前468年ごろ小アジアの南のエウリュメドン川の河口で陸海両面の勝利をおさめて，ギリシア人をペルシア人から完全に解放した．デロス同盟から脱退したいかなる都市も，それがあたかもペルシアへの脱走であるかのように，即座に厳しく制裁された．南エウボイアのカリュストスは武力で同盟に加盟させられたし，ナクソスはあらためて忠誠を誓うことを強要された．タソス島は本土側にある金鉱脈のアテナイの支配に反対したが，海戦に破れ，前463年にタソスの艦隊は徴収され，都市を守る城壁は破壊されてしまった．タソスはスパルタにアテナイを訴えていたのだが，スパルタ人は自分たちに謀叛をおこした隷属農民の鎮圧に手一杯であった．

ペロポンネソス戦争の因

　次に続く10年間はこの世紀の中心となった時代である．このときまではそれまでの世界が絶頂に達したままの状態で続いていたのだが，前460年ごろからはその結果としての新しい状況が驚くべき形で現れはじめた．アテナイは日の出の勢いで前463年と前454年の間にほとんど覇者に近いものとなった．権力闘争を解決するものは，いかに意外であろうとも，常に軍事力である．ペルシア帝国は，ギリシア人の疾風怒濤の勢いに圧倒されて，衰退してしまった．フェニキア人はその過程で損害をうけたのであり，かれらの西方の植民市カルタゴも侵略的に対抗してくるギリシア人に悩まされていた．驚くべき活力で行動するアテナイ人は，1都市では保ちきれないほどの覇権を主張していた．そして，海は商業権も含めてかれらのものになり，鉱山や農作物も手に入れたのだが，ついにかれらはスパルタ人と同じく東地中海を支配することはできなかった．スパルタとアテナイの関係は，結局ギリシアとペルシアの関係と同じになった．

　前464年，スパルタでは流血の内乱がおこっていた．メッセニア人が反乱をおこしたのである．小人数のスパルタ人は敗れてしまい，反乱者たちはメッセニアの古くからの要塞であるイトメに籠城した．この要塞の本当の位置はいまでは不明であるが，そこを包囲するために同盟軍が招集された．とりわけ，アテナイのキモンは4000人の兵士を率いて救援に赴いたが，スパルタ人に警戒されて撤兵させられるという屈辱的な目にあった．前461年にキモンは陶片追放された．アテナイはスパルタに対する外交手段としてアルゴスと同盟を結んだ．この間にも，アテナイの民主政は着実に，いや動揺しながらも逆行することなく発展した．前462年以後，ア

ペルシア戦争とペロポンネソス戦争

ペリクレス．かれはアテナイが最大の権力を握った時期に支配者として選出された．かれは壮大なアテナイを建設したが，それゆえ，アテナイを没落させたともいえるだろう．

左上 アテナイ帝国，前460－446年
スパルタが前478年にペルシア戦争から撤退し，前478/7年の冬にはアテナイの率いる同盟が結成され，ペルシアとの戦いが続けられた．はじめは同盟の議会はデロス島に置かれた．反乱が相次ぎ，鎮圧せねばならず，前5世紀半ばには，アテナイは公然と同盟よりも支配を主張するようになった．しかし，各地の民主政派をアテナイが支持したので，アテナイに支配される諸都市はスパルタ人やペルシア人から軍勢を向けられた後でも，驚くほどの忠誠を示した．ペリクレスは，帝国を放棄すれば非常に危険なことになるだろうと述べた．実際，アテナイの人口はふくれ上がり，黒海から穀物を運ばなければ足りなかった．その生命線は，ビュザンティオンが従属し，アテナイからの植民者たち（クレルコイ）がその経路に沿って配置されているかぎりにおいて，やっと安全に確保されるものであった．

左下 ペロポンネソス戦争勃発時の同盟，前431年
1914年の状況と同じく，ギリシア世界は二つの対立する同盟に分裂していた．長い目でみれば，前431－404年の大戦の結果，両同盟とも崩壊することになった．

ピュロスとスパクテリア島の戦い
以前には無敵と信じられていた優秀なスパルタ兵の一団を捕虜にした後，アテナイは前425年にピュロスを攻略して大成功をおさめた．それ以後，アテナイ側は，スパルタにとっては攻撃されやすい弱点の地に基地を置いていた．それはメッセニア地方の動乱の震源地となりえた．

シュラクサイの包囲
アテナイの最も野心的な冒険はシュラクサイの攻撃であった．そのためにはアテナイは，実力以上の資金と兵士と船をあえて注ぎ込んだ．シチリアの併合は前途有望であったが，シュラクサイの長期間の包囲で処置を誤り，結局完全に敗北した．アテナイは国内で致命的に弱体化したが，その後の9年間は弾力的にもちこたえた．

テナイの裁判官たちに報酬が支給されたので，あまり裕福でない人々も公職につくことができた．前458（457）年には，階級制度で第3位の市民（p.92参照）にも最高のアルコン職が解放された．前459年に，コリントスと係争中のメガラがペロポンネソス同盟を離脱して，アテナイの同盟国となった．コリントスは，西地中海では経済面で，そして母国近くでは，コリントス湾の入口にあるロクリス人の都市ナウパクトスをアテナイに奪われるなど，いろいろなことで挑発をうけていた．アテナイはメッセニア人亡命者たちをナウパクトスに定住させた．激しい戦いがおこったが，その詳細は不明である．同じころ，エジプトがペルシアに反抗し，アテナイ人に反乱への加勢を求めた．その戦いはだらだらと長引いた（前456（459）－454年）が，結局，ペルシア人が支配を取り戻し，アテナイ人は散り散りに帰国するというひどい結末になった．さらに，ナイル川のデルタ地帯でフェニキアの海軍がアテナイ艦隊を撃破した．しかし，その間にアイギナはついに陥落し，前456年にはデロス同盟に年賦金を支払った．

前457年にアテナイはタナグラでスパルタ軍と戦った．そのときスパルタは防衛のための侵犯を行っていた．スパルタは，テバイをアテナイにつり合うように強化するため，大規模な遠征軍をボイオティアへ送っていた．約1500人のスパルタ人と1万人の同盟軍は，1万4000人のアテナイ人と1000人のアルゴス人および他の同盟軍と戦い辛勝した．テッサリアの騎兵隊もアテナイ側として現われたが，スパルタ側に寝返った．タナグラの戦いは，事態がどれほど進んでいたかをよく示している．かつては，国家間の対決はあまりなく，対立は限定された範囲のもの，または内輪のものであったが，いまでは同盟対同盟の戦いとなった．前454年にエジプトで失敗したとき，アテナイはデロス同盟の資金を古き聖なる島からアテナイ市に移した．前449年には，アテナイ人は北はテルモピュライまで支配し，前450年代末と前440年代初頭には，さらにコリントス湾まで進んだ．一部族の前458年の戦死者177人の名を記したアテナイの碑文は引用に値する．「ここに掲げるのは，同じ年にキュプロス，エジプト，フェニキア，ハリエイス，アイギナ，メガラでの戦死者である」（ハリエイスはアルゴリス半島の南端にあり，アテナイ人が攻撃して失敗した）．当時，マラトンでの戦死者の10倍近い数のアテナイ人が毎年戦死していたらしい．

前451年にアテナイとスパルタの間にとりあえず5年間の休戦条約が結ばれ，さらにアルゴスとスパルタとの間に30年間の本格的な和平条約が結ばれた．アテナイのペルシアに対する戦いは続いた．キモンは国外追放を許されて帰国し，年少の後継者のペリクレスと和解し，キュプロスの解放のために再び遠征した．かれは前449年にその地で客死したが，かれこそ反ペルシア・親スパルタという古い世代の最後の典型であった．ペリクレスは，東方での戦いと故国での戦いのどちらかを選ぶ必要にせまられたとき，故国での戦いを選び，前449年ごろクセルクセスの後継者のアルタクセルクセスと和約を結んだ．たちどころにペルシア戦争の脅威は除かれ，デロス同盟をさらにわが物としようとする野望が崩壊し始めた．前447年にボイオティアが離反し，ポキスとロクリスがこれに続いた．メガラとエウボイアはスパルタの援助をうけて反乱をおこした．メガラは成功したが，エウボイアは惨敗した．アテナイは同盟国の年賦金を減らし，アカイアとトロイゼンとメガラの港を明け渡し，まさに5年前にアルゴスが行ったのと同様に，前446年にペロポンネソス同盟と30年間の和平条約を結んだ．

デロス同盟の内部では，アテナイの政策が強まっていた．前450年ごろ，アテナイからの貧しい植民者たちが，ナクソス島とアンドロス島で，そしておそらくその他の島でも，島民から土地を接収した．前447年にアテナイはケルソネソス半島に戦略的植民を行い，レスボス島とイムブロス島にも植民して，黒海ルートを確保した．当時はこのルート沿いの都市こそが裕福であったのだ．たとえば，ラムプサコスはエペソスの2倍の金を同盟に納めた．この植民者たちは，土地を保有したことで社会的にも経済的にも上昇し，アテナイに対する納税と軍役の義務を果たした．

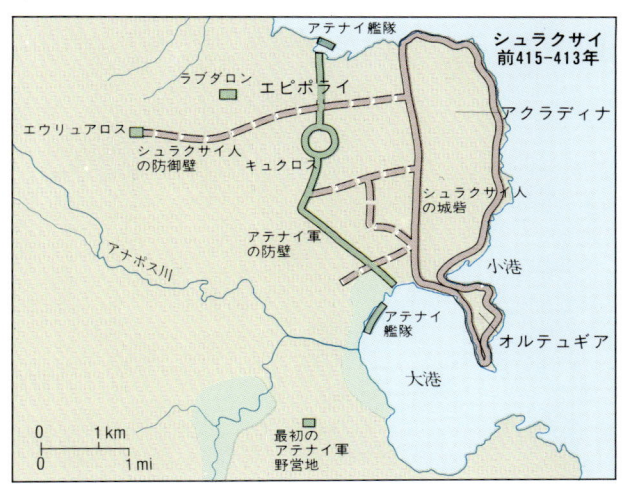

アテナイの貨幣制度が同盟全体に強制的に押しつけられた．トラキアやその他の地におけるアテナイの帝国主義政策はペリクレスのものであった．かれの最大の政敵トゥキュディデス（歴史家ではなく，キモンの姻戚である）は前443年に陶片追放された．荘厳な公共建造物の建設政策も前440年代のことであった．アテナイでは，それまでは自然の要害に欠けていた広大な地域をも含めて，いまや十分な防壁が築かれ，芸術作品が光輝を放ち，限定された直接民主政治が行われた．資金が満ちあふれて物価が上がった．裕福なトラキア人とマケドニア人はヨーロッパに入る北の陸路をまだ塞いでいた．しかし，アテナイ人は海上で東方と西方へ活動し，エジプト人とペルシア人とフェニキア人がまだアフリカを守っていたにもかかわらず，北アフリカの諸都市とも交易するにいたった．

ペリクレスは自ら黒海へ船出した．前440年にサモス島で紛争があり，さらにビュザンティオンでも紛争が生じた．サモスは同盟都市の一員であるミレトスと係争中だった．アテナイがその不和の裁定に乗り出していたが，戦争になってしまった．ペリクレスは44隻の船を率いてサモス島へ航海し，民主政を押しつけ，駐屯部隊を置いた．しかし，寡頭政支持者たちが亡命から戻り，その駐屯部隊をペルシアのサルディ

ペルシア戦争とペロポンネソス戦争

スの太守に引き渡してしまった．次第に拡大していく驚くべきこの闘争は，200隻の船を使った9カ月の封鎖で幕を閉じ，巨額の罰金が課せられ，サモス市の城壁が破壊された．

ペロポンネソス戦争の勃発

ギリシア西部では，ひたすら競争に向かうその政策がいっそう悪い結果を招いた．コルフ（コルキュラ）島とコリントスとの間に争いが生じた．それはアテナイとサモスの間の争いに非常によく似ていたのだが，この場合には，第3者であるアテナイが干渉した．

前435年にコルフ島はコリントスとの海戦に勝った後，予想される激しい復讐に備えてアテナイに訴えた．コリントスの外交活動にもかかわらず，アテナイはコルフ島と手を結び，コリントスと衝突した．ペリクレスは，15年前からペロポンネソス同盟に復帰していたメガラを，アテナイ人の支配圏内のあらゆる港湾やアゴラから閉め出す法令を提案し，実行に移した．競争へとかきたてる活力とそこから必然的に生じる不法，つまりアテナイの高飛車な帝国主義と民主政への冷酷なまでの自信とが，アテナイを恐ろしい戦争へと近づけていった．スパルタ人は怒り，おそらくは怯え，たしかに妬み，少なくともアテナイ人と同じように思い上がった．

ペロポンネソス戦争

前421年と前420年の間の1年間の休戦を除いて，戦争は前431年から前404年まで27年間続いた．戦争はアテナイの破滅という形で終り，この歳月の間にギリシアは揺れ動いて砕けた．もちろん実際の歴史はとてもこの文章で語りつくせるほど明快なものではない．前446年の30年間の休戦条約は結局最後までは遵守されなかった．いや，実際にはそのはるか以前の前460年にすでに戦争が始まっていた．続く1世紀間のアテナイは影のようなものであったが，少なくとも力は残っていた．戦争中，ギリシア人，特にアテナイ人の影響力は，マケドニアとトラキアと小アジアとシチリアとイタリアにおいて，さらにはケルト人の間においても，そして南は遠くスーダンにおいても，なお増加しつつあった．

前431年，テバイ人の特攻隊が，アテナイと友好関係にあったプラタイアイを攻撃した．その大半は捕えられて喉を掻き切られた．スパルタ人がアテナイ領に侵入し，推定30万人ほどの住民の大半が市内に逃げ込んだ．その間にスパルタ人は田園地帯にできる限りの損害を与え，一つの小さな岩山の要塞を攻囲して，もう一つの要塞を建てた．アテナイ人はこれよりも効果的に行動した．かれらはアイギナに植民して，西方にいくつかの同盟国を確保し，予備資金と予備艦隊を設置した．スパルタ人は毎年決まって侵入し，アテナイは海軍による攻撃で対抗した．マケドニアの端にあるポテイダイアの人々は，アテナイに降伏するまえには，人肉を食べるところまで追いつめられていた．このころ，籠城中のアテナイ人が疫病で死にはじめ，ペリクレス自身も前429年に死んだ．前428年に，かねて予定していた通りにレスボス島が同盟を離脱した．アテナイの対抗策は破壊的であった．民会はまず皆殺しを提案したが，その後，ミュティレネの城壁を引き倒し，その海軍と全地所を没収することで満足した．植民者たちが指名され，かれらはスパルタ人が隷属農民にしたと同じように，レスボス人を小作農民として使った．このころ，まさに予告されていた通りに，辺鄙な山間の町プラタイアイがスパルタ人の手中に落ちた．しかし，コルフ島は長期間の忌まわしい動乱の後に，民主政を保持した．

戦争は続き，前420年代を通して従属する諸都市において激しさを増していった．前425年にアテナイ人は，メッセニ

ミレトス

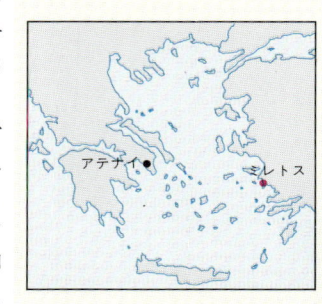

おそらくミレトスは，小アジアにあったアルカイック期のギリシア都市では最大のものであった．広大な面積と，畏敬すべき古さと，強大な富と影響力を有していた．ミレトスの歴史の全時期の記念建造物が残っているが，それはミレトスがマイアンドロス川の河口に位置しているからである．

ミレトスのヘレニズム時代の劇場（右下）．これは何度も建て直されて，現存するものは，浮彫（右）と同じく，ローマ時代のものである．これは小アジアで最大の劇場であり，最も壮麗なものに属する．1万5000人分の座席があった．この劇場は帝政時代後期に拡張されているが，ヘレニズム時代の特徴がわずかに残っている．

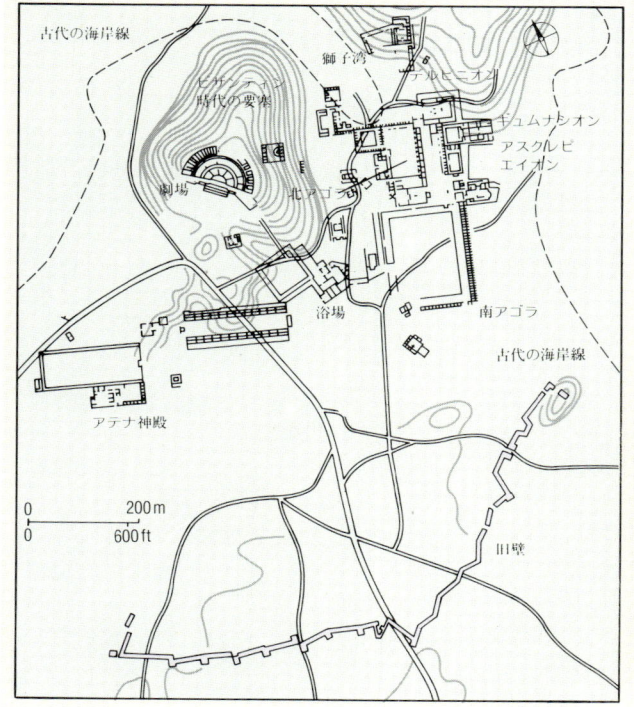

アの西南海岸にあるピュロス湾での大胆な遠征で，何人かのスパルタ兵を捕えた．その爽快な勝利の記念碑が残っている．それはパイオニオス作の勝利の女神像であり，ピュロスで戦った元メッセニア人難民がオリュンピアに奉納したものである．他のところでは，アテナイ人はこれほど成功しなかった．ボイオティアで失敗し，そしてアムピポリスを失った．これは，スパルタの才気あふれる将軍ブラシダスに先んじて守備を固めることを怠ったためであり，この段階の戦争の姿を典型的に示している．戦火が拡大しすぎて手に負えなくなっていった．両陣営とも疲弊し，両陣営とも損害をうけ，どちらが勝ったともいえない状態になっていた．前423年に休戦の試みがなされたが，前422年にアテナイの将軍クレオンがアムピポリスを奪回しようとしたのが主な原因で，その試みは失敗した．その時の一戦でクレオンもブラシダスも戦死した．前421年に50年間の和平条約が結ばれた．コリントスとメガラとボイオティアはその条件を不満として条約に加わらなかった．アテナイとスパルタが積極的な同盟関係に入ったので，ペロポンネソス同盟は分解しはじめた．

しかし，外交上の抱擁とは必然的に干渉を意味していた．同盟が解散されると，コリントスとマンティネイアとエリスはアルゴスと同盟を結んだ．前419（420）年には，アテナイ自体もまた，アルゴスとエリスとマンティネイアと100年間の同盟を結んだ．この新同盟は共同してエピダウロスを攻撃した．スパルタがエピダウロスを援護し，戦争が再開された（しかし，公式には戦争は前414年まで再開されなかった）．前418年にマンティネイアで最初の激戦があった．スパルタ人が勝ち，アテナイ人は新しくみつけた同盟軍を，一時的にではあるが，すべて一挙に失った．直接民主政はアテナイ人によい効果を与えていなかった．アテナイ人はこのような時期にも陶片追放を行い，かなり攻撃的で煽動的な政治屋（奇人ヒュペルボロス）を追放した．これ以後陶片追放は行われなかった．しかし，アテナイ民主政がもっていた危険は，南キュクラデス諸島の中立国メロス島を正当な理由のないまま攻撃し，兵役年齢のメロス人全員を殺し，残りの人々を奴隷にするという形で表面化した．

シチリア遠征とアテナイの降伏

アテナイはやみくもに突走って自滅した．前416年，まったくむこうみずなことに，覇権を握る国民がシチリア島内の複雑な対立に介入した．この計画の最初の犠牲者は，計画の提案者であるアルキビアデス自身だった．かれは名門出身の才気のありすぎる若者で，類まれな魅力的容姿をしていた．

アルキビアデスはソクラテスの若き友であり，狡猾で，女にだけでなく男にとっても魅力があり，知性にも優れ，肉体的にも美しかった．ある意味では，かれはその時代の善と悪を象徴しており，アテナイの希望の星であり，また失望の因でもあった．かれが将軍としてシュラクサイに出航する前夜に，かれとかれの親友たちは，酒に酔って傲慢な態度を示し，デメテルの秘儀のまねをし，市中のヘルメスの直立した男根像を破壊したかどで告訴された．おそらく本当にかれらが行ったことであろう．幸運にもアルキビアデスは命に別状なく逃亡し，危険の多い不安定な亡命生活に入った．かれはスパルタへいった．かれが民会で述べた演説がきっかけとなり，ギュリッポス指揮下のスパルタ軍がシュラクサイに派遣され，アテナイに対する防衛の主力となることが決定された．

シチリアでの戦いは費用がかさみ，誰も予想だにしなかった惨事となった．戦いは長い間失敗を重ねたあげく，前413年にシュラクサイの包囲攻撃に失敗して終った．無能な指揮官ニキアスの指揮の下で退却していたアテナイ兵の大半が殺された．この破局は，悲劇的で運命的な調子で歴史書に記されている．それはおそらく前5世紀の散文の文体上の技巧のせいであり，その文体を通して太鼓の音のように響いてくるのである．しかし，この調子が当時のアテナイ人の心情を映していることは疑いない．

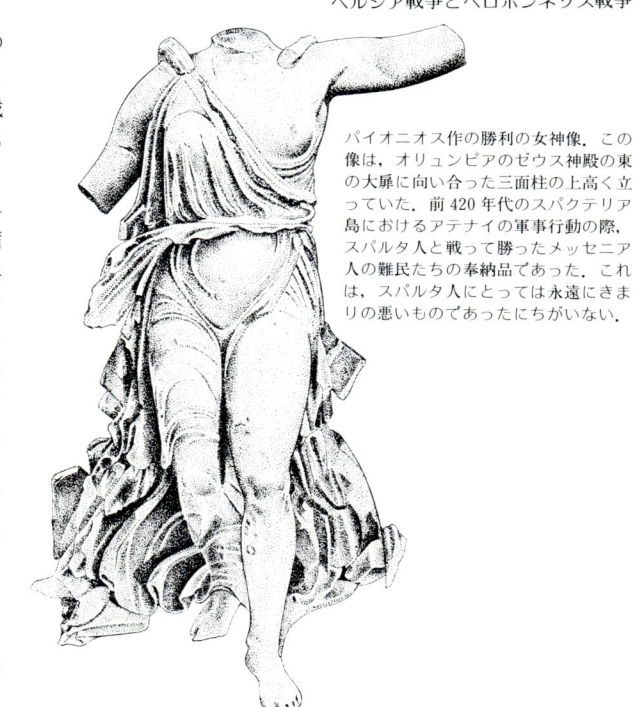

アテナイは衰えはじめていた．アテナイの北のデケレイアに前413年にスパルタの前哨基地が設置され，そこから約2万人の奴隷が脱走したため，危険となったラウレイオンの銀山が同年に閉山となった．通貨には，神殿の奉納品を流用した金で造られた金貨と，薄い銀メッキをした銅貨が使われた．トラキアの兵士たちがアテナイに派遣されてきたが，給料を支払えず，再び帰ってもらった．かれらは帰途にボイオティアに上陸して，男も女も子供も殺してしまった．アテナイ側の同盟諸市が離反した．ペルシアの属州の太守たちは活発に活動し，スパルタ側について，ある程度戦争にも参加した．アテナイでは寡頭政治の気運が高まりはじめ，前411年には400人会議がアテナイを掌握し，3カ月の間専制的に支配した．しかし，スパルタは時機を逸したか，あるいは恨みが深すぎたかして，和議が成立せず，民主政が回復された．このような時機においても，アテナイが海戦で勝利を得て，スパルタとの均衡が回復されそうになった．前410年（と406年）にスパルタ側から和平が提案されたが，アテナイが拒絶した．このころの戦いは，主に海上と東方で行われていた．結局アテナイ人は海戦に敗れたが，けだし当然のことであった．アテナイの艦隊は停泊中に奇襲をかけられ，160隻の船が大して抵抗もせずに破壊された．この事件は前405年にヘレスポントスのラムプサコス近くの海峡でおこった．アテナイ人は陸も海も封鎖されて数カ月をすごした．冬にはスパルタの陸上軍が撤退したが，糧道を絶たれたアテナイは耐えきれずに降伏した．アテナイ人は笛の音に合わせてアテナイの市壁を破壊させられ，ほとんどの軍船と国外にある全財産を没収された．スパルタは名目上，前5世紀の初頭のときと同じくらいその世紀の末にも最高の状態となった．しかし，真の覇権はどこにもなかった．

パイオニオス作の勝利の女神像．この像は，オリュンピアのゼウス神殿の東の大扉に向い合った三面柱の上高く立っていた．前420年代のスパクテリア島におけるアテナイの軍事行動の際，スパルタ人と戦って勝ったメッセニア人の難民たちの奉納品であった．これは，スパルタ人にとっては永遠にきまりの悪いものであったにちがいない．

古典主義への大変革

　アイスキュロスはマラトンで戦ったのだから，かれの孫はアテナイの陥落時には分別盛りの年齢になっていた．歴史的にみれば，前5世紀はそれ以前の歴史の結果が速やかな衰退という形で次々と現れてくるという，一つの長い過程の一部であると思われる．他の見方では，曲芸師がすべての皿を空中に放り上げた一瞬のように，異常なほど均衡のとれた瞬間であった．ほんの数世代の間に，哲学者や詩人や歴史家の中でも最高の人々が示した落ち着いた知性と止むことのない好奇心とは，たしかにもっと無知の時代から引き継がれたものであった．しかし，特にアテナイでさまざまな流れが合流して栄えた．タソスのポリュグノトスがキモンに連れられてアテナイにきた．かれの影響を間接的に示している証拠によっても，また古代の批評家の意見によっても，かれはギリシア随一の画家であったと思われる．かれの手による絵画芸術の発展をたどって感知することは，現在でもなお可能である．ペイディアスは最高の彫刻家であった．かれの作品は出身地アテナイのみならず，エペソスやオリュンピアにもあったが，かれもポリュグノトスと同じくアテナイで最も力を発揮した．パルテノンの彫刻はかれが設計したものである．

　芸術は，たとえ発展した芸術においても，独占できるものではない．ペイディアスの次の世代で最も優秀で最大の影響力のあった彫刻家はポリュクレイトスだったが，かれはアルゴスで生まれて教育をうけたのであり，当時のペロポンネソスには，かれの他にも優秀な彫刻家たちがいた．しかし，実際に目に見えるもので判断するならば，彫刻は一つの全ギリシア的様式に到達していた．数年前にオックスフォードのアシュモレアン博物館が入手した前5世紀の少年の小像は，見慣れない肌理の粗い島の大理石でつくられており，ポリュクレイトス風の形の滑らかさとはまさに対照的である．これは，その技法からみて，ポリュクレイトスの弟子でほぼ同時代の人物の手になるものと思われる．しかし，それはギリシア世界ならどこでもつくられたはずである．それでもなお，アテナイこそが集中的に調査されるべき場所である．というのも，シチリア島は として，アテナイ以外のギリシア世界の発展が興味深いものになるにつれ，全体としてそれがますますアテナイのものに似てくるのである．これだけでも十分な理由であるが，さらに，他のいろいろな地域の注目すべき要素がすべて集まるところはアテナイしかなかったのだ．

　トゥキュディデスがペリクレスに語らせた自意識の強い主張は，用心して取り扱わねばならないが，まったく無視することはできない．「われらのポリスは全体として，ギリシアが手本とすべき学園であり，ここに集う各人は自ら多種多様な活動へ心を向け，しかも品位を保ち多才である」，これは力と成功だけを主張するものである．「というのも，われらは自らの勇気ですべての海と陸に道を開いたのである」．さらに興味ぶかい主張は，「われらは高尚な趣味を学んで，しかも質素であり，哲学を学んで，しかも柔弱にならない」ということである．この訳文の堅さを少し割り引いてみても，その主張は正当であり，魅力的である．前5世紀半ばのアテナイにおいて，方法を完全に習得し，概念をある程度厳格にした上での節度が，ギリシアの意匠の基調となった．芸術における変革は，アルカイック様式の力強い充実感から離れることであった．そして，それに続く感動的な簡潔さ，つまり反動が生じる前の束の間の繊細な均衡が，いわゆる古典主義である．それは，まもなく贅沢なバロック風様式に呑みこまれてしまい，当時でさえも決して芸術の全分野を掌握するには至らなかったのだが，重要な理想を表したのであり，その後もいく度か復興された．

　かつては屈強で毛深いヘラクレスの姿が美術の主題として好まれた．しかし，エジプト人をまとめて打ちのめし，空一面に舞う鳥を殺し，ライオンを組み伏せ，ある地方では，指を振った拍子にうっかり少年の頭を割ってしまうというようなかれの物語の絵は，アテナイではテセウスの物語にとって代わられたのである．テセウスは若々しく気品のある英雄で，

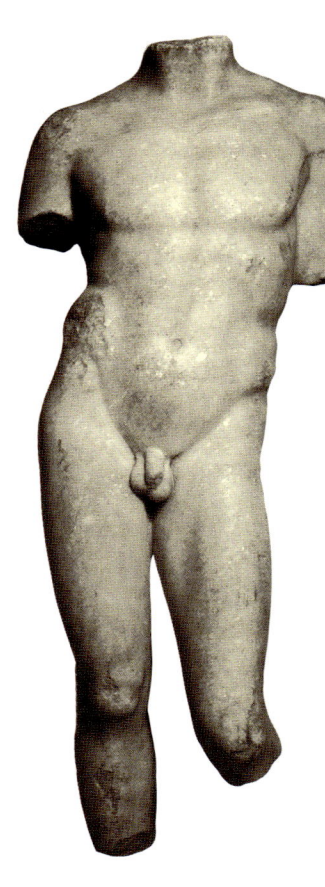

この少年像は肌理の粗い島の大理石製であり，それが造型の美しさと快い対比をなしている．前5世紀の作と考えて間違いない．この像には巨匠ポリュクレイトスの影響がみられるので，おそらくこの偉大な巨匠の生前に，門弟や徒弟の1人によってつくられたものであろう．オックスフォードのアシュモレアン博物館所蔵．

ドゥリス作の陶器画．エトルリアのヴルチで出土したアテナイの赤像式杯（前490－480年）．テセウスの偉業がヘラクレスの偉業に対抗して示されており，アテナイの英雄をドリス人の半神に匹敵するものにしている．ヘラクレスは頑健な分別盛りの男の姿であり，テセウスは少年の姿であるが，おとなを打ち負かしている．

古典主義への大変革

後に開化した王になる．時にはこの2人の英雄の冒険が一緒に描かれた．これは，英雄の交代であるだけでなく，様式の変化でもある．陶器画ではそのためにあまりに多くのことが犠牲にされたらしい．エクセキアスの傑出した装飾の才と多数のディオニュソスの画家たちの奔放な表現力はもはやありえないだろう．注意が集中され，まるですべての美術が望遠鏡を通して見られねばならぬかのように主題が統一されたことで，題材の意味に新風が生じた．厳粛さと感傷と劇的感動とが新しい魅力となった．

おもしろいことに，ギリシアの遠近法は演劇の背景画と関連して考え出された．私人の家には，アルキビアデスが舞台美術家に制作を依頼するまでは，壁画が描かれなかった．舞台では責めを負うべき人物や人のなすべき事柄が大いに注目を集める．アテナイの演劇にいく分か関連して生まれた新しい状態の視覚芸術でも，それと同様に，伝統的なシルエット画法の人物像が脚光を浴びた．この新しい表現法にはそれ以前からの歴史があった．アルカイック期あるいは古典期初頭の平面に描かれた絵画の最高傑作で，しかも現存するほぼ唯一の例は，「飛び込む人」の墓の絵である．それは，イタリアの西海岸のポセイドニア，つまりローマ時代のパエストゥムから出土した石棺の石板に描かれていた．その墓が閉じられるときに，飛び込みをする少年の姿が石棺の蓋の裏面に鮮やかに描かれたのである．

これは，高所からの飛び込みを描いたものとしては古代世界から残っている数少ない例の一つであり，多くの疑問点を提示している．絵の具の上に残った縄目の跡からこの絵が埋葬寸前に描かれたことがわかるので，おそらく題材は注文されたものである．この墓は飛び込みの好きな少年のものだろうか．石の飛び込み台は写実的なのだろうか．しかし，ほぼ1フィート以上の高さの石は発見されていないし，どの著述家もそのことを記していない．少年はどのようにして台に登るのだろうか．パルメットや木を使うのだろうか．そうでないとしたら，なぜ2本の木が描かれているのだろうか．あるいは，その木は，少女たちの水泳場面を描いた陶器画のように，ここでも水中場面の一部なのだろうか．陶器画では少女たちは祭壇から飛び込むが，この少年は彫像の台座から飛び込んでいるのだろうか．かれの両足や起こした頭の角度が実際にはありえないものなので，これは写生ではない．これは特別な場面であり，古くからある題材ではない．パエストゥ

飛び込む少年．パエストゥムの石棺の蓋の内側に描かれたもの（前480年ごろ）．単に珍しい題材というだけでなく，平面に描かれた絵画で現存する数少ない例である．壺絵のように焼かれないのでなかなか残らない．この墓は古典期初頭のフレスコ画の唯一のものともいえる遺品である．これにはすばらしい活力がある．

ステュムパロス湖の猛々しい水鳥を殺すヘラクレス．この水鳥は，アテナイの黒像式美術が最も栄えた時期に描かれた．

ムは，キュメの神秘的な洞穴群や冥界の川といわれるレテ川のかなり近くに位置している．これは，再び甦るために死の淵に飛び込む少年の姿であろうか．あるいは，250年後のあるギリシア語の詩で語られているように，水泳場に置かれた彫像が動き出したというような何か未知の神話であろうか．中空に1人でいる少年の姿，四隅を飾るすばらしいパルメット模様，そして余分な装飾をつけずに表された2本の木と石と水．これらのものによって，これはまったく類いまれな印象を与える．棺の四壁の石板の内側に描かれた宴の場面は，ドウリスやエウプロニオスのような巨匠の手になる同じような場面の陶器画と比べてもひけをとらない．

パエストゥムの墓のフレスコ画は前5世紀初頭に描かれたもので，この漆喰に塗る画法の伝統はすでに広い範囲に定着していたにちがいない．パエストゥムはシュバリスの植民市で，100年以上もの歴史をもっていた．シュバリスは奢っているという評判のうちに滅び，ほとんど跡が残っていない．だから，おそらくこの珍しい絵のある墓の様式も，当時ではさほど珍しいものではなかったのだということ以外には独断的に意見を述べることは差し控えたい．ポリュグノトスが絵画を大きく変えたのは知られているが，かれの作品は一つとして残っていない．しかしかれの絵の構図について詳しい記述が残っており，同時代の人々の作品の中にも視覚的な面や知的な面での大変動が示されているので，研究を進めてみる価値がある．絵を描くときに基線を捨てること，大事件を二，三の劇的な話に集約して示すこと，事物を空間に配置すること，楽々とした動き，そして落着き，このような特徴からかれは新しい種類の物語画家として特色づけられている．

M・ロバートソン教授は『ギリシア美術史』（1966年）の中で，直感と綿密な学識に基づいてこの時期のギリシア絵画について次のように述べている．「その他の多くの壺にも……手をあごにあてたり，肘を膝においたり，顔に手をあてたりしている人物像がある．そのような仕ぐさが当時好まれた．静寂が好まれ，動きが間接的に表現されたために，物思いに耽る人物像という姿になった．だから，同時代の悲劇には舞台上での動きがほとんど，あるいはまったくない．型通りの演説で事件が壮大に語られる．しかし，実際の劇は，少数の登

145

ギリシアの劇場：演劇の状況

　ギリシアの演劇の祭典は，古くは田園部で始まった．前5世紀初頭では，アテナイでの公演でもアゴラの空地が使われ，背景として荷車が使われた．劇場そのものは政治集会の行われる場所に建てられた．この壮大な馬蹄型の新しい環境で，演劇の祭典は新しい民主政国家のものとなった．すぐに舞台が高くなり，背景が遠近法で描かれるようになった．舞台装置とバロック風の飾りも，その後100年とたたないうちにつくり出された．

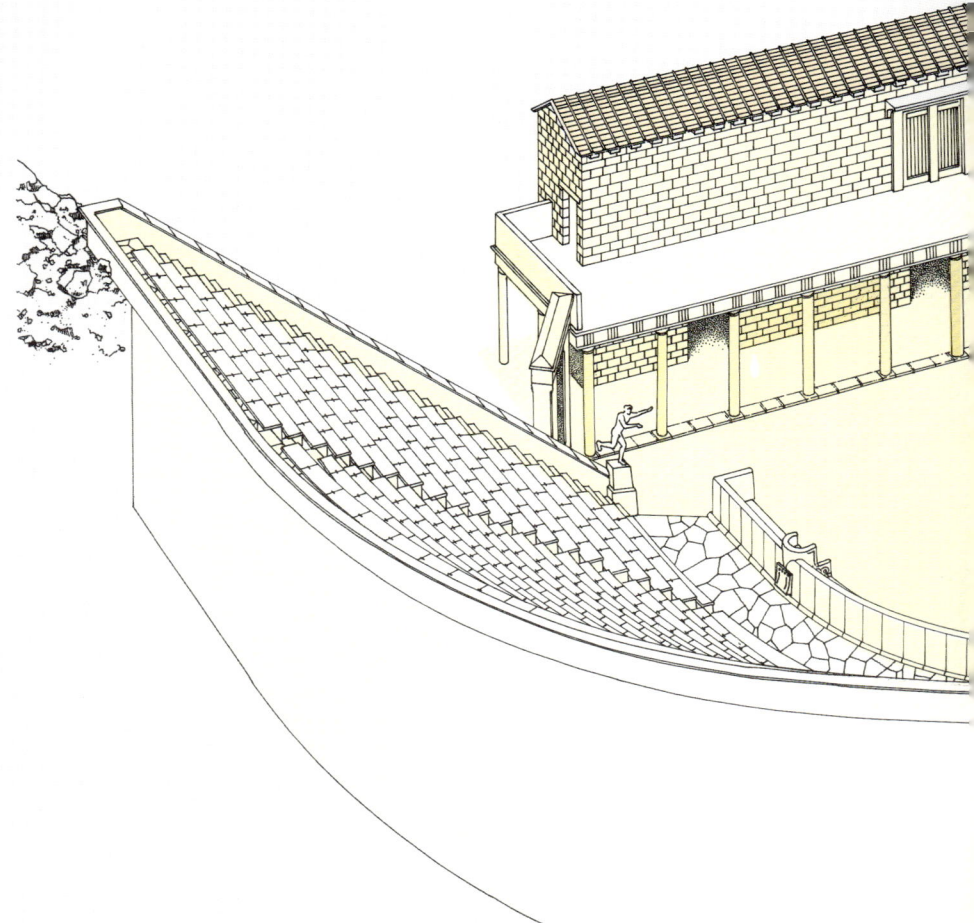

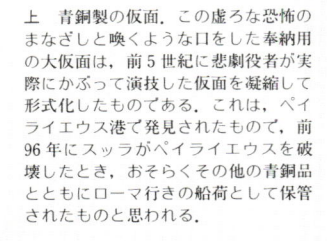

上　青銅製の仮面．この虚ろな恐怖のまなざしと喚くような口をした奉納用の大仮面は，前5世紀に悲劇役者が実際にかぶって演技した仮面を凝縮して形式化したものである．これは，ペイライエウス港で発見されたもので，前96年にスッラがペイライエウスを破壊したとき，おそらくその他の青銅品とともにローマ行きの船荷として保管されたものと思われる．

左　長官あるいは賓客用の特等席．これはプリエネのヘレニズム時代の劇場のもので，アテナイの劇場をまねたものである．プリエネでは劇場は全市民の政治集会にも使われた．実演用に建てられた最初の劇場の形には，おそらくそれ以前の戸外での集会場の形が残っているのだろう．

左　アゴラで演じられた初期の悲劇に出席したアテナイ人の数はわからないが，前5世紀後半と前4世紀には，ほぼ全員に近い人々がディオニュソスの大劇場に出かけたにちがいない．ここに示した券は劇場の入場券らしい．中の文字は座席の区画を示している．

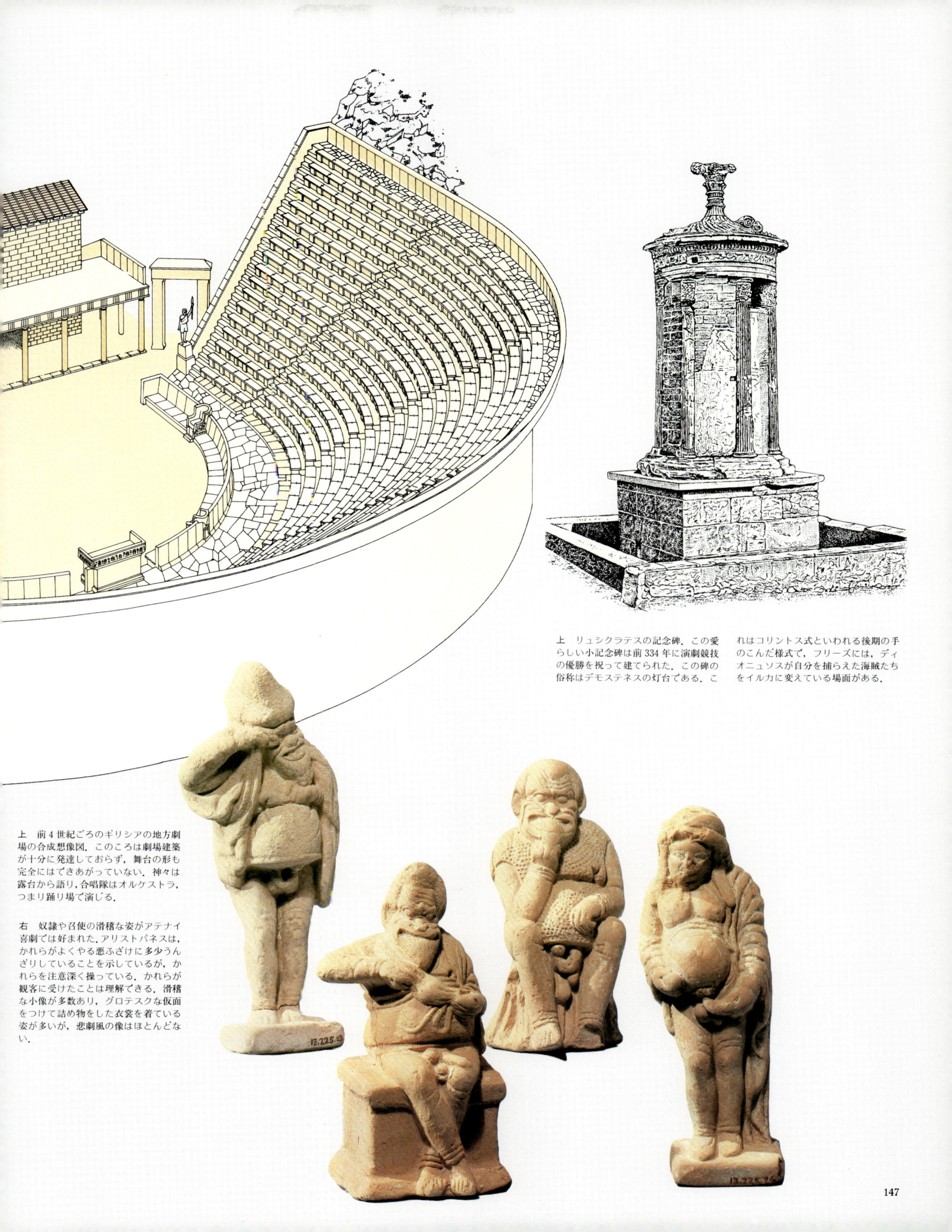

上 リュシクラテスの記念碑．この愛らしい小記念碑は前334年に演劇競技の優勝を祝って建てられた．この碑の俗称はデモステネスの灯台である．こ れはコリントス式といわれる後期の手のこんだ様式で，フリーズには，ディオニュソスが自分を捕らえた海賊たちをイルカに変えている場面がある．

上 前4世紀ごろのギリシアの地方劇場の合成想像図．このころは劇場建築が十分に発達しておらず，舞台の形も完全にはできあがっていない．神々は露台から語り，合唱隊はオルケストラ，つまり踊り場で演じる．

右 奴隷や召使の滑稽な姿がアテナイ喜劇では好まれた．アリストパネスは，かれらがよくやる悪ふざけに多少うんざりしていることを示しているが，かれらを注意深く操っている．かれらが観客に受けたことは理解できる．滑稽な小像が多数あり，グロテスクな仮面をつけて詰め物をした衣裳を着ている姿が多いが，悲劇風の像はほとんどない．

ギリシアの劇場：目録

ここに列記した劇場の多くは，アテナイの演劇の古典期が終ったころに建設された．この中には，現代の形のアテネの劇場も含まれている．さまざまな場所にあるさまざまな劇場の間に類似点があるので，アテナイの演劇芸術の圧倒的な威光がうかがえる．

本頁の地図と目録は，ギリシア世界の最も有名な劇場を概観したものである．

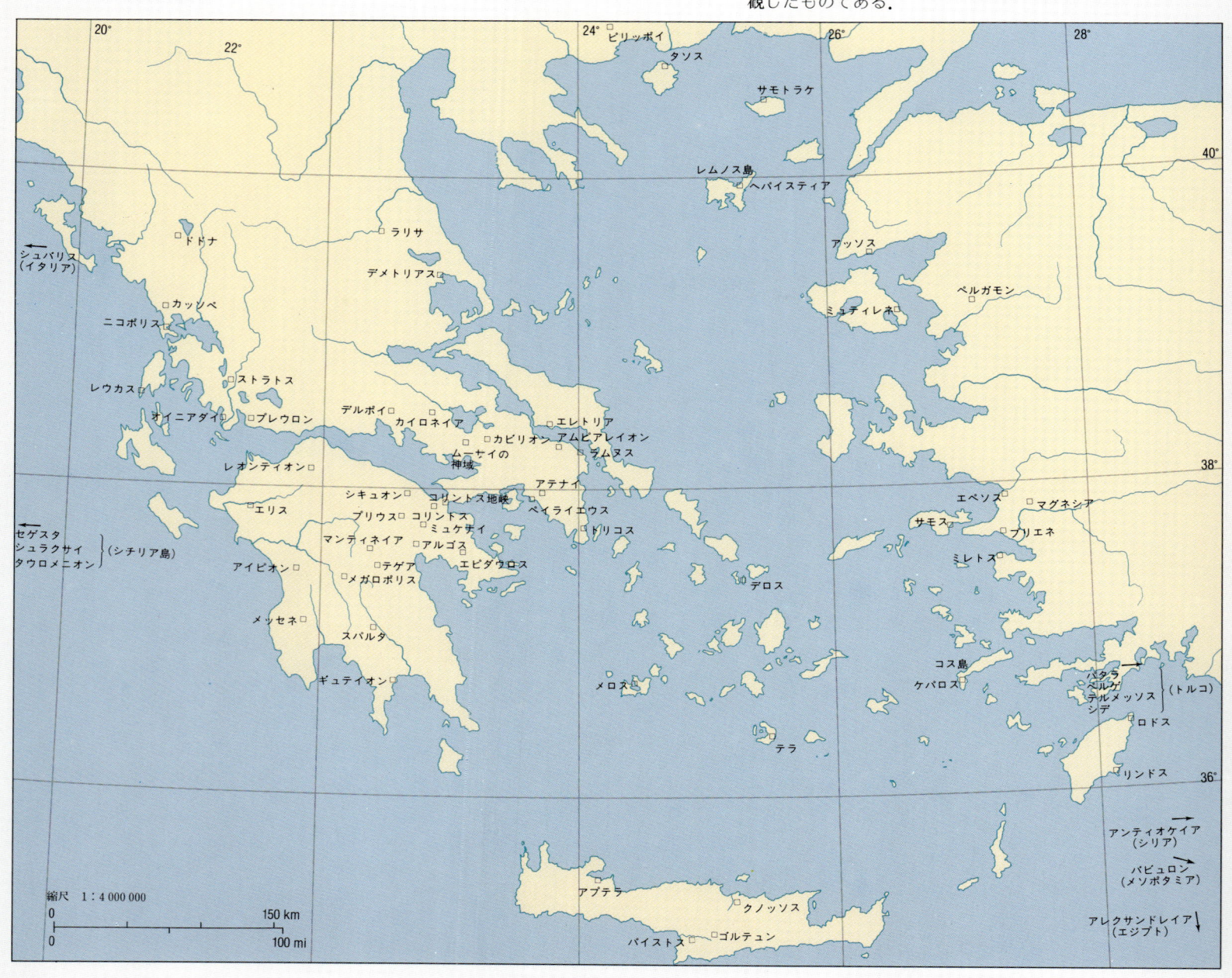

アイビオン アクロポリスの頂上にある小劇場．おそらく前3世紀に建設．

アッソス おそらく前3世紀前半に完成．スケネ（舞台兼楽屋）の2階と同じ高さにひき上げられた舞台であるプロスケニオンが取り入れられている．

アテナイ ディオニュソス・エレウテリオスの劇場．前6世紀に使われていた．現在の姿の観客席はリュクルゴスが前338–326年ごろ建設．ヘレニズム時代とローマ時代に改修，64–78段の石造観客席，約1万7500席．

アプテラ 小劇場（オルケストラの直径18m，客席部分55m）．若干の座席と水平通路と舞台の一部が残存．

アムピアレイオン 前4世紀．ギリシアにある最も純粋なヘレニズム時代の劇場の一つ．約3000席．大理石製玉座5脚．

アルゴス 前4世紀末．ギリシアの最も美しい劇場の一つ．城砦の東側に割り込んでいる．オルケストラ26m，客席81段，収容人数2万人まで．

アレクサンドレイア おそらくプトレマイオスI世の時代に始まる．大理石は前2世紀の古い石材を再利用したもの．1960年に12段の観客席を発見．

アンティオケイア シルビウス山麓の前3世紀（？）の劇場の一部分．

エピダウロス ギリシアの全劇場で最高の保存状態．パウサニアスはポリュクレイトスが建設したとしている．客席部分（120m）は，前4世紀後半の34段と前2世紀の21段とで約1万4000席．

エペソス 前3世紀前半に建設．3層に分かれた22段の観客席があるローマ時代の形で残存．2万4000席．ローマ時代以前の舞台の建造物が多少残存．

エリス 前4世紀．観客は草の生えている斜面，または土の階段に座った．

エレトリア 前4世紀．丸天井つきの通路がスケネからオルケストラの中程に通じており，おそらく劇中人物が突然冥界から出現するのに使われたのだろう．

オイニアダイ 石造観客席（15段残存）とスケネと広いオルケストラはおそらく前4世紀のもの．

カイロネイア 小劇場（14段）．アクロポリスの岸壁に，岩に合わせた形で堀り込まれたもの．最上段の座席の上に奉献辞が刻まれている．

カッソペ 前4世紀の小劇場．迎賓館の遺跡のそばにある．

カベイリオン ヘレニズム時代の劇場．カベイロスたちの神殿の近くで最近発掘された．

ギュテイオン 立派な石の観客席が約10段．アクロポリスに割り込んだ魅力的な小劇場．

キュレネ アクロポリスの北側にある大ギリシア劇場．他の多くの劇場と同様に，ローマ人が闘技場に変えた．

ケパロス 前4世紀の客席部分．粗面岩製の観客席．同じコス島にあるカルダマイナにも，ヘレニズム時代の劇場がある．

コリントス 前5世紀末か前4世紀初頭に建設された客席部分．ローマ時代に建て直されたので，この客席部分（約1万7500人収容）以外ほとんど残らなかった．

コリントス地峡 前4世紀初頭．ローマ時代に2度改築されたが，基本的な古典期の特色は残った．

ゴルテュン アクロポリスの麓のギリシア劇場の遺跡．

サモス アクロポリスの斜面にある小ギリシア劇場の遺跡．現在未調査．

サモトラケ 前200年ごろの劇場．1923–37年に堀り出された．輪郭だけが残存．その上にサモトラケの勝利の女神（ニケ）像が立っていた．

シキュオン 前3世紀初頭にアクロポリスに割り込んで建設．ギリシア本土で最大の劇場のひとつ．オルケストラ

148

は20m，客席部分は約125m．約50段の観客席の下方に通じる丸天井のついた入口がある．立派な正面席．

シュバリス ローマ劇場の下からギリシア劇場の遺構が発掘された．

シュラクサイ 前5世紀にも劇場があった．現存する遺構はおそらく前3世紀のものだが，岩山に切り込まれたもので，大きい（客席部分134m）．堂々とした舞台建築もあった．前3世紀末の碑文が多数ある．

ストラトス 前4世紀のもの．まだ，スロヴィグリ村の西の丘に埋まったまま．

スパルタ 18世紀にロシア人オルロフの軍隊がアクロポリスの下に塹壕を掘っていて発見．前2世紀か前1世紀のこの大劇場は，多数の碑文の残る美しい場所にある．

セゲスタ すばらしい場所にある．前3世紀半ばそれ以前に建設．20段の観客席の下方の列が残存．典型的なシチリアのヘレニズム時代のパラスケニア（翼室）．

タウロメニオン 銘の刻まれた観客席やローマ時代のスケネに取り込まれた石塊からみて，このすばらしい場所には，もっと古いギリシア劇場があった．

タソス 前4世紀．段状観客席とスケネがどうにか無傷の状態にある．

テゲア 前2世紀の支壁のほんの一部分に前4世紀の劇場が残っている．その上にバシリカが建てられている．

デメトリアス 前3世紀初頭．オルケストラの縁と観客席の第1段と舞台の基礎部分とが発掘された．

テラ 岩だらけの岬にある旧テラの遺跡の中に，ヘレニズム時代の小劇場がある．ローマ人が改築．

デルポイ ギリシアで最高の保存状態の劇場の一つ．壮観な場所にある．前4世紀のもの．前2世紀にローマ人が修復．オルケストラ（20m）の上方に35段で約5000席の観客席．

テルメッソス 保存状態のよいヘレニズム時代の小劇場．後に増築．24段．

デロス 前3世紀に建設．約5500席．近くに「仮面の家」のモザイクがある．

ドドナ 壮麗な環境にある前3世紀初頭の劇場．21段，16段，21段の観客席で約1万4000席．前3世紀末以後石造のプロスケニオン．

トリコス 前5世紀の劇場．次第に現在の形（前4世紀）のような奇妙な半楕円形に拡大された．20段と11段の2列の客席．30×15mのオルケストラ．約5000席．

バイストス 長方形．観客席が8段残存．前2000−1500年．これよりも小さいクノッソスの劇場と同様に，さく，競技と祭祀に使われた．

パタラ 客席部分（直径90m以上）は異常な急勾配になっている．

バビュロン おそらく，アレクサンドロスを称えて建てた劇場が起源．焼いてない泥レンガ製の建物．

ピリッポイ ローマ劇場の中に，前4世紀の円形オルケストラと通路の壁少々が残存．

プリエネ 最高の保存状態のヘレニズム時代の劇場の一つ．前4世紀末に建設．舞台建築は少し時代が下る．

ブレイウス アクロポリスの西南に実際にみえるのは，ローマ時代の遺跡．おそらく，ギリシア時代の建物の上に建設．

ブレウロン 小さい．前230年ごろに市壁に接して，塔も取り入れて建設．市壁をスケネとして使われた．

ペイライエウス 古典風の大劇場が現在完成された．前2世紀の小劇場が残存．

ペルガモン 現存する急勾配の客席部分（前2世紀初頭 80段）で1万席．オルケストラの後ろを道が横切っているので，木製の可動スケネを使う必要があった．

ベルゲ ギリシア・ローマ様式．丘の中段に建設．約1万4000席．

マグネシア（マイアンドロス河畔） 前3世紀の小劇場．5部屋のスケネとオルケストラの中央に通じるトンネルがある．

マンティネイア 平地の前4世紀の小劇場．外側階段には美しい多角形の石細工が施されている．

ミュケナイ ヘレニズム時代の劇場．古いクリュタイムネストラの墓のドロモス（羨道）を横切って建設．ほんのわずかの座席だけが残存．

ミュティレネ おそらくメガロポリスのものと同規模．円形オルケストラ（25m）なので初期のもの（おそらく前4世紀初頭）と思われる．1万8000−2万席．

ミレトス 大ローマ劇場の中にヘレニズム時代の低い舞台の壁と数脚のベンチが現存．

ムーサの女神たちの神域 ヘリコン山麓の自然の窪地に前200年ごろに建設．第1段の観客席だけが石造．しかし，実質的なスケネにあたる建物があった．

メガロポリス 前4世紀．ギリシア最大の劇場．59段（9段の保存状態良好）で1万7000−2万1000席．立派なベンチがオルケストラ（30m）を囲んでいる．

メッサナ 再建された前4世紀の小劇場．客席部分はやや長方形の輪郭．複合建築物の一部．もう一つの劇場は未発掘．

メロス 海を見下ろす位置にある．前4世紀末か前3世紀初頭の小劇場．立派な石の客席が数段残存．

ラムヌス 前4世紀中葉に砦の町に建設．長方形の輪郭．おそらく集会場としても使用．

ラリサ ヘレニズム時代後期．名士の名を記した大理石の座席が残存．

リンドス オルケストラ（5m）と段状観客席がよい状態で残存．約2000席の小劇場．

レウカス 古代の町にあったギリシア劇場の一部の遺跡．

レオンティオン 前4世紀の小劇場．保存状態のよい客席が数段残存．

レムノス 島の北東にあるギリシア劇場．前5世紀末か前4世紀初頭．ローマ人が改造．

ロドス ヘレニズム時代の小劇場．最近復元．長方形の輪郭．約2000席．記録に残されている大劇場は未発掘．

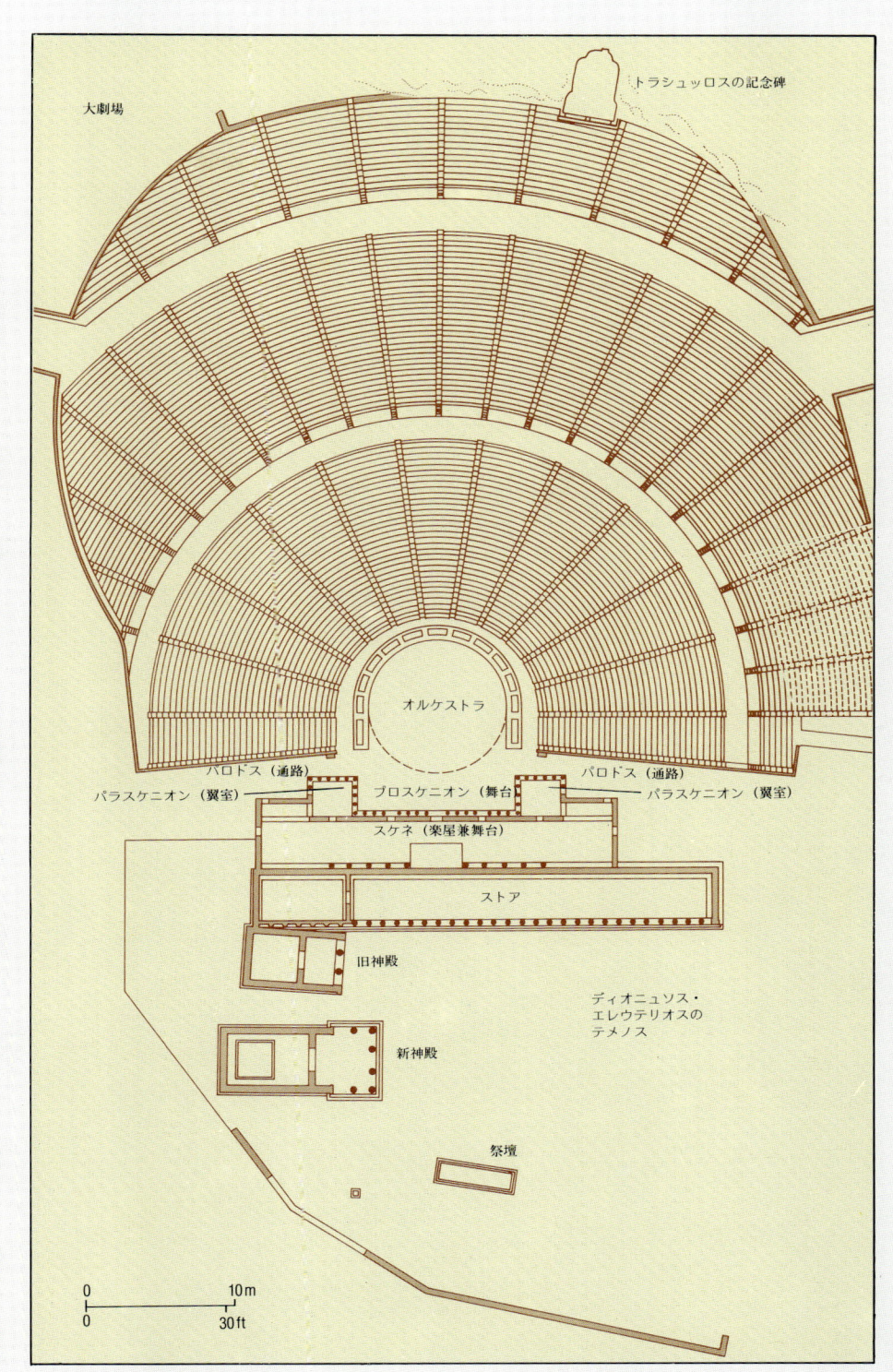

大劇場

トラシュッロスの記念碑

オルケストラ

パロドス（通路）　　パロドス（通路）
パラスケニオン（翼室）　プロスケニオン（舞台）　パラスケニオン（翼室）
スケネ（楽屋兼舞台）

ストア

旧神殿

ディオニュソス・エレウテリオスのテメノス

新神殿

祭壇

0　　10m
0　　　30ft

小劇場

石のいす

オルケストラ

パロドス

プロスケニオン
スケネ
溝

0　　10m
0　　　30ft

上　アテナイのディオニュソス・エレウテリオスの劇場．アゴラの荷車の上で演じていた俳優たちは，前5世紀に，アクロポリスの南側の，ディオニュソス神の前6世紀と前4世紀の神殿のある神域の上に移った．感激した観客が打ち鳴らしたという木製の座席は，後にリュクルゴスの改築時代に，石製のものに変えられた．木造のスケネとパラスケニオンも石造になった．舞台芸術が衰えたころに，舞台はいっそう手のこんだものになったのである．

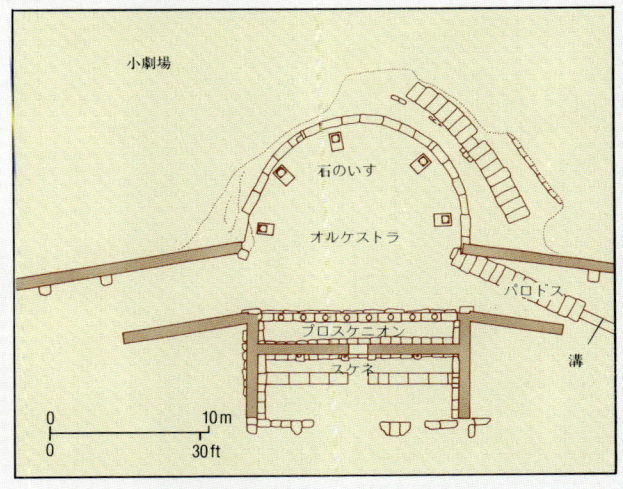

左　アンピアレイオンの魅力的な小劇場．座席数はちょうど3000席．舞台の部分はヘレニズム時代の設計のままである．

149

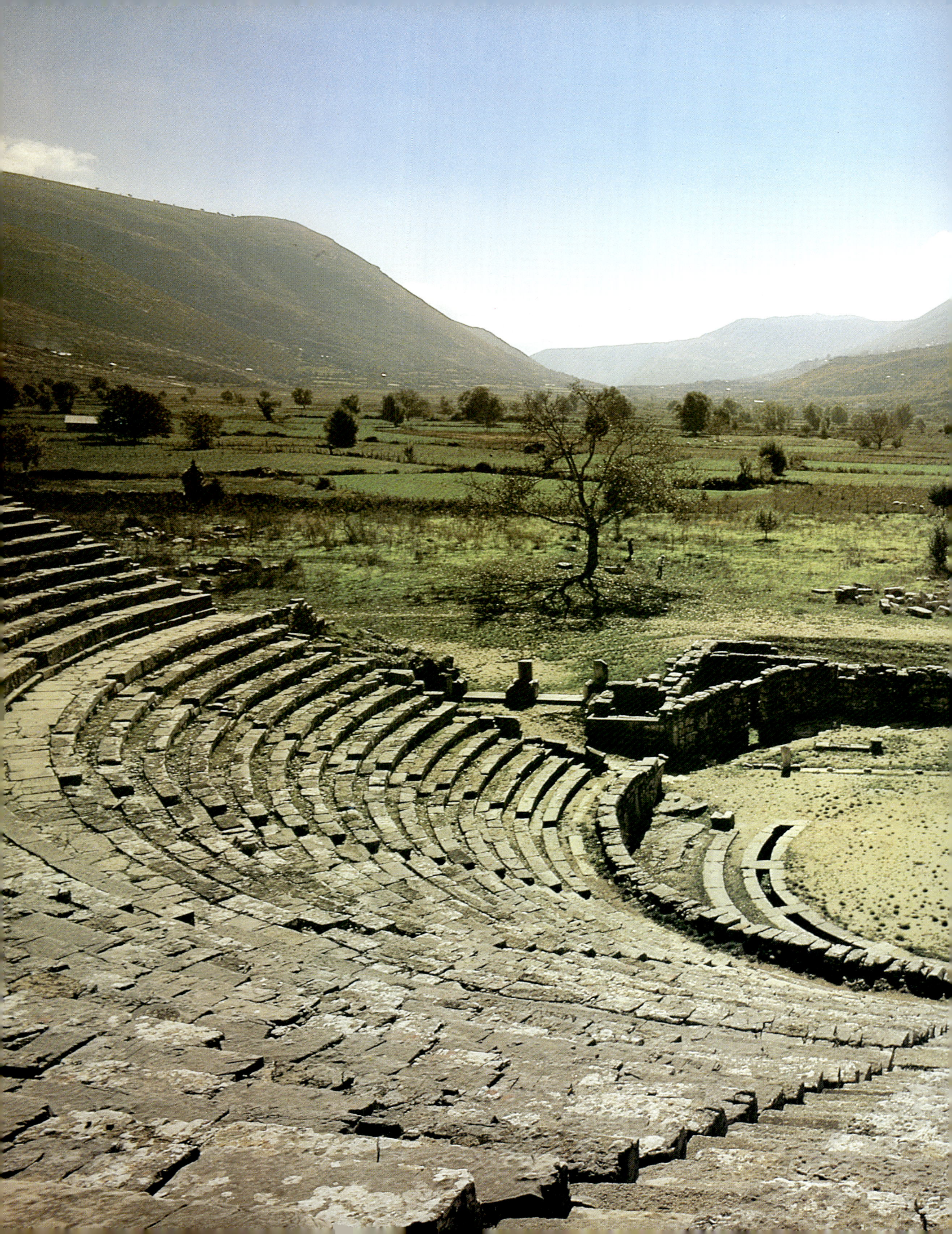

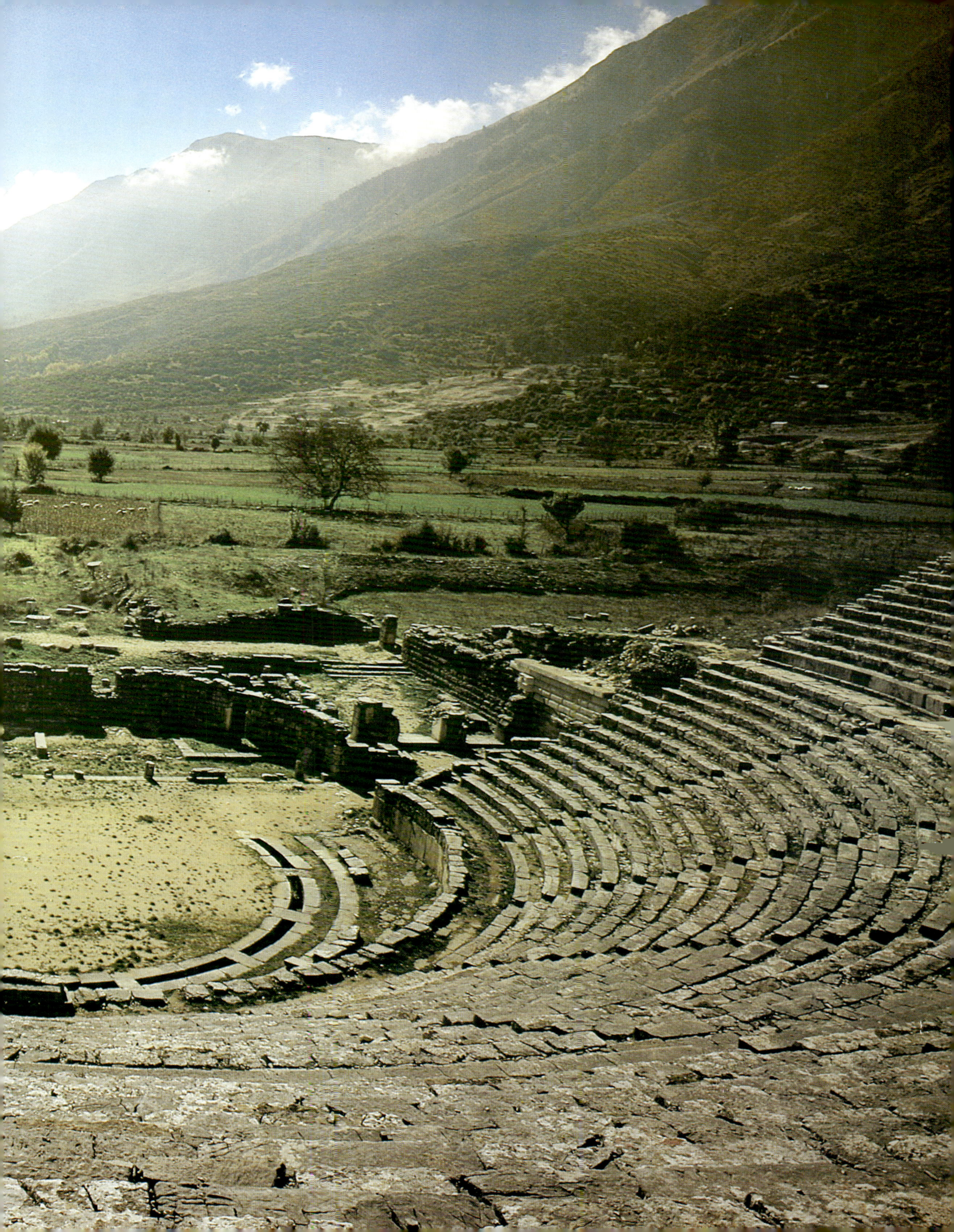

地図凡例:
- テュルレニア海
- ポセイドニア
- タラス
- エレア
- メタポンティオン
- イオニア海
- ヒッポニオン
- カウロニア
- セゲスタ
- ヒメラ
- ロクロイ・エピゼピュリオイ
- セリヌス
- シチリア
- アクラガス
- シュラクサイ

■ 残存市壁の確認できる遺跡
● 残存砦壁の確認できる遺跡
□ 市壁の残らない遺跡
○ 残存遺構の確認できない砦跡

縮尺 1:3 750 000
0　　　　200 km
0　　　　150 mi

- ● ドリス式神殿
- ● イオニア式神殿
- ● コリントス式神殿
- ● 劇場
- ● 宝庫
- ● スタディオン
- ● ギュムナシオン
- ● 円形建築
- ● ストア/柱廊
- ● 他の記念物（祭壇，柱，門など）

場人物と合唱隊の間の科白によって最後まで演じられて，クライマックスとなる惨事は舞台上で演じられないことが多い．おそらくその場面は，殺害者と被害者を板絵で表したのだろう．このような演劇は，上述のようなポリュグノトス派と呼んで然るべき美術と精神面ではっきりと通じるところがある」．その最良の例は，オデュッセウスと冥界が描かれたデルポイの大壁画であったにちがいない．（パウサニアスによれば）その絵では，高さで距離感が創り出され，上下にある2本の地表線の間に森が描かれて，絵の中心となった．絵全体はいくつかの人物集団で構成されており，その中には非常に奇妙なものもあったが，森の真下の中心部分には，偉大な英雄たちに囲まれて，アガメムノン王が杖を手にして立っていた．王以外の英雄たちにはひげがなかった．

伝統的な壮大さと活力からはじめて離れた古典美術が示す方法の節約，つまり質素という特色は，自信に満ちしかも洗練された動向を明示している．衣類のひだは以前よりも単純に垂れ下がり，無表情な顔は永遠にそのままであるかのようにこわばっている．彫刻が荘重な写実に少しずつ向かう一方で，絵画は彫刻的性質を具える．これはかなり理論的で，かなり自己を意識した芸術である．もちろん，世界の歴史においてこれと似た現象はその時まで何もなかった．ギリシア人が先祖や同時代人の影響から最終的に離れたのは前5世紀のことであった．芸術家が技法書を書きはじめた．たとえば，ポリュクレイトスが彫刻について，パッラシオスが絵画について，イクティノスがパルテノンについて，アガタルコスが壁画について，ソポクレスが悲劇の合唱隊について記した．

この動向に対する反動が最初にしてしかも最も明瞭に現れたのは文学の領域であった．ヘロドトスは前420年代初頭という遅い年代まで執筆したのだが，それでもかれは本質的にはアルカイック期の作家であった．かれは逸話を比較考量し，各章や本全体だけでなく，文章をも明らかに直感的な構成感覚で組み立てた．トゥキュディデスは前431年直後に執筆を始めて，30年近く書き続けたのだが，構成を明晰にし，作家として意識的に抑制し，重厚な効果を狙った．この点でかれは純粋な古典期の作家といえる．かれの文章は様式化した文体である．そして古典主義とは何よりもまず様式なのである．しかし，その結果，資料が体系化されて明瞭になり，理解しやすくなった．このほぼ同時代の2人は，別々の文体の世代に属しているだけでなく，別々の世界に属してもいた．前者はペルシア人に圧倒されているハリカルナッソスの人で，後者は全盛時のアテナイ人であり，また一方は古いイオニア共同体に，他方は前5世紀のデロス同盟に属していた．

前頁　ドドナの劇場．はるか西北のツァルコヴィッツァの盆地にあるドドナには，おそらくギリシア最古のゼウスの神域と神託所の遺跡がある．壮大な劇場はエペイロスのピュッロスの時代（前297-272年）に建てられた．観客席の一部はアクロポリスの丘に食いこんでおり，もともとは1万4000人分以上の座席があった．劇場は毎年の演劇祭に使うために最近修復された．

古典ギリシア世界

トゥキュディデスの時代はすでにソフィストたちの時代であった．散文の文体に与えたかれらの影響は全体としてみればむしろ逆行するものであった．かれらは，公式演説の記録に残される以前から存在した旧式な文句を，鈴の音のような装飾的な雄弁に整えた．演説は教わることのできる感動的な演技となった．この新しい雄弁術は西ギリシアのものであったが，単なる詭弁ではなかった．かれらは論争術の専門家でもあったのだが，その議論はつむじ曲がりのものがけっこう多かったし，かれらは極端に斬新な哲学的見解をもっていたのだが，常識やそれに伴う道徳をほとんど考慮しなかった．このどれもがまったく新しいことではなかったが，ソフィストとして活動しているうちにかれらは手に負えなくなっていった．行儀のよさによって和らげられない傲慢な自由は再三にわたって不幸を招いており，おそらく今度もそうなったのだろう．しかし，つまりは一種の作法であり社交的素振りである文体に影響を与えて，さらに意識的なものにするという点に関しては，かれらは成功していた．トゥキュディデスの散文の文体にはかれらの影響がある程度認められる．

反動が野蛮と無節制に向かったことは，エウリピデスの後期の戯曲にみられる力強くて複雑な印象主義的表現と，才気縦横で錯雑な構成と，異国風の潤色などから推測できる．最高傑作は疑いなく『バッコスの信女たち』であろう．ただし，その下じきにはすでに失われたアイスキュロスの傑作があったことはほぼ確実である．戯曲の古典主義の代表には，たいていソポクレスがあげられる．しかし私事で恐縮だが，筆者は学生時代からずっとその説に反対してきた．偉大な研究者や注意深い専門家たちがそれを覆えしたこともある．しかし，筆者が年をとったいまでは，それが一定の範囲内では真実であるように思えてきた．議論へのはなはだしい集中，概念の平明さ，構成の節約ということは，ソポクレスの作品に最も強く現われている．かれの題材は野蛮でぞっとするようなものではあるが，無節制なものではない．

戯曲は完全にアテナイのものであるが，ソフィストと哲学者は外国人であった．ただソクラテスだけがアテナイ人であり，かれは他の人々に対して皮肉屋であった．かれらはたいていイオニア人であり，たとえばプロタゴラスはアブデラ出身で，プロディコスはケオス島出身であった．このような巡歴する賢人たちがアテナイに最大の影響を与えたのは，おそらく前430年代後期のことである．アリストパネスの初期の戯曲はいずれも前420年代に制作されており，その後プラトンはアテナイの対話術の黄金時代を示す『饗宴』の年代を前416年に設定した．

古代ギリシアの音楽

　音楽の演奏と理論は，あらゆる社会階層に強い影響をあたえた．祭礼の日や宴や労働に（パン焼きとかウマの種付けというような専門化された仕事でさえも），それぞれ独特の曲や囃歌があった．兵士は剣捌きを，運動競技者は拳闘を笛の快い音に合わせて練習した．踊りがヨーロッパでは決して再現しえないほどに広まっていた．'Mousikos'つまり「ムーサの女神たちの」という言葉は，アテナイの俗語では「洗練された」という語と同義であった．自制心のある人は「リズムに乗った」のであり，不機嫌な人は「調子がはずれた」のである（これは竪琴の弾きそこないを暗に指しており，そのように失敗した演奏者たちは少なくともアレクサンドレイアの聴衆の評判を失ってしまった）．山羊飼いは退屈な午後をパンの笛を吹いてのんびりと過ごした．戦争捕虜でさえも，その重苦しい生活の中にあって美しい音楽を必要とした．そしてこのような旋律は，ほとんどすべてが楽譜によらずに，実際の演奏によって教えられたために，消滅してしまった．

　ギリシア人が使った楽器や初期の旋律用語は，西アジアやトラキアの人々から借りたものだった．ギリシア人はそのことを認めていた．かれらが自ら創り出したのは，音楽についての新しい永続性のある学問と観賞力であった．たとえば和音学は，一度ピュタゴラスが協和音についての数に関する根拠を証明するや，数学者たちの手でめざましい進歩をとげた．演奏者の心理に関する洞察については，プラトンが描写している竪琴を奏でて歌うイオンの様子が最高のものである．

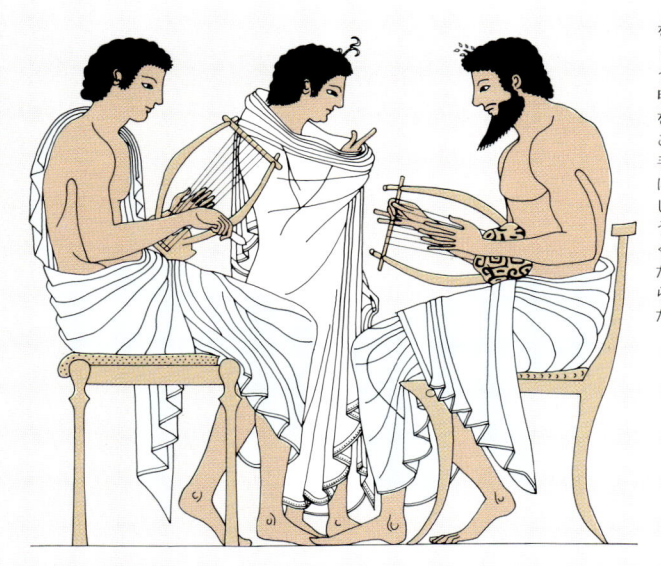

「（ヘルメス神は）磨いたナイフでカメを殺して腸を抜いた…．長さを測ってトウを（受け棹として）切り，石のように堅い甲羅にあけた穴に固定した．甲羅に巧みに牛皮を張り，2本の腕木を通し，それに1本の横木を渡した．こうしてヘルメスはすばらしい玩具を手に入れ，ばちで少しずつ試した――にぎやかな音がでた．それから神は美しい囃歌を唱い，さながら祭で挑み合う若者のように進み行きながら歌をつくった．歌はある神とサンダルを履いたニンフの物語…神は一節を歌いながら，すでにその続きを心に浮かべていた」

上　「…そして，竪琴の教師も弟子の慎みとよい行いを監視する．一度弟子が弾き方をおぼえると，教師は適切な詩人の歌を教え，弦の調子を整えて練習させる．そして，少年たちの心にリズムと旋律を与えて，かれらの放縦なところを少なくし，効果的な話し方と行動の規範を示す．」

下　社交的な音楽――奉納，宴，戦いの踊り
「私は生きていてこの歌を歌うのが好き．私が死んだら／足元には竪琴を，枕元には笛を置いておくれ／さあ，笛を吹き鳴らせ！」

下　ギリシアの哲学者たちは理論に最高の価値を置いた．音楽では，一弦琴として知られる音程測定用の1弦の楽器が，理論から発展した．この「協和音位置測定器」でギリシアの数学者たち，特に前6世紀のサモスのピュタゴラスは，いろいろな音の高さの間にある数比関係を計算して論証することができた．中空の共鳴箱の上の2点間に張り渡した1本の弦を弾くと，一つの音がでる．その弦を2等分すると1オクターヴ高い音がでる．3分の2の比率では5度の音が出て，4分の3の比率では4度の音が出る．このことは下記の表でさらにはっきりと示される．この図の弦は120等分されていて，開放弦がCの音を出すと仮定して，音の高さが書き加えられている．

左　「そして中央では，アポロンが黄金のばちで七弦琴を弾き，あらゆる種類の調べを奏でる…」汎ギリシア的な四大祭礼では，豪華な衣裳を着けた独奏者や演奏団が，各地から来た聴衆とともに妙技を楽しむ．儀式用竪琴（キタラ）に合わせて歌うのは高級な音楽競技であった．

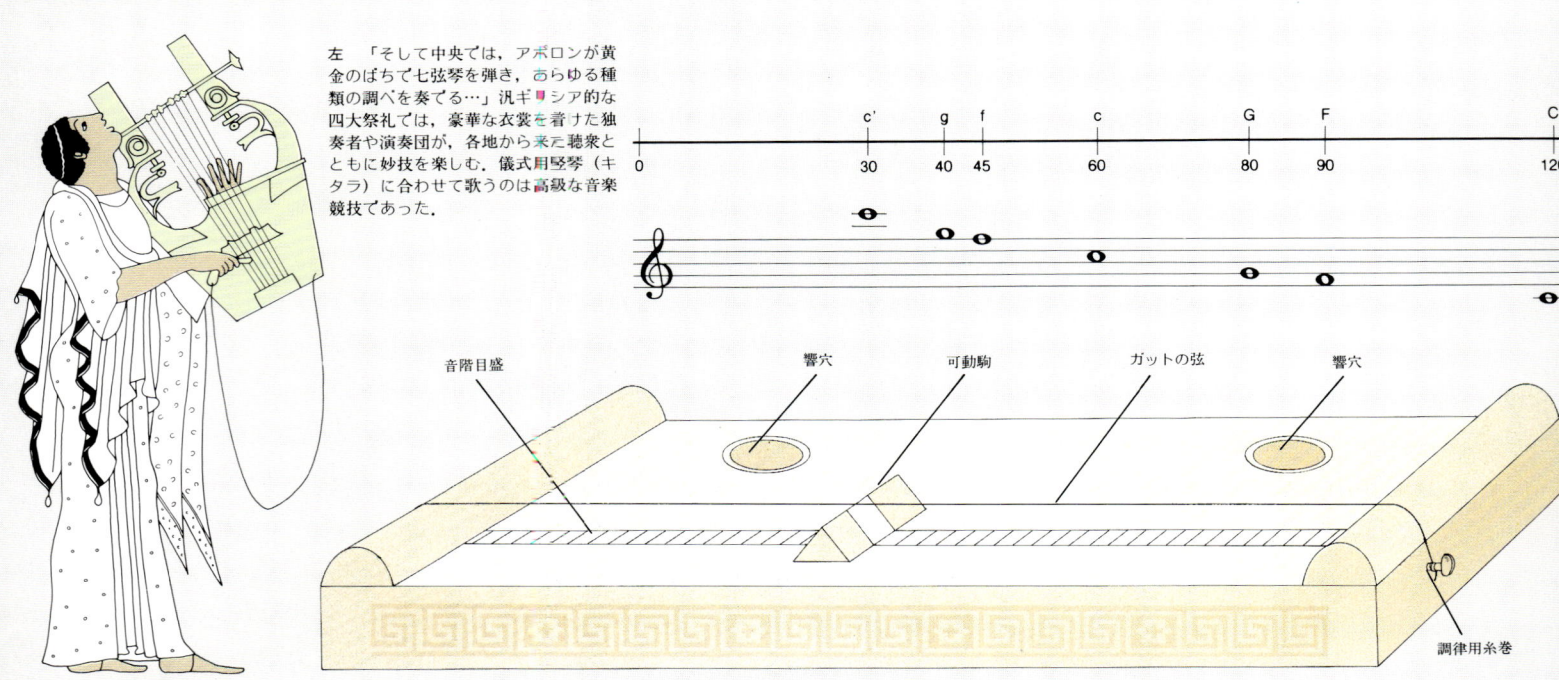

音階目盛　響穴　可動駒　ガットの弦　響穴　調律用糸巻

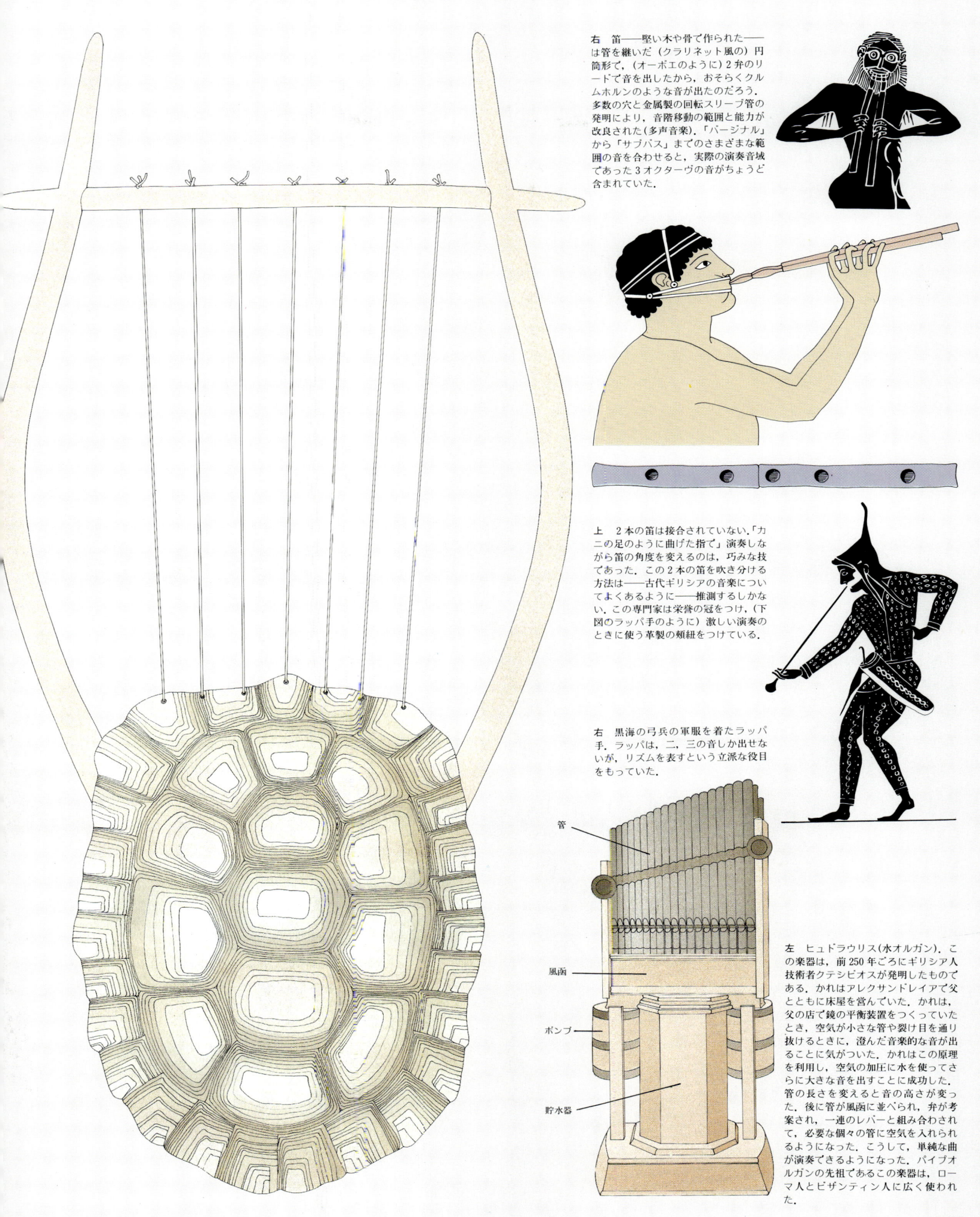

右　笛——堅い木や骨で作られた——は管を継いだ（クラリネット風の）円筒形で,（オーボエのように）2弁のリードで音を出したから,おそらくクルムホルンのような音が出たのだろう.多数の穴と金属製の回転スリーブ管の発明により,音階移動の範囲と能力が改良された（多声音楽）.「バージナル」から「サブバス」までのさまざまな範囲の音を合わせると,実際の演奏音域であった3オクターヴの音がちょうど含まれていた.

上　2本の笛は接合されていない.「カニの足のように曲げた指で」演奏しながら笛の角度を変えるのは,巧みな技であった.この2本の笛を吹き分ける方法は——古代ギリシアの音楽についてよくあるように——推測するしかない.この専門家は栄誉の冠をつけ,（下図のラッパ手のように）激しい演奏のときに使う革製の頬紐をつけている.

右　黒海の弓兵の軍服を着たラッパ手.ラッパは,二,三の音しか出せないが,リズムを表すという立派な役目をもっていた.

管
風函
ポンプ
貯水器

左　ヒュドラウリス（水オルガン）.この楽器は,前250年ごろにギリシア人技術者クテシビオスが発明したものである.かれはアレクサンドレイアで父とともに床屋を営んでいた.かれは,父の店で鏡の平衡装置をつくっていたとき,空気が小さな管や裂け目を通り抜けるときに,澄んだ音楽的な音が出ることに気がついた.かれはこの原理を利用し,空気の加圧に水を使ってさらに大きな音を出すことに成功した.管の長さを変えると音の高さが変った.後に管が風函に並べられ,弁が考案され,一連のレバーと組み合わされて,必要な個々の管に空気を入れられるようになった.こうして,単純な曲が演奏できるようになった.パイプオルガンの先祖であるこの楽器は,ローマ人とビザンティン人に広く使われた.

古典主義への大変革

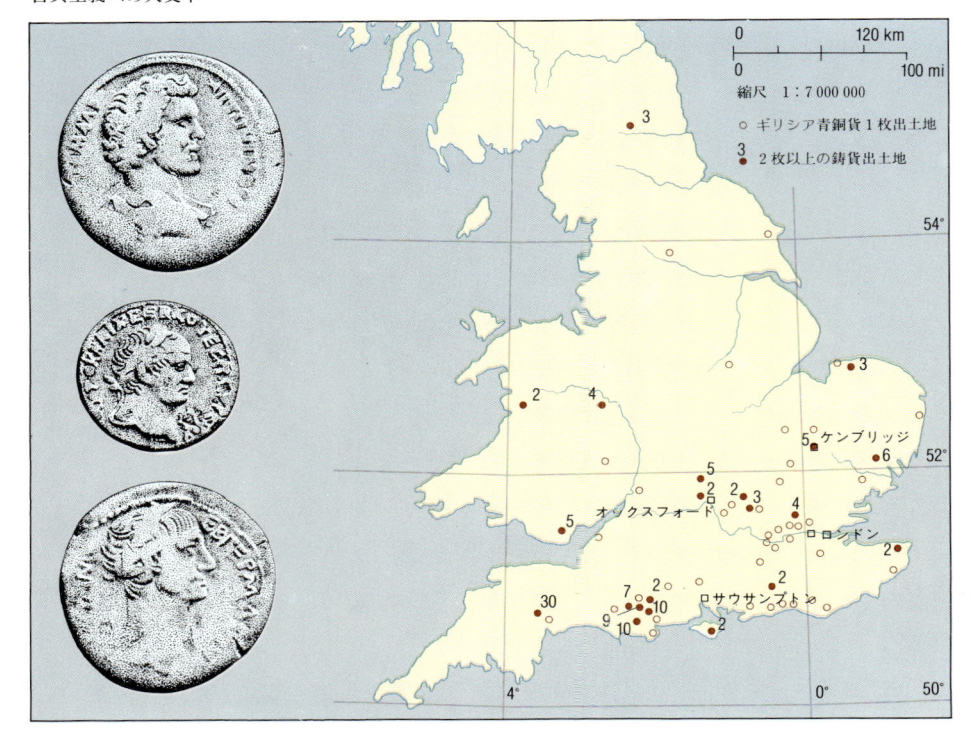

国家の危機の後にきまって知識人や外国人に向けられる類の非難については、それほど深刻に受けとる必要はない．フランス革命の原因がヴォルテールでないのと同様に，アテナイ人の政治的破滅もソフィストたちの影響ではなかった．状況がよいときには，知識人が片隅で無駄話をしていても誰も咎めはしない．しかし，状況が変ると，まったく同じ会話がオリュンポスの神々の激しい怒りを招くものらしい．プロタゴラスがアテナイで告訴されたが，かれの場合が特別だったわけではない．最も有名な犠牲者はソクラテスである．かれは弟子たちの危険な行動のために有罪と宣告されたが，それは敗戦の末期におきたクーデター後のことであり，当然のことながら，当時のアテナイ人は怒り狂って混乱していたのだ．ソクラテスはソフィストたちに批判的であったが，かれらに賛成の人もそうでない人も，プラトンを通してかれらをみると，かれらはあまり罪もないのに悪くみえるのである．

神々の存在を信じるか否かという問題にかれらが本当に影響を与えたのかどうかは疑わしい．前5世紀末のアテナイ人の行動は病的な不安を示しているが，国民宗教は跡絶えることなく続き，また私的な信仰は衰えるどころかむしろ盛んになった．筆者の知る限りでは，崇拝が続いた神域ではどこでも，小さな奉納品の数は前5世紀の初めよりも終りの方が多い．エウリピデスの戯曲にあるソフィスト風の議論は，決して無神論をほのめかしているわけではない．かれの悲劇『イオン』に登場するアテナイの女たちは，デルポイで「わが女神アテナ」の像に大声で呼びかけるが，それは真に迫っている．真に宗教的な畏敬の念をもった詩についていえば，さまざまな段階がある中で『バッコスの信女たち』に匹敵するものはギリシア文学においてもほとんどない．

前5世紀のアテナイ内部のことで最も興味深いのは，アリストパネスの生涯である．かれの喜劇は大きく変化した．初期の劇は溌剌とした抒情詩調で，しかも非常に強烈である．前424年以後は政治的な切味がやや鈍り，『雲』ではソクラテスを，『蜂』では裁判狂いの老人を嘲る．平和が時事問題となった前421年の『平和』では，前425年のときと同様に抒情的で熱烈に，しかしいまやあまり怒りをこめずに，農民に好意的に書いている．『鳥』でみる限り，前414年までには演劇はいっそう華やかで，音楽的で，理想郷的なものになってい

上 イギリスにおけるギリシア貨幣の発見地
ここに示した貨幣はアントニウス・ピウスとトラヤヌスとウェスパシアヌスのものである．おそらく，後2世紀にアレクサンドレイアの帝国鋳造所でつくられたものがここまで届いたのだろう．

下 このアテナイの陶器画は，ソポクレスの『アンティゴネ』の場面であると思われる．この絵では実生活としての本物らしさと劇としての本物らしさが奇妙に融和している．アンティゴネは死んだ兄にふさわしい葬式を出そうとしたことを暴君クレオンにとがめられている．このような荒事の場面は，脚本には書かれていても，たいていは演じられなかった．

エレクテイオン．ホメロスが語っているアテナイのエレクテウスの館を前5世紀に再建したものである．写真では，北玄関（上），東面（右），西面（右下），さらに高い位置からみた西南からの外観（右最下段）が示されている．

エレクテイオンはアテナイのミュケナイ時代の宮殿跡に建てられており，その側に生えていた神聖なオリーヴの原木は，たぶんミュケナイ時代のものだったろう．エレクテウスはポセイドンでもあった．ここで，ポセイドンとアテナはアッティカの所有権を得ようと争った．ポセイドンの三叉の矛の跡が岩の上に残っていた．南玄関——女像柱，つまり，カリュアティデスに支えられている——は何か神聖なもの，たぶんある彫像あるいはその衣服を人々に示した場所だろう．中心の建物の内部は1対の神殿で，一方の部屋はアテナのものて，他方はポセイドン・エレクテウスのものであった．古い木製のアテナ女神像がそこに祀られていた．火災の後，ローマ人たちがエレクテイオンを修理した．エレクテイオンに使われていた大理石の中のいくつかが，ローマとアウグストゥスの神殿に再利用された．エレクテイオンからは，アクロポリスから西北にエレウシスに至る聖道を直接に見下せる．

下段右 神々の肖像．パルテノンのフリーズの東側部分．

古典主義への大変革

古典主義への大変革

る．合唱曲のリズムはかつてなかったほど微妙になり，まだ多少鋭い批判はこめられているものの，筋はおもしろく，雰囲気は幸せな夢の国のようである．

『蛙』（前405年）には，もう一つの見事に創り出された動物の合唱隊があり，同じように熟練した韻律と抒情味と豊富な冗談もあり，そして初めて，知的で鋭い文学批評が若干含まれている．アテナイ人は敗北に直面していたから，この劇は陰鬱なものであったと思う人がいるかもしれないが，そんなことはまったくない．これはエウポリスの考案を改作したもので，原作の喜劇は散逸したが，アッティカの地方都市の住民がアテナイを救おうとして，死の世界から政治家を連れ戻しに冥界へ送られる話である．このことはアリストパネスの作品中に暗示されているが，かれの脚色では誰も何も救わない．求められているのは，ただすばらしい悲劇詩人であり，つまりアイスキュロスとともに死者の間にいたソポクレスとエウリピデスなのである．冥府のエレウシスの密儀の信者たちの合唱隊は，あまり超俗的ではない．アテナイが衰退する前のアテナイの劇作家たちの最後の戯曲は，非常に感動的で宗教的な作品であるソポクレスの『コロノスのオイディプス』とアリストパネスの『蛙』とエウリピデスの『バッコスの信女たち』である．このことからわかるように，ほかのいかなるものが混乱していても，理知と宗教と詩は混乱していなかった．もちろん，前411年に書かれたアリストパネスのどたばた喜劇で，ギリシアの男たちが講和に同意するまでは女たちが性交を拒絶するという筋の『女の平和』が，より健全な政治的傾向を表していると論じることも可能である．

ペロポンネソス戦争末期のアテナイの公共建造物は，パルテノンと比べて規模は小さいが，細部の精巧さ，着想の爽やかさ，構成の巧妙さではけっして劣らない．エレクテイオンは前421年に着工され，何回かの中断の後に，前408年と前407年にフリーズが彫られた．建物が複雑な形になったのは，祭式の要素全体，つまり絡み合った諸要素を内部に取り入れたためである．その要素の一部をあげてみるならば，聖なるヘビ，ポセイドン・エレクテウスとアテナのための一対の神殿，荘厳な露台，岩に深く穿たれた穴などである．さらに悪いことに，先史時代の墓が建設中に発見され，伝説上の王の安眠の場とみなされたため，これも組み込まねばならなかった．エレクテイオンそのものは大成功であり，どの側から眺めても異なって見え，しかも見る位置により趣がまったく変るのである．それは華奢で女性的なイオニア式建築の傑作で，美しくもあり見事なほど精巧でもあった．エレクテイオンの後，これに勝るとも劣らないほど美しいギリシアの神殿は，二度と建設されなかった．

また，白地レキュトスとよばれる葬式用の壺についても述べよう．それは葬祭用として装飾され，ほとんど前5世紀後半のアテナイとアテナイの植民市だけで使われていた．ヒュプノスとタナトス，つまり「眠り」と「死」という双子の兄弟神は，『イリアス』の中や前500年ごろのエウプロニオス作のすばらしい赤像式陶器画（ニューヨークのメトロポリタン博物館蔵）では，サルペドンの遺体を運んでいるが，白地レキュトスになると，多くのアテナイ兵士の遺体を運んでいる．そこに描かれた「眠り」は若くて美しいが，「死」は，多数のレキュトスに描かれた冥界の川の渡し守カロンと同様，若くも美しくもない．カロンが描かれた壺では，ただこの渡し守とかれの船の船尾だけがみられ，ヘルメスが死者を導いている．このレキュトス画の後期のものの中には，奇妙なあいまいさを示しているものがある．それは，同じころの大理石製墓碑浮彫についても同様である．深い悲しみが表現され，別れと見納めと哀悼のしぐさがみられるのに，誰が死んだのかはっきりしないし，悲しみはあいまいで一般的である．

ところで，神々はどうなったのだろうか．神々の表現はますます人間らしくなった．記念碑に向かって槍にもたれて立つアテナの哀悼の姿は，明らかに写実ではないが，まったく生きているようにみえる．男神は強壮な肉体をもち，アプロディテは性的魅力をもち，パンやサテュロスさえも優雅な裸体をもち，かつての荒々しさがかなり消えている．何が変ったのか．その答えは，ある地域あるいはある人々の間では，芸術以外はあまり変化せず，芸術さえも考えられているほどには変っていないということだろう．サモスのポリュクラテスの宮廷では，ゼウスとヘラが穏やかならぬほどの妖婉な姿で表現された．しかし，『イリアス』を読めば，このような神々の概念は，アルカイック期でさえも新しいものではなかったし，極度に衝撃的な考えでもなかったことがわかる．ペイディアス作のゼウスにはとても威厳があった．それよりも数百年古い，クレタ島の洞穴から出土した青銅の円盤に描かれたオリエント風の荒ぶるザグレウス（ディオニュソスと同一の神と考えられていたクレタ島の神）は，牡ウシにまたがりはね回っている．このような姿はギリシアではまったくみられない作風のものであった．前5世紀の間ずっと，もっと素朴な奉納が変らずに続けられていた．ゼウス・クテシオスはまだ家庭の守護神のヘビを表す名であった．アポロン・アグイエウスはいまだに石柱であり，ヘルメスはいまだ永遠に続く直立像に花冠をいただいていた．宗教詩はあまりにも巧妙で多才でありすぎて，ほとんどまじめに受け取られなかった．しかし，そうとばかりもいいきれない面もあり，宗教詩は，前416年のプラトンの『饗宴』の対話と同じく，まじめでもあり，ふまじめでもあった．

上　若い兵士の遺体を墓に運ぶ東北風の神と西風の神．

右　アテナイ人の死者の記念碑を見つめる哀悼のアテナ女神．

第5部　アレクサンドロスの時代

THE AGE OF ALEXANDER

文学と宗教の新しい様式

擬古主義文学

すでに前4世紀には，文学と視覚芸術に擬古主義が入りこんでいた．懐古趣味が絶頂に達したのはこれよりも百年後のことであり，そのときには，前4世紀のアテナイの散文作家たちが，前5世紀の詩人たちのように，研究対象となった．叙事詩は前5世紀にはすでに過去のものであった．そのころになると，アテナイの子供たちはホメロスを理解するために，特別な意味と奇妙な言葉を学ばねばならなかった．ホメロスは依然として神のようなものであったが，ホメロスの韻文は，その主題と同様に，はるかな昔のものとか，古色蒼然としたものと思われていた．実際，このころにはじめて，かれは最古の，しかも奇妙なことに，最も信頼しうる歴史家とみなされたのである．偉大なる古典悲劇作家として今日知られている三大詩人——アイスキュロス，ソポクレス，エウリピデス——が，前4世紀末にはすでに大家として認められていた．ソポクレスとエウリピデスの場合は死後百年もたっていなかった．先にペイシストラトスが『イリアス』と『オデュッセイア』を保存したように，かれらの作品をアテナイ国家が保存した．前400年以後，アテナイ海軍とアテナイ同盟が再登場し，市壁が再建され，富が回復されたが，前5世紀の状態に復することはできなかった．

前5世紀後期のトゥキュディデスでさえ，名文家として古文体を用いているのだが，アテナイの人々は古風な文体の方が口語体よりもはるかに威厳があり，詩情があると信じていた．そしてある古代の批評家の鋭い観察によれば，トゥキュディデスの文章は「措辞は政治的であり，修辞は多才であり，調子は硬いが，意味はわかりやすかった」のである．前4世紀の擬古主義にわれわれが関心を抱くのは，そのときに革新が終ったからではなく，その後長く続くことになる一つの過程が始まったのをみることができるからである．批評家は，詩人や彫刻家や建築家よりも過去に傾倒する傾向が強かった．アリストテレスはソポクレスを最高の悲劇詩人と考え，プラトンはピンダロスに多くのことを学んだ．前4世紀のエレゲイア詩人は，同時代の彫刻の傑作と同様，今日に至るまで過小評価されている．

テオクリトスと田園詩

だが，われわれには，アテナイが以前にも増して平等でブルジョワ的（これほど適切な言葉は他にないので）になったという印象が強い．厳格な美が気恥ずかしく感じられるようになって少しずつ小綺麗さに変り，結局はほとんどなくなってしまった．アテナイのメナンドロスの軽い風俗喜劇は，アリストパネスの後では素直すぎ，流暢にすぎるのだが，アリストパネスをも凌ぐほどの人気を博していた．怪物ゴルゴンの首の表現はかつてはおぞましいものであったが，次にはグロテスクなものになり，前5世紀初頭にはいくらか滑稽なものになり，いまやゴルゴンが美女である場合さえある．巨人族のキュクロプスは神々の敵であったが，次には恐ろしい怪物になり，エウリピデスのサテュロス劇『キュクロプス』では陽気な身振りの生き物となり，前3世紀初頭になると，哀れにもかれは海のニンフにかなわぬ恋をするものとなる．「僕のかわいい甘いリンゴ……君のために僕は小鹿を11頭と子熊を4頭飼っている.」

これを書いた詩人はシチリア島のギリシア人テオクリトスである．かれはコス島のピレタスから田園詩の甘酸っぱい言いまわしを学び，アレクサンドレイアのプトレマイオス王家のマケドニア＝ギリシア風宮廷で暮らした．かれが詩を方言で書いたことは注目に価する．その方言はドリス方言であり，19世紀の詩人W・バーンズの使ったイギリス南部の方言や現代オーストリアの方言詩のように，農民の話し言葉を表していた．しかし，テオクリトスはおそらくわざと誇張している．かれの使う方言は実際にはまったく話されず，かれ以外の誰にも書き記されてない．それはわざと歪めた手段であり，一つには冗談で，また一つには舞台衣裳や田園風背景と同じ一つの仕掛けであった．同じ時期にやはりアレクサンドレイアで，厳密には海でも陸でもまったく使われなかった方言，この場合はイオニア方言，と写実主義と伝統的な詩とを同じように混ぜ合わせて，ヘロンダスが庶民や下層民の生活を描いた短い擬曲を書いている．

やはりまた同じ時代に，しかしまったく別の雰囲気で，誰かが一篇の模倣詩を創作したらしいのだが，それが非常に巧妙なものだったので，古今の多くの研究者が欺かれてきた．それは前6世紀のボイオティア方言を使う女流詩人で，ピンダロスの好敵手だったコリンナの書いた詩であると偽っていた．いまに残っている魅力的な断篇には，春の祭典用の賛歌と，キタイロンとヘリコンの二つの山の間の歌競べの部分が

下 「野獣の女主人」アルテミス．すでにこの初期の表現にも，厳格さからグロテスクを経て陽気さと女の魅力へ向かう変化がみられる．

文学と宗教の新しい様式

含まれている．残念ながら，その詩の字の綴り方とその他の言語学上の証拠から，またおそらくは詩形の平明さからも，そしてとりわけ，その詩が本物としては実に魅力的すぎるという事実から，その詩は前3世紀のものとされている．作者は本物のコリンナではない．このような前3世紀の方言詩人たちを全体としてみるならば，たしかにかれらはギリシア人の世界観に重要な発展があったことを示している．かつてヘロドトスが抱いたような好奇心は，論理的に拡大して社会的好奇心（ヘロンダスと同様にテオクリトスも庶民生活を歌った）と結びつき，さらに素朴さと貧しさと安全への郷愁，つまり知識人にはもはや共有できない信仰心と，もはや感じられない情緒への郷愁とに結びついていた．

しかし，文学は史料としては扱いにくい．テオクリトスの詩の根底にあるものは恋であり，かれの詩に歌われる牧童たちは，ずらりと並べられた風変りな恋人たちの一部でしかない．かれは登場人物の生活や感情を恋する者の目でみる（ほぼ500-600年後にロンゴスが書いた田園物語『ダフニスとクロエ』は，古代の数少ない熱烈な恋愛文学の傑作であるが，注目すべきことに，同じ言いまわしがまったく同じ方法で使われている）．テオクリトスの同時代人であるシキュオンのムナサルケスがおそらく前3世紀中ごろに書いた詩で，羊飼いや山羊飼いの笛であるシュリンクスによせた一篇の詩がある．「シュリンクスよ，おまえはここで，海の泡の娘のアプロディテと何をしているのか．羊飼いの唇を離れてなぜここにいるのか．ここには山の尾根もなく谷もなく，ただエロスと欲望があるだけ．野育ちのムーサは山に住んでいるのに．」このように主題は混合しているが，決して田園詩から離れていない．もっとも，複数の主題が緊張関係にあることはよくある．詩の保護者と読者はもはや一地方のものでなかったから，当時のすべての文体と同様に，この文体もたちどころに国際的になった．

国家的祭儀

それでも前3世紀には，まったく単純な人々でさえ情緒と信仰において確実に何かが変ってしまっていた．テオクリトスが，アレクサンドレイアでの王室主催のアドニスの祭典について詩を書いている．アドニス崇拝の起源はバビュロニアにあり，キュプロス島でギリシア風の形式になったのだが，前5世紀のアテナイでもよく知られていた．アドニスは傷ついたタンムズ，つまり死にゆく植物神であった．ギリシア人によるその崇拝の最初の例は，サッポーの詩の断篇の中にみられる．アテナイではこの神の祭典は4月に催されたが，アレクサンドレイアでは9月であった．もっと大きな違いがあった．テオクリトスの詩の主人公はシュラクサイからきた女たちである．彼女らにとってこの祭典は心浮き立つ遠足であり，人ごみに揉まれながら，緑の木陰の寝椅子でアプロディテとアドニスが一緒に宴を開いている図の絢爛たる絵を見たり，神への賛歌を聞くことであった．「アテナ女神よ，何とすばらしいできばえ．何とすばらしい技．あの立って身をねじっている姿のとても自然なこと．あれは本物であって織物などではない．人間は何と立派なものなのでしょう．ごらんなさい，すてきなこと．あそこに，とても愛されて，死んでさ

左上　翼の生えた靴を履き，ゴルゴンの首を斬るペルセウス．これは，成熟したアルカイック彫刻の，保存状態の良好な作品である．シチリア島のギリシア都市セリヌスにある神殿のもの．

左　ヒュドリア（水差し）に描かれたゴルゴン，あるいはメドゥサ．タルクィーニア出土．前490年ごろの作品で，おそらく「ベルリンの画家」によって描かれたものであるが，熱心でしかもやや陽気な制作態度がうかがえる．

上　テラコッタ製のゴルゴン．エトルリアの神殿装飾．まだ恐しさを残しているが，これもまた楽しげに造形されて，彩色されている．

ギリシア医学とアスクレピオスの崇拝

　ギリシアの医術は前5, 4世紀に, 古い社会の伝統的な知恵と魔術からどんどん変化して, 科学的医学になりはじめていた. 前5世紀初頭の医学文献にはまだ魔術の要素がある. たとえば, 胃炎は, アポロンの聖鳥であるツバメの液状の糞を思い出させるので, この神の祟りであった. しかし, アリストテレスの時代には, 解剖としっかりした観察の影響が現れはじめていた.

　実質的な医学の初期の中心地はアスクレピオスの神域であり, それらの地で行われた治療は注目すべきものであった. 神域は宗教的な神秘に包まれていたが, 治療が正確な意味で奇蹟であるとは考えられていなかった. 他の神々や英雄たちも治療を施すことができたのにアスクレピオスの崇拝が広まったということは, 訓練された技術や科学, そして知識の集成と方法という, 伝達可能なものがあったことを思わせる. もちろん奇蹟も存在した. たとえば, テバイのエパメイノンダスの足指は火葬の際に焼け残ったのだが, その後, その指は運ばれた先々で傷病を癒すという奇蹟を示した.

　もっと正統なアスクレピオスの崇拝がコス島から広がった. この島は有名なヒッポクラテスの故郷であり, いまに伝わるギリシア医学の業績のいく件かがかれのものとされており, おそらく正しいものも1, 2件はあるだろう.

左　アスクレピオス像. エピダウロスの大神域出土. ローマ時代の制作. 賢くて慈悲深いヘビをつれたこの親切そうな老人の姿には, 医学の起源がもっと野蛮でもっと不安定なものであったことを思い出させるものがほとんどない. だが, 完全に科学者であるともいえない. キリストの像には, 時折, 何かアスクレピオス像に負うているところがある. アスクレピオスの妻は「健康」であり, その侍女は「あらゆる治療」であった. ヘビは神域で最も重要な存在であった. アスクレピオスのヘビに目を舐めてもらえれば盲人も治ると, 前4世紀になってもまだ考えられていた.

右　巨大な脚の浮彫. アテネ国立博物館所蔵. 神に癒してもらった部分を実物大以上の模型にして奉納している図像. 脚の模型そのものよりも, 石の浮彫にした方が耐久性があるし, またいっそう見映えがすると考えられていたことは疑いない.

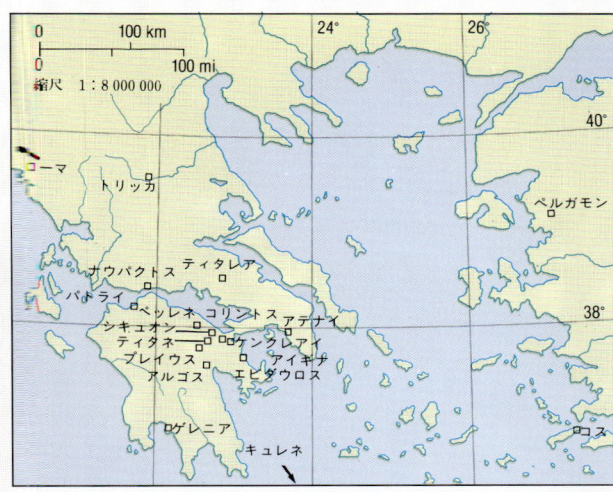

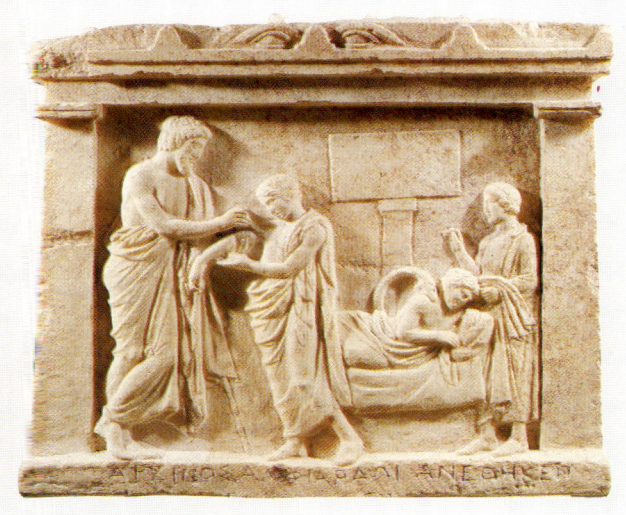

左　治療中の医師と看護婦，あるいは神官と女神官．アテネ国立博物館所蔵の石の浮彫．アスクレピオスの名で行われた医術活動の多くは夜間に行われた．患者はおそらく薬で眠らされていた．治療の対象については，たとえば，頬に残った古い槍の刃などとわかっていることも多いのだが，処置法の詳細についてはほとんどわかっていない．患者は神自らがやってきて治療をしてくれるものと信じていたらしい．

上　成功した治療を感謝して奉納された浮彫．このようなお礼の奉納品は，耳や鼻や眼や生殖器のような患部の模型であってもよかった．現在でもまだ同じような習慣が地中海地域に残っている．しかし，この浮彫の図像は，もっと組織化された真面目な種類の医療業務を示している．

左上　ヘレニズム時代の外科用器具．大英博物館所蔵．解剖学と外科は，カルケドンのヘロピロスの指導の下で，ヘレニズム世界で大きく進歩した．

最上　ギリシア世界の主要なアスクレピオスの神域の所在地．

163

文学と宗教の新しい様式

エピダウロス

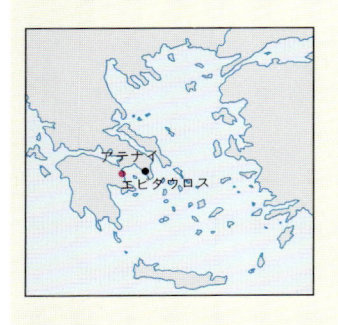

エピダウロス市はサロン湾の海近くにあるが、数キロメートル内陸に入ったところにアスクレピオスの神域ができて、その全ギリシア的な名声は前4世紀に最高に達した。このころよりもずっと壮大な建造物が存在したハドリアヌスの時代になっても、ここの劇場は世界で最も美しいものと考えられた。劇場は簡素で古典的であった。神域では競技も催され、最大級の汎ギリシア的祭典の水準にほぼ達していた。神域の建物と彫刻は非常に豊かであるが、古典期の最盛期の終焉を特徴づける多少の重苦しさがある。前5世紀末のものであるアスクレピオス神殿そのものと、前4世紀に建てられた手の込んだトロス、すなわち円堂は、土台と多少の破片しか残っておらず、破片の中には後にキリスト教の教会の建造に使われたものもあった。

アスクレピオスの神域と海岸の都市を結んだ古代の道路はいまでも辿ることができるし、少し離れた場所では、アスクレピオスの神殿からはずされた美しい彫刻で飾られた大理石が、いまなお教会の壁のところどころに組み入れられて残っている。神域、すなわちヒエロンは歴史の流れとは関わりのないところで存在する治療の場であった。

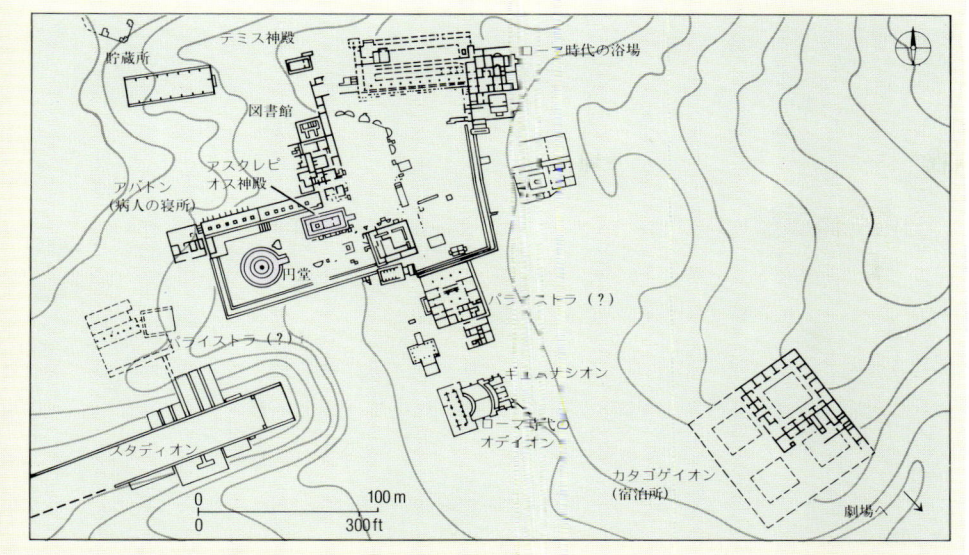

文学と宗教の新しい様式

えも愛されたアドニスが，頬にうすくひげをはやして銀の椅子に身を横たえている.」彼女たちは貧しい辺境地域からやってきた粗野な女たちである．彼女らは土着のエジプト人と自分たちの少女奴隷をさげすみ，ウマに驚く．彼女らには辛辣で下題のユーモアがある．テオクリトスが絵に対する反応を物語っている文章の中には宗教的な感じがまったくない．その後に続く正式の賛歌には手の込んだ文学的な美しさがある．それは琴線に触れる詩行であり，もし，この詩全体の対照的リズムと平明で見事な工夫とに気をとられていなければ，この賛歌に深く感動してきっと宗教的であると考えるほどのものである．おそらくそれは何にもまして宗教的なのであろう．祭典には異国風の魅力があるが，その性格は世俗的であり，プトレマイオス王家が民衆のために催した大衆向けの見世物である．

祭典の行事の進行も奇妙である．幸いなことに，いくつかの文学資料と前250年ごろのファイユームのパピルス文書から，エジプトでのアドニス崇拝についていくらか推論することができる．ほとんどすべての史料が，死んだアドニスを悼むことから祭りが始まり，1日後にかれの蘇りと昇天が続くということで一致している．パピルスによれば，幸せな祝典の祭日の後に断食日が1日あり，最後にまた費用のかかる1日，おそらく蘇りを公然と，あるいは密儀として再演した日があったらしい．つまり，そのパピルスは毎日の話の記録であるから，3日間の祭典となるのだろう．キリスト教の神学者であるヒエロニムスとオリゲネスとアレクサンドレイアのキュリッロスは死の後に復活が続くことを疑わなかった．テオクリトスの詩では，エジプトの女王アルシノエがアドニスとアプロディテのまぐわいから祭りを始めて，翌日の死と哀悼に続け，そうして祭典の幕を閉じる．これに対してアテナイでのアドニスの祭典は私的なもので，女たちに限られていた．現在知られている限りでは，家の屋根の上につくられた芽生えてすぐに枯れる小庭園と，一定の日に行われる女たちの大声での哀悼とによって祭が成り立っていた．

少なくとも，新しいギリシア＝エジプト文化が発祥したプトレマイオス朝のエジプトでは，死にゆく神が神秘的に蘇るという私的祭儀に代って，ロマンチックな愛と死の国家的祝典が王宮内で催され，信仰心が金をかけて誇示され，芸術的な歌競べが楽しまれた．テオクリトスが語っている唯一の蘇りとは，来年の再演のことである．詩は「さようなら，愛しいアドニス，来年またいらっしゃい」という言葉で終る．王宮の祭典の基調はその豊かさにある．銀の椅子に死にかかったアドニスがいてアプロディテが嘆いているという図の，新しくて巨大な綴織が祭りの場所に懸けられる．甘い香りの青葉のあずまやがある．中央のあずまやの中心に黒檀と金でできた寝椅子があり，その脚は象牙で，ガニュメデスをさらうワシが彫刻されている．そこに，アドニスとアプロディテが一緒に横たわる姿があり，その前にはすばらしい食物が並べられている．

アテナイの国家祭儀でも，豊かさの点では劣るが，同じような過程が進んでいた．祝典は以前よりも贅沢なものになり，群集の数が増えて多様化した．若者が軍務につくという祭儀での任務は，儀礼的性質が増して現実味を失った．国家的祭儀の見世物的部分が増加したのである．当然のことであるが，新しい立派な外套を身に着けた若者たちの方が，怪しげで気味の悪い私的な行進が町中に現れてくるよりも，市民のうけがよかった．デモステネスによれば，かれの論敵であるアイスニネスは，たとえば，ディオニュソスのブリュギア版である荒ぶる神サバジオスの祭儀に参加した．かれの母が新しい帰依者に秘伝を授けている間，かれは聖なる書を読んだ．か

左 アスクレピオスの神壇内の劇場．前4世紀に建設．ギリシアの全劇場の中で最もよく保存されている．座席は1万4000人分あり，特に音響効果にすぐれている．

上 ウマに乗った貴婦人．アスクレピオス神殿の屋根の小尖塔飾り（アクロテリオン）である．そこにある像には風の特徴が表されている．軽やかに飛んだり走ったりしている姿の像や，有翼像や，衣服が風で膨らんでいる像などがある．このような像は，神殿自体の重々しく簡潔な線と対照をなしている．この像は後から，前380年ごろに組み入れられたもので，この姿は海から上がってくるようにみえる．彼女は風の精かもしれない．

文学と宗教の新しい様式

エペソス

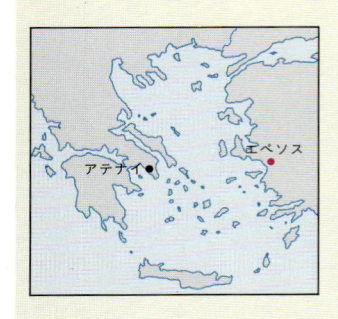

エペソスは小アジアの海岸にあり，もう一つの豊かな混合ギリシア都市であった．この市は重要さと大きさの点でミレトスのライバルであり，後にはアレクサンドレイアのライバルとなった．その地方の古い地母神がアルテミスと同一視され，また，ローマ人によってディアナと同一視された．エペソスのアルテミス像は卵のような乳房，あるいは乳房のような卵で覆われていた．女神の大神殿は世界の七不思議の一つに数えられ，18m以上の高さの柱が117本も立っていた．エペソスはローマ時代にアジアの大都市になったので，発掘された遺跡はほとんどすべてローマ時代のものである．この都市は，時代的にこれに前後する都市と同様に，河口が泥で埋った時期に衰えたが，中世になってもなお重要であったし，実際，以前よりも壮麗であった．

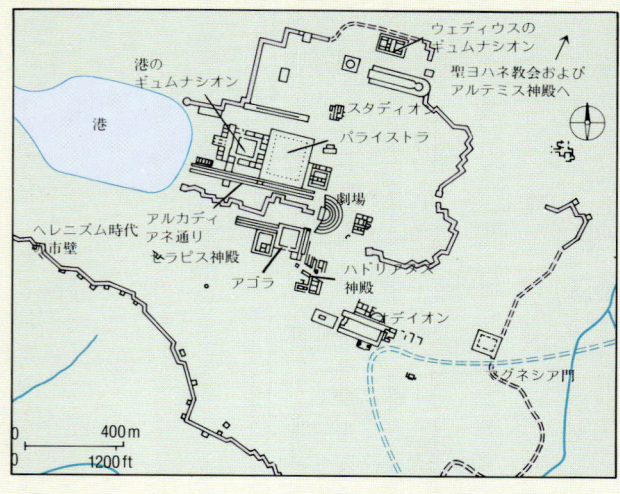

下 アルカディアネ通り．港から劇場に通じる道で，500m以上の長さがある．劇場は前3世紀前半に建設されたが，現存するものはローマ時代のものである．ローマ以前の舞台建築が残っている部分もある．南側に平行して走る通りには，前200年の2階建の柱廊玄関が残っている．

上 エペソス出土のアルテミス像．後2世紀の，古典化と擬古化の流行したローマの黄昏期のもの．

れは夜になると，鹿の皮を身につけ，信者に粘土と籾殻を塗りつけ，そして両手にヘビをもち，大声で叫びながら，人々を町中率いて日々をすごした．知識階級も保守主義者もいかにこの種のことに激昂するものであるかはすぐに想像がつく．それは不吉な感じの不条理な行動であった．アテナイで増加しつつあった社会の周辺部分で，多くの改宗者がみつかるものだということもわかりやすい．

アスクレピオスの崇拝

しかし，前5世紀後期以後で最も盛んになった宗教は，霊験あらたかでまことに評判のよい神，すなわち治療の神アスクレピオスの崇拝であった．この神は多数の神域を，その土地の神や英雄たちから引き継いだのだが，治療をする聖所なら何でも統御したというわけではなかった．はるかな山の泉ではニンフたちが眼病を癒していたし，アッティカとボイオティアの国境にある予言者にして英雄のアムピアラオスの神域でも，治療が続けられて繁栄していた．アテナイのアゴラにさえ，テセウスの埋葬地近くに無名の「病を癒す英雄」を祀る神域があった．アスクレピオスの崇拝は前420年にペロポンネソスからアテナイに伝わったのだが，おそらくアイギナ島経由であろう．アリストパネスが前422年の『蜂』の中で登場人物をアイギナ島へ治療に行かせている．しかし，アテナイでのこの神の新しい祭典はエピダウリアと呼ばれていたから，明らかにエピダウロスの大神域が本源の地として認められていたのだろう．普通，アスクレピオスの新しい神域はいかなるものでも，母神殿からもち込まれる神の聖なるヘビが到着して，正式に建立された．これはアテナイで実際にあったことであり，詩人のソポクレスは，新しい病院が建てられるまでそのヘビをもてなした．

それを病院と呼んでもおそらく大胆すぎることはない．アスクレピオスの奇蹟を記した一連の碑文がエピダウロスに残っている．明らかに，その中には手術の話があるし，ある分野の医学についての重大な知識が含まれている．エピダウロスでは，またエピダウロスが他の土地に建設した多くの神域でも，この神への信仰は前5世紀末に大いに広まり，おそらく前4世紀に頂点に達した．前400年ごろには，エピダウロスでアスクレピオスのために，運動競技と競馬と音楽と詩の汎ギリシア的祭典が催された．アスクレピオスの新しい神域が前4世紀までにコス島（ここに前5世紀にヒッポクラテスが医学の基礎を置いた）とペルガモンとキュレネに出現し，前293年にはローマに出現した．前3世紀のナウパクトスに，この神の信仰を設立するために派遣された外交使節は，テゲアのアニュテというすばらしい女流詩人だった．アスクレピオスは北ペロポンネソスでシキュオン，コリントス，ケンクレアイ，プレイウス，アルゴス，パトライおよびペッレネに神域を得，ポキスではティトレアとナウパクトスに神域を得た．さらに南の方でも比較的多くの神域を獲得した．このように数が増えたのは，医学組織のおかげでもあったが，それ

パルテノンの大理石製フリーズ．アテナの行列の中で犠牲獣を守り，導いている少年たち．たいていの犠牲獣はまったく落ち着いている．この少年たちが若い牧童である可能性もある．

文学と宗教の新しい様式

に劣らず特殊な種類の宗教のおかげでもあった．それは個人のための崇拝であり，金持ちが金を出した．エピダウロスには国家の宝庫はまったくないが，そこの建築物は贅沢で装飾的である．

たとえば現代アフリカでも古代ギリシアと同じように，神託所と治療の場が同一であることがよくある．すでに前4世紀のギリシアの神託は，ささいな事に関してまで個人的な問に答えていた．そのような問とはおそらく，「ヘラクレイダスはいまの妻に子供ができるかどうかを伺います」とか「ニコクラディアは，自分の病を治すためにどの神に犠牲を捧げるべきかを伺います」という形式だったろう．それはそれぞれの病気にはそれに相当する神がいると信じられていたせいでもある．たとえばアポロンの聖鳥のツバメの糞と腸炎の症状が似ているので，アポロンがこの病をひきおこしたり癒したりすると考えられた．アスクレピオスはあらゆる病を治すことを望んだ．前4世紀に，その神の侍女はパナケイアつまり「あらゆる治療」と呼ばれた．病人はそのような神を見つけるためならどんな遠くにでも行くものである．エピダウロスの碑文によると，ある男は戦いで負傷して以来ずっと長い間体内に金属が入っていたのを，アスクレピオスに治してもらった．さらに，アスクレピオスには，古くからの神々とは異なり，厳しく恐ろしい面がなかった．この神には死人を甦らせたために神々に殺されたという伝説がある．アスクレピオスの出現とともに，神の威厳はある重要な点で和らげられてしまった．

私的な哲学

前4世紀には小規模商人と不安定な商業活動が大幅に増加した．運・不運というものが極端になった．人々は都市で以前よりもあっけなく成功したり没落したりするようになった．都市そのものの興亡もいっそうあっけないものでありえた．古くからの神々やよく知られた道徳や前5世紀にあった国家への関心などでは，もはやギリシア人の心は完全には安まらなかった．隠遁の宗教と哲学，個人の救済と心の平和を扱う宗教と哲学がめざましく増加した．優しくて厳格なエピクロスは前341年にサモス島で生まれ，前270年にアテナイで死んだ．かれは同時代人の中では決して過激ではなかった．かれは前323年にアテナイで学び，まずコロポンとレスボス島でくらし，それからヘッレスポントスの東端にあるトロアス地方のラムプサコスでくらした．かれの晩年の親友たちは，マケドニア人の権力闘争の圏外にあったラムプサコスやレスボス島のミュティレネ出身の人々であった．かれの門人たちには奴隷と女も含まれていた．

このような活動によって，神話が新しく選択され，いままでとは違う風に語り直された．特に前3世紀に，まったく新しい分野の地方神話が小アジアで開拓されはじめた．当時流行した物語の数篇が，オウィディウスの『転身譜』にラテン語で収録されている．神々は魚と同じようにとらえどころがなく，予知できず，性欲のひきおこす災難は限りがない．これらは，「眠い皇帝の目を覚まさせておくための」物語である．話の意図，少なくとも改変された話の意図はもはやあまりまじめなものではなくなっていた．前4世紀のギリシア人は，経験のまじめな分析や人生への批判については哲学者にまかせた．まじめな哲学とまじめな詩は，現在よりも当時の方がいっそう密接に結びついていたが，プラトンより後は，古代神話を扱ったものにはどんな場合でも，多少の文学的雰囲気が感じられた．

コス島

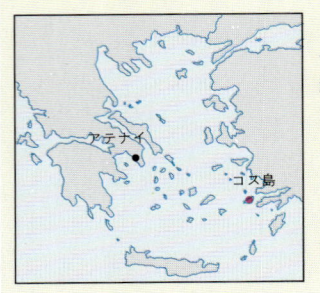

コス島は南スポラデス諸島にある．それは，リンドスとクニドスとハリカルナッソスの東南連合に属していた．前6世紀末にペルシア人がこの島を奪ったが，前5世紀にはこの島はアテナイの同盟市となり，ヒッポクラテスが生まれた．ペロポンネソス戦争で破壊されたが，前366年に再建された．ヘレニズム時代には，田園詩の創始者のピレタスを育み，テオクリトスの最も注目すべき詩の一つは，この田舎が舞台となっていた．島内の記念物と神域はいまもなお見られる．

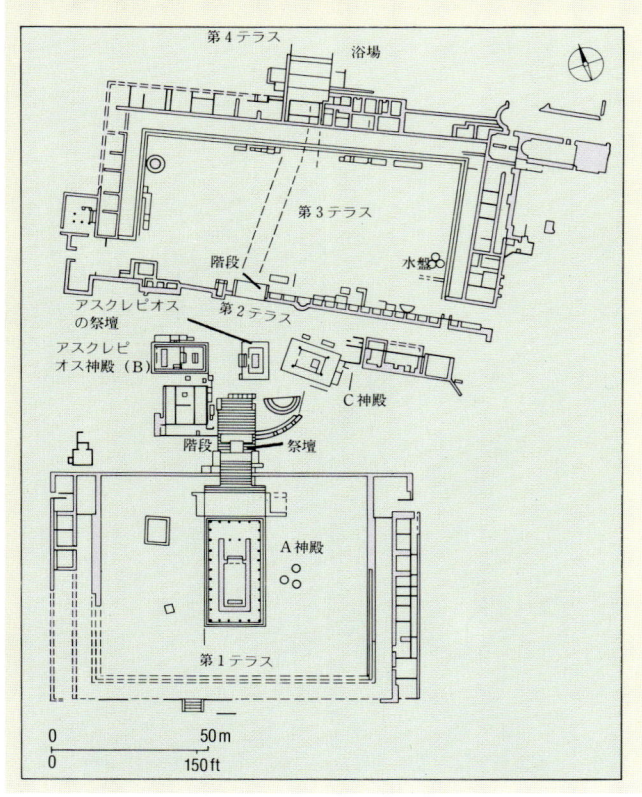

有名なアスクレピオスの神域．ギリシア医学の発祥の地ともいえる神域は，コス市の近くにあり，かつてはアポロンの神域だった．前4世紀中ごろのヒッポクラテスの死後のあるとき，アスクレピオスの神殿とその周囲の建立が着手された．建物には前3世紀の特徴も多少は含まれている．

本神殿の位置する最上の第1テラスから見た光景(上)．第2テラスには大祭壇の遺構とローマ時代の神殿の列柱が見える．また，第3テラスの，おそらくアスクレピオスの祭典が行われたらしい地域も見える．

マケドニアの勃興

スパルタとテバイの覇権争い

　スパルタとアテナイの戦いの後，スパルタは前404年から前371年までほぼ1世代の間支配的立場に立った．前5世紀のうちに戦争は終ったが，その後の歴史の流れは80年以前におこったことを鏡のように映し出した．スパルタの英雄リュサンドロスはペルシア戦争後の先輩たちと同じように，東地中海で権力を誇示し，サモス島で自らを王と神の中間にあるものとして崇めさせ——アレクサンドロスが行ったことの一つの先例であった——ペルシア人との際どい交渉を開始した．しかしかれはその後呼び戻されて失脚してしまった．ペルシアとの紛糾は，アレクサンドロスが大方の予想に反して勝利を得ることによって，永久にではないものの一応の解決をみるまでの間，何度も繰り返される運命にあった．

　前401年に，ペルシア王アルタクセルクセスの弟で小アジアの太守だったキュロスがペルシアの王位を奪う決心をした．かれが率いていった軍勢には1万3000人のギリシア人がいて，そのうちの1万600人が重装歩兵であった．ギリシア人兵士を募ったのは，スパルタ人のクレアルコスであったが，かれはビュザンティオンで悪事を犯して追放された人物であった．このギリシア人たちは，多くの軍事的冒険を生き延びてきたにちがいない．ソクラテスの門弟の1人でクセノポンという名のアテナイ人騎士が事件の記録を残した．バビュロンの北のクナクサの決戦で，キュロスは自らの手で兄を傷つけた後に殺された．アルタクセルクセスの傷は治り，大王の位にとどまった．かれの宮廷医クテシアスもギリシア人であり，自らこの戦いについて書き記した．

　キュロスの死後も，ギリシア人の軍勢そのものは不敗であり，降伏を拒否した．重立った将校たちは交渉中に謀殺されたが，ギリシア人たちは司令官を選び出し，その1人のアテナイ人クセノポンの指揮下で困難を排して，ペルシア帝国から脱出することに成功した．それは，かりにまったく妨害がなかったとしても，大変な行軍であったはずだが，実際にかれらは，強靱で恐ろしいクルド族の山岳民族と関わり合ったり，当然ペルシア軍とも関わり合いながら脱出したのだ．かれらは黒海の南岸を通って地中海に戻ったのだが，そこではかれらはもて余し者となった．スパルタ人はかれらを船でビュザンティオンにつれてゆき，見捨てた．かれらはトラキア人セウテスの下で部族間の争いに加わった．誰もかれらに金を支払えなかったし，親切にもてなすにはかれらは危険すぎたのである．最後に残った6000人は前399年にペルシア帝国へ遠征するスパルタ軍として小アジアへ戻った．クセノポンは20年の間追放され，スパルタからもアテナイからも独立していたトリピュリアのスキッルスでほとんどくらしていた．そこはオリュンピアのちょうど南にある高い丘陵で，ギリシアでは最も快適な地方の一つであった．かれは前360年代になるまでアテナイに戻らなかった．

　前400年のスパルタとペルシアの戦争は，ギリシア諸都市に対するペルシアの脅威を排除するためには避けがたいものであったが，戦況ははかばかしくなく，あまり目覚ましく進展することもなかった．そして，前405年，ラムプサコスで

アテナイとその要塞港ペイライエウスを結ぶ長壁．このおかげでアテナイは長期の包囲に耐えられた．前5世紀中ごろに完成し，ペロポンネソス戦争の終りに引き倒され，その後前4世紀初頭に，アテナイのコノンがペルシアの援助をうけて再建した．

マケドニアの勃興

アレクサンドレイア

アレクサンドロスは，かれが前332/1年にエジプトに建設した市に葬られた．同じ名の都市が世界に少なくとも13ヵ所あり，これはその最初のものであった．パロス島と本土とをほぼ1500mの長さの突堤で繋ぐという輝かしい事業が行われ，背中合せに二つの良港が生まれた．プトレマイオス家(左図はプトレマイオスII世，前285-246年)の下でしばらくの間，アレクサンドレイアは商業と文化の面で世界の中心となった．世界一の大図書館があり，新しい種類の一流詩人たちと，一流の大文献学者たちがいた．ローマ人はこの都市を乱暴に取り扱い，最後にアラビア人がこの都市を破壊した．

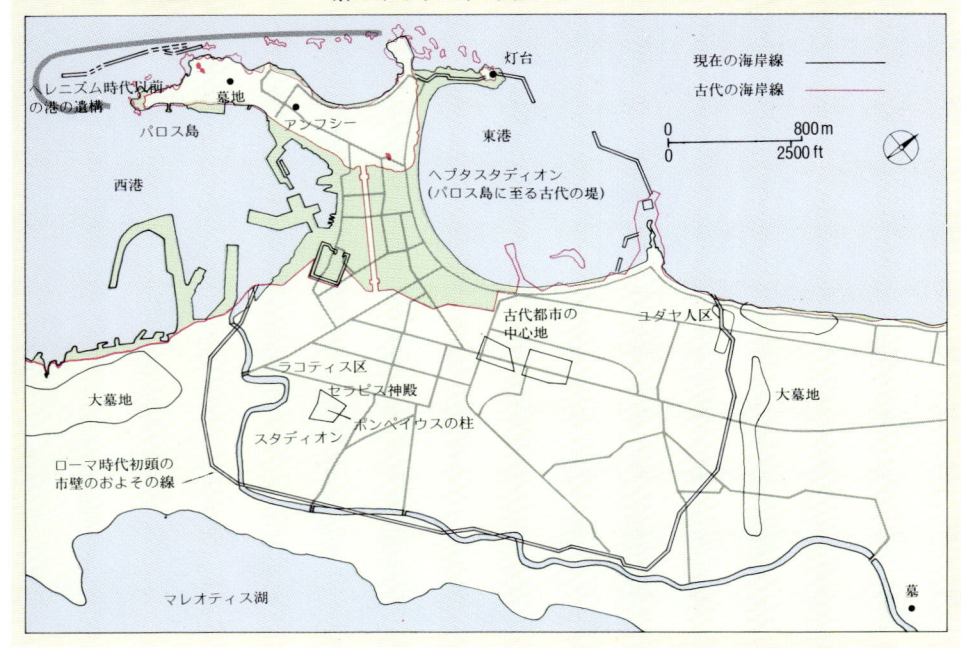

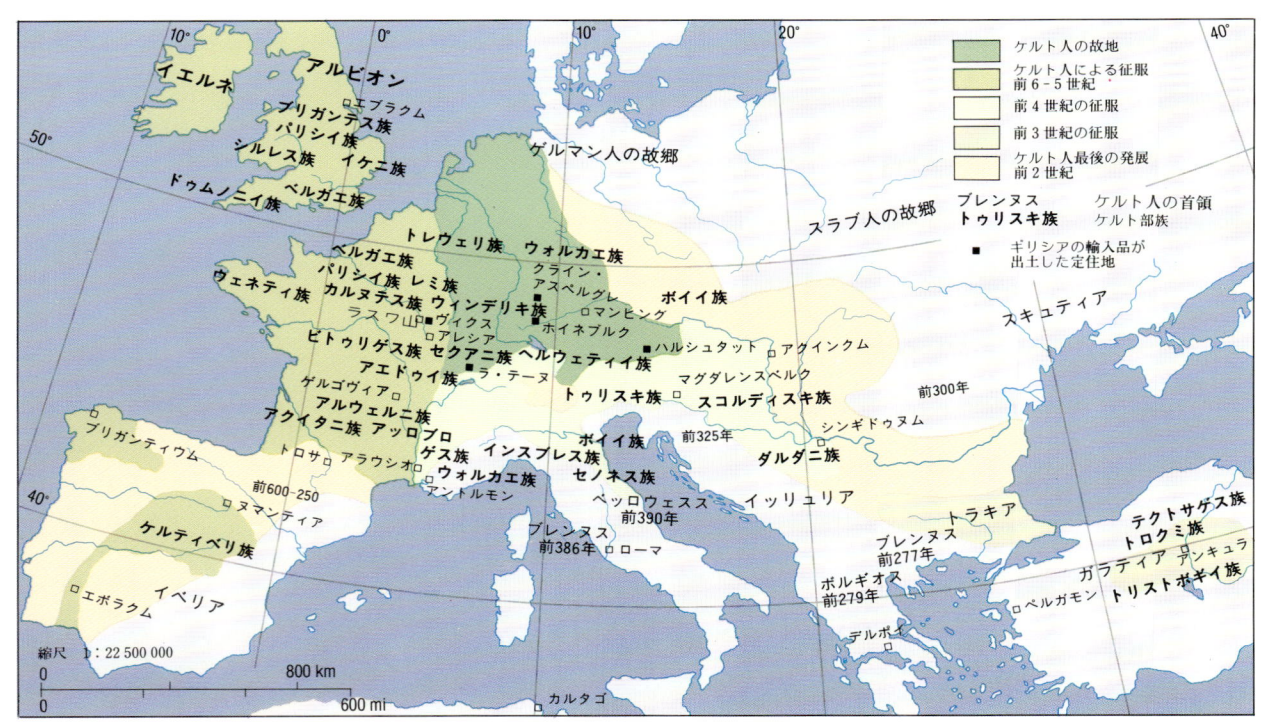

のアテナイ海軍の大虐殺をのがれたアテナイ人提督コノンは，宮廷医のクテシアスとの関係によって，うまくペルシア海軍を指揮することになり，前395年にはスパルタ人からロドス島を奪還した．1年前にスパルタ王アゲシラオスは，後にアレクサンドロスによって現実のものとされる熱烈な思いに駆られて，小アジアに渡っていた(そこでかれはロドス島喪失の報を受けた)．かれは，ホメロスのアガメムノンをまねて，ボイオティアの東海岸にあるアウリスで犠牲を捧げた．しかし，ばかげたことに，テバイ人に許可を求めるのを忘れていたので，かれの犠牲の儀式は武装兵に邪魔された．アゲシラオスはブリュギアでは成功した．しかし，コノンが海上を支配し，スパルタに向けて航海していたエジプトの穀物船を拿捕し，結局前394年にスパルタの海軍勢力をクニドス沖で全滅させるにいたった．

ギリシア本土では，再びスパルタ人が激しい敵意を招いていた．前394年7月に，スパルタに敵対する勢力が連合してスパルタ人に向い，コリントス近くで凄絶な戦闘が行われたが，決定的なものとはならなかった．一方，リュサンドロスがボイオティアで戦死した後，アゲシラオスが小アジアから呼び戻された．8月，ボイオティアのコロネイアで，ボイオティア人とアテナイ人がアゲシラオスを破った．スパルタは，ペリクレスのときと同じように，少なくとも海上からはペロポンネソス半島内に封鎖されたが，数年間半島内で難局に耐えた．コノンは，ペルシアの黙認の下に，ペルシアの資金で，アテナイの長壁とペイライエウスの防壁を再建した．そしてアテナイは，レムノス，イムブロス，スキュロス，デロス，キオスの島々を取り戻した．クニドスの戦いの後，小アジアのギリシア諸都市はスパルタ人支配者を追放したが，新しい民主政体はアテナイではなくペルシアの保護を求めた．ペルシア人がヨーロッパに期待したことは，多少なりとも忠実な同盟国を得て，それを通して他の独立民族を支配するということでしかなかったのは明らかである．いうまでもなくこの立場は，絶望的な状態にあったあらゆるギリシア諸都市にとって魅力的ではあったが，どのギリシア同盟国もペルシアに忠実であろうとはしなかった．その結果，アテナイは6年の間黒海の入口を制した．

この数年間の覇権争いにおけるもう一つの大きな特徴は，

ケルト人の侵入

今日では，ケルト人の広がりの規模について語ることができるが，前6世紀から前3世紀にかけて，ケルト人はヨーロッパ全土に侵入した．前386年にブレンヌスがローマに侵入し，別なブレンヌスが前3世紀にデルポイに達した．前3世紀に中央アナトリア平原に住みついたガラティア人は，ローマ時代になってもケルト語を話し続けた．大きな栄誉と富をもつ首長の率いるケルト人の部族構成は，カエサルのガリア征服とブリタンニアの大規模な征服以後も残った．

傭兵を大量に使ったことであった．かれらは，クセノポンの軍勢のような遍歴する正規兵でなく，クレタ島とピンドス山地出身の行動が敏速な山の民であり，長剣と投槍によって以前よりもすぐれた武装をしていた．前390年にイピクラテスという名のアテナイ人に率いられた傭兵軍は，コリントス近くの小競合で600人のスパルタ軍を粉砕し，前388年には同じ指揮官の下で北ギリシアの山中で待ち伏せして，スパルタの遠征軍を潰滅させた．

これらのすべての事件が将来を予告していた．ペルシアもスパルタも無敵ではなかった．傭兵と資金と商業の管理が重要になりつつあった．遅かれ早かれ，未開のギリシア人と世界の端にいる人々とが，発言権を強めつつあった．とかくする間に，前386年にペルシアが全面的な和平を提案し，誰もが受け入れた．決してペルシアの外交能力の方が優っていたということではなく，連絡がとりやすかったということかもしれない．キュプロス島はこのころペルシアの勢力範囲にあった．しかし，キュプロス島のサラミスの支配者エウアゴラスは，貢物を納めてはいたものの，かれの臨終の日まで独立した主権者として君臨していた．したがって貢納をうけていても，ペルシアの権力は絶対ではなかった．エウアゴラスのサラミスは完全にギリシア風であった．前374年のエウアゴラスの死はオリエント的でもあり，ギリシア的でもあった．つまり，かれとかれの長男は，追放された主人の恨みを晴らそうとした1人の宦官によって暗殺されたが，それは2人ともが1人の女性の色香にまどわされおびき出された末の出来事だった．エウアゴラスの跡は，もう1人の息子のニコクレスが継いだが，かれは有名な雄弁家イソクラテスの友でありパトロンであった．

前382年にスパルタ人は，テバイ市の城壁内の地域を占領した．それは，テバイの城壁上に見張りがいなくなる女の祭の日に偶然スパルタ軍がすぐ近くを通過したことと裏切り行為とが重なったためにおこった事件である．スパルタ軍は，はるか北のオリュントスに結成されたカルキディケ同盟の発展を阻止するために赴く途中であった．その同盟はギリシア人の同盟であったが，イッリュリア族に対抗するための援助としてマケドニア人が参加していた．ボイオティアではスパルタ人はうまくいっていたのだが，数年が過ぎて，前379年

マケドニアの勃興

左　ピリッポスII世は跛であったが，武人としても外交官としても成功し，かれの個人的権威の下でギリシアの統一を達成した．かれの武将たちは，息子のアレクサンドロス大王の成功に多大の貢献をなした．

下　アレクサンドロス大王騎馬像．帝政ローマ時代制作の青銅像．古い原型を模造したものであると思われる．おそらくこの像は，かれの肖像の大半のものよりも，感覚的にはずっと本人に似ているであろう．

1万人の退却，前401年

前401年に小キュロスが，兄のアルタクセルクセスII世から王位を奪おうとしたとき，かれは自分のアジア軍団とともに，ギリシア人の傭兵1万人を率いていた．それは，当時誰もが備える兵士のうちでは最高の軍勢であった．当初かれらは，服従しないピシディア人を懲らしめるために傭われたと教えられていた．しかし，かれらは喜んでキュロスに従い，バビュロニアまで行った．クナクサの戦いでギリシア人は勝ったが，キュロスが斃れた．休戦協定の後で，ギリシア人指導者たちがペルシア人に謀殺されてしまっていた．兵士たちには，難路の山岳地帯を越えて黒海地方のギリシア植民市まで進み，そこから帰国する道しか残されていなかった．この遠征で，ペルシア帝国がかなり弱体化してしまっていたことが，ギリシア人にはよくわかった．しかし，ギリシア諸都市はまだはなはだしく分裂していたので，その後も数年の間は，アルタクセルクセスII世は金の力で，ギリシア本土の政治に重要な役割を果すことができた．ペルシアの弱体化は，アレクサンドロスに攻撃されてはじめて表面化した．

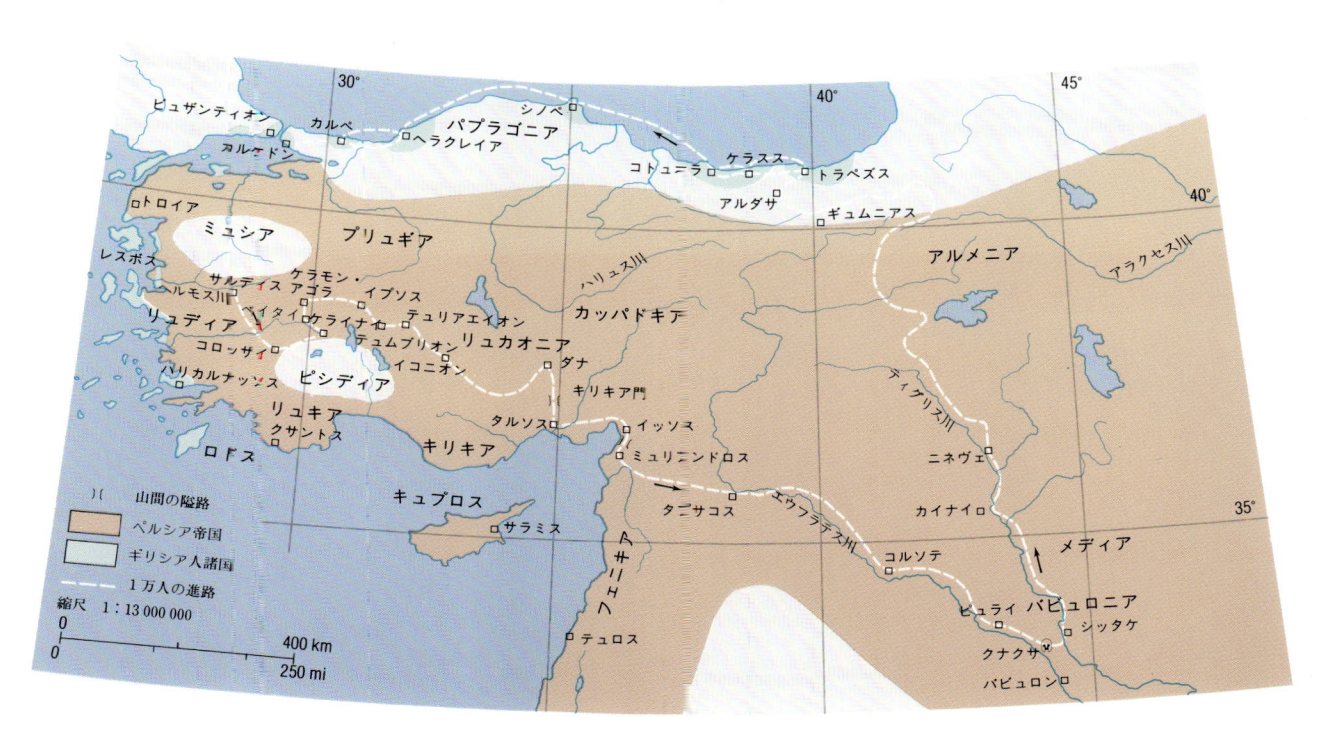

マケドニアの勃興

に北方でのスパルタの活動が成功する前にスパルタのアゲシポリス王が死に，遺体が蜂蜜に漬けられて故郷に帰った．次の冬にテバイでは，武装した愛国者たちがベールを被って女装したまま公式の酒宴にしのびこみ，その奇計によって形勢を逆転した．アテナイの義勇軍が加勢したが，アテナイはそれを否認した．報復として，スパルタ軍がペイライエウスを攻撃したが不首尾に終った．しかし，この攻撃は否認されなかった．結果としてアテナイは，前378年に，スパルタに対するもう一つの戦いでテバイと同盟し，新しいアテナイ同盟の指導的役割を果すことになった．しかし，その後の数年間の主導権はアテナイにはなかった．それはテバイが，壮健な人々を同性愛の恋人同士の組合せになるように選んで最前線に立てたことで，軍事力を再興したからである．エパメイノンダスという控え目で知性ある将軍に率いられたこの軍勢が，歴史を変えた．

年々，少しずつ，必ずボイオティアの領内で，スパルタが負けてテバイ人が勝った．アテナイ人は，自分たちの穀物の補給をおびやかしたスパルタ艦隊をナクソス島とパロス島の間の海上で完全に打ち負かした．前376年，アテナイの艦隊はアカルナニア人や西北ギリシアのエペイロスのモロッソス人とともに，コルキュラ（コルフ）島とケパッレニア島で活動していた．前370年代にはアテナイ人の誰にも予測できないことであったが，一生の半分もたたないうちにモロッソス人との関係が重要になった．前374年には平和をめざす試みがあったが，戦火はくすぶりつづけた．アテナイは同盟国のコルキュラ島が遠すぎて，守りにくいことがわかった．外交と軍事の範囲が拡大しすぎ，とりわけ費用がかさんだ．アテナイ人は自分たちの将軍たちを非難した．しかし注目すべきことに，コノンの息子のティモテオス将軍の裁判中に，テッサリアのペライの王イアソンとモロッソス人の王アルケタスがアテナイにやってきて，かれが誠実であることを証言した．コルキュラ島は救われ，ティモテオスは釈放された．前371年にアテナイ勢力とスパルタ勢力の間に講和が成立し，同盟は解散させられたが，勢力範囲は認められていた．テバイは，新たに解散されたボイオティア諸都市の同盟を解散するのを拒み，最終的な条約から除外された．

このころ，テバイとマケドニアの間のテッサリア全域をペライのイアソンが支配していた．モロッソス人アルケタスはかれの臣下となっていたから，イアソンの勢力はピンドス山脈を越えてアドリア海に達しており，もう一方ではマケドニアに伸びていた．かれはスパルタを脅かす位置にいた．前371年，スパルタ軍はテバイに対して行動をおこした．かれらはクレウシスの港と11隻のテバイの船を奪い，大平野に位置するテバイ市に進軍した．テバイの将軍エパメイノンダスがレウクトラでかれらと対決し，潰滅させた．1000人のスパルタ兵が戦死したが，そのうちの400人は生粋のスパルタ人であった．この報せが広まると，ペライのイアソンは騎兵を率いてテバイ人の援護に駆けつけた．しかしアテナイは静観していた．スパルタ軍は撤退した．イアソンは帰国の途中で，テルモピュライを制していたスパルタの砦を撃破した．この時，かれは新しい船隊を建造中であった．かれの新しい計画は，次のデルポイの祭典でデルポイの新たな支配者になることであった．しかし，翌年の前370年にかれは暗殺された．レウクトラでのテバイの勝利とイアソンの死とは，テバイの勢力が強大になる時代を告げるものであった．

一方，南ギリシアに胆を冷やすような内乱がおこった．あまり豊かでない人々と貧しい人々が，富める支配者を棍棒で殴り殺す計画をたて，アルゴスでは実際に行動をおこした．

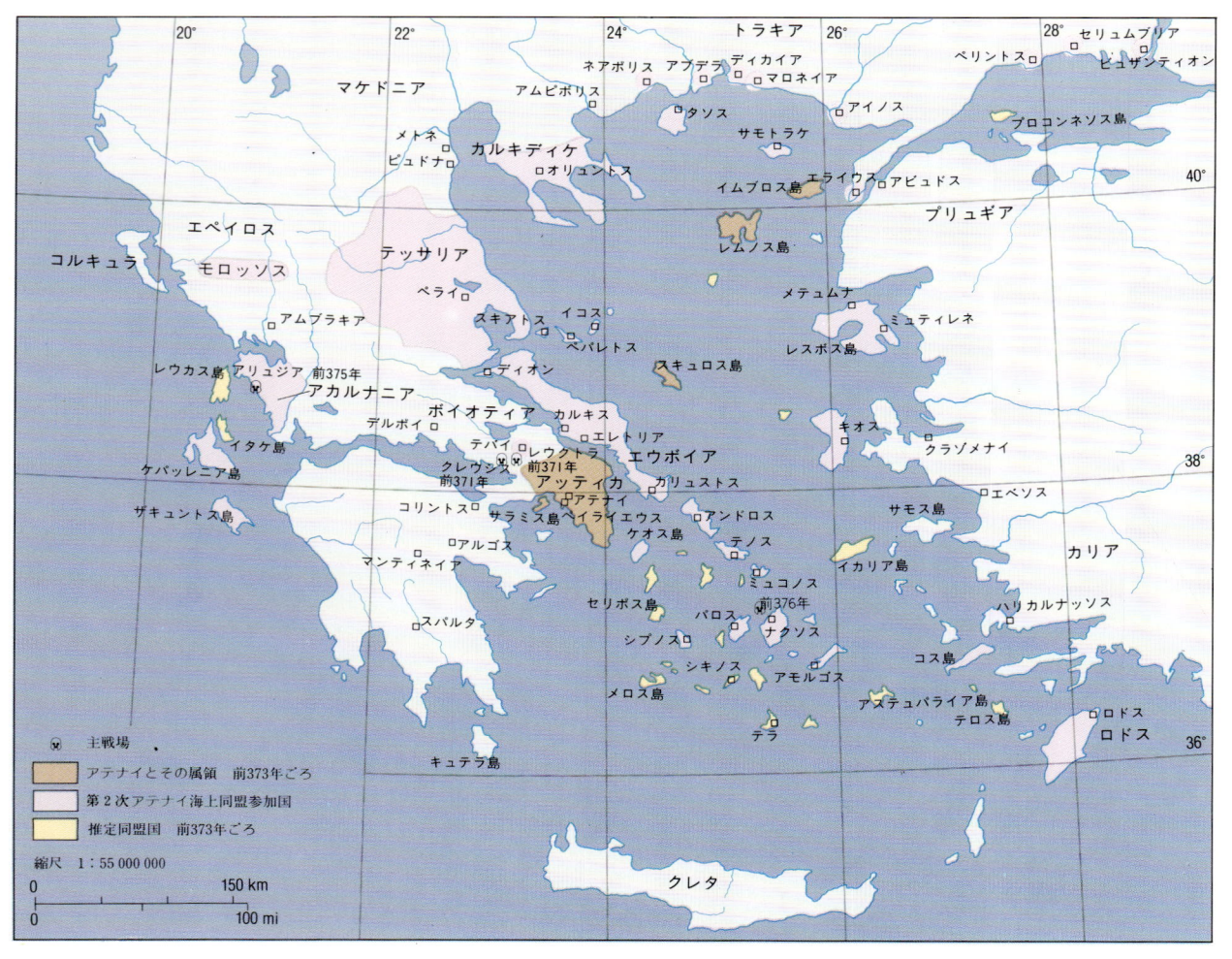

下 キュレネの4ドラクメ貨幣．キュレネは北アフリカの海岸にあるスパルタの植民市であり，ゼウス・アムモンの砂漠の神託所に接していたので，そこに特権をもっていた．

第2次アテナイ海上同盟，前377 －355

第2次アテナイ同盟はスパルタの権勢に対抗して前377年に設立された．このころ，ペルシアはアジア本土を回復していたが，沖の島嶼はまだであった．第2次同盟はデロス同盟よりも地味なものであった．アテナイは帝国主義的にやりすぎないようにし，貢納金の代わりに「分担金」とした．スパルタ帝国が前371年に崩壊して，一時テバイが本土を支配したとき，アテナイは大転換してスパルタを助けた．黒海からの生命線は回復されたが，アテナイはアムピポリスを得るために戦って失敗した．前355年の「同盟の内戦」で，同盟の多くの都市が離脱した．ピリッポスⅡ世がマケドニアを超大国に変えはじめたとき，アテナイ側にはわずかな島しか残っていなかった．

メッセネの防壁．四方に眺望のきく防衛施設である．この防御の厳しい再建された城塞都市は，南ギリシアにおけるスパルタ勢力の均衡と制限とを目的としたものである．メッセニアをスパルタから解放し，メッセニア亡命者をナウパクトスから戻し，このような新式の大防衛施設を建てて，テバイ人は先史時代以後消えてしまった状況を回復したいと思った．現存している壁は前4世紀のものであり，完璧に発達した石造防衛設備を示す最もよい例である．

ペロポンネソスは不満で騒然としていた．東アルカディアでは，マンティネイアが再建され，テゲアはスパルタとの同盟に忠誠を守る800人を追放した．アルカディアの人々はアテナイに訴えて失敗したが，テバイへの訴えは成功した．エパメイノンダスは南へ侵入した．スパルタは凋落状態にあった．特権をもつ生粋のスパルタ市民の数は減り，有史以来はじめてスパルタ人の故国が攻撃されてみると，他には忠実な防衛者がほとんどいないことがわかった．スパルタは数少ない同盟者たちと，自由を約束された6000人の隷属民とによって，やっと救われた．エパメイノンダスは，西南ペロポンネソスのメッセネを強力な要塞都市として再建し，スパルタに対抗させた．このときに建設された建造物の巨大な遺跡がいまもなお存在している．しかし，アテナイは，スパルタを嫌った以上にテバイを嫌った．こんどはアテナイは，前369年の公式の同盟によってスパルタ側についた．

エパメイノンダスは数回スパルタに侵入した．その後の数年間の歴史は，同盟の分裂と再同盟の歴史であり，それぞれテバイとスパルタの間の闘争の陰にある恐怖と野望の圧力に歪められていた．前365年にエリスはアルカディアと戦いを始め，前364年には，たまたまオリュンピア競技会と同じときに，オリュンピアで全面戦争となった．前362年，エパメイノンダスはマンティネイアでアテナイ人とスパルタ人とアルカディア人と戦って勝利を得たが，追撃中に死んだ．かれの生涯が永遠に残したものはスパルタの事実上の敗北だけで

はなかった．スパルタ人が少しでも拡大するのを抑えるために，テバイとスパルタの間に二つの強力な都市が残された．つまり，アルカディア山中の多数の町の人々を集めて造った新都市メガロポリスと新生メッセニアの首府メッセネである．しかし，ペライのイアソンの帝国やシチリア島のシュラクサイの帝国が，強力な支配者の死後に衰退したように，テバイの軍事的活力もエパメイノンダスの死後にはほとんど消滅した．

マケドニアのピリッポス

エペイロスでは，モロッソス人のアルケタスとその長男のネプトレモスが，ともにアテナイの同盟者であった．父の死後，弟が兄の権利に異議をさしはさみ，兄の生存中は兄と共同統治をしたが，兄の死後は1人で国を治めた．これがアリュッバスであり，かれは前340年代の後期にアテナイで栄誉を与えられた．それを布告する碑がいまなお残っている．アリュッバスが栄誉を与えられたのは，「かれの父と祖父に与えられた市民権と特権が，かれにも有効であるから」である．その布告は「在職中の将軍たちは，アリュッバスとその息子たちがかれらの祖父の領土を回復するのを用心すべし」という不気味な言葉で終っている．いまや，マケドニア王国がモロッソス人とその他のエペイロスの全部族に影を投げかけていた．この王国は，当時アテナイの影響をはっきりと表す二重性格の国であった．すなわち，宮廷と大都市はギリシア風

マケドニアの王室墓

　アレクサンドロス大王の父ピリッポスの墓も含めたマケドニアの王室墓は，北ギリシアのヴェルギナの遺跡であるという，N・G・L・ハモンドの推測は正しかった．そしてギリシア人考古学者の中で最も才気があって，忍耐強い人の1人であるM・アンドロニコスが，数年前に正確な位置を示して発掘した．

　墓の内容は途方もないものであり，これほど絢爛たる宝物とともに埋葬されたギリシア人はほかにはいなかったし，単に言葉では言い表せないほどの強い感動を与えてくれる．墓そのものも美しく飾られており，大理石製である．二つの墓室は一つの大きな土塚の下に置かれて，うまく保護されていた．

マケドニアのピリッポス像．墓の中で発見された肖像の一部分．これは小品である（象牙製の首の高さは3 cm強）が，その最も明確な特質である活気にみちた表情をかろうじて認めることができる．伝記から容貌を論じることも，またその逆もできないであろうが，実にその生涯にふさわしい容貌である．

右上　副葬品の楯の被いや容器類．発掘時のままの状態の写真である．容器類は青銅製であり，王冠は金製である．海綿（スポンジ）は2300年たってもまだ新鮮でしなやかであった．武具は，前面にある脛当と壁によりかかっている脛当も含めて，青銅製であるから，実際に使える品である．金の王冠も同様であるが使用目的が異なる．

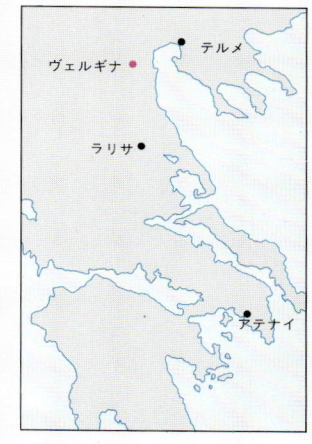

下 象牙製の首．墓の中には象牙製の小さな首が5個あった．これは，ピリッポスの息子にして後継者のアレクサンドロス大王であるといわれている．

上 弓矢筒と脛当．弓矢筒の価値は立派な飾りを見ただけでわかる．脛当の1本はもう1本よりも3cmほど短い．ピリッポスは跛であったから，これはかれが実際に身につけたものらしい．

下 銀製水差し．豪華にして簡潔な品である．非常に喜ばしいことに，ここの宝物のほとんどすべての品は，質の高さと節度の両方がはっきり表されている．

左 ピリッポスの火葬骨を納めた小さな棺．その装飾は優雅であるが，やや抑制されていた．大きさは33×41cmであるが，中味ごとの重さは10kg以上あった．蓋にある星はマケドニア王の象徴であった．マケドニア王がギリシアを征服する前に，ギリシア文化がマケドニア王室に浸透していたことがわかる．

前頁 墓室の入口の柱の並んだ正面の上部．地表の下にライオン狩の図のフリーズがあった．ピリッポスの墓の手前の小さな墓室にも，いっそうすばらしい絵画が発見されている．

マケドニアの勃興

であり，非常に豊かであったが，部族の力の基盤は，洗練された土地，つまり文明地域としてギリシア人に知られていた範囲をはるかに越えて広がっていた．マケドニアの部族家臣団の役割と，イギリス人がインドで進めたマハラジャ（インドの王侯）の支配との間には，多少の類似点がある．しかしインドのイギリス人とは違って，ギリシア人は技術上の圧倒的な優位によって守られていなかった．マケドニア王国はパイオニア人とイッリュリア人という北と西北からの緊迫した圧力をうけていたが，前359年にピリッポスが幼児王の摂政として権力を握り，自分の軍勢を組織した．

ピリッポスは24歳であった．前358年にかれは1万人の武装兵と600人の騎兵を所有していたが，かれらはよく訓練されているという評判であった．イッリュリアの部族民との凄絶な一戦では，7000人の死者が出たと伝えられている．一度マケドニアを支配下におさめると，ピリッポスはすぐに東方のトラキアへ進撃した．ここではじめて，かれの行動がアテナイの利益に反した．かれは前357年にアムピポリスと金山を獲得し，自分の獲物を守るために自分の砦を築いた．さらにその地域内各地の征服が続き，それに対する反抗が続いた．しかしこのころにパイオニア人は服属させられてしまい，イッリュリア人は再度完全に打ちのめされ，トラキア人は買収されてしまった．前356年にピリッポスは王を僭称した．同じ年に息子が生まれた．かれは，モロッソス人ネオプトレモスの娘にして，アリュッバスの姪でもあり，アルケタスの孫にあたるオリュムピアスと結婚していた．アレクサンドロス大王は，この結婚で生まれた子供である．

このとき東方では，カリアのマウソロスが，テッサリアのイアソンや北のピリッポスと同じように，強大な覇権を確立しようとして必然的にアテナイと衝突した．かれはペルシア帝国の属国の君主であり，かれの権威は実際には大きかったが，理論的にはあいまいだった．海岸のギリシア諸都市は一つずつかれの勢力圏内に入り，かれはリュキアを併合し，野望を島嶼へ伸ばした．かれは旧首府のミュラサから海辺のハリカルナッソスへ移った．前357年にキオスとコスとロドスがアテナイに対して反乱をおこした．この島々が保護を求めてマウソロスの手中に落ちなんとしていた．その結果として行われた遠征により，ペルシアとの全面戦争になりそうな不穏な空気が漂いはじめた．前354年に和睦が講じられたが，アテナイ帝国は決して復活しなかった．島々は独立をかちとり，寡頭政が台頭し，カリアの駐屯軍が指導した．ロドスは新しい僭主に反対してアテナイに訴えたが，無駄であった．とかくするうちに，マウソロスが前353年に死んで，カリアは昔の無気力な状態に陥った．その当時の最高のギリシア人彫刻家たちが，ハリカルナッソスでかれを記念する巨大な廟の建設に取りかかっていた．

前350年代の中ごろ，ポキスと隣保同盟の間でデルポイの管轄に関する反目が生じ，これが原因となって中央ギリシアで戦争が始まった．テバイが戦いを挑発したのが引金となって戦争が拡大していった．それぞれ慎重にテバイに反対する態度を表明していたスパルタとアテナイもついには参戦し，さらにはテッサリアとマケドニアのピリッポスを巻き込むにいたった．このような機会はギリシア史では事欠かないが，この機会は天与のものであった．ただちにピリッポスは，アテナイの最後の同盟国であったメトネを奪い，南進した．はじめ，かれはテッサリアのポキス人に阻止されたが，前352年にはかれらを打ち破り，さらに前進した．かれはテルモピュライを越えられず，トラキアを攻撃した．しかし，かれが病気になったため，トラキアのケルソネソスとヘッレスポントス海峡はかろうじて救われた．

サラミス

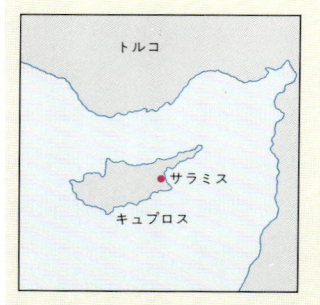

キュプロス島は非常に長い間，ギリシアのものであった．サラミスの伝説上の建設者であるテウクロスは，アテナイの近くにあるサラミス島の王の息子であった．実際には，サラミスは内陸にあったミュケナイ時代の都市エンコミの後を継いだ都市であった．

前6世紀にサラミスは，キュプロス全島を支配した．そのころもまだ，ここでは音節文字が使われていた．前5世紀と前4世紀のサラミスは，フェニキア人やペルシア人侵入者と長い間次々と戦ったが，ヘレニズム世界では繁栄した．

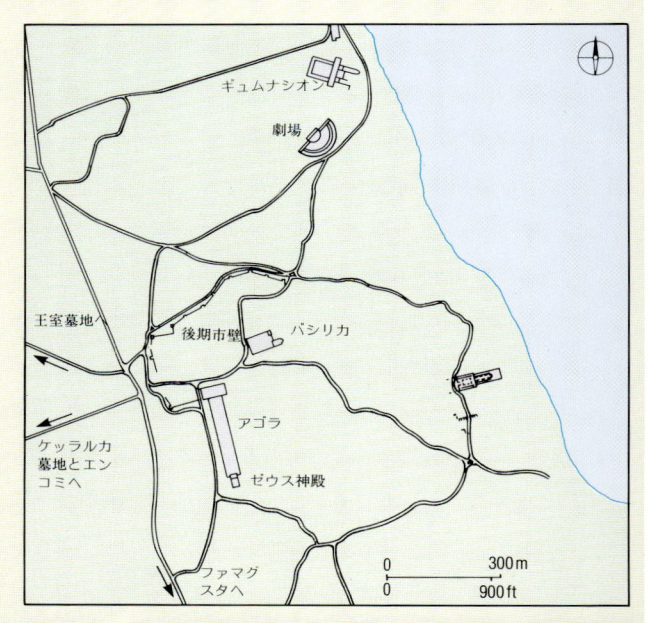

ギュムナシオン，中央中庭のレスリング場．この大きなギュムナシオンはまずヘレニズム時代に建てられ，ローマ人によって拡張された．一本石のコリントス式列柱と，その列柱がかつて支えていたにちがいない大アーチとから，かつてはこの建物は公会堂であると考えられていた．実は，円柱と柱頭は，後4世紀の地震の後でいろいろな建物から集め直されたものであった．

マケドニアの拡大

半世紀にわたってマケドニアは王たちが次々と殺し合う不安定な国家であった．ピリッポスII世は，平気で悪事を働ける天才的支配者であったが，強力な支配を樹立し，王国の地理上の利点を利用することができた．アテナイは，決して宥和政策にのみ耽っていたわけではないが，たいていピリッポスの併合策の後手にまわってしまったし，またとうていピリッポスの軍隊の敵ではなかった．封建制的な軍制が秀れた戦術と訓練によって役立つものに変えられたとき，マケドニアが政治的に遅れていたというまさにその事実が利点となった．前346年のアテナイとピリッポスの間の和平は，アテナイの政治家たちの間に激しい意見の応酬をひきおこした．しかし，アテナイ人は，前340-338年の戦いで侵略を止める最後の試みのために一致団結した．ピリッポスは，カイロネイアでの勝利の後，大きく広がった王国だけでなく，ギリシアの支配者にもなった．そして，いまやかれはアジアの征服計画に関心を向けはじめたが，それを実現したのは息子のアレクサンドロスであった．アテナイの民主政はそのときは手をつけずに残されたが，前322年にマケドニア人により廃止された．

このときのアテナイの弁論界の狼狽と恐怖の様は容易に想像できるが，雄弁術に関しては好悪二つの点で驚くべき反応がみられた．ほとんど信じられないことであるが，この危機に際しても政治家は私的な確執で争い合っていた．それでも政治論争は驚くほど明晰であった．その論争は事態に必然性を与えるものであり，アテナイの悲劇にある長い演説に似ている．全ギリシアがまもなくピリッポスの手中に落ちることが，この時期にこれほど完全に表明されているのをみると慄然とする．当代随一の雄弁家デモステネスは，「もし，ピリッポスが死んだら，諸君は第二のピリッポスをすぐに出現させるであろう」と確言した．

ピリッポスは死ななかった．かれは前349年にカルキディケ半島に侵入し，前348年にその半島の主要都市であるオリュントスを破壊した．前346年にアテナイで誓われた条約により，アテナイ人はアムピポリスへのいかなる要求をも放棄したが，東の方ではケルソネソスの大半を維持した．その間ピリッポスはトラキアの他の場所で，たくさんの要塞を精力的に落としていった．一度は和平が保証さたが，ポキスはその規定から外れていて，ピリッポスは再び南進した．前346年のデルポイの競技祭ではかれが主宰者となった．テッサリアを支配することで，かれはデルポイ隣保同盟の一員となっていた．かれはいまやテッサリア全土の統治者であった．トラキアのケルソブレプテスはかれの臣下だった．メッセニアとメガロポリスとエリスとアルゴス，つまりペロポンネソス内でスパルタを恐れていた国々が，かれの同盟国となった．前342年ごろ，かれはモロッソス人アリュッバスをエペイロスから追放し，妻の兄弟のアレクサンドロスを配した．ピリッポスはエペイロスから，コリントス湾と西方貿易のルートをごく近くに見ることができた．少しずつ，かれは山国の王国を南に拡げていった．

アテナイの反応は遅すぎた．トラキアとマケドニアとテッサリアとエペイロスの全体が，一塊りの強力な地域となっていた．そして，ピリッポスはその国境を拡大していた．かれはヘヴロス川の河畔にピリッポポリス（現在のプロヴジフ）を建設し，ギリシアの西岸を南のアケロン川まで確保した．前340年にアテナイはビュザンティオンとその近くのペリントスをなびかせ，ピリッポスに好意を抱く寡頭政治が行われていたエウボイアも独立国として再建した．ピリッポスはただちにペリントスを攻撃し，次にビュザンティオンを攻撃したが，すぐには成功しなかった．かれは東北トラキアで，ドナウ川河口のスキュティア人と戦いながら冬を越し，翌年再びギリシアの事件に着手した．またもや，デルポイ隣保同盟での反目が口実となったが，このときは隣の諸市のアムピッサに関することであった．前338年にピリッポスは中央ギリシアになだれ込み，テルモピュライを奪い，ポキスの一都市を要塞化し，アムピッサとコリントス湾岸のナウパクトスを奪った．テバイとアテナイは，その他の弱小同盟国とともにかれに対抗した．その年の8月，北ボイオティアのカイロネイアの激戦で，同盟軍は徹底的に，しかも決定的に打ち負かされた．このとき以降，ピリッポスはギリシア人に自分の言葉を命令することができた．実際にかれはそうしたが，それは寛大な言葉であった．そして前337年に，かれは全ギリシアによるペルシアへの全面戦争を布告した．

やはり前337年に，ピリッポスはオリュンピアスを離別して，マケドニアの貴族の娘と再婚した．モロッソス人を宥めるため，かれはアレクサンドロス大王の妹にあたる娘のクレオパトラと，その伯父でオリュンピアスの兄にあたる家臣，しかもモロッソス人の王でもあったアレクサンドロスとの近

マケドニアの勃興

上 ギリシアの戦闘用のゾウ．中央イタリア出土の絵皿．アレクサンドロスの後継者たちが戦闘用のゾウを地中海地域に伝えた．ゾウの背にある戦塔はギリシア人が発明したものらしい．

右 ヒツジの角を被ったアレクサンドロス．この姿は，リビア砂漠の神託所のゼウス・アムモンとの関連を示している．その崇拝の中心は男根風のミイラであり，バナナかヒツジの角のように曲っていて，布と宝石が掛けられていた．それはアメン・ラーとしてエジプトで影響力をもち，ギリシア人はそれをゼウスとしてうけいれた．

親結婚の手筈を整えた．その結婚式の朝，ピリッポスはマケドニアの首府ペッラの劇場に入ったときに暗殺された．

アレクサンドロス大王

アレクサンドロス大王は，父が暗殺されたときには18歳か19歳であり，寵愛を失ったモロッソス人の母とともに不遇な日々をすごしていた．かれの家庭教師は，哲学者にして科学者であり，古代全体を通して最も冷静で最も輝かしい天才であった，かのアリストテレスであった．アレクサンドロスは大胆で，想像力に富み，気性が激しかった．かれは父のギリシアにおける支配的役割を1年間で確実に継承するとともに，前335年にはただちにトラキアの山地とドナウ河畔での戦闘を開始した．かれは，その速やかさと戦術と勇気の点で，軍人としての恐るべき才能を発揮した．その遠征の途中でドナウ川の島でかれに降伏して同盟者となった人々の中には，ケルト人もいた．南ギリシアの諸都市は落着きを失った．アレクサンドロスの死の噂がたち，テバイは公然と反旗を翻した．アレクサンドロスは，イッリュリアからの侵入の脅威を防ぐためにペリオン山に移っていたのだが，2週間足らずで山を降り，テバイを強襲して完全に撃破し，6000人を虐殺し，生き残った者は女・子供も含めてほとんど全員を奴隷にした．アテナイはかれに祝辞を贈った．

アレクサンドロスは前334年にペルシア帝国に侵入した．ピリッポスのかつての将軍たちのひとりが率いる軍勢が，前335年にかれよりも一足先にペルシアに侵入していた．アレクサンドロスは小アジアの北部に渡り，トロイアで宗教儀式を行い，ある意味ではかれが『イリアス』を再演していることを明らかにした．そしてすぐにグラニコス川沿いのあまり内陸に入らない地点で，ペルシアの大軍を打ち破った．かれは大量の戦利品を母のもとに送り，奴隷として得たギリシア人捕虜をマケドニアに送り，300領のペルシアの鎧をアテナイに送った．小アジアでは，かれが任命したマケドニア人の知事にサトラペス（太守）というペルシアの称号をそのまま与え，略奪を禁じ，貢物と租税を昔の水準のままとするよう命じた．かれが基盤を変えずにこの土地を支配するつもりであることは明らかだった．かれのペルシアの制度への賛美は，ギリシア人と非ギリシア人の国制に関するアリストテレスの比較研究に由来したといえよう．アレクサンドロスはトロイアを再建し，リュディア人のかつての王宮の府であったサルディスを解放した．かれはあらゆる所でかれの真摯な統治の意図を表明した．かれはエペソスで民主政を復活させ，報復を禁止した．これを皮切りに，かれは古くからのギリシア諸都市を次々に解放し，再建させていった．寓意的ではあるが本心からの賛辞によって，つまり隠喩よりも強い形で，アレクサンドロスは神として崇められるようになった．

かれはミレトスでいったん阻止されたが，そのままではいなかった．圧倒的なペルシア海軍力にもかかわらず，この都市は陥落した．アレクサンドロスは自らの無力な艦隊を解散させ，レヴァント地方のあらゆる要塞港を占領する戦術に出た．続く2年間の物語はただ勝利の話一色である．前333年の10月にアレクサンドロスはペルシアのダレイオスⅢ世と交戦した．ペルシア軍はゆっくりと海に向かって進んだが，アレクサンドロスの速度はものすごく，ペルシア軍が最初に出会ったアレクサンドロス軍の兵士は，小アジアの東南海岸のイッソスに残っていたマケドニア人の病人であった．ペルシア軍はアレクサンドロス軍よりすでに数マイル後方にいたのだった．ダレイオスは病人の手を切り落とした．そしてこの報告がアレクサンドロスに届いた．疲れた上に嵐でずぶぬれになっていたが，かれの軍勢は最後の力をふりしぼって強

マケドニアの勃興

ュロス市を8カ月間の抗争の末に攻略した．8000人のテュロス人が殺され，3万人が奴隷にされた．その後ガザが，続いてエジプトが陥落した．イッソスの戦いの後，かれは自分の名に因んだ都市を建設していた．それは現在アレクサンドレッタ（イスケンデルン）と呼ばれる．ナイル川河口には大アレクサンドレイアを建設した．ナイル河畔のメムピスで，アレクサンドロスはギリシア式競技祭を挙行し，エジプトの神々に犠牲を捧げ，エジプトの王として宣言された．それからかれは，リュビア砂漠の中の，ギリシア人がゼウス・アムンと呼んでいたアメン神の古い神託所を訪れた．初めて体験する岩と砂漠の路を越えてゆく聖地参詣は，当時もいまも劇的であり，また危険だった．アレクサンドロスは，神が自分の意を満たしたこと以外には，神への質問を公表しなかった．部下の兵士たちは，かれが世界を支配することになるかどうか，そして父の殺害者を全員罰したかどうか，について神に伺ったに違いないと後で推測したものだった．神託は，ゼウスがかれの実の父親ではないかというかれの疑惑についても確証を与えたかもしれない．

いまや，アレクサンドロスは40万人の歩兵と7000人の騎兵を率いてアジアに突進し，前331年にエウフラテス川を渡り，次にはいつものように速やかに決断してティグリス川を渡り，ガウガメラでダレイオスと二度目の合戦をした．ペルシア軍にはゾウと鎌付戦車が装備され，中央アジアの草原の騎馬隊がおり，ペルシア人，バビュロニア人，アフガニスタン人，インド人がいた．戦闘は長い困難なものだったが，アレクサンドロスが勝ち，ダレイオスは逃亡し，バビュロンは陥落した．そして，エラムの旧首府であり，昔のペルシア王たちの宮殿があった「ユリの都市」スーサが，アレクサンドロスのものとなった．事実上ペルシア帝国はほぼ壊滅状態となった．150年前にアテナイから強奪されていた，僭主殺害者のハルモディオスとアリストゲイトンの古い像を，かれがこの地で発見したことは大きな象徴的意味をもっていた．かれはその像を故郷に戻した．かれとその軍隊は，征服者として，また探検家として，ペルセポリス目指してペルシアの中心部へ進入した．かれの最悪の事業は，前330年のペルシア門の強襲であった．そこは狭くて険しい山路で，非常に堅固に防御されていたが，ペルシア人がテルモピュライで行ったと同じように，かれも背後に回る隘路を発見し，ペルセポリスを隠すようにしていた強力な軍勢を完全に破壊した．

ペルセポリスの財宝については言葉では言い尽くせない．宝物はラバとラクダに積まれ，まるでアリの群のように注意深く運び出された．少し後で，アレクサンドロスとその軍隊が王宮で騒ぎまわり，王宮の大半が焼失した．ペルシアの博物館には，故意に砕かれた贅沢品が残っており，当夜の贅沢に対する怒り，あるいは宴の酒に酔った挙句の驕りを想起させる．ダレイオスは降伏しなかった．アレクサンドロスはメデ

行軍を決行し，翌朝，細長い海岸平野の一方の端でペルシア人を不意に攻撃した．かれはこの時も勝った．ペルシア人に対する殺戮は凄まじく，ダレイオスは逃亡した．もし，ペルシア人の死者数の記録が本当ならば，たった1日の戦死者としてはそれまでになかったほど多くの兵士が，イッソスの戦いで死んだ．これに匹敵するものは，第1次世界大戦中に11万人の死者を出したソンム川の戦いの初日までない．マケドニア兵は4000人の負傷者を出したが，死者は302人しかいなかったといわれている．アレクサンドロスの戦利品には，ペルシアの王室幕舎とその財宝が含まれており，捕虜の中には王妃もいたが，かれは礼儀正しく寛大に遇した．ほかに，30歳になるペルシアの貴婦人がいた．彼女はすでにギリシア人と2度結婚していたのだが，アレクサンドロスはその貴婦人を5年の間自分の愛人とした．

かれは次にシリアとフェニキアに向かい，前332年にはテ

左上 哲学者像．この懐疑的で憂鬱な哲学者像が個人の肖像なのか，あるいは単なる想像上のものなのかははっきりしない．これはたしかにかなり心象化されている．たぶん哲学者ビオンの像かもしれない．

右上 ペルセポリスのペルシア宮殿の石の絵．地方産の石灰岩に描かれていたこの種の絵は，たしかにアルカイック期のギリシア人芸術家の作品である．

次頁 アイゴステナの城壁の東側の内壁（前4世紀）．この城砦都市はコリントス湾の東端にある．アクロポリスを守る内壁と全市を囲む城壁の両方に塔がついており，ギリシアの軍事建築物では最高のものに属する．

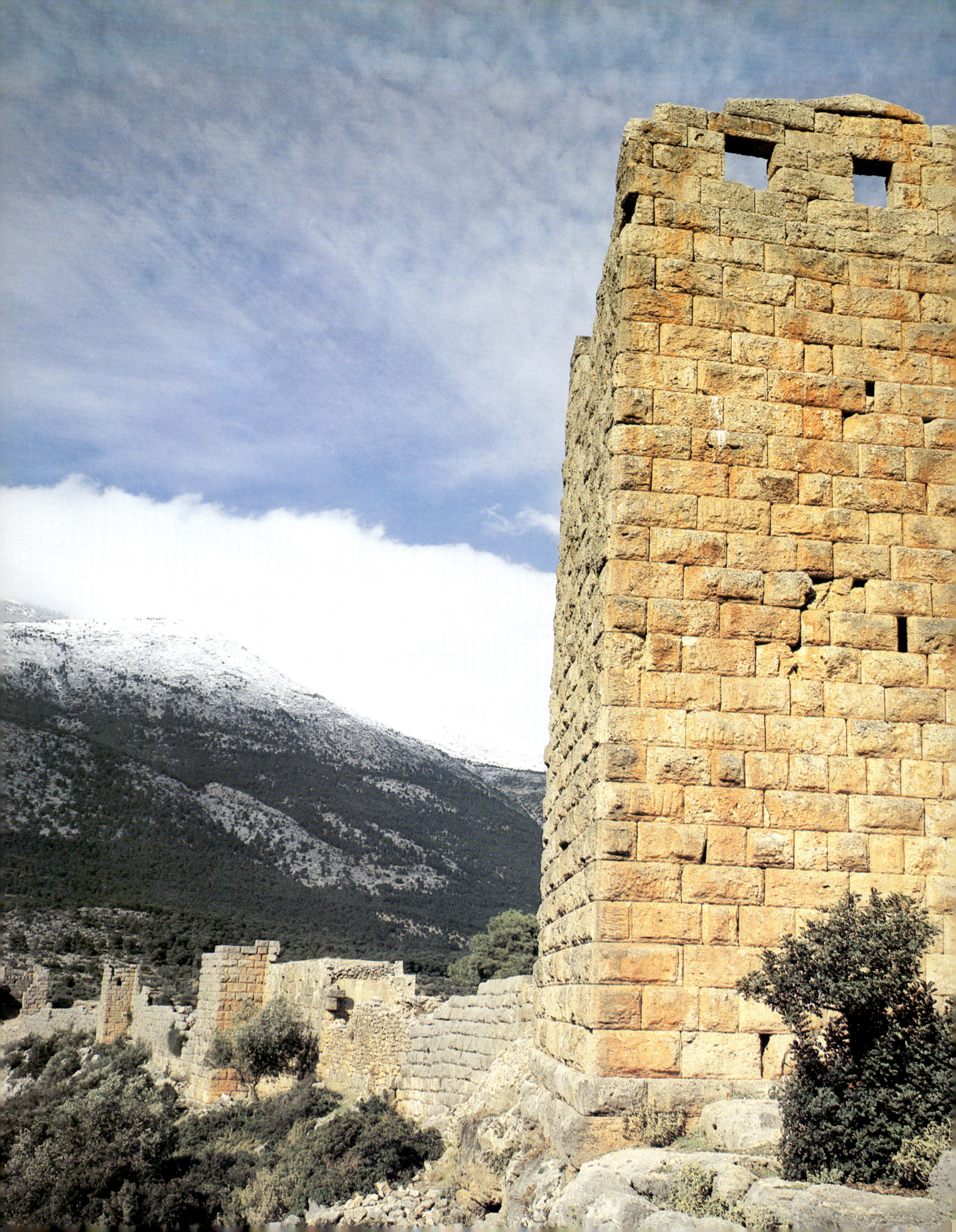

ィアの首府のエクバタナまでかれを追って北上し、次に現在のテヘラン近くまで行き、さらに東進した．一方，ダレイオスは，かれの血縁者であったバクトリアの太守に途中で人質にされていた．アレクサンドロスは夜を日に継いで馬に乗り，ついにかれを追いつめたが，そのときすでにかれは自分の廷臣たちの手によって致命傷をうけていた．何人かの廷臣たちは抵抗して逃げ続けたが，非常に難渋をきわめた大胆な軍事行動の結果，かれらは1人ずつ追いつめられた．

多くの死者が出た．ペルシアと戦うためにだけ徴募されていたギリシア兵は，財宝とともに故郷に返された．新しい兵士たちが召集されたが，かれらはすぐには来なかった．アレクサンドロスはペルシアの習慣をいくつか採用し，新しい臣下たちを尊重し，ペルシア（バクトリア）の貴族の娘ロクセネと結婚し（前327年），野望を中央アジア全土とインド全土に向けた．あたかも，かれとその兵員の減少しつつある軍勢が，征服と探検の終りなき旅に出て，未知の東方で尽き果てるかのようであった．パンジャブ地方征服中，アレクサンドロスはムルタンの攻撃で重傷を負った．軍隊は常にかれの期待に応えてきたが，インドにおいて初めて，インダス盆地からガンジス川まで砂漠地帯を越えて進むことを拒否した．インダス川の三角洲とゲドロシアを通って帰る途中，非常に多くの者が砂漠で死んだ．アレクサンドロスは，酔った上での口論の挙句に1人の老将軍を殺し，もう1人の将軍を反逆罪で死刑にした．かれは軍隊を可能な限り進めていったが，その到達地点は驚くほど遠かった．

前330年の末に，アレクサンドロスはアフガニスタンの北端に一応達していたのだが，山岳地帯とオクソス川（アム・ダリア）の平野が，前327年にかれのものとなった．かれは前326年にインダス川を渡り，それからバビュロンに戻り，前323年にその地で没した．おそらく，過労と高熱と大酒のせいらしい．かれの最後の計画は，諸都市の合併，ギリシアとペルシアの統一，そして1000隻の艦隊を率いてシチリア島の先の西方へ遠征することであった．享年32歳であった．めざましい突進と勇気ある激しさに満ちたかれの経歴は，かれとともに消えた．しかし，死後1世代の間どの土着民も反乱をおこさなかったということは，かれの敵に対する無慈悲さの証であった．また，歴史上この偉業に勝るものがいままでにないということは，かれのもっていた純真さと先見の明，そしてかれでさえも諦めざるをえなかったアジアの客観的状況の厳しさの証であった．ジブラルタル海峡から現在の中国西部までが知的には一つの世界，すなわちギリシア世界になったのであり，それが数百年も続いたのだった．

政治権力の拡散

このような難局におかれたギリシアの政治的統一は，決して堅固なものではなかった．ギリシアのある都市同盟が，前323年には公然と反乱をおこしたが，その軍勢の中には，アレクサンドロスのかつての傭兵が8000人もいた．マケドニア軍を指揮していた将軍アンティパトロスは，ラミアを包囲して冬を越した．その市は海岸にあり，テッサリアと南方を繋ぐ主要道路の要だった．しかし，前322年の中央テッサリアのクランノンでの勝利は，残虐でもなく圧倒的でもなかったが，マケドニアの優位を回復するには十分であった．反マケドニア主義者だったデモステネスは自殺した．アテナイの民主政治は中流と上流の階級に限られ，マケドニアの守備隊が駐留した．その年，ヒュペレイデスがアテナイ人の死者のための葬送演説を行ったとき，かれはアレクサンドロスを至上者とする神話を暗に認める表現で死者たちを称えた．死者たちは，トロイアと，そしてペルシアと戦ったあの半神や英雄たちに冥界で歓迎されるだろう，とかれは語った．

この数年の間に，ギリシア自体がその政治力の多くを消耗してしまった．論争，抗議，優雅が続くアテナイでは，大哲学者たちの諸学派が知的世界の首府としてのアテナイの立場を維持していた．しかし，政治的世界の拡大は政治権力を萎縮させた．前3世紀になると，後にペルシアの支配者となったパルティアの遊牧民が東方に殺到して，マケドニアの東端の属国を切り離すことになる．しかし，その地には，孤立したマケドニア人が数世代の間王として残った．チャンドラグプタの新しいインド王国が，東方で南の国境に嚙みついてくる．後にかれは（セレウコスに）500頭のゾウを贈って撤兵させ，思うままに行動した．西方では，アレクサンドロス大王の義弟のモロッソス人アレクサンドロスが，自ら率いた南イタリア遠征ですでに戦死していた．エペイロスのピュッロスは，前307年に少年の身で王位に就き，やがてギリシア人で初めてローマと戦うことになる．ギリシア本土のどの都市にも，これほどの世界に見合う物的資源はなかった．このとき，天下を賭けて戦っていたマケドニアの大将軍たちは，かつてのペルシアの財宝を使って，1市では到底あがないきれない大規模な傭兵を可能にした．ギリシア人が発明した新しい戦塔を背に乗せたゾウたちは，条約や遺産相続により，王から王へと伝えられた．ピュッロスはゾウをイタリアへ連れていった．アテナイには哲学者たちはいても，ゾウはいなかった．

マケドニアの将軍たちの覇権争いで，世界中が混沌とした．本来の司令官は2人おり，アジアのペルディッカスは，アレクサンドロスの死後に生まれた遺児を手中に納めており，ヨーロッパのアンティパトロスは，ピリッポスに仕えた武将たちの唯一人の生き残りであった．マケドニアの王位は，アレクサンドロスの魯鈍な異母弟と遺児とで共有された．その他の将軍たちは，エジプトのプトレマイオス，プリュギアのアンティゴノス，バビュロンのセレウコス，トラキアのリュシマコスといった地方の支配者たちだった．ペルディッカスは，前321年にエジプトに侵入しようとして部下たちに殺されて最初の脱落者となった．ついでアンティパトロスが前319年に死んだ．アンティパトロスの息子のカッサンドロスが，あの魯鈍な男を殺し，アレクサンドロスの母も殺し，ついにはアレクサンドロスの息子を殺した．しかし，この子は13歳まで生きられたこと自体が好運だったといえるだろう．カッサンドロス自身は前298年に死んだ．一方，アンティゴノスと息子のデメトリオスはギリシアで活動していた．かれらの勢力は，前307年から前303年までの間最高潮に達したが，翌年にはアンティゴノスがセレウコスのゾウ部隊と戦って死亡した．デメトリオスは生き残ったが，前285年にセレウコスに降伏せざるをえなくなり，2年後には服毒自殺した．

アレクサンドロスの直接の後継者たちで，天寿を全うしたのはプトレマイオスだけであった．デメトリオスは老アンティパトロスの娘と結婚し，息子のアンティゴノス・ゴナタスが人生の盛りのころに新しいマケドニアの支配者となった．プトレマイオスもアンティパトロスの娘の1人と結婚し，その娘の産んだ雷プトレマイオス（ケラウノス）が，勢力の絶頂期にあった老将軍セレウコスを前280年に殺した．しかし，雷プトレマイオスはついにエジプトを治めることができなかった．かれの父がかれの母を追い出し，エジプトを庶子に遺したからである．この庶子こそが，最後のギリシア詩人たちのパトロンになった，あのプトレマイオスであった．雷プトレマイオスはもっぱら北方で活躍した．かれは前279年に，ブレンヌスに率いられたケルト人のギリシア大侵入の際に死んだ．この年，エペイロスのピュッロスは，イタリア侵入用のゾウを結集させていた．

アレクサンドレイアの発展

ペトラ．砂岩に築かれたペトラの神殿と墓は，ヘレニズム時代のバロック様式で最もエキゾチックなものであった．ペトラは，現在の南ヨルダンにあったナバタイア王国の古代の首府であり，数百年の間大隊商交易の中心地であった．ハズネ，すなわち宝庫（右）は40m以上の高さがあり，十字形の広い内部がある．これは，ナバタイアのある王の霊廟として建てられたものかもしれない．

ペルシア征服の結果

まさに数世代のうちに，世界の権力構造は完全に，しかも旧に復せないほど変ってしまった．アレクサンドロスの爆発的な生涯の後の紛擾が死後50年ほどでおさまってみると，必然的にギリシア人は，遠方の諸民族や諸習慣を意識するようになっていた．中央アジアと中国辺境地帯にいた遊牧民や，北方や西方のこれまでは接することのなかった人々が，地中海の中心部とどんどん関係するようになった．前2世紀に，アレクサンドレイアの扱いにくいほど大きい商船が，イギリスのウェールズの西北端を回ろうとして，アングルシー島沖で難破したことが知られている．そのころすでに，アレクサンドレイアでは，科学者たちが地球の大きさを計算しはじめていた．

しかし，ペルシア征服の経済上の結果は悲惨であった．貨幣が出現してからまだ日が浅かったので，この簡便にして優雅な交換手段にはそれ自身の法則，あるいは生命ともいえるものがあることを誰も理解できなかった．どんな金持ちでも個人として，たとえばアレクサンドロスの将軍の1人であろうと未開地域の支配者であろうと，金さえ払えば傭兵の大軍を買うことができた．アレクサンドロスの遠征後，おびただしい数の傭兵が存在していたのである．ギリシアの島々の農業形態の変化が，石に刻まれた請願文からわかる．かつて耕作地帯であったところを，武装した所有者に守られた家畜の大群が蹂躙していた．

貨幣の供給量は途方もなく増加した．かつては流布されずに蓄積されていたペルシア帝国の財宝が，アレクサンドロスの昔風で無頓着な王者の気前のよさのせいで，すべてあっさりと下賜されてしまい，ギリシア世界にあふれたからである．その結果の物価騰貴が実に激烈であったことが，デロス島の神殿が所有する農地の地代や，傭兵の報酬の記録に示されている．同じころにもう一つの重要な発展があった．国家的な大神殿は，危急の際にはいつも快く国家に財宝を貸していたのだが，いまや一般大衆に対する商業銀行の機能をもちはじめた．土地投資銀行まであった．その結果は，インフレーションと社会不安となって現れ，その影響は広範囲に及んだ．階級闘争はギリシア全土でくすぶり，時には内乱に近い様相を呈していたが，民主政主義者や都市の社会主義者たちは，まったく勝利を得られなかったか，あるいはほんの短期間の勝利しか得られなかった．奴隷たちの反乱は反逆者にとって恐ろしい結果で終った．海賊行為が再び始まり，時がたつにつれて以前よりもひどいものになっていった．

だが，このすべての動乱が頂点に達し，知識と思索の増進が頂点に達し，中国との陸上の絹の道が開かれ，アレクサンドレイアの船が遠くブリタンニアや東南アジアにまで航海していた時代に，デルポイの神託は，世界中で誰が一番幸せな男かという質問に対して，一人の卑賎な農民の名を告げた．その男は，ペロポンネソスのあまり奥地でないところに小さな土地をもって暮らしており，めったに農地を離れず，海を見たこともないはずであった．エピクロス派の哲学に，さらにはストア思想の中にも，この答に一脈通じるものがある．新しい時代に健全にして幸せであるためには，人間は自分の欲望と不安とを抑制しなければならないことが，明らかになっていた．

それにもかかわらず，さらに広範囲な破壊が進むことは避けられなかった．すでに未来は，最も豊かにして最強の共同体の形に組織された富裕な農民と商人のものとなっていた．そのような共同体はやがて拡大するか滅びるかしなければならない．そして，この場合は後に大帝国に発展することになった．

新しい帝国がローマ人のものであって，ギリシア人のものではなかったことは重要ではない．中国と，おそらくインドとを除いた文明世界は，ギリシア的生活を刷り込まれていた，

アレクサンドロスの遠征，前334－323年

ヨーロッパ人でアレクサンドロスほどの征服をなしえた者は誰もいない．ユリウス・カエサルとハドリアヌスがかれに張り合おうとしたが，とうてい及ばなかった．かれをめぐる伝説は中世になっても消えることなく，後には，無数の絵画や綴織で示された．かれの征服に関する実話には，騎士道よりもむしろ非道の話の方が多い．前334年のグラニコス川の一戦だけで，かれは小アジアを潤歩できるようになり，ギリシア人の都市に民主政を再建した．前333年にはイッソスでペルシア軍を簡単に潰滅させたが，テュロスの頑固な防戦には手を焼いた．エジプトではペルシアの支配が嫌われていたので，アレクサンドロスは歓迎された．この地のアムモンの神託は，かれの父は神であると告げた．ガウガメラの激戦（前331年）でペルシアのアケメネス朝は終った．ペルセポリスは焼かれたが，現在のアフガニスタンでは勇敢な抵抗があったので，抑えねばならなかった．アレクサンドロスの征服はサマルカンド（マラカンダ）を越えて，パンジャブ地方に及んだ．もし部下たちの反対がなかったら，かれはさらに進んでいたことだろう．かれは前323年にバビュロンで死んだが，まもなくかれの帝国は対立する将軍たちの間で分割された．

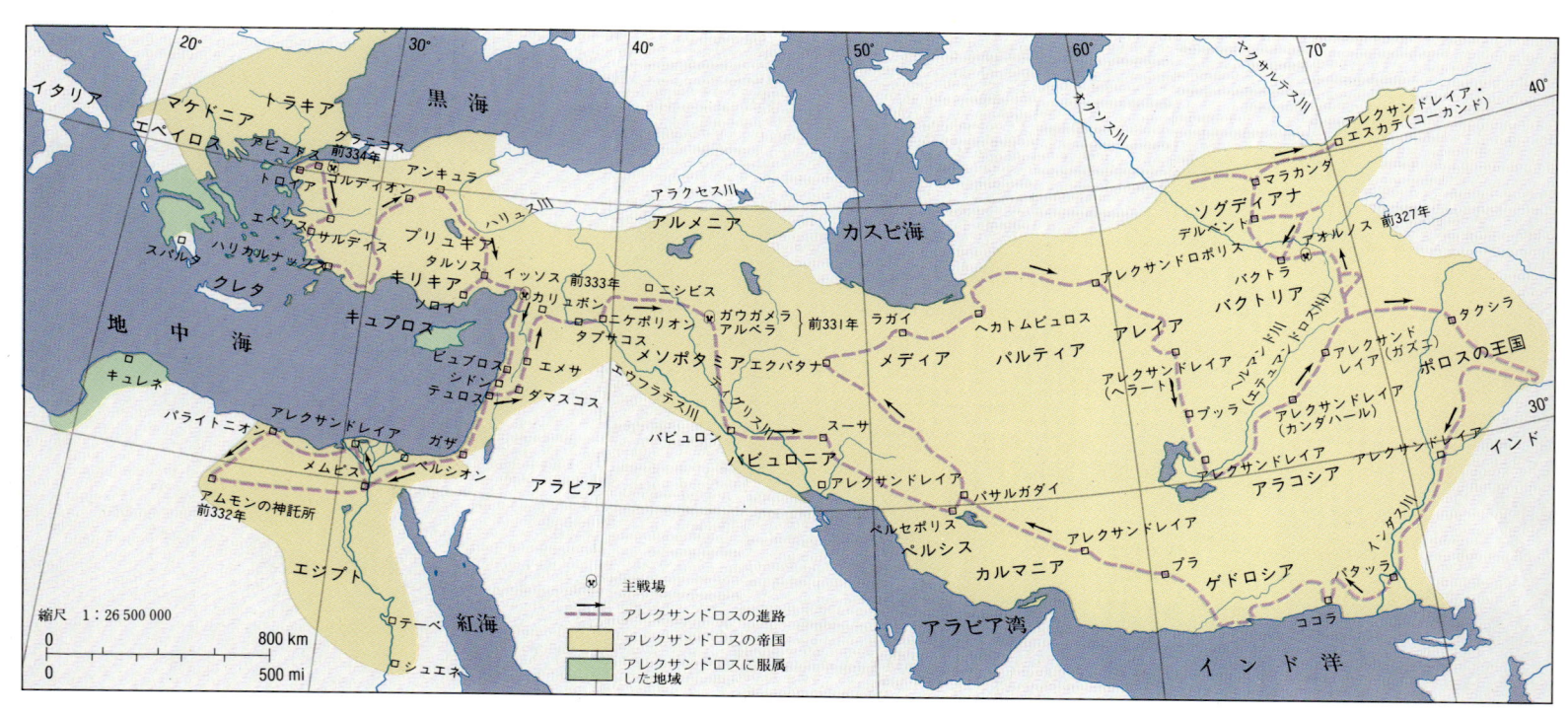

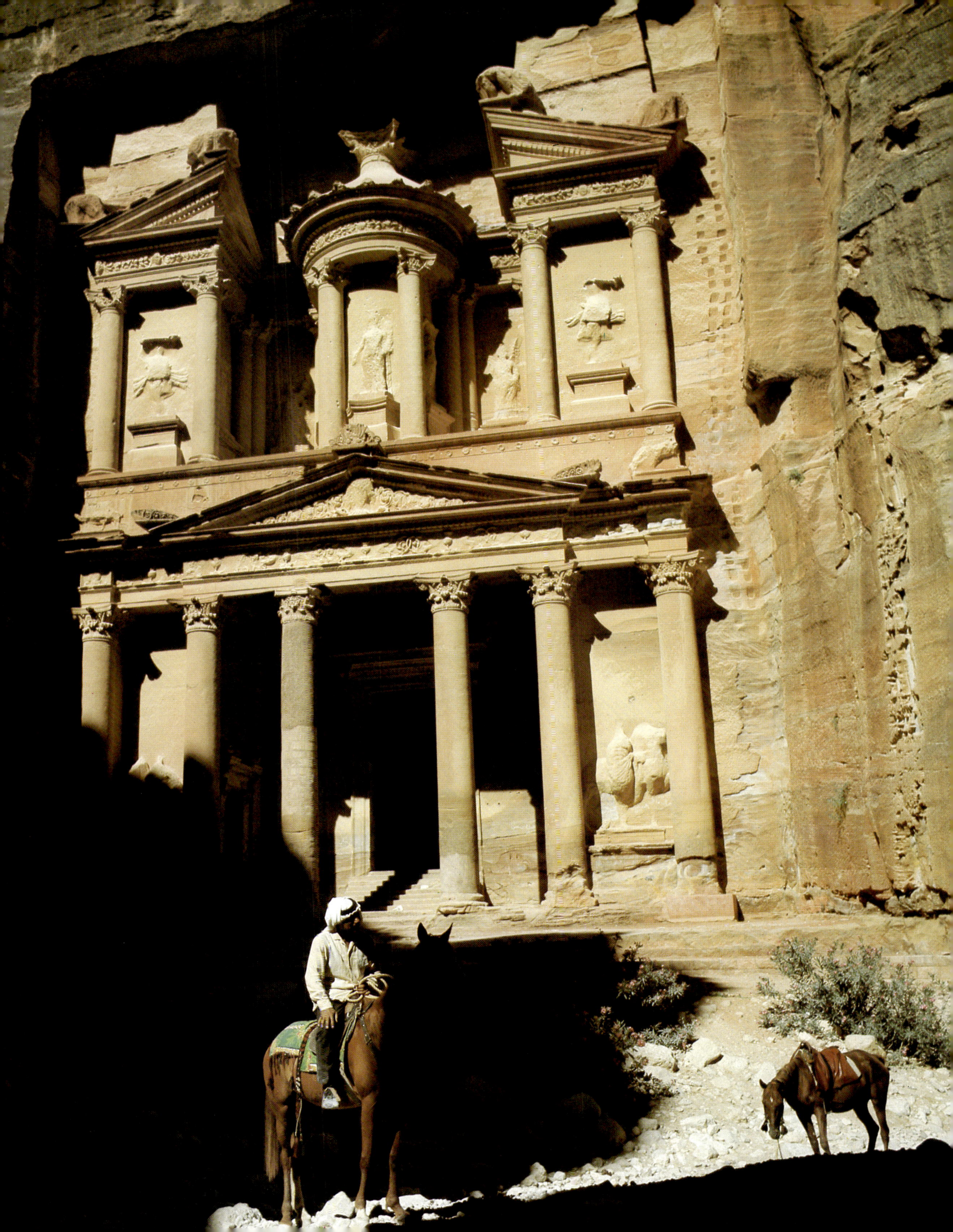

陶器画の発展

ギリシア陶器の研究においては，主な関心は器形よりも装飾の方に向けられており，特に他の美術領域と関連しながら発展した人物表現の様式に向けられている．鉄器時代の最古の陶器（前10-9世紀）ではまだ抽象的な文様が支配的であり，完全な幾何学様式（前8世紀）になってやっと，人物像が非常に様式化された形で現れる．近東の美術から主要な装飾様式として動物文様の帯状装飾が伝えられ，「黒像式」手法が発達した．この方法では，像はシルエットで表され，細部は刻線で示され，色はほとんど加えられない．最高の陶器はアテナイのものであるが，コリントスが導いたものであり，地域的な諸流派がある．前530年ごろ，アテナイで赤像式手法が考案された．その方法では，像の部分の素地を残して地を黒く塗り，像の細部を線描で示した．その効果ははるかに写実的である．そして，白地の陶器は，古典期の壁画の出現によって刺激された手法を示している．前5世紀後半に，南イタリアとシチリア島で移民の画家たちが重要な諸流派を設立し，前4世紀の間ずっと活発に制作を続けた．この後，赤像式は消滅し，ヘレニズム時代のギリシアでは陶器画はあまり描かれなくなり，重要でなくなった．

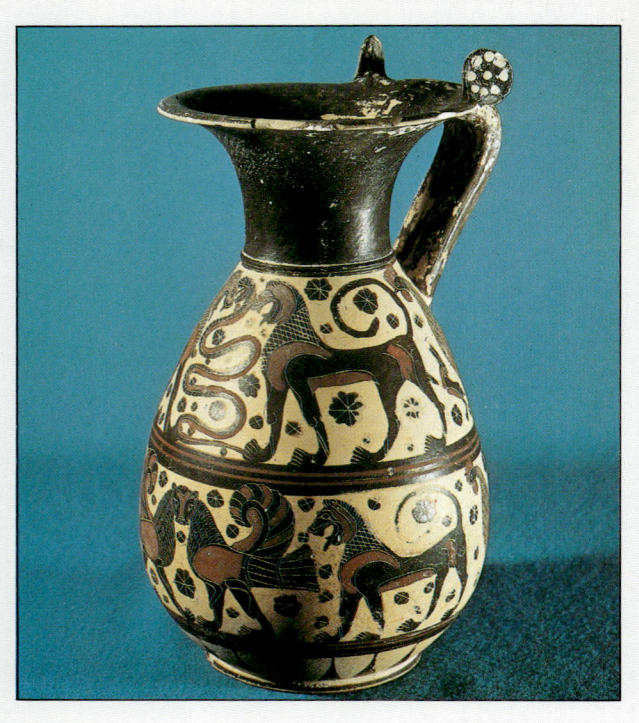

前頁左上　原幾何学様式陶器（前10世紀）。純粋な抽象文様はミュケナイ時代の伝統に由来する。

前頁左中　アテナイの水差し（前8世紀）。ジグザグ文や雷文など，本式の幾何学文様が一面に満ちている。

前頁左下　原コリントス式陶器（前7世紀）。細部を刻線で表す黒像式という新手法で表現された東方化様式の装飾である。東方からライオンや怪獣などの新種の獣帯文様が伝えられた。

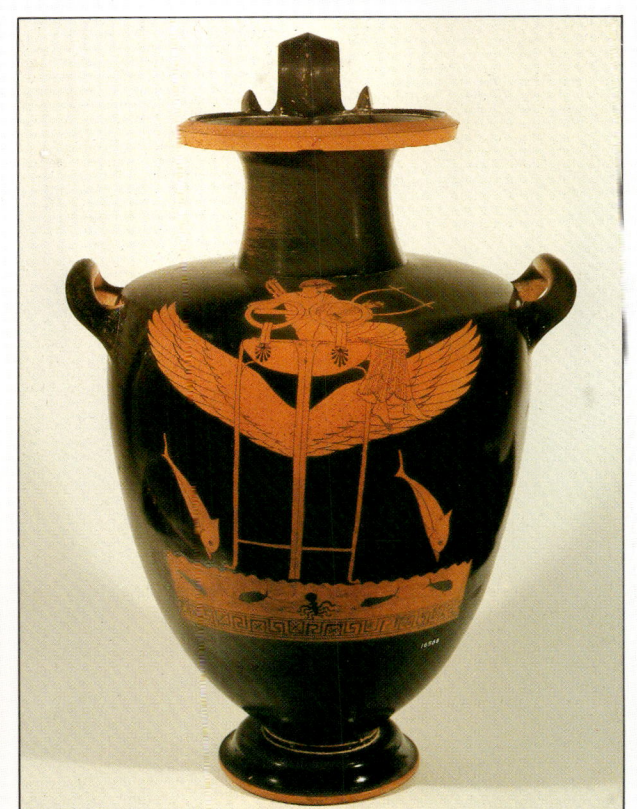

前頁右　アテナイの黒像式杯（キュリクス）。前550年ごろ。この種の陶器画の主題にヘラクレスの偉業の神話がよく使われる。ここでは，かれは海神トリトンと格闘している。その周囲は海のニンフたちの踊りである。

左上　アテナイの黒像式ヒュドリア（水差し）。前510年ごろ。泉で水を汲む3人の乙女の肌は白く塗られている。それは，黒像式で女を表す常套手段であった。

左中　アテナイの赤像式ヒュドリア。持ち運び用の把手2個と注入用の把手が1個ついている。「ベルリンの画家」として知られる前5世紀初頭の名陶画家の作品。翼の生えた鼎に乗って海原を旅するアポロン神。鼎はデルポイのこの神の神域と神話に関連している。

左下　アテナイの杯。前460年ごろ。白地にアプロディテと2柱のエロスの図。この技法では色をいっそう自由に使うことができる。

右下　萼形クラテル（混酒鉢）。イタリアのパエストゥムでアステアスが描いたもの。前350年ごろ。若いディオニュソス神と4人の役者が，裸の少女のアクロバットの演技を眺めている。喜劇役者（ブリュアケス）2人は仮面をつけ，詰め物をした服を着ている。窓の中の役者2人は女の衣裳を着ている。

左上　スパルタの杯。前550年ごろ。天を支えるアトラスと，毎日ゼウスのよこすフシに肝臓を啄まれるプロメテウス。謹厳なスパルタという歴史上のイメージと違って，スパルタのアルカイック美術は活気と想像力に満ちている。

185

絹と香料の道

ローマは人間の住む世界全域の支配を主張したが、広大な地域がローマの支配圏外にあったことは、公然の事実であった。紀元後の数百年間、商人はエジプトとインドの間を往復していた。コショウが南インドからきた。シナモンがソマリア海岸から輸入されたが、それはさらにもっと遠くから——インドネシアから舷外浮材のついたカヌーでマダガスカル島に渡り、アフリカの西海岸線を上ってきたものであった。陸路では隊商が、中央アジアの山道を通って、中国からギリシア・ローマ世界へ絹を運んだ。後2世紀のプトレマイオスの地図には、東アフリカとインドとセイロン島とマライ半島が示されていた。季節風を捉えればアデンから真直ぐに大洋を渡ってインドに航行できることを発見したのは、アレクサンドレイアの人であったかもしれない。

またはもっと正確な比喩を使うなら、孕まされていたのだ。エジプトのプトレマイオス王家とアジアの主要なギリシア系諸王朝は、自分たちの王国にギリシア語と多くのギリシア的習慣をもち込んだ。アテナイは文化上の巡礼聖地となり、その文学は優れていただけでなく、ギリシア語同様ラテン語においても、言葉の純粋さと力の手本として認められるようになった。

アレクサンドレイアの学問

このような状態をもたらした主要な手段の一つは、学問的な文献批判、すなわち、アレクサンドレイアの学者たちによる古典作品の注釈の発展であった。前4世紀も末になって、ようやく前5世紀の三大悲劇詩人の定本が集められ、アテナイの公立書庫に保管されたのである。前3世紀のアレクサンドレイアでは、プトレマイオス王家が、おそらくほとんどの分野にわたるギリシア語文献の完全な大図書館を創立し、神殿の神官のように図書館で研究する詩人と学者の共同体を援助した。古物研究の批判的、理論的著作は、すでに前5世紀末から存在していた。知的で書物好きな真面目さというまったく新しい風潮をプラトンとアリストテレスが産み出していた。その風潮は、少なくとも一般的であるという点で新しく、しかも、単なる一時的な向学心の現れなどではなかった。まさしく、アレクサンドレイアの図書館も、完全な目録付図書館であって、たとえばアリストテレスの個人蔵書のような、偶然に集まったり個人的に集められたりした蔵書ではない点が新しかった。

プァイファーの見事な指摘の通り、そのころに文学研究が存在するようになったのは、イタリア・ルネサンスでそれが再生したときと同じ理由、すなわち、詩人たちが必要としたからであった。しかし、3世代か4世代経過するうちに、文学研究はその堂々たる貢献と感動をよぶ仕事をほぼ達成してしまい、その後はむしろ無味乾燥な学説の研究史や編集物の編纂といった、現在の二流の文学研究のようなものになってしまっていた。ローマ人は、善かれ悪しかれ、アレクサンドレイアの学問とアレクサンドレイアの詩の両方に威圧された。そのころの詩は余暇に嗜むもので、教養に基づいていて、時にはひどく暗示的でありながら、また時には情熱的で皮肉っぽいものであった。詩の新鮮さと自由を得るために、有名でない神話や地方の神話を扱ったり、さまざまな種類の人間的愛を扱うことがよくあった。その最後の作品の一つは散文のロマンスであり、運命づけられた恋人たちの冒険談が哀れにも優雅に語られた。

ヘレニズム・バロック

同じく王室の保護の下に一つの建築様式が生まれ、文学と同様にローマ時代まで継続した。その様式は、アレクサンドレイア図書館の活動と同じように、いくつかの伝統的様式を改作したり、結合し直したりしながら、ある時には圧倒的な大きさを加味して、またある時にはクレタ文明でさえなかなか及ばぬほど贅沢な個人的快楽趣味を加えて、印象的な斬新さを産み出した。この他にも文学との類似点がある。この荘厳で重々しい様式の勝利は、新古典主義の反動を産んだ。そのため、前5世紀あるいは前4世紀のいっそう単純でいっそう純粋な形式が好まれるようになった。その例証はローマ時代の保存状態の最高によい建物の中に散見されるし、遠方の由緒ある神殿をわざわざもっと贅沢で大衆的な都市環境の中に移しかえ、再建したことにも認めることができよう。同じように、アウグストゥス時代の詩人たちは、純粋で単純な形式上の手本を求めて、アレクサンドレイアの人々よりもさらに古い時代へ遡った。しかし、建築においても文学においても、両方の様式がともに並んで存在し続けたのである。

ギリシアのバロック式建築の完全な開花は、ポンペイの壁画に最もよく示されており、その幻想的な表現によって、その美的魅力がいかなるものと考えられていたかを多く知ることができる。最も魅力的な建物は必ずしも最も大きなものではない、というわれわれの正常な直感がその絵によって確認される。柱で囲まれた聖樹の絵のフレスコ画があり、その絵では、節のあるマツの木が神殿の門らしい石造建造物を貫いて真直ぐに生えているようにみえる。前景には、小さな祭壇と親しみやすい面持ちの立像があり、背景には、円柱のある建物がざっと描かれている。それは、ほとんど18世紀のスケッチといってもおかしくないものであり、また中国風装飾様式の作品であるとさえいえるものである。それはあっさりと仕上げられているが、遺物や遺跡類に一瞬宿ることのある生

気を感じさせるものをもっている．この絵の光景は非公式の
ものであり，そこには何か皮肉っぽくて感傷的なものがある．
その絵は壮大な宗教儀式の図ではなく，長期にわたる概して
幸せな衰退期にあった，南イタリアのギリシア人の日常的敬
虔の図である．

　発展した段階のヘレニズム建築様式の建物で，現存してい
るもののうち最もエキゾチックなものは，現在の南ヨルダン
にあるペトラの神殿と墓である．ペトラは，香料貿易の隊商
路沿いの重要な地点で，砂漠の中の孤立した豊かなオアシス
であったが，常にパレスティナの海岸地域と接触していた．
これは，帝政ローマ時代初頭のプロペルティウスが「香り高
きアラビアの羊飼い」とよんだものの故郷の国であった．都
市の壮大さを最も美しく残している大建造物をあげるなら
ば，たぶんミレトスの南市場に通じる堂々たる門であろう．
それはいまでもほとんど無傷の状態であるが，ベルリンの博
物館に移されてからは，力強さを感じさせなくなってしまっ
た．最も贅沢な建物は浴場と宮殿であり，たとえばマッサダ
ーのヘロデスの宮殿であった．創意に富む細部がいたるとこ
ろにみられる．オクソス（アム・ダリア）川沿いのアイ・ハ
ヌムには，アレクサンドロスの死後間もないころのものであ
るコリントス式柱頭が残っており，その彫刻のあまりの美し
さに，柱頭は重さを支えるよりも空中高く浮かぶもののよう
にみえたにちがいない．石製の梁は，柱頭より少し上で，目
立たないように柱が延長された部分の上に置かれていた．ま
た，劇場や泉のファサード（正面）には重々しい装飾がつく
ようになり，表面に光と形のコントラストが得られるよう，
巧みな工夫がこらされていた．オリュンピアではロドス島の
色大理石が使われていた．

　時は，非常に多くの大建造物を破壊して，残骸を孤立させ
てきた．そして，往時の完全な堂々としたデザインよりも，
破片の細部の方が魅力的であるということは，よくあること
である．シリア（現在ではヨルダン）のジェラシには後2世
紀の大建造物があり，排水渠についている石製の貝の曲線や
肉薄彫りのイルカの飾りをみると，ギリシア的なものという
ことについて，当時もいまと同じ評価をしていたことがわか
る．イギリスの詩人で版画家のW・ブレイクの友人で，絵の
師でもあったW・パーズは，小アジアの内陸都市のミュラサ
にいまも残存するいっそう古い時代の墓を描いたが，それは
かつて墓が建造者たちに語りかけていたのと同じように，わ
れわれに直接語りかけてくる．前4世紀のアテナイのリュシ
クラテスの記念碑は，羽根のような，あるいはクリームのよ
うな屋根飾りがついていて，すでにややバロック的であった
が，この建造物とミュラサの墓は初期のものであり，発展し
た様式の特徴となる贅沢で目が眩むような創意工夫，つまり
表面を捩じ曲げることや裏返しにするというやり方には達し
ていなかった．この相違は資金のせいであり，奴隷のせいで
あった．建築様式は，個々のパトロンによって創造されるも
のではないかもしれないが，他のものよりも，一種の援助の
圧力に強く影響されることは確実である．

　ギリシアのバロック様式は，アレクサンドレイアでつくり
出された．この様式の創案者は，すでにエジプトに存在して
いたずっと古い時代の記念建造物を強く意識していたことに
疑いはない．だが，影響と反応の細部については不明のまま
であり，最も興味をひき，明らかに初期のものであるバロッ
ク式建造物の中には，年代を決定しがたいものもある．さら
に複雑なことには，現存する資料の大半がアレクサンドレイ
アそのものからの出土品でなく，アレクサンドレイアの影響
下にあったことが知られる小都市からのものである．すなわ
ち，ペトラのものと，キュレネの50km西にある，キュレナイ

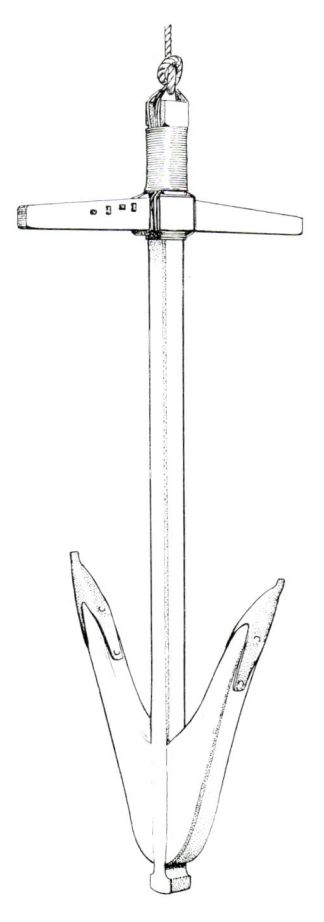

カのプトレマイスにあるパラッツォ・デッレ・コロンネのよ
うな建物である．どちらの場合も年代は定かでないが，アレ
クサンドレイアの強い影響については疑いない．この様式は
急速に国際的になった．そして，多様性と大胆な印象とがそ
の様式の本質的要素であったから，翻案と相互影響を図表に
することは不可能に近く，特にローマ帝政時代についてはむ
ずかしい．ギリシアのバロック式建築物で最も巧妙なものの
一つは，イタリアのプラエネステにある運命の女神フォルト
ゥナの神殿であった．その一方ですでに前2世紀に，新しい
バロック式のゼウスの大神殿を建てるために，1人のローマ
人建築家がアテナイ市に雇われていた．他の所では事態はい
っそう複雑であった．もはやギリシア世界は存在せず，ただ
一つの世界があるだけだった．

　その世界では，勝利は巨大勢力のものであった．独立した
諸都市だけではなく，小王国勢力もその運命にまきこまれて
いった．前3世紀には，新しい諸王国の国境線が大幅に変っ
た．トラキアのリュシマコスの王国は姿を消し，小アジアに
新しいペルガモンの王国が生まれた．ペルガモンは，アレク
サンドレイアと同様，芸術面においても豊かであり，強力で
あり，影響力があった．造園技術，遊園地の建造技術がペル
ガモンで発展したが，もしローマ時代の壁画が少しでも残っ
ていなかったら，この技術についていまではほとんどわから
なくなったであろう．羊皮紙をパーチメントとよぶのは，ペ
ルガモンから派生したラテン語に由来する．ペルガモンのゼ
ウスの祭壇を飾る前2世紀のバロック式彫刻は，大きく入り
組んだ形式で，非常に力強く，輝くような肌理をしていて，
古典趣味にとっては吐き気をさそうようなものであろうが，
ギリシア美術史に新しい次元にほぼ新しい方向を与えるもの
であった．ヘレニズム諸王国は，活気にも専門技術にも事欠
かなかった．

アレクサンドレイアの発展

シチリア島ケントゥリペ出土の壺．形
は優雅でやや手がこんでいる．暖か
くて魅力あふれる色合と装飾というも
のは，自然に消えてしまっている．ギ
リシア人の趣味は前6世紀以後非常に地
味になった．

下　錨．前2世紀に北ウェールズのア
ングルシー島沖で難破したアレクサン
ドレイアの商船の残骸から引き揚げ
られたもの．すでに前300年に，マッ
サリアのピュテアスがブリタンニアに周
航していた．そこは，ジブラルタル海
峡の向こうでは唯一の錫の産地であっ
た．

アレクサンドレイアの発展

ペルガモン

　前282年から前133年までアッタロス王家が治めていたペルガモンは，豊かで侮りがたい強大な勢力であった．ペルガモンはパピルスの代用品である羊皮紙にその名を残した．ここの図書館にまさるものはアレクサンドレイアのものしかなかった．ここで，バロック式彫刻という壮観な新流派が生まれた．侵入してきたケルト人は敗北して，ガラティアに住みついた．王国はマケドニア人とは疎遠になり，ローマ人と友好関係を保った．ここで造園技術が始められた．前400年に私的に建立されたアスクレピオスの神域は，ハドリアヌス帝の時代に「世界の不思議」となった．

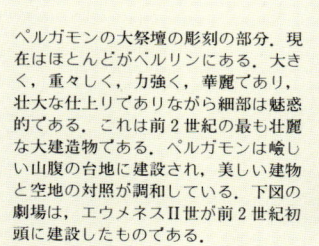

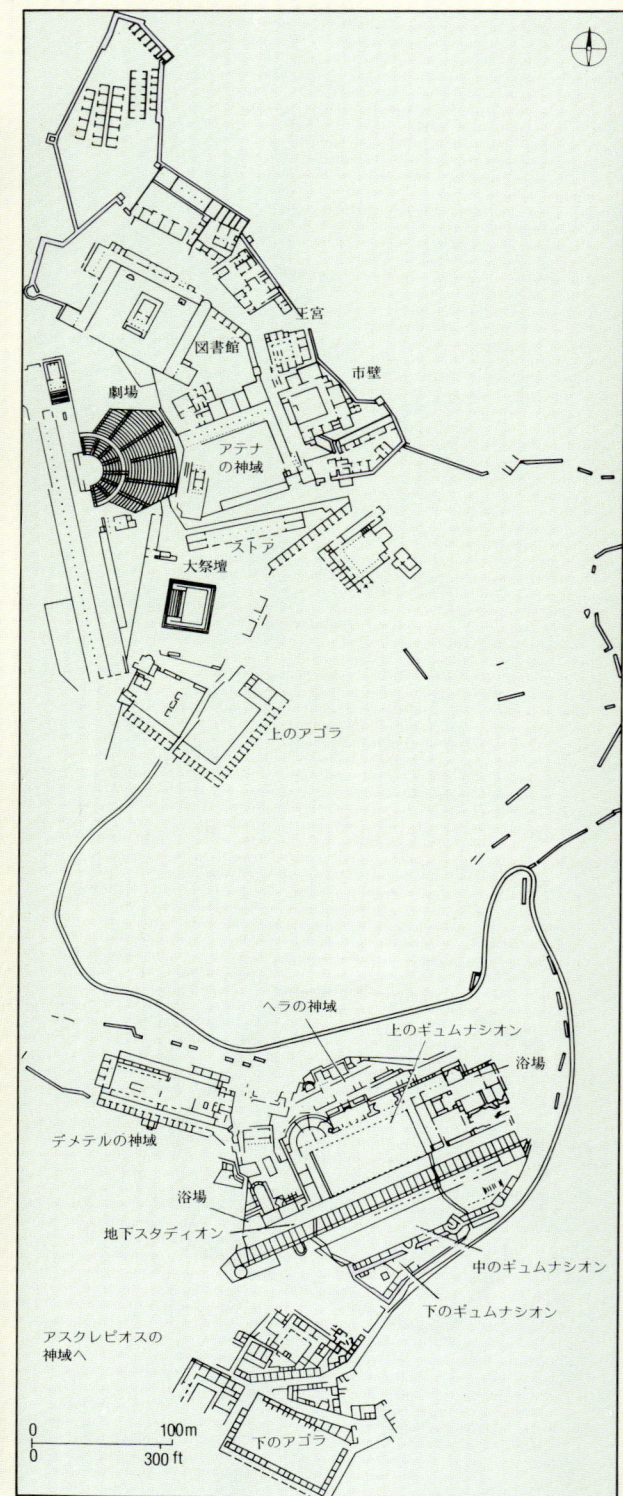

ペルガモンの大祭壇の彫刻の部分．現在はほとんどがベルリンにある．大きく，重々しく，力強く，華麗であり，壮大な仕上りでありながら細部は魅惑的である．これは前2世紀の最も壮麗な大建造物である．ペルガモンは嶮しい山腹の台地に建設され，美しい建物と空地の対照が調和している．下図の劇場は，エウメネスⅡ世が前2世紀初頭に建設したものである．

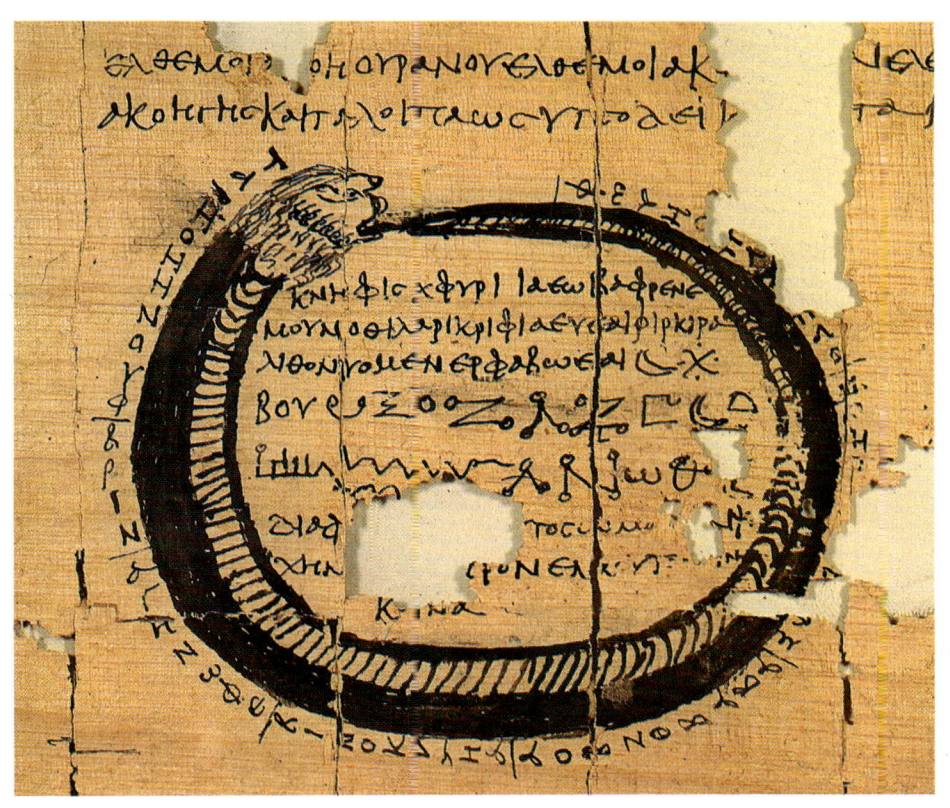

パピルスの魔術文書の挿絵．この神聖なヘビの絵はまだ本物を想像しうる姿である．このパピルスはギリシア世界とともに消滅するのを免れて保存されてきた．

司令官たちと傭兵たち

アレクサンドロス以後の状況の直接の結果として，あるいはそれがさらに発展したものとして，弱体化の過程が徐々に進んだ．しかし，それは当時新たに解き放たれた武力の圧力を長い間うけたことで，はじめておこったものであった．たとえば，傭兵がすべての大国にとって均等に利用できる，よく組織された正規の手段となることは，前3世紀になるまではなかったことだった．まず隊長たちが，不忠と嫉妬から，軍隊ぐるみ王から王へと移ったので，どうにか保たれていた世界の均衡が大きく崩れはじめていた．このような独立していた二流の司令官たちは，結局はうまくいかず，消滅してしまった．前3世紀の新しい王たちの下でのギリシア人部隊の任務は植民であり，エジプトと小アジアとメソポタミアでかれらは新領土の土地を保有した．かれらの都市は原住民の都市の外側にある屯営地だった．ギリシア人への土地賃貸契約は，父から息子へと君主によって更新される必要さえあったかもしれない．

もちろん，たとえばクレタ島の山地出身の弓兵や，広幅の剣をもったトラキア人のように，軍務に専念する職業兵士からなる特殊部隊もあった．かれらの雇傭はローマ軍まで続いた．マケドニア人は未開人の傭兵を使うことを軽蔑しなかった．土地持ちの予備兵の間にも重要な区別があった．かれらは必ずしも全員が市民ではなかった．法令により正式な都市とされている屯営地に住む人々だけが市民権をもつことができた．このころは，アジアの最も未開な軍営地と同じように，ギリシアのあらゆる都市も，君主たちの雅量に大きく依存していた．ペルガモンの王たちがアテナイに建てた建物と，アテナイの国家による無数の感謝の宣言が，このことを劇的に説明してくれる．

好みの変化

個々の市民たちは，幸運をつかむことに憧れたこともあろう．テオクリトスの詩に登場する赤貧洗うがごとき漁師は，黄金の魚を夢みたのだが，かれが決して金持ちにならないこ

とを誰もが知っていた．農民が畑に埋められた宝を掘り当てるかもしれないし，宝が岸辺に打ち上げられるかもしれない．劇の観客たちはこのような筋書を喜んだ．しかし，たいていの人々は，いかなる大転換も期待せずに暮し続けた．中流階級が存在した．かれらの好みの多くはうんざりするし醜悪であるが，中には心に訴えるものもある．シチリア島のケントゥリペとアレクサンドレイアで製造されはじめた陶器は，装飾的な色で塗られており，形は手が込みすぎている．特に不快なピンク系の紫色，つまりマゼンタ色が流行した．この色は陶器に使われて，ひどい結果になることが多かった．後に，おそらくシチリア島か南イタリアで，前2世紀後期からキリストの時代まで，各家庭で使われていたランプ油の注入器やフラスコと一体になったテラコッタ製の小像に，この色が使われた．そのテラコッタ像には魅力的なものもあるが，たいていは少々ユーモラスである．

傑作というものは，当然注目はされるけれども，社会の歴史についてはあまり語ってくれないことが多い．しかし，ギリシアの陶器画の最後の傑作は前4世紀末のものであり，最後の巨匠はおそらく「リパリ島の画家」であるが，かれの作品は，かれが住んだ遠いシチリア沖の島とそのまわりの海岸にだけ発見されており，ナポリより遠くへ伝わったものはない．かれの絵の中では，女たちはしどけなく気楽に座っている．線描は鋭くて闊達である．かれは冷たい浅葱色を乳白色や写実的な肌色と一緒に使うのを好んだ．伝統的な黒い地色との対照は見事で，涼しげな感じを与えており，絵の中の女たち自身が冷静さを保つことに余念がないかのようにみえる．ケントゥリペ出土のマゼンタ色の陶器や，カイロ博物館の所蔵になる同じように贅沢さへのブルジョワ的欲望を示している何点かの墳墓の遺物の方がずっと暖かみがあり，ずっと幻想的であるといえるが，美しさではリパリ島の画家にかなわない．

だからといって，美しいものがまったくなかったわけではない．このころは挿絵入写本の時代であった．初期の例はほとんど残っていないが，その存在と特徴については，多くの写本を通して跡付けることができる．注意深い図解のついた医学と外科の教本があったこと，ヘビに関する詩の本があって種類ごとに写実的な色合いの絵がついていたこと，完全な叙事詩があって粗筋を表した挿絵が行間にいれられていたこと，などがわかっている．絵の中には非常に見事なものもあったにちがいないし，たしかに人気もあった．それは，詩の言葉がもはや理解されない土地にまで伝わったのであり，現在のパキスタンにあるガンダーラの初期の仏師は，ホメロス風叙事詩圏の一場面を石に摸写し，トロイア落城の際の木馬を彫った．かれは，この場面を釈迦の奇蹟として使った．ギリシア以後の最もできのよい作品であるチベット出土の銀の杯には，エウリピデスの悲劇の図解として知られる場面がついていた．

東方のその他の地では，ギリシア人がそれぞれの地域の生活にさまざまに順応していた．たとえば，釈迦に供え物をしたギリシア人がいた．インドのアショカ王が定めた仏教徒の生活戒律を，優れた哲学的ギリシア語に翻訳した者もいて，その写本が数冊発見されている．バクトリアの首府であるバクトラ（バルフ）の女神は，アナヒタというオクソス川の偉大なる水神であり，女神の外套はビーバーの皮でできていた．女神は，ギリシアの宗教と混淆されて，アルテミスとして崇拝されていた．ギリシア人の制度やほとんどのギリシア語が失われたときでさえ，ギリシア人としての独自性は持続されていた．

現存しているものは，熱心な古物研究家による学問的復興

アレクサンドレイアの発展

アイ・ハヌム

　アイ・ハヌムは，中国からさして遠くない，ソ連とアフガニスタンの国境地帯にある孤立したギリシア風の都市であり，おそらくかつてはアレクサンドレイアという名であったろう．かつては柱が林立していたヘレニズム時代の宮殿は，ペルシア時代の宮殿のあったところに建てられたらしい．瑠璃の山とインドに至る高い峠とから流れ出るコクチャ川は，アイ・ハヌムの地でオクソス川に流れ込む．この遺跡は，これまでにアフガニスタンで発掘された唯一の純粋なギリシア都市であり，狩猟旅行中のアフガニスタンの王に偶然に発見された．これはうまく防御された都市であり，ギュムナシオンと神殿とギリシア語の碑文があった．アレクサンドロス自身は東北方面にはこれほど遠くにまで来たことはなかったが，この都市はかれの業績の象徴である．

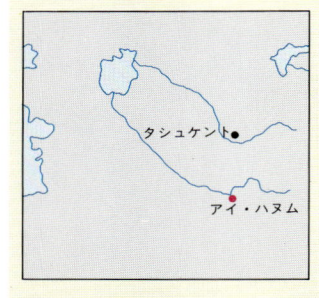

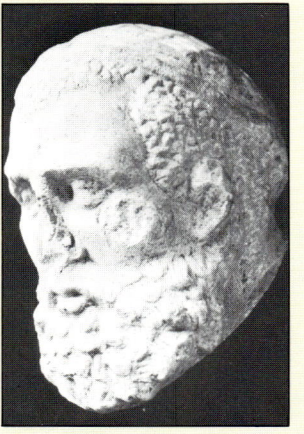

神殿から出土した銀の円盤．オリエントの女神キュベレーが完全にヘレニズム化した形で表されており，オリエント風の神官が火の祭壇のところにいるかと思えば，空には神がいるといった宗教観の混淆が目立っている．

老人の首．これはヘルマ，つまり石柱に首をつけたものの一部であった．この見事な首の場合は肖像であって，その上半身には役人の衣裳を被せてあり，前5世紀のアテナイにあったような祖神を表す性器はついていなかった．これは，アイ・ハヌムの建設者である英雄を祀った聖所の外側の部屋で発見された．

下　アイ・ハヌムのパライストラ（体育場）．

神殿出土の大きな足の破片．これは，支配者が宗教的に崇拝されていたことを暗示している．もし，この像が豪華な宮殿とともに残ったならば，壮観だったにちがいない．

右　ディオスコリデスの『薬物誌』の1ページ．この美しい本は，あるローマ皇帝の娘のために書かれたもので，古代ギリシアの花の絵の見事さを示している．16世紀に，オジェ・ドゥ・ブベックがコンスタンティノポリスから持ち帰った．

実戦中の戦闘用ゾウを表したミニアチュア彫刻．

のおかげであるか，あるいは写本が実用的または装飾的であると認めた新興の金持ちたちの保護のおかげであった．現存する古代の本の中で自然描写が最も美しいものは，ローマ帝国の頽廃期に，ある皇帝の娘のフラウィア・アニキアのためにつくられた植物図集の本である．その本は，16世紀に神聖ローマ帝国の外交官がコンスタンティノポリスで購入したものであり，ウィーンに現存する（この学究肌の旅行家は，ライラックとチューリップと花の咲くトチノキも，ヨーロッパに伝えた）．本書の挿絵は，後1世紀にローマの軍隊付きギリシア人医師ディオスコリデスの著作『薬物誌』の一部であるが，実物を直接に写生したものらしい．絵，つまりこのような植物の絵は，中世に何度も写本が重ねられてだんだん形式的になり，だんだん見分けがつかないものになった．しかし，ディオスコリデスのウィーン写本は，長く続いた豊かな伝統の到達点である．その写本を通して，われわれは数百年の間非ギリシア人の保護をうけてきたギリシア人の最高傑作に触れるのである．

アイ・ハヌム

ペルシア以東のこれまでに発掘された考古学遺跡で，完全にギリシア的なものは，ソ連とアフガニスタンの国境にあるアイ・ハヌムだけである．これは，アレクサンドロスの兵士たちが築城したものである．20年ほど前に，アフガニスタンの王が狩猟旅行中にコリントス式柱頭を発見して，この遺跡が確認された．アイ・ハヌムがギリシア人支配のバクトリアを打ち破った遊牧民の手中に落ちたとき，この地は放棄されて二度と再建されなかった．林立した柱が本物の林の木のように斧で伐り倒されてから，この土地は再び使われることなく数百年すぎた後，ポロ競技場としてだけ使われていた．しかし，アクロポリスであった場所にはいまも「貴婦人の丘」という名がついており，この名の中にこの土地の女神が記憶されているということは大いにありうる．アイ・ハヌムは小さな都市であったが，大宮殿と強力な防御施設があった．この地で，少なくとも1基のペルシア式柱礎が発見されているから，ここがギリシア人のものになる前はペルシア太守のものであったことがほぼ確実である．

宮殿は，コクチャ川がオクソス川，つまりアム・ダリア川に流れ込む中州の土地に建てられているが，その場所は，オクソス川の上・下流数マイル間で，徒渉できないほどの水深がある唯一の地点である．これは防衛上の適所である．コクチャ川はアフガニスタン側の高山から，つまり当時知られていた世界内で唯一の瑠璃（ラピス・ラズリ）の鉱山から流れてくる．この太守の宮殿と，その後を継いだギリシア人の都市の機能は，瑠璃の採取に課税するか，あるいはそれを統制することであったらしい．濃いピンク色の美しい宝石で割れやすいバラス・ルビーと水晶も，この同じ山でいまでも簡単に発見される．アイ・ハヌムは羊飼いの遊牧路からあまり遠くないところにある．羊飼いたちは最近まで年に二度，パキスタンとインダス川流域から，アフガニスタン全域を横切り，山を越え，オクソス川を渡って，ソ連領に入っていた．さらに重要なことには，アイ・ハヌムは東地中海と中国の間の絹の道に非常に近いところにあった．

アイ・ハヌムのギリシア人は，地方宗教に対していくつかの興味ある譲歩をした．神殿の遺跡から出た飾り額にはキュベレー女神が示されている．額は銀の打出し細工で美しくつくられた円盤である．山あいの光景の中で，慎重に跳ね進む2頭のライオンが戦車をひき，女神の正面にある7段の純粋なペルシア式祭壇の方に向かっている．長い礼服を着て円錐形の帽子を被った神官が犠牲を捧げている．戦車の後にはペルシア人の神官がいて，正面を向いているギリシア風女神の頭上に傘をかかげている．女神の乗っている戦車は，1人のギリシア人の少女が御している．星と三日月，そして13条の光を発している若いギリシア風太陽神の首が，神秘的な場面を見渡している．本来キュベレーは，小アジアのギリシア人が採り入れた地方的な地母神であったことがわかっている．この女神は，ギリシア内部では，外国人の間だけで崇拝されており，帝政ローマ時代までは決して公けにはならなかったのだが，前3世紀のギリシア人にとっては最もよく知られていたアジアの女神であった．

神殿は再建されたものだった．最初，その外側の壁には四角く窪んだ壁龕がならんでいて，それぞれの壁龕の内側には3段の枠がついていた．このかなり優雅な様式はペルシア帝国で流行していた．再建のときに，壁はどっしりとした粘土レンガで塗り込められ，ところどころ漆喰と白い顔料が使われていた．炭化した木製のイオニア式柱頭1基がほぼ完全に発掘された．主要な礼拝像は大きな大理石製で，その足の部分が残っているが，それは男のものであり，雷の紋章のついたサンダルを履いているから，ゼウス，あるいはゼウスと同一視された王の像であった．市内の他の場所に，レンガ製の墓が2基と棺が二つついている英雄の聖所，つまり入口に1対の柱のついた小さな礼拝所があった．それは数回建て直されたものであり，おそらくキネアスという名の市の建設者の墳墓であるらしい古墳の上に建っている．

すべての本来のギリシア諸都市と同様に，アイ・ハヌムには囲いのあるパライストラ，つまり運動競技場ないしは体育場があった．そこから，すばらしいギリシアの大理石製の，年老いたヘラクレスの首が出土した．しかし，全出土品の中でギリシアの精髄を最もよく伝えているものは，英雄の聖所近くから出土した碑文である．それは，かなり巧みなギリシア語の韻文で書かれており，前250年以前の字体で刻まれている．それは，アリストテレスの弟子であったクレアルコスが，デルポイで見た昔の有名な人々の金言を写し取り，この地のキネアスの聖所に刻み込んだことを伝えている．二つ目の石が崩れてしまったので，デルポイの格言集は1個しか残っていない．これは，人間の生涯の各年代にふさわしいさまざまな美徳へと，アイ・ハヌムの孤立したギリシア人を鼓舞するために記された碑文であった．デルポイからの同じ助言が，アナトリアのミレトポリスでも記されていた．

ローマの征服

ローマの西方への拡大

アレクサンドロスの後継者たちが築いた諸王朝は、弱小勢力を押し潰して、ほぼ消滅させてしまった。しかし、武将たちの誰一人として、アレクサンドロスが残したマケドニア帝国を再統一することはできなかった。そして、アレクサンドロスも西方への遠征計画を実現しないで死んでしまったので、西方には古い時代の乱雑で自由な遺風がいっぱい残っていて、自分たちの時代がくるのを待っていた。前3世紀のローマは、イタリアの豊かな西海岸近くの強力な都市であり、はるかに文明化した諸地域をすでに征服していた。前4世紀にガリア人が侵入し、小アジアではケルト人が前3世紀にガラティアに定住して終ったが、ガリア人はイタリアを席捲した。ローマの略奪（前390年）の結果、ローマ人は前378年に強固な市壁を建設した。ローマ人は、北方でエトルリア人に挑み、ウェイイを完全に破壊した（前396年）。近くにカエレというライバルの都市があり、ローマと同じく、自由市場の都市として成功したのがもとで富んでいたのだが、いまやかれらはこの市をも支配した。

軍事的見地からは、前5世紀以後のローマの力は、同じころのギリシアの同盟とほぼ同じく南のラティウムの都市同盟に基づいていた。しかし、ギリシアの諸都市と同様に、ローマは所属する同盟よりも大きくなり、新時代にありがちの容赦なさで一つ一つライバルを併呑していった。プラエネステは全イタリアで第二の都市であり、ローマ人が採り入れた運命（むしろ神慮と訳すべきかもしれない）の女神の発祥の都市であったが、そのプラエネステもカプアもこの前4世紀のローマの拡大には屈せずにいられなかった。いまやローマ人は、北はエトルリアに、南はラティウムを越えてカンパニアに入っていた。前4世紀に建設されたローマの植民都市は、前3世紀には、カプア近くのカレス、ティベリス川の河口のある海岸にあるオスティア、そしてさらに南のアンティウム（アンツィオ）とタッラキナに地歩を占めていた。前218年には、イタリアの海岸線上にローマの植民都市が12市あり、川の渡船場と山道への入口と大道路の交差地には、2倍以上の都市があった。前343年と前263年の間に、約6万人のローマ人が新しく土地を所有し、それはほぼ13万km²の広さになった。この這うような組織的前進の成果は、アレクサンドロスの冒険的な破竹の勢いよりもずっと永続きした。

もちろん、この種の拡大は戦争をもたらし、次には勝利がいっそうの拡大をもたらした。前290年には、ローマ人は、アペニン山脈の手強いサムニウム人を征服してしまっていた。前3世紀が終るまでには、ローマはサルディニア島とコルシカ島とシチリア島を併合し、またパドゥス川流域の巨大な富を併合してしまった。ローマの軍隊は、ギリシアの密集隊形を発展させた2軍団からなっており、それぞれが訓練され、複雑ではあるが融通のきく30の部隊に小分割されていた。前3世紀のうちに、ローマ人は、ローマに敵対するタレントゥムが援助を求めて招請した、モロッソス人の王エペイロスのピュッロスのはやり立った遠征（前280-275年）を、うまくかたずけてしまった。いまやイタリア全土が、改変できない同盟や征服によってローマのものになった。こうしてローマ人は南イタリアのギリシア諸都市を支配したので、ギリシア人とカルタゴとの長い間の不和も、威勢よく引き継ぐことになった。その結果、海上で、さらにシチリア島と北アフリカで戦いがおこり、それまではずっとカルタゴの大勢力圏の端の方にいたローマ人が、その中心部へと進出した。前264-241年の第1次カルタゴ（ポエニ）戦争では、地中海ではかつてなかったほどの大海戦となり、両陣営とも甚大な損失をこうむることとなった（カルタゴ軍の司令官たちの中で最も優れた人物は、クサンティッポスというスパルタ人の傭兵隊長であった）。

虐殺と駆逐というローマの政策に激昂したガリア人が、7万人という大軍勢で再度イタリアの中ほどまで侵入したが、

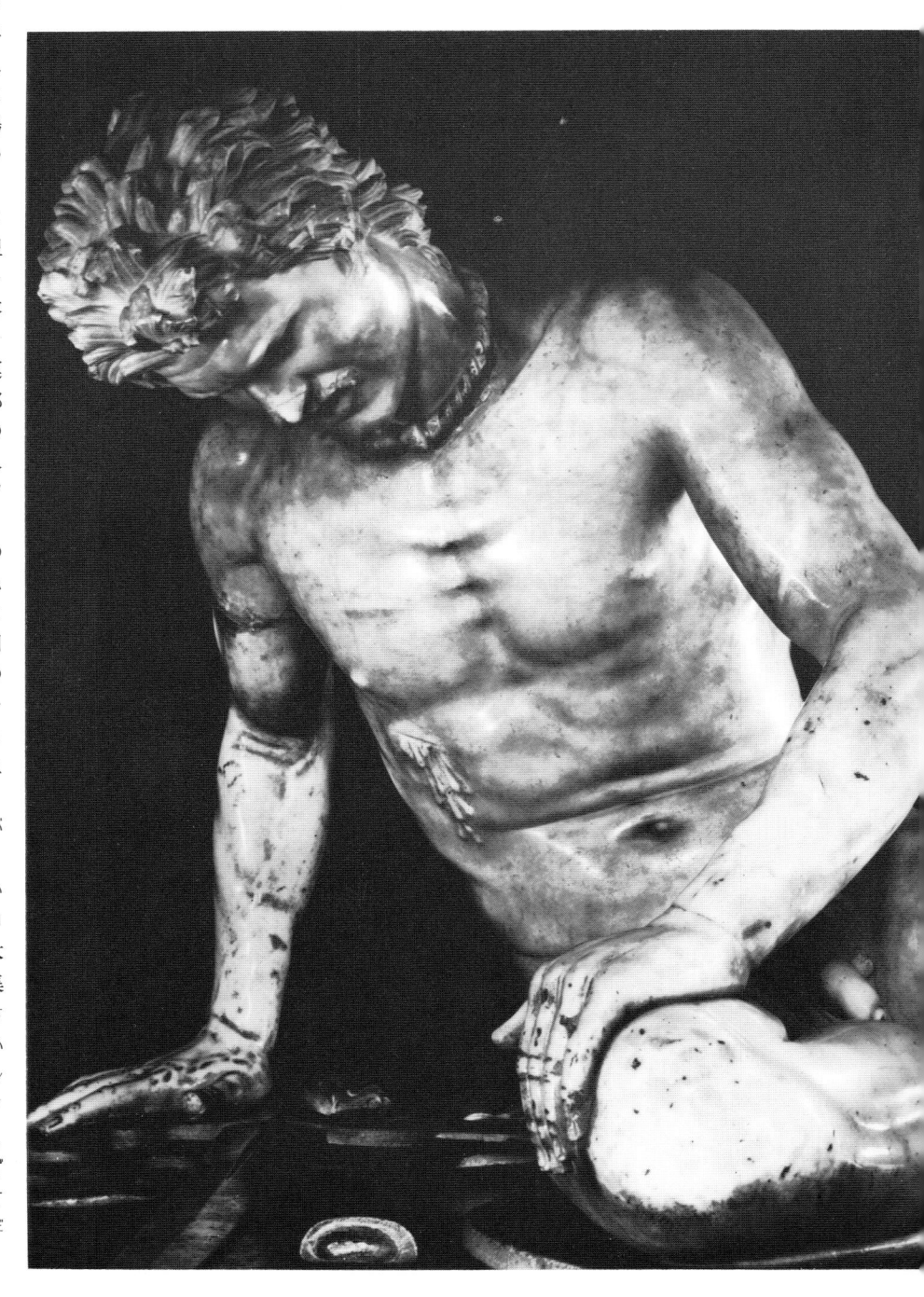

ローマの征服

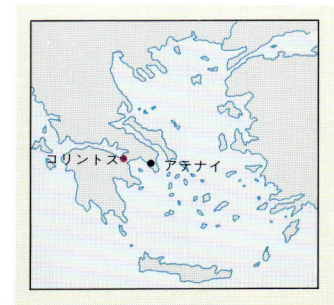

コリントス

コリントスは，ギリシア本土で最も雄大にして最も豊かな都市の一つであった．コリントス地峡の両側に港があるので，大商業都市であったし，初期植民活動の有力国でもあった．その城壁は難攻不落ともいえる岩山であり，土地は豊かであり，ここの視覚芸術は，オリエントの表現様式を多数吸収して華麗であった．ローマ人がコリントスを破壊し（前146年），再建して（前44年），属州アカイアの首府とした．

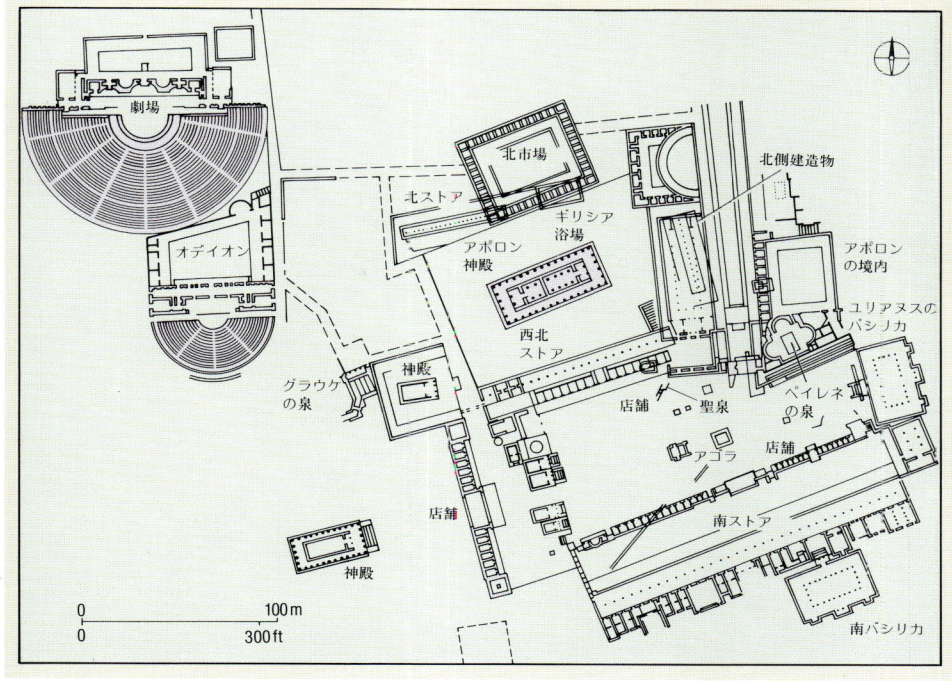

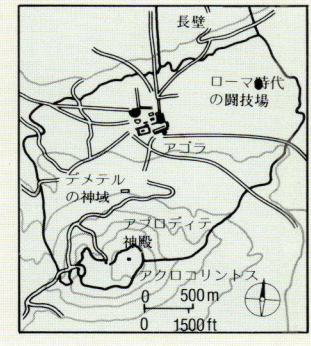

アポロン神殿．ギリシアでは最古のものに属する．神殿の立つ小さな丘には考古学的に複雑な歴史がある．ここから出土した壁画の断片には，幾何学様式時代の文様が使われており，彩色されていた．石灰石の一本石からなるドリス式円柱が，縦6本，横15本の長方形に並べられていたが，いまはこれだけしか残っていない．要塞，つまりアクロコリントスが遠くにそびえている．

前頁　瀕死のガリア人．侵入してきたガリア人の撃退とケルト人のガラティア定住の記念として，ペルガモンの王は，このような輝かしい像で市内を満たした．みごとな仕上げと恐ろしいほどの写実主義の結びついた新しい芸術様式である．

前225年にテラモンで全滅した．前237年に，第1次戦争のときのカルタゴの元の将軍ハミルカル・バルカスは，スペインへの植民を開始した．かれは海岸に現在のアリカンテを建設した．かれが獲得した内陸の地域は鉱物資源に富んでいたため，かれは強力な人物となった．かれの後を継いだ女婿はさらに南へ移り，カルタヘナ（カルタゴ・ノウア）を建設した．同時にかれは，スペインを半分以上横切ったところにあるイベルス（エブロ）川まで国境線を進めた．かれは前221年に殺され，その権力の基盤はハミルカルの息子のハンニバルに移った．ハンニバルは，前3世紀の残りの年月をかけてローマ人と戦った（第2次カルタゴ戦争，前218-201年）．戦争の経過は劇的であったが，前205年までにはローマの将軍スキピオがスペインを奪い，首尾よくアフリカに侵入した．カルタゴの勢力は衰弱し，いまやローマは，アレクサンドロスの後継者たちの王国のどれにも劣らないほど強大で，豊かで，広範囲に及ぶ勢力となった．

第1次マケドニア戦争

第1次カルタゴ戦争の間に，ローマ人はすでにアドリア海の東岸に入っていた．アドリア海をカルタゴに対して封鎖するために，ローマ人は自然の良港に強力な城壁で守られた植民都市ブルンディシウム（現在のブリンディシ）を建設し，そのことで，現在のユーゴスラヴィアの海岸にいたイッリュリア人を挑発して，アドリア海を航海する船を攻撃させた．そして，ローマ人は遠征隊を送り，イッリュリアの海岸に保護領を設けた．しかし，このような施策だけで目的を達するわけにはいかなかった．前220年に，その海岸出身の冒険家であるパロス島のデメトリオスが，ローマを悩ましはじめた．当然，最後にはローマ人がかれを追い払ったし，また当然に，デメトリオスは一番近くにあったギリシアの強国であるマケドニアの宮廷，つまり国王ピリッポスV世の援助を求めた．もちろん王はアドリア海の東海岸にローマが拡大することを嫌っていたし，慣ってもいたので，当時（前215年）成功の絶頂にあったハンニバルとの同盟に踏み切ることになった．ローマ人は制海権を握っていた．そして，250年前にアテナイ人がしていたように，ギリシアに船を遣って兵士たちを上陸させ，できる限りの紛争をおこした．第2次カルタゴ戦争が終るころの前205年に，勝ち目のなくなったピリッポスは別の都合のよい手段をとった．かれはローマと和平を結び，新しくみつけたアカイアの同盟諸市をつき離したが，復讐に燃えるローマ人を宥めることはできなかった．

しかしながら，ローマ軍が襲来する前に，すでにマケドニア人はギリシアの紛争に巻き込まれていた．ペロポンネソスで最も重要な勢力であり，半島の北部と中央部に拠点があったアカイアの都市同盟が，前228年までにコリントスの大要塞から，そしてシキュオンとアルゴスとアルカディアとメガ

ローマの征服

ラとアイギナ島から，マケドニア人を追い払ってしまった．しかし，この栄光の時期はすぐに終ってしまった．アカイア同盟はスパルタにとっては脅威であったので，前220年代にスパルタ人は同盟を潰滅寸前の状態に追いつめた．自暴自棄になった同盟は旧敵のマケドニア人を招請した．そして，スパルタとコリントスは破れた．

ギリシアでの最初の戦いの間に，ローマ人はギリシア本土内で最初の有力な同盟国を一時的に獲得した．そのアイトリア同盟は，コリントス湾の西北側にある中央ギリシアの諸都市のゆるやかな連合であったが，前4世紀以後，一つの組織化された連合勢力となっていた．前3世紀に同盟は支配を拡大して，デルポイそのものをも含むようになり，さらにデルポイの管轄責任を主張するいっそう広域なギリシアの隣保同盟，すなわちアムピクテュオニアに対し，デルポイを通して強く影響を及ぼすようになっていった．もし，いまやピリッポスV世がローマの干渉からかれらを守ってくれないのなら，そのときは自分たちで守らねばならない．そこでかれらはマケドニア人に対抗して，前211年にローマの同盟国に加入したのであった．しかし，かれらはローマ人が撤退した後で，ピリッポスと独自に講和せざるをえなかった．

それからピリッポスは東へ向かった．かれは，アレクサンドロス治下のバビュロンの太守であったセレウコスの玄孫にあたる，シリアのアンティオコス大王との同盟を取り決めた．アンティオコス大王治下のシリアは，おそらくギリシア世界では最強の王国であり，西方のローマ同様，東方で勢力があった．パルティアはその進貢国であったし，バクトリアの王はアンティオコスの承諾の下に君臨していた．

大国間の恐竜同士のような戦いはほぼとぎれずに続いたが，前203年のある戦いで，ピリッポスはアンティオコスと結んで，プトレマイオス王朝のエジプトを威嚇した．弱小勢力は本気で怯え，ロドスとそれよりは強力なペルガモンとが大急ぎでローマ側について，すぐにマケドニアのピリッポスと戦いを始めた．ローマ人の外交に関する理解力は決して完全なものではなく，かれらの疑念はそれに相応して大きいものだったので，ローマ人はピリッポスに敵対する行動に出た．興味深いことに，はじめはローマ市民が戦いを否決しているから，この戦争は市民の政策ではなくて，財政面で国際的関心をもっていた元老院の政策であったことがわかる．前3世紀には，デロス島は地中海における最大の商業中心地の一つとなっていて，すでにイタリア人がこの島に根をおろして豊かにくらしていた．ローマがピリッポスにつきつけた最後通牒は，保護的干渉という目下の政策にまさに一致していた．すなわちピリッポスはペルガモンとロドスに賠償金を払うべきであり，またいかなるギリシア国家に対しても再び軍事行動を企ててはならないという内容であった．

第2次マケドニア戦争

戦争は回避されずに前200年に始まった．ギリシア諸都市を解放してローマの保護領とし，アレクサンドロスの後継者たちに対する辺境勢力とすることがローマの計画であった．アイトリア同盟の諸都市は前198年にローマ人と結びつき，アテナイはペルガモンのアッタロスを迎え入れた．ただちにアカイア諸都市はかつての反マケドニア政策に戻った．この戦いは消耗戦であった．ピリッポスはロドスとペルガモンに対する戦いですでに海軍力の大半を失っていたし，前197年には2万6000人の兵しか召集できなかったのだが，それも少年兵や老兵を入れてのことだった．ローマの若い司令官フラミニヌスはアイトリアのギリシア人同盟者と一緒に，テッサリアのキュノスケパライでそのようなマケドニア軍を完全に

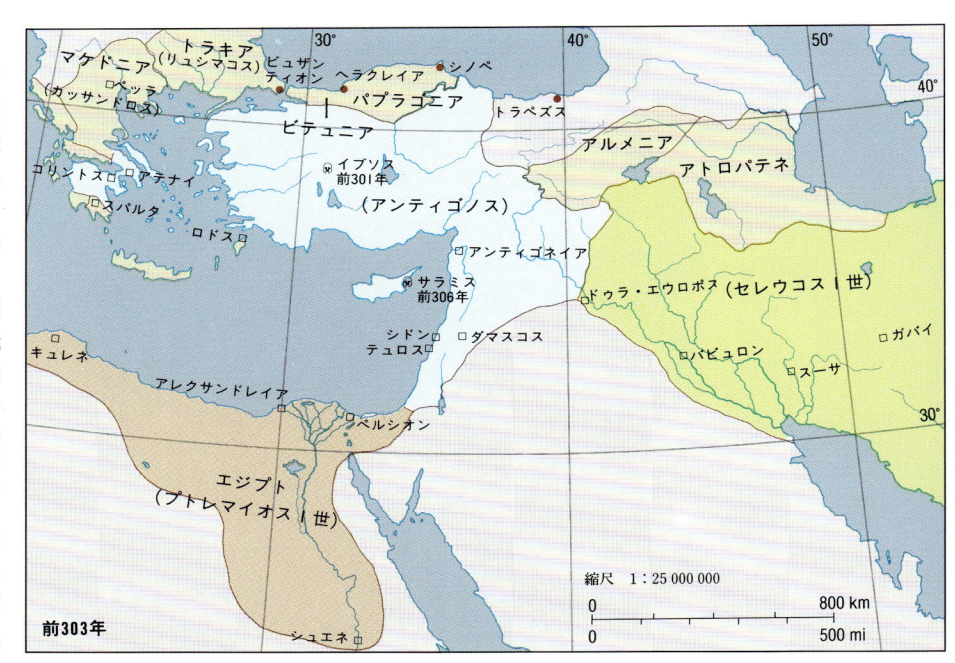

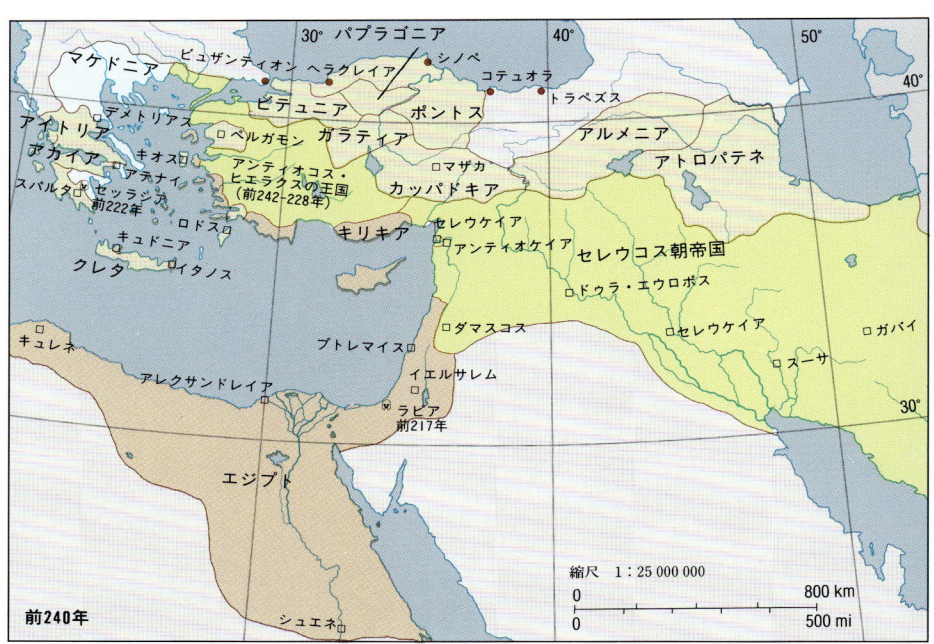

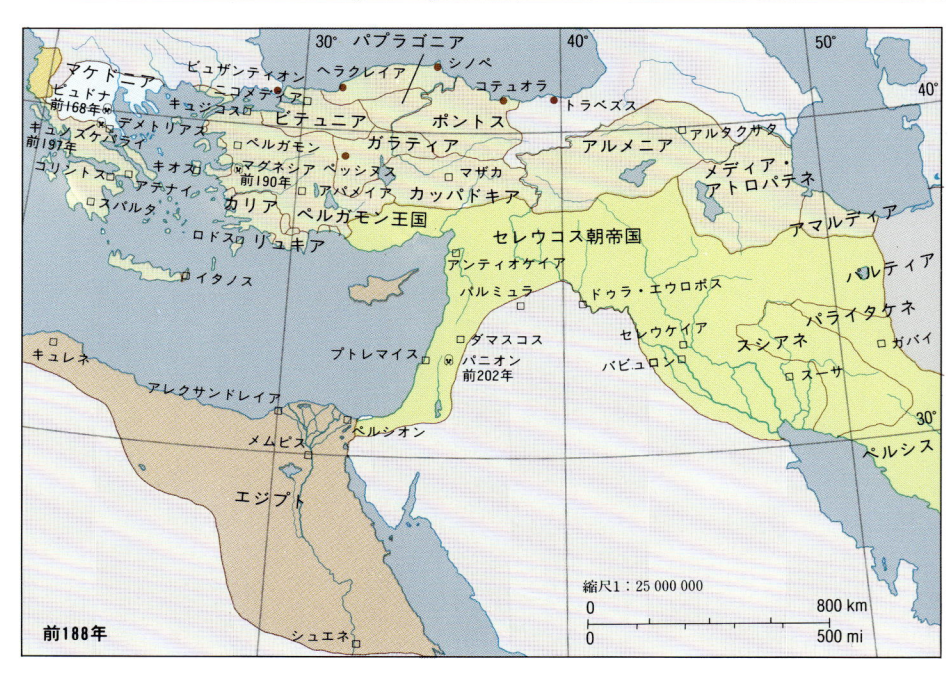

ローマの征服

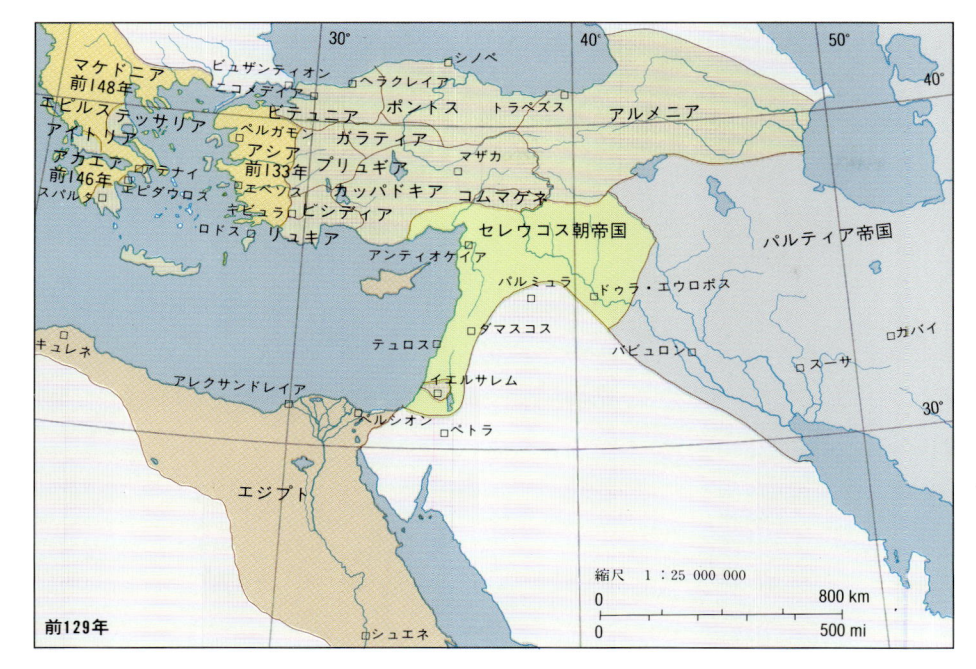

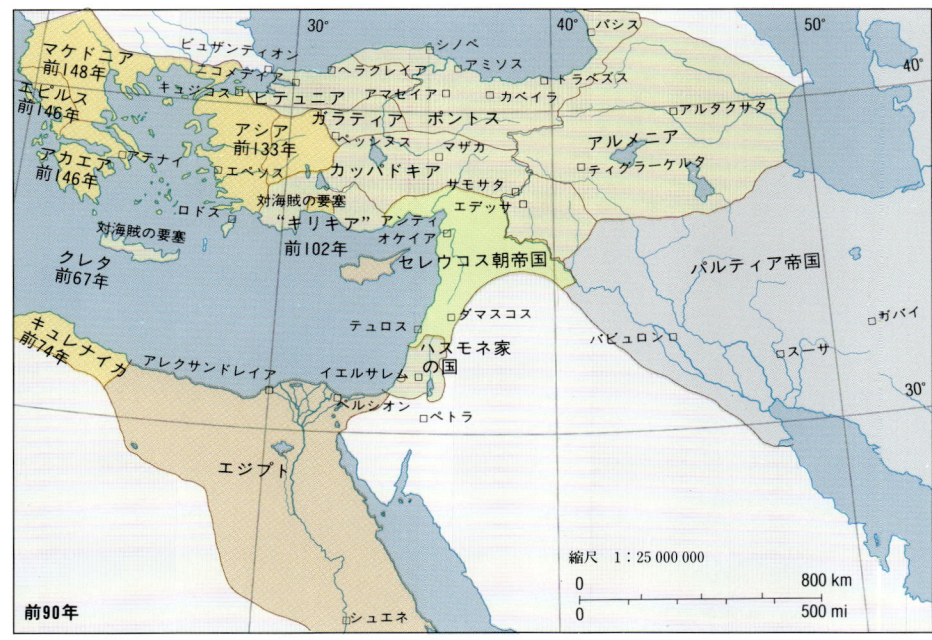

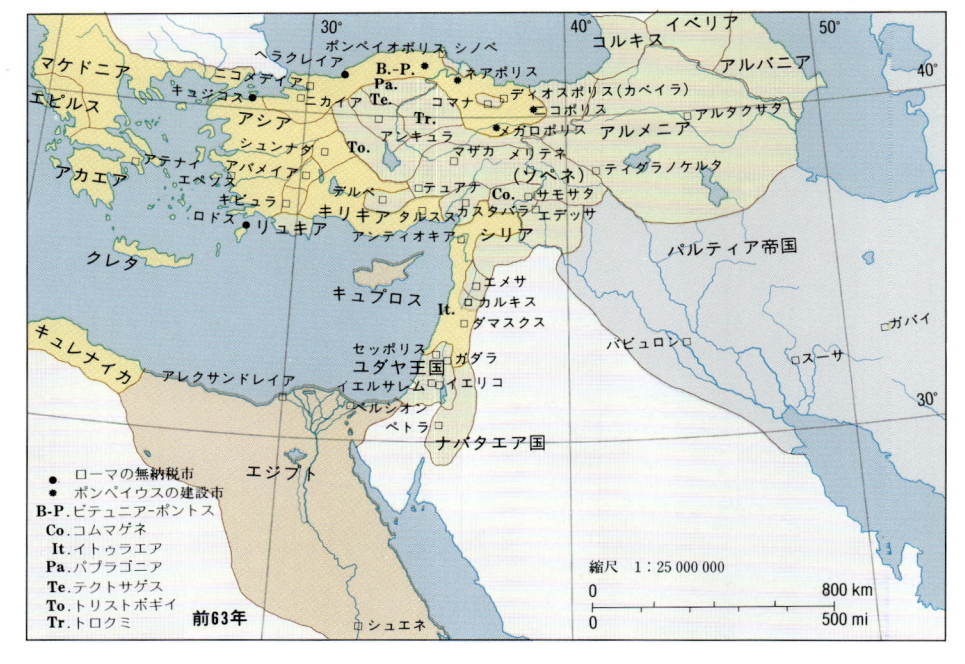

打ち破った．

　もちろん，こうなっても，事態はギリシア人に良いようには運ばなかった．ピリッポスは，かれの艦隊の残りと，アジアにあるかれの支配下にある全都市と，そしてギリシア内にある戦略的要塞都市をコリントスも含めていくつか引き渡さねばならなかった．かれは賠償金も払わねばならなかったが，条約の協定により，かれはローマの同盟者となった．アイトリア同盟が得たものはほとんど何もないのに等しかった．前196年のコリントス地峡での競技祭で，フラミニヌスはギリシアの名目上の自由を宣言した．そして，アカイア同盟の諸都市も含めてペロポンネソスの主要都市の多くが，ローマの同盟市となった．そのときの記念碑と献辞の一部がいまも残っている．こうしてオリュンピアに重い石が置かれたのを始まりとしてその後数百年の間，ギリシア人はローマ人に追い詰められていった．

　保護勢力としてのローマ人は，数百年間，特にここ百年間いだき続けてきたギリシア諸国に対する深く激しい憤りを，いまや鎮めようとしなければならなかった．マケドニア人は，ローマとの戦いの間に，外交手段としてアルゴスをスパルタに譲っていた．スパルタはアルゴスを維持し，そして首尾よくローマとの同盟を取り決めた．フラミニヌスはアルゴスをアカイア同盟に復帰させた．スパルタが1万5000人の兵で反乱をおこしたので，フラミニヌスは味方のギリシア人を全員召集して，ただちに5万人の兵で攻め入った．スパルタは併合はされなかったが，粉砕された．

ローマによるシリアのアンティオコスの打倒

　いまやローマ人は保護勢力としての別の役割を演じねばならなかった．かれらは新しい国境線を守る必要があった．アンティオコス大王は，前197年にペルガモン王国の一部も含めた小アジアの全海岸を獲得していた．かれはこのとき，トラキア海岸に沿って西方へ進むことを熱心に考えていた．しかし，ローマはアンティオコスと3年の間交渉を行い，前194年にローマ軍はギリシアを去った．

　前193年，アンティオコスは娘をエジプトのプトレマイオスV世と結婚させた．アジアのギリシア人の北方諸国はかれの同盟国であり，追放されたハンニバルはかれの宮廷に亡命していた．アンティオコスとローマの関係は悪かったが，戦争の状態ではなかった．この時点で，アイトリア人がピリッポスとの，またスパルタとの同盟を約束して，かれをギリシア本土に招いた．互いに約束を結ぶ雰囲気にありながら，直ちに紛争が生じ，つもる恨みが晴らされた．アイトリア人が出征し，アカイア人は同盟を拡大して，エリスとスパルタとメッセニアを包含した．アンティオコスは小人数の兵を率いてギリシア本土に入ったが，周囲には続いて兵をおこす将軍がいなかった．いまやローマ人は再びギリシアに干渉せざるを得なかった．前191年にローマ軍はテルモピュライでアンティオコスの軍を撃破した．アンティオコスはほとんど1人になって逃亡した．翌年，スキピオ兄弟のアフリカヌスとルキウスが率いるローマ軍がトラキアを回復し，はじめてアジ

後継者の諸国王

かりにアレクサンドロスが長生きして王朝を確立したならば，その帝国は数百年間一つにまとまっていただろうと思われる．マケドニアの将軍たちが帝国を我物にせんとして戦い，帝国を自分たちの間で相次いで分割していた間，土着民の反乱はほとんどおこらなかったのである．小アジアでは，ギリシアとオリエントの要素がさまざまな方法で融合した小王国群が出現していた．

パエストゥム

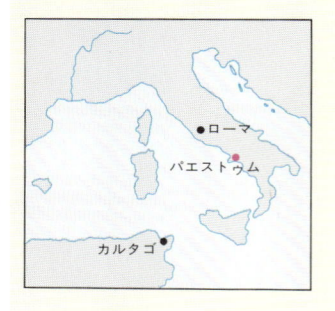

後にパエストゥムと呼ばれたポセイドニアは，前7世紀中ごろに，さらに南のシュバリスにいたギリシア人植民者たちにより建設された．それは，イタリアの海岸線でナポリの南に位置する．その防御壁は約5mの厚さがあり，長さは5000mに近かった．海進によりこの都市が破壊された後に海退があったので，この市には，アルカイック時代の神殿がギリシア世界の他のどこよりもよく保存された．前5世紀末にこの市はその地方のルカニア人に引き渡され，前3世紀にはローマのものとなった．ルカニア人時代のギリシア人は生活様式の凋落を嘆いたが，実はかれらがすばらしい絵画様式をつくり出していたことがわかっている．

神殿は，中世に膝までの深さの海水に浸されながら残った．2棟の大神殿は，おそらく両方とも豊饒の女神ヘラに捧げられたものであろう．

前5世紀中葉の「ネプトゥヌスの神殿」(右)と100年ほど古い「ヘラの神殿」の両方とも，ヘラの特別な神域にあった．献呈の小碑が発見されているが，そのどれもがほとんど同じである．

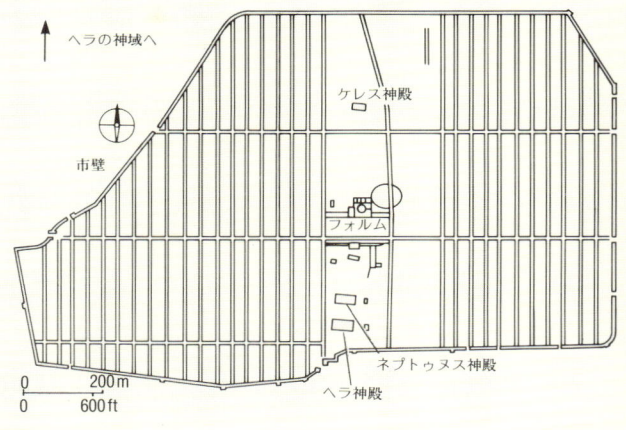

右　パエストゥムの墓壁画の狩の図の一部分．この墓は前4世紀後半のもので，パエストゥムがルカニア人に支配されていた時代のものである．

左　南から眺めたヘラの神域．2棟のギリシア式神殿のむこうに，中央「フォルム」(とアゴラ)地域とローマ時代の平和の神殿があり，そのむこうに第三のギリシア式神殿，いわゆるケレス神殿があるが，実際は前6世紀のアテナ神殿である．

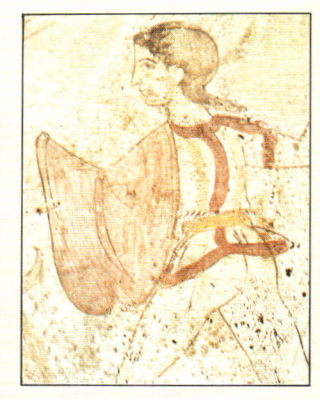

アへ進軍した．アイトリア人はローマとの休戦条約を確保した．

ローマとロドスとペルガモンの連合艦隊は，エーゲ海上で苦戦を続けた後に，結局，敵艦隊を撃破した．ローマの海軍は第1次カルタゴ戦争のときに設立されたものであった．アテナイ人から始まり，マケドニアの王たち，カルタゴ人，そしてローマ人が覇権を得ていく過程で，海軍力の果した役割は注目に値する．海軍力は世界征服の決め手とはならなかったかもしれないが，世界の大半を支配する決め手にはなった．

ひきつづき，西北アジアでのローマの陸上軍事行動が開始され，成功をみた．アイトリアは懲らしめられたが，潰されはしなかった．アンティオコスがリュディアのシピュルス山近くのマグネシアの陸上戦に敗れてから1年後，前188年のプリュギアのアパメイアでの条約により，かれは小アジア大半と艦隊とゾウと多額の金を失った．ハンニバルは奥地へ逃れた．ローマは，ギリシア保護の政策をこえて，実質的にギリシア本土を統治する勢力となっていた．地中海はローマの海になった．そして，小さな紛争については，ローマ人長官たちが次々と裁定していった．ペロポンネソスでは，スパルタとアカイア同盟の間の戦争が再燃し，結局前181年にローマ人がスパルタの領土と伝統的な制度を再建させた．再建されたものは古い時代の生活ではなく，時代に逆行する感じのする新しいスパルタであり，先祖返りとみられる誇張もなくはなかった．アルテミスの祭壇で少年を鞭打つ儀式はローマ人旅行者向けの見世物となった．

第3次マケドニア戦争

誰もがローマの統治を歓迎したわけではないし，誰もがそれに対してまったく無気力だったわけでもない．極度の疲労で眠りに落ちてしまう前に，ローマ人はさらに完全にギリシ

ハンニバル像の貨幣．前3世紀末，ハンニバルはゾウを率いて北からイタリアに侵入した．ギリシア人とカルタゴ人はシチリア島で激しく戦った．しかし前200年になると，カルタゴも東方のギリシア諸都市もアテナイもローマも，すべて一つの世界に属していた．

ローマの征服

アンティオコスⅢ世（前242－187年）の肖像．この自らの貨幣に鋳造させた本人の肖像から，高度な文明がうかがえる．かれは若くして東方で成功していたが，ローマ人に討たれた．かれが死んだとき，四方に張り出していた巨大な王国は海から切り離されてしまった．

アを降伏させようとしていた．ピリッポスⅤ世はローマに対する陰謀を企てながら死んだ(前179年)．かれの計画は，ドナウ川下流にいたケルト部族の同盟者がイタリアに侵入して征服するのを援け，その間にかれ自身がギリシアを征服するというものだった．かれの息子のペルセウスはロドス人と友好関係をもち，後継者である娘とアンティオコスとを結婚させ，アイトリアに同盟者を獲得した．あらゆるギリシア都市における貧しい人々，民主的で自由主義の党派は，そのころ他には適当な人物が見当らないので，ペルセウスに期待をかけた．ペルガモンの王エウメネスはペルセウスを討つようにローマに訴えたが，その帰国途中かれはすんでのことに暗殺されるところだった．それがペルセウスのせいにされ，ローマが行動に出た．ローマは前171年に宣戦布告し，3年の後に，ローマと同盟市の軍勢10万人がギリシアに入った．ペルセウスにはその半分以下の兵しかなかった．かれの同盟者はトラキア人とイッリュリア人とエペイロスの諸部族であった．かれは援軍に報酬を払う余裕がなかったので，ドナウ川下流地域からの援軍を得られなかった．前168年にピュドナでかれの軍勢は虐殺され，かれ自身はローマに囚われの身となって死んだ．もはやマケドニアには傑出した王はいなくなり，マケドニアは四つの共和国に分割された．

ピュドナの戦いの後，ロドス島は丸裸にされ，デロス島は自由港としてアテナイに渡され，植民し直された．アイトリア同盟は解散させられ，ペルガモンそのものは慎重に力を弱められ，侮辱を加えられた．そしてエペイロスでは非常に多くの人々が奴隷に売られたため，奴隷の値段は最低になり，田園部の人口が減少した．シリアの新しいアンティオコス(Ⅴ世)が前169－168年に首尾よくエジプトに侵入したが，ローマ人はすでに非常に強力になっていたので，ローマ人がかれに立ち去るように告げただけで，かれは立ち去ってしまった．

ローマの征服

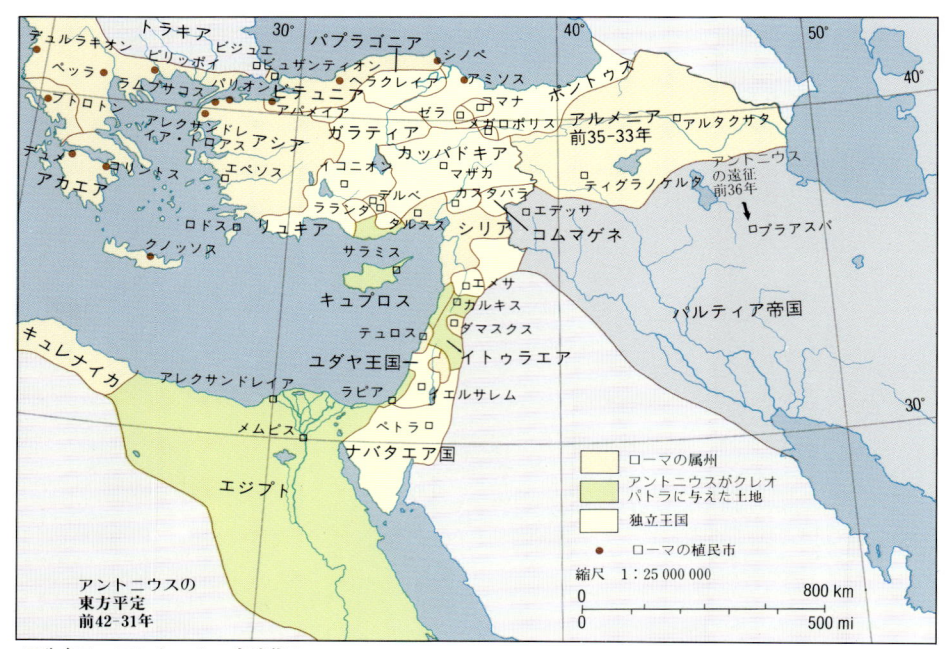

マルクス・アントニウス帝時代の勢力範囲、および（下）ローマによる最終的併合

コリントスの滅亡

ギリシア人にとっての最終的な破局は前2世紀の40年代におこった．ギリシア史よりもローマ史からみた方がわかりやすい．ローマの統治は高圧的になり，それが無情にも成功した．スペインでの最終的で圧倒的な勝利は前133年まで延期された．アフリカでは，カルタゴ市が前150年に局地戦を余儀なくされ，結局前146年にローマ人により完全に破壊された．そして，ギリシアでは，ローマの人質になっていたアカイア人1000人のうちの生存者が，前150年に故国に返された．スパルタ人がアカイア同盟から離れることを選んだために新しいもめ事が生じたが，ローマがスパルタに有利なように解決した．その結果としての激しい憤りが渦巻く中で，いまやアカイア同盟の領袖となっていたコリントスにおいてローマの使節団が攻撃されるという事件がおきた．マケドニアで王位請求者に対する短期の軍事行動をしたばかりのローマ軍は，そこから直ちに進軍した．哀れな反抗の試みはあっけなく一掃された．コンスルのムンミウスが指揮権を引き継ぎ，前146年に自分の軍勢をコリントスに集合させた．軽卒と優柔不断とを合わせもつギリシア人は完全に敗北した．強大な要塞がありながらほとんど防衛されなかった．

ローマ軍は抵抗するあらゆる都市を破壊した．コリントス人の大半は虐殺され，生き残った人々は女子供も含めて奴隷として売られた．そして，戦争に加わることで解放されていた元奴隷も再び奴隷として売られた．コリントス市は完全に壊滅した．財産資格の選挙権による地方政体がギリシア全土に設立され，地方の民主政は廃止された．ギリシア人に税が課せられ，金持ちがギリシアの外で財産を得ることが禁止され，結局すべての都市同盟が解散させられた．罰金と賠償金が課された．マケドニアはローマの一属州とされ，アカイアはそれに付属させられた．ギリシアの歴史はローマ帝国の一属州の歴史となり，次にはビザンティン帝国の，その次にはトルコ帝国の歴史となった．その後ギリシアが政治的に独立するためには，ほぼ2000年の歳月を要したのである．しかし，その長きにわたって，えいえいとして民族意識を守り続けてきたことには驚ろかざるをえない．ましてギリシア人が人類の歴史にとっていかに多大な貢献をしたかを考えるとき，思わずわれわれはその偉大さに目をみはるのである．

第6部　ヘレニズムの運命

THE FATE OF HELLENISM

古典ギリシアの影響

マケドニアがローマの属州となり，アカイアが分割され，後に属州となった時代にも，ギリシア人の影響は決して絶えることがなかった．その影響は芸術全般から科学，経験的知識，言語，礼儀作法，宗教に至るまでの領域にわたって，徐々に世界に浸透していった．ほとんど信じがたいことではあるが，ギリシア的諸形態の名残は，最も離れた東方にまで見出される．たとえば，パキスタン西北部辺境地方で最近までつくられていた壺の形であるとか，アフガニスタンにいまなお立っている木造建築の角柱であるとか，仏教美術のいくつかの要素，さらには中国のような遠隔の地域でつくられたある種の小像のもつ新しいリアリズムにまで，ギリシアの影響は確実に存在している．アッティカ悲劇やホメロスの叙事詩はインドに知られていたし，エジプトでは後5世紀になってもアリストパネスが上演されていた．こうした例はギリシア文化の広汎な普及を示すものではあるが，その浸透の深さをみるためには，アテナイにもっと近接し，史料に恵まれた場所，特にローマを例にとる必要がある．エトルリアの都市ウェイイは前396年に滅びるまで，ローマよりはるかにギリシア化されていた．ウェイイに限らず，エトルリアの全都市，また南イタリアの都市の大半も同様であった．ローマ人が歴史の舞台に登場するのは，まず戦闘を通してであり，かれらに文明がもたらされたのは後のことであった．

初期のラテン作家たち

前240年，第1次ポエニ戦争の勝利の後，前5世紀のアッティカ悲劇がローマではじめてラテン語で上演された．作者はタレントゥムから戦争捕虜として連れてこられたギリシア人のリウィウス・アンドロニクスで，かれはまた幾分ぎこちなさの残るものではあったが，ホメロスの詩をラテン語に翻訳もした．すでに前2世紀にはギリシア詩の韻律に秀でたローマ人の詩人が輩出してはいたが，前3世紀のギリシア詩の傑作に劣らぬほど優雅で柔軟な，しかも力強く，韻律的にも完璧なラテン詩が最初に書かれたのは，ようやくローマ共和政の末になってからであった．一方，散文もまた，ギリシアの散文を手本としながら，詩と同じように発達をとげ，ついにはキケロの豊潤な散文に達した．それは，ローマ人にとって言論の自由が失われ，マンネリズムが始まろうとする直前であった．

カプア出身のナエウィウスは，最も偉大なローマ詩人の1人に数えられるが，残念ながら現存作品はきわめて少ない．かれはギリシアの古典に通じ，悲劇や喜劇，またいくつかの感動的な悲歌を書いた．自らも従軍したポエニ戦争についてのかれの叙事詩は，ギリシア語の六脚韻ではなく，古いラテン語の韻律で書かれてはいるが，ホメロスの影響がいたるところに見出される．ナエウィウスの歿年（前201年）から32年後に死亡するエンニウスは，ギリシア語の六脚韻をラテン語の韻律に置き換えて，多くの点でナエウィウス以上にギリシアの先人たち——偉大な古典詩人たちだけでなく，アレクサンドレイアの詩人たちも——を模倣した．かれの作品も断篇しか残っていないが，現代でも読み応えのあるものである．ただし，ナエウィウスと比較した場合，力強さの点では劣るように思われる．ローマ最初の大諷刺作家であるルキリウスは，ギリシア的要素が当然入ってきていた前2世紀末の教養ある貴族であった．かれが自分の属する社会や言語との接触

上 ローマ世界で良いもの，深みのあるものにはすべて，ギリシアの強い影響が入っていた．このアポロン像（前500年ごろ製作）は，前5世紀アッティカのとある聖域を飾っていたものだと信じてもおかしくないほど立派なものであるが，実際は中部イタリアのエトルリアの都市ウェイイから出た．この都市はのちにローマによって破壊されることになる．

左 2人の剣闘士を表現したテラコッタ小像．当時の剣闘士は，ローマの民衆の娯楽のために，殺すか殺されるかという生命を賭けたスポーツを職業としていた．ローマ人のこのような低劣な趣味は，日常生活の領域から芸術の領域にまで及んでいた．

を失うことがなかったのは当然としても，かれの中にはギリシア的感性がきわめて深く浸透していた．ギリシアの韻律を用いるかと思えば，ラテンの韻律で書いてみたり，ラテン文の中にギリシア語の単語を挿入してみたり，またかれの哲学もまったくギリシア的であった．

プラウトゥスはウンブリアの出身で，前184年ごろ歿した．精緻で精彩に富むラテン語で書かれたかれの喜劇は，前4世紀のギリシア喜劇の巧みな翻案といえようが，いたるところにかれ自身の所属する社会や自己の経験の反映と思われるもの，そしてまさしくローマ的と呼ぶにふさわしいジョークがちりばめられている．ある劇のプロローグにかれは，「私はこの劇を野蛮な言語に翻訳してみた」と述べ，さらに皮肉なユーモアを交えつつ，ギリシア劇からの翻案についての問題点をいくつか論じている．ギリシア語の原作に対するプラウトゥスの態度には，真面目とも皮肉ともとれる面がある．かれの中では，ギリシア的なものとローマ的なものが相互に浸透し合いながら，いまだかつて世界が経験したことのないような，新しいものが創造されている．

共和政時代の喜劇詩人テレンティウスによる同じギリシア語原作からの翻案では，ギリシア的雅趣の再現が重視されている．後代の道化芝居作家であるラベリウスの断篇からは，ローマ演劇が駆使した言葉の流暢さと正確さを窺い知ることができるが，テレンティウスの場合には，自由に動き回るバレリーナや書家のごとく優美に詩文を操っているだけでなく，原作のギリシア的風趣にもきわめて忠実であった．かれは前190年ごろに生れた北アフリカ出身の奴隷で，のちに解放されたが，30歳のときに早くも世捨人となった．歿年は不明ながら，コリントスから内陸に入った山地にあるステュムパロス湖の近くで，貧困の中に死んだと伝えられている．ギリシア古典をラテン語に翻案した人々の中で最高の人であったテレンティウスは，かれにとって大切な言語と土地であるギリシアに回帰したのだと考えることもできよう．

2世紀になると，あるローマ詩人が「ロムルスの野蛮な一族の許へのムーサたちのいと速やかなる降臨」とよぶものが到来した．文学には哲学とか伝統や社会に関する種々の要素とが含まれているから，文学とは便利な索引のごときものにたとえられる．つまり，文学にはローマ人がフマニタス（humanitas）と呼ぶものが含まれている．ギリシア人の重要さは，このフマニタスという概念がギリシア起源であるという事実に由来する．これはギリシア人の苦渋にみちた，独特の歴史の流れの中で，徐々に思想として現れた概念である．共和政後期およびアウグストゥス時代のローマの作家たちは，まさにこの歴史の継承者であり，かつまた，このことを自認していた最初の人々であったといえよう．

彫 刻

ギリシア史の末期に達成された業績の中で最も驚異的なものの一つが，肖像彫刻の完成である．これがギリシア起源であることは疑いない．たとえば，ギリシア人の支配したバクトリアで鋳造された立派な銀の貨幣をみるだけで十分である．ローマのヴィラ・アルバーニにある大理石の肖像頭部は，前3世紀の原作に基づく後代の模刻であるが，その顔は帽子の型に至るまで前述のバクトリア貨幣の一つに刻まれたものを彷彿とさせる（大理石頭部の帽子は，もともとは破損していたのを後に半分修復したものである）．他にも同時代のギリシアの遺品はあるが，その特質は共和政後期のローマ人の肖像頭部に見出されるものとまさしく同一である．これらの肖像はたとえほくろやいぼがあっても，そうした短所を恥じない，超然とした素晴らしい顔をしている．一体どのようにし

プリエネ

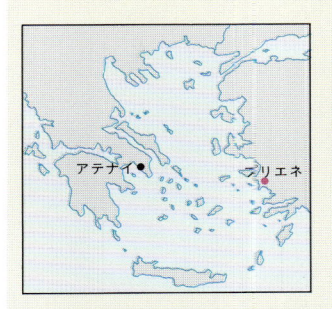

プリエネは小アジア沿岸の早くから開けたイオニア都市であるが，大きさの点でも繁栄の点でも，隣市のミレトスには及ばなかった．現在のプリエネ市は，前4世紀に外港として使用していた場所に町ぐるみ移転してでき上った都市が基礎となっている．アレクサンドロス大王はここにアテナ神殿を建てた．当時流れていた川は泥で埋まり，海も埋め立てられて，いまではプリエネは海から12－13kmの内陸に位置している．断崖の頂とふもとにある遺跡には，個人の邸宅や立派な公共建築が残っていて，なかなかの壮観である．

上　この建物はヘレニズム期に属す．前2世紀のギリシアは，中央で衰弱し，辺境で栄えていた．アゴラ近くには，前130年ごろ建立の長さ116mの柱廊が立っていた．外周の円柱はドリス式，内部にはイオニア式の円柱が用いられているが，この混合様式は，前5世紀のアテナイで流行していたものであ

古典ギリシアの影響

て，このような肖像はつくられたのだろうか．ローマ貴族の先祖の顔を蠟で型取ったりしたのでもあろうか．この疑問は，アリストパネスの青年時代にアッティカ喜劇がどのようにして生れたのか，という疑問と同様に容易には解きがたい．答は決して単純なものではないだろう．これらの顔の表情には，自己優越感よりもっと深いもの，何度も生命の危機を通過してきたことを物語る肉体の強靱さ・攻撃性といったものが漂っている．換言するなら，弱肉強食の原理に耐えた者のみがもっているような顔，この人ならバクトリアもしくはローマを支配できるだろうと納得させられるような顔である．哲学者たちの顔には苦悶，市会議員たちの顔には自己満足，子供たちの顔には無邪気さの表情がみられる．

　ローマ人はギリシア人から最も強く影響をうけた分野で，かえって最も自由に，最もローマ的に活動した．前9年にアウグストゥス帝がローマのマルスの野（カンプス・マルティウス）に建立した「アラ・パキス」（平和神の祭壇）は，アテナイ市中枢部にあって，後に「慈悲の祭壇」とよばれたオリュンポス12神の祭壇の形式に従ったものであり，ギリシアのものが下地となっている．地母神はイタリアを表す擬人像に変身させられ，アイネイアスの表現は，パルテノン・フリーズの中のアテナイ市民の1人から借りてきたものである（『イリアス』の中ではトロイア側の英雄の1人に過ぎなかったアイネイアスは，平和神の祭壇ではローマの祖先兼建国者とみなされている）．ローマの式典の様子を表した大理石浮彫は，アテナイの式典を表現したギリシアの大理石彫刻の模倣である．この平和神の祭壇の外周の一面には，ローマの一族の行列の模様が表されている．そこでは子供たちや行政官，元老院議員，祭司なども加わって，賑やかに重々しく行列の歩を進めている．反対側の一面には皇族の行列が示されており，アウグストゥス自身も当時の執政官たちの姿も見出される．この行列の背後に当る東面はローマとイタリアを具現する両女神によって占められ，行列の先頭に当る西面にはアイネイアスと軍神マルス（ローマ人がギリシアの軍神アレスと同一視した神）が表されている．この祭壇の作者が行列というモチーフによって表現しようとしたのは，前13年に挙行された式典のクライマックスではなく，まさにそこへ至る寸前の静けさのみなぎった瞬間である．ここには，パルテノン・フリーズの東端に刻まれた，行列の先頭集団の静けさに包まれた人物群を想起させる雰囲気がある．晴朗で敬虔な雰囲気の中にそこかしこに感じとられる人間的な感触を通して，パルテノン・フリーズのあの類まれな，自然のあるがままのような潑剌とした魅力に迫るものがある．たとえば，ある者は「静粛に！」と注意されていたり，1人の子供は自分を抱き上げてくれといわんばかりである．細部の多くには後期ギリシア美術の特色が認められるが，全体にみなぎる荘重感は，この時代のローマ的特色というほかはない．それでもやはり，この作品はギリシア美術，それもおそらくアジア系ギリシア美術の範疇に入れられるべきものであろう．前5世紀後半に製作されたアテナイの「慈悲の祭壇」浮彫は，前2世紀から前1世紀にかけて一再ならず模倣された．だが，「平和神の祭壇」は単なる模刻ではない．ギリシアの作品が下地になっているとはいえ，独創的な新しい創造物である．

アウグストゥス時代の詩人たち

　アウグストゥス時代の文学には，時にはギリシア人が故意にラテン語を用いて創作したのではないかと思われるような作品がある．ウェルギリウスの『小詩集』（すなわち『田園詩』）には，後期のギリシア詩の影響がいたるところに浸透している．そこでは羊飼いたちが競い合って，種々のギリシアのエピグラムを完全なラテン語に直して歌っている場面があるが，それらのエピグラムは，10世紀に集成された『ギリシア詞華集』を通してわれわれにはなじみの深いものである．ウェルギリウスは『アエネイス』でホメロスのみならず，アレクサンドレイアの学者たちのホメロス研究をも意識している．そうした研究を受け入れて自分の詩を変えていることもあれば，自説を押し通していることもある．かれが誤謬を犯している場合ですら，徹頭徹尾ギリシアかぶれした結果である．かれは前19年にギリシア旅行の帰途，アッピア街道の南の果てのブルンディシウム港で歿した．ウェルギリウスに比せられるほどギリシア文学に通暁した者が，再びこのブルンディシウムを通過することはないだろう．

　ローマの詩人の中で人間的に最も深く，最も偉大な者は，おそらくホラティウスであろう．かれはまた，アウグストゥス時代のローマの著述家の中で最も頑固なイタリア主義者でもあった．おそらくそのために，誰にもまして大胆にギリシアの手本を扱うことができたのであろう．モラリストとしての後継者はいても，この大胆さの後継者はその後数百年を経ても現れなかった．かれの作品にはギリシア抒情詩の真髄が復活していた（ギリシア抒情詩をヨーロッパに伝達した功績は，ホラティウスに帰せられる）．教訓詩や諷刺詩においてさえも，ホラティウス自ら，ギリシアの先例を模倣したことを告白している．かれが他の同時代の詩人たちと異なる点は，アルキロコス，アルカイオス，サッポーといった初期のギリシア詩人たちを好み，理解を示していたところにある．たしかにかれの詩の中には後期ギリシア詩の要素も見出されるが，それはローマの著作家たちの当時の一般的風潮であったから，かれにもそれが自然と身についていたのである．自由な発想，力強い表現力，変化に富む語調，モラリスト詩人としての個性等々，ホラティウスがギリシアに負うところはまことに多大である．かれはアテナイで教育の仕上げをしたが，若い著作家たちに与えたかれの助言は「夜も昼もギリシア古典を読め」だった．ギリシアかぶれの詩人や学者はほかにも何人もいるが，ホラティウスの面目躍如とするところは，徹底した自由の感覚であり，これなくしてはあの沢山の抒情詩を含んだ道徳詩が完成されることはなかっただろう．かれはこの感覚を高く評価し，そのためにはかれの保護者であるマエケナスや皇帝アウグストゥスにさえ逆らうことを辞さなかった．かれは南イタリアの一地方の競売人（前身は解放奴隷）

「アラ・パキス」（平和神の祭壇）は，アウグストゥスが自ら確立した帝国の平和を記念するために，ローマ市に建立した記念碑である．この浮彫にはホラティウスやウェルギリウスの詩と同様，ギリシアとローマの要素が精妙にしかも輝かしく結合しているのが確認される．保存状態もきわめてよい．

この力強くて経験豊かな顔つきをした肖像は，バクトリア王国を統治していたギリシア人の血をひく王のものである．バクトリアは中央アジアの遊牧民たちを抑えて，中国への商業路を独占していた．

ギリシア系バクトリア王国で鋳造されていた銀の貨幣の一例．当時のバクトリアの領土は，現在のアフガニスタンとソビエト連邦南部の一部をつなぐ一帯を占めていた．

の息子として生れ，内乱時代にはブルトゥスの下で，つまり敗北する自由擁護者の側で戦った．その後，文学的業績をあげるとともに，ウェルギリウスの紹介でマエケナスの保護を得，マエケナスの死後はアウグストゥスの庇護下で偉大な詩を書き続けた．

ホラティウスの詩の中で最もギリシア的な要素は，哲学という力強い成分である．哲学といっても，それは形而上学でもドグマの体系をもったものでもなく，何世代にもわたって論議され続けてきた合理的・人間的叡智の学としての哲学である．ホラティウスが旅仕度にプラトンの本を加えるとしたら，それは哲学者のプラトンの本ではなく，同名の喜劇詩人の作品である．だが，かれと同世代の者たちにとっては，哲学とはプラトンの厳粛さやアリストテレスの人間の行動に関する批判的記述などを意味していた．ホラティウスにはまた，もっと時代の下る群小哲学者たちのいわゆる辻説法哲学の伝統も影を落していた．かれらの辛らつな常識にみちた辻説法の大部分は散佚してしまったが，今日残っているものを読んでみると，驚くほどホラティウスの対話詩に近いことがわかる．ホラティウス自身は，かれの精神的祖先としてオルビアのビオンをあげている．ビオンの生きた時代（前325ごろ－255年）は，アレクサンドロスの死に続く動乱の最悪の時代であった．父は解放奴隷，母は売春婦，息子のかれも奴隷として売られ，後年自由の身となった．かれの哲学の修業は，広くアリストテレスやプラトンの弟子たちの一派から快楽派や犬儒派にまで及んでいる．犬儒派の既成社会に対する毒舌は，ビオンの世代ばかりでなく，ホラティウスの世代にも強い影響を与えた．またさらに，ユダヤ教徒や初期キリスト教徒の異教の神々に対する毒舌の中にさえ，犬儒派の反響を聞きとることができる．ホラティウスの諷刺詩にみられる毒舌はそれほど激烈ではないが，いまなお強い説得力をもっている．

この時代の哲学的観点を述べた著作のうち，現存する最も完全な作品はラテン語で書かれている．キケロの哲学的著作のあるものは，哲学的というにはふさわしくない．たとえば，義務に関するかれの省察は，ほとんどすべて礼儀作法に関係したものである．かれは教養の持ち主であることをあまりにも自覚しすぎてはいるが，頭脳は鋭く，少なくともかれの信念には説得力がないわけではない．われわれはかれが何を信じ，何故そう信じるのかを理解することができる．キケロの活躍した前1世紀は，共和政によって培われた礼儀作法や公的な生活様式がローマですらも廃れてゆきつつある時代であった．このことを想起するなら，キケロのいわんとしたことはしばしば感動的でもある．だが，哲学の最も驚くべき完璧な例は，前55年ごろ歿したルクレティウスの作品である．長大なラテン詩『事物の本性について』によって，ローマの韻文はまさしく開花している．かれの哲学は，オルビアのビオンと同時代に生きた，アテナイの教師の息子エピクロスの学説に由来している．

自由学芸の理論も，また自由学芸の一つで，生の最高位に位置する哲学の理論も，砂上の楼閣のようなものである．"自由"という語は，ローマ的意味では，奴隷でも商人でもない者，それゆえ実際には（理論上でないとすれば）奴隷所有者の仕事としてふさわしいことを意味した．この特権階級の非営利的な自由に関して具体的事例を挙げるとするなら，キケロの友人でギリシアのエピルス地方の牧草地の大半を所有していたアッティコスがいる．また，ホラティウスの友人のブルトゥスは，キュプロスで貸金の48％の利子を強引に得ていた．ローマ哲学の本質に関していえば，霊魂の本質と不死性についての考察や絶対者の存在の探求，事細かな礼儀作法の心得（公衆の前でのダンスは礼儀にかなっているのかというようなこと）などが奴隷所有者階級にのみ適した仕事であると提案することは，この階級にとって逆に裏目となるかもしれない論法である．ところで，現代的な定義を用いれば，ルクレティウスは哲学者，ホラティウスは宗教詩人ということになるかもしれない．ホラティウスはルクレティウスよりはるかにローマ的であり，ギリシア的でもあった．エピクロスのごとく，かれも庭園を耕した．かれの中にはまた，禁欲主義の血も流れていた．かれは自分の小作人たちと一緒に畑で働いた．

前1世紀後半の世界は，いまだいろいろな意味でアレクサンドレイア的世界であった．地中海地域はいうまでもないが，中国に至る絹の道（シルク・ロード）周辺の遠隔地域でも，ギリシア的風習・建築・言語が通用していた．イタリアの大理石採石場を開発した最初のローマ人はアウグストゥスである．帝政期のローマ人は，世界のいたるところから集めてきた美しい色をした石を建築装飾として用いた．しかし，アテナイの大理石とその工房はもはや独占権を手離したとはいえ，その名声のすべてを失ったというわけではなかった．「平和神の祭壇」が建立された当時，アテナイの威光は往時の輝きをほとんど失ってはいなかった．ずっと後の，ユニウス・バッススが執政官であった後331年にも，ヒュラスとニンフたちの描かれた前4世紀のギリシア絵画が色大理石の象嵌細工のモチーフとして用いられていた．

ユダヤ文学

ユダヤ人の世界もまたギリシアの影響について何事かを語ってくれる．ヘブライ語ばかりでなく，ギリシア語で書かれたユダヤ人の著作も，比較的保存のよい状態で現存している．キリスト生誕前の数世紀間，ユダヤ世界に対するギリシアの実質的影響は絶大であった．前63年以降ローマがユダヤ世界の支配者となるが，ローマはそれほど深い影響をこの世界に与えることはなかった．ユダヤはいわば東方ギリシアの一部だった．旧約聖書の最後の方の歴史的部分はギリシア語で書かれていたし，ピロン（前30ごろ－後45ごろ）の宗教哲学に関する著作も同様であった．ネロ帝治下のユダヤ人反乱の際の指導者の1人であったヨセフスは，その歴史的著作の多くをアラム語でなく，ギリシア語で書いた．ギリシア的ユダヤ文学の中心地であり，70人訳聖書（セプトゥアギンタ）が作成されたアレクサンドレイアはいうまでもなく，アジアにもギリシアにもユダヤ人は定住していた．諸外国に分散しても，かれらは同族意識と固有の宗教を決して失うことはなかったが，政治的な力をもっていなかったので，ギリシア語を用いるようになった．その後，1世紀にイエルサレムがローマに破壊されると，ユダヤ人は自分たちの伝統に閉じ込もり，外来の影響を拒否するようになるが，キリスト生誕以前にかれらがギリシア人からうけていた影響は，ギリシア人がユダヤ人からうけたものとは比較にならぬほど大きかったことは，種々の証拠から明らかである．アレクサンドレイアで上演されたユダヤ人殉教劇でさえ，エウリピデスを連想させる．キリストの時代におけるパレスティナのユダヤ芸術には，キリスト教の象徴主義も含まれているにせよ，その起源も形式もギリシアに負っている．ヨハネ黙示録ですら，その根底にはギリシア化されたアジアで作成された一群の神秘的文書が肥料のような役割を果していた．少なくとも，天国という観念はギリシア的ではないが，ヨハネによると，天国にはギリシア的建築も存在していたことになる．初期キリスト教絵画からは，前3世紀にコス島とアレクサンドレイアで活躍したギリシア系シチリア人の詩人テオクリトスの歌う理想的・牧歌的情景と共通する何かが感じられる．

古典ギリシアの復興

約2000年の間ギリシアは政治的独立を失ったままであったが，ギリシア人は滅亡したわけではなかった．ギリシアは依然として，情緒・文化の面で巡礼者の絶えることのない聖地であった．ここを安住の地とする者も多く，学者や哲学者は繁々と訪れ，ローマ皇帝たちはこの地の文化遺産を略奪した．アテナイは一種の大学都市になった．アウグストゥスとアテナイ人たちとの間にもめ事が生じたが，すぐにおさまった．アクティウムの戦い（前31年）は，東方ギリシアの再興が賭けられた最後の戦闘というべきものであるが，このときアントニウスとクレオパトラは，オクタウィアヌス（アウグストゥス）の艦隊に敗れた．アクティオンは西北ギリシアのアムブラキア湾の入口を守る岬であるが，ラテン語のアクティウムの方がわれわれにはなじみ深い．

ギリシアにおけるローマ人

アクティウムの戦い前夜におこった凶兆の一つが記録に残っている．アテナイのアクロポリスの入口に置かれていたアントニウスとクレオパトラの影像が台座から崩れ落ちたというのである．一体誰が彫像をそこに置き，どうして落ちてしまったのかと不審に思う人もいるだろう．その台座の役割を果した円柱はいまも立っている．元来はヘレニズムの王侯のために建立されたものであったが，アクティウムの戦いの後，別のローマ人のために再使用された．最悪の例としては，ギリシアからの略奪品はローマ市の中心部の広場と柱廊に惜しみなく用いられた．略奪品の中にはさほど価値のないものもあった．たとえば，ユリウス・カエサルがローマの民衆のために遺した庭園内の小神殿には，神話で名高い（メレアグロスやテセウスなどが狩で捕えたという）カリュドンの猪の牙と称するものが保存されていた．それはアルカディアからもたらされたもので，実際は巨大な猪の牙などではなく，マンモスの牙だったのであろうが，アルカディアではそのような伝説がいい伝えられていた．ローマ人は自分たちの祖先がアルカディア人だと信じていたので，アルカディアのパランティオンの人々は特に優遇された．ローマのパラティヌスの丘はかれらの名に由来している．略奪品の中にはもっと重大なものもあった．ヴェネツィアのサン・マルコ大聖堂の4頭の馬は，1204年の十字軍によるコンスタンティノポリス占領の際に運ばれてきたものであるが，実際はこれらの馬の来歴はもっと古く，おそらくネロがギリシアの神域から分捕ってきた莫大な美術品の宝の山の中にあったものと考えられる．

ローマ人は，アテナイでも他の土地と同様，新しい造営事業を行い，アテナイ市民のために水道橋を建設した．ローマの建設事業が最高潮に達したのは，後2世紀のハドリアヌス帝の時代である．この時期，ローマ化されたギリシア人とギリシア化されたローマ人との間に相異を見出すことは困難だったにちがいない．ローマ人はクレタ島やペロポンネソスの肥沃な農業地帯，ギリシア北部，アテナイなどに住み，クレタ島からは兵士を募っていた．こうしたローマ人の定住跡はほとんど発掘されていない．ヘロデス・アッティコスやスパルタの緑色大理石の採掘業者アウルス・ゲッリウスのようなローマの作家たちの生涯からわかることは，公的世界と文学の世界が重なりあっていたことである．ラテンの文芸批評家とギリシア生えぬきの批評家との間には，面白いほど趣味の一致がみられる．ローマ人はギリシアの短詩の蒐集にも努め，後代（ビザンティン時代）の『ギリシア詞華集』の基礎を築いた．ハドリアヌス帝は，ローマ帝国領土内に認められる芸術全般に対して，幅広い，しかも尚古的な趣味をもっていた．ローマ近郊のティボリにあるかれの庭園は，帝国全域から蒐集された彫像で溢れ，一種の博物館の趣があった．

しかし，ハドリアヌスの情熱の多くはギリシアに向けられていた．かれはアンティノオスと呼ばれる小アジア出身のギリシア人の青年を寵愛したが，この青年は130年にナイル河で不測の事故のため溺死した．皇帝は種々のポーズをとったアンティノオスの大理石像を数多くつくらせた．現存しているものだけでも大変な数になるから，当時はそれこそ信じられぬほどの数の彫像がつくられたことだろう．オスティアに

ヴェネツィアのサン・マルコ大聖堂の4頭の馬．若干の技法上の理由から，ローマ時代のギリシアの原作からの模作だとする説もあるが，これらの馬の見事な出来ばえは，むしろ前4世紀のギリシアの原作だろうという仮説へ誘う．

古典ギリシアの復興

左　ローマ皇帝ハドリアヌスの肖像．ギリシアでは"オリュンピオス"の称号を採用するほどの親ギリシア派であった．

右　ハドリアヌス帝が完成させたアテナイのオリュンポスのゼウス神殿遺跡．スケールの大きさに誰しも目をみはるが，ただ大きいだけではなく，ある種の優美さをも備えている．

下　ハドリアヌス帝の寵童であったアジア系ギリシア人のアンティノオスの白大理石立像．

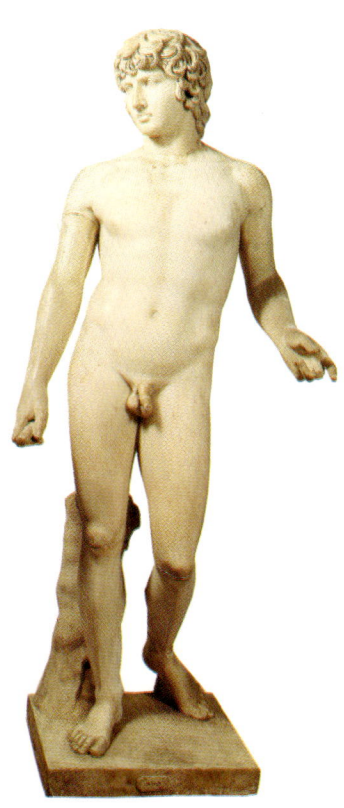

は17体ものアンティノオス像が残っている．その姿は少年運動家のポーズをとっていたり，少年哲学者であったり，裸の神であったりする．これらの彫像の中には芸術品としてすぐれているものもあるが，概して当時のやや白々しい誇張した時代趣味のために，着衣像の方が出来がよい．彫像以外にも，アンティノオスの死を記念しての数々の競技や賞が創始されたり，ナイル川東部の紅海へ至る新道沿いに建設した一都市にかれの名が冠せられたり，アンティノオスが神として崇拝されるべきであるとの布告までも出された．

ハドリアヌスがこれほどまでにギリシア文化に心酔した背景には，かれの父がアフリカ人と呼ばれ，母がカディス出身者だったということがあったかもしれない．かれは将軍として，ならびにトラヤヌス皇帝の養子として即位した．それまで先人たちが何度も手がけては未完のままに終っていたアテナイの巨大なオリュンポスのゼウス神殿を遂に完成させたのはハドリアヌスであった．かれはギリシアで"オリュンピオス"という称号を，東方諸国では"ゼウス"，つまり新しい汎ギリシアのゼウスを象徴する称号を用いた．そこには皇帝の過度なまでのギリシアびいきとしての自負があったばかりでなく，実際的・便宜的意図もあった．アジアにローマ人が建設しようとしたものはすべてギリシア的なものといえたし，全ギリシア人の神と自称することは，地方神以上のものを意味することでもあったからである．スケールがやや小さくなるが，近代までのギリシアの歴代の王の称号は，これと同じ論理から"ギリシア人たちの王"であった．

しかし，少なくともギリシアと小アジアでは，帝政ローマのギリシア風の彫刻・建築がハドリアヌス1代で築かれ，完成したわけではなかった．アンカラにあるトラヤヌス帝の肖像頭部は，アウグストゥスの「平和神の祭壇」に見出されるローマ的様式と荘重さを反映している反面，よりくつろいだ性格——口許のあたりの武骨さといい，バクトリアのギリシア人指導者の頭部と一脈相通じる性格——も認められる．いくつかの模刻を通してみたハドリアヌスの顔は，トラヤヌスのそれよりはわれわれの興味を惹くとしても，感銘を呼ぶというほどのものではない．コリントス出土の3世紀のカラカラ帝の顔は，危険な狂人の顔つきをしており，サラミスの水道橋から出土したかれの父セプティミウス・セウェルスの像（"父マルス"として裸体で表されている）は，古典的な比例で造形されているにもかかわらず，ナポレオンの青銅裸体像と同じくらい滑稽である．

ギリシア人とコンスタンティノポリス

330年にコンスタンティヌス帝がアジアとヨーロッパを結ぶ水門ともいうべきビザンティオンをコンスタンティノポリスという名前に改称して，ローマ帝国第二の首都として再建したとき，ギリシア世界は再び前景に登場することとなった．少なくとも，ギリシア語は完全に復活したし，誰も予期しなかったような新しい才能が出現した．ローマ帝国が15世紀ま

古典ギリシアの復興

ビザンティン時代のギリシア人のものの見方やビザンティン芸術の形成にあたって，アレクサンドレイア時代の伝統が多大の貢献をしたことをいくら評価してもしすぎることはないであろう．モザイク美術が開始するのは，ティベリウス帝治下に貝殻を嵌め込んだグロッタの形式が廃れ，エジプトの色ガラスの文様や幻想性が人々の心を捉えるようになったときである．一般に普及し，安っぽい表現となってからも，モザイクは異国情緒を象徴し続けた．モザイク美術に登場する聖人や皇帝たちは，もはやまったくローマ人のようにはみえず，ギリシア人そのものであり，アジアに残っていたギリシア美術作品中の登場人物に似ていることさえある．

　　おお，黄金の聖火の中に立つ賢者たちよ，
　　さながら黄金のモザイクの中に立っているかのよう．

モザイクに表現されたこれらの人物たちの顔に浮ぶ苦悩は，来世的なものではなく現世的なものである．それはギリシア化された哲学者の苦痛と真面目さの混りあった苦悩であり，また奴隷や農民の苦悩でもあった．この後者の苦悩は，前3世紀から20世紀に至るまで，ギリシア世界ではほとんど変わることがなかった．かれらの社会・経済的条件は，キリスト教の存在の有無にかかわらず常に同じままだったからである．さきごろ，コリントスの東港ケンクレアイで，現在浅瀬の海の下にあるイシスの小神殿から色ガラス製のホメロスの肖像画が他のパネルと一緒に発見された．これら一群のパネルは370年ごろ，エジプトから運ばれたものであるが，装飾に用いられる前に神殿が地震で崩壊したため，箱詰めにされたままの状態で残っていた．ここに表現されているホメロスの顔は，ビザンティン美術のキリストの顔に似ている．ビザンティンのキリスト像には恐ろしい顔をしているものが多い．もしかしたら，このようなホメロスの肖像がビザンティン美術でのキリスト像の原型をなしていたということはありえないだろうか．ダフネの有名なモザイク画にみえる「有罪宣告をうけるキリスト」の悲劇的な哀しみの表現は，『イリアス』の投影ではなかろうか．

たしかにこれは乱暴な問，容易には答えがたい問である．より精緻で詳細な美術批評を待ってはじめて真実の答が出てくるかもしれない．ケンクレアイで地震のおこった時代からルネサンスまでの時期，ギリシア本土には私たちの注意を惹くような事蹟はほとんどおこらなかった．ペイライエウス港のギリシアの大理石獅子像にヴァイキングの足跡として，ルーン文字の銘文が刻まれている．これはビザンティオンの皇帝護衛隊に参加したヴァイキングが，西からシチリアを侵略していた別の北欧民族の軍隊と一戦を交えようと南下の途次の置土産である．ギリシア本土は4世紀から9世紀にかけて，西ゴート族をはじめとする異民族——フン族，アバール族，スラブ族，ブルガリア族等々——の侵入を立て続けにうけた．マケドニア王朝のビザンティン皇帝たち（867—1025年）は，東からはセルジューク・トルコ，西からはノルマン人の攻撃に悩まされた．また，11世紀から13世紀にかけては，十字軍によるビザンティン世界に対する介入があった．フランス人がギリシアに城を建てたり，シトー派の修道院が東北アルカディアのステュムパロス湖の傍に建てられたりした．この地はかつてヘラクレスが怪鳥を退治した地として伝えられ，またローマの喜劇詩人テレンティウス終焉の地としても知られた所である．イタリアの王侯は，アテナイのアクロポリスに立つ建物の中にかれらの王宮を建設した．オスマン・トルコがアテナイを占領したのは，コンスタンティノポリス陥落の5年後，1458年のことである．当時教会として使用されてい

で，つまり，1453年にコンスタンティノポリスがトルコの手に落ちるまで決して滅亡することがなかったことは，重要な意味をもっている．だが，西ローマ帝国が瓦解し，異民族の侵入が始まった後も生き残っていたものが，一つのギリシア帝国であったことは，さらに深い意味をもっている．ハギア・ソフィア大聖堂（532—37年建立）に携わった建築家たちがギリシア人であったのは，単なる偶然ではなかった．かれらの科学的知識，美的感覚，大胆な独創性は，ローマとギリシアとヘレニズム化されたオリエントという三つの世界の融合の上に生れたものである．ギリシアの建築と数学の伝統は，東ローマ帝国（ビザンティン帝国）の時代になっても連綿と生き続けていた．

この"ギリシア帝国"は，かつてのペリクレスやペイディアスの時代のギリシア世界とは異なっていた．その理由は単にそれが広大な帝国であり，キリスト教によって支配されていたからというよりも，何よりこの新たな"ギリシア帝国"では，ギリシアがローマ人の中に浸透していたのと同じ程度に，アジアがギリシア人の中に浸透していたからである．ユスティニアヌス帝の秘書官長を勤めたパウルス・シレンティアリウス（575年ごろ歿）は，ギリシア詩形を用いて，「我に名声をもたらせ給え，ローマのカピトリヌス神殿の御娘たちよ．我等の王はまさしく驚異を創造された」と歌いながら，1000行以上にもなる長大な詩でハギア・ソフィア大聖堂を描写している．そこにはローマの描写も相当あるし，エジプトの描写も少しはあるが，パウルスが本領を発揮している箇所は，ハギア・ソフィア大聖堂の石の色彩と材質について長々と述べている部分である．美術作品を詩で描写する形式は当時珍しいものでは決してなく，その起源を遠くホメロスの昔まで遡ることができる．

左 スパルタ近郊の修道院都市ミストラ．15世紀にキリアクスは，当時の著名な学者ゲミストス・プレトンを訪ねてここにやってきた．

右 キリアクスが所持していたストラボンの『地誌学』の写本．欄外の注釈は，キリアクスの友人の写字生アッガリアノスがかれのために書き入れたもの．

前頁上 ホメロスの肖像．コリントスの東港ケンクレアイのイシス神殿を飾るべく制作された色ガラス製パネルの一部．ビザンティン美術のキリストの顔との類似性については一考の価値があろう．キリストの顔がギリシア美術の系譜に，たとえば『イリアス』の詩人の肖像に原型を求めて，キリストのイメージに合うよう形づくられたということは大いにありうることと思われる．

前頁中 ローマ皇帝カラカラの頭部．コリントス出土．3世紀のもの．

前頁下 カラカラの父であったセプティミウス・セウェルス帝の頭部．サラミスの水道橋より出土．

たパルテノンは，今度はイスラム教のモスクと化した．パルテノンの西壁上方に魅力的な"お告げ"の絵の跡をおぼろ気ながらもいまでもたどることができるし，すでに大部分が消失しているが，黒のゴチック体で書かれたラテン語の碑銘も残っている．

古代ギリシアの再発見

ルネサンスがギリシアに到来したのは，西方からではなく，東方からであり，コンスタンティノポリス陥落後，ペロポネソス半島の城に逃げのびてきたビザンティン帝国最後の王子たちによってもたらされた．当時，ギリシアの他の地方とエーゲ海の島々の多くは，ヴェネツィア人によって支配されていた．ヴェネツィアの古記録保管所には，英国のガレー船3隻がマーマレード・ジャムを満載してクレタから本国へ航海するための許可をヴェネツィア政府に申請している1通の手紙が残されている．15世紀には古代スパルタの廃墟近くの，修道院都市として知られるミストラに人文主義者たちの団体が創設されている．創設者のゲミストス・プレトンは，コンスタンティノポリスで生れ，教育をうけた才覚に富んだ学者兼哲学者であった．イタリア人のチリーアコ・ディ・アンコーナ（アンコーナのキリアクス）は，この人物を訪問することによって，西方世界にギリシアの考古学的遺産についての最初の知識をもたらすことができた．キリアクスの学識は寄せ集めに近く，ゲミストスの非体系的な学問に一脈通じるところがあったが，その知的好奇心はいちじるしく情熱的であった．

このキリアクスが所有していたアウグストゥス時代の地理学者ストラボンの『地誌学』の写本が現存している．もし，この写本がストラボンのではなく，古代ギリシアの旧蹟についてより詳細に具体的に書かれたパウサニアスの著作の写本だったなら，キリアクスにとってもわれわれにとっても得るところはいっそう多かったはずであった．この写本は旅立つキリアクスのために，コンスタンティノポリスで手写されたものであった．当時のコンスタンティノポリスでは，パウサニアスの研究はいまだ始まっていなかったが，ストラボンの研究は復活していたのである．キリアクスのために『地誌学』を写した人物は，かれのすぐれた友人でアッガリアノスという名の写字生であった．アッガリアノスは当時の地名と古代の地名を比較対照して同定を行った結果を写本の欄外に書きこんでいるが，そこにしばしば誤謬が見出されるのは注目すべきことである．キリアクスはミストラでゲミストス・プレトンと一緒に生活する間にストラボンのテキストの校訂をする一方，アッガリアノスの誤謬の訂正にも努めている．訂正されたものもあるが，誤りのまま残されたものもある．キリアクスは実際に遺跡を訪れて，正しい同定を下すことや，遺跡の銘文を書き留めることもしている．この種の知識がイタリアのものになる前は，ビザンティンのものだったのである．その当時の地名と古代の地名の同定に関しては，キリアクスの写本とほぼ同じリストがプトレマイオスの写本の欄外にも見出される．また，幸運にもこのリストだけを抜粋した小冊子が，ゲミストス・プレトンの著作と一緒に，16世紀のアムステルダムでハンガリー人のある冒険家の手によって公刊された例もある．だが実をいうと，当時ギリシア北部を支配していたイタリアの王侯たちの許に滞在していた間にキリアクスが行った遺跡についての記述の大半は間違っていた．

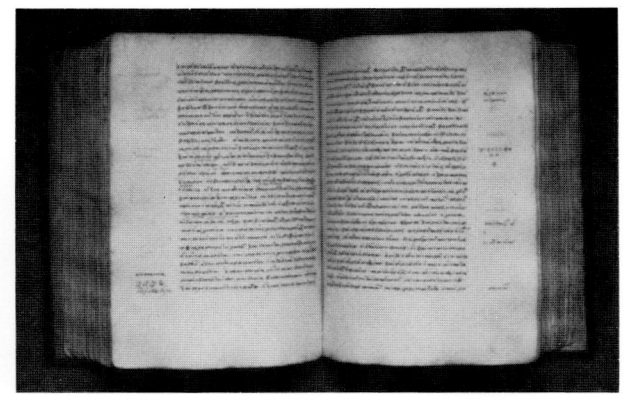

トルコが地中海の東と南のほとんど全域を支配するようになってからギリシアが再覚醒するまでには，多大の時を必要とした．17世紀のフランス大使館の記録によると，当時パルテノンには，現在残っているものよりはるかに多くの彫刻が保存されていた．だが，その後まもなく1687年のトルコとヴェネツィアの戦争の際の砲撃によって，神殿の中央部が破壊されてしまった．決定的一撃は，砲兵隊にいた一ドイツ将校が発したものだった．ヴェネツィア人はパルテノンの破風彫刻を切離してロープでひき下そうと試みたが，ロープが切れてしまったために失敗に終った．その結果，事態はますます悪い方へ進んだ．トルコが再びここを占領したとき，廃墟の中に小型のモスクが建造された．パルテノンをはじめとする古代ギリシアの遺跡の石が破壊されたり，売られたり，譲渡されたりする時代がやってきた．19世紀初頭エルギン卿の代理人は，パルテノンの彫刻で技術的に移動可能なものはすべて手に入れてしまった．

独立後のギリシア

ギリシアでは，19世紀までにはすでに考古学的調査が開始されていた（第1部参照）．ギリシア人を除く誰しもが予想し

ギリシアを超えて
さらにギリシアへ

後世のルネサンスの中には，ギリシア文化の様式や骨組みを解体し，いくつかの要素だけを再生しようとする一風変った傾向もある．古典文化の復興の試みというものは，その対象である古典世界よりもむしろ復興しようとする時代そのものを雄弁に表現してしまうのが常である．無論，復興の試み

後期ルネサンス時代には，ギリシア的主題や様式はたいていローマの解釈を経由して使用された．この時代には中世の伝説も影響力をもっていた．トルコ支配下のアテネに住みついた最初の西欧人たちは，現在ヘロデス・アッティコスの劇場と呼ばれている建物をソクラテスの学校だと信じていた．ヴァティカンにあるラファエッロの「アテネの学堂」(上図)は，古代ギリシアの真の姿の与り知らない美しくもモニュメンタルな夢である．ラファエッロにとっては，哲学さえも単なる美しいイデアでしかなかったのだ．古代建築の偉大な分析家ともいうべきパッラディオは，ヴィラ・ロトンダ(左図)にローマ建築の根底にあるギリシアの原理を活かすことに成功している．18世紀のオスタリー・ハウス(右図)では，古典美術のテーマの中で最も優美なものが，ロンドン近郊の一銀行家の私宅の装飾として応用されている．ここでは"ギリシア"は，何か弱々しいものになってしまっているが，扉と暖炉のモチーフだけがかろうじて力強さを保っている．

のすべてがむなしいというのではない．そこから新しい想像が生れることもある．過去の歴史を振り返ってみると，古典文化の創造性に富む再現の方が，硬直した模倣よりはるかに有為であった場合が多いのである．

古代のモチーフは時に荒々しく噴出することがある．フィレンツェ出土の帝政時代の精巧な鼎（左）は選り抜きの骨董品であると同時に，富と洗練された技量，絶大な自信とダンディズムの表現でもある．これをランプとして用いたときには，疑いもなく，劇的効果が生じたにちがいない．

新古典主義の彫刻は，ローマ期のギリシアの原作の模刻に基づいている．素晴らしい作品もあるが，見るに耐えない代物も存在する．中央の彫刻は，ジョン・ジブソン作の「犬を連れた青年」である．青年の裸体にも，支え木の切株にも，性器をおおっている葉にも，いたるところにある種の下品な不自然さがうかがえる．イヌだけが快適とまではいえないにしても，写実的に表現されている．これと比べると，1883年のギリシア風のヘルメットをかぶった消防士（右上図）からは，何かしら好ましい印象をうける．これは新古典主義の絵画にしばしば描かれる騎士のヘルメットに由来するものであろう．

1790年ごろつくられたウェジウッドの壺（中段左図）もやはりその起源を遠くギリシアにまで遡る優美な作品である．単に優美なだけではなく，ここには何か新しいものが生まれつつあるように感じさせられる．細部よりも意匠の方が人を惹きつけるものをもっている．下段左図はアテネにある独立戦争の勇士マクリヤンニスの墓である．マクリヤンニスは清廉潔白の士，いわば道徳的天才であった．かれの晩年の顔は，いまにも餓死しそうな狼のような顔をしていて，耐えがたい君主政体の下でのかれの苦悩を偲ばせる．筆者はこの記念墓を立派なものだと思う．アテネ大学の新古典主義的建築（上段中図）は，堂々としているが，あまりに脆弱なアカデミズムに貫かれていて興味をそそられない．

現代美術にみられるギリシアの影響は，多大にして多様である．バレーの分野では，新古典主義が初期の流行であったが，ニジンスキーは1912年のファウヌス（牧羊神）の踊り（中段右図）の中により深くギリシアに浸透した様式を導入した．かれはギリシア的要素を正しく理解し，それまでの世代がギリシアについて見落していたものを再発見することによって，新しい真の創造を遂げた．そこには，その当時盛んになっていたギリシアの陶器画の新しい研究が大いに貢献していた．ニジンスキーと同じような視覚的・知的世界をもっていたピカソも，ギリシアから貪欲に霊感を得た．特に，ギリシア神話に対する感覚は，常に力に溢れ，かれの素描には，魅力的なギリシアのニンフや神々が飛びはねている．

209

古典ギリシアの復興

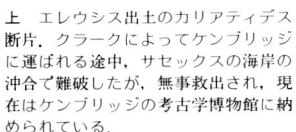

上 エレウシス出土のカリアティデス断片．クラークによってケンブリッジに運ばれる途中，サセックスの海岸の沖合で難破したが，無事救出され，現在はケンブリッジの考古学博物館に納められている．

右 17世紀の末に一時的にではあるが，ヴェネツィアがトルコに代ってアテネのアクロポリスを占拠したことがある．このとき，ドイツ人砲兵によって発射された1発の弾丸がパルテノンの中にトルコ人が貯蔵していた火薬に命中し，そのときまで比較的昔の姿をとどめていたパルテノンを無残な姿に変えてしまった．

えなかったギリシアの独立は，目前に迫っていた（ヨーロッパ列強がギリシアの独立を承認したのは1832年のことである）．古代の大理石の間を徘徊して何かしら夢中になって探し回っている外国人たちの姿をデルポイの農民が目にとめたとき，かれらをミロルディとよばれる種族だろうと想像したということは，すでに述べた通りである．ミロルディというのは古代の偶像崇拝の種族のことであるが，その後裔が大理石を崇拝しに帰ってきたと思ったのである．とはいえ，当時の貧しく素朴なギリシア人もかれらの大地に横たわる大理石の遺産を崇拝することでは人後に落ちなかった．エルギン卿の行為に対しては恐怖の念を抱いたし，かれと同時代人のエドワード・クラーク——あの大地に豊穣をもたらすものとギリシア人が信じていた彫刻をエレウシスから運び出した張本人——に対する恐怖心はそれ以上だった．ギリシア人たちはその彫刻の積まれた船が沈むであろうと予言した．船はビーチィ・ヘッドの沖合で難破し，予言は的中した．だが，クラークは命拾いをし，彫刻もまた無事にケンブリッジの考古学博物館に納められた．独立戦争時に農民の指導者であったマクリヤンニスは，古代彫刻を外国人に売渡した廉でかれの同胞の1人を非難している．よく知られているように，ギリシアの最初の議会でパルテノンを1820年代の様式で復元しようという議案が出されたことがある．王宮に改造しようという議案さえ出されたが，幸いにもそのための資金が足りなかったために沙汰止みとなった．

160年前にはギリシア人を定義することは困難だった．独立戦争をめざす計画が各地で成功していたなら，バルカン全域にキリスト教徒の反乱がもちあがっていたことだろう．戦争が終結したとき，ウェリントン公爵は新しいギリシア国家をペロポンネソス半島に限定しようとした．クリミア戦争のころになっても，クレタの住民の大部分はトルコ語を話していた．一方，キュプロスではギリシア語を話す人の方が多かった．ギリシア語は消滅してしまったのではなく，18世紀の後半に多くの村々で，意識的に伝道精神に基づいて復活した．

この時代を通して，小アジアのギリシア人社会が重要な役割を演じた．これらのギリシア人たちは，独立前から周辺地域に勢力を伸ばしていた．南ロシアでのかれらの勢力は大きいものだったが，そこには現在も子孫たちが残っている．19世紀にギリシア人はエジプトで広大な綿花とタバコ産業を営み，それは英国に破壊されるまで続いた．ガーデン・シティとよばれるカイロの一地区は，主としてギリシア人のために建設されたものである．ランボーはフランスを立ち去り，キュプロスにやってきて，建築現場でギリシア人と一緒に働いた．エチオピアのハラールに住みついたときもギリシア人の間で生活した．植民地を建設することもせずに，19世紀にギリシア人がアフリカの奥地にまで入りこんでいたことは，まったく驚くべきことである．アメリカ合衆国でも，道端の広告が英語と並んでギリシア語でも表記されているスポンジ探り業者の村が，かつてあったし，いまでもたぶんあるだろう．

独立後のギリシア現代史は，つい昨日まで貧困に悩まされ続けてきた歴史とも，またトルコとの絶え間ない抗争と外国からの干渉の歴史ともいえるだろう．西欧はかつてのローマ人の政策に奇妙なほど似通った役割を演じた．トルコ人以前にも，ギリシア人に対して民族自決へと促したアジア勢力があった．アテネ市は物質面で一躍おそるべき発展を遂げた．だが，その飛躍はあまりに性急で，時代も建築にとってはよくない時代であった．現代の建物の中で特に目をひくものといえば，新古典主義の，それもバヴァリア趣味の加味された建築とか，エジプトその他ギリシア以外の地で成功したギリシア人たちによる贈与や記念物などである．こうした状況は4世紀後半のギリシアの状況とある程度似ているといえるかもしれない．芸術はしかし，観光客をあてこんだものを別とすれば，ノスタルジーをそそるものではまったくない．

重要な遺産としての言語

　長期間の外国支配にもかかわらず，連綿とうけ継がれてきたものこそギリシア語である．それは4千年もの間使用され続けた．だが，古代アテナイの全盛期のごとく，人類に対する恒久的な関心と偉大な業績が一つの言語で，しかも種々様々な様式によって表現された時代は，もはやこの土地を訪れることはなかった．かつての全盛期は自由と勝利によって得られた自信の結果であって，強大な権力の結果ではない．以後のギリシアの社会不安と政治的無気力は，今日われわれが文学と呼ぶものを破壊するまでには至らなかったにせよ，可能性を変えてしまった．もしいま誰かが読書の目的で本を選択する場合，ギリシア語で書かれたものを選ばないからといって，その人を咎めることはできない．世界が複雑になっていくにつれ，当然文学も複雑になったのである．ローマ帝政期のギリシア語で書かれた新古典主義的著作は，すぐれた楽しい読物である．（2世紀の）ルキアノスの著作は，いまでも楽しく読むことができる．プルタルコス（120年ごろ歿）の著作の多くも同様である．特にプルタルコスは，シェークスピアによって翻案された．

聖　書

　ローマ人支配下においてギリシア語で書かれた数ある著作の中で，ホメロスの詩と並ぶほど価値あるものが聖書である．それはホメロスに劣らずわれわれの知恵や喜びに貢献する書物であるが，その根源には，種々の要素が複雑に絡み合っている．諸福音書が宗教書であることはたしかだとしても，ここではそうした観点からこれらを扱おうとするものではない．福音書はその根底にある現世と来世についての伝統的な知恵がどんなものであれ，単純率直な語り口と決して響き止むことのない不思議な共鳴によって，ギリシア語の著作としては一級品とみなされる．現在福音書は，これまでになされ

あるギリシア農民画家によって描かれた独立戦争画集の1葉，「最初のアテネ攻防戦」．この画集はヴィクトリア女王に献呈された．図版は当時印刷された版画によっている．トルコの守備隊は，1822年にギリシアに降伏したが，1827年から戦争の終結する1833年までアクロポリスを再び占拠した．この絵から，1667年のパルテノンの爆発の結果の状態と再び戦争に備えて大砲の砲撃から守るための要塞強化の模様をみてとることができる．

てきた以上の学問的解釈を必要としている．神学者たちの手許にだけ残してしまうには，あまりにも重要で意味深い書物でありすぎるからである．少なくとも，神学者よりは歴史家の方がその扱い方がいっそう繊細である．

たしかに，ラテン作家のアプレイウスの『黄金のろば』の終章あたりには，何か人の心を打つもの，厳粛と清浄の気がある．しかし，その文体は装飾過多で，韻律もあまり繊麗で人工的にすぎ，またかれの清浄と啓示への渇仰さえもギリシアの原型に依存したものであるため，女神イシスの顕現は結局ぼんやりした影のようなものになってしまっている．その結果，われわれはアプレイウスが力を入れているかにみえるイシス信仰からとり残されてしまうのである．『ヘルメス文書』の最初を飾る『ポイマンドレス』は，ギリシア語で書かれたエジプトの秘教的著作である．これは近年砂の中から発見された，この種の書物ばかり蒐めた双書の一つに属している．この発見によって，『ヘルメス文書』が従来考えられていたよりもはるかに規模の大きい双書であったことが明らかにされた．ここに表現されているのは，私的で神秘的な宗教の盛りの姿である．思うに，『ポイマンドレス』はその極度の純粋さによっていまなお感動的である．ただし，諸福音書のような具体的で明確な性格や，率直さや，素朴な真面目さ，物語性，運命的なクライマックス，こういったものすべてがみられない．

これと同じこと，あるいはこれよりもっと悪いことが，トマス伝福音書および中世を通じて生み出され続けたギリシア語のキリスト教外典類のすべてについていいうる．これらの書物は狂気じみていて，とりとめがなく，時に馬鹿げている．中世のアレクサンドロス大王物語群の方がまだましである．筆者はかつてパトモスの聖ヨハネ修道院附属の図書館で，この種の一風変ったギリシア語著作の一つ——当時未刊行と思われるもの——を偶然みつけたことがある．この発見に興奮して，直ちに私は14世紀の紙写本と思われるものから筆写したのであるが，内容的にみて刊行の労をとるに値するものにはまったく思えなかった．これらの著作には，一種のデカダンスの匂いがある．他方，福音書の方は依然として，書かれた当時そのままに力強く，新鮮に躍動している．パウロは著述家としては，文体の統一性を欠く作家である．かれの流暢ではあるが粗雑なギリシア語で語られる内容には，矛盾した意見や尊敬の情がひしめき合っている．かと思うと，1行も失いたくないような素晴らしい部分もある．ギリシア人だったら語るに値しないと思ったかもしれないようなことを述べていることもある．のちのギリシア教父たちは，不幸にも，かれの考え方を転倒して解釈してしまった．残念に思う人もいるかもしれないが，パウロの書き遺したものがホメロスほど面白くないことは事実である．福音書だけは別である．

しかし，パウロの著作は当時のギリシア世界の中で人々がどんな生活を送っていたかを雄弁に語ってくれるため，人をひきつける魅力をもっている．その証言は，かれが旅行して回った当時の大都市に関してばかりでなく，ヘレニズム化されたユダヤ人の社会組織や，その分枝のもっと小さなキリスト教団体のことにまで及んでいる．どんな宗教団体も，古典期ギリシアの宗教団体がポリスの中にそれをもっていたように，一つの社会的基盤をもっていた．各ギルド，各共同体の間の相互連絡の絆は，ゆるいようにみえて実は緊密であった．ある種の花が鉄道の線路の間や廃墟の中に入りこんで繁茂するように，そんな風にして広まっていった宗教は，何もキリスト教に限らない．半分ヘレニズム化された東方の密儀宗教ミトラス教も，キリスト教と相前後してローマの軍隊の中に普及していた．これらの普遍的宗教の勝利は，決して即座に得られたのではなかった．ヨーロッパの一部では，9，10世紀になっても依然として異教が崇拝されていた．宗教が最も真摯に，そして活発に発展を遂げたのは，ヘレニズム化された世界の辺境，すなわちエジプトの砂漠やアイルランド・ノーサンブリアの修道院，北インドの仏教国などであった．

哲学者と詩人たち

古典文明の崩壊に至るまでずっとギリシア人は，知的活動の領域で，キリスト教徒に対しても異教徒に対しても貢献を果した．すでにプラトンの宗教哲学には，ギリシアの神々の地方的基盤を軽視する傾向が示されていた．したがってキリスト教のような個人的でしかも普遍的な宗教が当然なものとして受け入れられる素地がローマの精神界に早くから準備されていたといえる．ギリシア最大の宗教哲学者であるプロティノスは，3世紀にエジプトで生れた．名前はローマ名であるが，使用言語はギリシア語であった．ローマで教授した後，ペルシアを訪れ，カンパニアで歿した．かれの形而上学的哲学体系は，多くのこの種の体系の例にもれず，きわめて複雑で逆説にみちているが，中には感動的な箇所もある．語り口はまったく独自で，当時のかれの口吻がそのまま伝わってくるようである．プロティノスの著作は4世紀に，彼の夢想的で独自性に乏しい弟子ポルピュリオスによって発表された．ポルピュリオスは，パレスティナ出身のギリシア語を話すシリア人で，アテナイで学んだ．

ギリシア語の詩も相変わらず続けられていた．ダンテやヴィヨンは別にしての話だが，中世のキリスト教徒詩人の中で最高の詩人の1人は，6世紀に活躍した聖歌詩人ロマノスである．シリアのおそらくエメサ（現在のホムス）で生れ，両親はユダヤ人であったと思われる．ベイルートで助祭を勤めた後，コンスタンティノポリスに移住して，詩人としての名声を博したが，そこでは公職に就くことはなかった．その作品は，ロマノスより少し前にシリア語で書かれたキリスト教の詩によく似ている．当時のシリア語は，キリスト教社会になっても頑なに守られていたユダヤの伝統を体現する言葉であった．ロマノスの作品の中にギリシアの文学伝統に遡源するような性格を見出そうとしても無駄ではないが，ホメロスやプラトンはかれにとってもはや名前，それもキリスト教の敵としての名前以上のものを意味しなかった．かれの詩の深さ，豊かさは，従来のギリシア詩の味わいとは別種の趣をもった，まったく新しい創造物であった．

ロマノスの時代は，ラテン詩の最後の古典的詩人であるアウソニウスが逝ってすでに百年を経過していた．同時代人には『ヘーローとレアンドロス』を書いたムサイオスがいた．ギリシア人はローマ人の支配下から，ギリシア人自身によって統治されるべき帝国，すなわちビザンティン帝国を出現させた．この帝国にはギリシア人の富のすべてとともに，アレクサンドロス大王の後継者たちの時代に培養されたかれらの弱点のすべても注ぎ込まれていた．政治的統一体としてのビザンティン帝国は，不安定この上なく，常に危機にさらされていたが，社会的実体としてのビザンティン帝国は，粘り強く，政治的危機を乗り越えていく度となく復活した．それは，ギリシア人が同一民族としての誇りとキリスト教徒としての自覚とを常に保持して捨てることがなかったからである．

現代の作家たち

1453年，コンスタンティノポリスがトルコの手に落ちる数時間前のこと，古代ギリシアの歴史家の最後の末裔が，帝国最後の皇帝と一緒に市の城壁の回りを馬に乗って巡察していた．このとき，数時間後に迫った運命を十分自覚しながら，

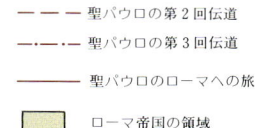

········ 聖パウロの第1回伝道
― ― ― 聖パウロの第2回伝道
―・―・― 聖パウロの第3回伝道
――― 聖パウロのローマへの旅
▨ ローマ帝国の領域

聖パウロの伝道旅行,後46―62年

タルソス生れで,しかもローマ市民権をもっていたパウロは,イエルサレムでヘブライ語の教育をうけたが,ギリシア語にも精通していた.キリスト教の信仰共同体が早くから成立していたアンティオキアを伝道旅行の拠点として,パウロは小アジアへの旅に出かけた.当時小アジア各地にはユダヤ教徒の社会が拡大していたから,当然ユダヤ教会も数多く存在していた.パウロはこれら各地のユダヤ教会を中心に布教を推進した.ピシディアのアンティオキアでのかれの説教は,非ユダヤ教徒たちに感銘を与えこそすれ,ユダヤ教徒たちは逆に大きな反発を示した.これ以後,パウロの伝道はユダヤ教徒ばかりでなく,非ユダヤ教徒にも向けられるようになる.しかし,かれは他方では,イエルサレムにもユダヤ教の祭礼に参加するために繁々と足を運んでいた.小アジアだけでなくヨーロッパにもキリストの福音をもたらそうとのパウロの使命感によって,キリスト教の普及はいっそう発展した.アテナイでの説教は,アレイオスパゴスにおいて,しかもギリシアきっての大学都市にふさわしい言葉使いを用いてなされた.だが,聴衆は感動ではなく,感銘をうけた様子はなかった.エペソス滞在の2年間がかれの伝道の最も力を入れた時期である.今日では往時の旺盛なキリスト教精神がほとんどみられなくなってしまったとはいえ,何世紀にもわたって小アジアがキリスト教が最も栄えた地域となったのはパウロの功績である.パウロはイエルサレムで捕えられ,属州ユダエアの総督によって2年間牢獄に幽閉された後,ローマ市民の特権を使用して,皇帝に上訴するためローマへ護送された.そこで処刑されるまで,かれは説教を続け,小アジアやギリシアにいるキリスト教徒たちに手紙を書き送った.

この歴史家は,ギリシア及びローマの全重量について,皇帝という1人の人間の肩で担うにはあまりに重すぎた負担について思いをめぐらしていた.

この歴史家こそ,前6世紀の彫刻が畑に残っているコルキュラ島で,晩年を修道僧として過しながら執筆活動をつづけたゲオルゲス・スフランツェスであった.ところで,コンスタンティノポリスが陥落したまさにその夜,キリアクスは,城壁の下の天幕の中でスルタンにリウィウスからの一節を読んで聞かせていた.もちろん,この日,一夜にして全ギリシアとローマが滅亡したわけではなかったし,またコンスタンティノポリスを攻略したスルタンが,リウィウスに記されている英雄たちのごとく歴史の記憶に留められたわけでもなかった.ギリシア語は,韻文・散文の両方に生き残った.16世紀から17世紀への移り変りの時期に書かれたクレタの民族詩『エロトクリトス』は,ヴェネツィアの影響の色濃いロマンス風の詩であるが,その韻文,方言および精神においては,純粋にクレタ系ギリシア語の産物である.ごく最近まで,クレタの羊飼いたちはこの詩を暗唱して山で歌っていたものである.散文の領域では,英国のヘンリーⅧ世の治政の終りごろ記された,コルキュラ島からの亡命者ニカンドロス・ヌキオスによる英国とアイルランドおよびその他のヨーロッパ諸国についての見聞録が残っている.かれは対スコットランド戦争の際,ヘンリーⅧ世のためにギリシア連隊に身を投じて戦った経験をもっていた.かれの記述は,ギリシアの歴史著述の伝統を決して汚すものではなかった.この見聞録の中には,あるフランスの戦争に際して,1人のギリシア人がフランスで戦うギリシア人たちに向けて行った演説が挿入されているが,もしトゥキュディデスがその演説文を読んだとしても,不快には思わなかっただろう.

トルコ支配時代のギリシア文学の最良のものは,当然のことながら,表現に富む農民言葉を駆使した直接的・民衆的文体で書かれていた.マクリヤンニスの回想録は,農民言葉によってどれほど人を感動させることができるかを示す最高の見本である.独立戦争時代の指導者の1人であったかれの著作は,独立後のギリシアの最初の偉業の中に数えられるだろう.今世紀まで活躍したレスボス島のミュティレネ出身のテオピロスのナイーヴで瑞々しい才能に溢れた絵画作品も,精神的にはマクリヤンニスと同じ世界に属している.しかし,独立後のギリシアの文学は決して民族文学に尽きるわけではなかった.公式の古典風な言葉も,コンスタンティノポリスやギリシア正教会を介して保存されていた.この煩瑣で硬い公用語は,それまでに数々の弊害を生じていたが,ようやく最近になって,民衆言葉より洗練された繊細な話し言葉に改良された.散文ではこの言葉は皮肉を弄するのに適していた.『軍隊生活』と通称されている19世紀の匿名のアジア系ギリシア人によって書かれたユーモラスな回想録は,他の文体ではあれほどの効果をあげることはできなかっただろう.

韻文では,この古典的文体は,アレクサンドリアの詩人コンスタンティヌス・カバフィス(1863―1933)の目の覚めるような独創性の一要因となっている.コンスタンティノポリスの富裕な一族の出であるカバフィスは,エジプトで英国の灌漑施設者の書記を勤めた.かれの詩は,ギリシアの古典期末の歴史的著作に取材した物語の詠唱であることが少なくない.ときとして,同性愛を題材とすることもあったが,かれの作品は情熱的で,政治的には辛辣この上なく,一般に広く読まれた.かれの愛読書には,社会主義に関するオスカー・ワイルドの本とギボンの『ローマ帝国衰亡史』が含まれていた.作家としても個人としても,骨の髄までギリシア人であった.きわめて現代風で,皮肉がいたるところに織り込まれているかれの言葉使いは,おそらく翻訳不可能だろう.その韻律は誰も模倣しえないものであり,皮肉と辛辣さには忘れがたい味わいがある.

しかし,現代ギリシア文学の最高の作家は,無論,ジョージ・セフェリス(1900―71)である.パステルナークと肩を並べる,20世紀の詩人中最も力に満ち,最も感動を呼ぶ詩人セフェリスは,スミュルナに生れ,トルコによる小アジアのギリシア人弾圧の際にアテネに避難してきた.かれの教養と読書量は驚くほど広く,外交官としても,また偉大な詩人の名にもふさわしいものであった.現代ギリシア語に対する理解は,誰よりも深く,そのことはかれの作品の中に露骨にではなく,それとなく示されている.適切な言葉の選択といい,正確な言葉使いといい,そこでは現代ギリシア語がまさしく成熟に達している.すなわち,いまや現代ギリシア語は,古代ギリシア語と同じくらい力強く,アリストパネスの時代のように,美しい文章でどんなことでも論じられる段階に達している.

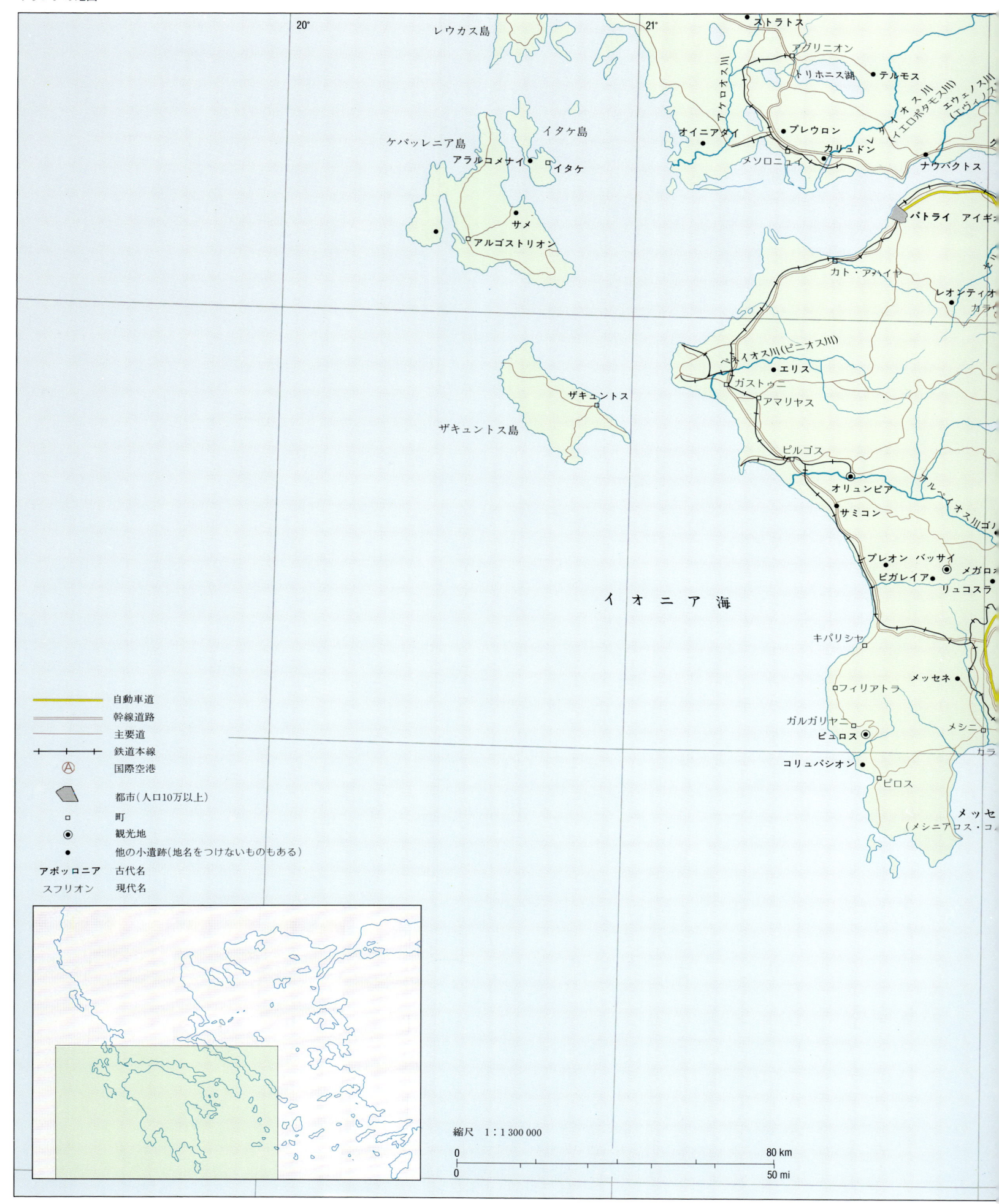

ギリシアの地図

20° レウカス島 21°
・ストラトス
アグリニオン
リホニス湖 ・テルモス
アストロオス川
イタケ島
ケパッレニア島
・アラルコメナイ ・イタケ
オイニアダイ ・プレウロン
メソロニィ ・カリュドン
・ナウパクトス

・サメ
アルゴストリオン
パトライ アイギオ

カト・アハイヤ
レオンティオ

ペネイオス川（ピニオス川）
・エリス
ガストゥニ
ザキュントス
アマリヤス
ザキュントス島

ピルゴス
・オリュンピア
・サミコン

イ オ ニ ア 海
・プレオン バッサイ
ピガレイア ・メガロ
・リュコスラ

・キパリシャ
・メッセネ
・フィリアトラ
ガルガリヤニ
ピュロス
・コリュパシオン
・ピロス
メッセ

凡例:
- 自動車道
- 幹線道路
- 主要道
- 鉄道本線
- Ⓐ 国際空港
- 都市（人口10万以上）
- □ 町
- ⊙ 観光地
- ・ 他の小遺跡（地名をつけないものもある）

アポッロニア 古代名
スフリオン 現代名

縮尺 1:1 300 000
0　　　　80 km
0　　　50 mi

ギリシアの地図

ギリシアの地図

19° 20°

ドゥレース
エピダムノス
ティラネ
ストルーガ
オーフリド
レー
エルバサン
シュクムビニ川
オーフリド湖
アドリア海
大プレスパ湖
デウォル川
アプソス川
（セマニ川）
フィエル
ベーラド
アポッロニア
コールツェ
アオオス川
（ヴィヨセ川）
アルバニア
セーレニツェ
ブローネ
アマンティア
ケルキュラ
マーリエ
オトラント
ギロカステル
イタリア
アオオス
アンティゴネイア
デルヴィネ
サランデ
ポエニケ
パレカストリツァ
ビトリンディ
テュアミス川
（カラマス川）
ヨアニナ
コルキュラ
コルキュラ島
ドドナ
イグメニーツ
イオニア海
エプリュラの
ネクロマンテイオン
アルタ
アムブラ
カッソペ
ロゴン
ニコポリス
アムブラキ
プレヴェザ
ベレニキア
アクティオン
アナクトリオン
ヴォニ
縮尺 1:1 300 000
0   80 km レウカス
0   50 mi   レウカス島

ギリシアの地図

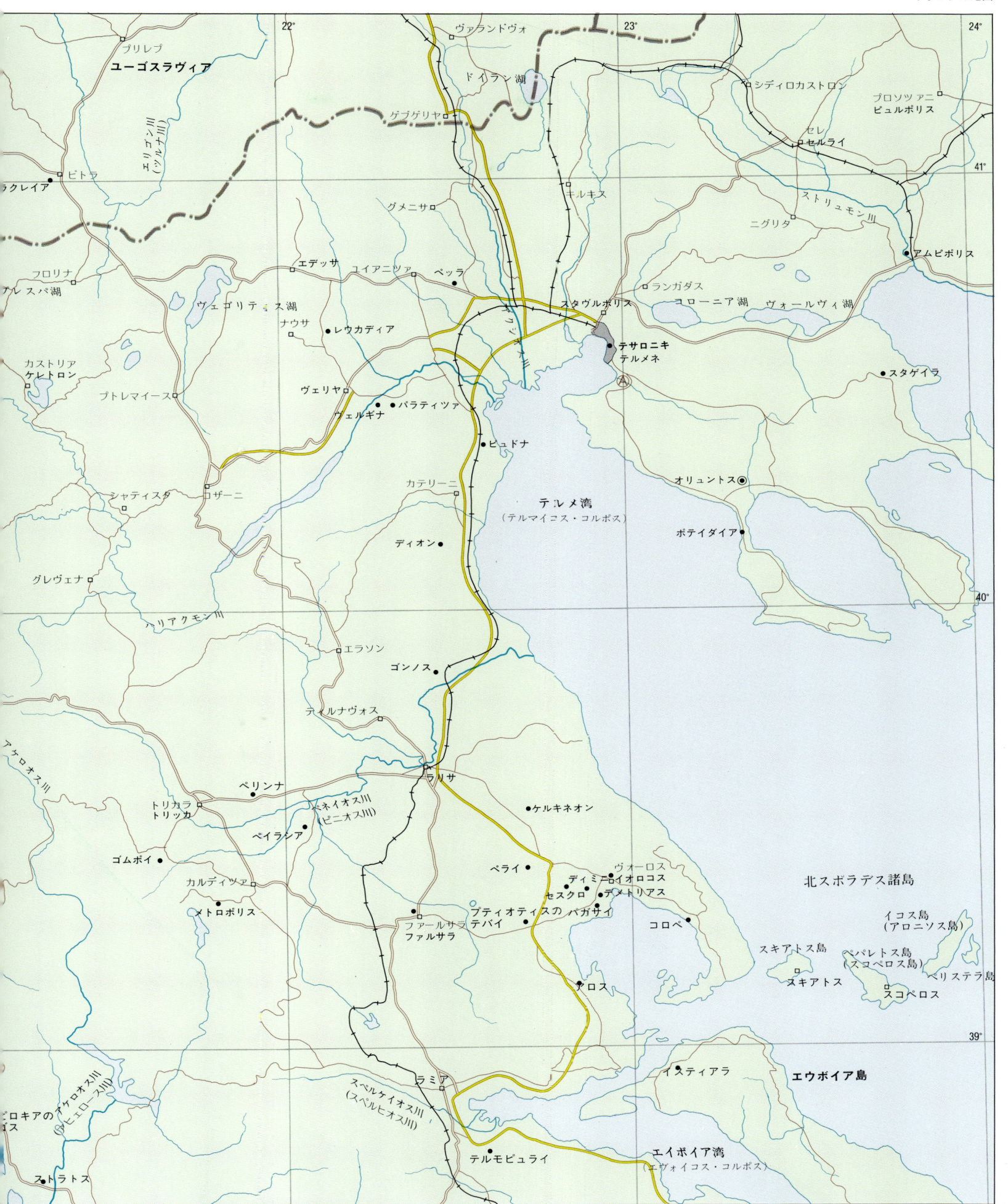

ギリシアの地図

ギリシアの地図

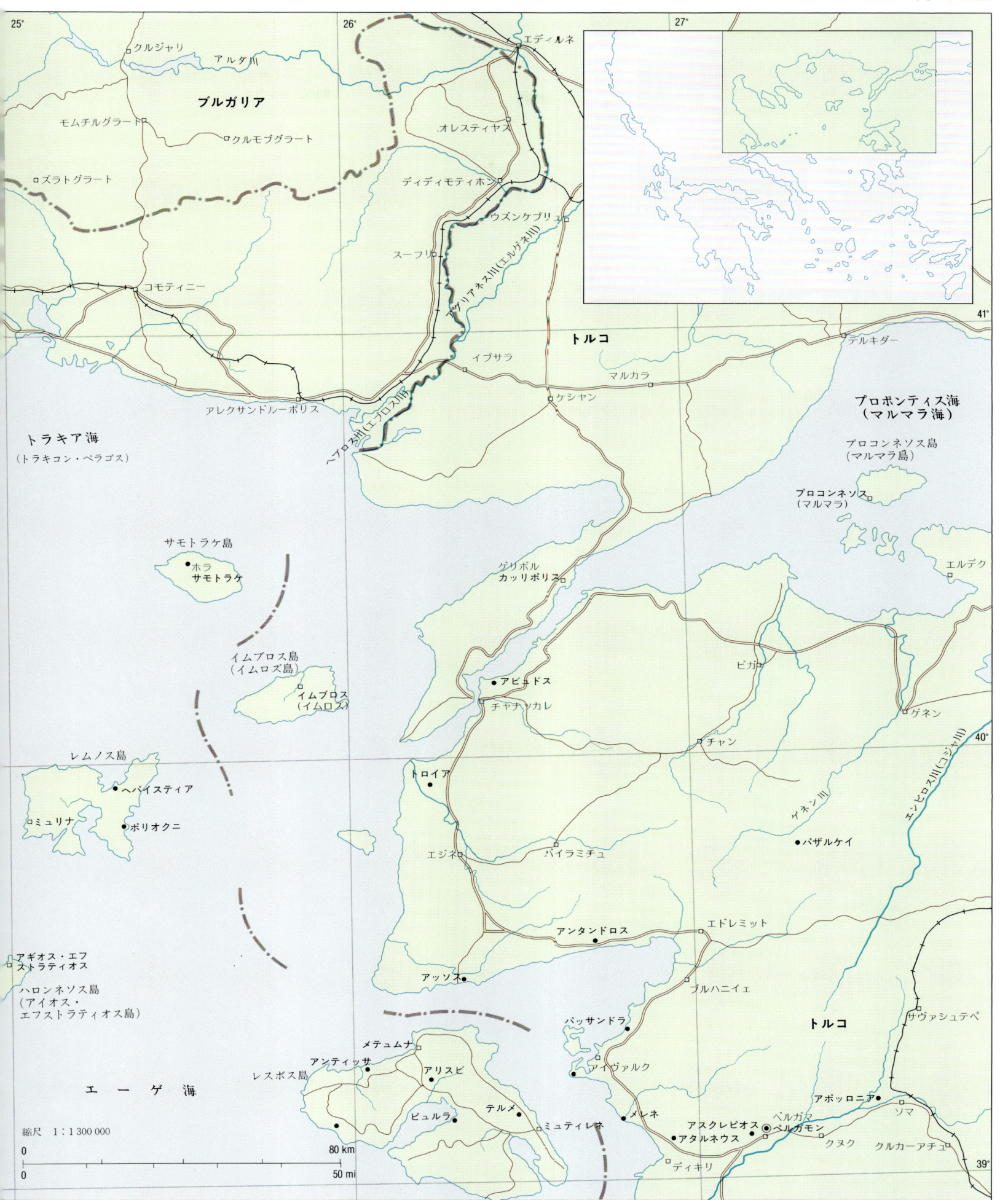

ギリシアの地図

ギリシアの地図

クレタとキュプロスの地図

クレタ島（クリーティ島）

キュプロス島

用語解説

本書においては，できるかぎり専門用語を使用するのは避けた．本文に十分な説明のスペースがないので，いくつかの用語はここの用語解説で取り扱っている．

アカデメイア
アテナイ市郊外にあった裸体運動の修練の場．芝生や樹木でおおわれ，装飾のある神聖な建物のあった快適な土地．ソクラテス，そしてとりわけプラトンによって著名となり，プラトンの哲学学派（アカデメイア派）はここを本拠とした．この遺跡は確認されているが，いまは一面に家屋が建ち並んでいる．

アクロテリオン
建物の小尖塔や屋根の端の上にあるテラコッタまたは大理石製の装飾．

アケメネス朝帝国
古代ペルシア帝国．

アゴラ
市や小さな町の中心地域で，通常は柱廊や公共および神聖な建造物が配置された正方形または長方形の区域である．

アンフォラ
両把手付（両耳付）壺．油，ブドウ酒などを運ぶのに用いた．ラバやロバの背にくくり付けるのに好都合なように，また扱いやすいように，ふつうは長く，しばしば先端が鋭くなっていた．

イオニア式円柱
1対の形式化された牡ヒツジの角に似た柱頭をもつ，東方ギリシア起源の優雅な意匠の円柱．

インド・ヨーロッパ語族
この語は，インド人とヨーロッパ人の諸言語のもととなっている共通言語に対して，19世紀に用いられた．その後，その言語を話したに違いない民族に，またその「種族の放浪」について用いられた．数名の熱狂的な人種論者はゲルマン人とアフガニスタンのパターン人がその純粋な子孫であると信じた．今日でもまだ，やむなく言語についてはインド・ヨーロッパ語族を語らなければならないが，彼らの発達と分散の歴史的基盤は不明瞭のままである．

エピクロス派
エピクロスの信奉者たちで，快楽主義哲学を奉じ，世間からの引遁，友愛と個人の安静を修養した．恐れ，希望，欲望に囚われなければ，人は平安に達するとする．キリスト教はこの哲学の影響を受けている．

エレウシスの秘儀
象徴的で奇蹟の入信式で，アテナイ人ばかりでなく，この入信式をすませたギリシア人はだれでも神々との特別な交わりに入り，それによって死後の神秘的な安楽を与えられた．秘儀の中心は，コムギの生長であった．エレウシスは穀物神である大地母神（デメテル）の聖域であり，冥界へと続く洞穴があった．

オストラキスモス（陶片追放）
アテナイの制度．政争の熱をさますため，まず追放を行うべきかを市民の投票にかけ，つぎに誰を追放すべきかを決定する市民の第2回目の投票があった．

オデイオン
天蓋付き劇場に似た奏楽堂．常に屋根が付いていた．

オムパロス
大地の臍．世界の中心を示す．クリスマスのプディング菓子に似た形をした石で，羊毛製リボンの網細工で飾ったものがデルポイに置かれていた．

オリエント様式
オリエントから数えきれないほどの装飾と動物文様を採用した，アルカイック期初頭のギリシア美術様式．

オルケストラ
古代劇場の，舞台と観覧席との間にあった合唱隊のための踊り場．

カウェア（ギリシア名，テアトロン）
半円形状の石造階段座席．古代劇場の観客は戸外で観劇した．

カリュクス・クラテル
深い椀形（萼形）の混酒鉢．

カリュアティデス
神殿の入り口や柱廊の梁を支える婦人像円柱．円柱は頭部で梁を支え，独立して立つ女性の姿をしている．

幾何学様式
幾何学的意匠を反復させた装飾様式で，ギリシアでは前8世紀，およびそれ以前に栄えた．ウマや鳥，人間，それに葬式や行列，戦闘，難破の場面が徐々にこの様式に取りいれられたが，最も上等な純粋幾何学様式美術の方が，たいていより印象深い．一般には陶器装飾の一様式として取り扱われているが，壁面や織物にも用いられた．

キュニコス派
犬儒派．世俗的な価値を哲学的に冷笑し，粗末な衣服を着て貧窮の中で修養した．キリスト教徒は，神々に対するかれらの議論やかれらの道徳・社会に対する姿勢の一部を採用した．

クラテル
ブドウ酒と水の混合器で，時には濾し器が取り付けられた．

クーロス
青年の意．青年の裸体像．型にはまったアルカイック的形態をしており，ギリシアでは前7世紀から前5世紀までその発達を辿れる．それは神や体育競技者，死者を表現するのかもしれないし，または単に神への奉納品なのかもしれない．

ケンタウロス
人間の頭，腕，上半身とウマの四つ足，下半身をもった怪物．

コイネー
単純化されたギリシア語で，文芸的な意欲や特殊な方言もなく，古代世界中で話され書かれた．その過程で，ギリシア語は世界的な言語となった．

黒像式
黄褐色地に黒色像を描いた陶器画．

コリントス式円柱
柱頭は石製の葉飾りで，入念に重層をなして彫り込まれている（ヘレニズム時代）．円柱には縦溝彫りが施される．

コリントス地峡
南ギリシアをヨーロッパに結合する陸地の頸部．今日は，コリントス運河によって切断されている．

ゴルゴン
頭髪はヘビという醜怪な女の姿で，その眼は恐怖のあまり人を石に化する力があった．その表現はほとんどが，この伝説が暗示するものよりかなり陽気である．

コレー
少女像．クーロスに対応する女性像．

サテュロス
神霊力をもった半人半獣の精で，世界の涯の荒れ地からやってくる．サテュロスは，獅子鼻やぴんと立った耳，強力な本能，尾，1対の脚をもち好色だった．

サトラペス
古代ペルシア帝国の地方行政区の総督．太守．

シルク・ロード（絹の道）
西方から中国に至る陸路で，現在のソ連邦の南国境にだいたい沿っている．

ストア
市民のためや商売用に使う柱廊があり，通常その後方に部屋があり，時には2階建だった．

ストア派
毅然とした，徳の無神論を逆説的に極端に唱えた哲学者たち．かれらの論理と徳性論は関心をよびおこすが，かれらはホラティウスの論が明らかにしたようにいらいらさせる人々だった．

赤像式
黒地に黄褐色の像を描いた陶器画．

セッラ（ギリシア名，ナオス）
御神体が安置された神殿の内陣．

セレウコス朝帝国
アレクサンドロス大王の将軍の1人であり，その東方における大王の後継者であったセレウコスの家系を継ぐアジアの帝国．

線文字A
青銅器時代にギリシアにあった二つの字体の古い方．まだ解読されていないが，ある点では線文字Bに類似している．

線文字B
青銅器時代のギリシア語の字体．解読されていて．ギリシア語の初期の形態として読むことができる．字体はアルファベットのようにあるそれぞれの記号が一つだけの音をあらわすのではなく，1音節を示している．

ソフィスト
説得上手な雄弁術と逆説的な哲学の教師たちで，前5世紀の後半の40年間と前4世紀にアテナイ人に衝撃と刺激を与えた．

堅穴墓
初期青銅器時代に用いられた，深くて狭い縦穴式埋葬墓．ミュケナイではこのような墓が円形の墓域の中にあり，墓はおそらく墓石によって示されていた．

ディオスクロイ（ディオスクロスたち）
双子の兄弟神で，カストルは戦争の術に，ポリュデウケス（ローマ神話のポルックス）は拳闘の技に優れていた．かれらは人間の女とゼウス神の間から生まれたのであり，特にスパルタとそのアフリカの植民市で崇拝された．その名称は，ゼウスの息子である若者たちの意である．

テメノス
聖域内の囲い地であり，神に奉納された神聖な土地であり，特別の規則によって統轄された．

デモス
地域共同体で，アッティカの一つの村や小さな町はデモスと称された．土着の地域共同体は，前5世紀にはすでに十分に基本的な政治的・社会的意義を保有していた．

ドリス式円柱
装飾がなく最も簡素な柱頭をもつ素朴な円柱．

パライストラ
柱廊に囲まれた戸外の内庭で，レスリング学校として用いられた．

パラスケニア
劇場の舞台に付けられた石造の翼室．

パルメット
しゅろの葉を扇形状に広げたような，東方起源の植物文様．

パロドス
古代劇場にあった役者の入場口（通路）で，合唱隊に用いられた．

パンアテナイア祭
アテナイで開催されるアテナ女神の国家的祭礼．行列，試合，褒賞それに肉の分配を伴った莫大な犠牲を捧げて，公開で気前よく祝われた．

ヒュドリア
水差し．

フリーズ
神殿の屋根下の石造建築上部を飾った浮彫彫刻の長い装飾帯．

ヘッレスポントス海峡
地中海の東北隅で，ヨーロッパを小アジアから分離する狭い海の水道．トロイアとビュザンティオンが重要になったのは，黒海の入り口のこの地に位置していたからである．

ペリステュロン
列柱廊．神殿を取り囲む柱の列であり，神殿の側面に沿って柱廊を形成する．

ヘルマ
ヘルメス柱像．特徴として，ヘルメス神の頭部と直立した男根だけを備えた四面の高い石柱像．

蜂窩状墳墓（トロス墓）
入り口，つまり羨道と大きな扉を備えた石造のドームまたは穹窿．青銅器時代の富裕者や貴人の遺体が埋葬された．時には巨大で，完璧に均整がとれていた．

ポリス
一つだけの町や市を基盤にして統合された政体をもつ独立国家で，大小の差はあるが周辺の領域をも支配した．そのような市または国家は，人工的に創建される場合（アルカディアのメガロポリスやメッセニアのメッセネ）もあれば，その領域が広大であったり（アッティカやラコニア），狭小であったり（ギリシア本土のプラタイアイやシチリア島のメガラ・ヒュブライア）する場合がある．

メトーパ
浮彫彫刻の石板．一続きのものとして用いられ，垂直線の図案をもつもっとも簡素な石板によって相互に分離されている．神殿の屋根のすぐ下の外壁に張り巡らされている．

ラピテス族
神話中の人間の1種族で，伝説上ではまさしく人間以上のものである．かれらは，ラピテス族の結婚式で酒に酔い狼藉を働こうとしたケンタウロスたちと有名な戦いに及んだ．

レヴァント地方
地中海の東縁で太陽の昇る地方．ビュザンティオン（イスタンブール）からヤッファ（イスラエル西部）までの沿岸．

レキュトス
体育競技者に用いられたアテナイ産の小油入れ．

図版リスト

遺跡図はオックスフォード・イラストレーター，地図はロベル・ジョーンズ，オックスフォードによった．

略記：t=上図，tl=上段左図，tr=上段右図，c=中図，b=下図，等；Ash=アシュモレアン博物館，オックスフォード，BM=大英博物館，ロンドン；DAI=ドイツ考古学研究所，DAFA=フランス考古学調査隊（アフガニスタン地区）；EA=エクドティケ・アテノン，アテネ；JF=ジョン・フラー，ケンブリッジ；MC=マリオン・コックス，アビングドン；MH=ミカエル・フォルフォード，ロートン；Nat=国立（民族）考古学博物館，アテネ；OI=オックスフォード・イラストレーター，オックスフォード，SH=ソニア・ハリディ，ウェストン・トゥルビル；ST=スピュロス・ツァルダヴォグロー，アテネ．

頁
2–5. Title-page freely adapted from vase painting by Hieron: Staatliche Museum, West Berlin. MC.
8–9. Chronological table: JF.
11. Drawing freely adapted from cup by the Ambrosios Painter from Orvieto: Museum of Fine Arts, Boston, Mass., Arts 01.8024. MC.
13t. Greek peasant with sack: Magnum, Paris (photo Constantine Manos).
13b. Map of Europe, Asia and Africa from *Geographia Vetus*, Paris, 1630: Elsevier Archives.
18–19. Landscape with donkey: Magnum, Paris (photo Constantine Manos).
22l. Frieze from propylon of the sanctuary of the Great Gods at Samothrace: Louvre, Paris.
23t. Drawing by Piranesi of temple of "Poseidon" (actually Hera) at Paestum, 1778: Ash.
23b. Drawing by Cyriaco of Ancona (15th century) of frieze from Samothrace: Bodleian Library, Oxford (photo Warburg Institute, London).
25. Drawings from *Antiquities of Athens* by Stuart and Revett, vol. 3. View of the Theseion, elevation of the east front: BM.
26t. Portrait of Sir Arthur Evans by Sir W. B. Richmond, 1907: Ash.
26bl. Heinrich Schliemann: Mansell Collection, London.
26br. Mrs Schliemann: Elsevier Archives.
27. Interior of the treasury of Atreus as seen by Edward Dodwell in *A Classical and Topographical Tour through Greece during 1801, 1805 and 1806*, London, 1819: Ash.
28. Sir Arthur Evans at Knossos with Theodore Fyfe and Duncan Mackenzie during restoration: Ash.
29. Drawing freely adapted from Mycenaean IIIb krater: BM. MC.
30. Alabastron painted with two griffins feeding their young, c. 1150 BC, from Lefkandi: Chalkis Museum (photo British School of Archaeology, Athens, courtesy of M. Popham).
31l and r. Linear A tablets from Hagia Triada, c. 1450 BC: Herakleion Museum (photo EA).
31b. Linear B tablet from Knossos: Hirmer Fotoarchiv, Munich.
32. Marine-style vase from Palaikastro, eastern Crete, c. 1500–1450 BC: Herakleion Museum (JF).
33t. Golden cup from tholos tomb at Vapheio, c. 1500–1450 BC: Nat (photo EA).
33c. Gold ring from Tiryns, c. 15th century BC: Nat (photo EA).
33b. Gaming board from Knossos: Herakleion Museum (photo EA).
34t. Bronze inlaid dagger from Shaft Grave V at Mycenae, 1500–1400 BC: Nat (photo EA).
34b. Snake goddess from Knossos, c. 1600 BC: Herakleion Museum (drawing JF).
35. Aerial view of Mycenae: EA.
36tr. Inlaid bronze dagger hilt from Shaft Grave IV at Mycenae: Nat (photo Robert Harding Associates, London).
36c. Bronze household vessel from shaft grave at Mycenae, c. 1300 BC: Nat (photo Robert Harding Associates, London).
36–37. Gold funeral mask from Shaft Grave V, Circle A, at Mycenae, c. 1550–1500 BC: Nat (photo EA).
Gold cup of Nestor from Shaft Grave IV at Mycenae, 1550–1500 BC: Nat (photo EA).
Wooden hexagonal pyxis with repoussé gold panels from Shaft Grave V at Mycenae: Nat (photo Robert Harding Associates, London).
The lion gate at Mycenae, c. 1250 BC, drawing by Edward Dodwell from *Cyclopean or Pelasgic Remains*, London, 1834: Ash.
38t. Fresco of bull-leap from east wing of palace of Knossos, 1600–1400 BC: Herakleion Museum (photo EA).
38bl. Palace of Knossos: D.A. Harissiadis, Athens.
38br. Middle Minoan cup from Knossos, 18th century BC: Herakleion Museum (photo Robert Harding Associates, London).
40l. Small terracotta of mourning woman from Thera: DAI, Athens.
40r. Fresco of the fisherman from Thera: Nat (photo Hirmer Fotoarchiv, Munich).
41t. General view of Santorini: Robert Haas, London.
41bl. Excavations at Thera: Hirmer Fotoarchiv, Munich.
41br. Fresco of the antelopes from Thera: Nat (photo Hirmer Fotoarchiv, Munich).
42t. Gallery in the acropolis of Tiryns: EA.
42bl. Ivory figurine with two goddesses and divine child, 13th century BC: Nat (photo EA).
42br. Funeral stele from Shaft Grave V, Circle A, at Mycenae, c. 1550–1500 BC: Nat (JF).
43. Part of the battle fresco from northeast wall of palace of Nestor at Pylos, in M. Lang, *Palace of Nestor at Pylos in Western Messenia*, vol. 2, *The Frescoes*, Princeton, N.J., 1969, and University of Cincinnati: JF.
44. Late Mycenaean vase from Cyprus: Cyprus Museum, Nikosia (photo EA).
46tl. Crawling baby from the Dictaean Cave, Late Minoan I, c. 1600 BC: Ash.
46tr. Head of terracotta statue K3.613 found in the Bronze Age temple at Hagia Irini in Keos: University of Cincinnati Excavations.
46c. Gold ring depicting Mycenaean ship, Late Minoan: Ash.
46b. Graffito of lady in ship from Delos: French School of Archaeology, Athens (photo L. Basch).
47. Terracotta figurine of goddess on horseback: Herakleion Museum (photo EA).
48. Gold necklace with pendant of rock crystal in shape of crescent moon with snakes' head finials from tholos tomb at Khaniale Tekke near Knossos, c. 800 BC: Herakleion Museum (photo EA).
49l. Fresco of the boxers from Thera: Nat (photo EA).
49r. Geometric figures: JF.
50–51. Mother Goddesses: all drawings by JF.
50l. Cycladic female figure from Amorgos, c. 2200–2000 BC: Nat.
50c. Cycladic fiddle idol from Amorgos, c. 2500 BC: BM.
50r. Early Neolithic figurine of woman, sixth millennium BC: Nat.
51tl. Clay figurine of goddess from Gazi, Crete, c. 1400–1100 BC: Herakleion Museum.
51tc. Terracotta figurine from Cyprus, 1450–1225 BC: Louvre, Paris.
51tr. Kourotrophos figurine, c. 1400 BC: Herakleion Museum.
51bl. Clay figurine from Thebes, Boeotia, c. 700 BC: Louvre, Paris.
51cl. Terracotta figurine of goddess from Mycenae, 14th–13th century BC: Nauplion Museum.
51cr. Clay figurine of goddess from Mycenae, 13th century BC: Argos Museum.
51br. Terracotta figurine from Megara Hyblaia, Sicily, c. 560 BC: Archaeological Museum, Syracuse.
52. Hellenistic marble head of Homer: Museum of Fine Arts, Boston, Mass.
53. The apotheosis of Homer from Borillae, 2nd century BC, marble: BM.
54. Red-figure kalyx-krater of the death of Agamemnon, 470–465 BC: Museum of Fine Arts, Boston, Mass.
55t. Scene of Odysseus and his companions attacked by the Laistrygonians from mural paintings of the *Odyssey* in the Esquiline Villa in Rome, 1st century BC: photo Scala, Florence.
55b. Terracotta model tomb from Archanes, Crete, c. 800 BC: Herakleion Museum (photo EA).
56. Navarino bay: EA.
57l. Marble relief depicting scenes from the *Iliad*: Capitoline Museum, Rome (photo Scala, Florence).
57r. Neck of relief pithos found in Mykonos, detail showing Trojan horse, c. 675 BC: Archaeological Museum, Mykonos (photo DAI, Athens).
59. View of Greek islands and sea: D.H. Harissiadis, Athens.
60t. Archaic bronze of Odysseus escaping from the Cyclops under a ram as described in the *Odyssey*: Olympia Museum (photo EA).
60b. Detail of jug from Aegina showing Odysseus escaping from the Cyclops, mid-7th century BC: DAI, Athens.
61. Drawing freely adapted from Attic geometric krater, mid-8th century BC: Nat. MC.
62. Amphora from Melos depicting Apollo in his chariot, c. 625–620 BC: Nat (photo EA).
63l. Bronze warrior from Dodona, c. 500 BC: Staatliche Museum, West Berlin.
63r. Dodona, the theater: EA.
64t. Geometric vase with prothesis, 8th century BC: Nat (photo Hirmer Fotoarchiv, Munich).
64b. Bronze libation bowl from Olympia, 8th century BC: Ash.
65. Relief of a wheatsheaf, symbol of Demeter, carved on a lintel: Eleusis Museum (photo SH).
68l. Bronze krater from Vix, 6th century BC: Archaeological Museum, Châtillon-sur-Seine (photo Giraudon, Paris).
68c. Glass amphoriskos, 6th century BC: BM, J. Henderson Bequest.
68r. Cloaked warrior from Sparta, c. 500 BC: Wadsworth Atheneum, Hartford, Conn.; J. Pierpont Morgan Collection.
69l. Bronze youth from Peiraeus, c. 520 BC: Nat (photo Scala, Florence).
69br. Black-figure Athenian amphora by the Daybreak Painter, 6th century BC: BM.
69tr. Bronze helmet from Archanes, Crete, c. 600 BC: Schimmel Collection, New York.
70–71. Kouroi and Korai: all drawings by JF.
70bl. Kouros from Melos, 555–540 BC: Nat.
70c. Kouros of Kroisos from Attica, c. 520 BC: Nat.
70r. Kouros from Attica, c. 615–590 BC: Metropolitan Museum, New York.
Rear view of head, ibid.
Close-up of hand, ibid.
71l. Marble kore from Attica, c. 570 BC: Staatliche Museum, West Berlin.
71r. Front and rear view of marble kore from Attica, c. 560 BC: Acropolis Museum, Athens.
71c. Front and rear view of marble kore from near the Erechtheion, c. 530 BC: Acropolis Museum, Athens.
71br. Rear view of Etruscan gypsum kore from Vulci: BM.
72t. Mount Olympos from the sea: R. V. Schoder, S. J., Chicago.
72bl. Small bronze statue of goddess sidesaddle on horseback from Olympia: Olympia Museum (JF).
72br. Bronze tripod leg, Geometric period: Olympia Museum (photo EA).
73. Reconstruction of Delphic victory column in the Hippodrome, Istanbul: Topkapi Museum (photo SH).
74. Two ivory heads from chryselephantine statues at Delphi, 6th century BC: Delphi Museum (photo French School of Archaeology, Athens).
75t. Reconstruction showing decoration on gold plaques found at Delphi, 6th century BC: Delphi Museum (photo French School of Archaeology, Athens).
75b. Detail of one of the gold plaques, ibid.
76tl. Bronze charioteer, 475–470 BC: Delphi Museum (photo Hirmer Fotoarchiv, Munich).
76tr. View over the site of Delphi: A. F. Kersting, London.
76bl. Bronze legs of the charioteer's horse, 475–470 BC: Delphi Museum (photo French School of Archaeology, Athens).
76bc. Tholos on the lower sanctuary terrace, early 4th century BC: Robert Harding Associates, London.
76br. Detail of frieze of Siphnian treasury, c. 525 BC: Delphi Museum (photo Alison Frantz).
77tc. Naxian sphinx, c. 560 BC: Delphi Museum (JF).
77tr. Karyatid from Siphnian treasury, 530–526 BC: Delphi Museum (JF).
78tl. Vase painting depicting Apollo, Hermes and Artemis at omphalos from Athens: BM.
78tr. Engraved lead token used in consulting the oracle at Dodona: Antikenmuseum, West Berlin.
78c. Terracotta representation of omphalos from Delphi: Delphi Museum (photo SH).
78bc. Athenian treasury at Delphi: SH.
79. Attic vase depicting Aigeus consulting the priestess of

Apollo, 5th century BC: Staatliche Museum, Berlin.
80t. Gold bowl from Olympia, dedicated by the sons of Kypselos, tyrant of Corinth, c. 600 BC: Museum of Fine Arts, Boston, Mass. (photo R. V. Schoder, S.J, Chicago).
80bl. Terracotta statue of Zeus and Ganymede from Olympia, c. 470 BC: Olympia Museum (photo DAI, Athens).
80cr. Olympia, temple of Zeus: Edwin Smith, Saffron Walden.
81t. Olympia, general view of the site: Hirmer Fotoarchiv, Munich.
81bl. Head of a prophet, detail from pediment sculptures from temple of Zeus, Olympia, c. 460 BC: Olympia Museum (photo Alison Frantz).
81br. Lady being carried away by a centaur, detail from pediment sculptures from temple of Zeus, Olympia, c. 460 BC: Olympia Museum (photo Alison Frantz).
82. Zeus, bronze head, c. 520 BC: Nat (photo EA).
Ares, Etruscan portrait head: Etruscan Museum, Rome (photo Mansell Collection, London).
Artemis, from Parthenon frieze: Acropolis Museum, Athens (photo Alison Frantz).
Poseidon, from a coin of c. 520 BC: Staatliche Museum, East Berlin (photo Hirmer Fotoarchiv, Munich).
83. Hermes, from a coin of c. 500 BC: Private Collection (photo Hirmer Fotoarchiv, Munich).
Demeter with Dionysos, 470–460 BC, from Lokri: Reggio Museum (photo Hirmer Fotoarchiv, Munich).
Athene, bronze statue, mid-4th century BC: Nat (photo EA).
Apollo, from the west pediment of temple of Zeus at Olympia, c. 460 BC: Olympia Museum (photo Alison Frantz).
Hera, head from Olympia, c. 600 BC: Olympia Museum (photo Alison Frantz).
Aphrodite, seated with dove in her left hand, on a vase of c. 510 BC: Archaeological Museum, Tarquinia (photo Hirmer Fotoarchiv, Munich).
Hestia, carrying two torches, on a vase of the 5th century BC: BM (photo MH).
Hephaistos at his smithy, on an oenochoe from Vulci, 5th century BC: BM (photo MH).
84. Law code of Gortyn, 6th century BC: Robert Harding Associates, London.
85. View of Spartan plain with Taygetos mountains: EA.
87. Aerial view of Salamis: John Bradford Collection, Pitt Rivers Museum, Oxford, Crown Copyright reserved.
88. Horse and jockey from Artemision, 4th century BC: Nat (photo EA).
88bl. Clay figure vase of youth kneeling, c. 530 BC: Agora Museum, Athens (photo Scala, Florence).
88bc. Entrance to stadium at Olympia: SH.
88br. Starting-line for foot-races, Olympia: Zefa Picture Library, London.
89tl. Athlete exercising with halteres, on vase of c. 510 BC: BM (photo EA).
89r. Wrestlers in combat on a krater of 6th century BC: BM (photo MH).
92t. Bronze warrior from Sparta: Nat (photo EA).
93. Krater made by Ergotimos and painted by Kleitias (François vase), c. 570 BC: Archaeological Museum, Florence (photo Scala, Florence).
95t. Boeotian terracotta model of women making bread, 5th century BC: Louvre, Paris.
95c. Mining scene drawn from the sherd found at Corinth, 6th century BC: Staatliche Museum, West Berlin (JF).
96t. Ostraka from Athenian Agora naming Aristides, Kimon and Themistokles, 5th century BC: Agora Museum, Athens (photo EA).
96b. Attic red-figure cup depicting voting of Greeks by Brygos Painter, 490–480 BC: BM.
97. Bronze legal votes and clay voting tablets: Agora Museum, Athens (JF).
98t. Temple of Hera, Akragas: C. M. Dixon, Dover.
98b. Gigantic telamon from temple of Olympian Zeus, Akragas: C. M. Dixon, Dover.
99b. Temple of Concord, Akragas: Scala, Florence.
100. Cathedral of Syracuse: Edwin Smith, Saffron Walden.
102–03. Various coins as detailed in captions: Ash.
104. Head of Herodotos: Agora Museum, Athens (photo American School of Classical Studies, Athens).
105. Aischylos: Staatliche Museum, West Berlin
Herakleitos: Staatliche Museum, West Berlin.
Plato: Nat.
Sokrates: DAI, Rome.
Zeno: National Museum, Naples.
Thucydides: Museum of Corfu.
Epicurus: Vatican Museum.
Aristotle: Kunsthistorisches Museum, Vienna.
106. View of Thasos: Zefa Picture Library, London.
107. Attic krater of Alkaios and Sappho, c. 470 BC: Staatliche Antikenmuseum, Munich (photo Caecilia H. Moessner, Munich).
108. Apulian bowl showing Pentheus pursued by Maenads, 4th century BC: DAI, Rome.
109t. Black-figure amphora of chariot race given as a prize at a Panathenaic festival, late 5th century BC: BM.
109b. Assassination of Klytaimnestra as depicted on a drinking-vessel: Ferrara Museum (photo Scala, Florence).
110. Black-figure cup by Exekias showing Dionysos sailing with Etruscan pirates changed into dolphins, mid-6th century BC: Antikensammlung, Munich.
111. Drawing freely adapted from cup by Oltos, 525–500 BC: Tarquinia Museum. MC.
113t. Lucanian kalyx-krater by the Amykos Painter, late 5th century BC: Pergamon Museum, East Berlin.
113cl. Small bronze statuette of Negro cleaning a boot, c. 460 BC: BM.
113cr. Stone inscription about sale of slaves: Agora Museum, Athens (photo American School of Classical Studies, Athens).
113b. Terracotta animals from graves at Megara Hyblaia, 6th century BC: Syracuse Museum (photo Scala, Florence).
114–15. Athens, colored engraving dated 1813 entitled *Ruins of Hadrian's temple with a view to the south east angle of the Acropolis and Parthenon*: Benaki Museum, Athens (photo EA).
116tl. Athens, Dipylon gate: Robert Harding Associates, London.
116tr. Kerameikos: G. Speake, Oxford.
116cl. Acropolis, Temple of Wingless Victory: MH.
116bl. Odeion of Herod Atticus: Robert Harding Associates, London.
116br. Sanctuary of Asklepios: G. Speake, Oxford.
117tl. Theseion: Scala, Florence.
117tr. Propylaia: Robert Harding Associates, London.
117cl. Marble statue of Athene Parthenos, Roman copy after Pheidias: Nat (photo SH).
117cr. Tower of the Winds: A. A. M. van der Heyden, Amsterdam.
117bl. Temple of Olympian Zeus: Robert Harding Associates, London.
117br. Parthenon: Robert Harding Associates, London.
118tl and r. Parthenon, horseman from north frieze, c. 442–438 BC: BM (photo MH).
118b. Parthenon, three fates from east pediment: BM (photo MH).
119tl. Parthenon, herdboys from south frieze: BM (photo MH).
119tr. Parthenon, metope of Lapith and centaur fighting: BM (photo MH).
119bl. Parthenon, river god from west pediment: BM (photo MH).
119br. Parthenon, Dionysos (?) from east pediment: BM (photo MH).
120. Reconstruction of villa of Good Fortune at Olynthos: R. Barnard, Somerset.
122t. Paestum, banqueting scene from tomb of the Diver, c. 480 BC: Scala, Florence.
122bl. Boeotian terracotta of barber, late 6th century BC: Museum of Fine Arts, Boston, Mass.
122bc. Terracotta figurine of slave carrying pottery, 2nd century BC: Antikensammlungen Munich (photo Caecilia H. Moessner, Munich).
122br. Armorer at work, Attic red-figure cup from Orvieto, c. 480 BC: Ash.
123t. Terracotta of women gossiping from Myrina, 2nd century BC: BM.
123c. Boeotian terracotta of man plowing, 7th century BC: Louvre, Paris.
123bl. Vase painting of fishmonger's shop, ? 6th century BC: Museo Mandralisca, Cefalu (photo Scala, Florence).
123br. Boy carrying furniture from vase by the Pan Painter, 5th century BC: Ash.
124. Terracotta figurine of woman grinding corn, 5th century BC: Nat (photo EA).
125. Horsemen from north side of Parthenon frieze, 442–438 BC: BM (photo Alison Frantz).
126tl. Terracotta akroterion from Pheidias' workshop, c. 430 BC: Olympia Museum (photo Hannibal, Athens).
126bl. Gold palmette, 5th century BC: Brauron Museum (photo Hannibal, Athens).
126c. Lycian sarcophagus, 420–400 BC: Archaeological Museum, Istanbul (photo SH).
126r. Gold helmet from Cotofenesti, Romania, 400 BC: National Museum of Antiquities, Bucharest (photo Photoresources, Dover).
126l. Thracian greave from Vratza, Bulgaria, 380–350 BC: National Museum, Sofia (photo Fotostudio Otto, Vienna).
126tr. Scythian gold cap from Cape Ak-Burun, Crimea, c. 400 BC: electron copy from Victoria and Albert Museum, London; original in Hermitage, Leningrad.
126br. Red-figure krater from Pisticci, 5th century BC: BM (photo MH).
128. Bassai, temple of Apollo, the naos from the adytum: SH.
130l. Aegina, temple of Aphaia: Zefa Picture Library, London.
130r. Aegina, marble warrior figure from pediment of temple of Aphaia, c. 500 BC: Staatliche Antikensammlungen, Munich.
131t. Sardis, temple of Artemis: C. M. Dixon, Dover.
131b. Athenian amphora with battle scene, 5th to 4th century BC: Louvre, Paris.
132r. Athos, aerial view: Elsevier Archives.
134–35. Drawing of a soldier from Dal Pozzo-Albani, *Collection of Drawings of Antiquities*, vol. 2.
Weapons and helmets: Malcolm McGregor, London.
136–37. Fortifications and War Machines: R. Barnard, Somerset; catapults after W. Soedel and V. Foley, "Ancient Catapults," *Scientific American* March 1979.
138t. Delos, general view of site: Spectrum Colour Library, London.
138b. Delos, lions: MH.
141. Portrait of Perikles, c. 440 BC, Roman copy: Vatican Museum (photo MH).
142t. Miletos, relief of gladiator and dog: C. M. Dixon, Dover.
142b. Miletos, Hellenistic theater: C. M. Dixon, Dover.
143. Nike by Paionios, c. 420–410 BC: Olympia Museum (photo DAI, Athens).
144t. Marble statue of boy, 5th century BC: Ash.
144b. Athenian red-figure cup from Vulci, 490–480 BC: BM.
145t. Paestum, tomb of the Diver, c. 480 BC: Scala, Florence.
145b. Athenian black-figure vase, 520 BC: BM.
146l. Bronze tragic mask from Peiraeus, mid-4th century BC: Nat (photo EA).
146–47. Reconstruction of theater, theater seat and monument to Lysikrates: R. Barnard, Somerset, and JF.
147. Terracotta statuettes of 6 actors from Athenian grave, 4th century BC: Metropolitan Museum of Art, New York, Rogers Fund, 1913.
149. Theater plans: Stephen Cocking, Oxford.
150–51. Dodona, theater: Zefa Picture Library, London.
154–55. Music in Ancient Greece: R. Barnard, Somerset, and MC. Water organ based on the Carthage lamp.
156tl. Alexandrian coins of Roman period: JF.
156tr. Acropolis, north porch of Erechtheion: DAI, Athens.
156b. Scene from Sophokles' *Antigone* by Dolon Painter, c. 380–370 BC: BM.
157t, c and bl. Acropolis, east, west and southwest facades of Erechtheion: Hirmer Fotoarchiv, Munich.
157br. Deities from the Parthenon frieze, c. 442–438 BC: Acropolis Museum, Athens (photo Alison Frantz).
158l. White-ground lekythos, 5th century BC: BM.
158r. Mourning Athene, c. 470–450 BC: Acropolis Museum, Athens (photo EA).
159. Drawing freely adapted from Ionic column from temple of Athene Polias at Priene: MC.
160. Plate from Rhodes, late 7th or early 6th century BC: BM.
161tl. Metope of Perseus and the Gorgon from Selinus: Archaeological Museum, Palermo (photo Scala, Florence).
161r. Etruscan Gorgon: Villa Giulia Museum, Rome (photo Scala, Florence).
161c. Hydria with painted Gorgon's head, c. 490 BC: Tarquinia Museum (photo Scala, Florence).
162l. Votive relief with large leg dedicated to Asklepios: Nat (photo EA).
162r. Asklepios with snake, Roman copy: Epidauros Museum (JF).
163tl. Medical instruments, Hellenistic period: BM (photo EA).
163cr. Votive relief, 4th century BC: Nat (photo EA).
163b. Votive relief, 4th century BC: Nat (photo EA).
164. Epidauros, the theater: Scala, Florence.
165b. Epidauros, akroterion from temple of Asklepios, c. 400–380 BC: Nat (photo EA).
166t. Ephesos, statue of Artemis, 2nd century AD: Archaeological Museum, Ephesos (photo SH).
166b. Ephesos, the Arkadiane: SH.
167. Herdboys of the Parthenon frieze, c. 440 BC: Acropolis Museum, Athens (photo Alison Frantz).
168t. Kos, the sanctuary of Asklepios: G. Speake, Oxford.
169. Remains of long walls linking Athens and Peiraeus: Robert Harding Associates, London.
170t. Alexandria, head of Ptolemy II, 285–246 BC: Alexandria Museum.
171t. Gold medallion with head of Philip II from Tarsus: Phaidon archives.
171c. Bronze statue of Alexander, Roman imperial period: BM (photo MH).
172. Coin of Kyrene showing head of Zeus Ammon, c. 480–470 BC: photo Hirmer Fotoarchiv, Munich.
173. Messene, aerial view of walls: EA.
174l. Ivory head of Philip II? from Vergina: ST.
174r. Vessels and armor in bronze: ST.
174b. Painted entrance to tomb: ST.
175t. Quiver and greaves: ST.

175c. Ivory head of Alexander?: ST.
175bl. Gold casket containing bones: ST.
175br. Silver jug: ST.
176. Salamis, Cyprus, palaestra: SH.
178t. Plate from Capena, 3rd century BC: Villa Giulia Museum, Rome (photo Scala, Florence).
178b. Head of Alexander wearing elephant's hide and ram's horns: National Museum, Copenhagen.
179l. Bronze head of philosopher from Antikythera, c. 230 BC: Nat (photo EA).
179r. Graffito of heads from Persepolis: Metropolitan Museum of Art, New York.
180. Aigosthena: EA.
183. Petra, treasury: Zefa Picture Library, London.
184tl. Protogeometric vase, 10th century BC: BM (photo MH).
184cl. Geometric jug from Athens, 8th century BC: BM (photo MH).
184bl. Protocorinthian vase, 7th cent. BC: BM (photo MH).
184r. Black-figure cup from Athens, c. 550 BC: Tarquinia Museum (photo Scala, Florence).
185tl. Black-figure hydria from Athens, c. 510 BC: Cerveteri Museum (photo Scala, Florence).
185tr. Spartan cup, c. 550 BC: Vatican Museum (photo Scala, Florence).
185cl. Athenian red-figure hydria, early 5th century BC: Vatican Museum (photo Scala, Florence).
185cr. Athenian cup, c. 560 BC: Archaeological Museum, Florence (photo Scala, Florence).
185bl. Kalyx-krater, c. 350 BC: Lipari Museum (photo Scala, Florence).
187t. Krater from Centuripe, 3rd century BC: Catania University (photo Hirmer Fotoarchiv, Munich).
187b. Reconstruction of Alexandrian anchor from Anglesey, 2nd century BC: National Museum of Wales (JF).
188t. Detail of great altar at Pergamon, c. 180 BC: Staatliche Museum, West Berlin.
188b. Pergamon, the theater: C. M. Dixon, Dover.

189. Early illustrated papyrus, 3rd century AD: BM.
190t. Ay Khanoum, portrait head of old man: DAFA.
190cl. Ay Khanoum, silver disk of Kybele: DAFA.
190cr. Ay Khanoum, palaestra: DAFA.
190b. Ay Khanoum, foot of cult statue: DAFA.
191t. Page from *Materia Medica* of Diskorides: National Library, Vienna.
191b. Terracotta of war elephant, 1st century AD: National Museum, Naples (JF).
192. Dying Gaul, c. 240–200 BC, Roman copy: Capitoline Museum, Rome.
193r. Corinth, temple of Apollo and Acrocorinth: SH.
196l. Paestum, aerial view: Elsevier Archives.
196r. Paestum, temple of Neptune: Scala, Florence.
196b. Head of Hannibal on Spanish shekel, 3rd century BC: BM (JF).
197b. Antiochos III, coin portrait: National Museum, Copenhagen (JF).
199. Drawing freely adapted from Christ Pantokrator mosaic, c. 1100 AD, Daphni: MC.
200t. Terracotta statue of Apollo from Veii, c. 500 BC: Villa Giulia Museum, Rome (photo Scala, Florence).
200b. Etruscan terracotta gladiators: Taranto Museum (photo Scala, Florence).
201t. Priene, sacred portico, 2nd century BC: G. Speake, Oxford.
202t. Relief, Ara Pacis, Rome, 19–13 BC: Scala, Florence.
202c. Coin of Antimachos, c. 185 BC: BM (JF).
202b. Coin of Euthydemos of Bactria, c. 230–220 BC: Torlonia Collection, Villa Albani, Rome (JF).
204. Horses of San Marco, Venice: Scala, Florence.
205l. Head of Hadrian: Ostia Museum (photo Scala, Florence).
205r. Athens, temple of Olympian Zeus, completed by Hadrian in 130 AD: SH.
205b. Marble statue of Antinous: Capitoline Museum, Rome (photo Scala, Florence).
206t. Head of Homer from Kenchreai, Corinth: American School of Classical Studies, Athens (photo R. Scranton).

206c. Caracalla, portrait head, 215–217 AD: Metropolitan Museum of Art, New York, Samuel D. Lee Fund, 1940.
206b. Septimius Severus, portrait head, c. 200 AD: Museum of Fine Arts, Boston, Mass.
207l. Mistra: G. Speake, Oxford.
207r. Eton MS. 141. Strabo, *Geography*, 15th century AD: Provost and Fellows of Eton College, Windsor.
208t. *School of Athens* by Raphael: Vatican Museum (photo Phaidon Archives).
208bl. Villa Rotunda, Vicenza, by Palladio: A. F. Kersting, London.
208br. Osterley House, London: Country Life, London.
209tl. Censer in wood and bronze, early 19th century: Pitti Palace, Florence (photo Alinari, Florence).
209tc. Athens, the university: A. F. Kersting, London.
209tr. Etching of fireman, 1883: Mary Evans Picture Library, London.
209cl. Wedgwood vase, c. 1790: Wedgwood Museum, Barlaston, Staffs.
209c. Victorian sculpture by John Gibson: Mansell Collection, London.
209cr. Vaslav Nijinsky and Tubor Tchernichera in *L'Après-midi d'un faune*, 1912: New York Public Library, Dance Collection, Lincoln Center (photo Baron Adolph de Meiyer).
209bl. Tomb of Makriyannis, Athens: Greek Embassy, London.
209br. Picasso, etching from the Minotaur suite, 1936; © by SPADEM, Paris, 1980: Sotheby Parke Bernet, London.
210l. Caryatid from Eleusis: Fitzwilliam Museum, Cambridge (JF).
210r. Bombardment of Athenian acropolis during siege of 1687, engraving published by Fanelli in 1707: Ash.
211. "The first battle of Athens," commissioned by Makriyannis: Royal Library, Windsor, Copyright reserved.
Endpapers. Map of Greece from Abraham Ortelius, *Theatrum Orbis Terrarum*, Antwerp 1570: Royal Geographical Society, London.

引用文献

第1部
A. Andrewes, *The Greeks*. London 1967.
J. B. Bury and R. Meiggs, *History of Greece to the Death of Alexander the Great*. 4th ed. London 1975.
Cambridge Ancient History. 3rd ed. Cambridge 1970.
J. K. Campbell, *Honour, Family and Patronage*. Oxford 1964.
M. Cary, *The Geographic Background of Greek and Roman History*. Oxford 1949.
E. Dodwell, *Cyclopean or Pelasgic Remains*. London 1834.
J. du Boulay, *Portrait of a Greek Mountain Village*. Oxford 1974.
N. G. L. Hammond, *History of Greece to 322 BC*. 2nd ed. Oxford 1967.
S. C. Humphreys, *Anthropology and the Greeks*. London 1978.
W. M. Leake, *Travels in the Morea*. 3 vols. London 1830.
—— *Travels in Northern Greece*. 4 vols. London 1835.
A. D. Momigliano, *Alien Wisdom*. Cambridge 1975.
Oxford Classical Dictionary. 2nd ed. Oxford 1970.
Pitton de Tournefort, *Relation d'un voyage du Levant*. Lyon 1717.
H. J. Rose, *A Handbook of Greek Mythology*. 6th ed. London 1958.
R. Stillwell, W. L. MacDonald, and M. A. McAllister, *The Princeton Encyclopedia of Classical Sites*. Princeton, N.J. 1976.
J. Stuart and N. Revett, *The Antiquities of Athens*. 4 vols. London 1762–1816.

第2部
C. W. Blegen, *Troy and the Trojans*. London 1963.
K. Branigan, *The Foundations of Palatial Crete*. London 1970.
H.-G. Buchholz and V. Karageorghis, *Prehistoric Greece and Cyprus*. London 1973.
J. Chadwick, *The Decipherment of Linear B*. 2nd ed. Cambridge 1968.
—— *The Mycenaean World*. Cambridge 1976.
V. R. d'A. Desborough, *The Last Mycenaeans and their Successors*. Oxford 1964.
—— *The Greek Dark Ages*. London 1972.
Sir Arthur Evans, *The Palace of Minos at Knossos*. Vols. 1–4. London 1921–35. Index volume 1936. Repr. New York 1964.
M. I. Finley, *The World of Odysseus*. 2nd ed. Harmondsworth 1962.
A. Furumark, *The Mycenaean Pottery. Analysis and Classification*. Stockholm 1941. Repr. Stockholm 1972.
—— *The Chronology of Mycenaean Pottery*. Stockholm 1941. Repr. Stockholm 1972.
J. W. Graham, *The Palaces of Crete*. Princeton, N.J. 1962. Repr. 1969.
R. Higgins, *Minoan and Mycenaean Art*. London and New York 1967.
M. S. F. Hood, *The Home of the Heroes. The Aegean before the Greeks*. London 1967.
—— *The Minoans*. London 1971.
R. W. Hutchinson, *Prehistoric Crete*. Harmondsworth Repr. 1968.
G. S. Kirk, *Homer and the Epic*. Cambridge 1965.
—— *Myth, its Meaning and Function*. Cambridge 1970.
A. D. Lacy, *Greek Pottery in the Bronze Age*. London 1967.
J. V. Luce, *The End of Atlantis*. London 1969.
S. Marinatos and M. Hirmer, *Crete and Mycenae*. London 1960.
F. Matz, *Kreta, Mikene, Troja. Die minoische und die homerische Welt*. Stuttgart 1956.
—— *Crete and Early Greece*. London 1962.
O. Murray, *Early Greece and the Near East*. London 1980.
G. Mylonas, *Ancient Mycenae*. London 1957.
—— *Mycenae and the Mycenaean Age*. Princeton, N.J. 1966.
M. P. Nilsson, *The Minoan-Mycenaean Religion and its Survival in Greek Religion*. 2nd ed. Lund 1950.
D. L. Page, *The Homeric Odyssey*. Oxford 1955.
—— *History and the Homeric Iliad*. Berkeley, Ca. 1959.
J. D. S. Pendlebury, *The Archaeology of Crete*. London 1939. Repr. New York 1965.
C. Renfrew, *The Emergence of Civilization. The Cyclades and the Aegean in the Third Millennium BC*. London 1972.
A. E. Samuel, *The Mycenaeans in History*. Englewood Cliffs, N.J. 1966.
N. K. Sandars, *The Sea Peoples*. London 1978.
K. Schefold, *Myth and Legend in Early Greek Art*. London 1966.
H. Schliemann, *Mycenae*. London 1878.
—— *Ilios*. London 1880.
A. M. Snodgrass, *Archaeology and the Rise of the Greek State*. Cambridge 1977.
—— *The Dark Age of Greece*. Edinburgh 1971.
F. H. Stubbings, *Mycenaean Pottery from the Levant*. Cambridge 1951.
—— *Prehistoric Greece*. London 1972.
Lord William Taylour, *Mycenaean Pottery in Italy and Adjacent Areas*. Cambridge 1958.
—— *The Mycenaeans*. London 1964.
G. Thomson, *The Prehistoric Aegean*. London 1978.
M. Ventris and J. Chadwick, *Documents in Mycenaean Greek*. 2nd ed. by J. Chadwick. Cambridge 1973.
E. Vermeule, *Greece in the Bronze Age*. 5th impression. Chicago, Ill., and London 1972.
A. J. B. Wace, *Mycenae. An Archaeological History and Guide*. Princeton, N.J. 1949.
—— and F. H. Stubbings (eds.), *A Companion to Homer*. London 1962.
P. Warren, *The Aegean Civilizations*. Oxford 1975.
C. Zervos, *L'Art de la Crète néolithique et minoenne*. Paris 1956.
—— *L'Art des Cyclades*. Paris 1957.
—— *La Naissance de la civilisation en Grèce*. Vols 1–2. Paris 1962.

第3部
A. Andrewes, *Greek Tyrants*. London 1956.
J. Boardman *The Greeks Overseas*. 3rd ed. London 1980.
—— *Preclassical*. Harmondsworth 1967.
—— *Athenian Black Figure Vases*. London 1974.
—— *Athenian Red Figure Vases of the Archaic Period*. London 1975.
—— *Greek Sculpture: the Archaic Period*. London 1978.
R. J. Bonner, *Aspects of Athenian Democracy*. Berkeley, Ca. 1933.
C. M. Bowra, *Greek Lyric Poetry*. 2nd ed. Oxford 1961.
—— *Pindar*. Oxford 1964.
A. R. Burn, *Lyric Age of Greece*. London 1960.
—— *Persia and the Greeks*. London 1962.
P. Cartledge, *Sparta and Lakonia*. London 1979.
M. and V. Charbonneaux, *Archaic Greek Art*. London and New York 1971.
J. N. Coldstream, *Greek Geometric Pottery*. London 1968.
—— *Geometric Greece*. London 1977.
J. K. Davies, *Athenian Propertied Families*. Oxford 1971.
J. de Romilly, *La Loi dans la pensée grecque*. Paris 1971.
V. R. d'A. Desborough, *The Greek Dark Ages*. London 1972.
T. J. Dunbabin, *The Western Greeks*. Oxford 1948.
V. Ehrenberg, *From Solon to Socrates*. 2nd ed. London 1973.
B. Farrington, *Greek Science*. 2nd ed. Harmondsworth 1969.
M. I. Finley, *Ancient Sicily*. London 1968.
W. G. Forrest, *The Emergence of Greek Democracy*. London 1966.
—— *A History of Sparta, 950 BC–192 BC*. London 1968.
H. Fränkel, *Early Greek Poetry and Philosophy*. Oxford 1975.
E. N. Gardiner, *Athletics of the Ancient World*. Oxford 1930.
A. J. Graham, *Colony and Mother City in Ancient Greece*. Manchester 1964.
D. Harden, *The Phoenicians*. Harmondsworth 1971.
H. A. Harris, *Greek Athletes and Athletics*. London 1964.
—— *Sport in Greece and Rome*. London 1972.
A. R. W. Harrison, *The Law of Athens*: vol. 1 *The Family and Property*. Oxford 1968; vol. 2 *Procedure*. 1971.
C. and S. Hawkes (eds.), *Greeks, Celts and Romans*. London 1973.
C. Hignett, *Xerxes' Invasion of Greece*. Oxford 1963.
E. Homann-Wedeking, *Archaic Greece*. London 1968.
E. Hussey, *The Presocratics*. London 1972.
G. L. Huxley, *The Early Ionians*. London 1966.
L. H. Jeffrey, *Archaic Greece*. London 1976.
G. K. Jenkins, *Ancient Greek Coins*. London 1972.
A. Johnston, *The Emergence of Greece*. Oxford 1976.
G. S. Kirk and J. E. Raven, *The Presocratic Philosophers*. Cambridge 1957.
C. M. Kraay, *Archaic and Classical Greek Coins*. London 1976.
—— and M. Hirmer, *Greek Coins*. London 1966.
E. Langlotz and M. Hirmer, *The Art of Magna Graecia*. London 1965.
A. Lesky, *History of Greek Literature*. London 1966.
P. Maas, *Greek Metre*, trans H. Lloyd-Jones. Oxford 1962.
S. Moscati, *The World of the Phoenicians*. London 1968.
M. P. Nilsson, *A History of Greek Religion*. 2nd ed. Oxford 1949.
—— *Greek Popular Religion*. New York 1940.
—— *Greek Piety*. Oxford 1948.
H. W. Parke, *Greek Oracles*. London 1967.
H. Payne, *Necrocorinthia*. Oxford 1931.
S. Piggott, *Ancient Europe*. Edinburgh 1973.
M. J. Price and N. Waggoner, *Archaic Greek Coinage*. London 1976.
D. S. Raven, *Green Metre*. London 1969.
E. Rawson, *The Spartan Tradition in European Thought*. Oxford 1969.
P. J. Rhodes, *The Athenian Boule*. Oxford 1972.
G. M. A. Richter, *Korai: Archaic Greek Maidens*. London 1968.
—— *Kouroi: Archaic Greek Youths*. 3rd ed. London 1970.
S. Sambursky, *The Physical World of the Greeks*. London 1956.
B. Schweitzer, *Greek Geometric Art*. London and New York 1971.
E. Vanderpool, *Ostracism at Athens*. Cincinnati, Ohio 1970.
M. L. West, *Early Greek Philosophy and the Orient*. Oxford 1971.
A. G. Woodhead, *The Greeks in the West*. London 1962.

第4部
P. E. Arias and M. Hirmer, *A History of Greek Vase Painting*. London 1962.
B. Ashmole, *Architect and Sculptor in Classical Greece*. London 1972.
J. D. Beazley, *Potter and Painter in Ancient Athens*. Oxford 1946.
H. Berve, G. Gruben and M. Hirmer, *Greek Temples, Theatres and Shrines*. London 1963.
M. Bieber, *The History of the Greek and Roman Theater*. 2nd ed. Princeton, N.J. 1961.
C. Blümel, *Greek Sculptors at Work*. 2nd ed. London 1969.
J. Boardman, *Greek Art*. Revised ed. London 1973.
—— *Greek Gems and Finger Rings*. London 1971.
R. S. Buck, *Plato's Phaedo*. London 1955.
R. Carpenter, *The Architects of the Parthenon*. Harmondsworth 1970.
M. Cary and E. H. Warmington, *The Ancient Explorers*. London 1929; paperback revised ed. 1963.
L. Casson, *Ships and Seamanship in the Ancient World*. Princeton, N.J. 1971.
—— *Travel in the Ancient World*. London 1974.
W. R. Connor, *The New Politicians of Fifth Century Athens*. Princeton, N.J. 1971.
R. M. Cook, *Greek Art. Its Development, Character and Influence*. London 1972.
F. M. Cornford, *Before and after Socrates*. Cambridge 1932.
J. J. Coulton, *Greek Architects at Work*. London 1977.
J. K. Davies, *Democracy and Classical Greece*. London 1978.
J. de Romilly, *Thucydides and Athenian Imperialism*. Oxford 1963.
G. E. M. de Ste. Croix, *The Origins of the Peloponnesian War*. London 1972.
W. B. Dinsmoor, *The Architecture of Ancient Greece*. 3rd ed. London and New York 1950.
E. R. Dodds, *The Ancient Concept of Progress*. Oxford 1973.
K. J. Dover, *Aristophanic Comedy*. London 1972.
—— *Greek Popular Morality*. Berkeley, Ca. 1974.
—— *Greek Homosexuality*. London 1978.
V. Ehrenberg, *Sophocles and Pericles*. Oxford 1954.
J. Ellis Jones et al., *An Attic Country House*. London 1974.
J. H. Finley, *Thucydides*. Cambridge, Mass. 1976.
M. I. Finley (ed.), *Slavery in Classical Antiquity*. Cambridge 1960.
R. Flacelière, *Daily Life in Greece at the Time of Pericles*. London 1965.
R. J. Forbes, *Studies in Ancient Technology*. 9 vols. 2nd ed. Leiden 1964–72.

C. W. Fornara, *Herodotus*. Oxford 1971.
A. French, *The Growth of the Athenian Economy*. London 1964.
G. Glotz, *Ancient Greece at Work*. London 1926.
W. C. K. Guthrie, *History of Greek Philosophy*. 5 vols. Cambridge 1962–78.
I. Henderson, "Ancient Greek Music" in *The New Oxford History of Music*, vol. 1: *Ancient and Oriental Music*. Oxford 1957.
R. J. Hopper, *The Acropolis*. London 1971.
―― *Trade and Industry in Classical Greece*. London 1979.
J. Jones, *On Aristotle and Greek Tragedy*. London 1962.
D. Kurtz, *Athenian White Lekythoi*. Oxford 1975.
―― and J. Boardman, *Greek Burial Customs*. London 1971.
W. K. Lacey, *The Family in Classical Greece*. London 1968.
M. L. W. Laistner, *A History of the Greek World from 479 to 323 BC*. 3rd ed. London 1957; paperback ed. 1970.
A. W. Lawrence, *Greek and Roman Sculpture*. London 1972.
―― *Greek Architecture*. 3rd ed. Harmondsworth 1973.
A. Lesky, *Greek Tragedy*. London 1965.
R. J. Ling, *The Greek World*. Oxford 1976.
R. Lullies and M. Hirmer, *Greek Sculpture*. Revised ed. London 1960.
H.-I. Marrou, *A History of Education in Antiquity*. London 1956.
R. Martin, *L'Urbanisme dans la cité grecque*. Paris 1974.
R. Meiggs, *The Athenian Empire*. Oxford 1972.
―― and D. M. Lewis, *Selection of Greek Historical Inscriptions*. Oxford 1969.
H. Michell, *The Economics of Ancient Greece*. Revised ed. Cambridge 1957.
N. R. Murphy, *The Interpretation of Plato's Republic*. Oxford 1951.
H. W. Parke, *Festivals of the Athenians*, London 1977.
―― *Greek Mercenary Soldiers*. Oxford 1933. Repr. 1970.
A. W. Pickard-Cambridge, *The Dramatic Festivals of Athens*. 2nd ed. Oxford 1968.
J. E. Raven, *Plato's Thought in the Making*. Cambridge 1965.
K. Reinhardt, *Sophokles*. 3rd ed. Frankfurt 1947.
G. M. A. Richter, *The Sculpture and Sculptors of the Greeks*. 4th ed. New Haven, Conn. 1970.
―― *Handbook of Greek Art*. 7th ed. London and New York 1974.
―― *Portraits of the Greeks*. London 1966.
D. S. Robertson, *Greek and Roman Architecture*. 2nd ed. Cambridge 1943. Paperback ed. 1969.
M. Robertson, *History of Greek Art*. Cambridge 1976.
D. Ross, *Plato's Theory of Ideas*. Oxford 1951.
A. M. Snodgrass, *Arms and Armour of the Greeks*. London 1967.
E. S. Staveley, *Greek and Roman Voting and Elections*. London 1972.
D. E. Strong, *The Classical World*. London 1965.
A. E. Taylor, *Plato*. London 1926.
J. Travlos, *Pictorial Dictionary of Ancient Athens*. London 1971.
A. D. Trendall and T. B. L. Webster, *Illustrations of Greek Drama*. London 1971.
J. P. Vernant, *Mythe et pensée chez les grecs*. Paris 1965.
―― *Mythe et tragédie en Grèce ancienne*. Paris 1972.
B. Vickers, *Towards Greek Tragedy*. London 1974.

J. Vogt, *Ancient Slavery and the Ideal of Man*. Oxford 1974.
A. J. A. Waldock, *Sophocles the Dramatist*. Cambridge 1966.
T. B. L. Webster, *Athenian Culture and Society*. London 1973.
F. E. Winter, *Greek Fortifications*. London 1971.
A. G. Woodhead, *The Study of Greek Inscriptions*. Cambridge 1959.
R. E. Wycherley, *How the Greeks Built Cities*. 2nd ed. London 1962.
A. E. Zimmern, *The Greek Commonwealth*. 5th ed. Oxford 1947. Paperback ed. 1961.

第5部

M. Bieber, *The Sculpture of the Hellenistic Age*. New York 1955.
M. Cary, *A History of the Greek World from 323 to 146 BC*. 2nd ed. London 1951.
G. L. Cawkwell, *Philip of Macedon*. London 1978.
K. J. Dover, *Lysias and the Corpus Lysiacum*. Berkeley, Ca. 1968.
J. R. Ellis, *Philip II and Macedonian Imperialism*. London 1976.
P. M. Fraser, *Ptolemaic Alexandria*. 3 vols. Oxford 1972.
G. T. Griffith, *History of Macedonia*, vol. 2. Oxford 1972.
P. Grimal, *Hellenism and the Rise of Rome*. London 1968.
W. Jaeger, *Aristoteles*. Berlin 1955.
G. Kennedy, *The Art of Persuasion in Greece*. London and Princeton, N.J. 1963.
R. Lane Fox, *Alexander the Great*. London 1973.
J. A. O. Larsen, *Greek Federal States*. Oxford 1968.
N. Lewis, *Papyrus in Classical Antiquity*. Oxford 1974.
A. A. Long, *Hellenistic Philosophy*. London 1974.
R. Pfeiffer, *History of Classical Scholarship: from the Beginnings to the End of the Hellenistic Age*. Oxford 1968.
A. W. Pickard-Cambridge, *Demosthenes*. New York 1914.
J. H. Randall Jr., *Aristotle*. New York 1960.
L. D. Reynolds and N. G. Wilson, *Scribes and Scholars*. 2nd ed. Oxford 1974.
L. Robin, *Aristote*. Paris 1944.
W. D. Ross, *Aristotle*. 5th ed. London 1960.
―― *The Development of Aristotle's Thought*. London 1957.
M. I. Rostovtzeff, *Social and Economic History of the Hellenistic World*. 3 vols. Oxford 1941.
W. W. Tarn, *Hellenistic Military and Naval Developments*. Cambridge 1930.
―― *Hellenistic Civilization*. 3rd ed. rev. G. T. Griffith. London 1952.
E. G. Turner, *Greek Papyri: An Introduction*. Oxford 1968.
―― *Greek Manuscripts of the Ancient World*. Oxford 1971.
U. von Wilamowitz-Moellendorff, *Hellenistiche Dichtung*. Berlin 1924. Repr. 1961.
T. B. L. Webster, *Hellenistic Poetry and Art*. London 1964.
H. D. Westlake, *Thessaly in the Fourth Century*. London 1935.

第6部

P. Brown, *The World of Late Antiquity*. London 1971.
R. Browning, *Medieval and Modern Greek*. London 1969.

E. Fraenkel, *Horace*. Oxford 1957.
R. Heinze, *Virgils epische Technik*. Leipzig and Berlin 1915. Repr. Stuttgart 1965.
L. Politis, *A History of Modern Greek Literature*. Oxford 1973.
S. Runciman, *Mistra*. London 1980.
W. St. Clair, *That Greece might still be Free*. London 1972.
C. A. Trypanis (ed.), *Medieval and Modern Greek Poetry*. Oxford 1951.
G. Williams, *Tradition and Originality in Roman Poetry*. Oxford 1968.

英語に翻訳されたギリシア文学

Aischylos, *Oresteia*, tr. D. Young. Oklahoma 1975.
―― *Prometheus and Other Plays*, tr. P. Vellacott. Harmondsworth 1970.
Apollodoros, *The Library*, tr. J. G. Frazer. 2 vols. London 1921.
Apollonios Rhodios, *Argonautica*, tr. E. V. Rieu. Harmondsworth 1959.
Aristophanes, tr. B. B. Rogers. 3 vols. London 1924.
Aristotle, *Ethics*, tr. J. A. K. Thomson. Harmondsworth 1969.
―― *Metaphysics*, tr. J. Warrington. London 1968.
―― *Poetics*, tr. G. F. Else. Michigan 1970.
―― *Politics and Athenian Constitution*, tr. J. Warrington. London 1959.
Demosthenes and Aischines, *Political Speeches*, tr. A. N. W. Saunders. Harmondsworth 1975.
Euripides, tr. G. Murray. London 1976.
Greek Anthology, tr. P. Jay. London 1973.
Herodotos, tr. A. de Sélincourt. Harmondsworth 1954.
Hesiod and Theognis, tr. D. Wender. Harmondsworth 1973.
Hippokrates, tr. W. H. S. Jones and E. T. Withington. 4 vols. London 1923–31.
Homer, tr. A. Pope. 4 vols. London 1967.
Kallimachos, tr. A. W. Mair. London 1955.
C. P. Kavafis, *Poems*, tr. J. Mavrogordato. London 1971.
Lucian, tr. A. M. Harmon, K. Kilburn and M. D. Macleod. 8 vols. London 1913–67.
Menander, *Girl from Samos*, tr. E. G. Turner. London 1972.
Pausanias, tr. P. Levi. 2 vols. Harmondsworth 1971.
Pindar, tr. R. Lattimore. 2nd ed. Chicago, Ill. 1976.
Plato, *Gorgias*, tr. W. Hamilton. Harmondsworth 1971.
―― *Last Days of Socrates*, tr. H. Tredennick. Harmondsworth 1969.
―― *Laws*, tr. T. Saunders. Harmondsworth 1970.
―― *Protagoras and Meno*, tr. W. K. C. Guthrie. Harmondsworth 1970.
―― *Republic*, tr. H. D. P. Lee. Harmondsworth 1970.
―― *Symposium*, tr. W. Hamilton. Harmondsworth 1970.
Plutarch, *Age of Alexander*, tr. I. S. Kilvert. Harmondsworth 1973.
G. Seferis, *Collected Poems*, tr. E. Keeley and P. Sherrard. London 1973.
Sophokles, tr. E. F. Watling. 2 vols. Harmondsworth 1969.
Theokritos, *Greek Pastoral Poetry*, tr. A. Holden. Harmondsworth 1974.
Thucydides, tr. R. Warner. Harmondsworth 1954.
Xenophon, *Persian Expedition*, tr. R. Warner. Harmondsworth 1967.

監修者のことば

　ここにお贈りする『図説 世界文化地理大百科』の第2集「古代のギリシア」編も，第1集の「古代のエジプト」編と同様に，精細でわかりやすい解説文とあわせて，美しいカラーで印刷された地図，図版，写真類が本書全体にぎっしりとちりばめられ，まことに見事で楽しい文化地理大百科になっている．

　この本に接したとき，私は，25年前に入手した同類同型の古代ギリシア・ローマを扱った書物 "Atlas of the classical World"(A. A. M. van der Heyden & H. H. Scullard 編, Nelson, 1959年)を思いださずにはおれなかった．しかしこの書物は，地図だけが淡色のカラー印刷で，あとの図版や写真類は白黒で，おまけに図版，写真類の説明を主にして解説文が少なく，全体として，参考にはなるが魅力に欠けていたように思える．そして，20年あまりの時の経過が，書物の質と量とをこんなにも変えるものかと感じないではおれない．

　ところで，この本の構成は「古代のエジプト」編とだいたい同じだが，内容の本質はもちろん違っている．古代エジプトは，ご存じのように，世界最古の文明の発生地の一つだが，古代ギリシアは，現代ヨーロッパとは人種的に同じであり，文化的にも直接の祖先である．

　古代ギリシアでは，本土が肥沃でないために植民運動が栄えた結果として冒険心の向上，都市国家のもとでの民主政（奴隷制を認めた上でという制約はあったが）の確立，貨幣の使用，商工業階級の勃興，アルファベットの出現，思想の自由，そして個性主義や論理的・抽象的思考の芽生えなど，近代の社会や思想の原型がはじめてはぐくまれたのである．ここで，エジプトを含むオリエント文化とギリシア以後の文化との大ざっぱな違いをいえば，オリエント文化は「人名のつかない」(アノニモス)文化である．というのも，強力な専制君主政社会のせいもあって，国王やごく一部の上流階級の人たちの名前はわかっているが，それらは歴史年表的な存在でしかなく，ピラミッドの主任建設者や精巧な貴金属細工師の名前などはまったくわかっていないからである．それに対して，ギリシア文化は「人名のついた」(エポニモス)文化だといえる．つまり，ギリシアではいろいろな階級や職務の人たちの多数の名前が，その仕事や業績とともに知られているからである．このような点は，本書の読者も気づいていただけるだろう．

　この本では，地理のほかに哲学，宗教，医学，自然科学，演劇，建築，経済，法律などについても扱われている．そして，著者は執筆にさいして，これらのことや世界について興味をもったり感動したことを，自分の息子が読んでもわかるように表現しようと心がけたという．そしてそれによって，著者が解説したことがらから，読者がさまざまなイマジネーションの花を咲かせるように望んでいる．この考えは，歴史を，硬直した教科書的なものとみなすべきでないということで，私も賛成である．それに，この本は単なる通俗書や啓蒙書でもないし，またむずかしい専門書とか研究書でもない．その中間に位する本で，こういう本の執筆は，いろいろな点で非常にむずかしいものだが，そういう困難の克服に著者は成功しているといえるだろう．

　最後に，この本の翻訳代表者を小林雅夫君にひきうけてもらった．ここで小林君と各パートを担当してくださった共訳者の皆さんに心からお礼を申し上げる．

1984年5月　平田　寛

訳者のことば

　ヨーロッパの人々が古典ギリシアを発見して以来，古代ギリシアはかれらの精神的故郷となってきた．人々は古代ギリシアの哲学について思索し，科学的精神に驚嘆し，美術や文学に心酔し，政治的自由に憧れてきた．そのような人々の目には，古典ギリシアは汲めども尽きぬ泉，知恵の宝庫と映ったであろう．また古代ギリシアは仰ぎみるべき理想でさえあると確信した人々は，そこから数多くの教訓を学びとる喜びを味わったであろう．まさに，古代ギリシアの哲学や美術や文学や科学との出会いを通じて，近代ヨーロッパ精神は多くの刺激をうけてきた．そしてヨーロッパの人々が，ヨーロッパこそギリシア精神の真の継承者であると自負することも理由のないことではない．またヨーロッパ文明の起源を古代ギリシアに求めることは，ある意味では正当でもある．ヨーロッパ文明の精神的豊かさのすべてではないにしても，少なくとも重要な部分は古代ギリシアに由来していることは確実であり，われわれはヨーロッパ文明を深く理解するためには，古代ギリシアについての知識を欠くことができないことも真実である．

　ところで，古代ギリシアの哲学や美術に魅了されたのはヨーロッパの人々だけではなかった．古代ギリシアへの関心は，西欧文明の洗礼をうけた近代日本にも継承されており，遠いアジアの島国に住む日本人の目にも古代ギリシアは魅力的な世界と映ってきた．しかしながら，古代ギリシアを理想化し，憧憬の対象とすることは，同時に真実のギリシアを見失う危険な道でもある．古代ギリシアに心酔するあまりに，他の民族や他の時代の人々とはちがって，古代ギリシア人の誰もが哲学者や芸術家だったと錯覚することほど愚かしい誤りはないし，ギリシアの文化遺産に目を奪われるあまりに，ギリシアをひたすら美的，文学的に解釈しすぎることは，古代ギリシア世界に対するあまりにも一面的な理解であろう．ギリシア文化がどんなに高水準なものであっても，そのようなギリシア人像が現実のギリシア人からいかに遊離したものであるかは容易に想像できるはずである．その逆に，ギリシア精神の高さを少しも理解しようとしない見方もまたギリシア文化に対する豊かな理解には結びつかないであろう．それは精神の貧困以外の何ものでもないだろう．われわれは古代ギリシア世界を抽象的思弁的に解釈しすぎる傾向にも，またあまりにも日常性を強調しすぎる傾向にも注意しなければならない．歴史的世界としての古代ギリシア世界の真実の姿を理解することはけっして容易なことではない．

　古代ギリシア世界を少しでも再現し，追体験したいと望むならば，現存している多くの文献を読むだけではなく，地中海の風土への理解を深め，地中海の各地に散在するギリシア人の遺跡を訪れ，さらにギリシアばかりでなく少なくともヨーロッパの各地にある博物館で数多くの遺物を直接見ることが必要であろう．しかしながら現実には，著者自身も述べているように，一人の人間がすべての遺跡を訪れ，すべての遺物を見ることなどはおそらく不可能であろう．またかりに量的にはかなりの物を見ることができたとしても，それらを系統的に理解しうるだけの正確な知識を欠いていたら，とても全体像を浮かび上らせることなど困難であろう．古代ギリシア世界は，現代のわれわれから時間的にも空間的にもあまりにも隔たっている．断片的な情報はかえって混乱の原因となりかねない．

　本書のピーター・レーヴィは，オックスフォード大学クライスト・チャーチの古典学講師であり，かれはギリシアを幾度も訪れており，古代ギリシアの旅行作家パウサニアスの翻訳をはじめ，古代ギリシアに関する多くの研究を発表している．そして本書の完成には，同大学の研究者たちがかれに協力している．本書を手にした読者がすぐに気付くように，本書は一応歴史の流れに沿って書かれてはいるものの単なる歴史書ではない．随所に数多くの適切な地図や写真や図が掲載されており，読者の理解を助けるように慎重に配慮されている．おかげで読者はまるでギリシア人の世界を旅行しているような楽しさを味わうことができるだろう．読んでいて楽しい本というのは何にもまして貴重な価値であり，そのことが本書の最大の長所である，と訳者は信じる．また本書は視覚的に楽しませてくれるだけでなく，現代ギリシアの風土や慣習と対比させながら古代ギリシアを論じている部分はとりわけ説得力をもっており，古代ギリシア人の生活を実に生き生きと描くことに成功している．

　最後に，訳者たちを忍耐強く最後まで励まして下さった監修者の平田寛先生と朝倉書店編集部の方々に深く感謝いたします．

　　訳者とその分担
　　　新井　桂子（第1, 2, 4, 5部）
　　　豊田　和二（第3部，地図）
　　　篠塚　千恵子（第6部）
　　全体の訳文の調整は小林が担当した．

　　　　　　　　　　　　1984年5月　小林　雅夫

地名索引

ア 行

アイヴァルク(トルコ) 39°20′N26°40′E 219
アイガイ(エデッサ) 40°48′N22°03′E 30, 152,177,217,218
アイガレオス丘陵 37°58′N23°38′E 133
アイギオン 38°15′N23°05′E 52,214
アイギナ(町)(エギナ) 37°47′N23°26′E 24, 30,97,215,220
アイギナ島 37°47′N23°26′E 45,94,102,105, 130,132,140,153,163,215,220
アイゴステナ 38°09′N23°13′E 97,153,215, 220
アイドウン 37°52′N27°50′E 221
アイトス 37°15′N21°50′E 45
アイトナ →カタネ
アイノス(トルコ) 40°44′N26°03′E 67,102,132, 140,172,177
アイ・ハヌム(アフガニスタン) 37°03′N68°05′E 190
アウァリテス(ソマリア) 11°21′N43°30′E 186
アウリス 38°26′N23°35′E 52,215,220
アエラナ(エイラト)(イスラエル) 29°33′N 34°57′E 186
アエリア・カピトリナ →イエルサレム
アオオス川(ヴィヨセ川)(アルバニア) 14,216
アオルノス(アフガニスタン) 36°48′N67°30′E 182
アガタ(フランス) 43°19′N3°29′E 66
アカルナイ 38°05′N23°44′E 97,101,105,220
アカントス 40°22′N23°57′E 67,140
アギア・トリアダ(クレタ島) 35°03′N24°44′E 31,222
アギオス・エフストラティオス(島)(ハロンネス島) 39°34′N24°58′E 219
アギオス・キリコス 37°34′N26°15′E 221
アギオス・ニコラオス(クレタ島) 35°11′N 25°43′E 45
アクインクム(ブダペスト)(ハンガリー) 47°30′N19°03′E 170
アクシオス川(ヴァルダレス川) 14,177,217,218
アクシオネ 37°47′N23°54′E 101
アクスム(エチオピア) 17°10′N38°45′E 186
アクティオン 38°56′N20°46′E 97
アクライ(シチリア島) 36°56′N14°46′E 66,87
アクラガス(アグリゲントゥム)(アグリジェント)(シチリア島) 37°19′N13°35′E 66,86, 98,105,152
アグラピドホリ 37°53′N21°19′E 45
アグリエリキ山 38°08′N23°57′E 133
アグリアネス川 →エルゲネ川
アグリニオン 38°37′N21°25′E 214
アクロティリ(1)(キュプロス島) 34°55′N33°06′E 222
アクロティリ(2) 36°21′N25°22′E 30,220
アケロオス川(アヒェロース川) 14,214,217
アサルリク(トルコ) 37°00′N27°20′E 45
アシア(キュプロス島) 35°08′N33°37′E 222
アシネ 37°31′N22°51′E 30,45,52,153,215
アジリス(リビア) 32°25′N23°09′E 67
アスクラ 38°12′N23°19′E 215,220
アスクメナイ(トルコ) 38°24′N20°45′E 219
アスクレピオン 36°53′N27°16′E 221
アスタコス 38°32′N21°04′E 45
アステュパライア(島) 36°32′N26°23′E 172, 221
アスプレドン 38°32′N23°05′E 52
アスプロピルゴス 38°03′N23°35′E 220
アスペンドス(トルコ) 36°55′N31°08′E 102
アソポス川 133
アタランディ 38°39′N23°00′E 215
アタルネウス(トルコ) 39°03′N26°57′E 132, 219
アッソス(トルコ) 39°30′N26°18′E 148,153, 213,219
アティエヌー(キュプロス島) 35°33′N33°33′E 222
アテナイ(アテネ) 37°57′N23°44′E 12,14,16, 17,18,20,24,30,45,52,66,86,94,97,105,112, 116,132,140,148,153,163,172,186,194,195, 198,213,215
アテネ 37°40′N21°38′E 112
アドゥリス(ズッラ)(エチオピア) 15°37′N 39°28′E 186

アトス山 40°10′N24°19′E 14
アトモノン 38°03′N23°48′E 101
アトラス山(モロッコ) 31°03′N7°57′W 90
アナギルス 37°50′N23°48′E 97,101
アナクトリオン 38°55′N20°50′E 132,216
アナブリュストス 37°43′N23°56′E 97,101, 112
アナペ(アナフィ)島 36°23′N25°44′E 221
アナポス川 141
アパイア 37°31′N23°33′E 215,220
アパメイア(ディナル)(トルコ) 38°05′N30°09′E 194,195,198
アピドナ 38°12′N23°50′E 97,101
アビュドス(トルコ) 48°08′N26°25′E 67,132, 172,182,219
アブソス川 →セーマン川
アブテラ(クレタ島) 35°28′N24°10′E 148,222
アブデラ 40°56′N24°59′E 105,132,140,172, 177
アポッロニア(1) 36°59′N24°43′E 215
アポッロニア(2)(アルバニア) 40°40′N19°28′E 67,198,216
アポッロニア(3)(ソゾポル付近)(ブルガリア) 42°23′N27°42′E 67
アポッロニア(4)(マルサ・スーサ)(リビア) 32°52′N23°28′E 67
アポッロニア(5)(トルコ) 39°07′N27°31′E 219
アポロゴス(イラク) 30°24′N47°41′E 186
アマトゥス(キュプロス島) 34°42′N33°09′E 67,222
アマセイア(アマスヤ)(トルコ) 40°37′N35°50′E 195
アマリアス 37°48′N21°21′E 214
アマンティア(イタリア) 40°08′N19°38′E 216
アミソス(サムスン)(トルコ) 40°17′N36°22′E 195,198
アミュクライ 37°02′N22°39′E 30,45,52,94, 215
アムニソス(クレタ島) 35°18′N25°13′E 31,45,222
アムピアライオン(アムフィアリオン) 38°17′N23°51′E 148,220
アムピッサ 38°32′N22°22′E 153,215
アムピトロペ 37°52′N24°02′E 112
アムピポリス 40°48′N23°52′E 140,172,177, 217,218
アムピロキアのアルゴス 38°52′N21°09′E 217
アムブラキア(アルタ) 39°09′N20°59′E 132, 140,172,216
アムモンの神託所(エジプト) 29°11′N25°31′E 182
アモルゴス島 36°49′N25°54′E 172,221
アライテュレエ 37°52′N22°31′E 52
アラウシオ(オラージュ)(フランス) 44°08′N 4°48′E 170
アラクセス川(アラス川)(ヤーラッシュ) 94, 129,182,198
アラクトス川(アラハトス川) 14,216
アラシェヒール(トルコ) 38°22′N28°32′E 221
アラシェヒール川 →ヘルモス川
アラベン(トルコ) 36°41′N24°00′E 97
アラリア(アレリア)(コルシカ島) 42°05′N9°30′E 66
アラルコメナイ 38°24′N20°45′E 214
アリアクモン川 →ハリアクモン川
アリスビ 39°16′N26°15′E 219
アリモス →ハリムス
アリュジア 38°41′N20°56′E 172
アリンダ 37°30′N27°40′E 220
アルギヌサイ(トルコ) 39°02′N26°47′E 140
アルゴス 38°35′N22°42′E 45,52,67,86,94, 105,132,140,148,153,163,172,215
アルゴストリオン 38°13′N20°29′E 214
アルゴスのヘライオン(ヘラ神殿) 37°42′N 22°47′E 24,215
アルシノエ(クロコディロポリス)(エジプト) 29°19′N30°50′E 186
アルタ →アムブラキア
アルダ川(ブルガリア) 219
アルタクサタ(アルタシャト)(ソビエト) 39°58′N44°34′E 194,195,198
アルダサ(トルコ) 40°35′N39°18′E 171
アルテミシオン 37°37′N22°31′E 132
アルペイオス川(アルフィオス川) 14,214

アルゲノイ 38°48′N22°39′E 133
アルベラ(イラク) 36°12′N44°01′E 94,182
アル・ミナ(トルコ) 36°07′N35°55′E 67,90
アレクサンドレイア(1)(ガズニ)(アフガニスタン) 33°33′N68°28′E 182
アレクサンドレイア(2)(ヘラート)(アフガニスタン) 34°20′N62°10′E 182
アレクサンドレイア(3)(カンダハール)(アフガニスタン) 31°36′N65°47′E 182
アレクサンドレイア・エスカタ(4)(コーカンド)(ソビエト) 40°33′N70°55′E 182,186
アレクサンドレイア(5)(エジプト) 31°13′N 29°55′E 102,170,182,186,194,195,198
アレクサンドレイア(6)(イラン) 30°10′N48°24′E 182
アレクサンドレイア(7)アド・イッサム(イスケンデルン)(トルコ) 36°37′N36°08′E 171
アレクサンドレイア・トロアス(8)(トルコ) 39°31′N26°08′E 198,213
アレクサンドレイア(9)(アンティオケイア)(タシュケント)(ソビエト) 41°16′N69°13′E 182,186
アレクサンドロポリス(アフガニスタン) 36°50′N59°50′E 182,218
アレシア(アリーズ・スチ・レーヌ)(フランス) 47°33′N4°30′E 170
アレネ 37°37′N21°27′E 52
アロス,ヨーグーン(トルコ) 38°52′N22°30′E 52
アロニソス(島) →イコス島
アロペ 37°57′N23°44′E 101
アルラ →クラゾメナイ
アロマタ(ソマリア) 11°50′N51°05′E 186
アンキュラ(アンカラ付近)(トルコ) 39°55′N 32°50′E 172,182,195
安西(中国) 40°32′N95°57′E 186
アンタンドロス(トルコ) 39°34′N26°34′E 132,219
アンティオケイア(アンタクヤ)(トルコ) 36°12′N36°10′E 186,198,213
アンティゴネイア(1)(アルバニア) 40°18′N 20°00′E 216
アンティゴネイア(2)(シリア) 36°05′N35°58′E 198
アンティッサ 39°15′N26°00′E 219
アンティパロス島 37°00′N24°58′E 220
アンティレ 38°29′N23°28′E 52
アンテネ 38°49′N22°32′E 133
アンテモン(フランス) 43°39′N5°15′E 170
アンドコス(およびアンドロス島) 37°49′N 24°54′E 45,140,172,215,220
アントン 38°59′N23°02′E 52

イアリソス(トルコ) 37°17′N27°35′E 221
イアリュソス(ロドス) 36°25′N28°10′E 24,30,45,67,221
イエラペトラ →ヒエラピュトナ
イエルサレム(アエリア・カピトリナ)(イスラエル/ヨルダン) 31°46′N35°13′E 194, 198,213
イエロポタモス川 →レタイオス川
イオス島 36°45′N25°16′E 220
イオルコス(ヴォーロス) 39°22′N22°57′E 12,14,16,17,18,20,30,45,52,217,218
イカリア島 37°36′N26°12′E 14,172,221
イグメニーツァ 39°32′N20°13′E 216
イコス(島)(アロニソス島) 39°12′N23°53′E 172,216,218
イコニオン(コニャ)(トルコ) 37°51′N32°30′E 171,198,213
イステイアラ 38°57′N23°09′E 217
イストロス川 →ドナウ川
イズニキ湖(トルコ) 15
イズミール →スミュルナ
イタケ(島) 38°25′N20°40′E 30,172,214
イタノス(クレタ島) 35°18′N26°17′E 194,222
イダリオン(ダハリ)(キュプロス島) 35°01′N 33°25′E 67,222
イッソス 36°51′N36°11′E 171,182
イテア 38°26′N22°25′E 215
イデーの洞窟(クレタ島) 35°13′N24°50′E 31,222
イドラ(トルコ) 37°03′N28°18′E 221
イブサラ(トルコ) 40°56′N26°23′E 219
イブソス(トルコ) 38°35′N31°01′E 171,194
イムブロス(島)(イムロズ島)(トルコ) 40°12′N25°54′E 140,172,219

イムロズ(島) →イムブロス(島)
イラクリオン(クレタ島) 35°20′N25°08′E 12,14,16,17,18,20
イリオン(トルコ) →トロイア
イリキ湖 215,220
インダス川(西パキスタン) 129,182,186

ヴァシリキ(クレタ島) 35°04′N25°50′E 31
ヴァシリコ →シキオン
ヴァティ 37°44′N26°59′E 221
ヴァティペトロ(クレタ島) 35°15′N25°09′E 31,222
ヴァペイオ(ヴァフィオ) 36°59′N22°30′E 30
ヴァランドヴォ(ユーゴスラビア) 41°19′N 22°34′E 218
ヴァルダレス川 →アクシオス川
ヴィクス(フランス) 48°15′N4°45′E 90,170
ヴィヨセ川 →アオオス川
ヴェゴリティス湖 14,217
ヴェルギナ 40°29′N22°17′E 24,45,217
ヴォニツァ 38°55′N20°53′E 216
ヴォールヴィ湖 14,217,218
ヴォーロス →イオルコス
ウズンケプリュ(トルコ) 41°16′N26°42′E 219
ウティカ(チュニジア) 37°05′N10°03′E 66
ヴーニ(キュプロス島) 35°09′N32°47′E 222
ウラ(トルコ) 37°08′N28°25′E 221
ヴラナ 38°06′N23°56′E 133
ヴラネシ 38°29′N22°58′E 45
ヴリセス(クレタ島) 35°28′N25°47′E 45
ウルラ →クラゾメナイ
ヴロカストロン(クレタ島) 35°05′N25°48′E 45
ヴローネ(アルバニア) 40°29′N19°29′E 216

エイオン 40°44′N23°53′E 140
エウエスペリデス(ベレニケ)(ベンガジ)(リビア) 32°07′N20°05′E 67
エウエノス川(エヴィノス川) 14,214
エウダイモン・アラビア(南イエメン) 12°50′N45°03′E 186
エウトレシス 38°17′N23°04′E 52,215,220
エヴィノス川 →エウエノス川
エウフラテス川(イラク) 90,94,129, 182,186,198
エウリュアロス(シチリア島) 37°05′N15°17′E 141
エウリュメドン川(トルコ) 140
エウロス川 →ヘブロス川
エウロタス川 14,215
エウロモス 37°21′N27°42′E 153,221
エオルダイコス川 →デヴォル川
エクバタナ(ハマダーン)(イラン) 34°48′N 48°30′E 90,94,129,182,186
エジネ(トルコ) 39°46′N26°20′E 219
エドレミット(トルコ) 39°34′N27°01′E 219
エディルネ(トルコ) 41°40′N26°34′E 219
エデッサ(1) →アイガイ
エデッサ(2)(ウルファ)(トルコ) 37°08′N38°45′E 195,198
エデミス(トルコ) 38°11′N27°58′E 221
エテュマンドロス川 →ヘルマンド川
エピダウロス 37°38′N23°09′E 24,52,94, 140,148,153,163,164,195,215,220
エピダムノス(デュルラキオン)(ドゥレース)(アルバニア) 41°18′N19°28′E 67,140, 198,216
エブラクム(ヨーク州)(イギリス) 53°58′N 1°05′W 170
エブリュアのネクロマンティオン 39°16′N 20°33′E 216
エペソス(トルコ) 37°57′N27°21′E 24,86,94, 102,129,132,140,148,153,166,172,182, 195,198,213
エボラクム(エボラ)(ポルトガル) 38°34′N 7°54′W 170
エムポリオン 38°07′N25°59′E 45,221
エムポリオン(スペイン) 42°02′N3°05′W 66
エメサ(ホムス)(シリア) 34°44′N36°43′E 182,195,198
エライア 38°55′N26°50′E 132
エライウス(1) 38°15′N23°35′E 101
エライウス(2)(トルコ) 40°05′N26°14′E 66,172
エラソン 39°53′N22°11′E 217,218
エラタイア 38°37′N22°46′E 215
エリゴン川 →ツルナ川
エリス 37°54′N21°22′E 94,132,140,148,214

地名索引

エリュトライ(イルドリ)(トルコ) 38°24′N 26°00′E 163,220
エルキア 40°26′N17°44′E 101
エルゲネ川(アグリアネス川)(トルコ) 14,218
エルドハン(トルコ) 40°24′N27°46′E 216
エルバサン(アルバニア) 41°07′N20°05′E 216
エルムポリス 37°26′N24°55′E 214,220
エレア(ウェリア)(イタリア) 40°08′N15°11′E 66,86,105,152
エレウシス(エレフシス) 38°02′N23°23′E 24,30,45,65,97,101,152,214,220
エレウテライ 39°35′N22°21′E 97,152,214,220
エレソス 39°11′N25°57′E 66
エレトリア(エウボイア) 38°23′N23°50′E 24,45,66,132,140,148,152,172,214,220
エンビロス川 →コジャ川

オイテュロス 36°43′N22°23′E 52
オイニアダイ 38°23′N21°12′E 148,153,214
オイノエ(エフィラ) 38°12′N23°22′E 97,101
オエスクス(ルーマニア) 43°44′N24°27′E 198
オエロ川 133
オクソス川(アムダリア川)(ソビエト) 94,129,182,186
オゼネ(インド) 23°10′N75°54′E 186
オックスフォード(イギリス) 51°46′N1°15′W 156
オデッソス(ヴァルナ)(ブルガリア) 43°12′N 27°57′E 67
オトラント(イタリア) 40°08′N18°30′E 216
オーフリド(ユーゴスラビア) 41°06′N20°49′E 177,216
オーフリド湖(ユーゴスラビア) 216
オポス 38°39′N23°00′E 52,105
オポネ(ソマリア) 10°27′N51°15′E 186
オムマナ(オマン) 24°31′N51°20′E 186
オリゾン 39°08′N23°14′E 52
オリュントス 40°19′N23°23′E 102,120,153,172,177,217,218
オリュンピア 37°38′N21°39′E 14,24,30,45,78,80,94,153,214
オリュンポス山 40°05′N22°21′E 14
オルコメノス(1)(ペロポンネス) 37°43′N22°18′E 52
オルコメノス(2)(ボイオティア) 38°30′N22°59′E 30,45,105,153,215
オルス(クレタ島) 35°15′N25°45′E 222
オルネイアイ 37°46′N22°36′E 52
オルパイ 38°56′N21°09′E 140
オルビア(ソビエト) 46°57′N32°00′E 67,90
オレオス(ヒスティアイア) 37°57′N23°06′E 52,140,177
オレスティアス 41°30′N26°33′E 219
オロポス 37°23′N23°50′E 97,153
オンケストス 38°22′N23°09′E 52

カ 行

カイナイ(イラク) 35°20′N43°14′E 171
カイロ(エル・カイラ)(エジプト) 30°04′N 31°15′E 170
カイロネイア 38°30′N22°53′E 148,153,177,215,220
ガウガメラ(イラク) 36°40′N43°23′E 182
カウシ(クルタ島) 35°07′N25°51′E 45
カヴァラ 40°56′N24°24′E 14,218
カウロニア(イタリア) 38°23′N16°24′E 67,152
カエサレア(イスラエル) 32°30′N34°54′E 198,213
ガザ(エジプト) 30°30′N34°28′E 182
カシュガル(疏靭)(ソビエト) 39°29′N76°02′E 186
カスタナイア 37°52′N22°23′E 132
カスタバラ(トルコ) 37°22′N36°16′E 195,198
ガストゥニ 37°51′N21°15′E 214
カストリ 36°10′N22°59′E 45
カストリヤ(クレトロン) 40°33′N21°15′E 217
カスムナイ(シチリア島) 36°52′N14°46′E 66,86
カタネ(カタニア)(シチリア島) 37°45′N15°00′E 86,140
ガダラ(ヨルダン) 32°39′N35°41′E 195
カッソペ 39°09′N20°40′E 148,216
カッティガラ(ハイフォン?)(ベトナム) 21°01′N105°52′E 186
カッラティス(ルーマニア) 43°48′N28°36′E 67
カッリポリ(ゲリボル)(トルコ) 36°58′N28°16′E 221
カッリポリス(ゲリボル)(トルコ) 40°25′N 26°41′E 219
カディカレシ(トルコ) 37°48′N27°15′E 221
ガディール(カディス)(スペイン) 36°32′N 6°18′W 90
カテリーニ 40°15′N22°30′E 217,218
カト・アハヤ 38°08′N21°35′E 214
カトヴァトス 37°27′N21°39′E 30
カト・ザクロス(クレタ島) 35°06′N26°13′E 30,31,222

カト・スリ 38°11′N23°59′E 133
カト・パイナイラ 37°54′N23°51′E
カト・ファナ 38°10′N25°57′E 221
カネ(イエメン) 16°55′N46°10′E 186
カト・ラムブトライ 37°48′N23°49′E 101
ガバイ(イスパハン)(イラン) 32°41′N51°41′E 194,195
カビリオン 38°19′N23°18′E 148
カフィリオ 38°23′N23°10′E 45
カベイラ →ディオスポリス
カマラ(インド) 9°50′N80°00′E 186
カマリナ(シチリア島) 36°54′N14°26′E 66,86,105,154
カマレス(クレタ島) 35°08′N24°48′E 31
カメイロス(ロドス島) 36°20′N27°57′E 24,45,67,140,172,221
カメルーン山(カメルーン) 4°13′N9°10′E 90
カラヴリタ 38°02′N22°06′E 214
カラウレイア島 →ポロス島
カラクス(イラン) 30°20′N48°15′E 186
カラドラ川 133
カラマス川(テュアミス川) 216
カラマタ 37°02′N22°07′E 12,14,16,17,18,20,214
カラリス(カリアリ)(サルジニア) 39°13′N 9°08′E 66
カリュストス(エウボイア島) 38°01′N24°25′E 52,132,140,220
カリュドン 38°21′N21°32′E 30,45,52,153,214
カリュボン(シリア) 36°07′N37°22′E 182
カリュムノス(島) 36°57′N26°59′E 221
ガルガリヤニ 37°04′N21°38′E 214
カルケ(カルキ) 35°37′N27°33′E 221
カルキス(エウボイア島) 38°28′N23°36′E 14,30,45,67,132,140,172,215,220
カルケドン(カルケドン)(トルコ) 40°59′N 29°02′E 67,171
カルシャカ(トルコ) 38°27′N27°07′E 221
カルタゴ(チュニジア) 36°54′N10°16′E 66,90,182
カルダミリ 36°53′N22°14′E 45
カルディア(トルコ) 40°35′N26°44′E 67
カルディツァ 39°22′N21°55′E 30,217
カルパシア(キュブロス島) 35°37′N34°23′E 222
カルパトス(島) 35°44′N27°11′E 15
カルフィ(クレタ島) 35°11′N25°29′E 31,45,222
カルペ(トルコ) 41°12′N30°15′E 171
カレアクテ(イタリア) 38°03′N14°23′E 86
カロス(島) 36°54′N25°40′E 220
ガンジス川(インド) 186
ガンジス川の港 23°15′N90°40′E 186

キオス(およびキオス島) 38°23′N26°07′E 15,24,45,67,132,153,172,177,194,213,221
キティオン(キュブロス島) 34°53′N33°38′E 67,222
キニュプス(リビア) 32°32′N14°37′E 66
キパリシア 37°15′N21°40′E 214
キビュラ(トルコ) 37°05′N29°24′E 195
キムメリコン(ソビエト) 45°09′N36°14′E 67
キモロス島 36°47′N24°35′E 215
ギュテイオン 36°45′N22°31′E 148,215
キュテラ(島) 36°22′N22°59′E 94,132,172,215
キュドニア(ハニヤ)(クレタ島) 35°31′N24°01′E 30,31,67,194,222
キュトゥニ 37°25′N23°15′E 14,215,220
キュトロイ(キュブロス島) 35°14′N33°30′E 67
キュトロス(トルコ) 41°53′N33°01′E 67
キュノス 38°44′N23°04′E 52
キュノスケパライ 39°25′N22°33′E 194
キュノッセマ(トルコ) 40°12′N26°22′E 140
ギュムニアス(ベイバート)(トルコ) 40°15′N 40°16′E 195
キュメ(クマエ)(イタリア) 40°47′N14°05′E 66,90
キュメ(トルコ) 38°47′N26°56′E 67
キュレニア(キュブロス島) 35°20′N33°20′E 222
キュレネ(シャハット)(リビア) 32°48′N21°53′E 67,90,163,182,194,195,198,213
キュロス川(クラ川)(ソビエト) 198
キルキス 40°59′N22°52′E 217,218
ギロカステル(アルバニア) 40°05′N20°10′E 216

クサンティ 41°07′N24°56′E 14,218
クサントス(トルコ) 36°23′N29°21′E 171

クシロカストロン 38°04′N22°43′E 214
クシュペテ 37°57′N23°43′E 101
クナクサ(イラク) 33°22′N43°35′E 171
クニドス(トルコ) 36°40′N27°22′E 67,213,221
クノッソス(クレタ島) 35°18′N25°11′E 24,30,31,38,45,52,67,148,198,222
クマエ →キュメ
グメニサ 40°56′N22°27′E 217,218
グラ 38°29′N23°10′E 30,215,220
クラ川 →キュロス川
クライン・アスペルグレ(西ドイツ) 49°08′N 9°14′E 170
グラヴィスカ(イタリア) 42°13′N11°42′E 66
クラゾメナイ(ウルラ)(トルコ) 38°19′N26°47′E 45,67,140,172,221
グラニコス川 40°14′N27°14′E 182
クラニディ 37°23′N23°09′E 215,220
クラロス(トルコ) 37°59′N27°14′E 221
クリオン(キュブロス島) 34°40′N32°53′E 66,223
クリサ 38°28′N22°30′E 30,52,215
グリサス 38°17′N23°25′E 52
グリュネイオン(トルコ) 38°56′N27°02′E 67
クルジャリ(ブルガリア) 41°38′N25°21′E 219
クルテス 35°08′N24°54′E 45
グルニア(クレタ島) 35°06′N25°47′E 31,222
クルモブラート(ブルガリア) 41°29′N25°38′E 219
グレヴェナ 40°05′N21°26′E 217
クレウシス 38°13′N23°07′E 172
クレオナイ 37°52′N22°50′E 52
クロトン(イタリア) 39°05′N17°08′E 67
クロピダイ 38°04′N23°43′E 101

ケイロス(トルコ) 40°57′N31°09′E 67
ケオス(島) 37°38′N24°20′E 14,45,105,172,215,220
ケヴゲリア(ユーゴスラビア) 41°09′N22°30′E 217,218
ケシャン(トルコ) 40°52′N26°37′E 219
ゲディズ川(トルコ) 15
ゲヌソス川 →シュクムビニ川
ゲネン 40°06′N27°39′E 219
ゲネン川(トルコ) 219
ケパレ 37°48′N23°59′E 97,101
ケパッレニア(島)(ケファリニア島) 14,30,45,132,172,214
ケパロス 36°42′N27°00′E 148
ケピシア 38°04′N23°49′E 97,101,220
ケピソス川(ケフィソス) 14,215
ケライナイ 38°05′N30°09′E 171
ケラススス 40°57′N38°16′E 67,171
ケラテア 37°48′N23°58′E 215,220
ケラモス 37°03′N27°48′E 221
ケラモン・アゴラ 38°38′N29°11′E 171
ゲリボル →カッリポリス
ケリントス 38°49′N23°28′E 52
ケルキネオン 39°33′N22°41′E 217,218
ケルキュラ(アルバニア) 40°21′N20°11′E 216
ゲルゴビア(フランス) 45°42′N3°05′E 170
ケルトロン →カストリヤ
ゲルニア 36°53′N22°07′E 163
ケレンデリス(トルコ) 36°10′N33°40′E 67
ケンクレアイ 37°54′N22°59′E 163
ケンブリッジ(イギリス) 52°12′N0°07′E 156

コイレ(アテナイ) 37°58′N23°44′E 101
黄河(中国) 186
コーカンド →アレクサンドレイア・エスカタ(4)
ココラ(パキスタン) 25°30′N65°32′E 182
コザーニ 40°22′N21°46′E 217
コジャ川(エンビロス川)(トルコ) 15,219
コス(およびコス島) 36°53′N27°19′E 15,24,45,67,153,168,172,221
コス・メロピス →コス
ゴーツェ・デルチェフ(ブルガリア) 41°33′N 23°45′E 218
コッリュトス(アテナイ) 37°58′N23°44′E 101
コテュオラ(トルコ) 41°03′N37°48′E 171
コトキダイ 38°28′N23°38′E 101
コパイ 38°29′N23°10′E 52
コプトス(エジプト) 25°55′N32°48′E 186
コマナ(トルコ) 40°22′N36°36′E 195,198
ゴムポイ 39°27′N21°39′E 217
コラク 37°55′N22°48′E 30
コルゴス 37°23′N23°43′E 101
コリダッロス山 37°58′N23°37′E 133
コリパシオン 37°00′N21°41′E 30,214
コリントス 37°54′N22°53′E 24,30,45,52,67,86,102,105,132,140,148,153,163,172,193,198,213,215,220
コリントス(新しい方の) 37°56′N22°55′E 14,94
コリントスのイストモス(地峡) 37°57′N

22°59′E 45,148,215,220
コルキュラ(およびコルキュラ島) 39°38′N 19°55′E 14,216
コルソテ(シリア) 34°29′N40°58′E 171
コールツェ(アルバニア) 40°38′N20°44′E 216
ゴルディオン(トルコ) 39°36′N32°00′E 182
ゴルテュス 37°31′N22°02′E 214
ゴルテュン(クレタ島) 35°07′N24°58′E 31,45,52,67,148,222
コロッサイ(キュブロス島) 37°35′N28°50′E 171,213
コローニア湖 217,218
コロネイア 38°21′N22°58′E 52,215,220
コロノス 38°00′N23°45′E 101
コロピ 37°54′N23°52′E 220
コロペ 38°23′N23°10′E 217
コロポン(トルコ) 38°07′N27°08′E 30,67,105,140,221
ゴロンティア島 →ペリステラ島
ゴンノス 39°52′N22°29′E 217,218

サ 行

サヴァシュテペ(トルコ) 39°20′N27°38′E 219
サウサンプトン(イギリス) 50°55′N1°25′W 156
ザキュントス(ザキュントス島) 37°47′N20°54′E 14,30,132,172,214
サネ 40°21′N23°55′E 67
サマリア(ヨルダン) 32°17′N35°11′E 213
サミコン 37°34′N21°35′E 153,214
サメ 38°15′N20°39′E 214
サモサタ(サモサト)(トルコ) 37°30′N38°32′E 195
サモス(サモス島) 37°42′N26°59′E 15,24,45,67,86,102,105,132,140,148,153,172,198,221
サモトラケ(サモトラケ島) 40°29′N25°32′E 15,24,148,153,172,177,213,219
サラピオン(ソマリア) 1°02′N44°02′E 186
サラミス(1)(サラミス島) 37°58′N23°30′E 97,132,133,172,176,215
サラミス(2)(サラミス島) 35°10′N33°55′E 67,171,194,198,213,222
サランデ(アルバニア) 39°53′N20°00′E 216
サリフリ(トルコ) 38°29′N28°08′E 221
サルディス(トルコ) 38°28′N28°55′E 24,45,94,102,129,132,140,153,171,182,221
サルモネ 37°45′N21°30′E 45
ザンクレ(メッサナ)(メッシーナ)(シチリア島) 38°13′N15°33′E 66,86,102
サンダンスキ(ブルガリア) 41°35′N23°16′E 218
サントリニ島 →テラ島

シエナ・メトロポリス(支那の都)(中国) 34°51′N114°52′E 186
ジェリコ(イスラエル) 31°52′N35°27′E 195
シキノス島 36°40′N25°05′E 172
シキュオン(ヴァシリコ) 37°59′N22°44′E 52,86,94,140,148,153,163,215
シゲイオン(トルコ) 40°00′N26°13′E 67,132,140
シッタケ(イラク) 33°09′N44°35′E 171
シデ(セリミィエ)(トルコ) 36°45′N31°23′E 67
シティヤ(クレタ島) 35°13′N26°06′E 222
シドロカストロン 41°14′N23°23′E 217,218
シドン(サイーダ)(レバノン) 33°33′N35°22′E 67,90,94,129,182,194,213
シノペ(シノブ)(トルコ) 42°02′N35°09′E 67,90,94,171,194,195,198
シフノス(シブノス島) 36°59′N24°40′E 45,172,215,220
シャティスタ 40°16′N21°34′E 217
シュエズ(アスワーン)(エジプト) 24°05′N 32°56′E 182,194,195
シュクムビニ川(ゲヌソス川)(アルバニア) 216
シュバリス(シバリイ)(イタリア) 39°45′N 16°29′E 66,90,102
シュボタ島 39°23′N20°13′E 140
シュメ島 36°36′N27°51′E 221
シュラクサイ(シラクーザ)(シチリア島) 37°04′N15°18′E 67,86,90,102,105,140,141,148,152,213
シュロス島(シロス島) 37°26′N24°55′E 215,220
シュンナダ(トルコ) 38°21′N30°29′E 195
シリス(イタリア) 40°10′N16°42′E 67
シンギドゥヌム(ベオグラード)(ユーゴスラビア) 44°50′N20°30′E 170

スカムボニダイ(アテナイ) 37°58′N23°44′E 101
スキアトス島 39°10′N23°30′E 172,217,218
スキオニ 40°57′N23°36′E 67,140
スキドロス(イタリア) 40°04′N15°38′E 66
スキュロス(スキロス島) 38°55′N24°34′E 14,

45, 140, 172, 220
スクラヴォカムボス(クレタ島) 35°34′N 24°57′E 222
スコペロス(島) →ペパレトス島
スーサ(スーシャ)(イラン) 32°11′N 48°15′E 90, 94, 182, 194, 195, 198
スタゲイラ →スタゲイロス
スタゲイロス(スタゲイラ) 40°33′N 23°45′E 67, 217, 218
ステュムパロス 37°51′N 22°27′E 52, 215
ステュラ(エウボイア島) 38°09′N 24°14′E 52, 215
ストラトス 38°41′N 21°21′E 148, 153, 214, 217
ストリュモン川(ストリモン川) 14, 177, 217, 218
ストルーガ(ユーゴスラビア) 41°10′N 20°41′E 216
ストルミーツァ(ユーゴスラビア) 41°26′N 22°39′E 218
スニオン 37°39′N 24°01′E 97, 101, 112, 153, 215, 220
スパクテリア島 36°56′N 21°40′E 140, 141
スパルタ 37°05′N 22°26′E 14, 24, 45, 67, 92, 105, 132, 148, 172, 194, 195, 198, 215
スピナ(イタリア) 44°42′N 12°09′E 66
スーフリ 41°12′N 26°18′E 219
スペツェ島 →ピトゥッサ島
スペトス 37°52′N 23°51′E 97, 101
スペルケイオス川(スペルヒオス川) 14, 133, 217
スミュルナ(旧スミルナ)(イズミール)(トルコ) 38°25′N 27°10′E 12, 15, 16, 17, 18, 20, 45, 67, 221
スモリャン(ブルガリア) 41°34′N 24°42′E 218
ズラトグラート(ブルガリア) 41°22′N 25°07′E 219
スルキス(サルディニア島) 39°04′N 8°27′E 66

セクシ(スペイン) 36°44′N 3°41′W 66
セケ(トルコ) 37°45′N 27°26′E 221
セゲスタ(シチリア島) 37°57′N 12°51′E 140, 148, 152
セサモス(トルコ) 41°50′N 32°42′E 67
セスクロ 39°23′N 22°45′E 30, 217, 218
セッポリス(イスラエル) 32°45′N 35°17′E 195
セッラシア(シリア) 38°04′N 22°25′E 194
セネガル川(セネガル) 90
セフェリヒサル(トルコ) 38°11′N 26°50′E 221
セーマン川(アプソス川)(アルバニア) 216
ゼラ(トルコ) 40°18′N 35°52′E 198
セラヒス川(キュプロス島) 222
セラ・メトロポリス(中国の都)34°51′N 112°26′E 186
セリヌス(シチリア島)(セリヌンテ) 37°35′N 12°50′E 86, 152
セリヌス川 214
セリポス(セリポス島) 37°09′N 24°30′E 172, 215, 220
セリュムブリア 41°05′N 28°15′E 172
セルチュク(アキンシラー)(トルコ) 37°56′N 27°25′E 221
セルライ(セレ) 41°03′N 23°33′E 217, 218
セレウケイア(1)(イラク) 33°05′N 44°35′E 186
セレウケイア(2)(トルコ) 36°22′N 33°57′E 194, 213
セレニッツェ(アルバニア) 40°33′N 19°39′E 216

ソマ(トルコ) 39°10′N 27°36′E 219
ソリ →ソロイ(1)
ソロイ(1)(キュプロス島) 35°08′N 32°49′E 67, 222
ソロイ(2)(トルコ) 36°35′N 34°19′E 67
ソロエイス(ソルントゥム)(シチリア島) 38°06′N 13°32′E 66, 86

タ 行

大プレスパ湖 14, 216
タウケイラ(トクラー)(リビア) 32°32′N 20°35′E 67
ダウリス 38°30′N 22°44′E 52, 215
タウロメニオン(タオルミア)(シチリア島) 37°51′N 15°17′E 148, 152
タガラ(インド) 17°22′N 76°47′E 186
タクシラ(パキスタン) 33°44′N 72°52′E 182, 186
タシュケント →アレクサンドレイア(9)
ダスキレイオン(トルコ) 40°24′N 28°45′E 129
タソス(タソス島) 40°26′N 24°42′E 14, 24, 132, 140, 153, 172, 215, 220
タッロス(サルディニア島) 39°53′N 8°25′E 66
ダナ(ヨルダン) 37°28′N 34°58′E 171
タナイス川(ドン川)(ソビエト) 90
タナグラ 38°20′N 23°32′E 97, 140, 215, 220

ダニューブ川 →ドナウ川
ダブサコス(シリア) 35°56′N 38°12′E 171, 182
ダマスコス(シリア) 33°30′N 36°18′E 94, 182, 186, 194, 195, 198
タマッソス(キュプロス島) 35°01′N 33°16′E 67, 90
タラス(タレントゥム)(タラント)(イタリア) 40°28′N 17°15′E 67, 102, 152
タルソス(トルコ) 36°52′N 34°52′E 171, 182, 195, 198, 213
タルテッソス(スペイン) 37°24′N 5°59′W 66, 90
チェシュメ(トルコ) 38°19′N 26°20′E 221
チネ(トルコ) 37°37′N 28°03′E 221
チャナッカレ(トルコ) 40°09′N 26°25′E 219
チャン(トルコ) 40°04′N 27°04′E 219
ツルナ川(エルゴン川)(ユーゴスラビア) 217
ディオスクリアス(ソビエト) 42°52′N 41°10′E 67
ティオス島 41°35′N 32°00′E 67
ディオスポリス(カベイラ) 40°37′N 37°22′E 195
ディオン(1) 38°55′N 22°52′E 172
ディオン(2) 40°10′N 22°30′E 177, 216, 218
ディカイア 40°59′N 25°12′E 102, 172
ディキリ(トルコ) 39°05′N 26°52′E 219
ディクテー山洞窟(クレタ島) 35°12′N 25°13′E 31, 222
ティグラノケルタ(シルヴァン)(トルコ) 38°08′N 41°00′E 195, 198
ティグリス川(イラク, トルコ) 90, 94, 129, 182, 186, 198
ティスバイ 38°15′N 22°58′E 52
ティタ 38°35′N 22°38′E 163
ティタレア 38°35′N 22°40′E 163
ディディモティホン 41°22′N 26°29′E 219
ディデュマ(トルコ) 37°22′N 27°16′E 153, 221
ティトラス 38°01′N 23°56′E 101
ディミニ 39°22′N 22°52′E 217, 218
ティリュンス 37°36′N 22°48′E 24, 30, 45, 52, 215
ティルナヴォス 39°45′N 22°18′E 217, 218
ディルミル(トルコ) 36°59′N 27°15′E 45
ティレ(トルコ) 38°04′N 27°45′E 221
ティロス島 →テロス島
デヴォル川(エオルダイコス川)(アルバニア) 216
デュレース →エピダムノス
テオス(トルコ) 38°09′N 26°48′E 105, 221
テオクトラ 39°10′N 23°18′E 45
テオドシア(フェオドシア)(ソビエト) 45°03′N 35°23′E 67
テゲア 37°30′N 22°40′E 52, 94, 132, 140, 148, 153, 215
デケレイア 38°10′N 23°47′E 97, 101
テサロニキ(テッサロニケ)(テルメ) 40°38′N 22°58′E 12, 14, 16, 17, 18, 20, 177, 198, 213, 216, 218
テスピアイ 38°17′N 23°10′E 52, 97, 133, 215, 220
テネドス 39°49′N 26°03′E 105
テノス(島)(ティノス) 37°33′N 25°08′E 14, 45, 172, 220
テバイ 38°19′N 23°19′E 14, 24, 30, 45, 97, 102, 105, 132, 133, 140, 172, 215, 220
デパイア 37°32′N 22°16′E 94
テーベ(ルクソール)(カルナク)(エジプト) 25°42′N 32°38′E 90, 129
デメトリアス 39°25′N 22°56′E 148, 153, 194, 217, 218
テュアナ(トルコ) 37°48′N 34°36′E 195
テュアミス川 →カラマス川
デュストス(エウボイア島) 38°21′N 24°07′E 153, 220
テュムブリオン 38°21′N 31°09′E 171
テュメ 38°06′N 21°35′E 30, 198
テュラス(ソビエト) 46°10′N 30°00′E 67
テュリアエイオン(トルコ) 38°16′N 31°57′E 171
テュリタケ(ソビエト) 45°12′N 36°40′E 67
テュリッソス(クレタ島) 35°18′N 25°00′E 31, 222
デュルラキオン →エピダムノス
テュロス(ティール)(レバノン) 33°16′N 35°11′E 67, 90, 94, 102, 129, 171, 182, 186, 194, 195, 198, 213
テラ(サントリニ)(テラ島) 36°25′N 25°26′E 15, 24, 40, 45, 67, 153, 172, 220
デリオン 38°21′N 23°36′E 140
テリナ(イタリア) 38°55′N 16°13′E 66
デルヴィネ(アルバニア) 39°59′N 20°04′E 216
テルキダー(トルコ) 40°59′N 27°31′E 219
テル・スカス(シリア) 35°17′N 35°55′E 67
デルピニオン 38°28′N 26°05′E 221

デルベ(トルコ) 37°18′N 33°25′E 195, 198, 213
デルベント(ソビエト) 38°15′N 65°35′E 171, 182
デルポイ 38°29′N 22°29′E 14, 24, 30, 45, 76, 78, 140, 148, 153, 170, 172, 198, 215
テルマ(ルートラキ) 37°58′N 22°58′E 215, 220
テルミ →テルメ
テルメ →テサロニキ
テルミ(テルミ) 39°11′N 26°31′E 30
テルモス 38°35′N 21°40′E 153, 214
テルモピュライ 38°50′N 22°32′E 14, 132, 133, 177, 217
テルモン 33°35′N 21°40′E 45
テロス島(ティロス島) 36°26′N 27°23′E 172, 236
デロス(島) 37°23′N 25°17′E 24, 45, 132, 133, 140, 148, 153, 221
ドイラン湖(ユーゴスラビア) 217, 218
ドゥラ・エウロポス(カラト・エス・サーリヒー) (シリア) 34°46′N 40°40′E 186, 194, 195
トゥリオイ(イタリア) 39°43′N 16°31′E 102
トゥルファン(吐魯番)(ソビエト) 42°55′N 8°06′E 186
ドドナ 39°30′N 20°30′E 14, 24, 45, 52, 63, 148, 153, 216
ドナウ川(ダニューブ川) 67, 90, 198
トラキネス 37°02′N 21°40′E 45
トラキス 38°48′N 22°33′E 133
トラペズス(トラブゾン) 41°00′N 39°43′E 66, 171, 186, 194, 195
ドラーマ 41°10′N 24°11′E 218
トリア 38°04′N 23°38′E 101
ドリオン 38°18′N 21°51′E 52
トリカラ →トリッカ
トリオエ 37°43′N 24°03′E 45, 101, 112, 148, 153
トリコモ(キュプロス島) 35°16′N 33°54′E 222
ドリスコス 40°57′N 25°56′E 132
トリッカ(トリカラ) 39°33′N 21°54′E 52, 163, 217
トリボニス湖 14, 214
トリポリス 37°31′N 22°22′E 14, 214
トレキエ 38°17′N 22°22′E 52
ドレロス(クレタ島) 35°18′N 25°38′E 45, 222
トロイア(イリオン)(トルコ) 39°55′N 26°17′E 24, 45, 67, 132, 171, 182, 219
トロイゼン 37°30′N 23°21′E 52, 67, 94, 132, 140, 215, 220
トロエドス(キュプロス島) 34°55′N 32°53′E 222
トロサ(トゥールーズ)(フランス) 43°33′N 1°4′E 170
トロニオン 38°48′N 22°45′E 52
トロネ 40°23′N 23°49′E 67
敦煌(中国) 40°05′N 94°45′E 186

ナ 行

ナイル川(エジプト) 90, 129, 198
ナウクラティス(エジプト) 30°54′N 30°35′E 67, 94
ナウサ 40°38′N 22°04′E 217, 218
ナウパクトス 38°23′N 21°50′E 94, 140, 163, 214
ナウプリア・ナフプリオン 37°35′N 22°48′E 30, 215
ナウラ(インド) 13°38′N 74°42′E 186
ナギドス(トルコ) 36°06′N 32°49′E 67
ナクソス島(1) 37°02′N 25°35′E 15, 30, 45, 86, 132, 140, 172, 220
ナクソス(2)(シチリア島) 37°50′N 15°17′E 66
ナジリ(トルコ) 37°55′N 28°20′E 221
ナパタ(スーダン) 18°35′N 31°54′E 186
ナポリ →ネアポリス
ニカイア(ニカエア)(イズニッキ)(トルコ) 40°27′N 29°43′E 195, 198
ニグリタ 40°54′N 23°29′E 217, 218
ニケポリオン 35°57′N 39°03′E 182
ニコシア(キュプロス島) 35°11′N 33°23′E 222
ニコポリス(1) 39°00′N 20°43′E 148, 198, 216
ニコポリス(2)(シチリ) 40°12′N 38°06′E 195
ニコメディア(イズミト)(トルコ) 40°48′N 39°55′E 194, 195, 198
ニコン ソマリア 0°16′S 42°35′E 186
ニサイア 37°58′N 23°20′E 97
ニネヴェ(イラク) 36°25′N 43°10′E 94, 171
ニノイ(イタリア) 38°35′N 13°56′E 133
ニシビス(ヌサイビン)(トルコ) 37°05′N 41°11′E 186, 198
ニシュコス島(ニシロス島) 36°35′N 27°13′E 222
ニュッサ(トルコ) 37°52′N 28°10′E 221
ニュムパイオン(ソビエト) 45°09′N 36°40′E 67
ニルー →ハニ(クレタ島) 35°19′N 25°15′E

ヌマンティア(スペイン) 41°48′N 2°26′W 170
ネアポリス(1)(ナポリ)(イタリア) 40°50′N 14°15′E 66
ネアポリス(2) 40°57′N 24°21′E 67, 172, 218
ネアポリス(3)(トルコ) 41°14′N 35°47′E 195, 218
ネストス川 14, 177, 218
ネメア 37°49′N 22°40′E 153, 215
ノティオン(トルコ) 38°02′N 27°08′E 140, 221
ノラ(サルジニア) 39°00′N 9°01′E 66

ハ 行

パイオニダイ 38°06′N 23°44′E 101
パイストス(クレタ島) 35°01′N 24°48′E 24, 30, 31, 45, 52, 148, 222
パイタナ(パエタナ)(インド) 19°29′N 75°28′E 186
バイラミチュ(トルコ) 39°47′N 26°37′E 219
パエストゥム →ポセイドニア
パガイ 38°04′N 23°09′E 97
パガサイ 39°22′N 22°54′E 153, 177, 217, 218
バクトリア(アフガニスタン) 36°46′N 66°50′E 94, 129, 182, 186
ハグヌス 37°53′N 23°55′E 101
パサルガダイ(イラン) 30°17′N 53°16′E 94, 129, 182
パザルケイ(トルコ) 39°45′N 27°20′E 219
パシス(ソビエト) 42°11′N 41°41′E 67, 195
パセリス(トルコ) 36°39′N 29°22′E 67
パタッラ(パキスタン) 27°42′N 68°54′E 182
パタラ(トルコ) 36°28′N 29°05′E 213
バッサイ 37°25′N 21°48′E 128, 153, 214
パッサンドラ(トルコ) 39°23′N 26°50′E 219
パッレネ 38°03′N 23°53′E 101
パトモス(島) 37°20′N 26°33′E 221
パトライ 38°14′N 21°44′E 12, 14, 16, 17, 18, 20, 163, 214
ハドルメトゥム(チュニジア) 35°46′N 10°59′E 66
パナクトン 38°10′N 23°22′E 97
パナゴレイア(ソビエト) 45°20′N 36°39′E 67
パニオニオン(トルコ) 37°41′N 27°07′E 221
パニオン(シリア) 33°14′N 35°35′E 194
ハニア →キュドニア
パノ・パナノア(キュプロス島) 34°55′N 32°38′E 222
パノペウス 38°32′N 22°49′E 52
パノルモス(パレルモ)(シチリア島) 38°08′N 13°23′E 66, 86
バビュロン(イラク) 32°33′N 44°24′E 90, 94, 129, 171, 182, 194, 195
バファ湖(トルコ) 45
パポス(キュプロス島) 34°45′N 32°26′E 66, 213, 222
パライトニオン(エジプト) 31°21′N 27°15′E 182
パライパポス(キュプロス島) 34°42′N 32°34′E 222
パラサルナ(クレタ島) 35°29′N 23°38′E 222
バラティツア 40°28′N 22°19′E 217, 218
ハリアクモン川(アリアクモン川) 14, 177, 217, 218
ハリエイス 37°20′N 23°08′E 140
パリオン(トルコ) 40°25′N 27°04′E 198
ハリカルナッソス(ボドルム)(トルコ) 37°03′N 27°28′E 45, 67, 105, 132, 140, 153, 171, 172, 182, 221
ハリキュアイ(シチリア島) 37°54′N 12°52′E 140
バリケシール(トルコ) 39°38′N 27°51′E 15
ハリコス川(プラターニ川)(シチリア島) 86
ハリムス 37°50′N 23°45′E 101
ハリリガザ(インド) 22°19′N 73°14′E 186
ハリュス川(クズル・イルマク川)(トルコ) 94, 129, 182, 198
バルケ(リビア) 32°30′N 20°55′E 67
パルサロス(ファールサラ) 39°17′N 22°23′E 217, 218
パルミュラ(トゥドムル)(シリア) 34°36′N 38°15′E 186, 194, 195
パレカストリツァ(コルキュラ島) 39°40′N 19°45′E 216
パレカストロン(クレタ島) 35°12′N 26°15′E 31, 222
パレロン 37°53′N 23°44′E 97, 101
バルギュリア(トルコ) 37°13′N 27°35′E 221
ハルシュタット(オーストリア) 47°34′N 13°39′E 170
バルバリコン(パキスタン) 25°23′N 68°24′E 186
ハルマ 38°20′N 23°27′E 52
ハロス 39°08′N 22°51′E 45, 217, 218
パロス島 37°08′N 25°12′E 14, 30, 45, 67, 105, 132, 172, 220
ハロンネス島 →アギオス・エフストラティオス

233

地名索引

島
パンティカパイオン(ケルチ)(ソビエト) 45°22′N36°27′E 67

ヒエラピュトナ(イエラペトナ)(クレタ島) 35°01′N25°45′E 31,222
ビガ(トルコ) 40°13′N27°14′E 219
ピガレイ 37°23′N21°51′E 214
ピサ(イタリア) 37°45′N21°45′E 86
ピシディアのアンティオキア(ヤルヴァチュ)(トルコ) 38°18′N31°09′E 213
ビジュエ(トルコ) 41°48′N27°49′E 198
ヒスティアイア →オレオス
ヒッポニオン(ヴィボ・ヴァ・レンティア)(イタリア) 38°40′N16°06′E 66,152
ピテオロ 40°49′N14°07′E 213
ピテクッサイ(島)(アエナリア)(イスキア)(イタリア) 40°44′N13°57′N 66
ピトゥッサ島(スペツェ島) 37°16′N23°09′E 215,220
ピトラ(ユーゴスラビア) 41°01′N21°21′E 217
ピニオス川(ペネイオス川) 14,177,217,218
ヒメラ(シチリア島) 37°57′N13°47′E 86,105,152
ヒメラ川(シチリア島) 86
ヒュアンポリス 38°36′N22°54′E 52
ピュクス(ブクセントゥム)(イタリア) 40°04′N15°37′E 66
ビュザンティオン(コンスタンティノポリス)(イスタンブール)(トルコ) 41°02′N28°57′E 67,90,94,129,140,171,172,186,194,195,198
ピュシアイ 38°11′N23°21′E 97,133
ピュスケス 38°28′N22°14′E 215
ピュドナ 40°24′N22°36′E 140,172,177,194,217,218
ピュトン →デルポイ
ビュブロス(ジュバイル)(レバノン) 34°08′N35°38′E 182
ヒュペレシア 38°04′N22°24′E 52
ビュユク・メンデレス川(マイアンドロス川)(トルコ) 15,221
ピュライ(イラン) 33°28′N43°26′E 171
ヒュリエ 38°19′N22°45′E
ピュルソポリス(プロソツァニ) 41°11′N23°59′E 217,218
ピュラ 39°11′N26°17′E 67,219
ピュレ 38°06′N23°40′E 97,153,220
ピュロス 37°02′N21°41′E 24,30,43,52,140,141,214
ピライダイ 37°57′N23°59′E 101
ピラコピ 36°42′N24°30′E 30
ピリッポイ 41°05′N24°16′E 148,177,198,213,218
ピリッポポリス(プロフディフ)(ブルガリア) 42°08′N24°45′E 177
ヒロキティヤ(キュプロス島) 34°47′N33°21′E 222
ピロス(新) 36°55′N21°42′E 214
ピンドス山脈 14

ファマグスタ(キュプロス島) 35°07′N33°57′E 222
ファラ(アフガニスタン) 32°23′N62°08′E 182
フィエル(アルバニア) 40°43′N19°33′E 216
フィリアトラ 37°09′N21°25′E 214
フサラ 38°34′N25°35′E 220
プシクロ(クレタ島) 35°10′N25°27′E 45
プシタレイア島 37°56′N23°37′E 133
プシラ(クレタ島) 35°11′N25°51′E 31
プティオティスのテバイ 39°18′N22°47′E 45,216,218
プテレオン 39°03′N22°57′E 52
プトイオン 38°25′N23°19′E 215,220
プトリンディ(アルバニア) 39°47′N20°00′E 216
プトレマイース(1) 40°32′N21°42′E 217
プトレマイス(2)(スーダン) 18°10′N18°00′E 186
プトレマイス(3)(アッコ・アクレ)(イスラエル) 32°55′N35°04′E 194
プトレマイス(4)(トルメサ)(リビア) 32°42′N20°55′E 66
プトロトン(アルバニア) 39°44′N20°02′E 198
プラ(イラン) 27°10′N60°40′E 182
プラスパ(トルコ) 38°48′N47°10′E 198
プラウロン 37°55′N23°58′E 97,215,220
プラカ 37°42′N24°00′E 112
プラタイアイ 38°12′N23°16′E 52,97,132,140,148,153,215,220
プラテア島(リビア) 32°25′N23°11′E 67
プラトレス(キュプロス島) 34°53′N32°52′E 222
プリエネ(トルコ) 37°38′N27°17′E 67,140,148,153,201,221
プリガンティウム(ラ・コルーニャ)(スペイン) 43°22′N8°24′W 170
プリニアス(クレタ島) 35°08′N24°56′E 45

プレアルリオイ 37°48′N23°57′E 97,101
ブルサ(トルコ) 40°12′N29°04′E 15
フールニ(島) 37°35′N26°31′E 221
ブルハニエ(トルコ) 39°29′N26°59′E 219
プレイウス 38°25′N21°28′E 52,148,153,214
ブレソス(クレタ島) 35°08′N26°07′E 31,222
プレヴェザ →ベレニキア
プロコンネソス島(マルマラ島)(トルコ) 40°36′N27°34′E 172,219
プロスパルタ 37°51′N23°54′E 101
プロソツァニ →ピュルソポリス
プロバリントス 38°04′N23°58′E 97,101
フロリナ 40°48′N21°26′E 217

ペイライエウス 37°56′N23°42′E 14,97,101,132,133,148,172
ペイラシア 39°31′N22°04′E 217,218
ヘカトムピュロス(イラン) 36°22′N54°58′E 182,186
ヘカレ? 38°07′N23°54′E 101
ベサ 37°43′N24°10′E 112
ペツオファス(クレタ島) 35°08′N26°16′E 31
ペッシヌス(トルコ) 39°17′N31°32′E 194,195,198
ペッラ(ヨルダン) 40°42′N22°30′E 24,102,132,140,194,198,217,218
ヘッレスポントス(トルコ) 40°00′N26°05′E 132
ペッレネ 38°03′N22°33′E 52,140,163
ペディエアス川(キュプロス島) 222
ペトラ(ヨルダン) 30°19′N35°26′E 186,195,198
ペトリッチ(ブルガリア) 41°23′N23°10′E 218
ペネイオス川 →ピニオス川
ペネオス 37°55′N22°17′E 52,215
ペパイスティア 39°58′N25°20′E 148,219
ペパレトス(島)(スコペロス島) 39°07′N23°43′E 172,217,218
ヘブロス川(エブロス川) 15,177,219
ヘメロスコペイオン(スペイン) 38°51′N0°07′E 66
ペミャ(キュプロス島) 34°53′N32°23′E 222
ペライ 39°23′N22°45′E 52,172,217,218
ヘライオン 38°02′N22°51′E 215,221
ヘラクレア(イラクリア)島 36°50′N25°28′E 220
ヘラクレイア(1) 41°00′N21°20′E 177,217
ヘラクレイア(2)(エレーリ)(トルコ) 41°25′N31°30′E 67,171,194,195,198
ヘラクレイア・ミノア(シチリア島) 37°24′N13°17′E 66,86
ペラゴス 39°20′N24°05′E 218
ペラコラ 38°02′N22°56′E 24,153,215,220
ベーラト(アルバニア) 40°43′N19°46′E 216
ペリステラ島(ゴロンティア島) 39°12′N23°57′E 218
ペリトイダイ 38°00′N23°42′E 101
ベルガマ →ペルガモン
ペルガモン(ベルガマ)(トルコ) 39°08′N27°10′E 153,163,170,188,198,219
ペルゲ(トルコ) 36°59′N30°46′E 213
ペルシオン(エジプト) 31°02′N32°32′E 182,194,195
ペルセポリス(イラン) 29°57′N52°52′E 90,94,182
ペルタ(トルコ) 38°18′N29°43′E 171
ヘルマンド川(エテュマンドロス川)(アフガニスタン) 94,129,182
ヘルミオネ 37°23′N23°15′E 52,94,215,220
ヘルモス川(アラシェヒール川)(トルコ) 221
ヘルモナッサ(ソビエト) 45°12′N36°43′E 67
ベレヴィ 37°58′N27°27′E 221
ベレザン島(ソビエト) 50°25′N31°32′E 67
ヘレナ(マケドニア島) 37°45′N24°07′E 97
ベレニケ(エジプト) 23°50′N35°28′E 186
ベレニケ(プレヴェザ) 38°58′N20°46′E 216
ベロイア(ヴェリヤ) 40°32′N22°11′E 177,213,216,218
ヘロス 36°50′N22°42′E 52
ヘロロス(シチリア島) 36°52′N15°02′E 86

ホイネブルグ(西ドイツ) 48°05′N9°13′E 170
鳳翔(中国) 34°30′N107°30′E 186
ポエニケ(アルバニア) 39°54′N20°03′E 216
ポカイア(トルコ) 38°39′N26°46′E 30,45,67,140
ボズドーアン(トルコ) 37°40′N28°20′E 221
ポセイドニア(パエストゥム)(イタリア) 40°24′N15°00′E 66,152,196
ホータン(于闐)(中国) 37°07′N79°57′E 186
ポテイダイア 40°10′N23°19′E 67,132,140,177,217,218
ポドゥカ(アリカメドゥ)(インド) 11°46′N

79°40′E 186
ボドルム →ハリカルナッソス
ホラ →サモトラケ
ボラマ(ソマリア) 9°56′N43°13′E 186
ポリオクニ 39°51′N25°19′E 30,219
ポリス(1) 38°38′N20°40′E 45
ポリス(2)(マリオン・アルシノエ)(キュプロス島) 35°02′N32°25′E 222
ポリュアイゴス島(ポリエゴス島) 36°45′N24°38′E 215,220
ポリュレニア(クレタ島) 35°27′N23°39′E 222
ボルノヴァ(トルコ) 38°28′N27°15′E 221
ボレガンドロス島 36°38′N24°55′E 215,220
ポロス島(カラウレイア島) 37°31′N23°29′E 215,220
ポンペイオポリス(トルコ) 41°40′N34°19′E 195

マ 行

マイアンドロス川 →ビュユク・メンデレス川
マイナケ(スペイン) 36°23′N5°15′W 66
マグダレンスブルグ(オーストリア) 46°47′N14°22′E 170
マグネシア(ヘルモス河畔の)(トルコ) 38°36′N27°29′E 194
マグネシア(マイアンドロス河畔の)(トルコ) 37°52′N27°32′E 148,153,194
マザカ(カイセリ)(トルコ) 38°42′N35°28′E 194,195,198
マスタウラ(トルコ) 37°56′N28°22′E 221
マタウロス(イタリア) 38°26′N15°55′E 66
マタラ(クレタ島) 34°58′N24°45′E 222
マッサリア(マルセイユ)(フランス) 43°18′N5°22′E 66,90
マデュトス(トルコ) 40°12′N26°22′E 67
マトゥーラ(インド) 27°30′N77°42′E 186
マナレス(クレタ島) 35°11′N26°05′E 222
マラカ(マラガ)(スペイン) 36°43′N4°25′W 66
マラカンダ(サマルカンド)(ソビエト) 39°40′N66°57′E 182,186
マラトニシ島 36°56′N21°40′E 141
マラトン 38°09′N23°57′E 14,30,45,97,101,132,133,140,220
マリア(クレタ島) 35°17′N25°27′E 31,222
マーリエ(イタリア) 40°07′N18°18′E 216
マルカラ(トルコ) 40°54′N26°54′E 219
マルギアナ(マルイ)(ソビエト) 37°42′N61°54′E 186
マルティ 37°13′N21°40′E 30
マルマニアリ(エウボイア島) 39°40′N22°25′E 45
マルマラ →プロコンネソス(島)
マロネイア 40°55′N25°32′E 67,140,172,177
マンティネイア 37°27′N23°23′E 52,94,140,148,153,172,215
マンヒング(西ドイツ) 48°43′N11°31′E 170
ミデア 37°40′N22°50′E 215
ミュウス(トルコ) 38°06′N26°49′E 67
ミュカレ(トルコ) 38°06′N26°52′E 132
ミュカレッソス 38°21′N23°29′E 52
ミュケナイ 37°43′N22°45′E 24,30,36,45,52,67,140,148,153,215
ミュコノス(島) 37°26′N25°22′E 172,220
ミュティレネ 39°06′N26°34′E 86,132,140,152,172,213,216
ミュライ(シチリア島) 38°13′N15°15′E 66,86
ミュラ(トルコ) 36°17′N29°58′E 213
ミュラッサ(ミリャス)(トルコ) 37°19′N27°48′E 221
ミュリナ(1) 39°53′N25°04′E 219
ミュリナ(2)(トルコ) 38°49′N26°59′E 67,102
ミュルリノス 37°53′N23°57′E 97,101
ミュンドス(トルコ) 37°04′N27°15′E 221
ミリャス →ミュラッサ
ミルトス(クレタ島) 35°00′N25°37′E 31
ミルメキオン(ソビエト) 45°22′N36°27′E 67
ミレトス(1)(トルコ) 37°30′N27°18′E 24,30,45,67,86,94,102,105,132,140,142,148,153,213,216
ミレトス(2)(クレタ島) 35°19′N25°34′E 31
ムザ(イエメン) 14°10′N43°14′E 186
ムーサイの神域(アスクラ付近) 38°21′N23°00′E 148
ムジリス(クラガノール)(インド) 10°12′N76°11′E 186
ムーラ(トルコ) 37°13′N28°22′E 221

メガラ 38°00′N23°20′E 66,86,94,97,105,133,140,214,220
メガラ・ヒュブライア(シチリア島) 37°12′N15°10′E 66,86,105
メガロポリス(1) 37°24′N22°08′E 148,153,214
メガロポリス(2) 39°55′N36°50′E 195,198

メギスタ島 36°08′N29°35′E 15
メサッド・ハシャヴィアフ(イスラエル) 32°05′N34°46′E 67
メスタ川(ブルガリア) 218
メセムブリア(ネセブ)(ブルガリア) 42°39′N27°43′E 67
メソロニュイ 38°21′N21°26′E 214
メタポンティオン(イタリア) 40°23′N16°50′E 67,152
メッサナ →ザンクレ
メッサネ(新しい)(メシニ) 37°05′N22°00′E 214
メッサリア(マスリパタム)(バンダー) 16°13′N81°12′E 186
メッセ 37°11′N21°58′E 148,153,214
メデオン 38°25′N22°40′E 45
メテュムナ 39°20′N26°12′E 67,140,172,219
メトネ 40°17′N22°35′E 67,140,172,177
メドマ(イタリア) 38°29′N15°59′E 66
メトロポリス 39°20′N21°50′E 30,217
メニディ 38°06′N23°40′E 45
メムピス(エジプト) 29°52′N31°12′E 90,182,194,198
メラス川 133
メリタ(マルタ島) 35°54′N14°32′E 90,213
メリッサ(トルコ) 32°45′N9°22′W 90
メリテ(アテナイ) 37°58′N23°44′E 101
メリテネ(マラトヤ)(トルコ) 38°22′N38°18′E 195
メリボイア 39°41′N22°53′E 52
メルイ(ソビエト) →アンティオケイア
メレネ(トルコ) 39°07′N26°48′E 219
メロエ(スーダン) 16°59′N33°45′E 186
メロス(島)(ミロス) 36°42′N24°26′E 14,30,45,67,132,140,148,172,215,220
メンデ 39°57′N23°22′E 67,102

モガドル(エサウェラ)(モロッコ) 31°30′N9°48′W 66
モディ(クレタ島) 35°33′N23°47′E 45
モテュエ(南パンタレオ)(シチリア島) 37°53′N12°29′E 66,86
モムチルグラート(ブルガリア) 41°32′N25°24′E 219
モルノス川 214
モルフー(キュプロス島) 35°11′N33°00′E 222

ヤ 行

ヤクサルテス川(ソビエト) 94,129,182
ヤルカンド(莎車)(ソビエト) 38°27′N77°16′E 186

ユイアロス島(ギュアロス島) 37°35′N24°43′E 215,220
ユイヤニツァ 40°46′N22°24′E 217,218

ヨアニナ 39°40′N20°51′E 12,14,16,17,18,20,216
揚子江(中国) 186

ラ 行

ラウレイオン(ラウリオン) 37°43′N24°03′E 112,215,220
ラオス(イタリア) 39°54′N15°47′E 66
ラオディケイア(トルコ) 37°46′N29°02′E 198,213
ラガイ(テヘラン)(イラン) 35°40′N51°26′E 182,186
ランガダス 40°45′N23°04′E 217,218
ラギナ 37°22′N28°02′E 221
ラサイア(クレタ島) 34°55′N24°48′E 213
ラ・テーヌ(フランス) 47°00′N6°25′E 170
ラト(クレタ島) 35°10′N25°38′E 222
ラピア(ラファー)(イスラエル) 31°08′N34°16′E 194,198
ラプタ(タンザニア) 6°05′S38°46′E 185,186
ラブダロン(シチリア島) 37°04′N15°17′E 141
ラブランダ(トルコ) 37°25′N27°49′E 221
ラペトス(キュプロス島) 35°20′N33°11′E 67,222
ラミア 38°55′N22°20′E 217
ラムプサコス(トルコ) 40°22′N26°42′E 102,140,195
ラムヌス 38°12′N24°01′E 97,101,133,148,153,220
ラランダ(カラマン)(トルコ) 37°11′N33°13′E 198
ラリサ 39°38′N22°25′E 14,132,148,177,217,218
ラルナカ(キュプロス島) 35°54′N33°39′E 222
蘭州(中国) 36°01′N103°45′E 186

リクソス(モロッコ) 35°12′N6°10′W 66
リクソス川(モロッコ) 90
リシ(キュプロス島) 35°06′N33°41′E 222

リゾカルパン(キュプロス島) 35°35′N34°24′E 222
リッソス(クレタ島) 35°15′N23°45′E 222
リテオン(クレタ島) 35°00′N25°13′E 52
リパラ 38°28′N14°58′E 66,86
リマソル(キュプロス島) 34°40′N33°03′E 222
リムナイ(トルコ) 40°20′N26°15′E 67
リュカストス(クレタ島) 35°13′N25°07′E 52
リュクトス(クレタ島) 35°13′N25°25′E 52
リュコスラ 37°23′N22°03′E 214
リュストラ(トルコ) 37°36′N32°17′E 213
リュゼニア(クレタ島) 35°25′N23°58′E 222
リライ(リライア) 38°37′N22°30′E 52,215
リンドス(ロドス島) 36°03′N28°05′E 24,30,45,67,148,153,221

ルトシ 37°00′N21°43′E 30
ルドゼム(ブルガリア) 41°30′N24°51′E 218
ルートラキ →テルマ

レイプシュドリオン 38°10′N23°47′E 97
レヴァディヤ →レバディア
レヴェナ(レンダ)(クレタ島) 34°55′N24°57′E 222
レウカス(島)(レフカス) 38°50′N20°42′E 14,132,148,172,214,216
レウカディア 40°38′N22°08′E 217,218
レウクトラ 38°15′N23°10′E 172
レウケ・コメ(サウジアラビア) 25°03′N37°17′E 186
レオニーディオン 37°10′N22°51′E 215
レオンティオン 38°06′N21°55′E 148,214
レオンティノイ(レンティニ)(シチリア島) 37°17′N15°00′E 66,86
レギオン・レッジョ・ディ・カラブリア(イタリア) 38°06′N15°39′E 66,86,102,105,213
レスボス島(レスヴォス島) 39°16′N26°16′E 15,21,45,132,140,153,171,172,177,219
レーゼン(ユーゴスラビア) 41°05′N21°01′E 216
レタイオス川(イエロポタモス川) 222
レティムノン(リティムナ)(クレタ島) 35°23′N24°28′E 222
レナイア島 37°23′N25°14′E 45,220
レバディア(レヴァディヤ) 38°26′N22°53′E 15,220
レフコラ(キュプロス島) 34°51′N33°19′E 222
レフコニコ(キュプロス島) 35°15′N33°45′E 222
レプティス・マグナ(ホムスの近くの)(リビア) 32°59′N14°15′E 66

レプレオン 37°26′N21°43′E 214
レベドス(トルコ) 38°04′N26°55′E 67,221
レムノス島 39°55′N25°08′E 14,30,132,140,172,177,219
レルナ 37°34′N22°41′E 30,215
レロス島 37°08′N26°52′E 221

ロクロイ・エピゼピュリオイ(ロクリ)(イタリア) 38°14′N16°15′E 66,152
ロゴン 39°13′N20°51′E 216
ロドス(ロドス島) 36°26′N28°15′E 15,105,148,194,195,198,221
ローマ(イタリア) 41°53′N12°30′E 163,170,186,213
ロンドン(イギリス) 51°30′N0°10′W 156

索　　引

イタリック数字の頁は，図版または地図の説明文に対応する．

ア　行

アイオリス　*45*
アイオリス諸島　55
アイオリス方言　*21*
アイオロス　55,72
哀歌詩形　108
アイギス　*103*
アイギナ（島）　*60*,91,*102*,130,132,139,141,142
アイギュプトス　48
アイゴステナ　*179*
アイスキネス　165
アイスキュロス　16,*54*,83,104,*104*,110,132,139,144,153,158,160
アイトリア人　195,196
アイトリア同盟　194,197
アイネイアス　202
アイノス　*102*
アイ・ハヌム　187,190,*190*,191
　──の体育場　*190*
アイピオン　148
アウグストゥス時代　201,207
　──の詩人たち　202
アウグストゥス帝　21,202,*202,202*,205
アウルス・ゲリウス　204
『アエネイス』　202
アカイア　44,193,194,200
アカイア人　*21*
アカイア同盟　194,195,198
アガタルコス　152
アカデメイア　12,13,*104*
アガメムノン　*36*,52,53,54,*54*,60,152,170
アカルナニア人　172
アギア・トリアダ　*31*
アキレウス　60,*69*
　──の楯　*53*
アクシオス川　129
アクティウムの戦い　204
アク・ブルン　*127*
アクラガス　98,*98*,99,100
アグリジェント　99,100
アクロコリントス　*193*
アクロティリ　34,40,*41*
アクロテリオン　*165*
アクロポリス　63,92,95,97,116,*116,117*,125,139,148,*149*,152,*156,179*,191,*191*,211
アゲシポリス王　172
アゲシラオス　170
アケメネス朝　182
アケロン川　*177*
アゴラ　146,*146*,201
アシ　16
アシネの砦　65
アショカ王　189
アスクレピオス　24,168
　──の神域　*116*,162,164,*168*,188
　──の神域内の劇場　*165*
　──の神域の所在地　*163*
　──の崇拝　162,167
　──のヘビ　*162*
アスクレピオス神殿　164,*165*
アスクレピオス像　*162*
アスタルテ　72
アステアス　*185*
アスペンドス　*103*
アッガリアノス　207,*207*
熱き門　139
アッシリア　129
アッシリア帝国　91
アッソス　148
アッタロス（ペルガモンの）　*103*,194,188
アッティカ　12,17,26,39,44,45,48,64,71,94,96,97,*97*,101,118,125,*126*,139,158
アッティカ陶器　67
アッティカ統治　97

アッティカ悲劇　200
アッティカ部族地図　*101*
アッティカ方言　*21*
アッピア街道　202
アテナ　48,83,*102*,118,125,130,156,*156*,158,*158*,161
　──の祭日　125
アテナ神殿　201
アテナイ（アテネ）　12,13,15,16,17,18,22,26,30,48,56,65,91,*101*,*102*,104,112,116,*118,123,126,131,132*,139,140,142,143,144,146,148,153,160,184
　──での貧富の差（前5世紀の）　121
　──のアクロポリス　24,28,48,71,73,*116*,139,204,206,*210*
　──のウマの供給地　113
　──の貨幣制度　141
　──の騎兵隊　113
　──の穀物貿易　112
　──の国家祭儀　165
　──の酒瓶　*131*
　──の10「部族」　96
　──の帝国主義政策　141
　──の発展　97
　──の略奪（ペルシア軍による）　139
アテナイ海上同盟　112,172
アテナイ産オリーヴ入れ　92
アテナイ社会　113
アテナイ人　12,20
　──のシチリア島遠征　113
　──の植民　141
　──の富　113
　──の宝庫　78
アテナイ鋳貨　91
アテナイ帝国　12,141
アテナイ陶器　68,91,93
アテナイ民主政　*101*,181
アテネ大学　*209*
アトス山　12,131,133
アトス半島　*132*
アトス岬　*132*
アドニス　161,165
　──の祭典　*161*
アドニス崇拝　161,165
アトラス山　*53*
アドリア海　193
アトレウス　26
　──の宝庫　*36*
アナクシマンドロス　99
アナクレオン（テオスの）　95,108
アナトリア　18,*103*
アナトリア平原　170
アナヒタ　189
アニュテ（アゲアの）　167
アパイアの神殿　130,*130*
アパメイア　196
アピアレイオン　*149*
アフガニスタン　15
アプテラ　148
アプレイウス　212
アプロディテ　72,83,*118*,158,161,165,185
アポロン　15,45,46,67,73,75,78,*78*,81,82,83,*102,103*,131,139,*139*,185
　──の祭典　139
　──の神域　168
　──の神託　78,*78*
　──の神託所　73
　──の聖鳥　162,168
アポロン神殿　48,73,76,*76*,95,128,130,138,*193*
アポロン像　200
アマゾネス族　67
アム・ダリア川　187,191
アムピアラオスの神殿　167
アムピアレイオン　148
アムピクテュオニア同盟　194
アムピポリス　12,129,172,176,177
アムモンの神託　182
アメン神　179

アメン・ラー　178
アラ・パキス　202,*202*
アラビア人　170
アラム語　203
アリカンテ　193
アリスタゴラス　129,131
アリストクセノス　104
アリストテレス　104,113,120,160,178,186,203
　──の時代　162
アリストテレス（バットスⅠ世）　84
アリストパネス　17,104,107,112,122,128,*147*,153,156,158,160,167,200
アリュッパス（モロッソスの）　173,176,177
アルカイオス　92,107,*107*,108,202
アルカイック期　18,25,28,40,46,65,66,70,74,75,76,*76*,87,88,92,*93*,95,*95*,101,107,*107*,110,*123*,126,130,*130*,*136*,139,142,145,152,158,*179*,196
　──のアテナイ経済　112
　──の宗教　73,74
　──の法典　84
アルカイック彫刻　161
アルカイック美術　68,*68*,77
　──へのオリエント美術の影響　64
アルカディア　17,*21*,57,74,91,94,*173*,204
アルカディア山地　128
アルカディアネ通り　*166*
アルカネス　69
アルキビアデス　95,143,145
アルキロコス（パロスの）　101,105,122,128,202
アルクマン　104,107
アルクメオン家　73,76,95,96,97
アルケタス（モロッソスの）　172,173,176
アルケラオス（ブリエネの）　52
アルゴス　12,17,*21*,62,65,83,85,87,*87*,130,140,141,143,*148*,172
アルゴス人　141
アルゴス陶器　65
アルゴス平野　48
アルゴー船乗組員　55
アルゴリス　39,44
アルゴリス地方　65
アルゴス平野　17
アルコン　93,95,97,131,132,141
アルシノ　165
アルタクセルクセス　141,169,*171*
アルティス　80
アルテミシオン　139
アルテミス　13,45,72,78,82,*103*,138,*160*,166,189
　──の祭壇　196
アルテミス・オルティアの神域　92
アルテミス神殿　45,91,*131*
アルテミス像（エペソスの）　166,*166*
アルバニア　13
アルパベット　*21*,67
アルペイオス川　74,80,*80*
アルミナ　62
アレイオスパゴス　213
アレイオスパゴス会議　82,93,97
アレクサンドレイア　*103*,148,154,155,*156*,160,161,170,179,182,187,189,190,203
　──の学問　168
　──の古典学者たち　202
　──の詩　186
　──の詩人たち　200
　──の図書館　186
　──の発展　182
アレクサンドレイア時代　206
アレクサンドレイア的世界　203
アレクサンドレイア　13,20,*103,104*,136,*149*,169,170,174,175,176,177,*177*,178,*178*,179,181,182,192,193,201
　──の遠征　182
　──の後継者　181
　──の後継者の王国群　195

アメン・ラー　178
アラ・パキス　202,*202*
　──のトロイア再建　178
アレクサンドロス以後の状況　189
アレクサンドロス大王騎馬像　*171*
アレクサンドロス大王物語群　212
アレクサンドロス帝国　*103*
アレス　82,202
アレトゥサ　*102*
暗黒時代　20,*21*,44,45,49,*49*,52,56,60,64,75,86,87,94,122
アンコーナのキリアクス　22,24,207
アンティウム（アンツィオ）　*192*
アンティオケイア　*148*,213
アンティオコス大王（シリアの）　194,195
アンティオコスⅢ世　197
アンティオコスⅣ世　*103*
アンティオコスⅤ世　197
　──のエジプト侵入　197
アンティオコス・エピパネス　*117*
『アンティゴネ』　*156*
アンティゴノス（プリュギアの）　181
アンティゴノス・ゴナタス　181
アンティノス　204,205
アンティパトロス　181
アンティマコス　*103*
アントニウス　204
アントニウス・ピウス　*156*
アンドロス島　141
アンドロニクス　200
アンドロニコス（キュッロスの）　*117*
アンポラ　62,66,68,69,*103*,109,*127*

イアソン（ペライの）　172,176
イアムボス詩形　104,105
イアムボス調　104
イエルサレム　203,*213*
　──の壁　91
イオニア　*21*,62,93,104,112,201
　──の反乱　129,*132*
イオニア海　13
イオニア式　201
イオニア式円柱　128
イオニア式建築　158
イオニア式柱頭　191
イオニア人　*21*
イオニア方言　*21*,104,160
イオニア様式　75
イオルコス　44,49
イオン　73
医学　162,168,*168*
　──の起源　162
イギリス　24
イクティノス　152
イサゴラス　97
イシス　82,207,212
イシス神殿　*207*
イストロス（ヒストリア）　121
泉　15
イスラエル　69
遺跡　*191*
イソクラテス　112,171
板絵　152
イタケ島　55
イタリア　22
一弦琴　154
イチジク　*12*,128
1万人の退却　171
イッセドネス人　91
イッソスの戦い　*179*
イッリュリア式兜　*135*
イッリュリア人　176,193
イッリュリア族　171
イデー山　46
イトスギ　*12*
イトメ　140
イヌ　48,*55*,128
イノシシ　*54*
イピゲネイア　*32*
イピゲネイア信仰　44
イピュコス（レギオンの）　108
異民族の侵入　206
イムブロス島　131,141
『イリアス』　52,53,*53*,54,56,57,

58,60,*64*,*127*,*136*,158,160,178,202,206,*207*
イルカ　*102*,*103*,110,*147*,187
イングランド　20
印章　66
印章石　32
インダス河　91
インド　181
インド人　*133*
インド・ヨーロッパ語族　30,72

ヴァイキング　206
ヴァペイオ　34
　──の金杯　*33*
ウィトルウィウス　137
ヴィンケルマン　22,*134*
ウェイ　192,*200*,200
ウェスパシアヌス　156
ヴェネツィア　75,204,207,*210*
ヴェルギナの遺跡　*174*
ウェルギリウス　16,202,202
浮橋　129
浮彫　*162*,*163*
ウサギ　*102*
ウシ　*12*,15,*32*,*33*,*34*,38,*39*,43,53,65,66,*86*,*102*,119
牛飼い　16
牛跳　*38*
牛泥棒　15
渦巻文様　*31*
歌競べ　160,165
ウナギ　16,*51*
ウマ　*12*,*12*,18,*32*,*39*,42,48,53,64,72,74,76,*82*,*83*,*89*,92,95,100,101,*103*,*109*,113,128,*135*,154,165
ウミガメ　*102*
ウラルトゥ　65,66,86
雨量　13
ウロカストロ　49

エイオン　140
英雄の聖所　*191*
英雄物語　127
エウアゴラス　171
エヴァンス，A.　25,*26*,28,*28*,*38*,*38*
エウクラティデス　*103*
エウテュメネス　91
エウフラテス川　179
エウプロニオス　*158*
エウボイア　13,62,*101*,129,139,141
　──の意匠　66
エウボイア人　45,65
エウボイア人植民市　66
エウポリス　104,158
エウメネス（ペルガモンの王）　197
エウメネスⅡ世　188
エウリピデス　73,*109*,128,153,156,158,160,189,203
エウリュメドン川　140
エウロタス川　*12*,92
エクセキアス　110
エグナティア街道　*21*
エクバタナ　180
エーゲ海　31,44,45,62,94,*102*,138,139
　──の人口移動　44
絵皿　*178*
エジプト　20,45,55,91,99,*103*,129,*133*,141,144,170
　──の石製容器　31
　──の秘教的著作　212
　──の陥落　179
エジプト古王国　31
エジプト人　20,*21*
エジプト人体彫刻　62
エジプト・ハゲタカ　73
エティオピア人　*133*
エテオキュプロス語　*21*
エテオクレタ語　*21*
エトルリア　22,53,66,*71*
　──の神殿　*161*
　──の陶器類　68
エトルリア人　*21*,86,91
エパメイノンダス　*103*,172,173

索　引

──の足指　162
エピカルモス(シチリア人の)　104
エピカルモス(シュラクサイの)　104
エピクロス　104,203,168
エピクロス派の哲学　182
エピダウロス　24,143,148,164,167
──の大神域　162,167
エブラ　126
エペイロス　13,15,172,173
エペソス　91,103,131,144,148,166,178
──のアルテミス神殿　91
エラトス王　65
エラム　179
エリス　17,21,125,143,148,173,195
エリス人　75
エリス地方　62
エルギン卿　207
エルバ島　20
エレウシス　64,65,65,69,96,113,117,128,210
エレクティオン　101,156,158
エレクトス　156
エレクテウス　101
エレクトロン　102
エレクトロン貨　85,102
エレゲイア　108
エレトリア　95,131,132,132,148
エロス　185
『エロトクリトス』　213
宴会　123
沿岸統治官　96
円形墓域　34
演劇　146,148
演劇詩　104
演説　153
エンコミ　44,176
エンニウス　200

オイディプス　56
オイニアダイ　148
牡ウシ　75
オウディウス　168
オオカミ　12,45
オオカミ礼拝　45
オオムギ　12,94
オクソス川　129,187,189,191
オクタウィアヌス　204
押印　102
オスティア　192,204
オストラキスモス　96,97
オストラコン　96,97
オスマン・トルコ　206
オデイオン　116,139
『オデュッセイア』　16,52,53,54,55,55,91,160
オデュッセウス　15,16,53,55,56,57,60,63,127,152
斧　19,31
オムパロス　78
オリーヴ　12,12,13,48,92,100,101,102,109,156
オリエントの影響　62
オリゲネス　165
オリュントス　103,120,121,121
オリュンピア　12,22,24,26,62,67,69,71,72,73,74,75,78,80,81,88,89,102,109,126,127,143,144,173,187,195
──の祭典　101
──の戦士像　62
オリュンピア競技　73,95,103
オリュンピア徒歩競走　176
オリュンピア戦車競争　100
オリュンピオス　205,205
オリュンポス　72,83,116
──の神々　72,80,82,118,156,202
──のゼウス神殿　95,98,101,116,117,119,143
オリュンポス山　49,72,120
オルケストラ　147
オルビア　67,112
オレンジ　12,13
オロポス　97
オロンテス川　62
音楽　20,31,154,154
女のおしゃべり　53

カ 行

絵画　55,62,145
階級　84
懐古趣味　160
海上貿易　17
カイセリ　20
海賊　182
カイロネイア　148

──の戦い　177
──の勝利(ピリッポスの)　177
カイロ博物館　189
ガウガメラ　179
旧約聖書　203
ガウシの激戦　182
ガウシ　48
カエサルのガリア征服　170
カエル　192
家畜　121
香り高きアラビアの羊飼い　187
科学　126
飾り板　75
風の塔　117
河川　15
下層階級　112
カソッペ　148
カタツムリ　127
カタロニア人　95
カッサンドラ　54
カッサンドロス　181
合唱抒情詩　104,107
寡頭政治の衰退　112
カト・ザクロス　31
カニ　99,155
カプア　192
兜　19,54,69,72,75,123,126,135
貨幣　91,102,113,127,156,182,196,201,202
貨幣鋳造所　102
カベイリオン　148
鎌付戦車　179
カマレス洞窟　46
『神々の誕生』　54
神々の表現　158
神の召使　32
カメ　136
カモシカ　41
カラカラ帝　205,207
ガラス　34,68
ガラティア　192
ガラティア人　170
カラマティ　17
カリア人　45,104
ガリア人　21,192
カリシア　20
カリュアティデス　156,210
カリュアンダのスキュラクス　91
カリュストス　148
カリュドンの猪の牙　204
カリュベス人　20
カルキス　95,131
カルキディケ　121
カルキディケ同盟　103,120,170
カルキドン　129
カルケドン　129
カルタゴ　91,100,140,193,196
カルタゴ人　98,100
カルタゴ戦争　192,196
カルタヘナ(カルタゴ・ノウア)　193
カルピ　48
カロン　158
カワ　15
ガン　39
歓待の義務　53
ガンダーラの仏師　189
カンプス・マルティウス　202
患部の模型　163

キオス　131
──の法律　84
キオス人　48
キオス島　21,113
戯画　127
幾何学　126
幾何学的文様　71,185
幾何学様式　62,64,184
幾何学様式芸術　21
幾何学様式時代　51
幾何学様式陶器　40,45,48
幾何学様式文様　193
戯曲　153
喜劇　156,200
喜劇詩人　104
キケロ　200,203
気候　12,13
擬古主義　160
季節　12,13
貴族政　85
キタラ　154
キツネ　133
絹　19
絹の道　127,186,186
キネアス　191
騎馬隊　179
キビ　94
貴婦人の丘　191
ギボン　25,213
キモン(アテナイの)　100,116,131,140,144

キモン(ミルティアデスの子)　140,141
宮殿美術　32,33,34
旧約聖書　203
キュクラデス諸島　31,112,129,138
キュクロプス　67,160
──の洞穴　55
キュテラ島　87
キュノスケパライ　194
キュベ　20,21,31,44,45,48,51,54,55,65,68,91,131,161,171,176,210
──の解放　140,141
キュベレー　82,190,191
ギュムナシオン　176,190
キュメの洞窟群　145
キュリクス　109,185
ギュリッポス　143
キュリッロス　165
キュレネ　84,91,148
──の貨幣　172
キュロス　91,95,129,169,171
キュロン　85,92,95
『饗宴』　128,153
峡谷　139
協和音位置測定器　154
極印　102
御者像　76
巨人像　101
巨石像　64
キリアクス(アンコーナの)　22,22,24,207,213
ギリシアが手本とすべき学園　144
ギリシア語　30,69,211
──の詩　212
ギリシア古典のラテン語への翻訳　201
『ギリシア詩華集』　202,204
ギリシア人とカルタゴとの不和　192
ギリシア人の海外進出　65
ギリシア神話　44
ギリシア正教会　213
ギリシア帝国　206
ギリシア的ユダヤ文学　203
ギリシアの独立　210
ギリシアのバロック式建築　186
ギリシア文学伝統　212
キリスト教　212,213
金　18,19,20,26,28,34,36,36,43,45,48,73,102,126,127,140
──の指輪　33
金貨　103,143
金細工師　32
金山　74
銀　16,18,19,33,34,34,49,102,112,113,127,133,140,201
銀貨　85,102,103,130
銀山　16,74,131
銀盤　190

クサンティッポス　133,192
具象美術　62
交換手段　102
クセノパネス(コロポンの)　99
クセノポン　104,112,120,125,131,169,170
クセルクセス　132,133,139
──の侵略　133
クテシアス　169,170
クテシビオス　155
クナクサの戦い　169,171
クニドスの戦い　170
クノッソス　25,28,30,30,31,31,32,34,34,38,38,39,41,42,43,57,148
──の王座の間　32
クノッソス文書　32
首飾り　71
クラーク,E.　210
クラテル　68
クラティノス　104
グラニコス川の戦い　182
クリミア戦争　210
クリュタイムネストラ　109,149
──の墓　36,48
グリュプス(グリフィン)　30,32,37,86,127
グリュプス門　32
クルド族　169
クレアルコス　169,191
クレイティアス　94
クレイステネス　95,96,97,101,116
クレオパトラ　74
クレオメネス　96
クレオン　143
クレタ(島)　12,12,13,17,19,21,25,

28,30,31,32,34,36,38,39,43,45,45,46,46,48,51,55,55,67,69,84,105,128,139,158,210
──のアルファベット　69
──の牛跳競技　34
──の王　32
──の宮殿生活　33
──の洞穴　32,46,158
──の文字　31
クレタ人　28,30,31,34,41,69,69
クレタ美術　31
クレタ文明　25,30,33,38,41,43,46,48,50
──の遺跡　31
──の経済状態　32
──の職業　32
クレルコイ　141
クロイソス(リュディアの)　20,74,75,91,102,129
クーロス　70,70
クロノス　80

「軍船目録」　53
競馬　73,89
劇場　92,142,146,146,148,148,152,164
──の入場券　146
ケゲル　135
ケシ　33
ケパッレニア島　30,44
ケパロス　148
ケピソス川　12
ケミストス・ブレトン　207,207
ケライ　98,99,104
ケラウノス　181
ケリュロス　107
ケルソネソス　131,177
ケルソネソス半島　141
ケルソブレプテス　177
ケルト語　170
ケルト人　20,100,170,178,192,193
──の侵入　170
ケルト部族　197
ケルト文化　20
ケレス神殿　196
剣　19,20,34,48,68,72,86,134,171
原幾何学様式陶器　185
──の詩　212
原コリントス式陶器　185
言語　211
犬儒派　203
賢人　104
現代の作家　212
現代美術へのギリシアの影響　209
ケンタウロス　69,81,119,126,127
建築　21,62,186
剣闘士　200
ケントゥリペ　189
献納品　80
元老院　194

コイネー　21
硬貨　102
交換手段　102
硬玉　19
攻撃機械　136
考古学　22,25,26,28,30,32,54,65,74,87,91
口承叙事詩　60
香水びん　68
香料の道　186
黒像式　145
黒像式絵　109
黒像式杯　185
黒像式手法　184,185
黒像式陶器　69
黒像式ヒュドリア(水差し)　185
コクチャ川　190
告発の権利　92
国法発布の発議　84
穀物貿易　113
穀物女神　65
黒曜石　55,85
コショウ　186
個人的快楽趣味　186
コス市　168
コス島　21,148,162,167,168
国家の祭儀　161
国家的祭典(プトレマイオス朝の)　165
国家の出現　64
古典期　40,76,118,126,145,152
古典期考古学　28
古典ギリシアの影響　200
古典ギリシアの復興　204

古典時代の歩兵隊　134
古典美術　152
古典復興運動　208
コノン　169,170
コパイス湖　16,73
琥珀　19,48
琥珀ビーズ　20
500人評議会　101
コムギ　12,13,67,93
暦　13
コリントス　16,17,62,69,80,85,86,101,102,132,133,136,139,141,142,143,148,171,184,193,195,198
コリントス運河　16
コリントス形兜　135
コリントス式円柱　128
コリントス式柱頭　187,191
コリントス式柱列　176
コリントス人　198
コリントス地峡　15,17,74,102,132,133,136,139,148,195
コリントス陶器　65,93,94
コリントス様式　66,147
コリントス湾　177
コリンナ　160
ゴルゴン　68,160,161
──の首　161
テラコッタ製の──　161
ゴルディオン　66
ゴルテュン　48,148
ゴルテュン法　84,85,85
ゴルフ(ケルキュラ)島　17,139,142,172
コレー　70
コレー像　71
コロネイア　170
コンコルディア神殿　98
混酒鉢　185
コンスタンティヌス　205
コンスタンティヌス・カバフィス　213
コンスタンティノポリス　75,191,204,205,207,213
──の陥落　212

サ 行

債務奴隷　92
彩文陶器　22
杯　38
　アテナイの──　185
　スパルタの──　185
魚　12,13
ザキュントス島　105
ザグレウス　158
ザクロ　12,71
ザクロス　31
サッポー　92,107,107,108,110,161,202
サテュロス劇　160
サトラペイア　91,129
サトラペス(太守)　143,178
サバジオス　165
サブ・ミュケナイ様式　62
サマルカンド　182
サムニウム人　192
サモス(島)　21,91,92,102,109,141,142,148,169
──のピュタゴラス　154
──のマンドロクレス　129
サモス人　131
サモトラケ(島)　12,22,148
サラミス　87,93,96,97,132,139,176
──の海戦　128,139
サルディス　66,91,102,129,131,131,133,139,141,178
サルディニア(島)　86,131
サロス湾　91
サロニキ　120
三大悲劇詩人　160
サントリニ(テラ)島　34,40,41,48,49
──の爆発　31
散文　108
サン・マルコ大聖堂　75
──の千頭の馬　204,204

詩　16,20,21,28,31,121,132,202
詩歌　108
シェークスピア　211
ジェラシの建造物　187
シカ　75,103,126
シキュオン　85,86,91,148
シゲイオン　96
『仕事と日々』　54
獅子門　37
死者の仮面　36
死者の託宣所　54

索　引

詩人　105,212
シチリア　13,26,36,39,42,55,62,67,86,98,99,100,102,113,149,181,184,187
シチリア遠征(アテナイの)　121,143
シドン　126
シナモン　186
死にゆく植物神　161
慈悲の祭壇　202
事物の本性について　203
シブノス人の宝庫　76
シブノス島　20,74,76
ジブラルタル海峡　181
地母神　63
シモニデス(ケオスの)　95,100,139
釈迦　189
シャカ(ズール王)　44
写実主義　126,127,193
写本　189
自由型格闘技　89
自由学科　203
宗教　22,25,55,69,125,161,168
獣帯文様　185
12神　82
守護神　82
手術　167
シュバリス　102,145,149,196
シュラクサイ　100,101,102,103,109,137,149
──の採石場　113
──の包囲　141
シュラクサイ人　16,113
シュリーマン　25,26,34,36,57
シュリンクス　161
巡礼地　78
小アジア　36,42,62,91,94,102,104,108,112,126,129,131,142,142,166,195
──の12市　101
『小詩集』　202
少女像　70
肖像彫刻　201,205
少年像　70
小評議会　93
勝利の女神　116,143
初期スパルタ社会　91
職人　123
植物図集の本　191
植物文様　126
植民　64,67
植民市　85,99
植民地　94
叙事詩　18,25,52,58,200
──の道徳　58
抒情詩人　107
シラサギ　12
シリア　31,65,103,126
シリア人　20
司令官　189
神域(アスクレピオスの)　167
神官　84,186
──と女神官　163
陣形　134
人口の増大　64
新古典主義　208,209,211
神聖なブタ　63
新石器時代　31,32
神託　73,78
神託社　62,69
神託所　12,15,74,76,78,78,168,172,178,179
神殿　16,23,25,69,73,74,76,76,80,85,98,101,103,128,156,186,190,191,193,196
『神統譜』　53,54
人物像　48
人物彫刻　62
人物表現　184
森林の消失　12
神話　22,25,54,168

水系　15
水晶　36,48
水道橋　204
数字　126
スカラベ　66
鋤　
スキピオ　193,195
スキュティア　97
スキュラクス　91
スキュロス(島)　48,94,140
スケネ　148
スーサ　131,179
錫　20,187
スタディオン　63,88
スッラ　146
ステシコロス(ヒメラの)　108,109

ストア派　104,182
ストラトス　149
ストラボン　22,207,207
ストリュモン川　129,133
ストーンヘンジ　18
脛当　174,175
スニオン　121
スニオン岬　132
スパクテリア島　143
──の戦い　141
スパルタ　16,21,44,62,65,69,85,86,87,91,92,92,94,96,97,104,107,110,117,120,131,133,139,140,141,142,143,149,172,194,196
──とテバイの覇権争い　169
──とペルシアの戦争　169
──の拡大　94
──の興隆　87
──の少年たち　92
──のメッセニア征服　87
スパルタ軍　134,141,141,143,171
スパルタ人　12,18,69,85,91,92,95,96,132,139,140,141,142,143,169,170
スパルタ陶器　65
スフィンクス　45,48,77,126
スフランツェス　213
スペイン　15,20,42
スペルケイオス川　139
スポーツ　73,74,88,200
スポラデス諸島　168

政治権力の拡散　181
政治詩　108
聖樹の絵　186
聖書　211
青銅　18,19,19,20,20,28,34,34,36,45,46,46,48,55,62,63,66,68,69,70,73,74,86,93,113,123,126,131,132,134,139,146
青銅貨　85
青銅器時代　36,37,38,38,39,40,41,46,46,48,51,54,55,57,57,62,64,130,136
青銅器文明　38
青銅製大釜　65,66
青銅像　62,64
青銅品　62,64
聖なるヘビ　128,167
青年・少女像　64
──の起源　70
青年像　69,70
聖パウロの伝道旅行　213
成文法　92
セイレーン　86
セウェルス,セプティミウス　205,207
ゼウクシス(ヘラクレイアの)　127
ゼウス　32,33,45,53,63,67,72,72,74,80,80,81,83,97,103,109,125,126,152,158,178,179,185,187,191
──の祭壇　74
ゼウス・アムモン　172,178,179
ゼウス・オリュンピオス神殿　205,205
ゼウス神殿　24,74,75,80,116,117,187
ゼウス像　46,80,88
セウテス(トラキア人の)　169
石製印章　31
赤像式　144
赤像式萼形(カリュクス)クラテル　54
赤像式手法　184
赤像式陶器　69
赤像式陶器画　96,158
赤像式鉢　109
赤像式ヒュドリア(水差し)　185
石造防衛設備　173
セゲスタ　149
セストス　140
石棺　126,145
セーヌ川　20
ゼノン　104
セフェリス,G.　213
セプティミウス・セウェルス　205,207
セラピス　82
セリヌス　161
セルジューク・トルコ　206
セレウコス(バビュロンの)　181
──のゾウ部隊　181
線刻装飾　20
戦士　69,92
戦士階級　18
先史時代　28
戦車　42,64,68,74,76,81,102,

103,109,118,191
戦車競走　73
戦車御者像　74
僭主　85,95,98,101,107,112,117,131,132
──の出現　85
僭主政　85,86,91
──の所在地　86
──の諸ポリス　85
──の打倒　96
戦勝記念碑　139
先祖崇拝　56
戦闘機械　136
前8世紀ルネサンス　62
線文字A　31,32,46
線文字B　31,32,42,43,44,49

ゾウ　178,179,181,191,196,196
造園技術　187,188
象牙　33,43,43,70,165
象牙製の首　175
象牙製品　45
象牙像　43
双斧　32,33,46
ソクラテス　104,143,153,156,169
──の学校　208
ソシアス(トラキア人の)　121
ソーヌ川　20
ソピロス　94
ソフィスト　153,156
ソプロン(シュラクサイの)　104
ソポクレス　104,123,128,152,153,156,158,160,167
ソマリア海岸　186
ソロモンの神殿　91
ソロン　17,85,87,92,93,95,97
──の改革　92
──の法　84,94
ソンム川の戦い　179

タ　行

体育競技祭典　80,88
体育競技者像　64
大神域　62
大プリニウス　22
対ペルシア人戦勝記念碑　72
大理石　69,70,71,78,93,95,96,132,149,164,191,203,204
大理石頭部　201
タウロメニオン　149
託宣　15
タコ　33,41
多神教　69
タソス(島)　12,20,101,105,107,131,140,149
ダチョウ　39
タッキナ　192
竪穴墓　30,30,34,36,39,43
竪琴　154
ダナオス　48
ダナグラの戦い　141
タバル　20
『ダフニスのクロエ』　161
タユゲトス山　85
タラス　103
タルクィーニア　161
タルソス　44
アルテッサス　20
ダレイオスⅠ世　91,102,129,129,131,133
ダレイオスⅢ世　178,179
ダレイコス金貨　102
タレス(ミレトスの)　99
タレントゥム　30,192,200
短剣　34,36,39,49
ダン部族　44
タンムズ　161

『地誌学』　207,207
チベット　189
鋳貨　85,91
チャタル・ヒュユク　33
チャンドラグプタ　181
柱廊玄関　166
彫刻　21,25,28,62,201
長方形様式　62
治療中の医師と看護婦　163
治療の神　167

辻説法　203
ツタ　128
ツバメ　43
──の糞　162,168
壺(ケントゥリペ出土の)　187

ディアナ　166
ディオスクロイ　67

ディオスクロス　98,103
ディオスコリデス　191
──のウィーン写本　191
──の『薬物誌』　191
ディオニュソス　15,45,46,83,102,109,110,119,128,146,147,158
──のブリュギア　165
ディオニュソス・エレウテリオスの劇場　149
ディオニュソス神　149,185
ディオネ　63
ディオメデス　127
ディカイア　102
ディクテー山の洞窟　46,46
ティグリス川　131,179
ティベリウス帝　206
ティリュンス　30,30,39,42,43
テウクロス　176
テオクリトス　16,160,161,165,168,203
──の詩　189
テオス　84,94
テオピロス(ミュティレネの)　213
テオプラトス　12,104
テゲア　94,149,173
テスピアイ人　139
テセイオン　101,117
テセウス　144,144,167
デデ・コルクト　58
テバイ　16,17,39,62,97,103,139,141,142,171,172,178
──とスパルタの覇権争い　169
テバイ人　139,170
テミストクレス　133,140
デメテル　43,63,65,65,69,82,82,100,101,105,113,139
──の秘儀　105,143
デメテル讃歌　65
デメテル神殿　101
デメトリアス　105,149
デメトリオス　181
デメノス　76
デモクリトス　104
デモス　101
デモステネス　147,165,177,181
デモドコス　52
テュロス　103,179,182
テラ(島)　40,41,149
テラコッタ　34,75,80,95,113,122,126,200
テラコッタ製　51,55,69
テラコッタ像　34,40,46,46,76,109,189
テルシテス　53
デルポイ　12,22,28,48,62,69,72,73,73,74,75,76,76,78,91,95,96,97,132,139,149,152,172,176,185,190,194,204
──のアポロン　101
──の格言集　191
──の競技会　177
──の神託　182
──の宝庫　74
デルポイ隣保同盟　177
テルマコス　16,53
テルメッソス　149
テルモピュライ　132,141,172,176,195
──の戦い　139
テレステリオン　65
テレンティウス　201,206
デロス(島)　44,45,46,46,54,62,73,101,103,131,138,139,140,141,149,194,197
──の神殿　182
デロス同盟　92,140,141,141,172
テロン(アクラガスの)　100,101
『田園詩』　160,202
天空神　72,83
『転身譜』　
伝説文学　58
テンペ峡谷　132,139

銅　71
統一貨幣　102
銅貨　143
陶画家　93

陶器　48,63,64,66,67,73,100,184,189
──の産地　65
陶器画　62,66,68,93,93,110,112,123,135,144,145,156,184,185,189
トゥキュディデス　57,87,104,144,152,160
トゥキュディデス(ペリクレスの政敵)　141
洞穴　15
投石機　137
陶土像　43
動物の様式　127
陶片追放　96,97,133,140
トゥリオイ　102
ドゥリス　144
道路　21
土器　18
独立後のギリシア　210
図書館　170,186,188
ドドナ　12,18,54,62,63,63,74,78,103,149,152
ドナウ川　206
──の船橋　129
トビウオ　34,41
飛び込みの祭礼儀式　107
飛び込む少年　145,145
富の増大　64
トムソン,G.　43
トラキア　13,18,91,103,107,127,129,135,140,141
──の子守女　127
──の兵士　143
──の魔女　127
──への進撃(ピリッポスの)　176
トラキア人　18,100,133,154
ドラゴンの法　92
トラヤヌス帝　156,205
鳥　34
トリコス　149
ドリス式　117,201
ドリス式円柱　76,101,193
ドリス式神殿　101
ドリス人　13,21,144
ドリス方言　21,104,160
トリッテュス　97,101
トリトン　185
トリピュリア　21
トリピュリア人　74
トルコ　18,206,207
──との抗争　210
トルコ支配時代　213
トルコ人　24,25
奴隷　17,32,84,92,101,112,113,113,121,147,168,197,201,203
──と自由民の区別　121
──の反乱　182
奴隷農民　92
ドレロスの法律　84
トロイア　18,25,48,54,56,57,66,69
──の跳躍　69
──の木馬　189
トロイア戦争　16,44,57,57,58,60
トロス　76,194
トロス墓　26,30,31,33,36,44,48,54,55
ドロモス　149

ナ　行

内陣　128
ナイル川　91,141
ナウクラティス　91
ナウパクトス　87,141,167
ナエウィウス　200
ナクソス(島)　44,64,70,71,77,95,107,129,131,138,140,141
ナシ　53
ナバタイア王国　182
70人訳聖書　203

ニカンドロス・ヌキオス　213
ニキアス　121,128,143
ニジンスキー　209
日常生活　122,122
入会儀式　141
入信儀式　107
ニンフ　45,46,82,82,154,160,167,185,203,209

ネオプトレモス　173
ネコ　34
ネコス　91
ネストル　57
──の杯　37
ネプトゥヌスの神殿　196

索　引

ネメア　62,74
ネロ帝　73,203,204
粘土板　30,38

農業　13
農民　22
野ガン　12
ノルマン人　101,206

ハ　行

パイオニア人　176
パイオニオス　143
パイストス　31,48,149
パウサニアス（スパルタの将軍）　73,73,140
パウサニアス（ローマ時代の）　16,22,26,75,81,148,152,207
パウルス　206
パウロ　98,212,213
パエストゥム　22,23,99,123,145,145,196
——の墓壁画　196
鋼　20
ハギア・ソフィア大聖堂　206
白地レキュトス　158
バクトリア　103,202
——の太守　180
バクトリア貨幣　201
バクトラ（バルフ）　189
破城槌　134,137
柱の礼拝　32
バシリカ　149
ハス　126
パタラ　149
ハチ　33
鉢　64
蜂蜜　32
——と不死との関係　44
パーチメント　187
ハッカ　32
『バッカイ』　109,153
バッサイ　128
——のフリーズ　75
発射機　136,137
バットス I 世　84
パッラシオス　152
パッラディオ　208
ハト　128
——の女神　32
パトライ　17
ハドリアヌス帝　117,188,204,205,205
——の肖像　205
「——の神殿」　116
パナケイア　168
パナテガア　109
バナナ　178
ハニヤ　30
母なる神　50
バビュロニア　13,161
バビュロン　91,181,182,149
——の開城　179
バビュロン捕囚　91
パピルス船　45,46
パピルス文書　165,189
破風　118,119
ハミルカル・バルカス　193
バラ　127
パライカストロ　33
パライストラ　190
パラスケニア　149
パラティーノの丘　204
ハリエイス　141
ハリカルナッソス　104,176
パリス　53,67
バルカン　18,63,86
パルティアの遊牧民　181
パルテノン　15,24,83,95,117,118,125,126,144,152,156,158,206,210,210,211
——の彫刻　118
——のフリーズ　167,202
パルナッソス山　73,76
バルバロイ　21
パルメット　126
パレスティナ　203
パレロン　65
バロック式建築物　187
バロック様式　101,187,188
パロス島　66,70,100,101,105,170
パン　82,102
——の笛　154
パンアテナイア祭　118
パンガイオン（銀山）　20,95,129
パンクラティオン　89

パンジャブ地方　181,182
ハンニバル　193,195,196,196
反ペルシア同盟　127

ヒエロン　103,112
ヒエロニモス　165
ビオン（オリビアの）　179,203
秘儀　82
秘儀入信　82
悲劇　104,132,156,200
——の起源　110
悲劇合唱団　95
ビザンティン時代　204,206,207
ビザンティン帝国　20,206,212
ビザンティン美術　206,207
ピシディア人　171
美術　22,25,72,144
ヒスティアイオス（ミレトスの）　129,131
ヒストリア　121
ヒツジ　12,15,32,60,74,101,178
羊飼い　15,22,32,48,54,55,83,161,181
ヒッタイト　45
ピッタコス　107
ヒッパルコス（ペイシストラトス家の）　131,132
ヒッピアス　96
ヒッピアス（ペイシストラトスの息子）　131,132
ヒッペイス　95
ヒッポクラテス　21,162,168,168
ヒッポナクス（エペソスの）　105
ヒッポボダイ　95
ピテクサイ　20
ビトン　74
碑文（エピダウロスの）　168
ヒメラの戦　100,101
ヒュアキントス　44
ビュザンティオン　129,140,141,141,169,177
ビュザンティオン競馬場　73
ピュタゴラス（サモスの）　99,154
ピュテアス（マッシリアの）　187
ピュティア競技　73,76
ピュティアの巫女　78
ピュッロス（エペイロスの）　152,181,192
ピュドナの戦　103,197
ヒュドラウリス　155
ヒュドリア（水差し）　161
ヒュペルボロス　143
ヒュペレイデス　181
ピュラピコ　34
ピュルゴス　17
ピュロス　30,30,33,34,43,54,54
ピュロス宮殿　43,43
ピュロス文書　32,42
ピュロスの戦い　141,143
ヒョウ　39,133
ピリスティス　103
ピリッピの金山　103
ピリッポイ　149
ピリッポス II 世（アレクサンドロスの父）　103,120,171,172,173,174,175,176,177,177
——の棺　175
ピリッポス像　174
ピリッポス V 世　193,194,195,197
ピリッポポリス　177
ピリタイロス　103
ピレタス（コス島の）　160,168
ピロン　203
瀕死のガリア人　193
ピンダロス　28,74,100,101,105,108,109,109,160
ピンドス山地　12,13,21,63

ファイザバード　33,34
ファイユーム　163
ファサード　187
笛　155
フェニキア　141
フェニキア人　20,21,62,66,69,70,91,100,140
フェニキア人探検家　91
フォルトゥナの神殿　187
武器　134
武具　174
福音書　211
副葬品　174
フクロウ　102,103,128
ブタ　32,74
豚飼い　16,53,55
ブトイオン高地　73
ブドウ　12,102,110,127
ブドウ酒　101,121

プトレマイオス I 世　103,148,181
プトレマイオス V 世　195
プトレマイオス（学者）　22,207
——の地図　186
プトレマイオス朝　40,103,160,165,170,186,194
船　20,46,53,55
——の線描画　45
フマニタス　201
フラウィア・アニキア　191
プラウトゥス　201
ブラウロン　128
プラエネステ　192
プラクシテレス　75
プラシダス　143
プラタイアイ　73,116,132,132,139,140,142
——の勝利　140
——の戦勝記念　73,76
プラタナス　12
プラトン　12,25,104,122,128,153,154,158,186,212
プラトン（喜劇詩人）　203
フラミニヌス　194,195
フランス　24
フランソワの壺　93
プリエネ　146,149,201
ブリザーの征服　170
ブリトマルティス　45
プリュアケス　185
プリュギア　129,170
プリュギア人　66
プルタルコス　22,73,211
ブルトゥス　203
ブルンディシウム　193,202
ブーレー　101
プレイウス　149
プレウロン　149
フレスコ画　34,38,41,42,43,48,49,145,145,186
フレスコ画家　32
ブレンノス　170,181
プロコンネソスのアリストテレス　91
プロスケニオン　148
プロタゴラス　104,153,156
プロディコス（ケオス島の）　153
プロペルティウス　187
プロピュライア　116,117
プロメテウス　185
噴火　40
文学　22,152,160
文芸の発展　104

平均気温　13
兵士　133,134
ペイシストラトス　85,91,95,96,116,160
ペイシストラトス家　95,97
ペイディアス　74,75,117,118,126,144,158
ペイドン　85
ペイライエウス　69,112,133,146,149,169
——の石切場　113
——の防壁　170
平和神の祭壇　202,202
ペガソス　102,103
ヘカテ　82,82
壁龕　191
ヘクトル　60,67
ヘシオドス　39,52,53,54,122
ヘスティア　83,118
臍の石　78
ヘタイラ　123
ヘッレスポントス　140,143,176
ヘッレスポントス海峡　96,97
ペトラ　182,187
——の神殿と墓　187
ペトロ　98
ペネロペの墓　56
ヘバイストス　83
ヘビ　34,44,48,51,68,73,127,128,139,158,162,167,189,189
ヘブライオカストス　107
ヘブライ語　203,213
ヘブライ人　20
ヘブロス川　177
ヘラ　15,71,83,98,102,103,196
——の神域　48
——の神殿　101,196
ヘライア　94

ヘラクレイトス　104,110
ヘラクレス　67,102,103,109,119,144,144,145,185
——の首　191
ペリクレス　95,112,116,116,118,133,139,141,142,144,170
ペリクレス時代　25,104,112,116
ペリシテ人　44
ペリパトス派　104
ペリントス　129
ペルガモン　103,149,187,188,194,195
——の王　189,193
——の大祭壇　188
ペルゲ　149
ペルシア　18,73,91,95,96,102,103,118,120,139,140,141,143,171,179
——のアテナイ略奪　116
——の遠征　132
——の弱体化　171
——の太守　129
——のトラキア遠征　129
——への全面戦争を布告
ペルシア艦隊　133
ペルシア宮殿（ペルセポリスの）　179
ペルシア軍　128,133,139,179
——の進撃　131
——の民族構成　133
ペルシア人　91,92,99,104,109,112,131,132,133,136,140,169
ペルシア征服　182
——の結果　192
ペルシア戦争　112,116,117,118,129,131,141,141
——の記念建造物　116
ペルシア帝国　20,91,97,99,113,129,129,133,139,140,169,171,176,178,179,191
——の財宝　181,182
——の発展　95
ペルシア門　179
ペルセウス　63,103,161,197
ペルセポリス　129,179,182
——の財宝　179
ペルディッカス　181
ヘルデス　89
ヘルマ　190
ヘルメス　53,78,83,102,107,125,143,154,158
——の家　139
ヘルメス学　212
ヘルメス像　75
ヘルモス川　20
ベルリンの画家　161,165
ヘレニズム　95
ヘレニズム化　190
——されたユダヤ人　212
ヘレニズム建築様式　187
ヘレニズム時代　21,63,136,142,146,148,149,168,179
——の宮殿　190
——の外科用器具　163
——の建物　201
ヘレニズム・バロック　186
ヘレニズム・バロック様式　182
ヘレネ　53,67
ヘレネス　21
ヘロデス　73
——の宮殿　187
ヘロデス・アッティコス　203,204,208
ヘロデス・アッティコス劇場　116
ヘロドトス　21,65,74,87,92,95,101,104,104,129,133,152,161
ヘロピロス（カルケドンの）　163
『ペロポンネソス戦史』　104
ペロポンネソス戦争　15,129,140,141,142,158,168,169
——の原因　140
——の勃発　142
ペロポンネソス同盟　91,92,141,141,142,143
ペロポンネソス半島　13,21,26,45,55,87,91,94,130,136,170,173,177,182
——の神話的分割　44
ヘロンダス　160
ペンテウス　109

ボイオティア　16,21,39,52,95,122,133,141,141,143,170,171
ボイオティア型楯　103
ボイオティア方言　160
ホイネブルク　86
『ポイマンドレス』　212
貿易　112
蜂窩状墳墓　→トロス墓

防御設備　136
方言　21
方言詩　161
宝庫　76,182
宝庫寄進地　78
奉納品　73
法律　84,92
ポエニ戦争　192,200
——の勝利　200
ポカイア　20
ポカイア人　131
ポキス　176,177,141
矛先　19
母神像　43
ボスポラス海峡　140
ポセイドニア　99,123,196
ポセイドン　15,32,57,72,82,82,103,118,156
墓碑銘　53
歩兵　95
歩兵戦術　134
ホメロス　12,13,15,16,25,26,28,37,39,49,50,52,52,53,53,54,55,55,56,57,58,60,62,64,65,69,72,74,81,83,95,101,107,108,110,160,170,189,200,202,211,212
——に知られていた世界　91
——の肖像　52,207
——のラテン語への翻訳　200
ホメロス讃歌　58,69,109
ホメロス叙事詩　52,60
——の背景　53
ホラティウス　104,202,203,203
ポリス　84
——の守護神　82
——の誕生　84
ポリュグノトス（タソスの）　144,145,152
ポリュクラテス（サモスの）　91,108,158
ポリュクレイトス　144,144,148,152
ポルピュリオス　212
ボロディノ　19
ポンペイ　55
——の壁画　186

マ　行

マイアンドロス川　142
マイナス　109
マウソロス（カリアの）　176
マエケナス　202
マグネシア　149,196
マクリヤンニス　209,210,213
マケドニア　13,12,21,103,129,139,173,181,189,192,198,200
——の王室墓　174
——の象徴　175
——の王　103
——の将軍たち　181,195
——の勃興　169,177
マケドニア王　103
マケドニア軍　181,194
マケドニア人　120,193
——の追撃　193
マケドニア戦争　193,194,196
マゼンタ色　189
マツ　12,186
マッサリア　86
——の法律　84
マラトン　78,97,104,118,132,132,133,144
——の戦士　132
——の戦い　128,132,133
マリア　31
マルクス・アントニウス　198
マルス　202
——の野　202
マルドニオス　131,139
マルセーユ　20
マンディナゼス　105
マンティネイア　94,143,149,173
マンモス　204

ミイラ　178
水オルガン　155
水差し（ヒュドリア）　175,185
ミストラ　207,207
密儀神託所　63
密集軍　134
ミツバチ　103
ミトラ　69
ミトラス教　212
ミノス王　31,38
ミノス期　46
ミノス線文字 A　31
ミノタウロス　44

239

索　引

ミュカレの海戦　*132*
ミュケナイ　*17*,*19*,*25*,*26*,*30*,*30*,*34*,*36*,*36*,*37*,*39*,*42*,*43*,*48*,*51*,*54*,*56*,*149*
　——の円形墓域　*30*
　——の獅子門　*32*
ミュケナイ時代　*16*,*17*,*19*,*20*,*25*,*28*,*30*,*32*,*36*,*39*,*42*,*43*,*44*,*45*,*48*,*49*,*51*,*53*,*54*,*55*,*65*,*72*,*73*,*97*,*116*,*136*,*138*,*156*,*176*,*182*
　——の宮殿　*30*
　——の建築物　*43*
　——の宗教　*32*,*44*
　——の宗教美術　*43*
ミュケナイ人　*18*,*19*,*30*,*31*,*32*,*34*,*38*,*39*,*43*,*43*,*44*,*49*,*54*,*55*,*72*,*75*,*76*
　——の移動　*44*
　——の生活水準　*39*
ミュケナイ世界の終焉　*66*
ミュケナイ陶器　*30*,*42*,*44*
ミュケナイ文明　*20*,*25*,*30*,*31*,*32*,*34*,*39*,*43*,*44*,*44*,*48*,*50*
　——の生活　*44*
　——の象牙製品　*43*
ミュケナイ文明後期　*34*
ミュケナイ様式の没落　*62*
ミュコノス島　*48*
ミュティレネ　*107*,*131*,*142*,*149*
ミュブロス島　*44*
ミュラサ　*176*
　——の墓　*187*
ミュリナ　*103*
ミュルキノス　*131*
ミュルシロス　*107*
ミルティアデス(ケルソネソスの)　*129*,*131*,*133*
ミルトン　*22*
ミレトス　*44*,*67*,*91*,*102*,*129*,*131*,*141*,*142*,*142*,*149*,*178*,*201*
　——の没落　*44*
ミレトポリス　*191*
ミロルディ人　*73*,*210*
民会　*93*

ムサイオス　*212*
ムーサの女神たち　*154*
　——の神域　*149*
ムナサルケス(シキュオンの)　*161*
ムネシクレス　*107*
ムルタンの攻撃　*181*
ムンミウス(コンスルの)　*198*

名家の興隆　*64*

迷宮　*44*
迷信　*128*
「名婦伝」　*125*
名門　*95*
　——の没落　*95*
メガクレス　*95*,*132*
女神　*50*
メガラ　*85*,*86*,*87*,*95*,*97*,*141*,*142*,*143*
　——の道化芝居　*104*
メガラ・ヒュブライア　*51*,*113*,*121*
メガロポリス　*17*,*92*,*149*,*173*
メッサナ　*102*
メッシナ海峡　*55*
メッセニア攻略　*94*
メッセニア人　*140*,*141*
メッセニア戦争　*87*
メッセニア平野　*17*
メッセネ　*149*,*173*
　——の防壁　*173*
メディア人　*86*
メディムノス　*92*,*94*
メドゥサ　*69*,*161*
メトーパ　*119*
メナンドロス　*123*,*131*,*160*
メニディ　*48*
メネラオス　*53*
目の文様　*126*
メムピス　*179*
メルカルト　*103*
メロス(島)　*43*,*62*,*70*,*143*,*149*,*172*,*177*,*217*
メロン　*12*
メンデ　*102*

木材　*12*
木造建築　*20*
モクロス島　*45*
モザイク美術　*206*
物語の主題　*67*
モミ　*12*
モムゼン　*25*
モモ　*12*
モーリス,W.　*31*
モロッソス人　*172*,*173*,*177*

ヤ 行

ヤギ　*15*,*32*,*102*
山羊飼い　*32*,*154*,*161*
『薬物誌』(ディオスコリデスの)　*191*,*191*
ヤシの木　*103*
野獣の女主人　*160*
「病を癒す英雄」を祀る神域　*167*
槍　*19*,*54*,*134*,*171*

唯物論哲学　*104*
遊園地の建造技術　*187*
雄弁術　*153*,*177*
ユスティニアヌス帝　*206*
ユダヤ教　*213*
ユダヤ教徒　*213*
ユダヤ人　*44*,*91*,*107*,*203*
ユダヤ文学　*203*
ユノーの神殿　*98*
指輪　*32*,*33*,*46*
弓　*55*
弓矢筒　*175*
　——の記念碑　*187*
ユリの都市　*179*

夜明けの画家　*69*
容器類　*174*
羊皮紙　*187*,*188*
傭兵　*134*,*171*,*171*,*182*,*189*
ヨセフス　*203*
ヨハネ　*203*
鎧　*68*
4 行詩連形式　*108*
四大体育競技祭　*62*,*73*
400 人会議　*143*

ラ 行

ライオン　*34*,*37*,*43*,*48*,*69*,*102*,*107*,*127*,*144*,*175*,*185*,*191*
　——の大通り　*139*
ライオン狩　*34*,*39*
ラウレイオン　*20*,*95*
　——の銀山　*112*,*113*,*121*,*133*,*139*,*143*
ラエルテス　*17*
ラクダ　*179*
ラケダイモン　*12*,*139*
ラコニア　*45*,*68*,*134*
ラス・シャムラ　*31*
ラッシ高原　*46*
ラッパ手　*155*
ラティウムの都市同盟　*192*
ラ・テーヌ様式　*86*
ラテン作家　*200*
ラテン詩　*200*,*212*
ラバ　*12*,*19*,*21*,*102*,*179*
ラピテス族　*81*,*119*,*126*
ラファエッロ　*208*
ラベリウス　*201*
ラミア　*181*
ラムヌス　*149*
ラムプサコス　*103*,*141*
　——のカロン　*53*
ラリッサ　*149*
ランボー　*210*

リウィウス　*200*,*213*
リパリ島　*39*,*55*
　——の画家　*189*
リュキア　*126*,*176*
リュグダミス(ナクソスの)　*91*,*95*
リュクルゴス　*148*,*149*
リュコスラ　*45*
リュサンドロス　*169*,*170*
リュシクラテス　*147*
リュシマコス(トラキアの)　*103*,*181*,*187*
リュディア　*20*,*73*,*91*,*102*,*129*,*131*,*178*
リュディア人　*91*,*95*,*107*,*129*
リュビア砂漠　*179*
両把手付壺　*66*
リンドス　*149*

ルカニア人　*196*
ルキアノス　*211*
ルキリウス　*200*
ルクレティウス　*203*
ルネサンス　*86*,*207*,*208*
ルーマニア　*19*
瑠璃(ラピス・ラズリ)　*19*,*33*,*33*,*34*,*36*,*39*,*129*,*190*,*191*

レアグロス　*69*
レイプシュドリオン　*96*
レヴァント地方　*19*,*20*,*21*,*30*,*31*,*42*,*45*,*48*,*66*,*67*,*99*,*178*
レウカス　*149*
レオニダス　*139*
レオンティオン　*149*
レギオン　*102*
レキュスト画　*158*
レスボス(島)　*21*,*45*,*85*,*107*,*107*,*112*,*131*,*141*,*142*
　——の詩連形式　*108*
レスボス人　*131*
レテ川　*145*
レトー　*45*,*103*
レフカンディ　*30*,*45*
レムノス語　*21*
レムノス島　*21*,*94*,*131*,*149*
レモン　*12*

ロイソス　*73*
六脚韻　*58*,*104*,*108*,*200*
ロクサネ　*181*
ロクリス　*141*
　——の乙女　*54*
ロドス(島)　*45*,*68*,*99*,*112*,*137*,*149*,*194*,*197*
　——の色大理石　*187*
　——の奪還　*170*
ロドス人　*66*,*197*
ローヌ川　*20*
ロバ　*12*,*101*,*102*
ローマ　*22*,*24*,*36*,*52*,*73*,*103*,*186*,*200*,*213*
　——によるギリシアからの略奪品　*204*
　——によるシリアのアンティオコスの打倒　*195*
　——の韻文　*203*
　——の演劇　*200*
　——の建設事業　*204*
　——の植民都市　*192*
　——の征服　*192*
　——の西方への拡大　*192*
　——の彫刻　*201*
　——の統治　*198*
　——の文学　*22*,*201*
　——の略奪　*192*
ローマ軍　*192*,*195*,*196*,*212*
ローマ時代　*12*,*21*,*22*,*65*,*75*,*84*,*94*,*116*,*117*,*148*,*149*,*165*,*186*,*187*,*191*,*196*
　——の壁画　*187*
ローマ趣味　*22*
ローマ人　*13*,*17*,*22*,*69*,*91*,*100*,*103*,*138*,*149*,*156*,*166*,*182*,*193*,*197*,*197*,*201*,*203*,*204*,*211*
　——の低為な趣味　*200*
　——の覇権　*196*
ローマ世界へのギリシアの影響　*200*
ローマ属州　*200*
ローマ帝国　*20*,*22*,*44*,*74*,*191*,*204*,*206*
ローマ的ジョーク　*201*
ロマノス(聖歌詩人)　*212*
ロンゴス　*161*

ワ 行

和音学　*154*
ワシ　*32*,*33*,*73*,*103*,*165*,*185*
ワニ　*91*

監修者

平田 寛（ひらた ゆたか）

- 1910年　兵庫県に生まれる
- 1936年　早稲田大学文学部史学科・大学院修了
- 現　在　早稲田大学名誉教授
- （専攻　古代・中世科学技術史）

訳　者

小林 雅夫（こばやし まさお）

- 1940年　東京都に生まれる
- 1971年　早稲田大学大学院(西洋史専攻)
- 現　在　早稲田大学文学部教授
- （専攻　ギリシア・ローマ文化史）

図説 世界文化地理大百科
古代のギリシア（普及版）

1984年 6月25日　初　版第1刷
1998年 3月20日　　　第8刷
2008年11月20日　普及版第1刷

監修者	平田　寛
訳者	小林雅夫
発行者	朝倉邦造
発行所	株式会社 朝倉書店

東京都新宿区新小川町6-29
郵便番号　162-8707
電　話　03(3260)0141
FAX　03(3260)0180
http://www.asakura.co.jp

〈検印省略〉

© 1984 〈無断複写・転載を禁ず〉　　凸版印刷・渡辺製本

Japanese translation rights arranged with EQUINOX (OXFORD) Ltd.,
Oxford, England through Tuttle-Mori Agency Inc., Tokyo

ISBN 978-4-254-16863-1　C 3325　　　　Printed in Japan